묵시록 해설 [10]

―묵시록 11장 7-19절 영해(靈解)―

예 수 인

묵시록 해설 [10]

―묵시록 11장 7-19절 영해(靈解)―

E. 스베덴보리 지음
이 영 근 옮김

예 수 인

THE APOCALYPSE EXPLAINED

by

EMANUEL SWEDENBORG

차 례

옮긴이의 머리말[1] · 13
옮긴이의 머리말[2] · 17

묵시록 11장···21
   제 11장 본문(11장 7-19절) · 21
   제 11장 상세한 영적인 해설(11장 7-19절) · 23

옮긴이의 머리말[1]

작금의 기독교계에서 이해하기 가장 어려운 성경책이 있다면 아마도 ≪묵시록≫일 것입니다.

많은 교회들이나, 그 교회에 속한 사람들은 ≪묵시록≫이 성경의 편집 구조상 "마지막 책"이기 때문에, 앞서의 성경책의 내용의 결론처럼 생각하고 있습니다. 따라서 이른바 그들의 말세사상(末世思想)에 입각(立脚)해서 묵시록서를 이해하고, 해설하고 있습니다. 우리가 잘 알고 있듯이, 그들의 "말세사상" 또는 "말세론적인 가르침"은 한마디로 "이 세상이 끝이 나고, 새로운 세상이 도래(到來)한다"는 것입니다. 뿐만 아니라, 여기에다 말도 되지 않는 이른바 "세상창조 6,000년 설"을 꿰맞추어서 ≪묵시록≫의 말씀을 해석하기 때문에, 그들은 온갖 그릇된 교리(敎理)를 날조(捏造)하게 되었습니다.

이와 같이 날조된 허무맹랑(虛無孟浪)한 종지(宗旨)나 미망(迷妄)은 소위 사이비기독교(似而非基督敎) 또는 사이비교회(似而非敎會)를 양산(量産)하는데 일조(一助)하는 결과를 빚고 말았습니다. 이런 고약한 짓을 서슴치 않고 자행(恣行)하는 자들을 우리 주님께서는 "교회의 마지막 때"(=시대의 종말)에 창궐(猖獗)할 "거짓 그리스도들" "거짓 예언자들"이라고 말씀하셨습니다(마태 24 : 24).

저자 스베덴보리 선생님께서는 이 책 즉 ≪묵시록 해설≫에서 이런 것들이 야기(惹起)된 근본적인 원인들로 크게 "두 가지"를 지적하고 있는데, 그 첫째는 성경말씀(聖言)에 대한 그릇된 이해의 오류(誤謬)이고, 그 둘째는 교회에 대한 그릇된 신념(信念)이라고 하였습니다.

먼저 성경말씀에 대한 근본적인 이해의 오류에 관해서 말씀드리겠습니다. 저자는 그의 수많은 저서 곳곳에서 언급, 주장하고 있듯이, 성경말씀은, 그것의 겉뜻인 문자적인 뜻(文字意)과 그 문자 속에 숨겨져 있는 영적인 뜻(靈意)으로 이루어졌다는 것입니다. 이 두 뜻의 관계는 마치 우리 사람의 경우에 비교한다면, 바로 전자는 우리의 육체이고 후자는 우리의 영혼이다는 관계와 같다는 것입니다. 성경말씀(聖言)이 그와 같이 이루어져야만 하는 것은, 태초 전부터 존재한 말씀(聖言)이 이 세상, 즉 시간(時間)과 공간(空間) 안에 존재하기 위해서는 반드시 시공(時空)적인 매체(媒體)를 사용할 수밖에 없었는데, 그 매체가 바로 문자

(文字)요, 문체(文體)이기 때문입니다. 이런 사실을 요한복음서는 "말씀이 육신이 되어 우리 가운데 사셨다"(요한 1 : 14)고 선포하고 있습니다. 그리고 저자는 이 책 여러 곳에서 주님께서는 "모든 것들 안에 존재하는 모든 것"이라고 하였고, 그리고 주님께서는 궁극적인 것 안에 존재하신다고 설파(說破)하였습니다.

이 책을 읽는 독자들께서는 저자가 이 책에 기술한 이른바 성언(聖言)의 문자적인 뜻과 영적인 뜻에 관해서 밝히 아시겠지만, 한마디로 성언의 영적인 뜻은 성경말씀의 문자들이나 문자적인 뜻 안에 숨겨져 있으며, 그리고 성언의 영적인 뜻은 시공(時空)을 초월(超越)한 이 세상 너머의 뜻으로, 영들(spirits)이나 천사들의 사회에서 통용되는 뜻이라고 하겠습니다.

또한 저자는 다른 책에서 이러한 뜻, 즉 영적인 뜻은 성경말씀에 속한 대응(對應)·표징(表徵)·표의(表意)의 지식이나, 그 어떤 낱말이 가지고 있는 고유의 뜻에 관한 지식에 의해서만 알 수 있다고 하였습니다(저자의 저서 ≪새로운 교회의 사대교리≫ 중 제 2편 "성경에 관한 새 예루살렘의 교리" 참조).

그럼에도 불구하고 작금의 기독교계는 성경말씀의 문자적인 뜻에만 매달려서, 그리고 그들의 잘못된 교리적인 신조(信條)에 얽매여서, 다시 말하면 그들의 그릇된 미망(迷妄)이나 종지(宗旨)에 사로잡힌 채 성경말씀을 이해하고, 해석하려고 하고 있습니다. 우리가 경험하였듯이, 그 결과는 무가치(無價値)한 것이고, 혹세무민(惑世誣民)적인 신기루(蜃氣樓)였습니다. 그 대표적인 예를 든다면 "붉은 용"(묵시록 12 : 3)이 소위 "공산당"이나 공산주의자들의 괴수인 "소련"이라는 것이고, 그리고 "666"(묵시록 13 : 18)을 마귀의 숫자로 규정하고, 그것을 이른바 '바·코드(bar code)화'해서, 그 칩을 사람의 머리에 삽입(揷入)시켜, 마귀들이 그 사람들을 자신들의 의도대로 이끌고 간다는 매체로서 해석한다는 것 등등이 되겠습니다.

밝히 말씀드리지만, 저자는 성경에 기록된 모든 것들은—그것이 낱말이든, 인물이든, 지명이나 나라이든, 심지어 금수(禽獸)에 이르기까지, 또는 그 어떤 역사적인 사건들까지도—높게는 주님에 관해서, 낮게는 주님의 나라나 교회에 관해서, 아주 낮게는 우리 사람에 관해서 서술하고 있다는 것입니다. 그러므로 묵시록서에 서술된 것들도, 그것이 어떤 것이든, 바로 위에 언급된 것들에 관한 것입니다.

그리고 저자가 지적하고 있는 두 번째 원인인 "교회에 관한 그릇된 신념"에 관해서 말씀드리겠습니다. 우리가 잘 알고 있듯이 "교회"는 어떤 사람들이 정의하고 있듯이, 이른바 가시적인 "하나의 공동체"를 뜻하는 것은 아닙니다. 여기서 가시적인 것들이라고 하는 것은 교회의 건물을 비롯하여, 그 건물에서 행해지는 예배의 예전이나, 그 예배에 속한 사람들과 그 예전에 사용되는 수많은 집기(什器)들의 공동체를 가리키는데, 사실 이런 의미의 공동체가 교회일 수는 없습니다. 굳이 공동체라는 말을 한다면, 예배 받는 주체인 우리 주님과 예배하는 객체인 우리 사람의 공동체입니다.

본질적으로 교회는, 주님께서 요한복음서에서 여러 차례 말씀하셨듯이, "주님께서 사람 안에, 사람이 주님 안에 존재할 때, 그 사람이 교회"인 것입니다. 이런 교회를 가리켜 우리 예수님은 자기 자신을 성전(聖殿)이라고 말씀하셨습니다(요한 2 : 19-22). 그리고 서간문은 여러 곳에서 우리 사람이 곧 하나님의 집, 또는 성전이라고 설파하였습니다(고린도 전서 3 : 9 ; 3 : 16 ; 6 : 19 ; 고린도 후서 6 : 16 ; 베드로 전서 2 : 5). 그리고 출애굽기서는 사람이 주님을 만나는 곳(會幕)이라고 하였습니다(출애굽기 33 : 7).

따라서 진정한 교회는, 단순한 예전적인 예배나, 그 예전이 집전되는 건물이 아니고, 우리 주님을 창조주요, 구원주로 고백하고, 예배하며, 그리고 그분의 말씀(=가르침·진리)에 순종하는 삶이 있을 때, 교회입니다. 이 두 초석—주님의 시인과 그의 말씀에 순종하는 삶—이 바로 묵시록서에서 언급된 "두 증인" 즉 "두 그루의 올리브 나무"요, "두 개의 촛대"가 뜻하는 것입니다.

그럼에도 불구하고 이 두 초석은 시간과 공간 속에서, 시간의 경과와 더불어 변절(變節)되었는데, 이것이 바로 저자가 말하는 "교회의 종말과 시작"입니다. 그리고 또한 교회의 종말과 시작의 연속적인 역사가 우리 주님의 인류구원의 대업(人類救援 大業)입니다.

저자가 기술하고 있는 내용은, 묵시록서에 기술된 모든 예언적인 사건들은—개별적인 것이든 전체적인 것이든—바로 우리 주님의 인류구원의 대업에 관한 것이라는 것입니다. 말세론적인 말로 표현된 것을 빌려서 말한다면 하나의 교회의 종말은 곧 새로운 교회의 시작으로 이어지고 있다는 것입니다. 왜냐하면 인류구원이 단절(斷絶)된다면, 주님나라는 존속될 수 없고, 그리고 주님나라가 계속해서 존재하지 않는다면, 주님께서는 주님 자신의 속성(屬性)이나 명분(名分)을 상실하는 것이기 때문입니다.

따라서 묵시록서는 크게 나누면 첫째는 교회의 본질적인 것에 관해서(1-3장), 둘째는 교회들의 심판에 관해서(4-7장), 셋째는 개혁교도, 또는 개혁교회에 대한 심판에 관해서(8-10 · 13 · 15 · 16장), 넷째는 로마 가톨릭 종파에 대한 심판에 관해서(17 · 18장), 그리고 마지막으로 그 심판들이 있은 뒤, 새롭게 세워질 새로운 교회에 관해서(3 · 11 · 12 · 14 · 19-22장) 기술하고 있습니다.

저자는 "묵시록 영해"에 관해서 두 책을 저술하였습니다. 그 하나는 ≪묵시록 계현≫(黙示錄 啓顯 · the Apocalypse Revealed)이고, 다른 하나는 ≪묵시록 해설≫(黙示錄 解說 · the Apocalypse Explained)입니다. 우리의 ≪묵시록 해설≫은 후자의 번역이 되겠습니다. 번역에 사용된 책은 미국 새교회 재단(Swedenborg Foundation)이 1968년도에 발간한 표준판(Standard Edition)입니다.

이 번역서가 나오기까지 격려와 조언을 아끼지 않은 예수교회 소속의 여러 목사님들과 남양주시에서 목회하시는 김기표 목사님, 여러 면에서 재정적인 도움을 주신 논산시의 안영기 집사 내외분과 자당 어른되시는 윤순선 전도사님, 무척 어려운 가운데서도 헌신적으로 word processing에 수고하신 조근휘 목사님, 그리고 경제적으로 작고, 크게 도움을 주신 여러분들에게 감사의 말씀을 드리고, 끝으로 번역에 참여해 주신 박예숙 권사님에게 이 자리를 빌어서 감사의 말씀을 드립니다.

끝으로 와병(臥病) 중에 계신 <예수+교회 동산 예배당>의 방성찬 복음사의 쾌유를 두 손 모아 우리 주님에게 간절히 기도드립니다.

독자 여러분의 편달(鞭達)과 지도(指導)를 거듭 말씀드립니다. 감사합니다.

2007년 11월 1일
예수+교회 제일 예배당 서재에서
이 영 근

옮긴이의 머리말[2]

제 짧은 인생에서 우리나라 기독교계의 두 번의 비극적인 사건을 보았습니다. 하나는 1992년의 이른바 "휴거소동"이고, 또 하나는 2014년의 "양푼 비빔밥 성만찬" 사건입니다. 전자는 매스컴을 통해 떠들썩하게 잘 알려졌으므로 특별히 소개하지 않겠습니다. 그러나 후자 "양푼 비빔밥 성만찬" 사건은 크게 알려진 것은 아니지만, ≪한겨레 신문≫에 기재된 것은 이런 내용입니다. 교단은 알 수 없고, "동녘 교회"(김경환 목사 시무)에서 있었던 일입니다. 이 사건은 한마디로 말하면 성만찬의 "빵"(=떡) 대신에 교인들 가정에서 각자 준비한 우리나라 음식인 "비빔밥"을 준비하고, 그것들을 모두 큰 그릇에 넣어서 만든 비빔밥을 사용하였고, 그리고 어른들은 "포도주"로, 어린 아이들은 "포도 주스"로 성만찬 예배를 드렸다는 것입니다. 그 이유를 그 교회의 담임목사는 예수님 당시에는 일상적인 음식이 "빵"이었고, 포도주"였기 때문에, 오늘날 우리에게는 일상적인 음식이 "밥"이기 때문에, 특히 "공동체"인 교회에서는 "비빔밥"이 성만찬에서는 제격이라는 설명입니다.

이쯤 되면 정말 꼴불견의 극치(極致)입니다. 왜냐하면 기독교회의 "성만찬"이나 성만찬 예배는 예배의 진수(眞髓)이기 때문입니다. 성만찬의 "빵과 포도주"는 일상의 먹거리나 마실거리로 먹는 것은 더더욱 아닙니다. 왜냐하면 우리가 잘 알고 있듯이 "성만찬의 빵(=떡)과 포도주"는 우리 주님의 살과 피를 표징하고, 그리고 그것은 곧 우리 주님의 신령선과 신령진리를 표징(表徵)하는 것이기 때문이지, 결코 조달(調達)하기 쉽기 때문에 그것들이 사용된 것은 아니기 때문입니다.

근자 기독교계통의 TV방송사들이 많은지라 여기서도 때로는 "꼴불견들"이 더러더러 소개되는 것을 볼 수 있습니다. 그중의 하나는 근자 교황님의 방문 시 "영성체"를 모실 때 그것의 빵에 대해서 설명하는 어느 가톨릭 신자는 그것을 가리켜 "양념이 하나도 들어가지 않은 것"이라고 방송에서 말하는 것을 들었습니다. 또 하나는 서울의 대형교회를 자처하는 성만찬 예배를 집전하는 목사의 말입니다. 술을 마시면 기분이 좋기 때문에 "성만찬에서 포도주가 사용되는 것"이라는 취지(趣旨)의 설명입니다.

이런 사건, 사실에 대하여 비극(悲劇)이라는 낱말을 사용한 것은 시쳇말로 지나치게 "뻥 튀긴 것입니까?" 우리의 것 · 우리의 문화 · 우리의 유산이 값진 것이기 때문에 육성(育成)하고, 보호, 장려한다는 데는 동의하지만, 위의 사건들은 우리 문화나 전통과는 아주 무관(無關)한 것이라고 생각됩니다. 제가 아주 역설하는 말입니다.

우리나라 개신교회가 지키는 11월의 이른바 "추수감사주일"이나 "추수감사예배"는 우리의 것이 아니고 미국의 명절을 우리가 지키는 것입니다. 특히 그 주일을 성경말씀이 정하고 있는 것도 아니라면, 우리의 것으로, 우리의 문화에 맞는 것이 더 좋은 것이 아니겠습니까! 따라서 11월 추수감사주일은 우리 민족의 전통 명절인 "한가위" 명절 때로 바뀌어야 제격이라고 생각합니다.

차치(且置)하고 "휴거소동"은 이른바 "종말론적 말세론"이나 성경말씀의 잘못된 해석인 이른바 "주님의 재림신앙"에서, 그리고 "이 세상 창조 6,000년설"에서 빚은 촌극(寸劇)이라고 한다면, 지나친 과언(過言)입니까? 그리고 "비빔밥 성찬" 사건은 성경말씀의 영적인 뜻을 모르고, 그저 단순한 "편의주의"(便宜主義)나 개혁(改革)이면 다 좋다는 "개혁 과신론자"나 "개혁 만능주의자"들의 씻을 수 없는 과오(過誤)라고 지적하고 싶습니다.

왜 이런 비극이 일어나는 것일까요? 한마디로 그 이유를 말한다면 "무지 무식"(無知 無識)의 결과라고 생각합니다. 다시 말하면 성경말씀을 "문자로만" 그리고 "문자적인 뜻으로만" 읽고, 그렇게 이해하고, 믿기 때문입니다.

그런 과오를 저지르면서도 그들 대부분은 때로는 성경말씀의 "영적인 뜻"이라고 말하기도 하지만, 사실 그들의 그 영적인 뜻까지도 어느 심리학자, 어느 시인, 어느 철학자나 어느 종교가가 말하는 뜻이나 해석을 빌리는 것이 대부분입니다. 왜냐하면 성경말씀이 뜻하는 영적인 뜻이 아니기 때문에, 그들의 "영적인 뜻"은 일관성(一貫性)이 없고, 따라서 체계적이지 못하기 때문입니다. 그러므로 그들의 "영적인 뜻"으로는 성경말씀의 전반적인 뜻이나 개별적인 뜻까지도 해석되지 않은 것은 물론, 이해되지도 않습니다. 저자 스베덴보리 선생님은 성경말씀의 영적인 뜻을 시공(時空)을 초월(超越)한 것이고, 따라서 주님나라에서 통용(通用)되는 것으로 정의(定義)하고 있습니다. 그리고 그것은 체계적이고, 일관성이 있는 것이고, 따라서 성경말씀 어디에나 적용될 수 있는 것입니다.

이런 초지(初志)의 일관된 변함없는 영적인 뜻으로 저자는 묵시록서를 해설하고 있습니다. 저자는 자신의 "영계처럼" 가운데 있었던 것이나, 천사들과의 대화(對話)에서, 때로는 성경말씀에 대한 해박(該博)한 지식으로, 또는 저자 자신의 심오(深奧)한 이성(理性)적인 판단(判斷)이나 직관(直觀)에 의하여 본서 ≪묵시록 해설≫을 저술하였습니다.

번역하는 사람이 불학무식(不學無識)하고, 기독교회의 가르침에 밝지 못하기 때문에 저자의 뜻을 바르게 번역하지 못한 과오도 많이 있으리라 생각하지만, 무식한 우격다짐으로 여러분에게 일독(一讀)을 강권(強勸)합니다. 왜냐하면 여기에 한국 기독교회의 소망이 있고, 사명이 있고, 진정한 기독교회의 가르침인 "구원"(救援)이 있기 때문입니다.

이 책의 출판을 위해 워드·프로세싱에 헌신적으로 수고하신 ≪사단법인 한국상담심리연구원≫의 안시영 실장님에게 이 난을 빌어 감사의 말씀을 드립니다.
지금까지 격려해 주시고, 편달(鞭撻)을 주신 독자 여러분, 그리고 교역자 목사님 여러분에게 감사말씀을 드립니다. 감사합니다.

2014년 11월 23일
양천구 우거(寓居)에서
이 영 근 드림

제11장 본 문(11장 7-19절)

7 그러나 그들이 증언을 마칠 때에, 아비소스로부터 올라오는 짐승이 그들과 싸워서 이기고, 그들을 죽일 것입니다.
8 그리고 그들의 시체는 그 큰 도시의 넓은 거리에 내버리게 될 것입니다. 그 도시는 영적으로 소돔 또는 이집트라고도 하는데, 곧 그들의 주님이 십자가에 달리신 곳입니다.
9 여러 백성과 종족과 언어와 민족에 속한 사람들이 사흘 반 동안 그 두 예언자의 시체를 볼 것이며, 그 시체가 무덤에 안장되는 것을 허락하지 않을 것입니다.
10 그리고 그 땅 위에 사는 사람들이 그 시체를 놓고 기뻐하고 즐거워하고, 서로 선물을 보낼 것입니다. 그것은 이 두 예언자가 땅 위에 사는 사람들을 괴롭혔기 때문입니다.
11 그러나 사흘 반이 지난 뒤에, 생명의 기운이 하나님께로부터 나와서 그들 속으로 들어가니, 그들이 제 발로 일어섰습니다. 그것을 목격한 사람들은 큰 두려움에 사로잡혔습니다.
12 그 두 예언자가 "이리로 올라오너라" 하는 큰소리가 하늘로부터 자기들에게로 울려오는 것을 듣고, 구름을 타고 하늘로 올라가니, 그들의 원수들이 그것을 지켜 보았습니다.
13 그 시각에 큰 지진이 일어나서, 그 도시의 십분의 일이 무너졌는데, 그 지진으로 사람이 칠천 명이나 죽었습니다. 그리고 살아 남은 사람은 두려움에 싸여서, 하늘에 계신 하나님께 영광을 돌렸습니다.
14 둘째 재난은 지나갔습니다. 그러나 이제 셋째 재난이 곧 닥칠 것입니다.
15 일곱째 천사가 나팔을 불었습니다. 그 때에 하늘에서 큰소리가 났습니다.

"세상 나라는
우리 주님의 것이 되고,
그리스도의 것이 되었다.
주께서 영원히 다스리실 것이다."
16 그리고 하나님 앞에서 자기 보좌에 앉아 있는 스물네 장로도 엎드려서, 하나님께 경배하고,
17 말하였습니다.
"지금도 계시고
전에도 계시던 전능하신 분,
주 하나님, 감사합니다.
하나님께서는 큰 권능을 떨치시며,
다스리고 계십니다.
18 뭇 민족이 이것에 분개하였으나,
오히려 그들이 주님의 진노를 샀으며
죽은 사람들이 심판을 받고,
주님의 종 예언자들과 성도들과
작은 자든 큰 자든
주님의 이름을 두려워하는 사람들에게
상을 주시고,
땅을 망하게 하는 자들을
멸망시킬 때가 왔습니다."
19 그러자 하늘에 있는 하나님의 성전이 열리고, 성전 안에 있는 하나님의 언약궤가 보였습니다. 그 때에 번개가 치고, 요란한 소리와 천둥소리가 나고, 지진이 일어나고, 큰 우박이 쏟아졌습니다.

제11장 상세한 영적인 해설(11장 7-19절)

648. 7, 8절. 그러나 그들이 증언을 마칠 때에, 아비소스로부터 올라오는 짐승이 그들과 싸워서 이기고, 그들을 죽일 것입니다. 그리고 그들의 시체는 그 큰 도시의 넓은 거리에 내버리게 될 것입니다. 그 도시는 영적으로 소돔 또는 이집트라고도 하는데, 곧 그들의 주님이 십자가에 달리신 곳입니다.

[7절] :
"그들이 증언을 마칠 때에……"라는 말씀은, 주님의 신성(=신령존재)가 더 이상 시인되지 않고, 그것으로 인하여 더 이상 사랑에 속한 선이나, 믿음에 속한 진리가 있지 않는 때인, 교회의 마지막 때를 뜻합니다(본서 649항 참조). "아비소스로부터 올라오는 짐승이 그들과 싸울 것이다"는 말씀은 지옥적인 사랑(=애욕)에서 비롯된 공격이나 폭력행위(assault)를 뜻합니다(본서 650항 참조). "그 짐승은 그들과 싸워서 이기고, 그들을 죽일 것이다"는 말씀은 결과적으로 교회의 모든 선과 진리의 파괴를 뜻합니다(본서 651항 참조).

[8절] :
"그들의 시체는 그 큰 도시의 넓은 거리에 내버리게 될 것이다"는 말씀은 교리에 속한 온갖 악들이나 거짓들에 의한 그들의 사멸(死滅 · extinction)을 뜻합니다(본서 652항 참조). "그 도시는 영적으로 소돔 또는 이집트라고도 한다"는 말씀은 자기사랑에 속한 악들이나, 그것에서 비롯된 거짓들을 통하였다는 것을 뜻합니다(본서 653 · 654항 참조). "곧 그들의 주님(=우리들의 주님)이 십자가에 달린 곳이다"는 말씀은, 그것에 의하

여, 다시 말하면, 지옥적인 사랑(=애욕)에서 솟아나는 악들이나, 그것에서 비롯된 거짓들에 의하여 주님께서 배척되고, 유죄판결을 받았다는 것을 뜻합니다(본서 655항 참조).

649. 7절. 그들이 증언을 마칠 때에…….
이 말씀은 주님의 신성(=신령존재)가 더 이상 시인되지 않고, 그리고 그것으로 인하여 사랑에 속한 선이나, 교리에 속한 진리가 더 이상 없을 것이라는 것을 뜻합니다. 이런 내용은 주님 안에 있는 신령존재의 시인을 가리키는 "증언"(證言 · testinomy)의 뜻에서, 그리고 이것에 관해서 곧 언급하겠지만, 그것에서 비롯된 사랑에 속한 선이나 교리에 속한 진리의 시인을 가리키는 "증언"의 뜻에서 명확합니다. 그리고 마지막에 이르렀다는 것을 가리키는, 이것이 그 교회의 마지막 때를 가리키는 마지막에 이르렀다는 것을 가리키는, "그것을 마친다"는 말씀의 뜻에서 명확합니다. 여기서 "마친다"(to finish)는 것은 교회의 마지막(=종말)을 뜻하고, 그리고 그 때 거기에 주님 안에 있는 신령존재의 시인이 더 이상 없다는 것, 그러므로 거기에 사랑에 속한 선이나 교리의 진리가 전혀 없다는 것을 뜻합니다.

[2] "증언"(=증거 · testimony)의 뜻이 이러하다는 것은 "두 증인들"에 관해서 매우 상세하게 언급된 것에서, 다시 말하면 그들이 사랑과 인애에 속한 선을, 그리고 교리와 믿음에 속한 진리를 뜻한다는 내용에서 잘 알 수 있겠습니다. 그리고 이런 사실들은 특히 주님에 관해서 증거하는 것들이기 때문입니다. 왜냐하면 그들은 주님으로 말미암아 존재하기 때문이고, 그리고 주님의 것은 사람에게 있기 때문입니다. 그러므로 "그들의 증언"은 이런 것들에 관한 설교(=가르침)을 뜻합니다. 여기서 "증언"(=증거)이 주님 안에 있는 신령존재(=신성)의 시인을 뜻한다는 것은 묵시록서의 아래 장절에서 명확합니다. 묵시록서의 말

씀입니다.

> 예수의 증언(=예수께 대한 증언)은 곧 예언의 영이다(묵시록 19 : 10).

왜냐하면 사람이 마음에서부터 이것을 시인하지 않는다면, 그리고 영적인 믿음으로부터 이것을 믿지 않다면, 그 사람은 사랑에 속한 선이나 교리에 속한 진리를 영접, 수용할 능력을 결코 가질 수 없기 때문입니다.
[3] 사실 교회의 마지막 때에는 주님에 관해서 설교되고, 그리고 교리로 말미암아 신령한 것도, 성부의 신령존재와 동일한 주님에게 그 공을 돌립니다. 그럼에도 불구하고 대부분 어느 누구도 그분의 신성에 관해서는 거의 생각하지 않습니다. 이런 이유 때문에 그들은 그것을 그분의 인성(His Human) 위에나, 또는 밖에 둡니다. 그러므로 그들이 주님의 신성(His Divine)을 우러를 때, 주님을 우러르지 않고, 오히려 다른 존재에 관해서 아버지(聖父)를 우러릅니다. 그럼에도 불구하고 아버지(=성부)라고 부르는 신령존재는 주님 안에 계십니다. 이런 사실은 주님께서 친히 요한복음서에서 가르치셨습니다(요한 10 : 30, 38 ; 14 : 7). 이런 이유 때문에, 사람들은, 그들이 보통 사람에 관해서 생각하는 그런 꼭 같은 방법으로 주님에 관해서 생각합니다. 그리고 그들의 믿음은 그같은 생각에서 뒤이어 집니다. 그렇지만 그들은, 그들이 그분의 신령존재(=신성·His Divine)를 믿는다고 입술로는 말합니다. 만약에 가능하다면 누구나 주님에 관한 그의 생각의 개념이 그런 것이 아닌지 스스로 검토, 살펴 보십시오, 그러나 그 때, 그런 부류의 사람은, 믿음이나 사랑에 의하여 주님과 결합할 수 없고, 또는 결합을 통해서 사랑에 속한 선이나 믿음에 속한 진리를 수용할 수 없는 그런

인물입니다. 이것은 그 때 교회의 마지막 때에 주님의 시인이 존재하지 않는 이유입니다. 다시 말하면 주님 안에 있는 신령존재에 관해서 결코 시인이 없는 이유이고, 그리고 그것이 주님에게서 비롯된다는 시인이 없는 이유입니다. 우리가 반드시 믿어야 할 것은, 그것이 교회의 교리이기 때문에 주님의 신성의 시인(=신령존재의 시인)은 있다는 것입니다. 그러나 주님의 신성(=신령존재)가 주님의 인성(His Human)에서 분리되면 그분의 신성은 오직 외면적으로는 시인되지만, 내면적으로는 시인되지 않고, 그리고 외면적으로 시인된다는 것은 마음에서가 아니고, 다만 오직 입으로만 시인되는 것을 가리킵니다. 그리고 또한 믿음으로 시인되는 것이 아니고, 말로 시인된다는 것입니다.

[4] 이것이 사실이라는 것은, 마음에 속한 생각들이 적나라하게 드러나는 곳인, 저 세상에 있는 기독교인들에게서 잘 볼 수 있습니다. 그들이 교리로 말미암아 말하는 것이 허락되었을 때, 그리고 설교말씀을 통해서 신령한 것(a Divine)은 주님의 것으로 여긴다는 것, 그리고 그것을 그들의 신념이라고 하는, 설교말씀을 통해서 들은 것에서 말하는 것이 허락되었을 때, 그러나 그들의 내면적인 생각이나 믿음이 검토되었을 때, 그들은, 신성을 전혀 가지고 있지 않는 보통 사람의 것 이외에 주님에 속한 다른 개념을 전혀 가지고 있지 않습니다. 이러한 사실이 그의 믿음의 근원(the source of his faith)을 가리키는 사람의 내면적인 생각입니다. 그리고 이런 것이 그 생각이고, 결과적으로는 사람의 영에 속한 믿음(faith of man's spirit)인데, 거기에는 분명하게 말해서 교회의 마지막 때에 기독교계에는 주님 안에 있는 신령존재의 시인(acknowledgment of the Divine in the Lord)이 전혀 없다는 것이고, 주님에게서 비롯된 신령존재의 시인은 전혀 없다는 것입니다. 다른 말로 하면 거기에는

내적인 시인은 결코 없고, 다만 자연적인 사람의 외적인 시인만 있는, 주님의 신령존재의 외적인 시인만 있을 뿐입니다. 이에 반하여 내적인 시인은 그의 진정한 영에 속한 것입니다. 그리고 사후(死後) 외적인 시인은 잠자는 상태에 놓입니다. 이에 반하여 내적인 시인은 그의 영에 속한 시인을 가리킵니다. 이렇게 볼 때 어느 정도 뒤이어지는 이해되는 것이 어떠한 것인지 알 수 있겠습니다. 다시 말하면 우리의 본문인, "아비소스에서 올라온 짐승이 두 증인들과 싸워서 이기고, 그들을 죽일 것이다" 그리고 "그들의 시체가 소돔이나 이집트라고 하는 그 큰 도시의 넓은 거리에 내버리게 될 것이다" 그리고 그 뒤에 "생명의 기운(the spirit of life)이 그들 속으로 들어간다"는 말씀을 이해한다는 것이 무엇인지 어느 정도는 알 수 있겠습니다.

650[A]. 아비소스로부터 올라오는 짐승이 그들과 싸울 것이다.
이 장절은 지옥적인 사랑(=애욕)에서 비롯된 강습이나 폭력을 뜻합니다. 이러한 뜻은, 이것에 관해서 곧 언급하겠지만, 양쪽의 뜻으로 자연적인 사람의 정동을 가리키는 "짐승"(beast)의 뜻에서, 그리고 지옥을 가리키는 "아비소스"(abyss)의 뜻에서(본서 538항 참조), 강습이나 폭력을 가리키는 "전쟁을 한다"(=전쟁을 일으킨다)는 말의 뜻에서 명확합니다. 왜냐하면 성경말씀에서 "전쟁들"(wars)은, 우리의 세상에 있는 전쟁을 뜻하지 않고, 오히려 영계에 있는 전쟁들을 뜻하기 때문입니다. 거기의 모든 전쟁은 선에게서 비롯된 진리들에 대항하는 악에서 비롯된 거짓들의 다툼들(combats)을 가리킵니다. 그리고 이런 것들이 성경말씀에 나오는 "전쟁들"의 뜻이라는 것은, 전쟁들이 다시 언급, 거명될, 아래에 이어지는 것에서 잘 드러날 것입니다. 이렇게 볼 때 우리의 본문, "아비소스(=깊은 구렁 ·

深淵・the abyss)에서 올라온 짐승이 그들과 전쟁을 할 것이다" 다시 말하면 증인들과 싸움을 일으킬 것이다는 말씀은 악에 속한 거짓들에게서 비롯된 지옥적인 사랑(=애욕)이 선에 속한 진리들을 습격, 공격할 것이라는 것을 뜻한다는 것을 잘 알 수 있겠습니다.

[2] "짐승"(beast)이 자연적인 사람의 사랑이나 정동을 뜻한다는 것은 앞에서 이미 입증하였습니다. 지금은 그 습격이나 공격에 관해서 약간을 언급하고자 합니다. 지옥적인 사랑(=애욕・infernal love)은 특히 자기사랑(自我愛)을 가리킵니다. 왜냐하면 자기사랑은 사람의 고유속성(=자아・own)에 속한 사랑이기 때문이고, 그리고 사람의 고유속성(=자아)은 악 이외에 아무것도 아니기 때문입니다. 결과적으로 사람이 그런 사랑에 빠져 있는 한, 그 사람은 주님에 대하여 거스르고, 그리고 따라서 사랑의 선이나 인애의 선에 거스르고, 그리고 교리의 진리나 믿음의 진리에 대하여 적대합니다. 따라서 그것은 이들 "두 증인들"에게 대립, 거스릅니다. 이런 이유 때문에 자기사랑이 통치하는 곳인 지옥은 다른 것들에 비하여 매우 비참하고, 악의(惡意)적입니다. 그리고 주님에 대하여 직접적으로 반대, 대립하고, 그리고 그것으로 인하여 사랑에 속한 선들이나 믿음에 속한 신들을 그침이 없이 공격, 강습합니다. 그 이유는 그런 선들은 오직 주님에게서 오기 때문입니다. 그리고 그것들은 사람이나 천사에게 있는 주님을 가리키기 때문입니다. 이런 지옥이 다른 것들에 비하여 매우 비참하고, 치명적이라는 것은 이런 사실에서, 즉 지옥은 계속해서 주님의 신령존재를 고백하고, 찬양하는 자들의 멸망이나 파괴를 토해낸다는 것에서 잘 알 수 있습니다. 따라서 지옥은 주님에게서 비롯된 사랑에 속한 선이나, 주님을 믿는 믿음에 속한 선 안에 있는 자들의 파괴나 멸망을 계속해서 토해내고 있습니다.

[3] 이 지옥은, 사람이 자기사랑에 빠져 있고, 동시에 사람의 자연적인 일종의 밝음을 가리키는 자기 총명에 빠져 있기 때문에, 나머지 다른 것에 비하여 매우 악의적입니다. 왜냐하면 자기사랑은 그와 같은 밝음을 지피는 불과 같기 때문입니다. 이런 것은, 사람들이 신령존재에 거슬러서, 그리고 천계나 교회에 속한 모든 것들에 거슬러서, 교묘하고, 영리하게 생각하고, 추론한다는 사실에서입니다. 내가 그들이 다른 자들에 비하여 믿음을 수용하는데 월등하다고 생각하는 자들의 말을 경청할 때, 때로는 깜짝 놀라고는 하지만, 그러나 나는 이것이 불가능하다는 것을 깨달았습니다. 왜냐하면 그들이 현세적이고, 이 세상적이고, 자연적인 것들 안에서 빛을 받고 있는 한 그들은 천적인 것들이나 영적인 것들에 관해서 칠흑 같은 흑암의 상태에 있다는 것을 지각하였기 때문입니다. 이와 같은 칠흑같은 흑암은, 어떤 불붙는 것과 뒤섞인 매우 희미한 것(dusky)처럼 보였습니다. 이것은, 만약에 경험들을 기술하는 자리라면, 수많은 경험들에 의하여 확증할 수 있겠습니다. 자기사랑은 개별적으로는 두 증인들과 전쟁을 일으키고, 그들을 죽이는, "아비소스에서 올라온 짐승"을 뜻한다는 것입니다.

[4] 짐승(beast)이 양쪽의 뜻에서 자연적인 사람의 사랑과 정동(love and affection)을 뜻한다는 것은 성경말씀의 수많은 장절들에게서 잘 볼 수 있습니다. 그리그 이것은 아직까지는 알려지지 않았습니다. 그리고 "짐승들"이 자연적인 사람의 사랑이나 정동을 뜻한다고 하는 것이 매우 낯설게 보이기 때문에, 성경말씀에서 이런 사실을 확증한다는 것은 필수적입니다. 자연적인 정동들은 "짐승들"이 뜻하는데, 그것은 이들 정동들이 짐승들의 감정과 매우 유사하기 때문입니다. 결과적으로 천계에 속한 선들이나 진리들을 통한 영적인 정동(=감정·애정)으로 물들지 않은 사람은 짐승들과 거의 다르지 않기 때문입니다.

왜냐하면, 그 사람에게 추상적인 것들을 보고, 지각하는 기능을 제공하는 것을 가리키는 영적으로 생각하고, 그것으로 말미암아 영적으로 뜻하는, 짐승에 비하여 매우 뛰어난 부가된 기능을 사람은 가지고 있기 때문입니다. 그러나 만약에 이 영적인 기능이 진리나 선에 속한 지식들에 의하여 생기발랄하지 않는다면, 그리고 그 뒤에는 믿음이나 믿음에 속한 삶에 의하여 생기발랄하지 않는다면, 그 사람이 그저 단순하게 보다 높은 기능에 의하여 생각하고, 말할 수 있다는 것을 제외하면, 그 사람은 짐승들에 의하여 생각하고, 말할 수 있다는 것을 제외하면, 그 사람은 짐승들에 비하여 매우 더 나쁠 것입니다.
[5] 자연적인 사람의 정동들을 "짐승들"이 뜻하기 때문에, 그리고 이런 정동들이 영계에서 이런 짐승들과 같은 모양으로 보여 지기 때문에, 그것들은 아주 다종다양한 짐승들로 보입니다. 예를 들면 어린 양들 · 암염소들 · 염소새끼들 · 숫염소들 · 어린 송아지들 · 황소들 · 암소들이 되겠고, 그리고 또한 낙타들 · 말들 · 노새들 · 당나귀들이고, 그리고 또한 곰들 · 호랑이들 · 표범들 · 사자들이 되겠습니다. 마찬가지로 개들이나 여러 종류의 뱀들이 되겠습니다. 그러나 이런 것들은 영들이 지니고 있는 정동들의 외현들(=겉모습)일 뿐입니다. 이런 것들이 겉모습으로 나타날 때 여기서 주지하여야 할 것은 이런 외현들이 이런 정동들에게서 비롯된다는 것뿐만 아니라, 그들이 그런 존재에게서 비롯된 것이라는 것입니다. 그러나 이런 것들의 정동들이 사라지면 즉시 이런 외현들도 사라집니다. 이런 것에서 볼 때, 성경말씀에서 "짐승들"이 자주 언급, 거명되는 이유가 무엇인지 잘 알 수 있겠습니다.
[6] 그러나 성경말씀에서 비롯된 확증으로 나아가 보겠습니다. 시편서의 말씀입니다.

11장 7-19절

> 주께서 손수 지으신 만물을
> 사람이 다스리게 하시고,
> 모든 것을 사람의 발 아래에 두셨습니다.
> 크고 작은 온갖 집짐승과 들짐승까지도,
> 하늘에서 사는 새들과
> 바다에서 노니는 물고기와
> 물길 따라 움직이는 모든 것을,
> 사람이 다스리게 하셨습니다.
> (시편 8:6-8)

이 시문 전체는 주님과 천지(天地)의 삼라만상을 다스리는 주님의 주권(=통치권 · His dominion)을 다루고 있습니다. 천계에 속한 것들이나 교회에 속한 것들은 여기서나, 또는 성경말씀의 다른 곳에서도, "주께서 손수 지으신 만물"(=주의 손으로 지으신 작품들)이 뜻합니다. 이런 것들 모두를 지배하는 것은 주님께서 소유하고 계신 주권(=통치권 · dominion)이고, 성경말씀에 있는 영적인 것들은 자연적인 것들에 의하여 그와 같이 표현되었습니다. 왜냐하면 성경말씀의 내부 중심(its bosom)에 있는 성언(聖言 · the Word)은 영적이기 때문에, 그러므로 "양 떼" · "가축들"(herds) · "들의 짐승들" · "하늘의 새들" · "바다의 물고기들"은 그런 것들을 뜻하지 않고, 오히려 천계나 교회에 속한 영적인 것들을 뜻합니다. "양 떼나 소 떼"(flock and herds)는 영적인 근원에서 비롯된 것을 가리키는 영적인 것들이나 자연적인 것들을 뜻합니다. "양 떼", 다시 말하면 어린 양들 · 새끼 염소들 · 암염소들 · 암양들 · 숫양들 등등은 영적인 것들을 뜻하고, "소 떼"(herds), 즉 불간소들 · 황소들 · 암소들 · 낙타들 등등은 영적인 것들에게서 비롯된 자연적인 것들을 뜻합니다. "들의 짐승들"(beasts of the field)은 자연적인 사람의 정동들을 뜻하고, "하늘의 새들"은 그것에서 비롯된 생각들을 뜻하고, "바다의 물고기들"은 감관적 자연적인 사람의 지식들(=과학지들)을 뜻합니다. 이런 뜻을 위한 것이 아니라면 이런 것들을 다스리는 주님의 주권(=통치권)이 무슨 이유에서 기술되었겠습니까?

[7] 같은 책의 말씀입니다.

> 하나님,
> 주께서 주신 땅 위에
> 주께서 흡족한 비를 내리셔서
> 그 땅이 메마르지 않게 지켜 주셨고,
> 주의 식구들을 거기에서 살게 하셨습니다.
> 하나님,
> 주께서 가난한 사람을 생각하셔서,
> 좋은 것을 예비해 두셨습니다.
> (시편 68:9, 10)

여기서 명확한 것은 "들짐승"(=가난한 사람 · wild beast)은 주님에게서 비롯되는 신령진리의 입류를 수용하는 백성을 뜻합니다. 왜냐하면 교회를 메마르지 않게 한 "하나님의 상속재산"(Thine inheritance)은 교회를 뜻하기 때문입니다. 그리고 "들짐승(=주의 회중)이 거기에 살 것이다"고 언급되었기 때문입니다. "흡족한 비"(=좋은 뜻의 비 · the rain of good will)는 신령관대(=신령자비 · Divine clemency)에서 비롯된 신령진리의 입류를 뜻합니다.

[8] 역시 같은 책의 말씀입니다.

> 주님은,
> 골짜기마다 샘물이 솟아나게 하시어,
> 산과 산 사이로 흐르게 하시니,
> 들짐승이 모두 마시고,

목마른 나귀들이 갈증을 풉니다.
하늘의 새들도 샘 곁에 깃들며,
우거진 나뭇잎 사이에서 지저귑니다.……
주님은,
들짐승들이 뜯을 풀이 자라게 하시고,
사람들이 밭갈이로 채소를 얻게 하시고,
땅에서 먹거리를 얻게 하셨습니다.……
주께서 어둠을 드리우시니,
밤이 됩니다.
숲 속의 모든 짐승은 이때부터 움직입니다.……
저 크고 넓은 바다에는,
크고 작은 물고기들이
헤아릴 수 없이 우글거립니다.
(시편 104 : 10-12, 14, 20, 25)

이 장절 역시 주님에 관해서 언급하고 있습니다. 그리고 이 장절의 말씀은 이방 민족들 가운데 있을 교회의 설시를 기술합니다. 그러므로 "들짐승들" "짐승들" "새들"은 교회에 속한 사람에게 있는 그런 부류의 것들을 뜻합니다.

650[B]. 성경의 수많은 장절에는 어떤 때는 "짐승"이, 어떤 때는 "들짐승"이 언급된 것을 알 수 있는데, 낱말 "들짐승"은 일반적으로 알고 있는 것으로 이해하면 안 된다는 것입니다. 왜냐하면 히브리 말에서 "들짐승"(fera)은 생명 자체를 뜻하는 낱말에서 파생되었기 때문입니다. 그러므로 어떤 장절에서는 "동물"(animal)이 "들짐승"에 비하여 더 잘 표현되고 있는데, 그와 같은 것은 이런 기술에서 잘 볼 수 있는데, 예를 들면, 에스겔서 1·10장에서 신령섭리(Divine providence)와 보호(=방어)를 뜻하는, 게르빔(=그룹들)으로 보여진 "네 생물들"(=네 동물들)이고, 그리고 마찬가지로 묵시록서에서 사도 요한에 의하

여 기술된 보좌 주위에 있는 "네 동물들"이 뜻하는 게르빔(=그룹들)입니다. 뿐만 아니라, 성경말씀에는 "짐승"이나 "들짐승"이 신중하게 분리, 분별되고 있는데, "짐승들"(beasts)은 사람의 의지에 속한 자연적인 사람의 정동들을 뜻하고, "들짐승들"(wild beasts)은 사람의 이해에 속한 자연적인 사람의 정동들을 뜻합니다. 히브리 말에서 "들짐승"은 생명을 뜻하는 낱말에서 파생되었기 때문에, 아담의 아내 이브(Eve)는 동일한 낱말에서 그녀의 이름을 취하였습니다. 이것은 "들짐승"이나 "짐승"이 본래의 뜻으로 뜻하는 것이 무엇인지 알게 하기 위한 것입니다.

[10] 우리의 본문 "주님은 골짜기마다 샘들이 솟아나게 하시니, 산들 사이에 흐르게 하시니, 들짐승들이 모두 마시고, 목마른 들나귀들이 갈증을 풀고, 하늘의 새들도 샘 곁에 깃들며, 우거진 나뭇잎 사이에서 지저귄다"는 말씀이 뜻하는 것은 이미 앞에서 설명되었습니다(본서 483[A]항 참조). 그리고 "주님은 들짐승들이 뜯을 풀을 자라게 하시고, 사람들이 밭갈이로 채소를 얻게 하시고, 땅에서 먹을거리를 얻게 하신다"는 말씀은, 사람이 그것에 의하여 사랑의 선이나 인애의 선을 취하게 하기 위하여, 성경말씀에서 비롯된 진리들에 의한 자연적인 사람이나 영적인 사람의 교육이나 영양분을 뜻합니다. 여기서 "풀"(grass)은, 참된 지식을 가리키는 자연적인 사람의 진리를 뜻하고(본서 507항 참조), "짐승"(beast)은 가르침 받기를, 그리고 영적으로 양육되기를 열망하는, 그것에 대한 정동을 뜻하고, "채소"(herb)는 영적인 사람의 진리를 뜻하고, "사람"(man)은 그것에서 비롯된 총명을 뜻하고, "먹을거리"(=빵)는 진리들에 의하여 살게 하는 것을 가리키는, 사랑의 선이나 인애의

선을 뜻합니다. "어둠"(darkness)이나 "밤"(night)은, 영적인 사람의 빛에 밤이 비교되는 것과 같이, 자연적인 사람의 밝음(lumen)을 뜻하듯이, "숲 속의 들짐승"은 지식들(=과학지들)에 속한 정동을 뜻하고, "저 크고 넓은 바다"는 자연적인 것 자체를 뜻하고, "헤아릴 수 없이 기어다니는 것들"은 그것 안에 있는 지식(=과학지)을 뜻하고, "헤아릴 수 없는 크고 작은 들짐승들"은 다종다양한 정동들을 뜻합니다. 이러한 내용은, 우리의 본문말씀인, "주께서 어둠을 드리우시니, 밤이 되고, 숲 속의 모든 짐승은 이때부터 움직이고, 저 크고 넓은 바다에는 크고 작은 고기들이 헤아릴 수 없이 우글거린다"는 말씀이 뜻합니다.

[11] 같은 책의 말씀입니다.

> 밭에 씨를 뿌리며 포도원을 일구어서,
> 풍성한 소출을 거두게 하시며,
> 또 그들에게 복을 주시어,
> 그들이 크게 번성하게 하시고,
> 가축이 줄어들지 않게 하신다.
> 그들이 압박과 고난과 우환 때문에
> 수가 줄어들고 비천할 때에……
> 가난한 사람은
> 고난에서 이기게 해주시고,
> 그 가족을 양 떼처럼 지켜 주셨다.
> (시편 107 : 37-39, 41)

이 시가는 온통 주님의 강림과 그분에 의한 구속(救贖)을 다루고 있습니다. 그 때 그들은 진리들을 가지게 될 것인데, 그것에 의하여 교회는 그것들 안에 주입, 심겨진다는 것은 "그들이 밭에 씨를 뿌리고, 포도원을 일군다"는 말씀이 뜻하는데, 결과적으로 그들은 교회에 속한 선들을 취하고, 그것으로 말미암아 진리들이 증대할 것이라는 것은 "그들이 풍성한 소출을 거두게 한다"는 말씀과 "주께서 그들에게 복을 주시어, 그들이 크게 번성하게 하신다"는 말씀이 뜻하고, 그 때 자연적인 사람의 모든 선한 정동이 그들에게 남아 있을 것이라는 것은 "그분은 그들의 가축이 줄어들지 않게 하신다"는 말씀이 뜻합니다. 그렇지 않다면 이들 정동들이 악들에 의하여 파괴, 멸망되지 않을 것이라는 것은 "그들이 압박과 고난과 우환 때문에 수가 줄어들고, 비천하게 한다"는 말씀이 뜻합니다.

[12] 역시 같은 책의 말씀입니다.

> 땅에서도 주님을 찬양하여라.
> 바다의 괴물들과 바다의 심연아,……
> 모든 들짐승과 가축들,
> 기어다니는 것과 날아다니는 새들아,……
> 모두 주의 이름을 찬양하여라.
> (시편 148:7, 10, 13)

이 시가에는 생명을 전혀 지니지 못한 수많은 것들이, 그러나 여호와를 찬양할 것이라고 열거되었는데, 예를 들면 "불"·"우박"·"눈"·"증기"(=서리)·"세찬 바람"·"산들"·"언덕들"·"나무들"·"열매들"·"백향목들"이 되겠고, 그리고 또한 "들짐승들"·"짐승들"·"기어다니는 것들"·"새들"이 되겠는데, 그럼에도 불구하고 이런 것들은 여호와(=주님)를 찬양할 수 없습니다. 어느 누구가 성경말씀(=신령성언)에 있는 이런 것들의 열거(=헤아림)가, 만약에 찬양할 수 있는 것,

다시 말하면 여호와(=주님)를 예배할 수 있는 사람에게 있는 그 어떤 것을 뜻하지 않는다면, 전적으로 아무런 뜻이 없다는 것을 모르겠습니까? 대응들에 속한 지식으로 말미암아 알 수 있는 것은 "고래들"(=바다의 괴물들)은 일반적으로 자연적인 사람의 지식들(=과학지들)을 뜻하고, "심연"(deeps)이나 "바다들"은, 그 지식들이 있는 곳을 가리키는, 자연적인 것 자체를 뜻하고, "들짐승"이나 "짐승들"(=가축들)은, 그 사람의 의지에 속한 것과 같이, 그 사람의 이해에 속한 것들과 꼭 같은 자연적인 사람의 정동들을 뜻하고, "기어다니는 것들"은, 자연적인 사람의 궁극적인 것을 가리키는, 감관적인 것을 뜻하고, "날아다니는 새들"(=날개 달린 새들)은 그것에서 비롯된 생각하는 기능(the thinking faculty)을 뜻합니다.

[13] 또 같은 책의 말씀입니다.

> 주님은 하늘을 구름으로 덮으시고,
> 땅에 내릴 비를 준비하시어,
> 산에 풀이 돋게 하시며,
> 들짐승에게,
> 우는 까마귀 새끼에게 먹이를 주신다.
> (시편 147 : 8, 9)

이 장절의 개별적인 것들은 역시 천계나 교회에 속한 영적인 것들을 뜻합니다. 사람을 천계에 이르는 길을 가르치는 것을 주고, 그리고 그 사람을 믿음의 진리들이나 사랑의 선들을 가르치는 것에 의하여 성경말씀이 여호와(=주님)에 관해서 "땅에 내릴 비를 준비하시고, 산에 풀이 돋게 하시며, 들짐승에게, 우는 까마귀 새끼에게 먹이를 주신다"고 언급된 이유가 무엇입니까? 그러나 어쨌든 이런 것들은 신령성언(the Divine Word)을 귀하고 값있게 합니다. 그 때 "비"는 신령진리의 입류를 뜻하고, "산들"은 사랑의 선을 뜻하고, "풀이 돋게 한다"는 것은 성경말씀에서 비롯된 지식들에 의한 자연적인 사람의 교육을 뜻하고, "짐승들"은 양육되고, 살지기를 열망하는 것을 가리키는, 자연적인 사람의 정동들을 뜻합니다. "먹이를 준다"는 것은 영양물이나 양육을 뜻합니다. 그리고 "까마귀 새끼들"은 그 민족의 대부분을 가리키는, 신령진리들에 관해서 온갖 오류들에게서 비롯된 어두운 발기(照明·照度)의 상태에 있는 자연적인 사람들을 뜻하는데, 그래서 "주께서는 먹이를 찾는 우는 까마귀 새끼에게 먹이를 주신다"고 언급되었습니다. 왜냐하면 이런 자들은, 까마귀 새끼가 아니라면, 여호와(=주님)를 찾을 수 있기 때문입니다.

[14] 역시 같은 책의 말씀입니다.

> 숲 속의 뭇 짐승이 다 나의 것이요,
> 수많은 산짐승이
> 모두 나의 것이 아니더냐?
> 산에 있는 저 모든 새도 내가 다 알고 있고,
> 들에 있는 저 모든 생물도
> 다 내 품 안에 있다.
> (시편 50 : 10, 11)

이 말씀은 희생제물에 관해서 언급하고 있는데, 주님께서는 그것들에서 기뻐하시지 않으시고, 오히려 마음의 고백에서 기뻐하시고, 그분을 찾는 것에 기뻐하십니다. 그럼에도 불구하고, "숲 속의 들짐승"·"산짐승들"(the beasts of the mountains)·"산에 있는 새들"은 위에 언급한 것과 꼭 같은 뜻을 갖는데,

다시 말하면 교회의 사람에게 속한 것들을 뜻합니다.
[15] 역시 같은 책의 말씀입니다.

> 주의 의로우심은 우람한 산줄기와 같고,
> 주의 공평하심은
> 깊고 깊은 심연과도 같습니다.
> 주님, 주님은 사람을 구하시듯
> 짐승도 구하여 주십니다.
> (시편 36 : 6)

여기서 "사람과 짐승"(man and beast)은, 총명이 그것에서 비롯되는, 영적인 것을 가리키는 내면적인 정동을 뜻하고, 그리고 총명에 대응하는 지식이 그것에서 비롯되는, 자연적인 것을 가리키는 외면적인 정동들을 뜻합니다.
[16] "사람과 짐승"(mand and beast)은 아래의 장절에서도 동일한 뜻을 갖습니다. 예레미야서의 말씀입니다.

> (이스라엘의 하나님이 이렇게 말씀하신다.) "내가 사람과 짐승도 만들었다"(예레미야 27 : 5 ; 36 : 29).

같은 책의 말씀입니다.

> 그 때가 오면, 내가 이스라엘 집과 유다 집에 사람의 씨와 짐승의 씨를 뿌리겠다(예레미야 31 : 27).

역시 같은 책의 말씀입니다.

> 너희들은 '이 곳이 황폐하여 사람도 없고 짐승도 없다'고 말하지만,

> 지금 황무지로 변하여, 사람도 없고 주민도 없고 짐승도 없는 유다의 성읍들과 예루살렘의 거리에, 또다시, 환호하며 기뻐하는 소리와 신랑 신부가 즐거워하는 소리와 감사의 찬양 소리가 들릴 것이다. '너희는 만군의 주께 감사하여라! 진실로 주는 선하시며, 진실로 그분의 인자하심은 영원히 변함이 없으시다' 하는 소리가 들릴 것이다. 주의 성전에서 감사의 제물을 바치는 사람들이 이렇게 찬양할 것이다. 내가 이 땅의 포로들을 돌아오게 하여 다시 옛날과 같이 회복시켜 놓겠다.…… 지금은 황폐하여 사람도 없고 짐승까지 없는 이 곳과 이 땅의 모든 성읍에, 다시 양 떼를 뉘어 쉬게 할 목자들의 초장이 생겨날 것이다(예레미야 33:10-12).

역시 같은 책의 말씀입니다.

> 너희는 지금 이 땅을 두고 '사람도 없고 짐승도 없는 황무지이며, 바빌로니아 군대의 손에 들어간 땅'이라고 말하지만, 바로 이 땅에서 사람들이 밭을 살 것이다(예레미야 32:43).

또 같은 책의 말씀입니다.

> 사람이나 짐승을 가리지 않고, 이 도성에 사는 모든 것을 칠 것이니, 그들이 무서운 염병에 걸려 몰살할 것이다(예레미야 21:6).

역시 같은 책의 말씀입니다.

> 북녘에서 한 민족이 침략하여 왔으니,
> 바빌로니아를 쳐서
> 그 땅을 황무지로 만들 것이니,
> 거기에는 사는 사람이 아무도 없을 것이다.
> 사람과 짐승이 사라질 것이다.
> (예레미야 50:3)

같은 책의 말씀입니다.

> 나의 무서운 분노가 바로 이 땅에 쏟아져서, 사람과 짐승과 들의 나무와 땅의 열매 위로 쏟아져서, 꺼지지 않고 탈 것이다(예레미야 7:20).

에스겔서의 말씀입니다.

> 사람아, 만약 어떤 나라가 가장 불성실하여 나에게 죄를 지으므로, 내가 그 나라 위에 손을 펴서 그들이 의지하는 양식을 끊어 버리고, 그 나라에 기근을 보내며, 그 나라에서 사람과 짐승을 사라지게 한다고 하자.
> (에스겔 14:13, 17, 19)

역시 같은 책의 말씀입니다.

> 내가 손을 뻗쳐서 에돔을 치고, 그 땅에서 사람과 짐승을 없애 버리며, 땅을…… 황무지로 만들어 버리겠고, 백성은 모두 전화를 입고 죽을 것이다(에스겔 25:13).

같은 책의 말씀입니다.

> 내가 그 큰 물 가에서
> 모든 짐승을 없애 버리면,
> 다시는 사람의 발이
> 그 물을 흐리게 하지 못하고,
> 짐승의 발굽도
> 그 물을 흐리게 하지 못할 것이다.
> (에스겔 32:13)

역시 같은 책의 말씀입니다.

> 내가 너희 산들 위에 사람과 짐승을 많게 하여, 그들의 숫자가 많아지고 번창할 것이다(에스겔 36 : 11).

스바냐서의 말씀입니다.

> 땅 위에 있는 모든 것을
> 내가 말끔히 쓸어 없애겠다.……
> 사람도 짐승도 없애 버리고,
> 공중의 새도 바다의 고기도 쓸어 없애겠다.
> 남을 넘어뜨리는 자들과
> 악한 자들을 거꾸러뜨리며,
> 땅에서 사람의 씨를 말리겠다.
> (스바냐 1 : 2, 3)

스가랴서의 말씀입니다.

> (예루살렘을 재러 가는 천사가 말하였다.) 그 때에 내게 말하는 천사가 앞으로 나아가자 다른 천사가 그를 맞으려고 나아와서, 그에게 말하였다. "너는 저 젊은이에게 달려가서 이렇게 알려라.
> '예루살렘 안에 사람과 짐승이 많아져서,
> 예루살렘이
> 성벽으로 두를 수 없을 만큼 커질 것이다.'"
> (스가랴 2 : 3, 4)

같은 책의 말씀입니다.

> 너희는 힘을 내어라!
> 만군의 주의 집,

곧 성전을 지으려고 기초를 놓던
그 때에 일어난
그 예언자들이 전한 그 말을,
오늘 너희는 듣는다.
그 이전에는
사람이 품삯을 받을 수 없었고,
짐승도 제 몫을 얻을 수 없었다.
해치는 사람들 때문에,
문 밖 출입도 불안하였다.
내가 이웃끼리 서로 대적하게
하였기 때문이다.
(스가랴 8 : 9, 10)

[17] 이들 장절의 "사람과 짐승"에서 "사람"은 영적인 것을 뜻하고, 그리고 "짐승"은 외면적인 것, 즉 자연적인 것을 뜻합니다. 그러므로 "사람"은, 모든 총명이 이것에서 비롯되는 것인, 진리에 속한 영적인 정동을 뜻하고, "짐승"은 영적인 것에 대응하는 자연적인 정동을 뜻합니다. "짐승"은 외면적인 것이나 자연적인 것을 뜻하는데, 그 이유는 사람의 외적인 것이나, 또는 자연적인 사람에 관해서 보면, 사람은 짐승 이외에 아무 것도 아니기 때문입니다. 왜냐하면 사람은 욕망들(desires)이나 쾌락들(pleasures) 따위를 즐기고, 그리고 식욕들(appetites)이나 오감들(五感 · senses)을 즐기기 때문에, 그러므로 이런 관점에서 보면 사람은 전적으로 짐승과 꼭 같기 때문입니다. 그러므로 자연적인 사람은 동물적인 인간(the animal man)이라고 불리웁니다. 그러나 내적인 것이나 영적인 것은 "사람"이 뜻하는데, 그것은 사람이 사람인 것은 그의 내적인 것이나 영적인 것에 관해서이기 때문입니다. 이 사람은, 천계의 천사들이 가지

고 있는 것과 같은, 선이나 진리에 속한 정동들을 향유(享有)합니다. 그리고 그 사람에게 있는 이것에 의하여 사람은, 짐승을 가리키는, 그의 자연적인 사람, 즉 동물적인 인간을 다스리기 때문입니다.

650[C]. [18] 창세기서 1장의 창조 스토리에서 "사람과 짐승"은 영적인 사람과 자연적인 사람을 뜻하기 때문에, 짐승들과 사람은 같은 날, 다시 말하면 여섯째 날 창조된 것으로 이야기하고 있습니다. 그리고 그 뒤에 짐승들을 다스리는 통치가 사람에게 주어졌습니다. 같은 날 짐승들과 사람의 창조에 관해서, 그리고 짐승을 다스리는 사람의 통치(=지배)에 관해서 우리는 창세기서에서 이렇게 읽고 있습니다.

> 하나님이 말씀하시기를 "땅은 생물을 그 종류대로 내어라. 집짐승과 기어다니는 것과 들짐승을 그 종류대로 내어라" 하시니, 그대로 되었다. 하나님이 들짐승을 그 종류대로, 집짐승도 그 종류대로, 들에 사는 길짐승도 그 종류대로 만드셨다.…… 하나님이 말씀하시기를 "우리가 우리의 형상을 따라서, 우리의 모양대로 사람을 만들자. 그리고 그가, 바다의 고기와 공중의 새와 땅 위에 사는 온갖 들짐승과 땅 위를 기어다니는 모든 길짐승을 다스리게 하자" 하시고, 하나님이 당신의 형상대로 사람을 창조하셨으니, 곧 하나님의 형상대로 사람을 창조하셨다.…… 저녁이 되고 아침이 되니, 엿새 날이 지났다 (창세기 1 : 24-31).

이 장의 영적인 뜻으로 "하늘과 땅의 창조"에 의하여 태고교회(the Most Ancient Church)의 사람의 새로운 창조(the new creation) 즉 중생을 기술하고 있습니다. 이런 이유 때문에 여기서 "짐승"은 겉사람(the external man), 즉 자연적인 사람(the natural man)을 뜻하고, "사람"은 속사람(the internal man), 즉 영적인 사람(the spiritual man)을 뜻하고, 그리고 여기서 짐승들의 통치(=다스림)는 자연적인 사람을 다스리는 영적인 사람의 통치(=다스림)를 뜻합니다.
[19] 그가 그것들을 다스리는 통치권을 가지게 하기 위하여 자연적인 사람의 모든 정동들을 알게 하기 위하여 그 교회의 사람에게 그것이 부여되었다는 것은 창세기서의 이런 말씀들이 뜻합니다.

> 주 하나님이 들의 모든 짐승과 공중의 모든 새를 흙으로 빚어 만드시고, 그 사람에게로 이끌고 오셔서, 그 사람이 그것들을 무엇이라고 하는지를 보셨다. 그 사람이 살아 있는 동물 하나 하나를 이르는 것이, 그대로 동물의 이름이 되었다. 그 사람이 모든 집짐승과 공중의 새와 들의 모든 짐승에게 이름을 붙여 주었다(창세기 2 : 19, 20).

"이름은 부른다"(=이름을 붙여 주었다)는 것은 영적인 뜻으로 한 사물의 성질을, 즉 그것이 무엇인지를 아는 것을 뜻합니다. 그러므로 여기서는 모든 정동들·욕망들·쾌락들·식욕들의 성질들을 아는 것을 뜻하고, 그리고 또한 자연적인 사람의 생각들이나 성향들(性向·inclinations)을 아는 것을 뜻하고, 그리고 어떻게 그것들이 영적인 사람의 정동들이나 지각들에 일치하고, 대응하는지를 아는 것을 뜻합니다. 왜냐하면 그것은 창조 이래, 자연적인 사람의 모든 것들을 알게 하기 위하여 영적인 사람에게 부여되었기 때문이고, 동시에 그가 자연적인 사람을 다스리게 하기 위하여, 그리고 동의(=일치)하는 것들은 받아드리고, 불일치 하는 것(=동의하지 않는 것)은 배척하기 위하여, 따라서 자연적인 사람에 속한 것에 의하여 행해지는 결과들에 이르기까지 영적인 것이 되기 위하여 영적인 것과의 그것의 일치나 불일치를 지각하기 위하여 그것이 영적인 사람에게 주어졌기 때문입니다. 그러나 이러한 내용은 《천계비의》 142-146항에 충분하게 설명된 것을 참조하십시오.

[20] 성경말씀에서 "사람"(man)이 본래의 뜻으로는 속사람, 즉 영적인 사람을 뜻하기 때문에, 그리고 "짐승"(beast)은 겉사람, 즉 자연적인 사람을 뜻하기 때문에, 모든 짐승들과 새들을 노아에게 있는 방주에 오도록 한 하나님의 명령에 관해서 창세기에서는 이와 같이 기술되었습니다.

> 주께서 노아에게 말씀하셨다.…… "모든 정결한 짐승은 수컷과 암컷으로 일곱 쌍씩, 그리고 부정한 짐승은 수컷과 암컷으로 두 쌍씩, 네가 데리고 가거라."…… 정결한 짐승과 부정한 짐승과, 새와 땅 위를 기어다니는 모든 것도, 하나님이 노아에게 명하신 대로, 수컷과 암컷 둘씩 노아에게로 와서, 방주에 들어갔다(창세기 7:1-9).

"노아의 홍수"(Noah's flood)는 영적인 뜻으로 태고교회(=아담교회·the Most Ancient Church)의 파괴(=멸망)를, 그리고 또한 그 교회의 사람들에 대한 최후심판을 기술하고 있습니다. 그리고 "노아와 그의 아들들"은 꼭 같은 뜻으로 이른바 고대교회(=노아교회·the Ancient Church)라고 부르는, 뒤에 이어지는 그 교회를 뜻하고, 그리고 그 교회를 기술하고 있습니다. 이것에서 뒤이어지는 노아에게 있는 방주에 데려온 "짐승들"은, 그 교회의 사람들이 가지고 있는, 영적인 정동에 대응하는, 자연적인 사람의 정동들을 뜻합니다. 이런 내용들은 《천계비의》에 설명된 것을 참조하실 수 있겠습니다.

[21] "사람"이 속사람, 즉 영적인 사람을 뜻하고, "짐승"(beast)이 겉사람, 즉 자연적인 사람을 뜻하기 때문에, "이

집트"는 영적인 사람에서 분리된 자연적인 사람을 뜻하는데, 그 사람은 깡그리 멸망하였고, 그리고 더 이상 짐승 이외의 사람이 아니었습니다. 그러므로 이집트의 멸망은 그것이 일러진 곳에서 이렇게 다루어졌습니다. 출애굽기서의 말씀입니다.

> 그 때에 주께서 모세에게 말씀하셨다. "네가 하늘로 팔을 내밀면, 우박이 온 이집트 땅에, 그리고 이집트 땅에 있는 사람과 짐승과 들의 모든 풀 위에 쏟아질 것이다." 모세가 하늘로 그의 지팡이를 내미니, 주께서 천둥소리를 나게 하시고, 우박을 내리셨다. 벼락이 땅에 떨어졌다. 주께서 이집트 땅 위에 우박을 퍼부으신 것이다.…… 이집트 온 땅에서 우박이, 사람이나 짐승이나 할 것 없이, 들에 있는 모든 것을 쳤다. 우박이 들의 모든 풀을 치고, 들의 모든 나무를 부러뜨렸다(출애굽 9 : 22-25).

이 내용에 관해서는 《천계비의》의 설명을 참조하십시오. 동일한 것의 표징이나 표의의 목적을 위하여 이렇게 기술되었습니다. 출애굽기서의 말씀입니다.

> 그 날 밤에 내가 이집트 땅을 지나가면서, 사람이든지 짐승이든지, 이집트 땅에 있는 처음 난 것을 모두 치겠다…… 한밤중에 주께서 이집트 땅에 있는 처음 난 것들을 모두 치셨다(출애굽 12 : 12, 29).

그러나 다른 한편, 그 교회를 표징하는 이스라엘 자손들에게는 이렇게 명령되었습니다. 민수기서의 말씀입니다.

> 사람이거나 짐승이거나, 어떤 것이든지 살아 있는 것들의 태를 처음 열고 나온 것은, 모두 너의 것이다(민수기 18 : 15).

이런 것들이 "사람이나 짐승"이 표징하는 것이고, 표의하는 것이기 때문에, 고대교회에 영접, 수용된 거룩한 예전(a holy rite)에서 비롯된 것입니다. 요나서의 말씀입니다.

> 왕은 니느웨 백성에게 다음과 같이 선포하여 알렸다. "왕이 대신들과 더불어 내린 칙명을 따라서, 사람이든 짐승이든 소 떼든 양 떼든, 입에 아무것도 대서는 안 된다. 무엇을 먹어도 안 되고, 물을 마셔도 안 된다. 사람이든 짐승이든 모두 굵은 베 옷만을 걸치고, 하나님께 힘껏 부르짖어라. 저마다 자기가 가던 나쁜 길에서 돌이키고, 힘이 있다고 휘두르던 폭력을 그쳐라"(요나 3:7, 8).

650[D]. [22] "짐승들"이, 양쪽의 뜻으로, 정동들을 뜻하기 때문에, 어떤 짐승의 모양을 만드는 것을 금하고 있습니다. 신명기서의 말씀입니다.

> 땅 위에 있는 어떤 짐승의 형상이나, 하늘에 날아다니는 어떤 새의 형상이나, 땅 위에 기어 다니는 어떤 동물의 형상이나, 땅 아래 물 속에 있는 어떤 물고기의 형상으로라도 우상을 만들어서는 안 된다 (신명기 4:17, 18).

이 장절은 야곱의 후손들 때문인데, 그 후손들은, 그와 같이 불리운, 그들에게 있는 그 교회의 표징 때문입니다. "이스라엘의 자손들"(the sons of Israel)은 내적인 것이 결여(缺如)된 외적인 것들 안에 있었습니다. 다시 말하면 그들의 대부분은 온전히 자연적이었습니다. 그러므로 만약에 그들이 자신들에 대하여, 정동들이나 그와 같은 것들을 뜻하는, 어떤 짐승이나 새의 형상을 만든다면, 그들은 자신들을 위해서 우상들(idols)을 만들 것이고, 그것들을 예배, 숭배하였을 것입니다. 이러한 사실은 역시 다른 백성에 비하여 표징적인 것들의 많은 지식을 가지고 있었던 이집트 사람들이 자기 자신들을 위하여 짐승들의 형상들을 만든 이유입니다. 예를 들면 그들은 송아지들·뱀들이나 그 밖의 다른 많은 종류의 짐승들을 만들었습니다. 그럼에도 불구하고 처음에는 예배에 관계되는 것은 아니고, 다만 그것들의 뜻(意味) 때문이었습니다. 그러나 내적인 것에서 외적인 것이 되면서, 따라서 순전히 자연적인 것이 되면서 그들의 후손은 표징적인 것이나 표의적인 것으로 이것들을 우러르지 않았고, 다만 교회의 거룩한 것들로 우러렀고, 그리고 뒤에 가서는 그들은 그것들에게 우상적인 예배(=제사)를 드렸습니다. 이런 이유 때문에 전적으로 겉사람들이 되어버린, 그리고 그것으로 인하여 마음에서부터 우상숭배적인 것이 되어버린 야곱의 후손이 자기 자신들에 의하여 이런 것들의 형상을 만드는 것을 금지한 것입니다.

[23] 예를 들어 보겠습니다. 그들은, 이집트에 있을 때에, 그 뒤 광야에 있을 때에, 송아지들을 예배하였습니다. 그것은 "송아지"(a calf)가, 그것의 이노센스의 선과 더불어, 자연적인 사람의 첫 번째 정동들을 뜻하기 때문입니다. 여기나 저기의 이방 사람들(=이방 민족들)은 뱀들(serpents)을 숭배하였는데, 그것은 "뱀"이 자연적인 사람의 궁극적인 것을 가리키고, 그리고 그것의 용의주도(=영특함·用意周到·its prudence)나 그 밖의 다른 것들을 가리키는 감관적인 것을 뜻하기 때문입니다.

[24] "짐승들"이 자연적인 사람의 다종다양한 것들을 뜻하기 때문에, 성읍들이나 지역들이 짐승들이 도륙(屠戮)되는 저주받은 자에게 주어질 때 가끔 명령되었습니다. 이런 이유 때문에 "짐승들"은 저주받은 자에게 주어지는 사람들에게 있는 악들

이나 모독적인 것들을 뜻합니다. 짐승들의 모든 종류들이 교회의 사람들에 속한 다종다양한 것들을 뜻하기 때문에, 사람이 먹어도 되는 것과 먹으면 안 되는 것들을 가리키는 짐승들에 관한 율법들이 제정되었습니다(레위기 11장 참조). 먹을 수 있는 짐승들은 선들을 뜻하고, 먹을 수 없는 것들은 악들을 뜻합니다. 왜냐하면 그 때의 교회는 표징적인 교회(a representative church)였기 때문입니다. 그러므로 그것들에 관해 제정, 규정된 모든 개별적인 것은 표징적이고, 표의적이었습니다. 특히 짐승들은 표징적이고, 표의적이었습니다. 이런 것에 관해서 우리는 이런 말씀을 읽습니다. 레위기서의 말씀입니다.

> 그러므로 너는 정한 짐승과 부정한 짐승을 구별하여야 한다. 부정한 새와 정한 새를 구별하여야 한다. 내가 너희에게 부정하다고 따로 구별한 그런 짐승이나 새나 땅에 기어가니는 어떤 것으로도, 너희 자신을 부정하게 해서는 안 된다. 나 주가 거룩하니, 너희도 나에게 거룩한 사람이 되어야 한다. 나는 너희를 뭇 백성 가운데서 골라서, 나의 백성이 되게 하였다(레위기 20 : 25, 26).

[25] 이렇게 볼 때 다종다양한 짐승들이 희생제물로 허락된 이유를 잘 알 수 있겠습니다. 그 제물들은 예를 들면 어린 양들 · 양들 · 염소 새끼들 · 염소들 · 불깐소들 · 황소들이고, 그리고 또한 비둘기들이나, 산비둘기들입니다. 다시 말하면 그것들은 영적인 것들을 뜻하고, 그리고 영적인 근원에서 비롯된 자연적인 것들을 뜻합니다. "어린 양들"은 이노센스를 뜻하고, "양들"은 인애를 뜻하고, "불깐소들이나 황소들"은, 영적인 사람의 정동들에 대응하는 자연적인 사람의 정동들을 뜻합니다. 이런 이유 때문에, 희생제물들로 바쳐지는 짐승들은 그것들이

바쳐지는 이유에 따라서 다양각색이었습니다. 만약에 짐승들의 개별적인 희생제물이 교회에 속한 어떤 것을 뜻하지 않는다면, 이와 같은 규정은 없었을 것입니다.

[26] 오늘날 교회의 사람은, 성경말씀의 "짐승들"이나 "야생 짐승들"이 교회의 사람에게 속한 선이나 진리의 정동들을 뜻한다는 것을 거의 믿지 않기 때문에, 그것을 믿게 하기 위하여, 그리고 짐승들에 속한 어떤 것이 사람에게 속한 어떤 것을 뜻하는 것인지 이상하게 여기기 때문에, 나는 그것은 확증하는 방법으로 성경말씀에서 많은 장절들을 인용하고자 합니다. 에스겔서의 말씀입니다.

"사람아, 너는 이집트 왕 바로와 그의 무리에게 이렇게 전하여라.
'너의 위엄찬 모습을
누구와 비할 수 있겠느냐?
앗시리아는 한 때
레바논의 백향목이었다.
그 가지가 아름답고,
그 그늘도 숲의 그늘과 같았다.
그 나무의 키가 크고,
그 꼭대기는 구름 속으로 뻗어 있었다.……
너는 들의 모든 나무보다 더 높게 자랐다.
흐르는 물이 넉넉하여
굵은 가지고 무수하게 많아지고,
가는 가지도 길게 뻗어 나갔다.
너의 큰 가지 속에서는
공중의 모든 새가 보금자리를 만들고,
가는 가지 밑에서는
들의 모든 짐승이 새끼를 낳고,
그 나무의 그늘 밑에

모든 큰 민족이 자리잡았다.
네가 크게 자라서 아름다워지고,
그 가지들이 길게 자라 뻗친 것은,
네가 물 많은 곳에 뿌리를 내렸기 때문이다.……
그 나무의 키가 커지고, 그 꼭대기가 구름 속으로 뻗치면서, 키가 커졌다고 해서, 그 나무의 마음이 교만해졌다.…… 그래서 뭇 민족 가운데서 잔인한 다른 백성들이 그 나무를 베어서 버렸다. 그 가는 가지들은 산과 모든 골짜기에 쓰러져 있고, 굵은 가지들은 그 땅의 모든 시냇물 가에 부러져 있고, 세상의 모든 백성이 그 나무의 그늘에서 도망쳐 버렸다. 사람들이 이렇게 그 나무를 떠나 버렸다.
그 쓰러진 나무 위에
공중의 모든 새가 살고,
그 나무의 가지 사이에서는
들의 모든 짐승이 산다.
(에스겔 31 : 2, 3, 5-7, 10, 12, 13)

여기서 "이집트 왕과 그의 무리"는 그것 안에 있는 지식들(=과학지들)과 함께 자연적인 사람을 뜻하고, "앗시리아와 레바논의 백향목"은 한 부위의 지식들(=과학지들)에 의하여 형성된 합리적인 것을 뜻하고, "아름다운 가지와 우거진 숲의 그늘"은 그 지식들에 의한 합리적인 진리들을 통한 총명을 뜻합니다.
[27] "그 나무의 크기(=높이)는 들의 모든 나무보다 키가 더 크게 자랐다"는 것은 영적인 것으로 말미암아 내면적인 합리적인 것에까지 이른 고양(高揚 · elevation)을 뜻하고, "가지들은 물이 넉넉하여서 무수하게 많아졌다"는 것은 성경말씀에서 비롯된 진리의 앎(知識)에서 비롯된 영적인 진리들을 통한 풍부함을 뜻하고, "그 큰 가지 속에 그들의 보금자리를 짓는 공중의 새"는 합리적인 것들 안에 있는 영적인 생각들(=사상들)을 뜻합니다. 왜냐하면 합리적인 것은 속사람, 즉 영적인 사람과

겉사람, 즉 자연적인 사람 사이에 있는 중간매체(中間媒體 · the medium)이기 때문입니다. "그 나무의 가지 그늘 밑에 새끼를 낳는 들의 모든 짐승"은 합리적으로 지각된 지식들의 정동들을 뜻합니다.

[28] 그 나무 그늘에서 사는 "세상의 모든 백성"(=큰 민족)은 자연적인 사람 안에 있는 정동들의 선들을 뜻하고, "길게 뻗어 멋지게 자란 아름다운 가지들"은 총명을 뜻합니다. 한편, "그 쓰러진 나무 위에 사는 공중의 새와, 그 나무의 가지 사이에서 사는 들의 모든 짐승"은 생각들에 속한 거짓들을 뜻하고, 그리고 "그가 높이 위로 뻗겠다"고 하기 때문에 가지게 되는 욕망들에 속한 악들을 뜻합니다. 다시 말하면 자기 총명의 사랑에서 비롯된 자만스럽게 된 것을 뜻합니다. 진리의 생각들이나, 그것에 대한 정동들은 명확하게 "공중의 새들이나 들의 야생 짐승들"이 뜻합니다. 왜냐하면 "큰 민족들(=모든 백성)이 그 나무의 그늘에서 산다"고 언급되었기 때문입니다.

[29] 다니엘서의 말씀입니다.

> 땅의 한가운데 아주 높고 큰 나무가 하나 있는데, 그 나무가 점점 자라서 튼튼하게 되고, 그 높이가 하늘에 닿으니, 땅 끝에서도 그 나무를 볼 수 있었다. 나무는 잎이 무성하며 아름답고, 열매는 온 세상이 먹고도 남을 만큼 풍성하였다. 들짐승이 그 그늘 아래에서 쉬고, 그 큰 나무의 가지에는 하늘의 새들이 깃들며, 모든 생물이 그 나무에서 먹이를 얻었다.…… 거룩한 감시자가 하늘로부터 내려와서, 큰소리로 외치며 이렇게 명령하였다.
> "이 나무를 베고서 가지를 꺾고,
> 잎사귀를 떨고서 열매를 헤쳐라(=흩어 버려라).
> 나무 밑에 있는 짐승들을 쫓아 버리고,
> 가지에 깃든 새들을 쫓아내어라.

다만,
그 뿌리의 그루터기만 땅에 남겨 두고,
쇠줄과 놋줄로 동이고
들풀 속에 버려 두어라.
하늘의 이슬에 젖게 하고,
땅의 풀 가운데서
들짐승과 함께 어울리게 하여라.
또 그의 마음은 변하여서
사람의 마음과 같지 않고,
짐승의 마음을 가지고서
일곱 때(=일곱 해)를 지낼 것이다."
(다니엘 4:10-16)

이 장절은 바빌로니아 왕 느부갓네살의 꿈 이야기인데, 그리고 그것은 천적인 교회의 설시와 그 교회의 최고점에 이르기까지의 그 교회의 증대를 기술하고, 그리고 그 뒤 그 교회의 거룩한 것들을 지배하는 그것의 통치 때문에, 그리고 하늘(=천계)을 다스리는 권한 자체까지를 요구하는 것 때문에, 생긴 그것의 멸망을 기술하고 있습니다.

[30] 여기서 "땅 한가운데 있는 큰 나무"는 그 교회를 뜻하고, 그 나무의 "높이"는 지각의 신장(伸張)이나, 따라서 지혜의 범위를 뜻하고, "땅 끝에서 볼 수 있는 그것의 보임"(目擊)은 그 교회의 궁극적인 것에 이른 그것의 범위(=확장)를 뜻하고, "나무는 잎이 무성하여 아름답고 꽃도 많아서 아름다웠다"는 것은 진리나 선에 속한 지식들과 정동들을 뜻하고, 따라서 그것에서 비롯된 총명을 뜻합니다. "그 나무에는 모두가 먹을 양식이 있었다"는 것은 선에서 그리고 그것으로 인한 진리들에게서 비롯된 영적인 영양분을 뜻하고, "들짐승이 그 그늘 아래

에서 쉬고, 그 큰 나무의 가지에는 하늘의 새들이 깃든다"는 것은 선의 정동들을 뜻하고, 결과적으로는 생각들이나 진리의 지각들을 뜻합니다. 이런 것들이 영적인 먹거리에 속한 것이기 때문에 "모든 생물이 그 나무에서 먹이를 얻는다"는 말씀이 부연되었습니다.

[31] 그러나 바빌로니아 사람들이 요구한 지배나 통치를 가리키는 천계나 교회에 속한 거룩한 것들을 다스리겠다는 자기사랑에서 비롯된 그것의 통치나 지배 때문에 그것의 멸망의 내용이 이렇게 뒤이어지고 있습니다. 즉 "한 감시자, 한 거룩한 자가 하늘로부터 내려와서, 큰소리로 외치며 이렇게 명령하였다. 그 나무를 찍어 넘어뜨리고, 가지를 잘라 버리며, 잎을 떨어 버리고, 열매를 흩어 버려라! 짐승들을 그 아래에서, 새들을 그 가지에서 쫓아버려라"라고 기술하고 있습니다. 왜냐하면 자기사랑과 그것에서 비롯된 마음의 우쭐댐(=의기양양 · 意氣揚揚)은 교회의 거룩한 것들을 지배하려는 그들의 통치를 요구하는데까지 증대하였기 때문이고, 아니, 사실은 하늘(=천계)을 지배하겠다는 그들의 통치나 지배를 요구하기까지 증대하였기 때문입니다. 이러한 일이 일어나자, 교회의 모든 것은 멸망하였고, 심지어 선과 진리의 모든 지각이나 지식까지도 멸망하였습니다. 왜냐하면 영적인 것들이 거주(居住)하고 있는 마음의 내적인 것은 닫혀지고, 자연적인 것들이 살고 있는 마음의 외적인 것이 통치권(=지배권)을 가지고 있기 때문이고, 그리고 따라서 사람은, 그가 짐승들과 거의 다르지 않는데 이르게 될 때까지, 감관적인 것이 되었기 때문입니다.

[32] "땅에 남겨 둘 뿌리"(=뿌리등걸)는, 그것에 대해 이해되는 오직 문자를 가리키는 성경말씀을 뜻하고, 그리고 단순히 아는

그것은 기억에 사로잡혀 있고, 그것에서부터 언어에 퍼져, 들어갔습니다. 여기서 "쇠줄과 구리줄"(=쇠줄과 놋줄)은 닫혀진 내면적인 진리들이나 선들을 뜻하고, 그리고 궁극적인 것들 안에 사로잡혀 있는 그것들을 뜻하는데, 여기서 "쇠"(iron)는 궁극적인 것들 안에 있는 진리를 뜻하고, "구리"(=놋 · brass)는 궁극적인 것들 안에 있는 선을 뜻합니다. 이런 것들이 내면적인 것들에서 분리되었을 때, 이런 것들은 거짓들이나 악들을 가리킵니다. 그리고 그 때 교회에 속한 사람이 이해나 의지의 측면에서 거의 짐승과 같이 되기 때문에, 그리고 정동들에 속한 악들이나, 생각들에 속한 거짓들이 통치권을 쥐고 있기 때문에, "땅에 남겨 둔 뿌리"(=뿌리등걸)는 들풀 가운데 두어, "그것이 하늘의 이슬에 젖고, 땅의 초목 가운데서 짐승들과 함께 있도록 내버려 두어라. 또 그 마음이 인간의 마음에서 짐승의 마음으로 변하게 하여라"는 말씀이 언급되었습니다. 이와 같은 변화나 자리바꿈(inversion)은 교회에 속한 거룩한 것들을 지배하려는 그들의 요구 때문에, 종국에 천계(=하늘)를 지배하겠다는 그들의 요구 때문에 일어났다는 것은 우리의 본문장(다니엘 4장) 30-32절의 말씀에서 명확한데, 거기에는 이런 말씀이 언급되었습니다.

> (그는 혼자 중얼거렸다.) "내가 세운 이 도성, 이 거대한 바빌론을 보아라! 나의 권세와 능력과 나의 영화와 위엄이 그대로 나타나 있지 않느냐!" 이 말이 왕의 입에서 채 떨어지기도 전에, 하늘로부터 내려오는 말소리가 들렸다. "느부갓네살 왕아, 너에게 선언한다. 왕권이 너에게서 떠났다. 너는 사람 사는 세상에서 쫓겨나서 들짐승과 함께 살면서 소처럼 풀을 뜯어 먹을 것이다. 이와 같이 일곱 때를 지낸 다음에야, 너는 가장 높으신 분이 인간의 나라를 다스리신다는 것과, 그의 뜻에 맞는 사람에게 나라를 주신다는 것을 알게 될 것이

다"(다니엘 4 : 30-32).

[33] 바빌로니아 왕 "느부갓네살"은 천적인 교회의 시작과 그것의 증대, 심지어 지혜의 정점(頂點 · the pinnacle of wisdom)에 이른 증대를 뜻한다는 것은 다니엘서의 말씀에서 명확한데, 그것은 꿈 속에서 느부갓네살에 의하여 보여진 신상(神像)이 다루고 있습니다. 그것은 이렇게 언급되었습니다.

> 하늘의 하나님이 임금님께 나라와 권세와 힘과 영광을 주셨습니다. 사람과 들의 짐승과 공중의 새를, 그들이 어디에 있는지 임금님의 손에 넘겨 주시고, 이 모두를 다스리는 통치자로 세우셨습니다. 임금님은 그 금으로 된 머리이십니다(다니엘 2 : 37, 38).

여기서 "금으로 된 신상의 머리"는 모든 것 중에 첫째를 가리키는 천적인 교회를 뜻합니다. 그 교회는 처음에는 "바벨론의 왕"이 뜻하였는데, 주님의 예배를 가지고, 그리고 그분 사랑에서 비롯된 것으로 말미암아 시작된 바빌론, 즉 바빌로니아는 그 때 천계의 거룩한 선들이나 진리들에 의하여 그 교회를 확장하고, 보호하려는 열정으로 충만한 교회였지만, 그러나 아직까지는 숨겨져 있는 동기로 말미암아, 다시 말하면 지배를 실천하려는 욕망에서 점차적으로 깨어지고 파괴되었고, 종국에 그 교회는 바빌론, 또는 바빌로니아가 되었습니다. 그러나 이것에 관한 상세한 내용은 바빌론이 다루어지는 때에 설명 드리겠습니다.

650[E]. [34] 호세아서의 말씀입니다.

> 그 날에서는,
> 내가 이스라엘 백성을 생각하고,

> 들짐승과 공중의 새와
> 땅의 벌레와 언약을 맺고,
> 활과 칼을 꺾어버리며
> 땅에서 전쟁을 없애어,
> 이스라엘 백성이
> 마음 놓고 살 수 있게 하겠다.
> 그 때에
> 내가 너를 영원히 아내로 맞아들이고,
> 너에게 정의와 공평으로 대하고,
> 너에게 변함없는 사랑과 긍휼을 보여주고,
> 너를 아내로 삼겠다.
> (호세아 2 : 18, 19)

이 말씀은, 여기서 다루어지는, 주님께서 세우시는 새로운 교회(a new church)의 설시에 관해서 언급하고 있습니다. 확실하게는 여호와, 즉 주님께서 그 때 언약을 맺을 것이지만, 들의 들짐승, 공중의 새, 땅에서 기는 벌레와 언약을 맺는다는 것이 아니고, 그 사람 안에 그 교회가 세워질 그 사람들과 언약을 맺는다는 것입니다. 그러므로 이런 것들은 사람에게 있는 그런 것들을 뜻하는데, 다시 말하면 "들에 있는 들짐승"은 진리의 지식들에 속한 정동을 가리키고, "공중의 새"는 영적인 것에서 비롯된 합리적인 생각을 가리키고, "땅에 사는 벌레"는 자연적인 사람의 지식(=과학지)을, 그리고 개별적으로는 감관적인 지식을 가리킵니다. "그 때 그분께서 활과 칼을 꺾어버리고, 땅에서 전쟁을 없애 버린다"는 것은 그분께서 교리에 속한 진리들에게 거슬러 싸우는 거짓들을 멸망시킨다는 것을 뜻하고, 그리고 진리들과 거짓들 사이에 더 이상 그 어떤 다툼이나 논쟁 따위가 없을 것이고, 선들과 악들 사이에 그런 다툼이나 싸움이 없을 것을 뜻한다는 것은 "내가 너를 영원히 아내로 삼겠다"는 말씀이 뜻합니다.
[35] 이사야서의 말씀입니다.

> 들짐승들도 나를 공경할 것이다.
> 이리와 타조도 나를 찬양할 것이다.
> 내가 택한 내 백성에게
> 물을 마시게 하려고,
> 광야에 물을 대고,
> 사막에 강을 내었기 때문이다.
> (이사야 43 : 20)

명확하게 여기서 "들의 들짐승"·"용들"(=이리들)·"올빼미의 딸들"(=타조들)은 들의 들짐승·용들·올빼미들을 뜻하지 않습니다. 왜냐하면 이런 것들은 여호와를 찬양하지 않을 것이기 때문입니다. 이런 것들이 교회에 속한 사람들을 뜻한다는 것은 그 아래에 이어지는 것에서 명확합니다. 거기에는 "내가 택한 내 백성에게 마실 물을 준다"고 언급되었기 때문입니다. 그러므로 "들의 들짐승"이 진리의 지식들에 속한 정동들을 뜻한다는 것, "용들"이 자연적인 개념들을, "올빼미들의 딸들"이 감관적인 정동들을 뜻합니다. 왜냐하면 감관적인 것은 진리들에 의하여, 그리고 올빼미가 한밤에 대상물을 보는 것과 같이, 어둠 속에서 진리들을 보는 것에 의하여 감화 감동되기 때문입니다.
[36] 명확한 것은 그들에게 새로운 교회가 세워질 이방 사람들은 이와 같은 뜻을 뜻한다는 것인데, 왜냐하면 그들이 개혁(改革)되기 전에 이들은 이와 같은 불영명한 정동이나 자연적인 생각 안에 있기 때문입니다. "광야에 물을 대고, 사막에 강

을 내었다"는 말씀은, 무지의 상태에 있었던 자들이 진리들이나 그것에서 비롯된 총명으로 물들게 되었다는 것을 뜻합니다. 여기서 "물"(waters · 강)은 진리들을 뜻하고, "강들"은 총명을 뜻하고, "광야와 사막"(wilderness and desert)은 무지의 상태(ignorance)를 뜻하고, "나의 백성, 나의 택한 자(=내가 택한 내 백성)에게 물을 마시게 한다"는 것은, 믿음의 진리들이나, 인애의 선 안에 있는 자들을 가르치는 것을 뜻합니다. 여기서 믿음의 진리들 안에 있는 자들은 "백성"(people)이라고 하였고, 인애의 선 안에 있는 자들은 "택한 자"(the chosen)라고 하였습니다.
[37] 요엘서의 말씀입니다.

> 곡식이라고는 구경조차 할 수 없다.
> 우리 하나님의 성전(=집)에는
> 기쁨도 즐거움도 없다.……
> 풀밭이 없어,
> 가축들이 울부짖고,
> 소 떼가 정신없이 헤매며,
> 양 떼도 괴로워한다.……
> 시내에도 물이 마르고
> 광야의 초원이 다 말라서,
> 들짐승도 주께 부르짖습니다(=음식이 우리의 목전에서 끊어진 것이 아니냐? 정녕, 기쁨과 즐거움이 우리 하나님의 전으로부터 끊어지지 않았느냐?…… 짐승들이 어찌 신음하는지! 소 떼가 어찌할 바를 모르니, 이는 그들에게 초장이 없음이라. 정녕, 양 떼도 황폐케 되었도다.…… 들의 짐승들도 또한 주께 부르짖으오리니, 이는 강물들이 말랐고, 불이 광야의 초장들을 삼켰음이니라)(요엘 1 : 16, 18, 20).

이 말씀은 거기에 교리의 진리나 삶의 선(=선한 삶)이 더 이상 있지 않는 때를 가리키는, 그 교회의 상태를 기술하고 있습니다. "우리 하나님의 성전(=집)에서 구경조차 할 수 없는 곡식"(=양식)은, 선에서 비롯된 진리들에게서 비롯된 것을 가리키는 영적인 영양물을 뜻하고, "하나님의 성전"(=집 · the house of God)은 교회를 뜻합니다. "짐승이 신음하고, 가축의 떼(=소떼)가 어찌할 바를 모른다"는 것은 자연적인 사람에게 진리의 정동의 결핍이나 그것에서 비롯된 지식들의 정동들의 결핍을 뜻하고, 그리고 그것 때문에 생긴 슬픔(=비애)을 뜻합니다. 여기서 "가축"(droves of cattle)은 복합체적으로 자연적인 사람에 속한 것들을 뜻합니다.

[38] 거기에 "초장"(=풀밭 · pasture)이 없다는 것은 가르침(教育)이 전혀 없다는 것을 뜻하고, "양 떼가 황폐케 되었다"는 것은, 믿음이나 인애에 속한 것을 가리키는 영적인 진리와 선의 부족(=결핍)을 뜻하고, "들의 짐승도 헐떡거린다"(=이리 저리 방황한다)는 것은, 자연적인 정동 안에 있는 자들의 슬픔을, 결과적으로는 진리나 선에 속한 지식들에 대한 열망 안에 있다는 것을 뜻합니다. "강물이 말랐다"(=시내가 다 말랐다)는 것은 자연적인 사랑에 의하여 사라져버린 교리의 진리들을 뜻하고, "불이 광야의 초장들을 삼켰다"는 것은 그 사랑과 그것에서 비롯된 진리의 지식들의 파괴를 뜻합니다. "광야의 초장들"(=주거지들)은, 그렇지 않으면 교회의 진리들이나 선들을 영접, 수용하지 못하는 것을 가리키는, 그런 부류의 사람의 이해나 의지에 속한 것들을 뜻합니다.

[39] 같은 책의 말씀입니다.

　　땅아, 두려워하지 말아라.
　　기뻐하고 즐거워하여라.

> 주께서 큰 일을 하셨다.
> 들짐승들아, 두려워하지 말아라.
> 이제 광야에 풀이 무성할 것이다.
> 나무마다 열매를 맺고,
> 무화과나무와 포도나무도
> 저마다 열매를 맺을 것이다.
> 시온에 사는 사람들아,
> 주 너희의 하나님과 더불어
> 기뻐하고 즐거워하여라.
> (요엘 2 : 21-23)

이 말씀은 주님에 의하여 세워지는 교회의 설시에 관해서 언급하고 있습니다. "두려워하지 말고, 기뻐하고 즐거워할 땅"은 그 교회와 그 교회의 기쁨을 뜻하고, 그리고 주님에 의한 그 교회의 설시는 "주(=여호와)께서 큰 일을 하셨다"는 말씀이 뜻합니다. 그러므로 "그분의 들의 짐승들"은, 선에 속한 정동들 안에 있는 자들을 뜻하고, 그리고 성경말씀에서 비롯된 가르침(敎育)을 열망하는 자들을 뜻합니다. 여기서 "짐승들"은 자연적인 사람에게 속한 선의 정동들 안에 있는 자들을 뜻하고, 여기서 "들"(fields)은 성경말씀에서 비롯된 교리적인 것들을 뜻합니다.

[40] "이제 광야에 풀이 무성할 것이다"(=광야의 목초지가 푸르게 된다)는 말씀은 그전에는 결코 없었던 자들에게 있는 진리나 선의 지식들을 뜻합니다. "나무마다 열매를 맺는다"는 것은, 이런 지식들을 통하여 삶에 속한 선(=선한 삶)을 열매맺는 것을 뜻합니다. 왜냐하면 "나무"(a tree)는 교회에 속한 사람을 뜻하고, 개별적인 뜻으로는 이런 지식들로 물든 마음을 뜻하기 때문입니다. 그리고 여기서 "열매"(fruit)는 삶에 속한 선(=선한

삶 · the good of life)을 뜻하고, "무화과나무와 포도나무가 저마다 열매를 맺을 것이다"(=풍성한 열개를 낼 것이다)는 말씀은 자연적인 선이나 영적인 선에서 비롯된 열매를 맺는 것을 뜻합니다. "들의 짐승들"·"나무"·"무화과나무"·"포도나무"가, 앞에서 언급한 것과 같이, 그 교회의 사람에게 있는 그런 것들을 뜻하기 때문에, "시온의 아들들"(=시온에 사는 사람들)은 천적인 교회에 속한 자들을 뜻하고, 그리고 따라서 "기뻐한다"는 것은 선에 속한 기쁨을 서술하고, "즐거워한다"는 것은 진리의 즐거움을 서술합니다.

[41] 에스겔서의 말씀입니다.

> "곡이 이스라엘 땅을 쳐들어오는 그 날에는, 내가 분노와 격분과 울화를 참지 못할 것이다. 불 같이 격노하면서, 그 때에 내가 선언하여 이스라엘 땅에 큰 지진이 일어나게 할 것이다. 바다의 물고기와 공중의 새와 들의 짐승과, 땅에 기어다니는 모든 벌레와, 땅 위에 있는 모든 사람이 내 앞에서 떨 것이며, 산이 무너지고, 절벽이 무너지고, 모든 성벽이 허물어질 것이다(에스겔 38 : 18-20).

여기서 "곡"(Gog)은 내적인 거룩함이 결여된 외적인 거룩함을 뜻하고, 따라서 그런 부류의 거룩함 가운데 있는 자들을 뜻합니다. 그리고 여기서 "지진"은 교회의 상태의 변화를 뜻하고, "바다의 물고기와 공중의 새와 들의 짐승과 땅에 기어다니는 모든 벌레와 땅 위에 있는 모든 사람이 내 앞에서 떨 것이다"는 말씀은 그 사람에게 있는 교회에 속한 것들에 관한 사람의 모든 것들이 변할 것이라는 것을 뜻합니다. 여기서 "바다의 물고기"는 지식들(=과학지들)을 뜻하고, "공중의 새"는 그것에서 비롯된 생각들을 뜻하고, "들의 짐승들"은 그것에서 비롯된 정동들을 뜻하고, "땅에 기어다니는 벌레"는 관능적 감관적인 것 안에 있는 생각들이나 정동들을 뜻하고, "사람"은 처음서부터 마지막까지의 모든 것들을 뜻합니다. 만약에 그렇지 않다면 주님(=여호와) 앞에서 떨 것이라고 언급된 이유가 무엇이겠습니까?

[42] 스가랴서의 말씀입니다.

> 그 날이 오면,
> 주께서 보내신 크나큰 공포가
> 그들을 휩쌀 것이다.
> 그들은 서로 손을 잡고,
> 저희들끼리 손을 들어서 칠 것이다.
> 유다 사람들도 예루살렘을 지키려고,
> 침략자들과 싸울 것이다.……
> 말과 노새와 낙타와 나귀 할 것 없이,
> 적진에 있는 모든 짐승에게도,
> 적군에게 내린 이같은 재앙이 내릴 것이다.
> 예루살렘을 치러 올라온
> 모든 민족 가운데서
> 살아 남은 사람들은,
> 해마다 예루살렘으로 올라와서
> 왕이신 만군의 주께 경배하며,
> 초막절을 지킬 것이다.
> (스가랴 14 : 13-16)

이 장절은 옛 교회의 마지막 상태와 새로운 교회의 시작을 기술하고 있습니다. 옛 교회의 마지막 상태는 "유다도 예루살렘과 싸우는 크나큰 공포"에 의하여 기술되었는데, 그것은 그 때의 변화를 뜻하고, 그리고 그 교회의 교리의 진리들에 거스르는 악에 속한 사랑에 속한 싸움을 뜻합니다. "말·노새·낙타·나귀와 그 장막들 안에 있게 될 모든 짐승들의 재앙"은 교회나, 교회의 사람들의 영적인 삶(=생명)을 해치고, 파괴하는 그런 것들을 뜻하는데, 여기서 "말·노새·낙타·나귀"는 그들의 이해나 의지에 속한 것들을, 따라서 그들의 지식들이나 정동들에 속한 것들을 뜻합니다. 그러나 "말·노새·낙타·나귀"가 개별적으로 뜻하는 것이 무엇인지는 적절한 곳에서 설명하겠습니다. 그러나 여기서는 단순하게 "짐승"이 자연적인 사람의 정동을 뜻하고, "짐승의 재앙"은 그와 같은 정동을 해치는 것이나 파괴하는 것을 뜻한다는 것만 설명하겠습니다.

[43] 예레미야서의 말씀입니다.

> 이 땅이 언제까지 슬퍼하며,
> 들녘의 모든 풀이 말라 죽어야 합니까?
> 이 땅에 사는 사람의 죄악 때문에,
> 짐승과 새도 씨가 마르게 되었습니다.
> (예레미야 12 : 4)

여기서 "땅"(land)은 교회를 뜻하고, "들녘의 모든 풀"은 솟아 올랐거나, 솟아오르는 그 교회의 진리를 뜻하고, "슬퍼한다, 말라 버린다"는 것은 탐욕들이나 정욕들에 의하여 멸망하는 것이나 소멸하는 것을 뜻합니다. "씨가 마르게 될 짐승이나 새"는 선에 속한 정동들이나, 그것에서 비롯된 진리에 속한 생각들을 뜻합니다. 결과는 이런 것들이 그 교회 안에 있는 악들에 속한 추론에 의하여 멸망할 것이라는 것입니다. 그러므로 "이 땅에 사는 사람의 죄악 때문이다"는 말씀이 부연된 것입니다.

[44] 이사야서의 말씀입니다.

> 산의 독수리들(=새)과 땅의 짐승들이
> 배불리 먹도록
> 그것들을 버려 두실 것이니,
> 독수리가 그것으로 여름을 나고,
> 땅의 모든 짐승이
> 그것으로 겨울을 날 것이다.
> (이사야 18 : 6)

이 말씀은 "날개들로 그늘진 땅"에 관해서 언급하고 있는데, 그것은 교회를 뜻합니다. 불영명 때문에 그것은 영적인 진리들에 대한 허상들(虛像 · imaginary things)을 움켜잡고 있고, 따라서 무지(無知)로 말미암아 이런 진리들의 부인이나 배척에 빠지게 되었습니다. 여기서 "새나 짐승"은 합리적인 것이나 자연적인 것 양자의 진리의 생각들이나 선의 정동들을 뜻하는데, 그것은 "몹시 싫어하고, 경멸한다"는 말이 뜻합니다. 여기서 명확한 것은 새나 모든 짐승을 몹시 싫어하지 않고, 경멸하지 않지만, 그러나 선의 정동들이나 진리의 생각들을 싫어하고, 경멸한다는 것, 다시 말하면 이런 것들 안에 있는 자들은 싫어하고, 경멸한다는 것입니다.

[45]호세아서의 말씀입니다.

> 있는 것이라고는
> 저주와 사기와 살인과 도둑질과
> 간음뿐이다.
> 살육과 학살이 그칠 사이가 없다.
> 그렇기 때문에 땅은 탄식하고,
> 주민은 쇠약해질 것이다.
> 들짐승과 하늘을 나는 새들도 다 야위고,
> 바다 속의 물고기들도 씨가 마를 것이다.

11장 7-19절 67

(호세아 4 : 2, 3)

여기서도 역시 "들의 들짐승"이나 "하늘을 나는 새들"이나 "바다 속의 물고기들"은 위에 언급한 것과 유사한 뜻을 뜻합니다.
[46] 에스겔서의 말씀입니다.

> "너 사람아, 날개 돋친 온갖 종류의 새들과 들의 모든 짐승에게 전하여라. '너희는 모여 오너라. 내가, 너희들이 먹을 수 있도록 이스라엘의 산 위에서 희생제물을 잡아서, 큰 잔치를 준비할 터이니, 너희가 사방에서 몰려와서, 고기도 먹고 피도 마셔라. 너희는 용사들의 살을 먹고, 세상 왕들의 피를 마셔라. 바산에서 살지게 기른 가축들, 곧 숫양과 어린 양과 염소와 수송아지들을 먹듯이 하여라. 너희는 내가 너희에게 주려고 준비한 잔치의 제물 가운데서 기름진 것을 배부르도록 먹고, 피도 취하도록 마셔라. 또 너희는 내가 마련한 잔칫상에서 군마와 기병과 용사와 모든 군인을 배부르게 뜯어 먹어라.'…… 내가 이와 같이 여러 민족 가운데 내 영광을 드러낼 것이니, 내가 어떻게 심판을 집행하며, 내가 어떻게 그들에게 내 권능을 나타내는지, 여러 민족이 직접 볼 것이다(에스겔 39 : 17-21).

이 장절은 이방 사람들을 그 교회에의 불러모음(召集 · the calling)과, 삶에 속한 선을 가리키는 사랑의 선 안에 있는 그들의 교회의 진리의 수용을, 결과적으로는 영적인 것들 안에 있는 그들의 총명의 수용에 관해서 언급하고 있습니다. 그러므로 이스라엘 산 위에 준비한 큰 잔치의 희생제물에 사방에서 몰려올 "날개 돋친 온갖 종류의 새들과 들의 모든 짐승"은 그들이 진리의 지각이나 선의 정동에 관해서 그들에게 있게 될 그 어떤 모든 상태를 뜻합니다. 여기서 "날개 돋친 온갖 종류의 새들"은 그들이 차지하게 될 그 어떤 종류의 진리의 지각을 뜻하고, "들의 모든 짐승"은 그들이 차지할 어떤 종류의 선의 정동을 뜻합니다. "사방에서 몰려온다"는 것은 모든 방위에서 온 교회 밖에 있는 자들을 뜻합니다.

[47] "큰 잔치의 희생제물"은 믿음과 사랑에서 비롯된 주님의 예배를 뜻합니다 왜냐하면 일반적으로 "희생제물"(sacrifices)은 주님의 예배를 뜻하기 때문입니다. 여기서 "이스라엘의 산"은 영적인 사랑의 선들을 뜻합니다. "고기를 먹고 피를 마신다"는 것은 사랑의 선이나 그 선의 진리를 자기 자신에게 전유(專有)하는 것을 뜻합니다. "용사들의 살을 먹고, 세상 왕들의 피를 마신다"는 것은 그런 전유를 뜻하는데, 여기서 "용사"(=황소들 · the mighty)는 자연적인 사람의 정동들을 뜻하고, "세상 왕들"(=땅의 통치자들 · the princes of the earth)은 교회의 으뜸되는 진리들을 뜻하고, 바산에서 살지게 기른 "숫양 · 어린 양 · 염소 · 수송아지들"은 이노센스 · 사랑 · 인애 · 선에 속한 모든 것들을 뜻하고, "바산에서 살지게 기른 것"은 영적인 근원에서 비롯된 자연적인 사람의 선들을 뜻합니다.

[48] 이상에서 볼 때 명확한 것은, "고기를 배부르도록 먹고, 피도 취하도록 마신다"는 말이 뜻하는 것이 무엇인지 잘 알 수 있다는 것, 다시 말하면 사랑의 모든 선이나 믿음의 모든 진리로 가득 채워진다는 것입니다. "주님의 식탁에서 군마와 병거로 배부르게 먹고, 그리고 용사와 모든 군인을 배부르게 먹는다"는 것은 성경말씀으로 충분하게 가르침을 받는다는 것을 뜻합니다. 여기서 "말"(horse)은 진리의 이해를 뜻하고, "병거"(=전차 · chariot)는 진리의 교리를 뜻하고, "용사와 모든 군인"(the mighty and the man of war)은 악에 속한 거짓에 대항하여 싸우는 선에 속한 진리를 뜻합니다. 그리고 이것이 주님

의 교회에 초청된 이방 사람들의 소집을 뜻하기 때문에, 뒤이어 "내가 어떻게 그들에게 내 권능을 나타내는지, 여러 민족이 직접 볼 것이다"는 말씀이 부가, 부연되었습니다. 여기서 "영광"(glory)은 빛 가운데 있는 신령진리를 뜻합니다.

[49] 이러한 내용이 "날개 돋친 새와 들의 짐승"의 뜻이라는 것은 앞에서 설명된 장절들에게서 잘 알 수 있고, 그리고 이사야서의 이런 말씀에서도 잘 알 수 있겠습니다. 그 책의 말씀입니다.

> 쫓겨난 이스라엘 사람을 모으시는
> 주 하나님께서 말씀하신다.
> "내가 이미 나에게로 모아 들인 사람들 외에
> 또 더 모아 들이겠다."
> 들짐승들아,
> 와서 나의 백성을 잡아먹어라.
> 숲 속의 짐승들아
> 와서 나의 백성을 삼켜라.
> (이사야 56 : 8, 9)

여기서 주님께서 모으시는 "쫓겨난 이스라엘 사람"은, 악에서 비롯된 거짓들 안에 있는 자들에게서 분리된 선에서 비롯된 진리들 안에 있는 교회 안에 있는 모두를 뜻합니다. 이들이 바로 "주님 여호와의 들의 짐승들"이 뜻하는 자들입니다. 여기서 "들"(fields)은 교리의 전리의 이식(移植)과의 관계에서 교회를 뜻하고, 그러나 그 교회 밖에 있는 이방 사람들은 "숲 속의 짐승"이 뜻하고, 여기서 "숲"(the forest)은 자연적인 사람이나 감관적인 사람을 뜻하고, "들짐승"은 그것의 지식(=과학지)을 뜻하고, 그리고 그것에서 비롯된 불영명한 총명을 뜻합니다. 명확하게 이러한 내용은 "들의 짐승들"이나 "숲 속의 짐승들"이 뜻하는데, 그것은 "와서 나의 백성을 잡아 먹어라"라고 언급되었기 때문인데, 여기서 "잡아 먹는다"(=삼킨다 · to devour)는 것은 가르침(敎育)을 받는 것이나 전유를 뜻합니다.

650[F]. [50] 성경말씀에 있는 대부분은 반대적인 뜻을 가지고 있기 때문에, 그러므로 역시 그 뜻으로 "짐승" · "들짐승"은 나쁜 정동들을 뜻하는데, "짐승들"은 교회의 선들을 섞음질하고, 파괴하는 온갖 탐욕들을 뜻하고, "들짐승들"(wild beasts)은 교회의 진리들을 위화하고, 파괴하는 온갖 탐욕들을 뜻합니다.

[51] 아래 장절에는 이런 뜻으로 "짐승들"이나 "들짐승들"이 언급되었습니다. 에스겔서의 말씀입니다.

> 내가 그들 위에 목자를 세워 그들을 먹이도록 하겠다. 그 목자는 내 종 다윗이다. 그가 친히 그들을 먹이고, 그들의 목자가 될 것이다.…… 내가 그들과 평화의 언약을 세우고, 그 땅에서 해로운 짐승들을 없애 버리겠다. 그래야 그들이 광야에서도 평안히 살고, 숲 속에서도 안심하고 잠들 수 있을 것이다.…… 그들이 다시는 다른 나라에게 약탈을 당하지 않으며, 그 땅의 짐승들에게 잡아 먹히지도 않을 것이다. 그들이 평안히 살고, 놀랄 일이 전혀 없을 것이다(에스겔 34 : 23, 25, 28).

이 말씀은 주님의 강림과 천계의 지복(至福)의 상태와, 새로운 하늘(=새로운 천계)에 영입될 교회에 속한 자들의 상태에 관해서 언급하고 있습니다. 여기서 "주께서 세우실 목자인 종 다윗"은 주님을 뜻하는데, 그는 섬기고(serving), 돌보는(ministering)는 일로 말미암아, 다시 말하면 선용을 수행하는 것으로 말미암아 "종"(servant)이라고 불리웠습니다(본서

409[B]항 참조). "그들과 평화의 언약을 맺는다"는 것은, 그분에게서 발출하는 신령한 것들을 통한 주님과의 결합을 뜻하는데, 신령한 것들은 성경말씀에서 비롯된, 따라서 성경말씀을 통한 사랑에 속한 선들이나, 교리에 속한 진리들을 가리킵니다. "그 땅에서 해로운 짐승들을 없애 버린다"는 것은 그것들을 침략, 공격하고, 파괴하는 탐욕들이나 정욕들이 더 이상 없을 것이라는 것을 뜻합니다.

[52] "광야에서도 평안히 살고, 숲 속에서도 안심하고 잠들 수 있다"는 것은, 그들이 그것들 안에, 또는 그것들 가운데 있다고 해도, 그들이 탐욕들이나 정욕들에 의한 공격이나 습격으로부터 안전할 것이라는 것을 뜻합니다. 여기서 "광야"나 "숲 속"은 이런 것들이나 이런 부류의 인물들이 있는 곳을 뜻하는데, 이사야서 11장 7-9절의 뜻과 비슷합니다. 교회의 사람이 악이나 거짓의 탐욕들에 의하여 멸망하기 때문에 "그들이 다시는 다른 나라에게 약탈을 당하지 않으며, 그 땅의 짐승들에게 잡아 먹히지도 않을 것이다"는 말씀이 언급되었습니다. 여기서 "다른 나라들"은 악에 속한 탐욕들을 뜻하고, "땅의 짐승들"은 거짓에 속한 탐욕들을 뜻합니다.

[53] 예레미야서의 말씀입니다.

> 내 소유로 택한 내 백성이
> 내게 반항하였다.
> 숲 속의 사자처럼
> 내게 으르렁거리며 덤벼들었다.
> 내 소유로 택한 내 백성은
> 사나운 매들에게 둘러싸인 새와 같다.
> 모든 들짐승아, 어서 모여라.
> 몰려와서, 이 새를 뜯어먹어라.

> 이방 통치자들이
> 내 포도원을 망쳐 놓았다.
> 내 농장을 짓밟아 버렸다.
> 그들은 내가 아끼는 밭을
> 사막으로 만들어 버렸다.
> (예레미야 12 : 8-10)

이 말씀은 악에 속한 거짓들에 의한 교회의 황폐화에 관해서 언급하고 있습니다. "내 소유로 택한 내 백성"(=내 상속재산 · heritage)은 교회를 뜻합니다. "내게 으르렁거리며 덤벼드는 숲 속의 사자"는 복합체 안에 있는 악에 속한 거짓을 뜻합니다. "울긋불긋한 맹금"(=사나운 매들 · the bird Zabuah)은 거짓들에게서 비롯된 추론들을 뜻합니다. "이 새를 뜯어 먹기 위하여 몰려온 들짐승"은 거짓들에 의하여 교회의 진리들을 파괴하는 탐욕들이나 욕망들을 뜻합니다. 그리고 그와 같이 멸망할 교회가 언급되었기 때문에 "많은 목자들(=이방 통치자들)이 내 포도원을 망쳐 놓았다"(=짓밟아 버렸다)고 언급되었습니다. 여기서 "포도원"은 영적인 교회, 즉 진리의 정동과의 관계에서의 교회를 뜻합니다. 그리고 "포도원"이 그 교회를 뜻하기 때문에, 뒤이어지는 "들의 모든 들짐승"은 위화하는 탐욕을 뜻하고, 따라서 교회에 속한 진리들을 파괴하는 탐욕을 뜻합니다.

[54] 이사야서의 말씀입니다.

> 거기에는 사자가 없고,
> 사나운 짐승도
> 그리로 지나다니지 않을 것이다.
> 그 길에는 그런 짐승들은 없을 것이다.
> 오직 구원받은 사람만이

> 그 길을 따라 고향으로 갈 것이다.
> (이사야 35 : 9)

이 장절은 주님의 강림(the Lord's coming)과 천계와 땅(天地)에 있는 주님의 나라에 관해서 다루고 있습니다. 여기서 "사자"나 "사나운 짐승"(=사나운 들짐승)은 위에 언급된 것과 같은 뜻을 가지고 있습니다. 이러한 내용은 여기서 "들짐승"(wild beast) 이 들짐승을 뜻하지 않는다는 것은 모두에게 명확하게 합니다.
[55] 호세아서의 말씀입니다.

> 새끼 빼앗긴 암컷처럼 그들에게 달려들어,
> 염통을 갈기갈기 찢을 것이다.
> 암사자처럼,
> 그 자리에서 그들을 뜯어먹을 것이다.
> 들짐승들이 그들을
> 남김없이 찢어 먹을 것이다.
> (호세아 13 : 8)

여기서도 역시 "사자"나 "들짐승들"은 위의 뜻과 동일한 뜻을 가리킵니다.
[56] 스바냐서의 말씀입니다.

> 주께서 북녘으로 손을 뻗으시어
> 앗시리아를 멸하며,
> 니느웨를 황무지로 만드실 것이니,
> 사막처럼 메마른 곳이 될 것이다.
> 골짜기에 사는 온갖 들짐승이
> 그 가운데 떼를 지어 누울 것이며,
> 갈가마귀도 올빼미도

기둥 꼭대기에 깃들 것이며,
창문 턱에 앉아서 지저귈 것이다.
문간으로 이르는 길에는
돌조각이 너저분하고,
송백나무 돌보는 삭아 버릴 것이다.
본래는 한껏 으스대던 성,
안전하게 살 수 있다던 성,
"세상에는 나밖에 없다" 하면서,
속으로 뽐내던 성이다.
그러나 어찌하여
이처럼 황폐하게 되었느냐?
들짐승이나 깃드는 곳이 되었느냐?
지나가는 사람마다
비웃으며 손가락질을 할 것이다.
(스바냐 2:13-15)

이 장절들은 자기총면(self-intelligence)에서 비롯된 교리의 거짓들에 의한 교회의 황폐를 기술하고 있습니다. "주께서 그의 손을 뻗으신 북녘"은 거짓들 안에 있는 교회를 뜻하고, "주께서 멸망시킬 앗시리아"는 거짓들에게서 비롯된 추론들을 뜻하고, "주께서 황무지로 만드시고, 사막처럼 메마른 곳이 될 니느웨"는 교리의 거짓들을 뜻합니다. 여기서 "들짐승의 떼"(droves)·"민족의 들짐승"·"갈가마귀"·"올빼미" 등등은 거짓들에 속한 욕망들(=정동들)을 뜻하고, 그것들 자체들은 내면적인 거짓들이나 외면적인 거짓들을 뜻합니다.

[57] 이런 것들이 "깃들 기둥 꼭대기"(=상인방·chapiters)는 위화된 성언(=성경말씀)에서 비롯된 진리의 지식들을 뜻하고, "창문 턱에 앉아서 지저귈 그것들의 목소리"는 거짓에 속한 선언(=포고·the proclamation of falsity)을 뜻하고, "삭아 버릴

들보"(=문지방에 있을 황량함 · 가뭄)는 진리의 전적인 황폐(=폐허 · desolation)를 뜻하고, "들보로 만든 송백나무"(=백향목 · cedar)는 파괴된 합리성을 뜻합니다. "안전하게 살 수 있다고 으스대던 성"(=교만한 성)은 거짓의 교리를 뜻하는데, 그들은 그것들로 기뻐하였고, 거기에 머무는 것으로 기뻐하였습니다. "세상에는 나밖에 없다고 속으로 뽐낸다"는 것은 자기총명의 자만(自慢)을 뜻합니다. "들짐승이 깃드는 곳"은 진리들에 관하여 황폐하게 된 교회의 상태를 뜻하고, "비웃고, 손가락질 하며 지나가는 모든 사람"은 교리의 진리들이나 선들 안에 있는 자들에 의한 그런 것들에 대한 경멸(輕蔑)이나 배척(排斥)을 뜻합니다.

[58] 레위기서의 말씀입니다.

> 내가 땅을 평화롭게 하겠다. 너희는 두 다리를 쭉 뻗고 잘 것이며, 아무도 너희를 위협하지 못할 것이다. 나는 그 땅에서 사나운 짐승들을 없애고, 칼이 너희의 땅에서 설치지 못하게 하겠다(레위기 26:6).

이 말씀에서 "그 땅에서 평화를 누리리니, 너희가 누워도 너희를 두렵게 할 자가 아무도 없을 것이다"(=땅을 평화롭게 할 것이니, 너희는 두 다리를 쭉 뻗고 잘 것이며, 아무도 너희를 위협하지 못할 것이다)는 말씀은 교회에 침투한 거짓의 깨부심에서 비롯된 주님의 신뢰(信賴)에 의한 보호나 방어(protection)를 뜻합니다. "그 땅에서 사나운 짐승들을 없애 버리겠다"는 말씀은, 거짓에 속한 바람(=열망)이나 탐욕으로부터의 자유(自由 · freedom)를 뜻하고, "칼이 그 땅에서 설치지 못하게 하겠다"는 말씀은 거짓이 더 이상 진리를 파괴하지 못할 것이라는 것을 뜻합니다.

[59] 출애굽기서의 말씀입니다.

> 내가 말벌(=재앙 · 전염병)을 너희보다 앞질러 보내어, 히위 사람과 가나안 사람과 헷 사람을 너희 앞에서 쫓아내겠다. 그러나 나는, 땅이 황폐하여지고 들짐승이 많아질까 염려되므로, 한 해 안에 그들을 너희 앞에서 다 쫓아내지는 않겠다. 나는, 너희가 번성하여 그 땅을 너희의 소유로 차지할 때까지, 그들을 너희 앞에서 조금씩 쫓아내겠다(출애굽기 23 : 28-30).

"내가 말벌(=재앙 · 전염병 · 낙심한 마음 · the hornet)을 너희보다 앞질러 보낸다"는 말씀은 악에서 비롯된 거짓들 안에 있는 자들의 공포(=두려운 · dread)을 뜻하고, "그것이 히위 사람과 가나안 사람과 헷 사람을 너희 앞에서 쫓아내겠다"는 말씀은 온갖 악들에게서 비롯된 거짓들의 도주(=추방 · 逃走)를 뜻하고, "나는 한 해 안에 그들을 너희 앞에서 다 쫓아내지는 않겠다"는 말씀은 이들의 성급한 도주(=추방)나 이전(移轉)을 뜻하고, "그래야 그 땅이 황폐하여지지 않을 것이다"(=그 땅이 황무지가 되는 일이 없을 것이다)는 말씀은 거기에 영적인 삶(=생명)의 결핍(=부족)이나 또는 그것의 거의 없음을 뜻합니다. "들짐승이 번성하여 너희를 해치는 일이 없을 것이다"(=들짐승들이 너희를 대적하며 번식할 것이다)는 말씀은 자기사랑(自我愛)이나 세상사랑(世間愛)에 속한 쾌락들에게서 비롯된 온갖 거짓들의 유입(流入)을 뜻하고, "그들을 너희 앞에서 조금씩 쫓아내겠다"는 말씀은 질서에 일치하는 계도(階度)에 의한 이동이나 제거를 뜻하고, "너희가 번성할 때까지"(=네가 번성할 때까지)라는 말씀은 선의 증대에 일치한다는 것을 뜻하고, "그 땅을 너희의 소유로 차지할 때까지"(=네가 그 땅을 이어받을 때까지)라는 말씀은 어느 누구가 선 안에 있고, 중생되었을 때를 뜻합니다. 이런 것들의 자세한 내용은《천계비의》9331-9338항의 자세한 설명을 참조하십시오.
[60] 신명기서의 아래 말씀도 거의 이와 비슷한 뜻을 가지고 있습니다. 그 책의 말씀입니다.

> 주 너희의 하나님은 그 민족들을 너희 앞에서 차츰차츰 쫓아내실 것이다. 너희는 그들을 단번에 다 없애지 말아라. 그렇게 하였다가는 들짐승들이 번성하여 너희를 해칠지도 모른다(신명기 7:22).

이스라엘 자손들에 의하여 가나안 땅에서 쫓아냈고, 그리고 쫓아낼 "민족들"은 온갖 종류의 악들이나 거짓들을 뜻합니다. 여기서 "가나안 땅"은 교회를 뜻하고, "이스라엘 자손들"은 그 교회에 속한 사람들을 뜻합니다. 그러므로 그들을 해칠만큼 중대할 "들짐승"(=들의 야생짐승)은 악에서 비롯된 거짓에 속한 탐욕들(=욕망들)을 뜻합니다. 왜냐하면 그 사람 안에 있는 교회의 범위까지 개혁되고, 중생된 사람은 조금씩(=차츰차츰) 개혁되고, 중생되기 때문입니다. 왜냐하면 그 사람은 새롭게 수태되고, 태어나고, 교육을 받기 때문인데. 그리고 이러한 일은 출생에서부터, 그리고 유전(遺傳)적으로 그 사람 안에 있는 악들이나, 그것들의 거짓들은 제거(除去)되는 것(=옮겨지는 것)에 비례하게 행해지기 때문입니다. 그리고 이와 같은 일련의 일은 한 순간에 이루어지지 않고, 다만 한 생애(=일생)의 상당한 시간의 경과를 통해서 행해지기 때문입니다. 이러한 내용은 영적인 뜻으로 "단번에 그것들을 다 없애 버리면 들짐승이 번성하여 너희를 해칠지도 모른다"(=일 년 안에 쫓아내지 않고, 차츰차츰(=조금씩) 쫓아낼 그 민족들은, 그렇게 하면 들의 짐승들(=들짐승)이 너희를 해치지는 않을 것이다)는 말씀이 뜻하는 것이 무엇인지 명확하게 합니다. 왜냐하면 만약에 악들이나 그것에서 비롯된 거짓들 모두를 즉시 제거한다면, 사람은 거의 그 어떤 생명(=삶)을 가질 수 없기 때문입니다. 왜냐하면 그 사람이 태어날 때 그에게 유입된 생명은 악에 속한 생명이고, 그리고 결과적으로는 온갖 탐욕들이나 정욕들에게서 비롯된 거짓이기 때문에, 다만 그것들이 제거되는 것에 비례하여 선들이나 진리들은 그 사람에게 들어오기 때문입니다. 왜냐하면 이런 것들이 그것들을 제거하기 때문입니다.

650[G]. [61] 영적인 뜻으로 "들짐승"(wild beast)은 악에서 비롯된 거짓에 속한 탐욕들(=정욕들)을 뜻하기 때문에, 그리고 "새들"(birds)이 그것들에게서 비롯된 생각들이나 추론들을 뜻하기 때문에, 그리고 교회에 속한 사람은 이런 것들을 통하여 영적으로 멸망하기 때문에, 그러므로 성경말씀의 여기 저기에는 그 교회의 황폐(=폐허)가 다루어졌는데, 그 장절에는, 아래의 장절들에서와 같이, 그들이 먹혀지기 위하여 들짐승들이나 새들에게 주어진다고 언급되었습니다. 시편서의 말씀입니다.

> 멧돼지들이 숲에서 나와서 마구 먹고,
> 들짐승들이 그것을 먹어 치우게 하십니까?
> (시편 80:13)

호세야서의 말씀입니다.

> 포도나무와 무화과나무들을
> 내가 모조리 망쳐 놓을 것이다.
> 내가 그것들을 수풀로 만들어서,
> 들짐승들이 그 열매를 따먹도록 할 것이다.

11장 7-19절　　　　　　　　　　　　　　　　79

(호세아 2 : 12)

에스겔서의 말씀입니다.

> 내가 너희에게 기근과 사나운 짐승들을 보내어, 너희 자식들을 앗아 가도록 하겠다(에스겔 5 : 17).

이 말씀은, 교회를 뜻하는 예루살렘에 관해서 언급하였습니다. 같은 책의 말씀입니다.

> 들판에 있는 사람들은, 내가 들짐승들에게 잡혀 먹도록 하겠다(에스겔 33 : 27).

역시 같은 책의 말씀입니다.

> 목자가 없기 때문에, 양 떼가 흩어져서 온갖 들짐승의 먹이가 되었다(에스겔 34 : 5, 8).

역시 같은 책의 말씀입니다.

> 내가 너를 들짐승과 공중의 새에게
> 먹이로 주었다.
> (에스겔 29 : 5)

또한 같은 책의 말씀입니다.

> 땅바닥에 내던지고
> 들판에 내동댕이치겠다.
> 공중의 새를 데려다가

네 몸 위에 내려앉게 하며,
온 땅의 들짐승들이
너를 뜯어먹고, 배부르게 하겠다.
(에스겔 32 : 4)

예레미야서의 말씀입니다.

전쟁에서 죽거나 굶주려서 죽은 사람들의 시체는, 공중의 새와 들짐승의 먹이가 될 것이다(예레미야 16 : 4 ; 19 : 7 ; 34 : 20).

에스겔서의 말씀입니다.

나는 날개 돋친 온갖 종류의 사나운 새들과 들짐승들에게 너를 넘겨 주어서, 뜯어 먹게 하겠다(에스겔 39 : 4).

시편서의 말씀입니다.

그들이 주의 종들의 주검을
하늘을 나는 새들에게 먹이로 내주고,
주의 성도들의 살을
들짐승에게 먹이로 내주고,……
(시편 79 : 2)

예레미야서의 말씀입니다.

나는 이렇게 네 가지로 그들을 벌할 것이다. 그들을 칼에 맞아 죽게 하며, 개가 그들을 뜯어먹게 하며, 공중의 새가 그들의 시체를 쪼아 먹게 하며, 들짐승이 그들을 먹어 치우게 할 것이다(예레미야 15 : 3).

[62] 이 장절들에서 "들짐승이나 새들"은 악에 속한 탐욕(=정욕)에서 비롯된 거짓들을 뜻하고, 그리고 추론에서 비롯된 거짓들을 뜻합니다. 그리고 가나안 땅의 여러 "민족들"이 종교나 예배에 속한 악들이나 거짓들을 뜻하기 때문에, 야곱의 자손들은, 그들이 전쟁에서 살해된 그 민족의 죽은 시체들(=주검들)을 땅에 묻지를 않고, 오히려 새들이나 들짐승들이 먹어 버리게 하기 위하여 그것들을 그냥 버려두었습니다. 그러나 이렇게 하는 것은 신령명령(Divine command)에 의한 것은 아니고, 오히려 그 백성의 타고난 잔학성(the inborn cruelty)에서 비롯된 것입니다. 따라서 이런 부류의 것들을 드러내기 위한 허용(許容·permission)에 의한 것입니다.

[63] 시편서의 말씀입니다.

> 주님, 원수가 주님을 비난하고,
> 어리석은 백성이
> 주의 이름을 모욕하였습니다.
> 이 일을 기억하여 주십시오.
> 주께서
> 멧비둘기 같은 주의 백성의 목숨을
> 들짐승에게 내주지 마시고,
> 가련한 백성의 생명을
> 영원히 잊어버리지 마십시오.
> (시편 74 : 18, 19)

주님을 비난하는 "원수"(=적군)는 지옥을 뜻하고, 그것에서 비롯된 악을 뜻합니다. 주의 이름을 모욕하는(=경멸한다·업신여긴다·contemn) "어리석은 백성"은 교리의 진리들에 정반대되는 거짓들을 뜻합니다. 그리고 진리들 안에 있는 자들은 "백성"(people)

이라고 불리웠고, 반대적인 뜻으로 거짓들 안에 있는 자들은 "어리석은 백성"이라고 불리웠습니다. "주의 이름"(=여호와의 이름 · the name of Jehovah)은 교리나 교회에 속한 모든 진리를 뜻하고, "멧비둘기 같은 주의 백성의 목숨(=영혼)을 들짐승에게 내주지 않는다"는 것은 악에 속한 탐욕들(=정욕들)에 빠져 있는 자들에게 영적인 선을 주지 않는다는 것을 뜻합니다. "괴로움을 겪는 당신의 백성의 생명"(=가련한 백성의 생명)은 악들이나 거짓들에 의하여 고통을 받는 영적인 생명을 뜻합니다.

[64] 하박국서의 말씀입니다.

> 네가 레바논에서 저지른 폭력이
> 이제, 네게로 되돌아갈 것이다.
> 네가 짐승을 잔인하게 죽였으나.
> 이제는 그 살육이 너를 덮칠 것이다.
> 사람들을 학살하면서,
> 땅과 성읍과
> 거기에 사는 주민에게
> 폭력을 휘둘렀기 때문이다.
> (하박국 2:17)

이 말씀에서 "레바논에서 저지른 폭력"은 성경말씀에서 비롯된 합리적인 사람에 의하여 지각된 진리들에게 저지른 폭력(violence)을 뜻합니다. 왜냐하면 여기서 "레바논"은 합리적인 사람에게서 비롯된 진리의 측면에서 교회를 뜻하기 때문입니다. 그것들을 당황하게 할(=그것들을 공포에 떨게 할) "짐승들의 파멸이나 황폐"는 악에 속한 탐욕들(=정욕들)에 의한 진리들의 파괴(=파멸)를 뜻하고, 여기서 "사람들의 학살"(=사람들의 피)는 악들에 의한 성언에 속한 진리들에게 행한 폭력이나 폭행(=모독이나 불경)을 뜻하고, "땅과 성읍과 거기에 사는 주님에게 휘두른 폭력"은 그 교회의 진리들이나 선들에게 저지른 폭력을 뜻하고, 그리고 거짓들에 의한 성경말씀에서 비롯된 그 교회의 교리에 대하여 저지른 폭력을 뜻합니다.
[65] 신명기서의 말씀입니다.

> 나는 그들을 굶겨서 죽이고,
> 불 같은 더위와 열병으로 죽이고,
> 짐승의 이빨에 찢겨서 먹히게 하고,
> 티끌 속을 기어 다니는 독사의 독을
> 그들에게 보내겠다.
> (신명기 32 : 24)

여기서 "짐승들의 이빨"(the tooth of beasts)은 악에 속한 탐욕들(=정욕들)에 관한 감관적인 것을 뜻합니다. 왜냐하면 "이빨"은 감관적인 것을 가리키는, 사람의 생명에 속한 궁극적인 것에 대응하기 때문이고, "티끌 속을 기어다니는 독사의 독"은, 감관적인 사람의 온갖 오류들에 의한 진리들을 교활하게 왜곡시키는, 그것에서 비롯된 거짓들을 뜻합니다.
[66] 에스겔서의 말씀입니다.

> 내가 들어가서 보니, 놀라웁게도, 온갖 벌레와 불결한 짐승들과 이스라엘 족속의 모든 우상이 담벽 사면으로 돌아가며 그려져 있었다 (에스겔 8 : 10).

예언자에게 보여진 이런 것들이나 그 밖의 다른 많은 것들은 이스라엘 민족이 그것들에 빠져 있었던 매우 지독한 탐욕들이나 거짓들을 뜻하는데, 그것은 그들이 외적인 것들 안에만 있고, 전혀 내적인 것들 안에는 있지 않았기 때문입니다. 이런 부류의 인물들은 모든 표징적인 것들을 우상숭배적인 것들로 바꾸어 버렸습니다. 이것이 바로 그들의 우상숭배들(=사신 · 邪神 · idolatry)의 근원이고, 그리고 그 밖의 다른 민족의 우상숭배의 근원입니다. 그리고 자기 자신들을 위하여 만든 그것들의 형상들인 "짐승들이나 기는 것들"(the beasts and creeping things)입니다. 이런 것들은 선에 속한 정동들이나, 영특함(prudence)에 속한 정동들을 뜻하기 때문에, 이런 것들은 악이나 거짓에 속한 지독한 탐욕들의 표징이 되었습니다. 이러한 일은 영적인 것에서 분리된 자연적인 사람이 거룩한 것들을 우러르고, 주시할 때 일어나는 것입니다. 이것이 바로 이런 것들이 "이스라엘 집(=이스라엘 족속)의 우상들"이라고 불리운 이유입니다. 그것들이 그려져서 보여 진, "담벽 사면"(the wall round about)은 자연적인 사람 모든 것 안에 있는 내면적인 것들을 뜻합니다. 왜냐하면 "지붕"(roof)은 극내적인 것을 뜻하고, "마루"(floor)나 "바닥"(pavement)은 극외적인 것을 뜻하고, "벽들"(walls)은 내면적인 것들을 뜻하고, "집"(=가옥 · house)은 그의 마음에 속한 것들의 측면에서 그 사람 자신을 뜻하기 때문입니다. 자연적인 사람은 내면적이고 그리고 외면적입니다. 내면적인 자연적인 것은, 사람의 불결한 것들이 차지하고 있는 곳을 가리키고, 그리고 이와 같은 외면적인 것들은 누설(漏泄), 폭로(暴露)되지 않고, 다만 바르고 성실한 것처럼 선한 것들의 겉꾸밈(外現)을 드러내는 것입니다.

[67] "들짐승들"이나 "짐승들"이 정동들에 속한 이해의 선들(the goods of the understanding)이나 의지의 선들(the goods of the will)을 뜻하기 때문에, 대응(對應)들을 알고 있는 고대 사

람들은 이것들의 표징적인 모양이나 표의적인 모양을 만들었기 때문에, 그들은 처음에는 그것들을 숭배하지 않았지만, 그러나 내적인 것에서 아주 완전히 외적인 것이 되어버린 그들의 후손은 본질적으로 그것들을 신령한 것으로 숭배하였기 때문에, 그러므로 들짐승들이나, 짐승들은 그들의 우상들이 되어 버렸습니다. 이러한 사실은 이사야서에서 명확합니다. 그 책의 말씀입니다.

> 벨 신이 고꾸라졌고,
> 느보 신이 넘어졌다.
> 짐승과 가축이 그 우상들을 싣고 간다(=짐승과 가축 위에 실려 간다).
> 힘겹게 떠메고 다니던 것들이,
> 피곤한 짐승에게 무거운 짐이 되었다.
> (이사야 46:1)

이사야서에는 이런 것들에 관한 이런 예언도 있습니다.

> 이것은 남쪽의 짐승들(=네겝의 들짐승들)에게 내리신 경고의 말씀이다 (이사야 30:6).

여기서 이것들은 선의 섞음질들(adulterations)이나 진리의 위화들(falsifications of truth)을 뜻하는데, 이것들에서부터 오직 외적인 것들에만 머물러 있던 그 교회에 속한 자들에게 없는 온갖 종류의 악들이나 거짓들은 생성되었습니다. 그들이 "남쪽의 짐승들"(=네겝의 짐승들)이라고 불리웠는데 그것은 그들이 성경말씀을 가지고 있는 자들과 함께 있었기 때문인데, 그들은, 그것으로 말미암아, 성언에서 비롯된 진리의 빛 안에 있을 수 있었기 때문인데, 이것이 "남쪽"(the south)을 가리킵니다.

[68] 다니엘서의 말씀입니다.

> 이것은 다니엘이 한 말이다. "내가 밤에 환상을 보았는데, 동서남북 사방에서, 하늘로부터 바람이 큰 바다에 불어 닥쳤다. 그러자 바다에서 모양이 서로 다르게 생긴 큰 짐승 네 마리가 올라왔다. 첫째 짐승은 사자와 같이 보였으나, 독수리의 날개를 가지고 있었다.…… 다른 짐승 곧 둘째 짐승은 곰과 같았는데, 뒷발로 서 있었다.…… 또 다른 짐승이 나왔다. 그것은 표범처럼 생겼으나, 등에는 새의 날개가 네 개나 있었고, 머리도 네 개나 달려 있었다.…… 넷째 짐승이 나왔다. 그것은 사납고 무섭게 생겼으며, 힘이 아주 세었다(다니엘 7 : 2-7).

여기서 "바다에서 나온 짐승"은 지배적인 사랑(支配愛 · the love of dominion)을 뜻하는데, 그것은 성경말씀의 거룩한 것들을 가리키고, 그리고 그 교회는 그것을 수단들로서 섬기는 것으로 만들어 버렸습니다. 그리고 "네 짐승들"은 지배적인 사랑의 점진적인 증대를 뜻합니다. 그러므로 마지막의 짐승은 "사납고 무섭게 생겼다"고 하였습니다. 그러나 이것의 상세한 내용은 본서 316[C] · 556[A]항을 참조하십시오.

[69] 묵시록서의 같은 것들도 동일한 내용을 뜻합니다.

> 바다에서 올라온 짐승(묵시록 13 : 1-10).
> 땅에서 올라온 짐승(묵시록 13 : 11-18).
> 빨간 짐승(묵시록 17 : 3).
> 아비소스에서 올라온 짐승(묵시록 17 : 8).

이들 짐승들에 관한 자세한 내용들은 묵시록 19장 19, 20절에, 그리고 20장 10절에 언급되었습니다. 그러나 그 짐승 각각이 뜻하는 것이 무엇인지는, 이들 짐승들에 관해서 다루어지는 이 책의 아래에서 볼 수 있겠습니다.
[70] 이렇게 볼 때, 마가복음서의 이런 말씀들이 뜻하는 것이 무엇인지 잘 드러나고 있습니다. 그 책의 말씀입니다.

> 그리고 곧 성령이 예수를 광야로 내보내셨다. 예수께서 사십 일 동안 광야에 계셨는데, 거기에서 사탄에게 시험을 받으셨다. 예수께서 들짐승들과 함께 지내셨는데, 천사들이 그의 시중을 들었다(마가 1 : 12, 13).

광야에서의 사십 일 동안의 주님의 체류는, 예수님께서 온 세상의 다른 누구에 비하여 매우 심하게 참고, 겪으신 가장 처참한 모든 시험들의 기간(duration)을 표징합니다. 왜냐하면 "사십 일"(40일)은 시험들에 속한 전체적인 기간이나 시험들의 존속기간을 뜻하기 때문입니다. 따라서 다만 그 때만 주님께서 시험을 겪은 것이 아니고, 오히려 어린 아이 때부터 이 세상에서 그분의 일생을 마칠 때까지 시험을 겪으셨습니다. 그리고 그분의 마지막 시험은 겟세마네 언덕에서 있었습니다. 왜냐하면 온갖 시험들을 통해서 주님께서는 지옥을 정복하셨고, 그리고 또한 그분의 인성(人性 · His Humar.)을 영화하셨기 때문입니다. 주님의 시험들에 관해서는 《새 여루살렘의 교리》302항을 참조하십시오. 시험들이 지옥에서 온 악령들이나, 악귀들을 통해서 야기되기 때문에, 따라서 지옥을 통해서 일어나기 때문에, 그리고 그것에서부터 악들이나 거짓들, 그리고 그것들의 탐욕들이나 정욕들이 일어나기 때문에, 그러므로 여기서 "짐승들"은 주님과 함께 있었던 그 짐승들을 뜻하지 않고, 오히려 그것들에게서 비롯된 지옥이나 악들을 뜻합니다. 그분을 시중든 "천사들"은 천사들을 뜻하지 않고, 오히려 신령진리들을 뜻하고, 그분 자신의 능력에서 비롯된 그것을 통해서 주님께서는 지옥을 이기셨고, 정복하셨습니다. 성경말씀에서 "천사들"이 신령진리를 뜻한다는 것은 본서 130 · 200 · 302 · 593항을 참조하십시오.

651. 짐승이 그들과 싸워서 이기고, 그들을 죽일 것입니다.
이 말씀은 결과적으로 그 교회의 모든 선과 진리의 파괴를 뜻합니다. 이러한 내용은 사랑이나 인애의 선이나, 교회나 믿음의 진리를 가리키는 "두 증인들"이 뜻하는 것들을 파괴하는 것을 가리키는 "두 증인들과 싸워서 이기고, 그들을 죽일 것이다"는 말씀의 뜻에서 명확합니다. 이런 것들이, 지옥적인 사랑들(=욕망들)에게서 생겨나는 모든 종류의 고약한 탐욕들(=정욕들)을 가리키는, 영적인 사람의 정동들에게서 분리된 자연적인 사람의 정동들에 의하여 파괴될 것이라는 것은 "아비소스에서로부터 올라오는 짐승"이 뜻한다는 것, 그리고, 최후심판(the Last Judgment)이 일어날 때를 가리키는 교회의 마지막 때에 이런 일이 일어날 것이라고 예언된 것 등은 이미 앞에서 언급되었습니다. 성경말씀에서 "죽인다"(to kill)는 것은 영적으로 죽이는 것을 뜻하고, 그리고 그것은, 위에서 언급한 것과 같이(본서 315항 참조), 여기서는 사랑에 속한 선이나, 교리에 속한 진리를 파괴하는 것을 뜻합니다.

652[A]. 8절. 그들의 시체는 그 큰 도시의 넓은 거리에 내버리게 될 것입니다.
이 말씀은 교리에 속한 악들이나 거짓들에 의한 그것들의 멸절(滅絶)을 뜻합니다. 이러한 내용은 "두 증인들"이 뜻하는 사랑의 선이나 교리의 진리를 가리키는 "시체들"의 뜻에서 명확합니다. 왜냐하면 "살해된다"는 것은, 여기서는 영적으로 소멸된다는 것을 뜻하기 때문입니다. 그것은 그것이 그들 자신들 안에 있는 것들이 전적으로 파괴된 자들과 관계된 것이기 때문입니다. 마찬가지로 주님께서 "살해되었다" "죽게 되었다"가 언급된 것은, 신령선과 신령진리를 가리키는 그분에게서 비롯된 신령발출(the Divine proceeding)이 배척된다는 것, 다시 말하면 주님께서는 배척되고, 그들에 의하여 그들에게서 죽임을 당하셨고, 죽게 되었다는 것을 뜻합니다(본서 83항 참조). 이러한 내용은 교리에 속한 진리나 선을 가리키는, 반대적인 뜻으로는 교리에 속한 거짓이나 악을 가리키는 "그 큰 도시의 넓은 거리"의 뜻에서 명확합니다. 왜냐하면 "거리"(street)는 인도하는 진리를 뜻하고, 그리고 이것에 관해서는 곧 설명하겠지만, 반대되는 뜻으로는 인도하는 거짓(leading falsity)을 뜻하기 때문이고, "도시"(=성읍·city)는 교리를 뜻하기 때문입니다(본서 223항 참조). "그 큰 도시"가 언급되었는데, 그것은 "크다"(great)는 것이 선에 관해서 서술, 언급하고, 반대적인 뜻으로는 악에 관해서 서술하기 때문입니다. 그와 같은 것은 "많다"(many)는 것이 진리에 관해서, 그리고 반대적인 뜻으로는 거짓에 관해서 서술하는 것과 같습니다(본서 223[B·C]·336[A]·337항 참조). 지금 이러한 뜻은 "그 큰 도시의 넓은 거리에 버려진 두 증인들의 시체들"이 교리에 속한 거짓들이나 악들에 의하여 사랑이나 인애에 속한 선의 멸절(=소멸·extinction)이나 교리와 믿음에 속한 진리의 멸절을 뜻한다는 것을 명확하게 합니다. 그것이 교리에 속한 악들이나 거짓들을 뜻하기 때문에, 그 다음에는 "그 큰 도시는 영적으로 소돔 또는 이집트라고 한다"고 언급되었습니다. 여기서 "소돔"(Sodom)

은 사랑에 속한 악들을 뜻하고, "이집트"(Egypt)는 그것에서 비롯된 거짓들을 뜻하고, 그리고 그것에 관해서는 아래 이어지는 단락에서 설명되겠지만, 교회의 종말에는 그것에 의하여 교회가 멸망하는, 그것의 개별적인 각각은 교리에 속해 있습니다.

[2] 영적인 뜻으로 "길"(way)이 선으로 인도하는 진리를 뜻하고, 반대적인 뜻으로는 악으로 인도하는 거짓을 뜻하기 때문에 (본서 97항 참조), 여기서 "넓은 거리"(street)는 교리에 속한 진리를 뜻하고, 반대적인 뜻으로는 교리에 속한 거짓을 뜻합니다. 더욱이 영계에는 이 세상의 도시들이 있는 것처럼, 도시들이 있고, 거기에 넓은 거리들이 있습니다. 그리고 진리의 정동이나 그것에서 비롯된 총명의 측면에서 그것의 각각이 어떤 것인지는 단순히 그가 살고 있는 장소에서, 그리고 그가 걷고 있는 넓은 도로(=길들)에서 잘 알려져 있습니다. 진리의 명료한 지각의 상태에 있는 자들은 그 도시의 남녘에서 살고 있고, 역시 거기를 활보합니다. 그리고 명료한 사랑의 선에 속한 정동의 상태에 있는 자들은 그 도시의 동녘에 살고 있고, 거기를 활보합니다. 그리고 사랑의 선에 속한 불영명의 정동의 상태에 있는 자들은 서녘에 살고 있고, 거기를 활보하고, 그리고 진리의 불영명한 상태에 있는 자들은 북녘에 살고 있고, 거기를 활보하고 있습니다. 그러나 악에서 비롯된 거짓의 종지(宗旨 · the persuasion)에 있는 자들이 살고 있는 그 도시의 장소들은 앞서의 장소들과 정반대입니다. 이러한 내용은 "넓은 거리"(street)가 안내하는 진리나 또는 안내하는 거짓을 뜻한다는 이유를 명확하게 합니다.

652[B]. [3] "넓은 거리"(street)가 이런 뜻을 가지고 있다는

것은 아래의 장절들에게서 명확하게 알 수 있겠습니다. 예레미야서의 말씀입니다.

> "예루살렘에 사는 사람들아,
> 예루살렘의 모든 거리를 두루 돌아다니며,
> 둘러보고, 찾아보아라.
> 예루살렘의 모든 광장을
> 샅샅이 뒤져 보아라.
> 너희가 그 곳에서,
> 바르게 일하고 진실하게 살려고 하는 사람을
> 하나라도 찾는다면,
> 내가 이 도성을 용서하겠다."
> (예레미야 5:1)

여기서 "예루살렘의 모든 거리들이나, 거기의 모든 광장들"은 교회에 속한 자들의 정동이나 지각의 상태들에 일치하는 교리에 속한 진리들을 뜻하기 때문에, 그리고 "예루살렘"이 교리의 측면에서 교회를 뜻하기 때문에, "너희는 예루살렘의 거리들을 두루 돌아다녀 보고, 그리고 예루살렘의 광장을 살피고, 알아보고, 찾아 보아라"라고 언급되었습니다. 그리고 "공의"(公義 · 심판 · judgment)가 진리들에 관해서 언급하기 때문에, 그리고 모든 공의가, 진리들을 가리키는 율법이나 교훈들(precepts)에게서 오기 때문에, 그리고 "진리"가 교리에 속한 진리나 믿음에 속한 진리를 뜻하기 때문에, 따라서 "만약에 너희가 공의를 행하고, 진리를 찾는 자가 있다면, 내가 그 도성을 용서하겠다"는 말씀이 언급되었습니다. 여기서 "광장들"(=넓은 곳 · the open places)은 개별적으로는 그 도시의 모퉁이들(corners)을 뜻하고, 따라서 주거하는 장소들이 있는 지역들을 뜻합니다.

성읍들에 이런 것들이 있듯이, 영계에도 역시 명료하거나 불영명하지만, 그의 선의 정동이나, 그의 진리의 지각에 따라서 자신의 주거지(住居地 · his dwelling place)를 차지합니다. 그러므로 "광장들"은 각자의 정동이나 지각에 일치하는 진리들이나 선들을 뜻합니다.
[4] 이사야서의 말씀입니다.

> 그래서 공평이 뒤로 밀려나고,
> 공의가 멀어졌으며,
> 성실이 땅바닥에 떨어졌고,
> 정직이 발붙이지 못합니다(=공의가 뒤로 돌아서고, 정의가 멀리 섰나니, 이는 진리가 길에 쓰러졌고, 공평이 들어가지 못하기 때문이다)(이사야 59 : 14).

여기서 "공평"(=공의 · 심판)이나 정의(=공의)는 성경말씀에서는 진리와 선을 뜻하고, 그리고 이런 것들이 더 이상 존재하지 않는다는 것은 "공평이 뒤로 밀려나고, 공의가 멀어졌다"는 말씀이 뜻하는데, 그리고 그들이 교리에 속한 진리들에게서 멀리 떠나 방랑한다는 것, 결과적으로는 "진리가 길에 쓰러졌고, 공평(=정직 · rectitude)이 들어가지 못한다"는 말씀이 뜻합니다. 왜냐하면 삶에 속한 모든 선(=모든 선한 삶)은 교리에 속한 진리들에 의하여 터득되기 때문입니다. 왜냐하면 그것들에 의하여 사람은 그가 반드시 어떻게 살아야 하는지를 배우기 때문입니다. "넓은 거리"(street)가 진리가 인도하는 곳을 뜻하기 때문에, "진리가 길에 쓰러졌다"고 언급되었습니다.
[5] 나훔서의 말씀입니다.

> 병거들이 질풍처럼 거리를 휩쓸고,

광장에서 이리저리 달리니,
그 모양이 횃불 같고,
빠르기가 번개 같다.
(나훔 2 : 4)

여기서 "병거들"(=전차 · chariots)이 진리에 속한 교리적인 것들을 뜻하고, 그리고 "거리들"이나 "광장들"은, 위에서 언급한 것과 같이, 각자의 정동이나 지각에 일치하는 것을 뜻하기 때문에, "병거들이 질풍처럼 거리를 휩쓸고(=미친 듯이 질주하고), 그것들이 광장들에서 이리저리 달린다"(=돌진한다)는 말씀이 언급되었습니다. 여기서 "미친 듯이 질주한다"(to rage)는 것은 거짓들을 진리들이라고 부르는 것을 뜻하고, "광장을 이리저리 달린다"는 것은 탈선(脫線)하는 것이나 길을 잃는 것(to wander off)을 뜻합니다.

[6] 사사기서의 말씀입니다.

야엘의 날에, 길에는 발길이 끊어졌고,
나그네들은 뒷길로 다녔다.
이스라엘에는 마을 사람들이 없어졌다.
(=야엘 때에도,
큰 길에는 발길이 끊어지고,
길손들은 뒷길로 다녔다.……
이스라엘에서는 용사가 끊어졌다).
(사사기 5 : 6, 7)

이 장절은 드보라와 바락의 시가(詩歌)에 나오는 것인데, 이것은 그 교회의 진리의 황폐(desolation)를 다루고 있고, 그리고 그 이후의 그것의 회복(恢復)을 다루고 있습니다. 그것의 황폐는 "길에는 발길이 끊어졌고, 이스라엘에서는 용사가 끊어졌다"(=이스라엘에는 마을 사람들이 없어졌다)는 말씀에 의하여 기술되었습니다. 여기서 "길들이나 소로들"(ways and paths)은 "넓은 거리나 광장"의 뜻과 동일한 뜻을 가지고 있습니다. 다시 말하면 인도하는 교리의 진리들을 뜻합니다. "나그네가 다니는 뒷길"(=샛길)은 진리들에게서 탈선한 것을 뜻합니다.
[7] 이사야서의 말씀입니다.

> 무너진 성읍은 황폐한 그대로 있고,
> 집들은 모두 닫혀 있으며,
> 들어가는 사람이 하나도 없을 것이다.
> 거리에서는 포도주를 찾아 아우성 치고,
> 모든 기쁨은 슬픔으로 바뀌고,
> 땅에서는 즐거움이 사라진다.
> (이사야 24 : 10, 11)

"무너진 성읍"(=치욕의 성읍 · the city of emptiness)은, 진리는 전혀 없고, 거짓만 그것 안에 있는 교리를 뜻하고, "집"은 의지에 속한 선, 따라서 삶에 속한 선(=선한 삶)을 뜻합니다. 이렇게 볼 때 "무너진 성읍은 황폐한 그대로 있고, 집들은 모두 닫혀 있다"는 말씀이 뜻하는 것이 무엇인지 명확합니다. "거리에서는 포도주를 찾아 아우성친다"는 것은 진리의 결핍(缺乏)이나 거짓과 진리의 뒤섞임 때문에 생긴 슬픔(哀悼)을 뜻합니다. 여기서 "포도주"(wine)는 성언에서 비롯된 교회에 속한 진리를 뜻합니다. 그러므로 "거리들에서"라고 언급되었는데, 그것은 "거리"(=넓은 거리)는 역시 진리를 뜻하기 때문이고, 그리고 거리는 진리를 찾는 곳을 가리킵니다. "기쁨과 즐거움"(joy and gladness)이 언급되었는데, 그것은 "기쁨"(joy)은 선의 정동에서 비롯된 기쁨(delight)에 관해서 서술하기 때문이고, "즐거움"(gladness)은 진리의 정동에서 비롯된 기쁨(delight)에 관해서 서술하기 때문입니다. 그리고 이런 기쁨들이 사라질 것이라는 것은 "모든 기쁨은 슬픔으로 바뀌고, 땅에서는 즐거움이 사라진다"는 말씀이 뜻합니다.
[8] 예레미야서의 말씀입니다.

> 칭찬을 받던 도성,
> 나의 기쁨이었던 성읍이,
> 이처럼 버림을 받게 되었다.
> 그러므로 그 날에는
> 그 도성의 젊은이들이
> 광장에서 쓰러져 죽고,
> 모든 군인이 전멸을 당할 것이다.
> (예레미야 49 : 25, 26 ; 50 : 30)

"칭찬을 받던 도성"은 신령진리의 교리를 뜻하고, 그리고 "기쁨의 성읍"은 선의 정동에서 비롯된 기쁨을 뜻하고, 그리고 그것 안에 있는 진리를 뜻합니다. 여기서 "젊은이들"은 진리들에 의하여 총명스럽게 된 자들을 뜻하고, 그리고 진리의 이해가 소멸할 것이라는 것은 "젊은이들이 광장에서 쓰러져 죽는다"는 말씀이 뜻합니다. 여기서 "군인"(=전쟁의 사람들)은 거짓들에 대항하여 싸우는 진리들을 뜻하고, 그리고 거기에 거짓들에 대항하여 싸우는 진리의 방어(防禦)가 전혀 없을 것이라는 것은 모든 군인이 전멸을 당할 것이라는 말씀이 뜻합니다.
[9] 에스겔서의 말씀입니다.

> 너희는 이 성읍에서 수많은 사람을 죽여서, 그 모든 거리를 시체로 가득히 채워 놓았다(에스겔 11 : 6).

성경말씀에서 "살해된 자"(the slain)는 거짓들에 의하여 파괴, 파멸된 자들을 뜻합니다. 왜냐하면 그것에 의하여 그들이 살해된 "칼"(sword)은 진리를 파괴하는 거짓을 뜻하기 때문입니다. "성읍"(=도시)은, 앞에서 언급한 것과 같이, 진리에 속한 교리를 뜻하고, 그것으로 말미암아 "거리를 가득히 채운 시체"(=살해된 자)가 뜻하는 것이 무엇인지 잘 드러내고 있습니다. "시체로 거리를 가득히 채운다"는 것은 거짓들에 의하여 진리를 황폐하게 만드는 것을 뜻합니다.

[10] 애가서의 말씀입니다.

> 지난 날 맛있는 음식을 즐기던 이들이
> 이제 길거리에서 처량하게 되고,
> 지난 날 색동 옷을 입고 자라던 이들이
> 이제 거름 더미에 뒹구는구나……
> 이제 그들(=나실 사람들)의 얼굴이 숯보다 더 검고,
> 살갗과 뼈가 맞붙어서
> 막대기처럼 말랐으니,
> 거리에서 그들을 알아보는 이가 없구나.……
> 지도자들이
> 맹인들처럼 거리를 헤매지만,
> 피로 부정을 탄 몸이라서
> 아무도 그들의 옷자락을 만지지 않는다……
> 가는 곳마다 침략자들이 우리를 엿보니,
> 나다닐 수가 없었다.
> 우리의 끝이 가까이 왔고,
> 우리의 날이 다하였고,
> 우리의 마지막이 이르렀다.
> (애가서 4 : 5, 8, 14, 18)

여기서도 역시 "거리들"(streets)은 삶에 속한 선(=선한 삶)으로 인도하는 교리에 속한 진리들을 뜻하고, 그리고 또한 어느 누구나 반드시 그것에 따라서 살아야 할 진리들을 뜻합니다. 이 장절은 성경말씀(=성언)이 있는 교회를 다루고 있고, 그리고 진리의 측면에서 그것의 황폐를 다루고 있습니다. 그러므로 "지난 날 맛있는 음식을 즐기던 이들이 이제 길거리에서 처량하게 되었다"(=굶주려서 거기에 쓰러져 있다)는 말씀은 성경말씀에서 비롯된 본연의 진리들을 흡수, 도취(陶醉)되었던 자들이 더 이상 그 어떤 진리들도 가지고 있지 않다는 것을 뜻합니다. 여기서 "맛있는 음식"은 성경말씀(=성언)에서 비롯된 본연의 진리들(=순수한 진리들 · genuine truth)을 뜻합니다. "진홍색 옷을 입고 자란 자들이 잿더미를 껴안는다"(=색동 옷을 입고 자라던 자들이 이제 거름 더미에서 뒹군다)는 말씀은 성경말씀에서 비롯된 순수한 선들로 물들었던 자들이 악에 속한 거짓들 이외에는 아무것도 가지지 못하였다는 것을 뜻합니다. 여기서 "진홍색"(=색동 · crimson)은 성경말씀의 순수한 선을 뜻하고, 개별적으로는 진리에 속한 천적인 사랑을 뜻하고, "나실 사람들의 얼굴(=귀하신 얼굴 · the form of the Nazarites)이 숯보다 더 검고, 거리에서 그들을 알아보는 이가 없다"(=거리에서 사람들이 그들을 알아보지 못한다)는 것은, 신령진리가 어느 누구에게도 결코 드러나지 않는 그런 불영명의 상태에 그들이 있다는 것을 뜻합니다. 여기서 "나실 사람들"은 신령진리와의 관계에서 주님을 표징하고, 그러므로 그들은 주님에게서 비롯된 신령진리를 뜻합니다. "그들(=지도자들)이 맹인들처럼 거리를 헤매고, 피로 부정을 탄 몸이다"(=피로 자신들을 더럽혔다)는 말씀은, 그것들이 위화되었기 때문에 성경말씀의 진리들(=성언의 진리들)이 더 이상에 보이지 않는다는 것을 뜻합니다. 여기서 "맹인"(the blind)은 진리들을 보지 못하는 자들을 뜻합니다. "가는 곳마다 침략자들이 우리를 엿보니, 나다닐 수가 없다"(=그들이 우리의 발자취를 찾아다니니, 우리가 거리를 다닐 수 없도다)는 말씀은 타락으로 인도하는 것을 뜻하는데, 그러므로 어떻게 사는지 방법이 알려지지 않았다는 것을 뜻합니다. 여기서 "우리의 발자취를 찾아다닌다"(=우리를 엿본다)는 것은 거짓들에 의하여 타락으로 인도하는 것을 뜻하고, 그리고 "다닌다"(=걷는다 · to go)는 것은 사는 것을 뜻합니다. 그러므로 "거리를 다닌다"(=거리를 걷는다)는 것은 진리들에 따라서 사는 것을 뜻합니다.

[11] 스바냐서의 말씀입니다.

> 내가 뭇 나라를 칼로 베었다.
> 성 모퉁이의 망대들을 부수고
> 길거리를 지나다니는 자를 없애어,
> 거리를 텅 비게 하였다.
> 성읍들을 황폐하게 하여서
> 사람도 없게 하고,
> 거리에 살 자도 없게 하였다.
> (스바냐 3:6)

여기서 "멸망시킬 나라들"(=칼로 벨 뭇 나라들)은 교회에 속한 선들을 뜻하고, "부수어 버릴 성 모퉁이의 망대들"은 복합적으로 교회에 속한 진리들이나 선들을 뜻하는데, 여기서 "모퉁이들"(corners)의 뜻은 본서 417항을 참조하십시오. "성읍들을 황폐하게 하여서 사람도 없게 하겠다"(=거리들을 황폐시키고, 지나가는 자가 아무도 없게 만들겠다)는 교리에 속한 진리들을 뜻합니다. 왜냐하면 "성읍들을 황폐하게 하여서 사람도 없게 하고,

거기에 살 자도 없게 한다"는 것은 교리적인 것들을 뜻하는데, "사람"이나 "사는 자"(=주민 · inhabitants)는 성경말씀에서는 영적인 뜻으로 진리들이나 선들 안에 있는 모두를 뜻하고, 따라서 추상적인 뜻으로는 진리들이나 선들을 뜻합니다.
652[C]. [12] 스가랴서의 말씀입니다.

> 내가 시온으로 돌아왔다.
> 내가 예루살렘에서 살겠다.
> 예루살렘은 "성실한 도성"(=진리의 도성)이라고 불리고,
> 나 만군의 주의 산은
> '거룩한 산'이라고 불릴 것이다……
> 예루살렘 광장에는 다시,
> 남녀 노인들이 한가로이 앉아서 쉴 것이며,
> 사람마다 오래 살아
> 지팡이를 짚고 다닐 것이다.
> 어울려서 노는 소년 소녀들이
> 이 도성의 광장에 넘칠 것이다.
> (스가랴 8 : 3-5)

이 장절은 주님의 강림에 관해서, 그리고 그분에 의하여 세워질 새로운 교회에 관해서 언급하고 있습니다. 여기서 "시온"은 사랑의 선의 측면에서 교회를 뜻하고, 그리고 "예루살렘"은 교리의 진리들의 측면에서 그 교회를 뜻합니다. 그러므로 예루살렘은 "성실한 도성"(=진리의 도성 · the city of truth)이라고 불리웠습니다. "예루살렘 광장에서 다시 사는 남녀 노인들"은 교리의 진리들을 통한 총명한 것들이나 지혜로운 것들을 뜻합니다. "어울려서 노는 소년 소녀들이 이 도성의 광장에 넘칠 것이다"는 말씀은, 진리와 선의 정동들을 뜻하고, 그리고 그것들

의 기쁨들을 뜻하는데, 그것에는 교리의 진리들 가운데 사는 자들이 많을 것이라는 것을 뜻합니다.
[13] 예레미야서의 말씀입니다.

> 유다 사람들아, 너희가 섬기는 신들은 너희가 사는 성읍 수만큼이나 많고, 너희가 바알에게 분향하려고 세운 그 부끄러운 제단은 예루살렘의 골목길 수만큼이나 많구나!(예레미야 11 : 13)

"유다 사람들아, 너희가 섬기는 신들은 너희가 사는 성읍 수만큼이나 많다"(=유다야, 너의 신들이 너의 도시만큼이나 많다)는 말씀은, 거기에는 교리적인 것들을 가리키는 수많은 거짓들이 있다는 것을 뜻하고, 여기서 "성읍들"(cities)은 교리적인 것들을 뜻하고, "신들"(gods)은 종교에 속한 거짓들을 뜻합니다. "너희가 그 수치스러운 것을 위해 세운 제단이 예루살렘의 거리만큼이나 많다"(=너희가 세운 그 부끄러운 제단은 예루살렘의 골목길 수만큼이나 많다)는 것은, 거기에는 교리의 거짓들을 가리키는, 온갖 종류의 수많은 예배를 뜻합니다. 여기서 "거리들"(=골목)이나 "길들"(streets)은 교리의 온갖 거짓들을 뜻하고, "제단들"(altars)은 예배를 뜻하고, 그리고 거짓들에서 비롯된 예배가 뜻하는 것이 무엇인지를 가리킵니다. 제단들은 분향의 제단들(altars of incense)을 뜻하기 때문입니다. 왜냐하면 "너희가 바알에게 분향하려고 세운 그 부끄러운 제단"이라고 언급되었기 때문입니다. 그리고 여기서 "향"(incense)은 영적인 선을 뜻하는데, 본질적으로는 그것은 선에서 비롯된 진리를 가리키고, 반대의 뜻으로는 악에서 비롯된 거짓을 뜻합니다. "향"이 이런 뜻이고, 그것의 "제단"(=분향단)이 이런 뜻이라는 것은 본서 324 · 491 · 492 · 567항을 참조하십시오.

[14] 같은 책의 말씀입니다.

> 너는 지금 그들이 유다의 성읍들과 예루살렘의 모든 거리에서 하는 일들을 보고 있지 않느냐? 자식들은 땔감을 줍고, 아버지들은 불을 피우고, 어머니들은 하늘 여신에게 줄 빵을 만들려고 가루로 반죽을 하고 있다. 또 그들은 나의 노를 격동시키려고, 다른 신들에게 술을 부어 바친다.…… 그 때에는 내가 유다의 성읍들과 예루살렘의 모든 거리에서, 흥겨워하는 소리와 기뻐하는 소리, 즐거워하는 신랑 신부의 목소리를 사라지게 하겠다. 온 나라가 황무지로 바뀔 것이기 때문이다(예레미야 7 : 17, 18, 34).

영적인 뜻으로 이들 장절의 말씀들이 뜻하는 것이 무엇인지는 앞에서 충분하게 설명된 본서 555[D]항을 참조하십시오. 여기서 "유다의 성읍들"은 교회에 속한 교리적인 것들을 뜻하고, 그리고 "예루살렘의 거리들"은 교리에 속한 그것의 진리들을 뜻합니다.

[15] 역시 같은 책의 말씀입니다.

> 너희는 유다 땅과 예루살렘 거리에서 저지른 너희 조상의 죄를 벌써 잊어버렸느냐? 그리고 유다 왕들의 죄와 왕비들의 죄와 너희의 죄와 너희 아내들의 죄를 다 잊었느냐?(예레미야 44 : 9).

"유다의 땅"은 선의 측면에서 교회를 뜻하지만, 그러나 여기서는 악의 측면에서 교회를 뜻합니다. 그리고 "예루살렘의 거리들"은 교리에 속한 진리들을 뜻하지만, 지금 여기서는 교리에 속한 그것의 거짓들을 뜻합니다.

[16] 에스겔서의 말씀입니다.

> 그(=바빌로니아 왕 느부갓네살)가 말발굽으로
> 네 거리를 짓밟을 것이고,
> 칼로 네 백성을 죽일 것이며,
> 네 튼튼한 돌기둥들도
> 땅바닥에 쓰러뜨릴 것이다.
> 그의 군인들이 너에게 와서
> 재산을 강탈하고, 상품들을 약탈하고,
> 성벽들을 허물고,
> 마음에 드는 집들을 무너뜨리고,
> 모든 석재와 목재와 흙덩이까지도
> 바다 속으로 집어 던질 것이다.
> (에스겔 26 : 11, 12)

여기서 "바빌로니아 왕 느부갓네살"은 진리의 모독을 뜻하고, 결과적으로는 그것의 파괴나 파멸을 뜻합니다. "그가 말발굽으로 너의 거리를 짓밟을 것이다"는 것은 그 교회에 속한 모든 진리들이 감관적인 사람의 오류들에 의하여 파괴, 파멸될 것이라는 것을 뜻합니다. "그가 칼로 네 백성을 죽일 것이다"는 것은 진리들이 거짓들에 의하여 파괴, 파멸될 것이라는 것을 뜻하고, 그리고 또한 따라서 진리들에게서 비롯된 모든 예배가 파괴, 파멸될 것이라는 것은 "그가 네 튼튼한 돌기둥들도 땅바닥에 쓰러뜨릴 것이다"는 말씀이 뜻합니다. 왜냐하면 여기서 "기둥들"(pillars)은 진리들에게서 비롯된 거룩한 예배를 뜻합니다. 그리고 모든 능력(power)이 선에서 비롯된 진리에 속한 것이기 때문에, 그것들은 "튼튼한 기둥들"이라고 불리웠습니다. 그리고 진리에 속한 지식들이 파괴, 파멸될 것이라는 것은 "그들은 네 재물(=재산)을 강탈(=노략질)할 것이다"는 말씀이 뜻합니다. "재물"(=재산 · wealth)이나 부유(富裕 · riches)가 진리에 속한 지식들을 뜻한다는 것은 본서 236항을 참조하십시오.
[17] 같은 책의 말씀입니다.

> 너는, 길거리마다 네가 올라갈 누각을 짓고, 네가 누울 높은 단을 만들었다. 너는, 길 머리마다 높은 단을 만들어 놓고, 네 아름다움을 흉측하게 더럽히고, 지나가는 모든 남자에게 네 다리를 벌려, 음행을 많이 하였다.…… 네가 길 머리마다 높은 단을 만들어 놓고, 길거리마다 누각을 세워 놓고, 몸을 팔면서도, 네가 화대를 받지 않으니, 너는 창녀와 같지도 않구나!(에스겔 16 : 24, 25, 31).

여기서 "누각"(樓閣 · eminent place)이나 "높은 단"(=산당 · exalted place)은 고대사람들에게서는 하늘(=천계 · heaven)을 뜻합니다. 그리고 이런 뜻에서 높은 산 위에서 희생제물을 바치는 풍습이 생겼고, 그리고 또한 이런 곳들에는 이런 자리들이 높게 세워졌습니다. 그러므로 온갖 악들이나, 교리의 거짓들에게서 비롯된 예배(=숭배)는 "너는 길거리마다 네가 올라갈 누각을 짓고, 네가 누울 높은 단을 만들었다"는 말씀이 뜻합니다. 그리고 그 때의 예배가 우상숭뱆이었기 때문에 "네 아름다움을 혐오스러운 것으로 만들었다"(=흉칙하게 더럽혔다)는 말씀이 뜻하는데, 여기서 "아름다움"(beauty)은 진리나, 그것에서 비롯된 총명을 뜻합니다. 왜냐하면 영계(靈界)에서 모두는 선에서 비롯된 진리들에 따라서 아름답기 때문이고, 그리고 그것에서 비롯된 총명에 따라서 아름답기 때문입니다.
[18] 아모스서의 말씀입니다.

> 광장마다 통곡 소리가 들리고,
> 거리마다 '아이고, 아이고' 하며
> 우는 소리가 들릴 것이다.

> 사람들은 농부를 불러다가 울게 하고,
> 울음꾼을 불러다가 곡을 하게 할 것이다.
> (아모스 5 : 16)

"광장마다 통곡 소리가 들릴 것이고, 거리마다 '아이고, 아이고'(=슬프도다, 슬프도다) 하며 우는 소리가 들릴 것이다"는 말씀은 어디에서나 진리와 선이 황폐해졌기 때문에 생긴 슬픔(悲痛)을 뜻합니다. "그들은 농부를 불러다가 울게 한다"(=애도하게 한다)는 말씀은 이것 때문에 생긴 교회에 속한 사람들의 슬픔(=애도·비통)을 뜻합니다. "농부"(=남편)는 교회에 속한 사람을 뜻하는데, 그것은 "밭"(=들·field)이 진리의 이식(=진리의 가르침·the implantation)의 측면에서 교회를 뜻하기 때문입니다.

[19] 시편서의 말씀입니다.

> 우리의 곡간에는 온갖 곡식이 가득하고,
> 우리가 기르는 양 떼는 넓은 들판에서
> 수천 배, 수만 배 늘어나며,
> 우리가 먹이는 소들은 살이 찌고,
> 낙태하는 일도 없고,
> 잃어버리는 일도 없으며,
> 우리의 거리에는
> 울부짖는 소리가 전혀 없을 것이다.
> (시편 144 : 13, 14)

여기서 "온갖 곡식이 가득할 곡간들"(garners)은 성경말씀에서 비롯된 교리적인 것들을 뜻하고, 따라서 성언 자체를 뜻하는데, 그것에는 어디서나 가르침이나 영적인 양육(養育)을 공급,

제공하는 교리에 속한 모든 진리들이 있습니다. "우리가 기르는 양 떼는 넓은 들에서 수천 배, 수만 배나 늘어난다"(=우리의 양 떼는 우리의 거리들에서 수천과 수만으로 번식한다)는 말씀은 영적인 선들이나 진리들을 뜻하고, "양 떼의 수천"은 선들을 뜻하고, 양 떼의 "수만"은 진리들을 뜻하고, "먹이는 살이 찐 소들"(=새끼를 밴 우리 소들·무거운 짐을 실을 소들)은 자연적인 선들이나 그것들의 정동들을 뜻합니다. "낙태하는 일도 없다"(=우리를 침입하는 일이 없다 · no breach)는 것은 그들의 결합(coherence)을 뜻하고, "잃어버리는 일도 없다"(=포로로 잡혀가는 일도 없다 · no fleeing away)는 말씀은 이것들의 상실(喪失)이 전혀 없다는 것을 뜻하고, "우리의 거리에서 울부짖는 소리가 전혀 없다"(=우리 광장에서 고난을 당해 부르짖는 소리도 없을 것이다)는 말씀은 이런 것들의 결핍(缺乏) 때문에 생기는 슬픔(=애도)이 전혀 어디에서도 없다는 것을 뜻합니다.

[20] 욥기서의 말씀입니다.

> 하나님은
> 땅에 비를 내리시며,
> 밭에 물을 주시는 분이시다.
> (욥기 5:10)

"땅에 비를 내리신다"(=주신다)는 것은, 그 교회에 속한 자들에게 있는 모든 것들에 유입된 진리의 입류를 뜻하고, "밭에 물을 주신다"(=거리들에 물을 보낸다)는 것은, 사람이 그것에 의하여 영적으로 보답(報答)하기 위한, 교리에 속한 진리들에 유입된 신령입류(Divine influx)를 뜻합니다.

[21] 이사야서의 말씀입니다.

> 그들이 굵은 베로 허리를 동이고,
> 길거리에 나앉아 울고,
> 지붕 위에 올라가 통곡하며,
> 광장에서도 통곡하니,
> 볼에 눈물이 마를 날이 없다.
> (이사야 15 : 3)

이 말씀은 모압 땅에 있는 알(Ar) 성읍에 관해서 언급하고 있는데 이 성읍은 자연적인 사람에게서 비롯된 진리들 안에 있는 자들의 교리를 뜻합니다. 처음부터 마지막까지 교리에 속한 그들의 거짓들 때문에 생긴 슬픔(=애도)은 "그들이 굵은 베로 허리를 동이고, 지붕 위에 올라가 통곡한다"(=굵은 베옷으로 몸을 둘렀고, 그들의 지붕들에서와 거리들에서는 모든 자들이 통곡할 것이다)는 말씀이 뜻합니다. 여기서 "지붕들"(roofs)은 내면적인 것들을 뜻하고, "거리들"(streets)은 그들에게 있는 외면적인 것들을 뜻합니다. 역시 예레미야서의 말씀입니다.

> 모압의 모든 지붕 위에서
> 슬피 우는 소리가 들린다.
> 모압의 모든 광장에서
> 슬피 우는 소리가 들린다.
> (예레미야 48 : 38)

여기서도 이 장절은 위와 비슷한 것을 뜻합니다.
[22] 다니엘서의 말씀입니다.

> 그러므로 너는 다음과 같은 사실을 깨달아 알아야 한다. 예루살렘을 보수하고 재건하라는 말씀(=명령)이 내린 때로부터 기름을 부어서 세운 왕(=메시아)이 오기까지는 일곱 이레가 지나갈 것이다. 그리고

예순두 이레 동안 예루살렘이 재건되어서, 거리와 성곽이 완성될 것이나, 이 기간은 괴로운 기간일 것이다(다니엘 9 : 25).

성경말씀의 영적인 뜻을 알지 못하는 사람은 여기서 "예루살렘"은 그 예루살렘을 뜻한다고 생각할 것이고, 그리고 그 예루살렘이 재건되고, 보수된다고 생각할 것입니다. 그리고 재건될 것이라고 언급된 "거리와 성곽"(=광장과 해자 · 垓字 · street and ditch)는 그 성읍의 거리나 해자(ditch)를 뜻한다고 생각할 것입니다. 그러나 여기서 "예루살렘"은 주님에 의하여 세워질 교회를 뜻하고, 따라서 "거리와 해자"는 교회의 진리를 뜻하고, 여기서 "거리"(street)는 진리를 뜻하고, "해자"(ditch)는 교리를 뜻합니다. "이레"(=주들 · weeks)의 숫자에 의하여 의미되는 것이 무엇인지는 이 곳에서는 설명하지 않겠습니다.

652[D]. [23] "새 예루살렘의 거리"가 묵시록서의 아래 장절들에서도 동일한 뜻을 갖는다는 것을 명확하게 합니다. 묵시록서의 말씀입니다.

> 열두 대문은 열두 진주로 되어 있는데, 그 대문들이 각각 진주 한 개로 되어 있었습니다. 도시의 넓은 거리는 맑은 수정과 같은 순금이었습니다(묵시록 21 : 21).

그 뒤에 이어지는 장절입니다.

> 천사는 또, 수정과 같이 빛나는 생명수의 강을 내게 보여주었습니다. 그 강은 하나님의 보좌와 어린 양의 보좌로부터 흘러 나와서, 도시의 넓은 거리 한가운데를 흘렀습니다. 강 양쪽에는 열두 종류의 열매를 맺는 생명 나무가 있어서, 달마다 열매를 내고, 그 나뭇잎은 민족들을 치료하는 데 쓰입니다(묵시록 22 : 1, 2).

이 장절들은 지금부터 설명되겠습니다.
[24] 이사야서의 말씀입니다.

> 너의 자녀들은,
> 주의 진노와 하나님의 책망을
> 하도 많이 받아서,
> 그물에 걸려 있는 영양처럼,
> 거리 모퉁이 모퉁이마다 쓰러져 있다.
> (이사야 51 : 20).

이 말씀 역시 예루살렘에 관해서 언급하고 있습니다. 다시 말하면 교리의 측면에서 황폐하게 된 교회를 뜻하고, "자녀들"(sons)은 교리의 진리들 가운데 있는 자들을 뜻합니다. "거리의 모퉁이마다 누워 있고 실신하여 있다"는 것은 모든 진리가 박탈(剝奪)되었다는 것을 뜻합니다. "거리들의 머리나 시작"(=거리의 모퉁이 · head or beginning of the streets)은 진리에의 입문(入門)을 뜻하고, 따라서 모든 진리를 뜻합니다.
[25] 애가서의 말씀입니다.

> 아이들과 젖먹이들이
> 성 안 길거리에서 기절하니,
> 나의 눈이 눈물로 상하고,
> 창자가 들끓으며,
> 간이 땅에 쏟아진다.……
> 거리 어귀어귀에서,
> 굶주려 쓰러진 네 아이들을 살려 달라고,
> 그분(=주님)에게 손을 들어 빌어라.
> (애가 2 : 11, 19)

여기서 "유아들이나 젖먹이들"(=아이들과 젖먹이들)은 이노센스(innocence)를 뜻하고, 그리고 또한 중생 중에 있는 사람들에게 있는 성경말씀에서 비롯된 지식들에 의하여 처음으로 태어나고, 활동적인 것이 된 진리들이나 선들을 뜻합니다. 그리고 그것은 처음 것이기 때문에, 그런 것들은 흠없고(faultless), 비난할 점이 없는 결백(blameless)을 가리킵니다. 이런 것들의 천적인 결핍(缺乏)은 "거리 어귀어귀에서 굶주려 쓰러진 아이들"이 뜻합니다. "굶주려 쓰러졌다"(=기근 때문에 실신하였다)고 언급되었는데, 여기서 "굶주림"(=배고픔 · famine)은 지식들의 상실 · 결핍 · 무지(loss, lack and ignorance of knowledges)를 뜻하고, 동시에 그것들에 대한 열망(熱望)을 뜻합니다(본서 386항 참조). [26] 나훔서의 말씀입니다.

어린 아이들은 길거리 모퉁이에서
나동그라져서 죽고,
귀족들은 제비 뽑혀서 잡혀 가고,
모든 지도자가 사슬에 묶여서 끌려갔다.
(나훔 3 : 10)

여기서도 "어린 아이들"(=유아들 · infants)은 처음 태어났고, 생동하게 된 진리들을 뜻합니다. "모든 모퉁이에서 내동댕쳐서 죽었다"는 것은 뿔뿔이 흩어지고, 멸망하였다는 것을 뜻하고, "귀족들"(=존귀한 자들)은 사랑에 속한 선들을 뜻하고, "제비 뽑혀서 잡혀 갔다"(=제비 뽑혀 나뉘었다)는 것은 이런 것들의 분산(分散)을 뜻하고, "모든 지도자"(=큰 자)는 선에 속한 진리들을 뜻하고, "사슬에 묶였다"(=족쇄에 채워졌다)는 것은 온갖 거짓들에 얽매였다는 것, 그래서 진리가 나올 수 없다는 것을 뜻합니다. 이러한 내용은 "피의 성읍"(the city of bloods)에 관해서 언급된 것인데, 그것은 교리 안에 있는 성경말씀의 진리들이 모두 위화되었다는 것을 뜻합니다.
[27] 예레미야서의 말씀입니다.

> 죽음이 우리의 창문을 넘어서 들어왔고,
> 우리의 왕궁에까지 들어왔으며,
> 거리에서는 어린 아이들이
> 사정없이 죽어 가고,
> 장터(=광장)에서는 젊은이들이 죽어 간다.
> (예레미야 9 : 21)

여기서 "죽음"(death)은 영적인 죽음을 가리키는데, 그것은 거짓이 진리라고 믿어질 때, 또는 진리가 거짓이라고 믿어질 때, 그리고 삶이 그것과 일치할 때, 일어납니다. 여기서 "창문"(window)은 이해에서 비롯된 생각들을 뜻하고, "왕궁"(palaces)은 내면적인 것을, 따라서 인간의 마음의 보다 빼어난 것들을 뜻합니다. 이러한 내용은, "죽음이 우리의 창문을 넘어서 들어왔고, 우리의 왕궁에까지 들어왔다"는 말씀이 뜻하는 것이 무엇인지 아주 명료하게 합니다. 그리고 어린 아이(infant)는, 위에서 언급한 것과 같이, 성경말씀에서 비롯된 지식들을 통하여 처음 태어난 진리들을 뜻하고, "젊은이들"(young men)은 터득된 진리들을 뜻하는데, 이것에서부터 총명은 비롯됩니다. "거리들이나 광장"(=장터들)은 총명이나 지혜에로 인도하는 교리의 진리들이나, 삶의 진리들을 뜻합니다. 이러한 내용은 "거리에서는 어린 아이들이 죽어 가고, 광장(=장터)에서는 젊은이들이 죽어 간다"는 말씀이 뜻하는 것이 무엇인지 명료하게 합니다.
[28] 같은 책의 말씀입니다.

> 그들을 향하신 주님의 진노가
> 제 속에서도 부글부글 끓고 있어서,
> 제가 더 이상 주님의 진노를
> 품고 있을 수도 없습니다.
> "그러면 나의 분노를
> 길거리의 아이들에게 쏟아라.
> 젊은이들이 모인 곳에다가 쏟아라.
> 결혼한 남자들과 결혼한 여자들이
> 잡혀 갈 것이다.
> 장년은 잡혀 가고,
> 죽을 날을 기다리는 노인도 잡혀 갈 것이다.
> (예레미야 6:11)

여기서도 "길거리의 아이들"이나, "젊은이들"은 위와 비슷한 뜻을 갖습니다. "남자(=사내 · *vir*)와 여자"는 선에 결합된 진리를 뜻하고, 그리고 그것에서 비롯된 총명을 뜻합니다.
[29] "거리"가 인도하는 교리의 진리를 뜻하기 때문에, 그리고 반대의 뜻으로는 거짓을 뜻하기 때문에, "거리의 흙먼지"(the clay of the streets) · "진창"(mire) · "똥"(=거름 · dung) 등은 아래 장절에서, 악에 속한 애욕의 거짓을 뜻합니다. 이사야서의 말씀입니다.

> 사람의 시체가
> 거리 한가운데 버려진 쓰레기(=분뇨 · dung)와 같다.
> (이사야 5:25)

같은 책의 말씀입니다.

> 그들은……
> 거리의 진흙같이 짓밟도록 하였다.
> (이사야 10 : 6)

미가서의 말씀입니다.

> 내 원수가 거리의 진흙처럼 밟힐 것이다.
> (미가 7 : 10)

시편서의 말씀입니다.

> 그래서 나는 그들을 산산이 부수어서,
> 먼지처럼 바람에 날려 보냈고,
> 길바닥의 진흙처럼 짓밟아 흩었습니다.
> (시편 18 : 42)

역시 여기의 모든 것들은 영계에 있는 외현(=겉모습)에서 비롯된 것입니다. 악에서 비롯된 거짓들이 그 성읍들을 다스리는 거리들은 영계에서 마치 분뇨(=똥)·진흙·흙먼지가 가득 찬 것처럼 보입니다. 이러한 내용은 아래의 누가복음서의 말씀이 무엇을 뜻하는지 명료하게 합니다.

> (복음을 전파하기 위하여 일흔두 사람을 파송할 때 주님께서 명령하신 말씀입니다.) 어느 성읍에 들어가든지, 사람들이 너희를 영접하지 않거든, 그 성읍 거리로 나가서 말하기를 "우리 발에 묻은 너희 성읍의 먼지를 너희에게 떨어 버린다. 그러나 하나님의 나라가 가까이 왔다는 것을 알아라" 하여라(누가 10 : 10, 11).

11장 7-19절

[30] "도시의 거리들"(the streets of a city)이 누구나 그것에 따라서 살아야 하는, 교리의 진리들(the truths of doctrine)을 뜻하기 때문에, 따라서 거리에는 가르치고(to teach), 기도하는(to pray) 관습이 있었습니다. 사무엘 하서의 말씀입니다.

> 이 소식이
> 가드에 전해지지 않게 하여라.
> 이 소식이
> 아스글론의 모든 거리에도
> 전해지지 않게 하여라.
> 블레셋 사람의 딸들이 듣고서 기뻐할라.
> 저 할례받지 못한 자들의 딸들이
> 환호성을 올릴라.
> (사무엘 하 1 : 20)

마태복음서의 말씀입니다.

> 그러므로 네가 자선을 베풀 때에는, 위선자들이 사람들에게 칭찬을 받으려고 회당과 거리에서 하듯이, 네 앞에서 나팔을 불지 말아라.……"너희는 기도할 때에, 위선자들처럼 하지 말아라. 그들은 사람에게 보이려고, 회당과 큰길 모퉁이에 서서 기도하기를 좋아한다"(마태 6 : 2, 5).

누가복음서의 말씀입니다.

> 그 때에 너희가 말하기를 '우리는 주인님 앞에서 먹고 마셨으며, 주인님은 우리를 길거리에서 가르치셨습니다' 할 터이나, 주인이 너희에게 말하기를 '나는 너희가 어디에서 왔는지 모른다' 할 것이다(누가 13 : 26, 27).

[31] 더욱이 교리의 진리를 뜻하는 "거리"(street)의 뜻에서 주님께서 비유로 말씀하신 이유를 잘 알 수 있겠습니다. 누가복음서의 말씀입니다.

> 그러자 집주인이 노하여 종더러 말하기를 '어서 시내의 거리와 골목으로 나가서 가난한 사람들과 지체에 장애가 있는 사람들과 눈먼 사람들과 다리 저는 사람들을 이리로 데려오너라' 하였다(누가 14 : 21).

여기서도 역시 "가난한 사람들·지체 장애인들·눈먼 사람들·다리 저는 사람들"은 문자의 뜻으로 그런 부류의 사람들을 뜻하지 않고, 영적인 뜻으로, 다시 말하면 성경말씀을 가지고 있지 않은 부류를 뜻하고, 그러므로 진리의 무지의 상태나, 선의 결핍의 상태에 빠져 있지만, 그럼에도 불구하고 그것들(=진리들)에 의하여 그들이 선을 얻기를 열망하는 자들을 뜻합니다. 이런 부류는 주님의 교회가 뒤에 그들에게 세워지는 이방 사람들을 가리킵니다.

[32] "성읍의 거리"(=시내의 거리)는 가르치는, 인도하는, 진리나 또는 거짓을 뜻하기 때문에 이렇게 언급되었습니다. 창세기서의 말씀입니다.

> (소돔에 온 두 천사들은 대답하였다) "아닙니다. 우리는 길에서 하룻밤을 묵을 생각입니다"(창세기 19 : 2).

동일한 이유 때문에 이렇게 명령되었습니다. 신명기서의 말씀입니다.

> 너희는 그 일을 자세히 조사하고 잘 알아보아서 너희 안에서 그런

역겨운 일이 있었다는 것이 사실로 드러나면, 너희는 그 성읍에 사는 주민을 칼로 쳐서 모두 죽이고, 그 성읍과 그 안에 있는 모든 것과 집짐승도 칼로 쳐서 죽여라. 전리품은 모두 거리에 모아 놓고, 온 성읍과 그 전리품을 함께 불살라라…… 그 성읍을 영원히 폐허로 남겨 두고, 다시는 거기에 성읍을 건축하지 말아라. 너희는 이 없애버릴 물건에 손을 대지 말아라. 그래야 주께서 분노를 푸시고, 너희를 불쌍하게 여기셔서, 너희의 조상에게 맹세한 대로 자비를 베푸시고, 너희를 번성하게 하여 주실 것이다(신명기 13:14-17).

"역겨운 일"(=다른 신들을 섬기는 일)에서 "다른 신들"은 예배에 속한 거짓들을 뜻하고, "칼"(the sword)은 진리들에 의한 거짓들의 파괴를 뜻하고, "전리품"(spoil)은 진리의 위화를 뜻하고, "불"은 악에 속한 사랑의 형벌이나 그것의 파멸을 뜻합니다.

[33] 성경말씀에서 인용된 이들 장절들에게서 밝히 알 수 있는 것은, 영적으로 소돔 또는 이집트라고 하는 그 "큰 도시의 넓은 거리에 내버리게 될 그 두 증인의 시체들"이 뜻하는 것이 무엇인지, 그리고 그 뒤 "무덤에 안장되는 것이 허락되지 않는 그 시체들"이 뜻하는 것이 무엇인지, 잘 알 수 있다고 하겠습니다. 왜냐하면 유대 민족이나 이스라엘 민족에 있었던 관습은 원수들중 살해된 자는 길이나 도로에 버리고, 그것들을 땅에 묻지 않는 것입니다. 이와 같이 하는 것은 그런 것들에 대한 그들의 혐오(嫌惡)의 증표입니다. 그럼에도 불구하고 이것은, 이런 부류의 원수들은 지옥적인 악들이나 거짓들이 다시는 소생(蘇生)될 수 없다는 것, 다시 말하면 지옥적인 악들이나 거짓들 안에 있는 자들은 다시 소생될 수 없다는 것을 표징합니다.

[34] 이러한 내용은 예레미야서에서 명확합니다. 그 책의 말씀입니다.

주께서 그 예언자들을 두고 이렇게 말씀하신다. "그들은 내가 보내지도 않았는데, 내 이름으로 거짓 예언을 하였다. '이 땅에는 전쟁과 기근이 없을 것이다' 하고 말한 예언자들은 전쟁과 기근으로 죽을 것이다. 그 예언을 들은 이 백성도, 기근과 전쟁에 시달리다가 죽어서, 예루살렘 거리에 내던져질 것이며, 그들을 묻어 줄 사람이 아무도 없을 것이다"(예레미야 14 : 15, 16).

"예언자"는 진리의 교리를 뜻하지만, 그러나 여기서는 거짓의 교리를 뜻합니다. 그것은 그들이 거짓들을 예언하기 때문입니다. 그리고 여기서 "거리들"(streets)은 거짓들이 있는 곳을 뜻하기 때문에, "그들은 예루살렘의 거리에 내던져질 것이다"는 말씀이 언급되었습니다.

653[A]. 그 도시는 영적으로 소돔 또는 이집트라고도 한다.
이 말씀은 자기사랑(自我愛)에 속한 악들이나 그것에서 비롯된 거짓들 때문이라는 것을 뜻합니다. 이러한 내용은, 이것에 관해서 곧 설명하겠지만, 자기사랑이나 그것에서 비롯된 온갖 종류의 악들을 가리키는 "소돔"(Sodom)의 뜻에서, 그리고 이것에 관해서도 곧 설명하겠지만, 영적인 사람에게서 분리된 자연적인 사람이나, 그것에서 비롯된 온갖 종류의 악에 속한 거짓을 가리키는 "이집트"의 뜻에서 명확합니다. 여기서 명확하게는 "소돔과 이집트"는 예루살렘을 뜻하고, 따라서 교회를 뜻합니다. 그리고 그 교회 안에 있는 사랑에 속한 선들은 섞음질되었고, 그리고 교리에 속한 진리들은 위화되었습니다. 왜냐하면 "곧 그들의 주님이 십자가에 달리신 곳입니다" 라고 언급되었기 때문입니다. 왜냐하면 자기사랑에 속한 악들이나, 교리에 속한 거짓들은 주님을 십자가에 못박는 것들이기 때문입니다. 그러므로, 그들이 이런 악들이나 거짓들 안에 빠져 있기 때문에, 주님께서는 유대 사람들에 의하여 십자가에 달리셨습니다. 지금부터는 이것에 관한 더 상세한 내용을 언급하겠습니다.
[2] 제일 먼저는 여기서 "소돔"은 성경말씀에서 자기사랑(自我愛·the love of self)을 뜻한다는 것, 그것으로 인하여 모든 악을 뜻한다는 것을 입증하겠습니다. 왜냐하면 온갖 종류의 악들은 자기사랑에서 흘러나오기 때문입니다. 그러므로 자기 자신을 사랑하는 자는 자기 자신의 고유속성(固有屬性·proprium)만을 사랑하기 때문에, 그리고 그러므로 그 사람은, 자신의 고유속성에 있는 자신의 의지나 자신의 이해에 속한 모든 것들에 몰입(沒入), 빠지게 되고, 그러므로 심지어 그 사람이 그런 상태에서 천계나 주님에게도 올리워진다는 것은 불가능합니다. 결과적으로 그 사람은 천계의 빛으로는 아무것도 보지 못하고, 다만 오직 이 세상의 빛으로만 무엇을 봅니다. 이런 빛은 천계의 빛에서 분리된 빛으로, 천계나 교회의 것들을 가리키는 영적인 것들에게는 칠흑같은 흑암입니다. 이런 이유 때문에 사람이 자기 자신을 사랑하면 사랑할수록 그 사람은 영적인 것들을 경멸(輕蔑)합니다. 사실은 그것들을 부인, 배척합니다. 결과적으로 사람이 그것에 의하여 천계의 빛 가운데 있게 되는, 내적인 영적인 마음은 굳게 닫아 버립니다. 이러한 일은 사람이 오직 자연적인 존재가 되게 하는 원인이고, 그리고 오직 자연적인 사람이 온갖 종류의 악들에 기울게 하는 원인입니다. 왜냐하면 사람이 태어난 악들은 자신들의 자리를 자연적인 사람에게 두기 때문이고, 그리고 이런 그들의 자리가 천계의 빛을 수용하는 그의 내면적인 마음 안에 있는 범위까지 그에게서 옮겨질 때 그의 내면적인 마음을 개방합니다. 더욱이 사람의 고유속성이 자연적인 사람 안에 자신의 자리를 두었다면, 사람

의 고유속성은 악 이외에 아무것도 아닙니다.
[3] 그러므로 "소돔"은 자기사랑을 뜻하고, 따라서 온갖 종류의 악들을 뜻한다는 것은, 아래와 같이 "소돔"이 거명된 성경말씀의 여러 장절들에게서 잘 볼 수 있겠습니다. 에스겔서의 말씀입니다.

> 네 언니는 그 딸들을 데리고 북쪽에 사는 사마리아이고, 네 동생은 딸들을 데리고 남쪽에 사는 소돔이다. 너는, 그들의 행실만을 따라 가거나, 그들의 역겨운 일들만을 따라 하는 것만이 아니라, 그것도 오히려 부족한 듯이, 네 모든 행실이 그들보다 더 타락하였다.…… 네 동생 소돔, 곧 그와 그 딸들은 너와 네 딸들처럼 행동하지는 않았다. 네 동생 소돔의 죄악은 이러하다. 소돔과 그의 딸들은 교만하였다. 또 양식이 많아서 배부르고 한가하여 편안하게 살면서도, 가난하고 못 사는 사람들의 손을 붙잡아 주지 않았다. 오히려 그들은 교만하였으며, 내 눈 앞에서 역겨운 일을 하였다. 그러므로 내가 그것을 보고는, 그들을 없애 버렸다(에스겔 16 : 46-50).

이 장절들은 예루살렘의 혐오(嫌惡)나 증오(憎惡)에 관해서 다루고 있는데, 그것들은 그들이 주로 성경말씀이나 교회의 선들이나 진리들을 섞음질하는 것을 뜻합니다. 이스라엘 사람들이 있었던 "사마리아"는, 영적인 선 안에 있는, 영적인 교회를 뜻하는데, 여기서 영적인 선은 이웃을 위한 인애에 속한 선을 가리키는데, 이런 것은 본질적인 것입니다. 그러나 유대 사람들이 있었던 "예루살렘"은 천적인 교회를 뜻하고, 그 교회에는 천적인 선이 있었는데, 그것은 주님사랑에 속한 선으로, 본질적인 것입니다. 왜냐하면 천계나, 그것에서 비롯된 교회는, 둘로 나뉘어진 두 왕국들이 있는데, 하나는 영적인 왕국이고, 다른 하나는 천적인 왕국입니다. 이들 왕국들에 관한 것은《천계와 지옥》 20-28항을 참조하십시오. 이들 왕국들은, 그들의 수도가 사마리아였던 이스라엘 사람들이 표징하고, 그들의 수도가 예루살렘이었던 유대 사람들이 표징합니다.

[4] 이웃을 향한 인애의 선을 가리키는 영적인 선은 지옥적인 악의 정반대를 가리키는데, 이것은 세상사랑에 속한 악을 가리킵니다. 그리고 천적인 선은 악마적인 악(diabolical evil)의 정반대를 가리키는데, 이것은 자기사랑에 속한 악을 가리킵니다. 자기사랑에서는 온갖 종류의 악들이 흘러나오는데, 그것은 세상사랑에서 흘러나오는 것에 비하여 매우 더 악질적입니다 (《새 예루살렘의 교리》 65-83항 참조). 이것이 사마리아에 관해서 언급된 것들에 비하여 예루살렘에 관해서 언급된 것들이 보다 더 지독하고, 혐오스럽다고 언급된 이유입니다. 그리고 이것이 또한 예루살렘이 "소돔"이라고 불리운 이유이고, 예루살렘이 소돔보다 더 악한 짓들을 하였다고 언급된 이유입니다. 이러한 내용이 여기서 "소돔은 아직 그들의 행위를 따라 행하지 아니 하였으며, 그들의 가증한 것을 따라 행하지 아니 하였다"(=소돔은 그들의 행실만을 따라 가거나 그들의 역겨운 일들만을 따라 하는 것만이 아니다)고 언급되었습니다. 자기사랑에 속한 악이 소돔의 악이라는 것은 따라서 이렇게 선언되었습니다. 즉 "소돔의 죄악은 이러하다. 소돔과 그의 딸들은 교만하였다. 또 양식이 많아서 배부르고 한가하여 평안하게 살면서도, 가난하고 못사는 사람들의 손을 붙잡아 주지 않았다"(=보아라, 소돔의 잘못은 이러하다. 소돔과 그 딸들은 교만하였고, 음식이 풍족하고, 근심 없이 평온히 지내면서도 고통받는 사람들과 가난한 사람들을 도와주지 않았다)고 선언되었습니다. 여기서 "교만하다"(pride)는 것은 자기사랑을 뜻하고, "음식이 풍족하다"(satiety of bread)는 것은 천계나 교회의 모든 선이나 진리의 경멸(輕蔑·contempt)

을 뜻하고, 심지어 그것들을 질색(窒塞), 몹시 싫어하는 것을 뜻하고, "근심 없는 평온"(tranguillity of quiet)은 안전(安全·security)이나, 그 어떤 악 때문에 생기는 근심이나 불안 따위가 전혀 없는 것을 뜻하고, "고통받는 사람들과 가난한 사람들을 도와주지 않았다"(=그들의 손에 기운을 돋우어 주지 아니 하였다)는 것은 무자비(無慈悲)를 뜻합니다. 자기사랑이 소돔에 속한 사랑이기 때문에, "소돔의 딸들은 교만하였고, 내 눈 앞(=여호와 앞)에서 혐오스러운 행위(=역겨운 일)을 하였다"고 언급되었습니다. 여기서 교만하게 된 "딸들"은 그 사랑에 속한 탐욕들이나 정욕들을 뜻하고, "여호와 앞에서의 역겨운 일"은 신령존재 자체에 거스르는 모든 악을 뜻합니다.

643[B]. "갈대아 사람들"(=바빌로니아 사람들·chaldeans)은 성경말씀에서 비롯된 교리의 진리의 모독(冒瀆)이나 섞음질(adulteration)을 뜻하기 때문에, 그리고 "바빌로니아 주민들"(the inhabitants of Babylon)이 사랑의 선의 모독이나 섞음질을 뜻하기 때문에, 그러므로 이런 것들의 타도(打倒)나 전복(顚覆·overthrow)은 소돔과 고모라의 멸망에 비유, 비교되었습니다. 예레미야서의 말씀입니다.

칼이 바빌로니아 사람(=갈대아 사람)을 친다.
바빌로니아 주민(=갈대아 주민)을 친다.
그 땅의 고관들과 지혜 있는 자들을 친다.……
소돔과 고모라가 그 이웃 성읍들과 함께 멸망하였을 때와 같이, 바빌론 도성에서도 다시는 정착하여 사는 사람이 없을 것이며, 그 곳에 머무르는 사람(=사람의 아들)이 없을 것이다(예레미야 50:35, 40).

이사야서의 말씀입니다.

11장 7-19절

> 나라들 가운데서 가장 찬란한 바빌론,
> 바빌로니아(=갈대아) 사람의 영예요 자랑거리인
> 바빌론은,
> 하나님께서 멸망시키실 때에,
> 마치 소돔과 고모라처럼 될 것이다.
> (이사야 13 : 19)

여기서도 "소돔"은 자기사랑에 속한 악을 뜻하고, 그리고 "고모라"는 그 사랑에 속한 거짓을 뜻합니다. 그리고 자기사랑이 교회의 어떤 진리도 시인하지 않기 때문에, 뒤이어서 "다시는 정착하여 사는 사람이 없을 것이며, 그 곳에 머무르는 사람(=사람의 아들)이 없을 것이다"고 언급되었습니다. 여기서 "사람"(=사내 · vir)은 총명을 뜻하고, 그리고 "사람의 아들"은 교회의 진리를 뜻합니다.

[6] "에돔"(Edom)이, 자기사랑에서 비롯된 거짓들 안에 있는 사람인, 자연적인 사람을 뜻하기 때문에, 그리고 그러므로 교회의 선들을 섞음질하는 자를 뜻하기 때문에, "에돔"의 폐허가 소돔과 고모라의 멸망에 비교되었습니다. 예레미야서의 말씀입니다.

> 에돔이 참혹하게 파괴되어, 그 곳을 지나는 사람마다 그 곳에 내린 모든 재앙을 보고 놀라며, 비웃을 것이다. 소돔과 고모라와 그 이웃 성읍들이 멸망하였을 때와 마찬가지로, 더 이상 그 땅에 자리잡고 사는 사람이 없을 것이며, 그 땅에 머무르는 사람도 없을 것이다.
> (예레미야 49 : 17, 18).

스바냐서의 말씀입니다.

> 이제 곧 모압은 소돔처럼 되고,
> 암몬 자손은 고모라처럼 될 것이다.
> 거친 풀이 우거지고,
> 둘레가 온통 소금 구덩이가 되고,
> 영원히 황무지가 될 것이다.
> (스바냐 2 : 9)

앞에서 언급한 것과 같이, "모압"은, 자기사랑으로 말미암아 교회의 선들을 섞음질하는, 자연적인 사람을 뜻하고, "암몬 자손"은 교회의 진리들을 위화하는 자들을 뜻합니다. 그것에서 모든 선과 진리의 황폐가 생겨났기 때문에 "거친 풀이 우거지고(=쐐기풀이 자라는 곳), 둘레가 온통 소금 구덩이가 되고, 영원히 황무지가 될 것이다"는 말이 언급되었는데, 모든 선의 황폐는 "쐐기풀이 자라는 곳"이 뜻하고, 모든 진리의 황폐는 "소금 구덩이"가 뜻합니다.

[7] "유다"(Judah)가, 주님을 사랑하는 주님사랑을 가리키는, 그리고 모든 선이 그 사랑에서 나오는, 천적인 사랑을 뜻하기 때문에, 그리고 반대의 뜻으로는 자기사랑을 가리키고, 모든 악이 그것에서 비롯되는, 악마적인 사랑(diabolical love)을 뜻하기 때문에, "유다와 예루살렘"이 뜻하는 그 교회의 황폐(the devastation of the church)는 소돔과 고모라의 멸망에 비교되었습니다. 이사야서의 말씀입니다.

> 드디어 예루살렘이 넘어지고
> 유다는 쓰러진다.
> 그들이 말과 행동으로 주께 대항하며,
> 하나님의 영광스러운 현존을
> 모독하였기 때문이다.

> 그들의 안색이 자신들의 죄를 고발한다.
> 그들이 소돔과 같이
> 자기들의 죄를 드러내 놓고 말하며,
> 숨기려 하지도 않는다.
> (이사야 3 : 8, 9)

같은 책의 말씀입니다.

> 너희 소돔의 통치자들아(=사사들아)!
> 주의 말씀을 들어라.
> 너희 고모라의 백성아!
> 우리 하나님의 법(=가르침·교훈)에 귀를 기울여라.
> (이사야 1 : 10)

여기서 "주의 말씀"(the Word of Jehovah)은 신령선을 뜻하고, "하나님의 법"(the law of God)은 신령진리를 뜻합니다. 왜냐하면 "여호와"라는 이름이 사용된 곳에서는 선이 다루어지기 때문이고, "하나님"이라는 이름이 사용된 곳에서는 진리가 다루어지기 때문입니다. 신령선은 자기사랑에 빠져 있는 자들에게는 악이기 때문에, 따라서 "그들의 죄가 소돔의 것과 같다"라고 언급되었고, 그리고 "소돔의 통치자들아, 주의 말씀을 들어라"는 말씀이 언급되었습니다. 그리고 자기사랑에 속한 악에 빠져 있는 자들에게 신령진리는 거짓이기 때문에, "고모라의 백성아, 하나님의 법에 귀를 기울여라"는 말씀이 언급되었습니다.

[8] 신명기서의 말씀입니다.

> 그들의 포도는
> 소돔의 포도나무에서 온 것이며,

> 고모라의 밭에서 온 것이다.
> 그들의 포도에는 독이 있어서,
> 송이마다 쓰디쓰다.
> (신명기 32 : 32)

이 장절은 자기사랑의 악들에서 솟아나는 야곱의 후손에 있는 지독한 거짓들에 관해서 언급하고 있습니다. 그러나 이것에 관해서는 앞에서 언급되었습니다(본서 519[B]항 참조). 애가서의 말씀입니다.

> 지난 날 맛있는 음식을 즐기던 이들이
> 이제 길거리에서 처량하게 되고,
> 지난 날 생동 옷을 입고 자라던 이들이
> 이제 거름 더미에 뒹구는구나.
> 예전에는 저 소돔 성이
> 사람이 손을 대지도 않아도
> 순식간에 무너지더니,
> 내 백성의 도성이 지은 죄가
> 소돔이 지은 죄보다 크구나.
> (애가 4 : 5, 6)

이 말씀은, 그것들이 정반대의 것으로 변했을 때, 주님의 천적인 왕국이나 천적인 교회에 속한 자들에 관해서 언급하고 있습니다. 왜냐하면 악마적인 사랑을 가리키는, 자기사랑으로 바뀐 것이 천적인 사랑이기 때문입니다. 그리고 그렇게 변해 버린 그들에 관해서 위와 같이 언급되었습니다. "맛있는 음식을 즐긴다"(=먹는다) · "진홍색 옷을 입고 자란다"(=색동 옷을 입고 자란다) · "길거리에서 처량하게 되었다"(=거리에 쓰러져 있다) · "잿더미를 껴안는다"(=거름 더미에 뒹군다)는 말씀이 뜻하는 것은 앞에서 이미 설명되었습니다(본서 652[B]항 참조). "그 도성이 지은 죄가 소돔이 지은 죄보다 크다"고 언급되었는데, 그것은 그들이 성경말씀을 가지고 있었기 때문이고, 그리고 그들은 그것으로 말미암아 천계나 교회의 진리들이나 선들을 알 수 있기 때문이고, 그리고 또한 교리나 삶에 속한 진리들이나 선들을 알 수 있었기 때문입니다. 그런데 그들은 그것들을 모독하였지만, 소돔의 주민들은 그런 짓을 할 수 없었습니다. 왜냐하면 주님의 뜻을 아는 사람은 그와 같은 일을 하지 않기 때문입니다. 죄악들은 그것을 알지 못하는 자에 비하여 매우 더 크기 때문입니다. 더욱이 자기사랑과 함께 있는 자들은 천계나 교회에 속한 거룩한 것들을 보다 더 심하게 경멸, 무시하고, 그리고 주님의 신성(神性)을 부인합니다. 자기사랑에서 솟아나는 악들을 확증한다는 것은 그들이 성언을 모독하는 것이고, 또한 그와 같이 영접, 수용된 것에서 비롯된 거룩한 저술(著述 · a writing)을 배척하는 것입니다. 그러므로 자기사랑에서 이런 것을 행하는 자들은 소돔과 고모라에 비유되었습니다.

[9] 주님에 의하여 교회의 진리들이나 선들에 관해서 가르침을 받은 자들이 그럼에도 불구하고 그것들을 배척, 부인하는 것은 소돔에 있는 자들에 비하여 더 나쁜 짓을 한다는 것은 마태복음서에서 가버나움에 관한 주님의 말씀에서 명확합니다. 마태복음서의 말씀입니다.

가버나움아, 네가 하늘에까지 치솟을 셈이냐? 지옥에까지 떨어질 것이다. 너 가버나움에서 행한 기적들을 소돔에서 행하였더라면, 그 도시는 오늘까지 남아 있을 것이다. 내가 너희에게 말한다. 심판 날에는 소돔 땅이 너보다 견디기 쉬울 것이다(마태 11 : 23, 24).

예수께서 나사렛을 떠나, 스불론과 납달리 지역 바닷가에 있는 가버나움으로 가서 사셨다(마태 4 : 13).
예수께서 가버나움에 들어가셨을 때에, 많은 기적들을 행하셨다(마태 8 : 5-14 ; 요한 4 : 46-54).

주님께서 그 도시에서 주님의 강림이나 복음을 제자들에 가르치셨고, 그들이 그것들을 영접, 수용하지 않은 동일한 것들이 언급되었습니다. 이러한 것은 마태복음서의 이런 말씀에서도 마찬가지입니다.

누구든지 너희를 영접하지 않거나 너희의 말을 듣지 않거든, 그 집이나, 그 성읍을 떠날 때에, 너희 발에 묻은 먼지를 떨어 버려라. 내가 진정으로 너희에게 말한다. 심판 날에는 소돔과 고모라 땅이 그 성읍보다는 견디기가 쉬울 것이다(마태 10 : 14, 15 ; 마가 6 : 11 ; 누가 10 : 10-12).

왜냐하면 자기사랑에 빠진 자들이 하는 것 이상으로 교회에 속한 거룩한 것들을 배척하고, 그리고 주님의 신성을 부인하는 자는 아무도 없기 때문입니다. 그리고 세상사랑에 빠져 있고, 그리고 그것에서 비롯된 악들 안에 빠져 있는 자들은 교회의 거룩한 것들을 배척하지만, 그러나 내면적으로 그렇게 하지는 않습니다. 다시 말하면 마음의 확증에서 그렇게 한 것은 아닙니다.
[10] 악들이나 거짓들을 확증하기 위해서 성경말씀의 진리들이나 선들을 모독하고, 섞음질하는 예언자들이나 백성들에 관해서 언급된 동일한 내용입니다. 예레미야서의 말씀입니다.

그런데 이제
내가 예루살렘의 예언자들에게서

11장 7-19절

끔찍한 일들을 보았다.
그들은 간음을 하고 거짓말을 한다.
악행을 저지르는 자들을 도와서,
어느 누구도 죄악에서 떠날 수 없게 한다.
내가 보기에 그들은
모두 소돔 사람들과 같이 되었고,
예루살렘의 주민은
고모라 백성과 같이 되었다.
(예레미야 23 : 14)

여기서 "예언자들"은 교리의 진리들이나 선들을 가르치는 자들을 뜻하고, 본연의 영적인 뜻을 가리키는 추상적인 뜻으로는 성경말씀에서 비롯된 교리를 뜻하고, 따라서 교리의 측면에서 성언(聖言 · the Word)을 뜻합니다. 그러므로 "끔찍한 일들"(a horrible stubbornness)은 성경말씀의 진리들이나 선들에 거스르는 마음의 확증을 뜻합니다. "간음을 하고, 거짓말을 한다"(=거짓된 길을 걷는다)는 것은 성경말씀의 선들이나 진리들을 악용하고, 곡해하는 것을 뜻하는데, "간음한다"(to adulterate)는 것은 악들이나 거짓들에 의하여 성경말씀의 선들을 악용하는 것을 뜻하고, "거짓말"(a lie)은 거짓을 뜻하고, "거짓 가운데 걷는다"(=거짓된 길을 걷는다 · to walk in a lie)는 것은 거짓들 가운데 사는 것을 뜻합니다. "악의 손을 강하게 한다"(=악행을 저지르는 자들을 돕는다 · 행악자들을 부추긴다)는 것은 악들을 확증하는 것을 뜻하고, 그리고 그것으로 인하여 그들의 능력이 선들을 지배하는 것을 뜻합니다. "어느 누구도 죄악에서 떠날 수 없다"(=어느 누구도 자기 악에서 돌아서지 않는다)는 것은 교리의 악들이나 거짓들을 고집, 주장하는 것을 뜻합니다. 그러므로 "그들은 모두 소돔 사람들과 같이 되었고, 고모라 백성과 같이 되었다"는 말씀이 언급되었습니다. 여기서 "소돔처럼 되었다"는 것은 자기사랑에서 솟아나는 악들 안에 있다는 것을 뜻하고, "고모라 백성(=고모라의 주민들)과 같이 되었다"는 것은 교리의 거짓들에게서 비롯된 악한 삶을 뜻합니다.
[11] 소돔과 고모라를 멸망시킨 악들이 아래의 장절에서와 같이 기술하였습니다. 창세기서의 말씀입니다.

> 소돔 성 각 마을에서, 젊은이 노인 할 것 없이, 모든 남자가…… 그 천사들에게 폭행을 가하기를 원하여,…… 그래서 그들은 장님이 되는 매를 맞았다. 그래서 그들은 대문을 찾지 못하게 하였다.…… 주께서 하늘, 곧 주께서 계신 곳으로부터, 소돔과 고모라에 유황과 불을, 소나기처럼 퍼 부으셨다. 주께서는 그 두 성과, 성 안에 사는 모든 사람과, 넓은 들과, 땅에 심은 채소를 다 엎어 멸하셨다.…… 거기에서 솟아오르는 연기가 마치 옹기 가마에서 나는 연기와 같았다 (창세기 19 : 1-28).

여기서 "천사들에게 폭행을 가하기를 원하는 그들의 바람"은 신령선이나 신령진리에 폭행을 저지르는 것을 뜻합니다. 왜냐하면 이런 것들은 "그 천사들"이 뜻하기 때문입니다. 그들은 장님이 되는 매를 맞았고, 그래서 그들이 대문을 찾지 못하였다는 것은 신령존재의 전적인 배척이나 부인을 뜻하고, 그리고 천계나 교회의 거룩한 것들의 전적인 배척이나 부인을 뜻합니다. 그리고 그와 같이 천계나 교회의 것들을 보지도 못하고, 시인할 수도 없게 되었다는 것은, 천사들이 있는 곳의 "대문을 찾지 못하였다"는 말씀이 뜻합니다. 여기서 "유황"(brimstone)은, 거짓들에 의하여 교회의 선들이나 진리들을 파괴하려는 욕망(lust)을 뜻하고, 그리고 "불"은 자기사랑을 뜻하고, 그리고 선들이나 진리들을 파괴하는 모든 악을 뜻하고, 여기서는 선들이나 진리들의 파괴를 뜻합니다.

[12] "소돔과 고모라"가 자기사랑에서 비롯된 모든 악들이나 거짓들을 뜻한다는 것은 천계에서 나에게 일러진 것입니다. 왜냐하면 자기사랑에서 비롯된 악들 안에 있는 자들이 멸망할 때, 이런 일은 최후심판의 때에 일어나는데, 거기에는 천계에서 비오듯이 내려오는 유황과 불의 모습이 있기 때문입니다. 나는 이것을 자신 있게 증거합니다. 이런 일이 최후심판의 때에 일어날 것이라는 것은 누가복음서에서 주님에 의하여 역시 예언되었습니다. 그 책의 말씀입니다.

> 롯 시대에도 그와 같은 일이 벌어졌다…… 롯이 소돔에서 떠나던 날에, 하늘에서 불과 유황이 쏟아져 내려서, 그들을 모두 멸망시켰다. 인자가 나타나는 날에도 그러할 것이다(누가 17 : 28-30).

[13] 자기사랑으로 말미암아 천계나 교회의 진리들이나 선들에 거스르는 악들 가운데 있는 거짓들에 의하여 자기 자신을 확증하는 자들은 교리에 속한 모든 진리나 성언의 모든 진리를 완전히 뿌리를 뽑기 때문에, 그리고 천적인 사랑이나 영적인 사랑의 모든 선을 역시 뿌리까지 뽑아 버리기 때문에, 그때 거기에는 전적인 황폐가 일어나는데, 신명기서는 그것을 이렇게 기술하고 있습니다. 신명기서의 말씀입니다.

> 온 땅이 유황불에 타며, 소금이 되어 아무것도 뿌리지 못하고, 나지도 않으며, 아무 풀도 자라지 않아, 주께서 맹렬한 분노로 멸망시키신 소돔과 고모라와 아드마와 스보임과 같이 된 것을 보면서, 물을 것이다(신명기 29 : 23).

여기서 "유황"은 악들에게서 비롯된 탐욕들에 의한 모든 선의 황폐를 뜻하고, "소금"(salt)은 그와 같은 탐욕에서 비롯된 거짓들에 의한 모든 진리의 황폐를 뜻하고, "온 땅을 불사른다"는 것은 자기사랑에 의한 교회의 폐허를 뜻하고, "그 땅에 씨를 뿌리지 못하고, 싹이 나지도 않고, 어떤 식물도 자라지 않는다"는 것은 거기에 교회의 진리를 영접, 수용할 어떤 능력도 전혀 없을 것이라는 것을 뜻합니다. 여기서 "풀"(=싹)은 그것이 제일 처음에 솟아날 때의 교회의 진리를 뜻합니다. 그리고 이런 상태가 자기사랑으로 인하여 생긴 선과 진리의 폐허의 상태이기 때문에, "소돔과 고모라의 멸망과 아드마와 스보임의 멸망과 같다"고 언급되었습니다. 여기서 "아드마와 스보임"은 악이나 거짓에 속한 지식들을 뜻합니다. 이런 일들이 최후심판의 때에 일어날 것이라는 것은 "인자가 나타나는 날에도 그러할 것이다"는 말씀이 뜻합니다.

654[A]. 여기서 "이집트"가 영적인 사람에게서 분리된 자연적인 사람을 뜻하고, 그리고 그것으로 인하여 자기사랑에 속한 악들에게서 솟아나는 거짓들을 뜻하고, 결과적으로는 자기총명의 자만(自慢)에서 비롯된 거짓들을 뜻한다는 것은 지금부터 설명되겠습니다. 왜냐하면 자연적인 사람이 그의 영적인 사람에게서 분리될 때이고, 이런 일은 주로 자기사랑에 의하여 일어나기 때문에, 그리고 자기사랑에 속한 악들에게서 거짓들이 솟아나기 때문입니다. 왜냐하면 모든 거짓은 악에서 나오기 때문이고, 그리고 왜냐하면 그 거짓은 그 악의 방패막이가 되기 때문이고, 그리고 의지에 속한 악은 생각의 여러 개념들에 의하여 이해 안에서 어떤 형체(形體 · form)을 취하기 때문인데, 이 때 생각의 여러 개념들은 거짓들이라고 불리웁니다. 그리고 자기사랑에 속한 온갖 악들에게서 생겨나온 온갖 거짓들은 그

것들 안에 자만(自慢·pride)을 품고 있기 때문에, 왜냐하면 그 때 그 사람은 자기 자신의 고유속성(proprium)에서 생각하기 때문입니다. 그러므로 여기서 "이집트"는 역시 자기총명의 자만을 뜻합니다.

[2] 그러나 "이집트"가 양쪽의 뜻으로, 다시 말하면 그것이 영적인 사람에게 결합되었을 때와, 그것이 그것에서 분리되었을 때인, 따라서 좋은 뜻과 나쁜 뜻으로 자연적인 사람을 뜻하기 때문에, 그러므로 자연적인 사람에게 속한 다종다양의 것들이 있는데, 그것들은 일반적으로 선험지(先驗知·cogntions)이나 지식들과 관계를 가지고 있는데, 이것들은 "이집트"가 뜻합니다. 왜냐하면 자연적인 사람에 속한 진리들이나 거짓들은 선험지들이나 지식들이라고 불리우기 때문입니다. 그러나 진리들 자체가 생명을 취하게 되면, 이런 일은, 인애를 가리키는, 믿음의 삶(a life of faith)에 의하여 일어나는데, 그것들은 그의 영적인 사람에 속하기 때문입니다. 그것들의 정동들이나 즐거움들과 함께 하는 이런 것들은 사람의 명료한 감관이나 시각에는 잘 드러나지 않습니다. 이러한 것은 자연적인 사람의 선험지들이나 지식들도 마찬가지입니다. 이런 이유 때문에 사람이 이 세상에서 살아가는 동안, 그는 자연적으로 생각하고 자연적으로 말합니다. 그리고 이것은 사람이 감관적으로 느끼고, 그리고 이해에 속한 일종의 시각에 의하여 지각하기 때문입니다. 그러나 진리의 정동이나, 거짓의 정동에 결합된 그의 영적인 생각은, 사람이 자연적인 몸을 벗고, 그리고 영적인 몸을 입을 때까지, 나타나지 않습니다. 자연적인 몸을 벗고, 영적인 몸을 입는 일은 죽은 뒤에 일어나는 것이고, 또한 이 세상에서 떠난 뒤에, 그리고 영계에 들어간 입문(入門) 뒤에 일어나는 일인데,

그 때 그 사람은 영적으로 생각하고, 영적으로 말하지, 결코 종전처럼 자연적으로 생각하고, 말하지 않습니다. 이런 일들은 모든 사람 누구에게서나 일어나는 것인데, 다만 그가 자연적이냐, 영적이냐 하는 것 뿐입니다. 죽음 뒤 지극히 자연적인 사람에게 있는 생각은 영적이지만, 그러나 그것은 아주 조잡(粗雜 · gross)하고, 그리고 진리의 이해 밖에 있고, 또한 선의 정동 밖에 있습니다. 왜냐하면 그것(=죽음 뒤의 영적인 생각)은 비록 물질적인 것처럼 보이는, 대응적인 개념들로 이루어지기 때문인데, 그럼에도 불구하고, 그것은 물질적인 것은 아닙니다. 그러나 주님께서 기꺼이 하시는 일은, 지극히 자연적인 사람이지만 영계에 있는 사람들의 영적인 생각이나 그것에서 비롯된 언어는 어디에서 보다 더 영적이라는 것입니다.

[3] "이집트"가 성경말씀에서, 좋은 뜻이든 나쁜 뜻이든, 자연적인 사람을 뜻한다는 것, 결과적으로는 본래적으로 자연적인 사람에 속한 모든 것을 뜻합니다. 그 이유는 이집트에 있는 지식들(=과학지들)은 계발(啓發)되고, 진전(進展)되기 때문이고, 특히, 교회들이 표징적인 것이었을 때의, 대응들의 지식들(the knowledge of correspondences)이나 표징들의 지식(the knowledge of representations)은 계발되고, 진전되기 때문입니다. 그러나 그들이 자기 자신들을 위해서 대응들에 따라서 형상들(images)을 만들었기 때문에, 그리고 그것들이 내적인 것에서부터 전적으로 외적인 것이 되었을 때, 그들은 비록 거룩한 예전들(the holy rites)을 가지고 예배하기 시작하였지만, 그러나 그것에 의하여 그것들을 그들의 우상들로 만들었기 때문에, 그러므로 그들은 영적인 것들이나 천적인 것들의 표징적인 것을 우상숭배적인 것들로 바꾸었고, 그리고 마술적인 것들

(magical things)로 바꾸어 버렸습니다. 그러므로 성경말씀에서 "이집트"는 종전의 좋은 뜻에는 정반대가 되는 나쁜 뜻을 뜻하게 되었고, 그리고 자연적인 사람의 거짓 지식(the false knowledge)을 뜻하게 되었고, 그리고 그것은 종국에 우상숭배적인 것이나 마술적인 것이 되어 버렸습니다.
[4] "이집트"의 뜻이 이러하다는 것은 성경말씀의 수많은 장절들에게서 잘 알 수 있습니다. 그러나 우리가 이것을 확증하기에 앞서, 필히 주지하여야 할 것은 모든 사람 안에는 천계의 빛으로 보는 내적인 것이 있다는 것인데, 그것은 내적 영적인 사람(the internal-spiritual man) 또는 내적 영적인 마음(the internal-spiritual mind)이라고 부르고, 그리고 이 세상의 빛으로 보는 외적인 것이 있는데 이것을 외적 자연적인 사람(the external-natural man) 또는 외적 자연적인 마음(the external-natural mind)이라고 부릅니다. 교회에 속한 모든 사람에게 있는 내적인 것은 반드시 외적인 것과 결합하여야 합니다. 다시 말하면 내적 영적인 사람은 외적 자연적인 사람과 결합하여야 합니다. 그리고 이런 것들이 결합되었을 때, 그 사람은 천계의 빛 가운데 있기 때문에, 영적인 사람은 이 세상의 빛 가운데 있는 자연적인 사람을 다스리는 통치권을 가지고, 그리고 마치 주인이 종들을 다스리는 것과 같이 자연적인 사람을 다스리고, 그리고 또한 선생이 생도를 다스리는 것과 같이 그 사람을 다스립니다. 이러한 일은 사람이 교회에 속한 사람이고, 천사다 라는 이 결합에서 비롯된 것입니다. 그러나 자연적인 사람이 영적인 사람에게 결합되지 않고, 그 사람에게 복종하지 않은 때, 이러한 일은 영적인 사람이 닫혀졌을 때의 특별한 경우입니다. 그리고 성경말씀에 속한 신령한 것들이나

교회에 속한 신령한 것들을 부인할 때, 그것은 닫혀지는데, 왜냐하면 그 때 그들은 천계의 빛으로는 아무것도 보지 못하기 때문입니다. 그리고 그 때 자연적인 사람은 영적인 것들에 관해서 장님이고, 그리고 그의 합리적인 것에 의하여 자연적인 사람은 교회에 속한 모든 진리들을 왜곡시키고, 그리고 그것들의 개념들에 의하여 자기 자신에게 있는 것들을 온갖 거짓들로 바꾸어 놓습니다. 이 주제, 다시 말하면 자연적인 사람과 영적인 사람의 결합, 또는 영적인 사람에게서 자연적인 사람의 분리는 성경말씀의 수많은 곳에서 다루어졌습니다. 특히 이집트를 다루는 곳에서 다루어졌는데, 그것은 "이집트"가 영적인 사람에게 결합되었을 때의 자연적인 사람을 뜻하기 때문이고, 그리고 영적인 사람에게서 분리되었을 때의 자연적인 사람을 뜻하기 때문입니다. 자연적인 사람이 영적인 사람에게서 분리되었을 때, 거기에서 다루어진 것은 이집트의 유죄판결(有罪判決 · condemnation)이고, 그리고 이집트의 배척(rejection)입니다. [5] "이집트"가 넓은 뜻으로 자연적인 사람을 뜻하기 때문에, 이집트는 또한 참된 지식(=과학지)을 뜻하고, 그리고 또한 거짓 지식을 뜻합니다. 왜냐하면 자연적인 사람 안에 있는 진리들이나 거짓들은 지식들이라고 부르기 때문입니다. 그리고 "이집트"는 참된 지식들이나 거짓된 지식들을 뜻하기 때문에 믿음 또한 이집트가 뜻합니다. 그것은 믿음이 진리에 속한 것이고, 진리가 믿음에 속한 것이기 때문입니다. 그리고 이런 이유 때문에 인애에 결합된 믿음은 좋은 뜻으로 "이집트"가 뜻합니다. 나쁜 뜻으로는 인애에서 분리된 믿음을 이집트가 뜻합니다. 왜냐하면 영적인 사람이 자연적인 사람에게 결합되었을 때 믿음은 인애에 결합하기 때문입니다. 그리고 그 때 "이집트"는 참된 지식들을 뜻합니다. 그러나 자연적인 사람이 영적인 사람에게서 분리되었을 때, 믿음은 인애에게서 분리되고, 그리고 그 때 "이집트"는 그릇된 지식을 뜻합니다. 왜냐하면 자연적인 사람이 영적인 사람에게서 분리되었을 때 사람은 결코 진리를 가지지 못하기 때문입니다. 그리고 만약에 사람이 성경말씀에서 진리들을 얻게 되고, 그리고 교회의 교리에서 진리들을 얻게 된다면 그럼에도 불구하고 그 사람은 자신의 생각의 개념들에 의하여 위화합니다. 그러므로 교회에 속한 이런 부류의 사람에게 있는 모든 진리는 거짓이 되고 맙니다.

[6]따라서 성경말씀의 "이집트"는 이와 같이 많은 뜻을 가지고 있습니다. 그 첫째 자리에서 성경말씀에서 입증되어야 할 것은 "이집트"가 영적인 사람에게 결합된 자연적인 사람을 뜻한다는 것, 또는 지식은 영적인 빛의 입류에 의하여 살아 있다는 것입니다. 같은 뜻이지만, 믿음은 인애에 결합되어야 하고, 그 때 그것은 본질적으로 믿음이라는 것입니다. 그런 뒤에 입증되어야 할 것은 "이집트"가 반대의 뜻(=나쁜 뜻)으로는 영적인 사람에게서 분리된 자연적인 사람을 뜻한다는 것이고, 또한 영적인 생명의 입류에 살아 있지 않은 지식을 뜻한다는 것이고, 같은 뜻이지만, 인애에서 분리된 믿음을 뜻하는데, 그것은 본질적으로 믿음이 아니라는 것입니다.

654[B]. "이집트"가 영적인 사람에게 결합된 자연적인 사람을 뜻한다는 것, 그리고 또한 본질적으로 참된 지식이나 또는 자연적인 사람의 진리를 가리키는 영적인 빛의 입류에 의한 살아 있는 지식을 뜻한다는 것, 그리고 같은 뜻이지만, 본질적으로 믿음을 가리키는, 인애에 결합된 긷음을 뜻한다는 것 등등은 아래의 장절들에게서 잘 볼 수 있겠습니다.

[7] 이사야서의 말씀입니다.

> 그 날이 오면,
> 이집트 땅의 다섯 성읍에서는
> 사람들이 가나안 말을 하며,
> 만군의 주만을 섬기기로
> 충성을 맹세할 것이다.
> 그 다섯 성읍 가운데서 한 성읍은
> '멸망의 성읍'(city of Cheres)이라고 불릴 것이다.
> 그 날이 오면,
> 이집트 땅 한가운데
> 주를 섬기는 제단 하나가 세워지겠고,
> 이집트 국경지대에는
> 주께 바치는 돌기둥 하나가 세워질 것이다.
> 이 제단과 이 돌기둥이,
> 만군의 주께서 이집트 땅에 계시다는
> 증표와 증거가 될 것이다.
> 그래서 그 곳 백성이 압박을 받을 때에,
> 주께 부르짖어서 살려 주실 것을 간구하면,
> 주께서 한 구원자를 보내시고,
> 억압하는 자들과 싸우게 하셔서
> 백성을 구원할 것이다.
> 주께서는 이렇게
> 자신을 이집트 사람에게 알리실 것이며,
> 그 날로 이집트 사람은 주님을 올바로 알고,
> 희생제물과 번제를 드려서,
> 주께 예배하고,
> 또 주께 서원하고 그대로 실천할 것이다.
> 주께서 이집트를 치시겠으나,
> 치시고 나서는 곧바로 어루만져,
> 낫게 하실 것이므로,

11장 7-19절

그들이 주께로 돌아오고,
주께서는 그들의 간구를 들으시고,
그들을 고쳐 주실 것이다.
그 날이 오면,
이집트에서 앗시리아로 통하는 큰길이 생겨,
앗시리아 사람은 이집트로 가고
이집트 사람은 앗시리아로 갈 것이며,
이집트 사람이 앗시리아 사람과 함께
주님을 경배할 것이다.
그 날이 오면,
이스라엘과 이집트와 앗시리아,
이 세 나라가 이 세상 모든 나라에
복을 주게 될 것이다.
만군의 주께서
이 세 나라에 복을 주며 이르시기를
"나의 백성 이집트야,
나의 손으로 지은 앗시리아야,
나의 소유 이스라엘아,
복을 받아라" 하실 것이다.
(이사야 19 : 18-25)

여기서 "이집트"는 영적인 사람에게 결합된 자연적인 사람을 뜻하고, 따라서 이집트가 이와 같이 교회 밖에 있는 민족들이나 백성들을 뜻하기 때문입니다. 그리고 이들이 진리들 안에 있지 않기 때문에 그들은 자연적인 사람들을 가리키지만, 그러나 그들이 복음을 듣고, 그들이 주님을 시인할 때, 그리고 그들이 교리의 진리들로 가르침을 받을 때 그들은 믿음을 영접, 수용합니다. 주님의 강림은 "그 날이 오면"이라는 말씀이 뜻하는데, 여기서 이 말씀은 다섯(5) 번 거명되었습니다. "그 날이 오면, 이집트 땅의 다섯 성읍에서는 사람들이 가나안 말을 할 것이다"는 말씀은 거기에 있는 그들에게는 교회 자체의 교리의 진리들과 일치하는 많은 교리적인 것들이 있을 것이라는 것을 뜻합니다. 여기서 "다섯"(5)은 많다는 것을, "성읍들"(cities)은 교리적인 것들을, "이집트 땅"은 그런 민족들의 교회를 뜻하고, "가나안의 입술"(=가나안의 말)은 그 교회의 교리에 속한 진리들을, "그 다섯 성읍 가운데서 한 성읍은 멸망의 성읍이라고 불릴 것이다"는 것은 모두 안에 있는 인애의 선에 속한 교리를 뜻합니다. 여기서 "성읍"(city)은 교리를 뜻하고, "헤레스"(Cheres)는 히브리어에서 태양이나 그것의 광선을 뜻하는데, 그것은 인애의 선이나 그것에서 비롯된 믿음을 뜻합니다.

[8] "그 날이 오면 이집트 땅 한가운데 주를 섬기는 제단 하나가 세워지겠고, 이집트 국경지대에는 주께 바치는 돌기둥 하나가 세워질 것이다"는 말씀은, 그 때 자연적인 사람의 모든 것들 안에 있는 인애의 선들에게서 비롯된 주님의 예배나, 그것에서 비롯된 믿음의 진리들에게서 비롯된 주님의 예배를 뜻합니다. "주를 섬기는 제단"은 인애의 선에서 비롯된 예배를 뜻하고, "돌기둥"(pillar)은 믿음의 진리들에게서 비롯된 예배를 뜻하고, "이집트 땅 한가운데"는 어디나, 그리고 자연적인 사람의 모든 것들 안에 있는 곳을 뜻하고, "국경지대"(=변방)는 참된 지식을 뜻합니다.

[9] "그들이 압박을 받을 때에, 주께 부르짖어서 살려 주실 것을 간구하면, 주께서 한 구원자를 보낼 것이다"(=그들이 압제자들 때문에 여호와께 부르짖으면, 그분이 그들에게 구원해 줄 구원자, 곧 위대한 자를 그들에게 보내실 것이다)는 말씀은 영적인 진리의 부족과 그것에서 비롯된 영적인 선의 부족 때문에 생긴 그들의 슬픔을 뜻하고, 그리고 주님의 강림과 그분에게서 이런 것

들을 그들이 받을 것이라는 것을 뜻합니다. 여기서 "부르짖는다"(to cry)는 것은 슬픔을 뜻하고, "압박들"(=압제자들 · oppressions)은 영적인 진리의 결핍과 그것에서 비롯된 영적인 선의 부족을 뜻하고, "구원자나 위대한 자"(Saviour and Prince)는 주님을 뜻하는데, 그분께서는 사랑의 선으로부터는 "구원자"(=구세주)라고 불리웠고, 믿음의 진리들로부터는 "위대한 자"(Prince)라고 불리셨습니다. "주께서는 이렇게 자신을 이집트 사람에게 알리실 것이고, 그 날로 이집트 사람은 주님을 올바로 알게 될 것이다"는 말씀은 주님의 시인과 그분의 신성의 시인을 뜻합니다. "그들이 희생제물(a sacrifice)과 예물(=곡식제물 · meal-offering)을 드릴 것이다"는 말씀은 성경말씀에서 비롯된 그분의 계율에 일치하는 주님의 예배를 뜻하고, 따라서 교리의 진리들이나, 사랑의 선에서 비롯된 그분의 계율에 일치하는 주님의 예배를 뜻합니다. "주께서 이집트를 치시겠으나, 치시고 나서는 곧바로 어루만져, 낫게 하실 것이므로, 그들이 주께로 돌아오고, 주께서는 그들의 간구를 들으시고, 그들을 고쳐 주실 것이다"는 말씀은 온갖 시험들과, 따라서 전환(轉換 · conversion)을 뜻하고, 그리고 진리들에 의한 거짓들의 고침(治癒 · being healed)을 뜻합니다.

[10] "그 날이 오면, 이집트에서 앗시리아로 통하는 큰길이 생겨, 앗시리아 사람은 이집트로 가고, 이집트 사람은 앗시리아로 갈 것이다"는 말씀은 그 때 합리적인 사람은 참된 지식들에 의하여 그들에게 개방될 것이고, 그러므로 사람은 자연적인 사람에 속한 지식들을 합리적으로 우러를 것이라는 것을 뜻하고, 그리고 따라서 총명스럽게 우러른다는 것을 뜻합니다. 여기서 "이집트"는 자연적인 사람의 지식을 뜻하고, "앗시리

아"는 합리적인 것을 뜻합니다. "그 날이 오면, 이스라엘이 이집트와 앗시리아와 더불어 세 번째가 되어 땅 한가운데서 축복이 될 것이다"는 말씀은 영적인 빛에서 비롯된 양자에의 입류를 뜻하는데, 여기서 "이스라엘"은 천계에서 비롯된 빛을 취한 영적인 사람을 뜻하고, "이집트"는 이 세상에서 비롯된 빛을 취한 자연적인 사람을 뜻하고, "앗시리아"는 그 사이에 있는 합리적인 사람을 뜻하고, 그리고 합리적인 사람은 영적인 것에서 비롯된 빛을 수용하고, 그리고 그것을 자연적인 것에 전파, 전가하는 것을 뜻하는데, 그것이 빛을 발합니다. "여호와(=주)께서 복을 주실 것이다"는 말씀은 주님에게서 비롯된 입류(入流 · influx)를 뜻합니다. "이르시기를 나의 백성 이집트야, 복을 받아라"는 말씀은 빛을 받은(=조요된) 자연적인 사람을 뜻하고, "나의 손으로 지은 앗시리아야, 복을 받아라"는 말씀은 자기 자아에서가 아니고, 주님으로 말미암아 합리적이 된 합리적인 사람을 뜻하고, "나의 소유 이스라엘아(=나의 상속재산 이스라엘아), 복을 받아라"라는 말씀은 영적인 사람을 뜻하는데, 이 사람은, 영적인 모든 것이 주님의 것이기 때문에, 상속재산(=상속인)이라고 불리웠습니다. 왜냐하면 그것이 바로 천계나 교회가 그것에서 비롯된, 그분의 신령발출(His Divine proceeding)이기 때문입니다. 영적인 뜻이 없다면 어느 누구가 이 예언의 말씀을 이해할 수 있겠습니까?
[11] 미가서의 말씀입니다.

    그 때에 네 백성이
    사방으로부터 네게로 되돌아온다.
    앗시리아로부터,
    이집트의 여러 성읍으로부터,

11장 7-19절

> 심지어 이집트에서부터
> 유프라테스 강에 이르기까지,
> 이 바다에서 저 바다까지
> 이 산에서 저 산에까지
> 네 백성이 네게로 되돌아올 것이다.
> (미가 7 : 12)

이 말씀은 이방사람들에게 주님에 의하여 세워질 교회의 설시에 관해서 언급하고 있습니다. 그리그 이런 말씀들은 하나의 교회에서부터 다른 것의 마지막까지 그 교회의 확장을 기술하고 있습니다. 가나안 땅의 한 끝은 유프라테스 강이고, 다른 한 끝은 이집트의 강입니다. 한 끝에서 다른 끝까지의 진리의 확장이 "이 바다에서 저 바다까지"라는 말씀이 뜻하고, 그리고 한 끝에서 다른 끝까지의 선의 확장이 "이 산에서 저 산까지"라는 말씀이 뜻합니다.

[12] 교회를 뜻하는 가나안 땅이 이집트의 강에서부터 앗시리아의 강, 유프라테스까지 확장될 것이라는 것은 창세기서에 잘 드러나고 있습니다. 그 책의 말씀입니다.

> 바로 그 날, 주께서 아브람과 언약을 세우시고 말씀하셨다. "내가 이 땅을, 이집트 강에서 큰 강 유프라테스에 이르기까지를 너의 자손에게 준다"(창세기 15 : 18).

그리고 열왕기 상서의 말씀입니다.

> 솔로몬은 유프라테스 강에서부터 블레셋 영토에 이르기까지, 또 이집트의 국경에 이르기까지 모든 왕국을 다스렸다(열왕기 상 4 : 21).

왜냐하면 본질적으로 영적인 교회는 자연적인 사람 안에서 그것의 경계(=범위 · 한계)를 갖습니다. 다시 말하면 그것은 그것의 합리적인 것이나, 아는 능력(=기능)들에서 그것의 경계를 갖습니다. 왜냐하면 합리적인 것은 내면적인 자연적인 사람 안에 있기 때문입니다. 왜냐하면 그것이 그의 이해이기 때문입니다. 그것 안에는 또한 아는 능력(=기능 · the knowing faculty)이 있습니다. 그리고 합리적인 것은 지식들에 의하여 태어납니다. 왜냐하면 이런 지식들 안에서 합리적인 것은, 마치 거울에서 보듯이, 그것의 결론들을 보기 때문이고, 그리고 그것 자체를 그것들에 의하여 확증하기 때문입니다. 그러나 그럼에도 불구하고, 아직 그것은 영적인 것에서 비롯된 것은 아닙니다. 영적인 것이 없다면 사람은 합리성을 결코 가질 수 없고, 또한 그는 역시 참된 아는 능력도 가질 수 없습니다. 그러나 합리적인 것의 자리에서 그 사람은 추론하는 능력(=기능 · an ability to reason)을 취하고, 그리고 참된 것을 아는 능력의 자리에서는 그릇된 아는 능력(a false knowing faculty)을 취합니다. 그러므로 이들 둘은 영적인 교회의 경계들(=변방들)을 이루는데, 그것이 바로 "가나안 땅"이 뜻하는 것입니다.

[13] 에스겔서의 말씀입니다.

"사람아(=사람의 아들아), 너는 이집트 왕 바로와 그의 무리에게 이렇게 전하여라.
'너의 위엄찬 모습을
누구와 비할 수 있겠느냐
앗시리아는 한 때
레바논의 백향목이었다.
그 가지가 아름답고,
그 그늘도 숲의 그늘과 같았다.

11장 7-19절

그 나무의 키가 크고,
그 꼭대기는 구름 속으로 뻗어 있었다.
너는 물을 넉넉히 먹고 큰 나무가 되었다.
깊은 물줄기에서 물을 빨며 크게 자랐다.
네가 서 있는 사방으로는
강물이 흐르고, 개울물이 흘러,
들의 모든 나무가 물을 마셨다.
너는 들의 모든 나무보다 더 높게 자랐다.
흐르는 물이 넉넉하여
굵은 가지도 무수하게 많아지고,
가는 가지도 길게 뻗어 나갔다.
너의 큰 가지 속에서는
공중의 모든 새가 보금자리를 만들고,
가는 가지 밑에서는
들의 모든 짐승이 새끼를 낳고,
그 나무의 그늘 밑에
모든 큰 민족이 자리를 잡았다.
네가 크게 자라서 아름다워지고,
그 가지들이 길게 자라 뻗친 것은,
네가 물 많은 곳에 뿌리를 내렸기 때문이다.
하나님의 동산에 있는 백향목들도
너에 비하면 아무것도 아니다.
잣나무들도 네 굵은 가지들과는
비교가 되지 않고,
단풍나무들도 네 가는 가지들만 못하다.
하나님의 동산에 있는 어떤 나무도
너처럼 아름답지는 못하였다.
내가 네 가지들을 많게 하고,
너를 아름답게 키웠더니,
하나님의 동산에 있는 에덴의 나무들이
모두 너를 부러워하였다.

(에스겔 31 : 2-9)

"이집트의 왕 바로"는 합리적으로 보이는 참된 지식들에게서 태어나고, 형성된 자연적인 사람의 이해를 뜻하기 때문에, 그리고 여기서는 합리적인 것을 뜻하는 "앗수르"라고 불리웠다는 것, 그리고 앗수르가 백향목(cedar)과 그 나무의 크기와 크고 긴 많은 그 나무의 가지들에 의하여 기술되었는데, 이것은 "백향목"(cedar)은 성경말씀에서 합리적인 것을 뜻하기 때문입니다. 그러나 이 장절의 대부분은 본서 650[D]항의 설명을 참조할 수 있겠습니다. 합리적인 것은 총명적인 것에 대해서 이런 것이고, 자연적인 것은 참된 지식들에 대하여 이런 것이기 때문에 "하나님의 동산에 있는 어떤 백향목도 그것과 비교가 되지 못하고(=그를 가릴 수 없다), 그리고 잣나무들(=전나무들 · fir-trees)도 그것의 가지들에 견줄만 하지 않았고, 또한 "하나님의 동산의 어떤 나무도 너처럼 아름답지 못하였다"(=그 아름다운 모습에 비길 수 없었다)는 말씀이 언급되었습니다. 여기서 "하나님의 동산"(the garden of God)은 본연의 진리들 안에 있는 교회의 사람이 가지고 있는 총명을 뜻하고, "백향목"(cedar)은 영적인 근원에서 비롯된 그의 합리성을 뜻하고, "잣나무"(=전나무 · the fir-tree)는 자연적인 사람의 지각적인 기능(the perceptive faculty)을 뜻하고, "아름다움"(beauty)은 진리의 정동을, 결과적으로는 총명을 뜻합니다. "내가 네 가지들을 많게 하고, 너를 아름답게 키웠다"(=내가 가지들을 많게 함으로써 그를 아름답게 하였다)는 말씀은 합리적으로 지각된 참된 지식들의 풍부함을 뜻합니다. "하나님의 동산 안에 있는 에덴의 모든 나무들이 시기하였다"(=부러워하였다)는 것은, 지혜가 그것에서 비롯되는, 천적인 선에서 비롯된 진리의 지각들을 뜻하고, "나무들"은 천적인 사람이 다루어지는 곳에서는 지각들을 뜻하고, 그리고 영적인 사람이 다루어지는 곳에서는 선험지(先驗知)들을 뜻하고, 그리고 "하나님의 동산 안에 있는 에덴"은 사랑의 선에서 비롯된 지혜를 뜻합니다. 바로와 이집트가 여기서는 "앗수르"나 "백향목"(cedar)이 뜻하고, 그것에 의하여 기술되었다는 것은 이 장의 마지막 절에서 볼 수 있는데, 거기에는 "바로와 그의 백성 모두가 이렇게 될 것이다"(=이것이 바로와 그의 모든 무리이다) 라고 언급되었습니다. 영적인 사람의 모든 총명이나 지혜가 자연적인 마음에서 종결되기 때문에, 그리고 거기에는 그것 자체를 가시적으로 드러내기 때문에, 따라서 위에 인용된 장절에는 바로, 즉 이집트 왕 등은 "하나님의 동산의 백향목"에 비교되었습니다. 그리고 "바로"는, 참된 지식들로 형성되고 태어난 자연적인 사람 안에 있는 총명적인 것을 뜻합니다. 결과적으로는 그것은 "하나님의 동산"이 뜻하는 이집트의 땅을 가리킵니다. 이러한 것은 창세기서와 같은데, 그 책의 말씀입니다.

> 롯이 멀리 바라보니, 요단 온 들판이, 소알에 이르기까지, 물이 넉넉한 것이 마치 주의 동산과도 같고, 이집트 땅과도 같았다(창세기 13:10).

[14] 앞서 에스겔서에서 언급한 것과 같이, 이해의 측면에서 자연적인 사람은, 아래에서 볼 수 있듯이, 비록 그의 행위는 모독(冒瀆) 이외에 아무것도 아니었지만, 앗시리아 왕 산헤립(Sennacherib)에 의하여 기술되었습니다. 열왕기 하서의 말씀입니다.

네가 전령들을 보내어
나 주를 조롱하며 말하기를,
내가 수많은 병거를 몰아
높은 산 이 꼭대기에서 저 꼭대기까지
레바논의 막다른 곳까지 깊숙이 들어가서
키 큰 백향목과 아름다운 잣나무를
베어 버리고,
울창한 숲 속 깊숙이 들어가서
그 끝까지 들어갔고,
그리고는 땅을 파서
다른 나라의 물을 마시며,
발바닥으로 밟기만 하고서고
이집트의 모든 강물을 말렸다고 하였다.
(열왕기 하 19 : 23, 24)

여기도, 위에 인용된 장절에서와 같이, 유사한 내용들을 뜻하고 있습니다. 다시 말하면 참된 지식들로 형성된 교회의 사람들의 합리적인 것들이 신령영적인 것으로부터 조요, 계발되었지만, 그럼에도 불구하고 여기서는 왜곡된 합리적인 것을 뜻하는 앗시리아 왕은 이런 것들을 파괴하기를 열망하였습니다. 왜냐하면 그는 유다 왕 히스기야와 전쟁을 하였습니다. 그러나 그가 이런 것들을 모독하였기 때문에, 그리고 그의 합리적인 것이나, 영적인 것에서 비롯된 그의 자연적인 것 안에 있는 사람에게 형성된 교회의 처음부터 마지막 것까지 그 교회의 모든 것들을 파괴하기를 협박(脅迫)하였기 때문에, 그러므로 그 날 밤 앗시리아 군의 진영에서 주의 천사에 의하여, 십팔만오천 명이 죽었습니다(열왕기 하 19 : 35). 여기서 앗시리아 왕의 "수많은 병거들"(=전차 · chariots)은 교리의 거짓들을 뜻하고, 그가 오르기를 열망하는 "레바논의 높은 산 이 꼭대기와 저 꼭대기"는 그가 파괴하기를 열망하는 교회의 모든 선들이나 진리들을 뜻하고, 그가 베어버리기를 열망했던 "키 큰 백향목과 아름다운 잣나무"(=전나무·fir-trees)는 지각의 측면에서 합리적인 진리들이나 자연적인 진리들을 뜻하고, "울창한 숲의 나무"(=잘 기른 나무들)는 지식들을 뜻하고, "그가 그의 발바닥으로 말려버린 이집트의 강물"은, 그의 감관적인 것에 의하여 그가 전멸시키려고 하는, 지워없애 버리려고 하는 영적인 근원에서 비롯된 자연적인 사람의 지식을 뜻합니다. 여기서 앗시리아 왕의 "발바닥"(=발의 뒤꿈치)는 진짜 온갖 오류들에게서 비롯된 감관적인 것이나, 그것에서 비롯된 추상적인 것을 뜻하고, "이집트의 강물"은, 영적인 것을 가리키는 교회의 진리들을 확증하기 위하여 이것들이 적용되었을 때 영적인 근원에서 비롯된 지식들에게서 비롯된 자연적인 사람의 총명을 뜻합니다.

654[C]. [15] 교회의 모든 사람에게 활착되어야 할 필수적인 것은 제일 처음에 지식들을 배우는 것입니다. 왜냐하면 만약에 자연적인 사람이, 이 세상적인 것들이나, 연상(聯想·associations)들에게서 비롯된 다종다양한 경험들을 가리키는, 지식들에 의하여 배우지 않는다면, 사람은 합리적인 것이 될 수 없기 때문입니다. 그리고 만약에 그가 합리적인 것이 되지 않는다면 그는 영적인 것이 될 수 없습니다. 왜냐하면 사람의 합리성은 한쪽은 영적인 것, 다시 말하면 천계와 결합하고, 그리고 다른 한쪽은 자연적인 것, 다시 말하면 이 세상과 결합하기 때문입니다. 이런 이유 때문에, 그리고 교회가 이스라엘의 자손들에게 제정(制定), 설시되었기 때문에, 그러므로 그들에게 있는 자연적인 사람은 제일 먼저 교육을 받아야 합니다. 다시

말하면 자연적으로는 진리들을 배워야 하고, 과학적으로는 이해되어야 합니다. 이러한 일이 표징되고, 뜻하기 위해서는, 그 교회를 표징하는 아브라함이나 그의 후손에게 그 일이 일어나야 하였고, 그 교회의 우두머리인 아브라함 자신에게 그 일은 일어났습니다. 창세기서의 말씀입니다.

> 그 땅에 기근이 들었다. 그 기근이 너무 심해서, 아브람은 이집트에서 얼마 동안 몸붙여서 살려고, 그리로 내려갔다(창세기 12 : 10).

그리고 그 뒤에는 이렇게 기술되었습니다.

> 이스라엘 자손들이라고 불리우는 야곱과 그의 아들들은 이집트로 내려가라는 하나님의 명령에 의하여 이집트로 내려가서, 이집트에서 가장 좋은 땅 고센에서 오랫 동안 거기에서 살았다(창세기 46장).

이런 일이 행해진 것은, 사람이 영적으로 가르침을 받기 전에, 사람은 반드시 과학적으로, 그리고 자연적으로 진리들의 교육을 받아야 했기 때문입니다.
[16] 왜냐하면 과학적으로, 자연적으로, 진리들에 의하여 이해된 모든 사람은 자기 자신을 위하여 영적인 것이 거기에 입류할 수 있고, 활동할 수 있는 합리적인 것을 터득하여야 하기 때문입니다. 왜냐하면 그의 이해에 속한 합리적인 것을 통하여 사람은, 영적인 빛을 가리키는, 천계의 빛을 받기 때문이고, 그리고 영적인 것에 의하여 조요(照耀)된 합리적인 것을 통해서 그 사람은 영적인 것을 가리키는 천계나 교회의 순수한 진리들이나 선들에 일치하는 것 안에 있는 그런 것들에게서 선별(選別)된 선험지들이나 기억지들을 관찰(觀察)하고, 조사, 검증하기 때문입니다. 만약에 그런 것이 아니라면 그는 그것들을

배척합니다. 따라서 그 사람은 그것을 자기 자신 안에 있는 교회의 초석으로 세웁니다. 이것이, 기근 때문에, 거기에 체류하기 위하여 그들이 이집트에 내려간 아브라함과 야곱에 관해서 언급된 이유입니다. "기근 때문"이라고 하였는데, 그것은 "기근"(=배고픔 · 饑饉 · famine)이 선과 진리의 지식들의 결핍을 뜻하기 때문이고, 그리고 그것들에 대한 열망을 가지고 모으는 것을 뜻하고, 성경말씀에서 "체류한다"(=to sojourn)는 것은 가르침을 받는 것을 뜻하기 때문입니다.

[17] 이러한 내용은 시편서의 이런 말씀이 뜻하는 것이 무엇인지 명확하게 합니다. 그 책의 말씀입니다.

> 주께서 이집트에서
> 포도나무를 뽑아 오셔서,
> 뭇 나라를 몰아내시고,
> 그것을 심으셨습니다.
> 땅을 가꾸시고
> 그 나무의 뿌리를 내리게 하시더니,
> 그 나무가 온 땅에 찼습니다.
> 산들이 그 포도나무 그늘에 덮이고,
> 울창한 백향목도
> 포도나무 가지로 덮였습니다.
> 그 가지는 지중해에까지 뻗고,
> 새 순은 유프라테스 강에까지 뻗었습니다.
> (시편 80 : 8-11)

"이집트에서 뽑아온 포도나무"는, 이스라엘의 자손들이 표징하는, 이른바 표징적인 교회를 뜻하고, "뭇 나라를 몰아낸다"는 것은, 진리들에게 의하여 쫓겨난, 자연적인 사람의 악들을 몰아내는 것을 뜻하고, "그것을 심고, 그 땅을 가꾸고(=그것을 위해 터를 마련하고), 그 나무의 뿌리를 내리게 한다"는 것 등등은 질서에 따라서 가르치는 것, 다시 말하면 처음에는 선험지들이나, 지식들로 물들게 하는데, 이러한 것은 그 때 광야에 있으면서 온갖 시험을 겪는 것을 뜻하고, 그리고 그 뒤에는 가나안 땅에 들어가는 것, 다시 말하면 교회에 들어오는 것을 뜻합니다. 이러한 일련의 내용은 "당신은 한 포도나무를 이집트에서 가져다가 민족들을 몰아내고, 그것을 심으셨고, 그것을 위해 터를 마련하시니, 그것이 뿌리를 내리고 그 땅을 채웠다"는 말씀에 의하여 그것들의 순서에 따라서 뜻하고 있습니다. "그 가지들은 바다(=지중해)까지 뻗었다"는 것은 총명의 증대를 뜻하고, 그리고 그 교회의 선과 진리가 궁극적인 것에까지 이른 확장을 뜻하고, "새 순이 강에까지 뻗었다"는 것은 합리적인 것에 이른 것을 뜻합니다. 여기 "강", 다시 말하면 "유프라테스 강은 합리적인 것을 뜻합니다(본서 569항 참조).

[18] 호세아서의 말씀입니다.

> 이스라엘이 어린 아이일 때에,
> 내가 그를 사랑하여
> 내 아들을 이집트에서 불러냈다.
> (호세아 11 : 1)

여기서 "이스라엘"은 영적인 뜻으로는 교회를 뜻하고, 가장 높은 뜻으로는 천계에 속한 모든 것이나 교회에 속한 모든 것들을 가리키는 그분인 곧 우리 주님을 뜻합니다. 그리고 이스라엘의 아들들이 교회를 표징하기 때문에, 그리고 그것은 그들이 처음에는 합리적인 것을 섬겨야 할 그런 것들을 배우고, 그리고 이것을 통해서 영적인 것을 섬겨야 하는 그런 것들을 배워야 한다는 신령질서(Divine order)에 일치하기 때문에 그들은 처음에는 이집트에 체류하였고, 그 다음에는 그들이 온갖 시험들을 겪기 위하여 광야에 인도되었고, 그리고 이것들을 통해서 자연적인 사람은 정복되었습니다. 왜냐하면 사람은, 거짓 지식들이 제거되고, 비우기 전까지는, 합리적인 것이 될 수 없기 때문입니다. 그리고 자연적인 사람은 이와 같이 정화(淨化)되는데, 이 일은 주로 시험들에 의하여 이루어집니다.

654[D]. [19] 최고의 뜻으로 "이스라엘"은 주님을 뜻하고, 주님 당신께서는 당신이 젖먹이 때, 마태복음서의 말씀에 일치하듯이, 이집트에 내려갔습니다. 그 책의 말씀입니다.

> 주의 천사가 꿈에 요셉에게 나타나서 말하였다. "헤롯이 아기를 찾아서 죽이려고 하니, 일어나서 아기와 어머니를 데리고, 이집트로 피신하고, 내가 네게 일러줄 때까지 그 곳에 있어라." 요셉이 일어나서, 밤 사이에 아기와 그 어머니를 데리고 이집트로 피신하여, 헤롯이 죽을 때까지 거기에 있었다. 이것은 주께서 예언자를 시켜서 말씀하신 바
> "내가 이집트에서 내 아들을 불러냈다"
> 하신 말씀을 이루려고 하신 것이다.
> (마태 2:13-15)

이 말씀은 다시 주님의 첫 번째 교육을 뜻합니다. 왜냐하면 주님께서는 다른 사람과 꼭같이 교육을 받으셨기 때문입니다. 그러나 그분의 신성에 의하여 그분께서는 다른 자들에 비하여 보다 더 총명스럽고, 지혜로운 모든 것들을 받으셨습니다. 그러나 이집트로 향하는 떠남은 지극히 단순한 가르침의 표징이었습니다. 왜냐하면 유대 교회나 이스라엘 교회의 모든 표징들은 그분을 주의하여 그분을 지켜보는 것이기 때문에, 그러므로

그분께서는 그분 자신 안에서 그것들을 드러내는 것이었고, 그리고 완전하게 그것들을 준수(遵守), 지키셨습니다. 따라서 그분께서는 율법의 모든 것들을 채우시고, 이루셨습니다. 표징들이 천계와 교회의 궁극적인 것들을 가리키기 때문에, 그리고 합리적인 것이나, 영적인 것이나, 천적인 것들을 가리키는 선재(先在)하는 것들이 궁극적인 것들 안에 들어오고, 그리고 그것 안에 있기 때문에, 그러므로 이런 것들을 통하여 주님께서는 궁극적인 것들 안에 계십니다. 그리고 이런 모든 것들은 궁극적인 것들 안에서 강해지기 때문에 그러므로 주님께서 지옥을 모두 정복하시고, 천계의 모든 것들을 질서정연하게 하신 것은 궁극적인 것들을 통해서, 처음 것들에서부터였습니다. 이것이 이 세상에서의 주님의 전 생애(生涯)가 표징적이었다는 이유입니다. 그리고 또한 그 때 신령존재에 전적으로 상반되고, 그리고 천계나 교회의 모든 선들이나 진리들에 정반대되는, 교회의 성질(=됨됨이 · quality)을 드러내는 그분의 고통(His passion)에 관해서 복음서들에서 모든 것들이 언급된 이유입니다.

654[E]. [20] 이 말씀은 아래의 장절에서 다루어진 주님에 의하여 세워진 교회가 있는 곳인 "이집트"가 뜻한다는 것을 명확하게 합니다. 이사야서의 말씀입니다.

> 주께서 말씀하신다.
> "이집트가 수고하여 얻은 재물과
> 에티오피아가 장사하여 얻은 이익이
> 너에게로 넘어오고,
> 키 큰 스바 사람들이 너에게로 건너와서
> 네 밑으로 들어와 너를 따를 것이며,
> 사슬에 매여 와서 네 앞에 엎드리고,

11장 7-19절

너에게 기도하는 것처럼 이르기를,
'과연 하나님께서 당신과 함께 계십니다.
그 밖에 다른 이가 없습니다.
다른 신은 없습니다' 할 것이다."
(이사야 45 : 14)

이 말씀은 주님에 관해서 언급하고 있는데, 이 장 전체는 주님에 관해서 다루고 있습니다. 여기서 "이집트 사람의 수고"(=노력자들)와 "에티오피아(=구스) 사람과 시바 사람의 상품"(=재물)은 진리와 선의 지식들의 획득에서 비롯된 자연적인 사랑의 기쁨을 뜻하고, 그 지식들 자체는 선에서 비롯된 "키 큰 사람"이라고 불리운 시바 사람들(the Sabeans)이 뜻합니다. 왜냐하면 "신장"(=길이·stature)은 선과 그것의 성질을 뜻하기 때문이고, "너비"(breadth)는 진리와 그것의 성질을 뜻하기 때문입니다. 이런 것들이 그 교회에 정박(碇泊)할 것이고, 그리고 주님을 시인하고 예배할 것이라는 것은 "그들이 너에게로 넘어오고(=건너와서), 너의 것이 될 것이고, 너에게 몸을 굽힐 것이다"는 말씀이 뜻합니다. 그들에게 있는 자연적인 사람은 영적인 사람을 섬길 것이라는 것, 따라서 주님을 섬길 것이라는 것은 "사슬에 매여 와서 네 앞에 엎드린다"(=사슬에 묶여 네 뒤에서 걸을 것이다)는 말씀이 뜻합니다. 왜냐하면 "사슬에 묶였다"고 언급되었는데 그들 안에 있는 자연적인 사람에게 예속되어 있는 탐욕들이 억압되었기 때문입니다. 그들이 주님께서 홀로 하나님이시라는 것을 시인한다는 것은 "그들이 기도하는 것처럼 이르기를 '과연 하나님께서는 당신과 함께 계십니다. 다른 이가 없습니다. 다른 하나님이 없습니다'"는 말씀이 뜻합니다.
[21] 시편서의 말씀입니다.

> 이집트에서는 사절단이
> 온갖 예물을 가지고 오고,
> 에티오피아(=구스)에서는, 사람들이
> 하나님께 손을 들고 기도할 것입니다.
> 세상의 왕국들아,
> 하나님을 찬양하여라.
> 주님께 노래하여라.
> (시편 68 : 31, 32)

"이집트에서 온 사절단"은 진리들을 알리는 정동 안에 있는 이방 사람들을 뜻하고, "구스"(=에티오피아)는 자연적인 사람의 기쁨에서 비롯된 진리들에 물든 자들을 뜻합니다. "구스"가 이런 뜻을 갖는다는 것은 구스가 거명된, 예를 들면 창세기 2 : 13 ; 스바니아 3 : 5, 9, 10 ; 다니엘 11 : 43에서와 같이, 성경 말씀의 여러 장절들에게서 잘 볼 수 있습니다. 그 민족들이 주님에게서 비롯된 천계와 교회에 속한 진리들이나 선들을 영접, 수용할 것이라는 것은 "세상의 왕국들아, 하나님을 찬양하여라, 주님께 노래하여라"(=여호와께 찬양, 노래를 불러라)는 말씀이 뜻합니다.

[22] 호세아서의 말씀입니다.

> (그들에게 영광이 함께 할 것이다.)
> 이집트 땅에서 참새 떼처럼 빨리 날아오고,
> 앗시리아 땅에서 비둘기처럼 날아올 것이다.
> "내가 끝내 그들을
> 고향집으로 돌아오게 하겠다."
> (호세아 11 : 11)

이 장절도 역시 이방 사람들에게 교회를 세우시려는 주님에 관해서 언급하고 있습니다. "이집트 땅에서 날아온 새처럼"(=참새 떼처럼)이라고 언급되었는데, 그것은 "새"(=참새 · a bird)가 참된 지식들(=과학지들)에게서 비롯된 생각들(思想 · thoughts)을 뜻하기 때문입니다. 그리고 "앗시리아 땅에서 날아온 비둘기처럼"이라고 언급되었는데, 그것은 "비둘기"(dove)가 영적인 선에서 비롯된 합리적인 선을 뜻하기 때문입니다. 여기서 "앗시리아"는 합리적인 것 자체를 뜻하고, "그들의 집에서 살게 한다"는 것은 선에게서 비롯된 진리들에 의해 형성된 마음의 내면적인 것들을 뜻하고, 그리고 따라서 악에 속한 거짓들의 습격에서부터 안전한 자들을 뜻합니다.

[23] 이사야서의 말씀입니다.

> 너희 이스라엘 자들아,
> 그 날이 오면,
> 주께서 유프라테스 강으로부터
> 이집트 강에 이르기까지,
> 너희를
> 알곡처럼 일일이 거두어들이실 것이다.
> 그 날이 오면,
> 큰 나팔 소리가 울릴 것이니,
> 앗시리아 땅에서 망할 뻔한 사람들과
> 이집트 땅으로 쫓겨났던 사람들이 돌아온다.
> 그들이 예루살렘의 거룩한 산에서
> 주님을 경배할 것이다.
> (이사야 27 : 12,13)

여기서 "그 날이 오면"이라는 말은 주님의 강림(the coming of the Lord)을 뜻하고, "유프라테스 강(=강의 수로로부터) 이집트 강에 이르기까지 너희를 주께서 알곡처럼 거두어들이실 것이다"(=주께서 쳐서 떠실 것이다)는 말씀은 영적인 것을 섬길 모든 합리적인 진리나 참된 지식(=과학지)를 뜻합니다. 그것이 곡식을 담고 있기 때문에 "알곡"(=곡식의 열매 · the ear of grain)이라고 언급되었는데, 알곡은 양육을 위해 영적인 사람을 섬기는 진리와 선을 뜻합니다. 주님께서 그 교회에 부르신다는 것은 "그 날이 오면 큰 나팔 소리가 울릴 것이다"는 말씀이 뜻하는데, "앗시리아 땅에서 망해 가는 자들(=망할 뻔한 사람들)과 이집트 땅에서 쫓겨났던 사람들"이 뜻하는 거짓들을 확증하기 위하여 지식들(=과학지들)에게서 비롯된 추론을 통해서 망하지 않은 자들은 그 교회에 모일 것이라는 것, 그리고 그들이 주님을 예배할 것이라는 것, 쫓겨났던 자들이 교회를 다시 세울 것이라는 것 등등은 "예루살렘의 거룩한 산에서 주님을 경배할 것이다"는 말씀이 뜻합니다. 여기서 "거룩한 산"은 선한 삶의 측면에서 교회를 뜻하고, "예루살렘"은 교리적인 진리의 측면에서 교회를 뜻합니다. 이런 것들은 앗시리아나 이집트에서 포로였던 이스라엘 자손들에 관해서 언급하고 있습니다. 그러나 "이스라엘의 자손들"은 여기서나 또는 다른 어떤 곳에서는 교회를 형성, 이루는 이방 사람들을 뜻합니다. 그리고 앗시리아나 이집트에서 "그들의 사로잡힘"은 사람이 종교에 속한 거짓들로 사람이 갇혀 있는 영적인 사로잡힘을 뜻합니다.

[24] 스가랴서의 말씀입니다.

　　내가 그들을
　　이집트 땅에서 돌아오게 하고,
　　앗시리아에서도 돌아오게 하겠다.
　　내가 그들을
　　길르앗 땅과 레바논으로 데려올 것이니,

> 그 땅이 살기에 비좁을 것이다.
> 그들이 고난의 바다를 지나올 때에
> 나 주가 바다 물결의 기세를 꺾을 것이니,
> 나일 강이 그 바닥까지 다 마를 것이다.
> 앗시리아의 교만이 꺾일 것이며,
> 이집트의 홀도 사라질 것이다.
> (스가랴 10 : 10, 11)

이 장절 역시 주님에 의한 교회의 회복을 다루고 있습니다. "이집트 땅에서 돌아오게 하고, 앗시리아에서도 돌아오게 한다"(=내가 그들을 이집트 땅에서 데려오고, 앗시리아에서도 모으겠다)는 말씀은 이미 앞에서 설명된 이사야서의 말씀의 뜻과 비슷한 뜻을 가지고 있습니다. "길르앗 땅과 레바논"은 자연적인 사람 안에 있는 교회에 속한 선들이나 진리들을 뜻합니다. "그들이 고난의 바다를 지나올 때에 나 주가 바다 물결의 기세를 꺾을 것이며, 앗시리아의 교만이 꺾일 것이며, 이집트의 홀도 사라질 것이다"(=바다의 파도를 꺾을 것이며, 앗시리아의 교만이 낮아지고, 이집트의 홀이 떠날 것이다)는 말씀 자연적인 사람의 악들이나 거짓들이, 그리고 그것들을 확증하는 지식들(=과학지들)에게서 비롯된 추론들이 모두 소멸될 것이라는 것을 뜻합니다. 여기서 "고난의 바다를 지나온다"는 것은 온갖 시험들을 뜻하고, 여기서 "바다 물결들"(=파도들)은 거짓들이나 악들을 뜻하고, "앗시리아의 교만"은 자기 총명의 교만에서 비롯된 추론들을 뜻하고, "이집트의 홀"(the staff of Egypt)은 확증하는 지식을 뜻합니다.

[25] 에스겔서의 말씀입니다.

> 사십 년이 지나면, 여러 민족 속에 흩어져 있는 이집트 사람을, 내

가 다시 이집트 땅으로 모아들이겠다. 내가 포로된 사람들을 이집트로 돌아오게 하여, 그들의 고향 땅, 곧 상 이집트 땅(=바드로스 땅)으로, 내가 그들을 데려다 놓겠다. 그들은 거기에서 힘없는 나라밖에 되지 못할 것이다. 나라들 가운데서 가장 힘없는 나라가 되어서, 다시는 다른 민족들보다 높아지지 못할 것이다. 내가 그들을 작게 만들어서, 그들이 다른 백성들을 다스릴 수 없게 하겠다. 이집트는 다시는 이스라엘을 다스릴 수 없게 하겠다. 이집트는 다시는 이스라엘 족속이 의지할 나라가 되지 못할 것이다(에스겔 29 : 13-16).

여기서 "이집트"는 자연적인 빛에서 비롯된 도덕적인 삶(a moral life) 안에 있는 자들에게 있는 교회를 뜻하고, 그들이 참고 견디어야 할 온갖 시험들은 자연적인 사람이 영적인 사람을 다스리지 못하는 "40년"이 뜻하고, "주께서 여러 민족 속에 흩어져 있는 이집트 사람을 다시 이집트 땅으로 모아들이겠다"는 "이집트"는 그들이 그것에 의하여 거짓들을 확증하는 지식들을 뜻합니다. 그리고 진리의 지식들에 의한 그들의 조요(照耀)는 "내가 그들을 그들의 고향의 땅, 곧 상 이집트 땅(=바드로스 땅 · Pathros)으로 그들을 데려다 놓겠다"는 말씀이 뜻하는데, 여기서 그 땅은 그들이 자신들을 위하여 터득한 지식들로 말미암아 "그들의 고향 땅"(=그들의 왕래의 땅 · the land of their traffic)이라고 불리웠습니다. 왜냐하면 "장사한다. 왕래한다"(to traffic)는 것은 지식들을 터득하는 것이나 지식들을 교환하는 것을 뜻하기 때문입니다. 자연적인 사람의 지식들(=과학지들)은 과장, 부풀려지면 안 된다는 것, 그리고 그들의 의기양양(意氣揚揚 · elation)의 상태에서 그 지식들은 교회의 진리들이나 선들에게 악을 행하고, 그리고 그것을 지배한다는 것 등등은 "이집트는 나라들 중에서 가장 힘없는 나라가 되어서, 다시는 다른 민족들보다 높아지지 못할 것이다. 내가 그들을 작게 만들어서, 그들이 다른 백성들을 다스릴 수 없게 하겠다"는 말씀이 뜻합니다. 여기서 처음에 언급된 나라들은 교회의 진리들을 뜻하고, 마지막에 언급된 나라들(=민족들)은 그것의 선들을 뜻합니다.

[26] 스가랴서의 말씀입니다.

> 예루살렘을 치러 올라온
> 모든 민족 가운데서
> 살아 남은 사람들은,
> 해마다 예루살렘으로 올라와서
> 왕이신 만군의 주께 경배하며,
> 초막절을 지킬 것이다.
> 이 세상 어느 백성이라도, 예루살렘에 올라와서 왕이신 만군의 주께 경배하지 않으면, 그들의 땅에는 비가 내리지 않을 것이다. 이집트 백성이 예루살렘으로 올라와서 어울리지 않으면, 그들의 땅에도 비가 내리지 않을 것이다. 주께서는 초막절을 지키러 올라오지 않은 이방 나라들에게 내리실, 그 똑같은 재앙을 그들에게도 내리실 것이다(스가랴 14:16-18).

이 말씀 역시 주님의 강림과 주님에 의한 교회의 설시를 다루고 있습니다. "왕이신 만군의 주"는 그들이 예배드리는 분으로, 주님을 뜻합니다. 여기서 "초막절"(the feast of tabernacles)은 진리들에 의한 선의 이식(移植·the implantation of good)을 뜻하고, "그분의 교회에 나오지 않는 자들"(=초막절을 지키러 올라오지 않은 민족들)은 주님에게서 비롯된 진리나 선의 입류를 결코 차지하지 못할 것이라는 것은 "이집트의 족속이 올라와 그리로 들어오지 않으면 그들에게 비가 없을 것이다"(=이집트 백성이 예루살렘으로 올라와서 어울리지 않으면, 그들의 땅에도 비가 내리지 않을 것이다)는 말씀이 뜻합니다. 순전히 지식들(=과학지들)에게서 비롯된 자연적인 빛 안에 있는 부류가 그러할 것이라는 것, 그리고 그들 안에 진리들에 의한 선들이 이식될 수 없다는 것 등은 온갖 종류의 악들이나 거짓들 안에 있을 것이라는 것을 뜻한다는 것은 "주께서는 초막절을 지키러 올라오지 않은 이방 나라들에게 내리실, 그와 똑같은 재앙을 그들에게 내리실 것이다"는 말씀이 뜻합니다.

[27] 이사야서의 말씀입니다.

> 나는 주, 너의 하나님이다.
> 이스라엘의 거룩한 하나님이다.
> 너의 구원자다.
> 내가 이집트를 속량물로 내주어
> 너를 구속하겠고,
> 너를 구속하려고, 너 대신에
> 구스와 스바를 내주겠다.
> 내가 너를 보배롭고 존귀하게 여겨
> 너를 사랑하였으므로,
> 너를 대신하여 다른 사람들을 내주고,
> 너의 생명을 대신하여
> 다른 민족을 내주겠다.
> (이사야 43 : 3, 4)

이 장절 또한 주님에 관해서 언급하고 있고, 그리고 그분을 시인하고, 그리고 주님에게서 비롯된 진리들을 영접, 수용하는 정동에서 비롯된 구속(救贖 · 되찾음 · the redemption)에 관해서 언급하고 있습니다. 여기서 구속은 "속량물"(=몸 값 · expiation)이 뜻하고 "너를 대신하여"라는 말이나, "너의 생명(=영혼)을 대신하여"라는 말이 뜻하고, 영적인 정동에서 비롯된 진리를 알고자 하는 자연적인 정동은 "이집트"·"구스"·"스바"가 뜻하고, 그리고 너를 대신하여 내준 "사람"(a man)은 거기에서 비롯된 그들의 총명을 뜻하고, "너의 생명을 대신하여 내준 다른 민족"은 그들에게 비롯된 교회를 뜻합니다.

654[F]. [28] "이집트"가 자연적인 사람을 뜻하기 때문에, 그리고 영적인 사람의 모든 총명은 그것의 한계(=범위·limit)나 기초를, 자연적인 사람 안에서, 그리고 그의 선험지들이나 기억지들(=과학지들) 안에서 가지고 있기 때문에, 그러므로 이런 것들이 없다면 사람은 총명스럽지도 않고, 지혜롭지도 않고, 심지어 합리적이지도 않습니다. 다시 말하면 영적인 사람은 반드시 자연적인 사람과 하나인 것처럼 반드시 행동하여야 하기 때문이고, 그리고 결과와 같은 원인처럼 반드시 행동하여야 하기 때문입니다. 그것은 대응들에 의하여 하나처럼 행동합니다. 이러한 것이 고대 시대에, 그리고 또한 이집트에 표징적인 교회가 그 때 거기에 있었던 이유입니다. 이사야서의 말씀입니다.

> 어찌 바로에게
> 너희가 옛 현인들과 옛 왕들의 후예라고
> 감히 말할 수 있겠느냐?
> (이사야 19 : 11)
> 그들은 또한 이집트, 곧 지파들의 지주이다(=그들은 이집트의 주춧돌들인 지파들이다)(이사야 19 : 13).

왜냐하면 "지파들"은 복합체적으로 교회에 속한 모든 진리들이나 선들을 뜻하기 때문이고, "지주들"(=주춧돌들·모퉁잇돌들)는 그것의 기초를 뜻하기 때문입니다.

[29] 그러므로 솔로몬에 관해서 언급하였는데, 그는 주님의

영적인 왕국이나 주님의 영적인 왕국과의 관계에서 주님을 표징합니다. 열왕기 상서의 말씀입니다.

> 솔로몬의 지혜는 동양의 어느 누구보다도, 또 이집트의 누구보다도 뛰어났다(열왕기 상 4 : 30).

여기서 "동방의 자손들"(=동양의 자손들·동방의 사람들)은, 그 때 진리와 선의 지식들(=선험지들) 안에 있는 자들 모두를 뜻하고, 그리고 이런 것들을 통하여 지혜롭게 된 자들 모두를 뜻합니다. 그리고 "이집트 사람들"은 지식들(=과학지들)을 배운 자 모두를, 특히 대응들의 지식을 배운자를, 그리고 결과적으로는 총명한 자를 뜻합니다. 이것이 이집트 사람들의 지식들(=과학지들)이 다니엘서에 "숨겨진 금과 은 보물들"이라고 불리운 이유이고, "진귀한 것들"이라고 불리운 이유입니다. 다니엘서의 말씀입니다.

> 그가 그의 손을 뻗어 이처럼 여러 나라를 치면, 이집트도 피하지 못할 것이다. 그는 이집트의 금과 은이 있는 보물 창고와 모든 귀한 것을 탈취할 것이다(다니엘 11 : 42, 43)

[30] 이런 이유 때문에 이스라엘 자손들이 애굽에서 나올 때, 그들에게 이렇게 명령되었습니다. 출애굽기서의 말씀입니다.

> 이스라엘 자손은 모세의 말대로, 이집트 사람에게 은붙이와 금붙이와 의복을 요구하였고, 주께서는 이스라엘 백성이 이집트 사람에게 환심을 사도록 하셨으므로, 이집트 사람들은 이스라엘 자손들의 요구대로 다 내어주었다. 이렇게 하여서, 그들은 이집트 사람들에게서 물건을 빼앗아 가지고 떠나갔다(출애굽 12 : 35, 36).

"금붙이와 은붙이"(=금 그릇들과 은 그릇들)와 의복(=옷가지들)은 이집트에서 가지고 간 진리와 선에 속한 지식들이나 선험지들을 뜻합니다. 그것은 이집트 사람들이 그것들을 악들이나 거짓들을 확증하기 위하여 적용하였기 때문이고, 그리고 그것들을 우상숭배적인 것들이나 마술적인 것들로 바꾸었기 때문입니다. 결과적으로 이집트 사람들에게서 그것들을 빼앗았을 때, 따라서 그들이 오직 자연적인 것이 되었을 때 그들은 얼마 뒤 곧 홍해 바다에 수몰(水沒) 되었습니다. 이러한 사실은 악들이나 거짓들을 확증하기 위하여 지식들(=과학지들)을 남용, 악용한 자들의 몫(=처지·lot)을 표징합니다. 왜냐하면 사후(死後) 그들은 진리와 선의 모든 지식들(=선험지들)을 빼앗길 것이고, 그리고 이런 것들이 빼앗겼을 때, 그들은 지옥으로 던져질 것인데, 이런 사실은 홍해 바다에 수몰된 이집트 사람들이 표징합니다. [31] 이집트가 지식(=과학지)을 뜻하기 때문에, 그리고 사람은 그것으로 말미암아 총명을 취하기 때문에 두로(Tyre)가 다루어지는 곳에서는 이렇게 언급되었습니다. 에스겔서의 말씀입니다.

> 이집트에서 가져 온 수 놓은 모시로
> 네 돛을 만들고,
> 그것으로 네 기를 삼았다.
> (에스겔 27 : 7)

여기서 "두로"는 진리의 지식들을 뜻하고, "이집트에서 가져 온 수 놓은 모시"는 영적인 진리에서 비롯된 지식(=과학지)을 뜻하는데, "수를 놓았다"는 것은 지식을 뜻하고, "모시"(=고운 아마)는 영적인 진리를 뜻합니다. "돛"(sail)이나 "기"(sign)는 표현(表現 · 현현 · 顯現 · manifestation)을 뜻합니다. 왜냐하면 영적인 진리들은 지식들(=과학지들)에 의하여 드러나기 때문입니다. 왜냐하면 이런 것들을 통하여 그것들은 자연적인 사람의 시각이나 지각에 나타나기 때문입니다.

[32] 주님에게서 비롯된 진리들을 확증하기 위하여 영적인 사람을 섬기는 모든 지식들(=과학지들)은, 다시 말하면 천계나 교회에 속한 진리들이나 선들을 확증하기 위하여 그것들의 모든 적용을 뜻하기 때문에 따라서 이렇게 언급되었습니다. 창세기서의 말씀입니다.

> 야곱이 아들들을 불러 놓고서 일렀다. "너희는 모여라. 너희가 뒷날에 겪을 일을, 내가 너희에게 말하겠다."…… 요셉이 이집트에 옮겨지고, 거기에서 온 땅을 다스리는 지배자로 만들어지겠다(창세기 49장).

왜냐하면 여기서 "요셉"은 최고의 뜻으로 신령 영적인 것과의 관계에서 주님을 뜻하고, 그리고 그것으로 말미암아 자연적인 사람의 지식들(=과학지들) 위에 놓여지는 교리의 진리를 뜻하기 때문입니다(본서 448항 참조). 그리고 자연적인 사람, 즉 사람의 자연적인 것은 반드시 영적인 사람이나 영적인 것에 종속(從屬)되어야 하기 때문에, 이것은 영적인 사람의 모든 결정들을 확증하고 실행하는 것을 섬기기 위한 것인데, 그러므로 이 통치가 드러나기 위해서 요셉은 이집트를 다스렸고, 그리고 그의 지시 하에서 이집트는 풍부하게 농작물과 곡식을 얻을 수 있었고, 따라서 이웃 나라들은 이집트로부터 그것들을 공급받았고, 심지어 가나안 땅 자체에까지 공급되었습니다.

[33] 솔로몬이, 천적 왕국이나 영적 왕국 양자의 관계에서, 주

님을 표징하기 때문에, 그리고 이들 왕국들에 속한 자들 모두는 진리나 선의 지식들(=선험지들)이나 이런 것들을 확증하는 지식들(=과학지들)을 통해서 총명이나 지혜 안에 있기 때문에, 그러므로 이런 말씀들이 있습니다. 열왕기 상서의 말씀입니다.

> 솔로몬은, 이집트 왕 바로와 혼인 관계를 맺고, 바로의 딸을 아내로 맞았다(열왕기 상 3 : 1).
> 솔로몬은 이것과 같은 궁전을, 그가 결혼하여 아내로 맞아들인 바로의 딸에게도 지어 주었다(열왕기 상 7 : 8).

이 장절들은, 모든 총명이나 지혜가 그것 위에 있는 지식(=과학지)을 뜻하는데, 이것은 좋은 뜻으로 "이집트"가 뜻합니다. 그리고 교회에 속한 사람은 모두가 영적·합리적·자연적인 것을 가지고 있기 때문에, 그러므로 솔로몬은 세 집들(three houses · 건물들)을 지었습니다. 즉 하나님의 집, 즉 영적인 것을 나타내기 위해서는 성전을 지었고, 합리적인 것을 나타내기 위해서는 레바논의 수목으로 집을 지었고(왜냐하면 "백향목"이나 그것으로 말미암아 "레바논"은 합리적인 것을 뜻하기 때문이다), 자연적인 것을 뜻하는 바로의 딸의 집(=궁전)을 지었습니다. 이와 같은 비의(秘義)는 성경말씀의 역사적인 뜻에는 나타나지 않지만, 그럼에도 불구하고, 그런 비의들은 영적인 뜻에 숨겨져 있습니다.

654[G]. [34] 좋은 뜻으로 "이집트"의 뜻이 이와 같이 설명되었습니다. 지금부터는 나쁜 뜻으로, 즉 반대되는 뜻으로 "이집트"의 뜻이, 아래와 같이 설명되겠습니다. 그 뜻으로 "이집트"는 영적인 사람에서 분리된 자연적인 사람을 뜻하고, 또한 영적인 선에게서 분리된 참된 지식(=과학지)을 뜻하는데, 그것

은 본질적으로 거짓입니다. 같은 뜻이지만, 인애에서 분리된 믿음을 뜻하는데, 이것도 본질적으로는 믿음이 아닙니다. 왜냐하면 사람은 자연적인 존재로 태어나고, 그리고 처음에는 자신의 부모나 선생에게서 지식들(=과학지들)을 터득합니다. 그리고 또한 책들을 통해서 역시 그것들을 터득하고, 동시에 이 세상에서의 그의 삶에서 그것들을 터득합니다. 만약에 사람이 영적인 사람이 되지 않았다면, 다시 말하면 새롭게 태어나지 않았다면 그가 터득한 지식들(=과학지들)은 자연적인 사람의 욕구들이나 쾌락들을 정당화하고, 옳다고 주장하는데 적용할 것입니다. 한마디로 신령질서에 전적으로 반대되는 것들을 가리키는 자연적인 사람의 애욕들(=욕망들)에 적용하였을 것입니다. 나쁜 뜻으로 "이집트"가 뜻한다는 것은 아래의 여러 장절들에게서 잘 알 수 있겠습니다.

[35] 에스겔서의 말씀입니다.

(너의 위엄찬 모습을 누구와 비할 수 있겠느냐?)
그러므로 나 주 하나님이 말한다. 그 나무의 키가 커지고, 그 꼭대기가 구름 속으로 뻗치면서, 키가 커졌다고 해서, 그 나무의 마음이 교만해졌다. 그러므로 나는 그 나무를 민족들의 통치자에게 넘겨 주고, 그는 그 나무가 저지른 악에 맞는 마땅한 처벌을 할 것이다. 나는 그 나무를 내버렸다. 그래서 뭇 민족 가운데서 잔인한 다른 백성들이 그 나무를 베어서 버렸다. 그 가는 가지들은 산과 모든 골짜기에 쓰러져 있고, 굵은 가지들은 그 땅의 모든 시냇물 가에 부러져 있고, 세상의 모든 백성이 그 나무의 그늘에서 도망쳐 버렸다. 사람들이 이렇게 그 나무를 떠나 버렸다.
그 쓰러진 나무 위에
공중의 모든 새가 살고,
그 나무의 가지 사이에서는
들의 모든 짐승이 산다.

그것은 물가의 나무들이 다시는 키 때문에 교만하지 못하게 하며, 그 꼭대기가 구름 속으로 치솟아 오르지도 못하게 하며, 물을 빨아 들이는 모든 나무가 자신의 교만에 머물지 못하게 한 것이었다.
그것들은 모두 죽음에 넘겨 주어,
지하로 내려가고,
깊은 구덩이로 내려가는 사람들 속에
들어 있게 하였기 때문이다.……
그 나무가 스올로 내려갈 때에, 내가 지하수를 말리고, 강물을 막고, 흐르는 큰 물을 모두 멈추게 하겠다. 또 내가 레바논 산으로는 그 나무를 애도하여 통곡하게 하겠고, 온 누리의 모든 나무는 그 나무를 애도하여 시들어 죽게 하겠다. 내가 그 나무를 스올로 내려 보낼 때에, 깊은 구덩이로 내려가는 사람들과 함께 그 나무를 그리로 보낼 것이니, 그 나무가 스올로 떨어지는 큰소리를 듣고서, 뭇 민족이 벌벌 떨 것이다. 이에 스올로 가 있는 에덴의 나무와, 물을 흠뻑 먹으며 자란 레바논 산의 가장 좋은 나무들이, 그 나무가 이렇게 심판을 받는 것을 보고서는, 스올에서 큰 위로를 받을 것이다. 나무들도 그 나무와 함께 스올로 내려가서, 이미 거기에 먼저 와 있던 나무들, 곧 칼에 찔려서 살해된 자들, 살아 생전에 그 나무의 그늘 밑에서 살다가 스올로 들어 온 자들에게로 갈 것이다. 에덴의 나무들 가운데서 어떤 나무가 너처럼 화려하고 컸더냐? 그러나 너도 이제는 에덴의 나무들과 함께 스올로 끌려가서, 할례 받지 못한 사람들 가운데 섞여, 칼에 찔려 죽은 사람들과 함께 누울 것이다. 바로와 그의 백성 모두가 이렇게 될 것이다(에스겔 31:10-18).

여기서 "바로"는, "이집트"가 뜻하는 것과 같은, 유사한 뜻을 갖습니다. 다시 말하면 지식(=과학지)의 측면에서, 그리고 그것에서 비롯된 총명의 측면에서 자연적인 사람을 뜻합니다. 지식에서 비롯된 자기총명의 자만(pride)은 "그 나무의 키가 커지고, 그 꼭대기가 구름 속으로 뻗치면서, 그 나무의 마음이 교만해졌다"는 말씀이 뜻합니다. "무성한 큰 가지들"(=키가 커진

가지들)은 자연적인 사람의 지식들(=과학지들)을 뜻합니다. 악이나 거짓의 탐욕들을 옳다고 하는 일에 적용된 그 지식들은 "나는 그 나무를 민족들의 통치자에게(=이방의 막강한 자의 손에) 넘겨 주었다"는 말씀이 뜻하는데, 여기서 "이방의 막강한 자"(=민족들의 통치자)는 악에 속한 거짓을 뜻합니다. 악에 속한 거짓들이 그 나무를 파괴할 것이라는 것은 "그래서 뭇 민족 가운데서 잔인한 백성들이(=타국인들, 즉 민족들의 무서운 자들이) 그 나무를 베어서 버렸고, 민족들의 폭행이 그를 쓰러뜨릴 것이다"는 말씀이 뜻합니다.

[36] 참된 지식들이나 합리적인 지식들이 악들이나 거짓들에 의하여 흩어진다는 것은 "가는 가지들은 산과 모든 골짜기에 쓰러져 있다"는 말씀이 뜻합니다. 그 교회의 모든 진리들이 쫓겨났다는 것은 "세상의 모든 백성이 그 나무의 그늘에서 도망쳐 버렸고, 사람들이 그 나무를 떠나 버렸다"(=돌보지 않는다)는 말씀이 뜻합니다. 거짓에 속한 생각들이나 정동들이 그들의 자리를 차지하였다는 것은 "그 쓰러진 나무 위에 공중의 모든 새가 살고, 그 나무의 가지 사이에서는 들의 모든 짐승이 산다"는 말씀이 뜻합니다. 모든 것들이 저주받은 것이 되고, 지옥적인 것이 된다는 것은 "그것들은 모두 죽음에게 넘겨 주어, 지하로 내려가고, 사람의 자손들 가운데서 깊은 구덩이로 내려간다"(=깊은 구덩이로 내려가는 사람들 속에 있다)는 말씀이 뜻하는데, "사람의 자손들"은 자기총명에 빠져 있는 자들을 뜻하고, "구덩이"(pit)는 교리의 거짓들에 빠져 있는 자들이 있는 곳을 뜻합니다. 어떤 참된 지식들의 입구(入口)나 또는 합리적인 진리들의 입구를 막는다(=방해한다)는 것은 "그가 스올에 내려갈 때에, 내가 그를 위하여 스올을 덮으며(=내가 지하수를 말

리며), 강물을 막는다"(=내가 거기의 홍수를 억제시켰다)는 말씀이 뜻하고, 그리고 또한 영적인 진리들의 입구를 막는다는 것은 "흐르는 큰 물을 모두 멈추게 하겠다"는 말씀이 뜻합니다. 그가 합리적인 것을 전혀 가지지 못할 것이라는 것은 "흐르는 큰 물을 모두 멈추게 하겠다"는 말씀이 뜻합니다. 그가 합리적인 것을 전혀 가지지 못할 것이라는 것은 "내가 레바논을 어둡게 한다"(=레바논으로 그를 위하여 애도하여 통곡하게 하겠다)는 말씀이 뜻합니다.

[37] 그가 그 교회에 속한 진리의 지식을 전혀 가지지 못할 것이라는 것은 "온 누리의 모든 나무는 그 나무를 애도하여 시들어 죽는다"는 말씀이 뜻합니다. 자기총명의 자만 때문에 그가 더 이상 진리의 이해를 가지지 못할 것이라는 것은 "에덴의 나무들 가운데서 어떤 나무가 너처럼 화려하게 컸더냐?"(=너는 에덴의 나무들 가운데서 영광과 위대함이 누구와 같으랴?)는 말씀이 뜻합니다. 선에 속한 지식들이 악에의 적용에 의하여 전적으로 왜곡되었기 때문이라는 것은 "너도 이제는 에덴의 나무들과 함께 스올로 끌려간다"(=저 아래 땅으로 끌이어 내려간다)는 말씀이 뜻하는데, 여기서 "에덴의 나무들"은 자연적인 사람이 왜곡시키고, 위화해 버린 것인, 성경말씀에서 비롯된 선의 지식들을 뜻합니다. 인애의 삶에서 분리된 믿음에 의하여 자신들의 모든 진리를 소멸시킨 지옥에 있는 자들 가운데 그들이 있을 것이라는 것은 "너는 이제는 할례받지 못한 사람들 가운데 섞여, 칼에 찔려 죽은 사람들과 함께 누울 것이다"는 말씀이 뜻하는데, 여기서 "칼에 살해된 자"(=칼에 찔려 죽은 자)는 성경말씀에서 거짓들에 의하여 자신들 안에 있는 진리들을 소멸시킨 자들을 뜻합니다. 이런 모든 일련의 내용들

이 영적인 사람에게서 비롯된 빛을 빼앗긴 자연적인 사람에 관해서 언급된 것이라는 것은 "이것이 바로와 그의 모든 무리이다"(=바로와 그의 백성 모두가 이렇게 될 것이다)는 말씀이 뜻하는데, 여기서 "바로"는 자연적인 사람을 뜻하고, "그의 무리"(=그의 백성 모두)는 그것 안에 있는 모든 지식들을 뜻합니다.

[38] 같은 책의 말씀입니다.

> 사람아, 예언을 전하여라.……
> 너희는 오늘 슬퍼하고, 통곡하여라.
> 그 날이 가까이 왔다.
> 주의 날이 가까이 왔다.
> 어둡게 구름이 낀 날,
> 여러 민족이 멸망하는 그 때가 왔다.
> 이집트에 전쟁(=칼)이 휘몰아치고,……
> 이집트에서 많은 사람이 칼에 쓰러지고,……
> 이집트는 그 기초가 파괴될 것이다.……
> 이집트를 지지하는 사람들이 쓰러질 것이며,
> 이집트의 거만하던 권세가 꺾일 것이고,
> 믹돌에서부터 수에네에 이르기까지,
> 사람들이 칼에 쓰러질 것이다.
> 이집트는 황폐한 땅 가운데서도
> 가장 황폐한 땅이 될 것이며,
> 이집트의 성읍들도
> 황폐한 성읍들 가운데서도
> 가장 황폐한 성읍이 될 것이다.
> 내가 이집트에 불을 지르고,
> 그 돕는 자들을 멸절시키면,
> 그 때에야 비로소 그들이,
> 내가 주인 줄 알 것이다.……

내가 바빌로니아 왕 느부갓네살을 보내어,
이집트의 무리를 없애 버리겠다.
그 나라를 멸망시키려고,
그가 민족들 가운데서도
가장 잔인한 군대를 이끌고 갈 것이다.
그들이 칼을 뽑아 이집트를 쳐서,
칼에 찔려 죽은 사람들을
그 땅에 가득 채울 것이다.
내가 강을 마르게 하고,
그 땅을 악한 사람들의 손에 팔아 넘기고,
그 땅과 그 안에 풍성한 것을
다른 나라 사람이 황폐하게 만들게 하겠다……
이집트 땅에
다시는 지도자가 나지 않을 것이다.……
내가 이집트에 불을 지를 것이다.……
내가 이집트 사람들을 여러 민족 가운데 흩어 놓고, 그들을 뭇 나라
로 헤쳐 놓겠다(에스겔 30 : 1-26).

이것은 이 장의 추상적이고, 난해한 것을 가리킵니다. 그것은 자연적인 사람에게서 비롯된 악들을 선호하는 거짓들에 의하여 교회의 황폐에 대한 애도(哀悼· 슬픔· lamentation)을 가리킵니다. 왜냐하면 모든 악들이나, 그것에서 비롯된 거짓들은, 영적인 사람에게서 분리된 자연적인 사람에게서 나오는 교회에 속한 진리들이나 선들을 왜곡하고, 파괴하기 때문입니다. 그 황폐에 대한 애도가 "너희는 슬퍼하고 통곡하여라. 그 날이 가까이 왔다. 주의 날이 가까이 왔다. 어둡게 구름이 낀 날, 여러 민족이 멸망하는 때가 왔다"는 달씀이 뜻하는데, 여기서 "어둡게 구름이 낀 날"(=구름의 날)은 이해되지 않은 진리들에게서, 결과적으로 거짓들에게서 비롯된 교회의 상태를 뜻하고,

"여러 민족의 때"(=여러 민족이 멸망하는 그 때)는 악들에게서 비롯된 교회의 상태를 뜻합니다. 거짓이 완전히 자연적인 사람을 파괴할 것이고, 악들에의 적용에 의하여 그것 안에 있는 모든 것들을 파괴할 것이라는 것은 "이집트에 전쟁이 휩쓸아치고(=칼이 이집트를 치러 올 것이니), 이집트에서 많은 사람이 칼에 쓰러지고, 이집트는 그 기초가 파괴될 것이다"는 말씀이 뜻합니다.

[39] 거기에 자연적인 사람의 지식들(=과학지들)에의 진리의 확실한 확증이나 확인이 전혀 없을 것이라는 것은 "이집트를 지지하는 사람들이 쓰러질 것이며, 이집트의 거만하던 권세가 꺾일 것이다"는 말씀이 뜻합니다. "거짓들이 진리의 이해를 파괴할 것이다"는 것은 "수에네에 이르기까지(=수에네의 망루로부터) 사람들이 칼에 쓰러질 것"이라는 말씀이 뜻하고, 교회에 속한 모든 것들이나, 그 교회의 교리에 속한 모든 것들이 멸망할 것이라는 것은 "이집트는 황폐한 땅 가운데서도 가장 황폐한 땅이 될 것이며, 이집트의 성읍들도 황폐한 성읍들 가운데서도 가장 황폐한 성읍이 될 것이다" 라는 말씀이 뜻합니다. 자연적인 사람에게서 비롯된 악한 탐욕들이나 정욕들은 여호와께서 이집트에 질을 "불"이 뜻하고, 거기에 자연적인 사람에게서 비롯된 진리의 확증이 더 이상 없을 것이라는 것은 "이집트의 모든 협력자들(=그 돕는 자들)을 멸절시킬 것이다"는 말씀이 뜻하고, 자기사랑에 속한 탐욕들이나, 그것에서 비롯된 거짓들에 속한 탐욕들이 멸절될 것이라는 것은 "내가 바빌로니아 왕 느부갓네살을 보내어 이집트와 이집트의 무리를 없애버리겠다"는 말씀이 뜻합니다.

[40] 따라서 인애의 선에 폭행을 저지르는 악에 속한 거짓들

에 의하여 교회가 황폐하게 될 것이라는 것, 그리고 믿음의 진리가 파괴될 것이라는 것은 "그 나라를 멸망시키려고 그가 민족들 가운데서도 가장 잔인한 군대를 이끌고 갈 것이고, 그들이 칼을 뽑아 이집트를 쳐서, 칼에 찔려 죽은 사람들을 그 땅에 가득 채울 것이다"는 말씀이 뜻합니다. 따라서 진리가 이해되지 않는다는 것은 "내가 강을 마르게 한다"는 말씀이 뜻합니다. 그것은, 그 교회 안에 선 대신에 악이 있고, 진리 대신에 거짓이 있기 때문이라는 것은, "내가 그 땅을 악한 사람들의 손에 팔아 넘기고, 그 땅과 그 안에 풍성한 것을 다른 나라 사람이 황폐하게 만들게 하겠다"는 말씀이 뜻하고, 그리고 거기에 우두머리가 가리키는 진리가 전혀 없는 것이라는 것, 결과적으로는 "주님에게 비롯된 생명의 진리가 전혀 없을 것이다"는 것을 가리킨다는 것은 "이집트 땅에 다시는 지도자가 나지 않을 것이다"는 말씀이 뜻하고, 자기사랑에서 비롯된 악들 이외에 아무것도 아닌 것이 자연적인 사람을 점령, 차지할 것이라는 것은 "내가 이집트 땅에 불을 지르고, 내가 이집트를 여러 민족들에게 흩어 놓을 것이다"는 말씀이 뜻하고, 따라서 교회의 속한 모든 것들이 소멸될 것이라는 것은 "내가 그들을 뭇 나라로 헤쳐놓겠다"는 말씀이 뜻합니다.
[41] 이사야서의 말씀입니다.

> 이것은 네겝의 들짐승들(=남쪽 짐승들)에게 내리신 경고의 말씀이다.
> 유다의 사절단이
> 나귀 등에 선물을 싣고,
> 낙타 등에 선물을 싣고,
> 거친 땅을 지나서, 이집트로 간다.

> 암사자와 숫사자가 울부짖는 땅,
> 독사와 날아다니는 불뱀이 날뛰는 땅,
> 위험하고 곤고한 땅을 지나서,
> 아무런 도움도 주지 못할 백성에게
> 선물을 주려고 간다.
> "이집트가 너희를 도울 수 있다는 생각은
> 헛된 망상일 뿐이다.
> 이집트는 '맥 못쓰는 라합'일 뿐이다."
> (이사야 30 : 6, 7)

"남쪽의 짐승들"(=네겝의 짐승들)은, 교회에 속한 사람이 성경 말씀으로부터 반드시 취하여야 할 빛을 꺼버리는 자연적인 사람에게서 비롯되는 온갖 탐욕들을 뜻하고, "고난과 역경의 땅"(=위험하고 곤고한 땅)은 인애의 선이나, 믿음의 진리가 전혀 없을 교회를 뜻하고, 그들 앞에 있는 "암사자와 숫사자"(=젊은 사자와 늙은 사자)는 교회의 진리나 선을 파괴하는 거짓에 속한 능력(=힘)을 뜻하고, "독사와 날아다니는 불뱀"은 감관적으로 교활하고 음흉한 추론을 뜻합니다. "그들은 나귀 등에 재물을(=선물)싣고, 낙타 등에 물건(=선물)을 싣고 간다"는 말씀은 그들이 그것에서 모든 결론을 끌어내는, 감관적인 사람이나 자연적인 사람의 지식들(=과학지들)을 뜻하는데, 여기서 "재물"(wealth)이나 "보물"(treasures)은 성경말씀에서 비롯된 진리나 선의 지식들(=선험지들)을 뜻하지만, 그러나 여기서는 자기 총명에서 비롯되었기 때문에 그릇된 지식들(=과학지들)을 뜻하고, "낙타들"은 자연적인 사람에 속한 것들을 뜻합니다. 허무하고(vanity), 무익한(emitiness) "이집트"는, 본질적으로 살펴보면, 선도 없고, 진리들도 없는 것을 가리키는 감관적인 것이나 자연적인 것 양자를 뜻합니다.

11장 7-19절   175

[42] 같은 책의 말씀입니다.

    도움을 청하러
    이집트로 내려가는 자들에게
    재앙이 닥칠 것이다.
    그들은 군마를 의지하고,
    많은 병거를 믿고
    기마병의 막강한 힘을 믿으면서,
    이스라엘의 거룩하신 분은 바라보지도 않고,
    주께 구하지도 않는다.……
    이집트 사람은 사람일 뿐이요,
    하나님이 아니며,
    그들의 군마 또한 고기덩이일 뿐이요,
    영이 아니다.
    (이사야 31 : 1, 3)

이 장절은 주님으로 말미암은 것이 아니고, 자기 자신으로 말미암아, 따라서 자기 총명으로 말미암아 천계나 교회에 속한 것들 안에 있는 것으로 지혜롭기를 원하는 자들의 상태에 관해서 기술하고 있습니다. 그리고 이런 것들이 지극히 자연적인 것이기 때문에, 따라서 감관들의 오류들로부터 모든 것을 취하기 때문에, 그리고 잘못되게 적용된 지식들(=과학지들)에게서 모든 것을 취하기 때문에, 그리고 교회에 속한 진리들이나 선들을 왜곡시키고, 위화시키기 때문에, 그러므로 그들에 관해서, "도움을 청하러 이집트로 내려가는 자들에게 재앙이 닥칠 것이다. 군마를 의지하고, 많은 병거를 믿고 기마병의 막강한 힘을 믿으면서 이스라엘의 거룩하신 분은 바라보지도 않고, 주께 구하지도 않는다"고 언급하고 있습니다. 감관들에 속한 오류들에게서 비롯된 공상적인 것들은, 그들이 의지하는, "이집트의 군마"가 뜻하고, 매우 풍부한 지식들(=과학지들)에 의하여 확증된 교리의 오류들은 "막강한 힘을 가지기 때문에 그들이 기마병을 믿는다"는 말씀이 뜻합니다. 그들이 그것으로 진리들을 살해한 그것에서 비롯된 추론은 그것들이 막강한 힘이라고 "그들이 믿는 기마병"이 뜻합니다. 그리고 자연적인 사람은 자기 자신으로 말미암아서는 신령한 것들의 이해를 전혀 가질 수 없다는 것은 "이집트 사람은 사람일 뿐이요, 하나님이 아니다"는 말씀이 뜻하고, 그의 고유속성에서 비롯된 그의 총명에는 전혀 생명이 없다는 것은 "그들의 군마 또한 고기덩이일 뿐이요, 영이 아니다"는 말씀이 뜻하는데, 여기서 "이집트의 군마"는 그것들이 오류들이기 때문에 본질적으로 죽은 것(=주검 · 屍體)을 가리키는 공상적인 것들(fanciful things)을 뜻하고, "고기덩이"(flesh)는 사람의 자아(=사람의 고유속성 · man's own · proprium)을 뜻하고 "영"(spirit)은 주님에게서 비롯된 생명을 뜻합니다.

654[H]. [43] 예레미야서의 말씀입니다.

> 이것은 이집트에게 한 말씀으로서,…… 유프라테스 강 근처의 갈그미스까지 원정을 갔다가 바빌로니아 왕 느부갓네살에게 격파된 이집트 왕 바로느고의 초대를 두고 하신 말씀이다.……
> 나일 강 물처럼 불어 오르는
> 저것이 무엇이냐?
> 범람하는 강물처럼 불어 오르는
> 저것이 무엇이냐?
> 이집트가 나일 강 물처럼
> 불어 올랐다.
> 범람하는 강물처럼 불어 올랐다.
> 이집트는 외쳤다.

11장 7-19절

'내가 강물처럼 불어 올라서
온 땅을 덮고,
여러 성읍과 그 주민을 멸망시키겠다.
말들아, 달려라.
병거들아, 돌격하여라.
용사들아, 진격하여라.'……
주의 칼이 그들을 삼켜서 배부를 것이며, 그들의 피로 흠뻑 젖을 것이다.……
처녀, 딸 이집트야,
길르앗 산지로 올라가서
유향을 가져 오너라.
네가 아무리 많은 약을 써 보아도
너에게는 백약이 무효다.
너의 병은 나을 병이 아니다.
(예레미야 46 : 2, 7-11 ; 14-26)

이 말씀은 영적인 뜻으로 관찰할 때 이것들의 개별적인 것은 명확합니다. 여기서 "이집트"는 그것의 지식들(=과학지들)과 함께 자연적인 사람을 뜻합니다. 이런 일은 자기 총명에 의하여, 영적인 것에서 분리된 지식들이 그 지식들(=과학지들)에게서 비롯된 추론들에 의하여 교회의 진리들이나 선들을 파괴하는 자연적인 사람인 이집트가 뜻합니다. 왜냐하면 "유프라테스 강 근처까지 원정을 갔다가 바빌로니아 왕 느부갓네살에게 격파된 이집트 왕의 군대"는 잘못된 적용된 지식들(=과학지들)을 뜻하고, 그리고 그것들에게서 비롯된 추론들을 뜻하기 때문입니다. "바빌로니아 왕 느부갓네살이 쳤다"(=격퇴하였다)는 것은 자기 총명의 자만에 의한 이런 것들의 파괴를 뜻합니다. "나일 강처럼 올라오고, 범람하는 강물처럼 올라오는 저자는 누구냐?"(=저것이 무엇이냐?)는 말씀은 자기 총명을 뜻하고, 그리고 교회의 진리들을 파괴하려고 애쓰는 그것의 거짓들을 뜻하고, "이집트가 나일 강 물처럼 불어 올랐다. 범람하는 강물처럼 불어 올랐다"는 말씀은 교회의 진리들에 거슬러서 자신으로부터 추론하는 자연적인 사람을 뜻합니다. "왜냐하면 이집트가 '내가 강물처럼 멸망시키겠다'고 외쳤기 때문입니다"는 말씀은 그 교회와 그 교회의 교리에 속한 진리들이나 선들을 파괴, 멸망하는 애씀(努力)과 열망을 뜻합니다. "말들아, 달려라. 병거들아, 돌격하여라. 용사들아, 진격하여라"는 말씀은, 오류들에게서 비롯된 공상적인 것들에 의한 것을 뜻하고, 그리고 그들에게는 매우 강한 것처럼 보이는 자신들을 만드는, 지식들(=과학지들)에 의한 확증된 교리의 거짓들에 의한 것을 뜻합니다.
[44] "칼이 그들을 삼켜서 배부를 것이며, 그들의 피로 흠뻑 젖을 것이다"(=그들이 피를 한껏 마실 것이다)는 말씀은 거짓들이나, 진리의 온갖 위화들에 의한 자연적인 사람의 전적인 멸망이나 파괴를 뜻하고, "처녀, 딸 이집트야, 길르앗 산지로 올라가서 유향을 가져 오너라"는 말씀은, 성경말씀의 문자의 뜻의 진리들을 뜻하고, 그리고 추론이나 그것에서 비롯된 보호(=방어)를 뜻합니다. 왜냐하면 "길르앗"(Gilead)은 성경말씀의 문자적인 뜻에서 비롯된 추론을 뜻하는데, 그것에 의하여 거짓들은 확증되기 때문입니다. 왜냐하면 길르앗은 유프라테스에서 멀지 않기 때문이고, 밀납(wax)・향유(balm)・몰약(myrrh)이 거기에서 오기 때문이고, 그리고 길르앗은, 므낫세 자손들의 유산이 되었고, 그리고 갓의 반쪽 지파의 유산이 되었기 때문입니다(창세기 31:21 ; 37:25 ; 민수기 32:29 ; 여호수아 13:25). 따라서 "길르앗"은 성경말씀의 문자의 뜻에서 비롯된 추론들 이외의 다른 것들을 뜻합니다. "향유"(balm)는 거짓의 적용이

나 그것에서 비롯된 거짓의 확증을 뜻하고, "이집트의 딸"은 그런 부류의 교회에 속한 거짓의 정동을 뜻합니다. "너에게는 백약이 무효다. 너의 병은 나을 병이 아니다"는 말씀은, 진리들 자체가 그것에 의하여 위화되었기 때문에, 비록 그들의 풍부함이 크기는 해고, 전혀 도움이 되지 않는, 그런 것들을 뜻합니다.
[45] 출애굽기서의 말씀입니다.

> 뒤이어 이집트 사람들이 쫓아왔다. 바로의 말과 병거와 기병이 모두 이스라엘 백성의 뒤를 쫓아 바다 한가운데로 들어왔다. 주께서…… 이집트 진을 내려다보시고, 이집트 진을 혼란 속에 빠뜨리셨다. 주께서 병거의 바퀴를 벗기셔서 전진하기 어렵게 만드시니,…… 물이 다시 돌아와서 병거와 기병을 뒤엎어 버렸다.…… 바로의 군대는, 하나도 살아남지 못하였다(출애굽기 14:23-25, 28 ; 15:19, 21).

"바로의 병거"(=말들)는 거짓들을 확증하기 위하여 적용된 왜곡된 이해에서 비롯된 지식들(=과학지들)을 가리키는 오류들이기 때문에 공상적인 것들을 뜻하고, "바로의 기병들"은 거짓에 속한 교리적인 것들을 뜻하고, "마병들"(horsemen)은 그것에서 비롯된 추론들을 뜻합니다. "병거의 바퀴"(the wheel of the chariots)는 추론하는 능력을 뜻합니다. 이런 것들은 《천계비의》 8208-8219 · 8332-8335 · 8343항에 설명되었습니다.
[46] "이집트의 말들"(=마병들)의 뜻이 이렇기 때문에 모세를 통하여 명령된 것입니다. 신명기서의 말씀입니다.

> (주위의 다른 민족같이 너희도 왕을 세우고 싶다는 생각이 들거든), 너희는 반드시 주 너희의 하나님이 택하신 사람을 너희 위에 왕으로 세우고(=너희는 형제 가운데서 왕을 세우고), 같은 겨레가 아닌 외국 사람을

너희의 왕으로 세워서는 안 된다. 왕이라 해도 군마를 많이 가지려고 해서는 안 되며, 군마를 많이 얻으려고 그 백성을 이집트로 보내서도 안 된다. 이는 주께서, 다시는 너희가 그 길로 되돌아가지 못한다고 말씀하셨기 때문이다. 왕은 또 많은 아내를 둠으로써 그의 마음이 다른 데로 쏠리게 하는 일이 없어야 하며, 자기 것으로 은과 금을 너무 많이 모아서도 안 된다(신명기 17 : 15-17).

왕에 대한 이런 지시들이 무엇인지는 영적인 뜻으로 "왕"· "이스라엘 자손들"· "이집트와 그것의 말들"· "아내들"· "은과 금"이 뜻하는 것이 무엇인지 알지 못하는 사람은 어느 누구도 알지 못합니다. 여기서 "왕"(king)은 선에서 비롯된 진리를 뜻하고, "이집트"는 자연적인 사람을 뜻하고 "그의 말들"(=그의 군마들)은 지식들(=과학지들)을 뜻하고 "아내들"(wives)은 진리와 선의 정동들을 뜻하고, "은과 금"(silver and gold)은 교회에 속한 진리들이나 선들을 뜻하고, 반대적인 뜻으로는 그것의 거짓들이나 악들을 뜻합니다. "왕"이 선에서 비롯된 진리를 뜻하기 때문에, 그리고 "이스라엘의 자손들"(the sons of Israel)은 선에서 비롯된 진리들 안에 있는 자들에게서 비롯된 교회를 뜻하기 때문에, "주위의 다른 민족같이 너희도 왕을 세우고 싶다는 생각이 들거든, 너희는 반드시 주 너희의 하나님이 택하신 사람을 너희 위에 왕으로 세워야 한다. 너희는 겨레 가운데서 한 사람을 왕으로 세우고, 같은 겨레가 아닌 외국 사람을 너희의 왕으로 세워서는 안 된다"는 말씀이 언급되었습니다. 여기서 "같은 겨레가 아닌(=형제가 아닌) 외국 사람"은 그것 안에 선이 전혀 없기 때문에, 동의하지 않는 종교적인 원칙을 뜻합니다.

[47] "이집트"가 자연적인 사람을 뜻하기 때문에, 그리고 "말

들"이 공상적인 것을 가리키는 그릇된 지식들(=과학지들)을 뜻하기 때문에, 그러므로 "왕은 자신을 위해 말을 많이 소유하거나, 말을 더 얻으려고 백성을 이집트로 다시 보내서는 안 된다"고 언급되었습니다. "아내들"이, 한 남자가 여러 아내들을 취할 때, 악이나 거짓의 정동들이 되는, 진리와 선의 정동들을 뜻하기 때문에 "또 그는 아내를 많이 두어 마음이 빗나가는 일이 없게 해야 한다"고 언급되었습니다. 그리고 "은과 금"이 그 교회에 속한 진리들이나 선들을 뜻하기 때문에, 그러나 여기서는 반대적인 뜻으로 그것들이 자연적인 사람으로 말미암아 고려될 때에 거짓들이나 악들을 뜻하기 때문에 "그는 은과 금을 아주 많이 소유해서도 안 된다"고 언급되었습니다. 그러나 그런 뜻에 가까이 이르게 되면 이런 말씀은 진리가 선을 지배해서는 안 된다고 지시, 명하고 있습니다. 이런 일은 자연적인 사람이 영적인 사람을 지배할 때 일어납니다. 이런 일이 결코 일어나면 안 된다는 것은 "그는 군마를 많이 얻으려고 그 백성을 이집트로 보내서도 안 되고, 많은 아내를 두어서도 안 된다"는 말씀이 뜻합니다. 왜냐하면 "아내와 남편(wife and husband)는 그 때, 여러 아내가 아니고, 한 아내와 한 남편의 혼인에 존재하는 진리의 정동에 대응하는 선의 정동을 뜻하기 때문입니다. 그 밖의 다른 것들은 그 왕의 법률에 규정하고 있습니다(사무엘 상 8 : 10-18). 솔로몬이 자기 자신을 위하여 이집트에서 말들을 조달, 구입하지 않았지만, 그러나 또한 여러 아내들을 취하였고, 그리고 은과 금을 축적하였기 때문에, 그는 우상숭배자가 되었고, 그리고 그가 죽은 뒤에 그 왕국은 분할되었습니다.

[48] 이사야서의 말씀입니다.

이것은 이집트를 두고 하신 엄한 경고의 말씀이다(=예언의 말씀이다).
주께서 빠른 구름을 타고
이집트로 가실 것이니,
이집트의 우상들이 그 앞에서 떨고,
이집트 사람들의 간담이 녹을 것이다.
"내가 이집트 사람들을 부추겨서
서로 맞서 싸우게 하겠다.……
그래서 이집트 사람들의 기를 죽여 놓겠다(=이집트의 영이 쇠약해질 것이요).
내가 그들의 계획을 무산시켜 버리면,
그들은 우상과 마술사와
신접한 자와 무당을 찾아가 물을 것이다.
내가 이집트를
잔인한 군주의 손에 넘길 것이니,
폭군이 그들을 다스릴 것이다."……
나일 강이 마를 것이다(=물들이 바다로부터 없어지겠다).
강바닥이 바싹 마를 것이다.……
이집트 시냇물의 물 깊이가 얕아져 마르겠고,
파피루스와 갈대도 시들어 버릴 것이다.……
나일 강에서 고기를 잡는 어부들이
슬퍼하며 통곡하고,
나일 강에 낚시를 던지는 모든 낚시꾼과
강에 그물을 치는 사람들이
잡히는 것이 없어서 고달파 할 것이다.
가는 베를 짜는 사람이
베 짜는 일을 그만두고,
흰 천(=그물)을 짜는 사람도 실망하여
베 짜는 일을 그칠 것이다.……
어찌 바로에게
너희가 옛 현인들과 옛 왕들의 후예라고
감히 말할 수 있겠느냐?

11장 7-19절

이집트의 임금아,
너를 섬기는 현인이 어디에 있느냐?
그들을 시켜서,
만군의 주께서 이집트에 대하여
무엇을 계획하셨는지를 알게 하여
너에게 보이라고 하여라.
소안의 지도자들은 어리석은 사람들이다.
멤피스(=놉)의 지도자들은 제 꾀에 속고 있다.
이집트의 주춧돌들인 지파들이
이집트를 그릇된 길로 이끌었다.……
그러므로 이집트에서는 되는 일이 없고,
우두머리나 말단에 있는 사람이나
종려나무처럼 귀한 자나
갈대처럼 천한 자나 가릴 것 없이,
모두 쓸모가 없이 될 것이다.
(이사야 19:1-15)

여기의 모든 것을 영적인 뜻으로 살펴 볼 때 밝히 알 수 있는 것은, "이집트"가 사람의 영적인 것에서 분리된 사람의 자연적인 것을 뜻한다는 것입니다. 그리고 그의 삶에서 주님이 아니고, 오직 자기 자신이나 이 세상에 대해서 주시, 주목한다면 사람은 오직 자연적인 존재가 된다는 것입니다. 그리고 그것으로 인하여 그는, 이른바 유식한 사람에게 있는 일반적인 것을 가리키는, 자기 총명의 자만에 빠진다는 것이고, 그리고 이런 상태는 그들 안에 있는 합리적인 것을 악용, 왜곡하고, 그리고 영적인 마음을 폐쇄(閉鎖)한다는 것입니다. "이집트"가 뜻하는 자연적인 사람을 잘 알기 위해서는 "이집트의 강"이 뜻하는 자기 총명이나 "이집트의 강의 물"이 뜻하는 거짓들을 알아야 하겠습니다. 나는 여기에 인용된 장(이사야 19장)의 내용을 시리즈로 설명하고자 합니다. "주께서 빠른 구름을 타고, 이집트로 가신다"는 말씀은 영적-자연적인 신령진리로부터 자연적인 사람의 천벌(=재해 · 고난 · visitation)을 뜻하는데, 왜냐하면 이와 같은 천벌이나 재난은 사람의 성품 안에 있는 조사나 검사(examination)를 가리키고, 그와 같은 조사나 검사는 신령진리에 의하여 생겨납니다. 여기서 "빠른 구름"(a light cloud)은 영적-자연적인 신령진리를 뜻하고, 그것으로부터 그 사람의 자연적인 측면에서 사람의 성품이 무엇인지 명확하게 됩니다. "그러므로 이집트의 우상이 그분 앞에서 떨고, 이집트 사람의 간담(=마음)이 녹을 것이다"는 말씀은, 그것의 예배의 근원이나 그 천벌 때문에 생긴 그것의 공포(恐怖 · terror)의 근원인 자연적인 사람 안에 있는 거짓들의 수집(蒐集 · collection)이나 패거리(crowd)를 뜻합니다.

[49] "내가 이집트를 잔인한 군주의 손에 넘길 것이니, 폭군이 그들을 다스릴 것이다"는 말씀은 거짓에 속한 악이나 악에 속한 거짓이 그것을 지배할 것이라는 것을 뜻합니다. 여기서 "잔인한 군주"(=가혹한 주인 · a hard lord)는 거짓에 속한 악을 뜻하고, "폭군"(=포악한 왕 · a strong king)은 악에 속한 거짓을 뜻하고, "그 때 나일 강이 마를 것이다"(=물들이 바다로부터 없어지겠고, 강바닥이 바싹 마를 것이다)는 말씀은 자연적인 사람 안에 진리들이 전혀 없을 것이라는 것을 뜻하고, 또한 그것으로 인하여 총명도 없을 것이라는 것을 뜻합니다. "이집트의 시냇물의 물 깊이가 얕아져 마르겠다"(=이집트의 시냇물이 줄어서, 메마르게 될 것이다)는 말씀은 그것 자체가 진리들로부터 거짓들로 바뀔 것이라는 것을 뜻하고, 그리고 결과적으로 총명이 영적인 사람의 빛에서 비롯된 진리들 밖에 있을 것이기 때문

에, 총명이 죽어 버릴 것이라는 것을 뜻합니다. "파피루스와 갈대(=갈대와 골풀 · the reed and the flag)가 시들어 버릴 것이다"는 말씀은, 감관적인 사람이 그 밖의 다른 것을 취하지 못하는 것을 가리키는, 성경말씀의 문자적인 뜻에서 비롯된 모든 진리와 선의 지각이 사라질 것이라는 것을 뜻합니다. "그러므로 나일 강에서 고기를 잡는 어부들이 슬퍼하며, 통곡하고, 나일 강에 낚시를 던지는 모든 낚시꾼과 강에 그물을 치는 사람들이 잡히는 것이 없어서 고달파 할 것이다"는 말씀은 가르치고 교육하는 자들이 성경말씀에서 비롯된 진리들에 의하여 자연적인 사람을 개혁, 바로잡는 일이 공허하게 되고, 애씀이 소용이 없을 것이라는 것을 뜻합니다. 여기서 "어부들"(fishers)이나, "물에 그물을 치는 자들"은 성경말씀으로 자연적인 사람들을 가르치고, 교육하는 자들을 뜻하고, 개별적으로는 성경말씀의 문자적인 뜻으로 그들을 가르치고 교육하는 자들을 뜻하고, 여기서 "물고기"는 그것에서 비롯된 선험지들(先驗知 · cognitions)을 뜻하고, "슬퍼하고 통곡한다"는 것은 애쓰는 것을 뜻합니다.

[50] "가는 베를 짜는 사람이 베 짜는 일을 그만두고, 흰 천을 짜는 사람도 실망하여 베 짜는 일을 그칠 것이다"(=세마포를 짜는 자들과 그물을 짜는 자들이 치욕을 당할 것이다)는 말씀은 자연적인 방법으로 영적인 진리들을 가르치는 자들을 뜻하는데, 여기서 "가는 베"(=빗질한 아마 · the flax of silks)는 영적인 진리를 뜻하고, "흰 천"(=그물 · curtains)은 영적인 근원에서 비롯된 자연적인 진리들을 뜻하고, "만든다"(to make)나 "짠다"(to weave)는 것은 가르치는 것을 뜻합니다. "어찌 바로에게 너희가 옛 현인들과 옛 왕들의 후예라고 감히 말할 수

있겠느냐?(=어떻게 바로에게 말하기를 '나는 현명한 자의 자손이라, 옛 왕들의 자손이라' 할 수 있겠느냐?), 이집트의 임금아, 너를 섬기는 현인이 어디에 있느냐?(=너희 현자들은 어디에 있느냐?)는 말씀은 영적인 사람에게서 비롯된 자연적인 사람의 지혜나 총명이 소멸, 멸망하였다는 것을 뜻합니다. 왜냐하면 자연적인 사람은 영적인 사람에게서 비롯되는 총명이나 지혜를 영접, 수용하기 위하여 형성되었기 때문이고, 그리고 이런 일은, 마치 원인과 결과(cause and effect)와 같이, 이들 양자가 한 몸처럼 (as one)활동 할 때, 일어납니다. "소안의 지도자들은 어리석은 사람이다. 멤피스(=놉)의 지도자들은 제 꾀에 속고 있다"(=소안의 지도자들은 어리석게 되었으며, 놉의 통치자들은 기만을 당했다)는 말씀은, 자연적인 사람 안에 있는 영적인 빛에서 비롯된 지혜나 총명의 진리들이 광기(狂氣)의 거짓들로 바뀌었다는 것을 뜻하는데, 여기서 소안이나 놉은 이집트 땅에 있고, 그리고 그것은 영적인 빛에서 비롯된 자연적인 사람의 조요의 상태를 뜻하고, "이집트의 주춧돌들인 지파들이 이집트를 그릇된 길로 이끌었다"(=그들은 또한 이집트 곧 그 지파들의 지주인 그들을 미혹하였다)는 말씀은 자연적인 사람이 나쁜 길(邪道)에 빠졌다는 것, 뿐만 아니라, 그 교회의 모든 진리들이나 선들이 그것 위에 그들의 기초를 가졌다는 것을 뜻합니다. "그러므로 이집트에서는 되는 일이 없고, 우두머리나 말단에 있는 사람이나 종려나무처럼 귀한 자와 갈대처럼 천한 자나 가릴 것 없이, 모두 쓸모가 없이 될 것이다"(=그리하여 이집트는, 머리든 꼬리든, 나뭇가지든 골풀이든, 할 수 있는 일이 아무것도 없게 될 것이다)는 말씀은 그들이 더 이상 어떤 총명이나 또는 진리의 지식(=과학지)을 가지지 못한다는 것, 결과적으로, 영적인 것이든 자연적인 것이든, 전혀 진리를 가지지 못한다는 것을 뜻합니다.

11장 7-19절

654[I]. [51] 에스겔서의 말씀입니다.

"사람아, 너는 이집트 왕 바로에게 예언하여라. 바로와 전 이집트를 규탄하여 예언하여라. 너는 이렇게 말하여 전하여라.
'나 주 하나님이 말한다.
이집트 왕 바로야.
내가 너를 치겠다.
나일 강 가운데 누운 거대한 악어야,
네가 나일 강을 네 것이라고 하고
네가 만든 것이라고 한다마는,
내가 갈고리로 네 아가미를 꿰고,
네 강의 물고기들이
네 비늘에 달라붙게 해서,
네 비늘 속에 달라붙은
강의 모든 물고기를 다 함께 너를
강 한복판에서 끌어내서,
너와 물고기를 다 함께
멀리 사막에다 던져 버릴 것이니,
너는 허허벌판에 나뒹그러질 것이다.
내가 너를 들짐승과 공중의 새에게
먹이로 주었으니,
다시는 너를 주워 오거나
거두어 오는 사람이 없을 것이다.
그 때에야 비로소
이집트에 사는 모든 사람이,
내가 주인 줄 알게 될 것이다.
너는 이스라엘 족속을 속이는
갈대 지팡이밖에 못 되었다.
이스라엘 족속이 손으로 너를 붙잡으면,
너는 갈라지면서
오히려 그들의 어깨를 찢었다.

너를 의지하면,
너는 부러지면서
그들이 몸도 못 가누고 비틀거리게 하였다.……
내가 칼을 가져다가 너를 치겠다. 사람과 짐승을 너에게서 멸절시키겠다. 그러면 이집트 땅이 황폐한 땅 곧 황무지가 될 것이다.…… 네가 말하기를 나일 강은 네 것이고, 네가 만들었다고 하였으니, 내가 너와 네 강을 쳐서, 이집트 땅을 믹돌에서부터 수에네까지와, 에티오피아(=구스)의 국경선에 이르기까지, 황폐한 땅, 곧 황무지로 만들어 버리겠다.…… 이집트의 성읍들도, 사십 년 동안은, 황폐한 성읍 가운데서도 가장 황폐한 성읍으로 만들어 버리겠다(에스겔 29: 2-12).

이 장절 역시 지식(=과학지)과, 결과적으로는 자기총명에서 비롯된 자만심(自慢心)에 의하여 진리와 선 모두가 박탈된 자연적인 사람의 기술을 가리킵니다. "이집트의 왕 바로"가 자연적인 사람의 지식을 뜻하고, 그리고 그것에서 비롯된 자기총명을 뜻하기 때문에 "보아라, 이집트 왕 바로야, 내가 너를 대적하겠다(=내가 너를 치겠다). 너는 자기 강들 가운데 누운 큰 용이다"는 말씀이 언급되었습니다 여기 "큰 용"(=큰 바다 괴물)은 일반적으로 자연적인 사람의 지식(=과학지)을 뜻하지만, 여기서는 그릇된 지식을 뜻하고, "강"(river)은 자기총명을 뜻하고, 말하기를 "내 강은 내 자신의 것이요, 내가 그것을 나를 위해 만들었다고 하지만" 이라는 말씀은 주님에게서 비롯된 것이 아니고, 자아(自我 · self)에서 비롯된 총명을 뜻하고, 따라서 이 말씀은 자기총명의 자만심을 뜻합니다. "그러므로 내가 갈고리로 네 아가미를 꿴다"는 말씀은 거짓을 말하는 것을 뜻하는데, 왜냐하면 그것이 응징될 것이기 때문입니다. "내가 네 강의 물고기를 네 비늘에 달라붙게 하겠다"는 말씀은 감관들의 오류들에게서 비롯된 가장 낮은 종류의 지식들(=과학지들)을 뜻하고, 여기서 "물고기"는 지식들(=과학지들)을 뜻하고, "비늘"(scales)은, 가장 낮은 종류의 지식들을 가리키는, 감관들의 오류들을 뜻합니다.

[52] "내가 너와 네 강(=나일)의 모든 물고기를 멀리 사막에다 던져 버릴 것이다"는 말씀은 진리들이나 총명이 그것에서 비롯된 모든 지식들(=과학지들)을 적나라하게 벗기어 버린다는 것을 뜻하고, "너는 허허벌판에 나둥그러질 것이고, 다시는 너를 주어 오거나 거두어 오는 사람이 없을 것이다"는 말씀은 결합이나 일치함이 없는 종교적인 원칙을 뜻합니다. "내가 너를 들짐승과 공중의 새에게 먹이로 주겠다"는 말씀은 거짓에 속한 정동들이나 생각들에 의하여 소모, 없애지는 것을 뜻하고, "이집트에 사는 모든 사람이 내가 주인 줄 알게 될 것이다"는 말씀은, 모든 진리나 선이, 심지어 자연적인 사람 안에 있는 진리나 선까지도, 주님께서 비롯된다는 것을 알게 되고, 믿게 된다는 것을 뜻합니다. "이것은 그들이 이스라엘 집에 갈대 지팡이가 되었기 때문이다"(=갈대 지팡이부에 못 되었기 때문이다)는 말씀은, 그 교회의 사람들에게 있는 오류들을 가리키는, 감관적인 사람의 지식들을 믿는 신뢰(信賴·confidence)를 뜻합니다. "갈대 지팡이"(a staff of reed)가 이런 부류의 신뢰를 뜻한다는 것은 본서 627[B]항을 참조하십시오. "이스라엘 족속이 손으로 너를 붙잡으면, 너는 갈라지면서, 오히려 그들의 어깨를 찢었다"(=그들이 너의 손을 붙잡으면 너는 부러져서 그들의 어깨를 찢어지게 하였다)는 말씀은 이런 것들을 안에 있는 믿음을 통하여 진리의 모든 능력이나 힘이 파괴, 파멸된다는 것을 뜻합니다. "너를 의지하면, 너는 부러지면서 그들이 몸도 못가누

고 비틀거리게 하였다"(=그들이 네게 의지하면 네가 부러져서 그들의 허리가 어찌할 바를 모르게 하였다 · 그들의 허리를 휘청거리게 하였다)는 말씀은, 이런 것들 안에 있는 신뢰를 통하여 사랑의 선을 영접, 수용하는 기능(=능력)이 파괴, 파멸된다는 것을 뜻합니다.

[53] "보아라, 내가 칼을 가져다가 너를 치겠다. 사람과 짐승을 너에게서 멸절시키겠다"(=끊어 버리겠다)는 말씀은 거짓이 자연적인 사람 안에 있는 진리의 모든 이해와 선의 모든 정동을 파괴할 것이라는 것을 뜻합니다. "이집트 땅이 황폐한 땅 곧 황무지가 될 것이다"(=이집트 땅이 황폐하고 삭막하게 될 것이다)는 말씀은 결과적으로 자연적인 사람은 그 어떤 진리도 없을 것이라는 것을 뜻합니다. "그것은 네가 나일 강이 네 것이고, 네가 만들었다고 말하였기 때문이다"(=이는 그가 말하기를 "그 강은 내 것이요, 내가 그것을 만들었다"고 하였기 때문이다)는 말씀은 자기 총명의 자부심 때문이라는 것을 뜻합니다. "내가 이집트 땅을 믹돌에서부터 수에네까지(=수에네의 망루로부터) 에디오피아(=구스)의 국경선에 이르기까지, 황폐한 땅, 곧 황무지로 만들어 버리겠다"는 말씀은, 자연적인 사람 안에 있는 처음 것들에서부터 마지막 것들에까지 그 교회의 파괴나 파멸을 뜻합니다. "이집트의 성읍들도, 사십 년 동안은, 황폐한 성읍 가운데서도 가장 황폐한 성읍으로 만들어 버리겠다"는 말씀은, 거기에 진리가 남아 있는 것이 없기까지 오직 거짓들에게서 비롯된 교리적인 것을 뜻하고, 그리고 또한 시험의 전 기간을 뜻합니다.

[54] 열왕기 하서의 말씀입니다.

너는 부러진 갈대 지팡이 같은 이집트를 의지한다고 하지만, 그것을 믿고 붙드는 자는 손만 찔리게 될 것이다. 이집트의 바로 왕을 신뢰하는 자는 누구나 이와 같이 될 것이다(열왕기 하 18：21).

"갈대 지팡이"(staff of a reed)나 "그것을 의지한다"는 말씀은, 바로 위에 설명된 동일한 뜻을 갖습니다. 그러므로 시편서에서 이집트라고 불리웠습니다.

갈대 숲에 사는 사나운 짐승들과
뭇 백성의 황소 떼와 송아지 떼를
꾸짖어 주십시오.
(시편 68：30)

여기서 "갈대 숲에 사는 들짐승"은, 오류들을 가리키는, 감관적인 사람의 지식들(=과학지들)에게서 비롯된 거짓의 정동이나 탐욕을 뜻합니다. 이런 것들은, 그들이 강하게 설득하기 때문에, "강한 자의 무리"(=떼・황소 떼)라고 불리웠습니다. 그리고 이런 것들이 교회의 진리들을 흩어지게 하기 때문에 "백성들을 꾸짖어 주십시오"라고 언급되었습니다.
[55] 호세아서의 말씀입니다.

에브라임은 어리석고,
줏대 없는 비둘기이다.
이집트를 보고 도와 달라고 호소하더니,
어느 새 앗시리아에게 달려간다.······
나를 떠나서 그릇된 길로 간 자들은
반드시 망한다!
나를 거역한 자들은
패망할 것이다.
건져 주고 싶어도,

> 나에게 하는 말마다 거짓말투성이다.……
> 허망한 것에 정신이 팔린 자들,
> 느슨하게 풀어진 활처럼 쓸모 없는 자들,
> 대신들은 함부로 혀를 놀렸으니,
> 모두 칼에 찔려 죽을 것이다.
> 이것이 이집트 땅에서
> 조롱거리가 될 것이다.
> (호세아 7 : 11, 13, 16)

이 장절들은 이스라엘의 교만에 관해서 다루고 있는데, 그것은 그 교회에 속한 것들 안에 있는 자기 총명의 자만(自慢)을 뜻합니다. "이집트"가 자연적인 사람과 그것의 지식(=과학지)을 뜻한다는 것은 이런 것에서 명확합니다. 즉 이 예언서에서 수도 없이 다루어지고 있는 "에브라임"이 그 교회의 이해를 뜻하고, 그리고 자연적인 것 안에 있는 교리의 진리를 뜻한다는 것에서 명확합니다. "에브라임"의 뜻이 이러하다는 것은 본서 440항을 참조하십시오. 그러므로 "에브라임은 어리석고, 줏대 없는 비둘기이다"(=에브라임은 믿음이 없는 아둔한 비둘기 같다)는 말씀은, 거기에 전혀 진리가 없고, 그리고 진리와 선의 정동이 전혀 없기 때문에, 지금 거기에 이해가 전혀 없다는 것을 뜻합니다. "그들이 이집트에 부르짖고, 앗시리아로 나아갔다"(=이집트를 보고 도와 달라고 호소하더니, 어느새 앗시리아에게 달려간다)는 말씀은 자연적인 사람의 지식들(=과학지들)에 대한 그들의 신뢰를 뜻하고, 그리고 사기(詐欺)적인 것을 가리키는, 그것에서 비롯된 추론들에 대한 그들의 신뢰를 뜻합니다. "그들이 내게서 도망했으니, 그들에게 화가 있다"(=나를 떠나서 그릇된 길로 간 자들은 반드시 망한다!)는 말씀은 성경말씀에서 비롯된 진리들의 혐오나 반감을 뜻합니다. "나를 거역한 자들은 패망할 것이다"(=내게 죄를 지었으니 그들이 멸망된다)는 말씀은 그들의 배반(背叛)이나 변절(變節) 때문에 생긴 모든 진리의 상실(喪失)을 뜻합니다. "대신들은 모두 칼에 찔려 죽을 것이다"(=그들의 방백들은 칼에 쓰러질 것이다)는 말씀은 인도하는 주도적인 진리들이 거짓들에 의하여 멸망될 것이라는 것을 뜻합니다. "이것이 이집트 땅에서 조롱거리가 될 것이다"(=그로 인해 그들이 이집트 땅에서 비웃음거리가 될 것이다)는 말씀은 자연적인 사람에 의한 교리의 매도(罵倒 · vituperation)를 뜻하고, 그리고 그것의 경멸(輕蔑)을 뜻합니다.

[56] 같은 책의 말씀입니다.

> 이스라엘아, 너희는 기뻐하지 말아라.……
> 너희는 하나님에게서 떠나서
> 음행을 하였다.……
> 에브라임이
> 주의 땅에서 살 수 없게 되어
> 다시 이집트로 돌아가고,
> 앗시리아로 되돌아가서
> 부정한 음식을 먹을 것이다.……
> 재난이 닥쳐와서 백성들이 흩어지는 날,
> 이집트가 그 피난민을 받아들여도, 끝내,
> 멤피스 땅에 묻히는 신세가 되고 말 것이다.
> 가지고 간 귀중한 금은 보화는
> 잡초 속에 묻히고,
> 살던 곳은 가시덤불로 덮일 것이다.
> (호세라 9 : 1, 3, 6)

호세아서 9장 전체는, 여기서는 "에브라임"이 뜻하는, 멸망, 파괴된 진리의 이해를 다루고 있습니다. "하나님에게 떠나 음행을 한 이스라엘"(=하나님을 떠나서 매춘 행위를 저지른 이스라엘)은 위화된 성경말씀의 진리를 뜻하고, "그들이 주의 땅에서 살 수 없다"(=그들이 여호와의 땅에서 계속 살지 못할 것이다)는 그들이, 천계에서와 같이, 선에 속한 생명(=선한 삶)을 결코 가지지 못할 것이라는 것을 뜻합니다. "에브라임이 다시 이집트로 돌아간다"는 말씀은 파괴, 멸망된 진리의 이해를 뜻하고, 그리고 그것으로 인하여 그들이 자연적인 것이 되었다는 것을 뜻합니다. "그리고 그들은 앗시리아로 되돌아가서 부정한 음식을 먹을 것이다"는 말씀은 악에 속한 거짓들로 가득 찬 합리적인 것을 뜻합니다. "보아라, 파멸이 닥쳐서 그들이 도피하지 않을 수 없을 것이다"(=재난이 닥쳐와서 백성들이 흩어질 것이다)는 말씀은 진리의 거짓을 통해서 주님에게서 떠나 버리는 것을 뜻하고, "이집트가 그들을 모을 것이다"(=이집트가 그 피난민을 받아들인다)는 말씀은 그들이 전적으로 자연적이 되었다는 것을 뜻하고, "멤피스 땅에 묻히는 신세가 되고 말 것이다"(=멤피스가 그들을 묻을 것이다)는 말씀은 악에 속한 거짓들에 대한 성경말씀의 문자적인 뜻의 진리들의 적용에 통한 영적인 죽음을 뜻하고, "귀중한 금은 보화"(=그들의 은 귀중품)는 진리의 지식들을 뜻하고, "잡초 속에 묻힌다"(=쐐기풀이 차지한다)는 말씀은 악이 그것들을 악용하고, 나쁜 길로 이끌 것이라는 것을 뜻하고, "살던 곳은 가시덤불로 덮일 것이다(=그들의 천막 안에는 가시덤불이 있을 것이다)는 말씀은 예배 가운데 있는 악에 속한 거짓을 뜻합니다.

[57] 같은 책의 말씀입니다.

이스라엘은
이집트 땅으로 되돌아가지 못할 것이다.

11장 7-19절

이스라엘은
앗시리아의 지배를 받게 될 것이다.
(호세아 11 : 5)

"이스라엘이 이집트로 되돌아가지 못한다"는 것은 교회에 속한 사람이 영적이 되었을 때 그가 결코 자연적인 것이 되면 안 된다는 것을 뜻합니다. "앗시리아가 그들의 왕이 된다"(=이스라엘은 앗시리아의 지배를 받게 될 것이다)는 것은 거짓들에게서 비롯된 추론들이 그 때 다스릴 것이라는 것을 뜻합니다. 교회의 사람이 영적인 존재에서 자연적인 존재가 된다는 것은 그 때 그는 인애에서 믿음을 분리시키는 것, 다시 말하면 성경말씀의 계명들에 따라서 살지 않고 다만 성경말씀을 겉으로 믿는 것을 가리킵니다. 그러므로 또한 그가 총명을 자기의 것이라고 주장하고, 그리고 그것을 주님의 공으로 돌리지 않는 때입니다. 이것에서 비롯된 자만이나 자부심에 의하여 그는 자연적인 것이 됩니다. 왜냐하면 사람은 처음에는 자연적이고, 그 뒤에 그는 합리적인 것이 되고, 그리고 최후에 영적인 것이 되기 때문입니다. 사람이 자연적일 때 그는 이집트에 있는 것이고, 그가 합리적인 것이 되었을 때 그는 앗시리아에 있는 것이고, 그리고 그가 영적인 것이 되었을 때 그는 가나안 땅에 있는 것이고, 따라서 교회 안에 있는 것입니다.
[58] 같은 책의 말씀입니다.

에브라임은 바람을 먹고 살며,
종일 열풍을 따라서 달리고,
거짓말만 하고 폭력만을 일삼는다.
앗시리아와 동맹을 맺고
이집트에는 기름을 조공으로 바친다.

(호세아 12 : 1)

여기서 "에브라임"은 파괴된 진리의 이해가 거기에 있는 교회를 뜻하고, "바람을 먹고 산다"는 것은 거짓을 흡수, 빨아들이는 것을 뜻하고, "종일 그가 따라 다니는 열풍"(=동풍)은 진리의 마름(乾燥)이나 흩어짐(分散)을 뜻합니다. "이집트에는 기름을 조공으로 바친다"(=이집트로 기름을 가져간다)는 말씀은 자연적인 사람의 지식들(=과학지들)에 의하여 왜곡된 사랑의 선을 뜻합니다. 이에 대한 더 상세한 설명은 본서 419[E]항을 참조하십시오.

654[J]. [59] 이사야서의 말씀입니다.

"거역하는 자식들아,
너희에게 화가 닥칠 것이다.
너희가 계획을 추진하지만,
그것들은 나에게서 나온 것이 아니며,
동맹을 맺지만,
나의 뜻을 따라 한 것이 아니다.
죄에 죄를 더할 뿐이다.
너희가 나에게 물어 보지도 않고,
이집트로 내려가서,
바로의 보호를 받아 피신하려고 하고,
이집트의 그늘에 숨으려 하는구나."
바로의 보호가
오히려 너희에게 수치가 되고,
이집트의 그늘이
오히려 너희에게 치욕이 될 것이다.
(이사야 30 : 1-3)

"거역하는 자식들에게 화가 닥칠 것이다"(=고집 센 아들에게 화가 있다)는 말씀은 자신들을 떠나게 한 자들의 저주에 대한 슬픔(哀悼)을 뜻하고, "계획을 추진하지만, 그것들은 나에게서 나온 것이 아니다"(=계획을 세우나, 나에게서 온 것이 아니다)는 말씀은 주님에게서 비롯된 것이 아니고, 자기 자아에서 비롯된 천계의 것들에 대한 생각들이나 결론들을 뜻하고, "동맹을 맺지만, 나의 뜻을 따라 한 것이 아니다"(=주상(鑄像)을 만들지만, 나의 영으로 한 것이 아니다)는 말씀은 신령진리에서 비롯된 예배가 아니고, 지옥적인 거짓에서 비롯된 예배를 뜻합니다. "나에게 물어 보지도 않고, 이집트로 내려간다"는 말씀은, 자연적인 사람의 자아(=고유속성·proprium)에서 비롯된 것을, 그리고 성경말씀에서 비롯된 것이 아니라는 것을 뜻합니다. "이집트의 그늘에 숨는다"(=이집트의 그늘로 도피한다)는 말씀은, 천계적인 빛을 전혀 가지지 않은, 자연적인 사람에 의하여 제안된 그런 것들을 신뢰(信賴)하고, 믿음을 갖는 것을 뜻합니다. "바로의 보호가 오히려 너희에게 수치가 되고, 이집트의 그늘이 오히려 너희에게 치욕이 될 것이다"(=그러므로 바로의 힘은 너희의 수치가 되고, 이집트의 그늘 안의 피난처는 너희의 치욕이 될 것이다)는 말씀은, 자기 총명에서 비롯된 악들을 격퇴할 능력이 전혀 없다는 것이나, 또한 자연적인 사람의 지식(=과학지)에서 비롯된 악들을 저지(沮止)할 능력이 전혀 없다는 것을 뜻하고, "수치와 치욕"(=혼란)은, 온갖 악들 때문에 그들이 수치스러운 평판을 받을 때, 이런 부류의 상태를 뜻합니다.
[60] 예레미야서의 말씀입니다.

주 너의 하나님이
길을 인도하여 주는데도,

> 네가 주를 버리고 떠났으니,
> 너 스스로 이런 재앙을
> 자처한 것이 아니냐?
> 그런데도 이제 네가
> 시홀 강 물을 마시려고
> 이집트로 달려가니,
> 그것이 무슨 일이며,
> 유프라테스 강 물을 마시려고,
> 앗시리아로 달려가니,
> 이 또한 무슨 일이냐?……
> "간에 붙었다 쓸개에 붙었다 하다니,
> 너는 어쩌면 그렇게 지조도 없느냐?
> 그러므로 너는
> 앗시리아에게서 수치를 당했던 것처럼,
> 이집트에게서도 수치를 당할 것이다."
> (예레미야 2 : 17, 18, 36)

이 장절 역시 교리의 거짓들이나, 그것에서 비롯된 삶의 악들에 의하여 전적으로 외적인 것이 되고, 자연적인 것이 된 그 교회에 속한 사람을 다루고 있습니다. "주 너의 하나님이 길을 인도하여 주는데도, 네가 주를 버리고 떠났다"는 말씀은, 인도하는 진리들에 의하여 주님에 의한 개혁(改革·바로잡음)을 외면, 떠나는 것을 뜻하고, "그런데도 이제 네가 시홀의 강 물을 마시려고 이집트로 달려가니, 이 또한 무슨 일이냐?"는 말씀은, 오직 거짓들만이 그것에서 비롯된 근원을 가리키는 오직 자연적인 사람에게서 비롯된 가르침(敎育)을 뜻하고, "유프라테스 강 물을 마시려고 앗시리아로 달려가니, 이 또한 무슨 일이냐?" 라는 말씀은, 믿음의 거짓들의 근원을 가리키는, 자연적인 사람에게서 비롯된 추론들을 뜻합니다. "어찌하여 너는 네

11장 7-19절

길을 그처럼 많이 바꾸어 돌아다니느냐?"(=간에 붙었다 쓸개에 붙었다 하다니, 너는 어쩌면 그렇게 지조도 없느냐?)는 말씀은 영적인 것이 되기 위한 그와 같은 개혁(=바로잡음)에 대한 강한 반대를 뜻하고, "앗시리아에게서 수치를 당했던 것처럼, 이집트에게서도 수치를 당할 것이다"는 말씀은 이것이 자아(=고유속성)에서 비롯된 거짓들이나 악들에 의하여 끌려가기 때문에, 자연적인 사람에 의하여 끌려가는 외고집의 사악한 상태(a perverse state)나 수치스러운 비열한 상태(a vile state)를 뜻합니다.

[61] 애가서의 말씀입니다.

> 유산으로 받은 우리 땅이 남에게 넘어가고,
> 우리 집이 이방인들에게 넘어갔습니다.……
> 우리 물인데도 돈을 내야 마시고,
> 우리 나무인데도 값을 치러야 가져 옵니다.……
> 먹을 거리를 얻어서 배불리려고,
> 이집트와 손을 잡고,
> 앗시리아와도 손을 잡았습니다.……
> 종들이 우리의 통치자가 되었습니다.
> 그들 손에서 우리를 구해 줄 이가 없습니다.
> (애가 5 : 2, 4, 6, 8)

여기서 "우리의 유산이 남에게(=낯선 사람에게) 넘어갔다"는 말씀은 거짓들로 바뀌어 버린 교회에 속한 진리들을 뜻하고, "우리 집이 이방인들에게 넘어갔다"는 말씀은, 악들로 바뀌어 버린 교회에 속한 선들을 뜻하고, "우리 물인데도 돈을 내야 마신다"는 말씀은, 철저한 거짓들의 근원을 가리키는, 우리 자신에게서 비롯된 가르침(敎育)을 뜻하고, "우리 나무인데도 값을 치러야 가져 온다"는 말씀은 철저한 악들의 근원을 가리키는, 우리들 자신에게서 비롯된 가르침을 뜻합니다. 사람은 자유스럽게 주님에 의하여 가르침을 받고, 개혁되기 때문에, 다시 말하면 "돈 없이, 값 없이"(이사야 55:1) 가르침을 받고, 개혁되기 때문에, 그러므로 "돈을 내고" 마신다는 것이나, "값을 지불하고" 나무를 얻고, 따뜻함을 얻는다는 것은, 오직 우리 자신들에게서 비롯되는 것을 뜻하고, 그리고 자기 자신들이나, 그의 지식들(=과학지들)이나, 그것에서 비롯된 결론들에 의하여 교육을 받는 것인, 오직 우리들 자신에게서 비롯된 교육을 받는 것을 뜻합니다. 그러므로 "먹을 거리를 얻어서 배불리려고, 이집트와 손을 잡고, 앗시리아와도 손을 잡았다"(=우리는 먹을 빵을 넉넉히 얻으려고, 이집트에, 앗시리아에, 손을 내민다)는 말씀이 언급되었는데, 여기서 "이집트"는, 온갖 악들의 근원을 가리키는, 자연적인 사람을 뜻하고, "앗시리아"는 온갖 악들이 그것에서 비롯된, 거짓들에게서 비롯된 추론하는 자연적인 사람을 뜻하고, 그리고 자연적인 사람에게 속한 이런 것들은 상대적으로 섬김의 것들이기 때문에, 왜냐하면 자연적인 사람은 영적인 사람을 섬기기 위하여 창조되었기 때문에, 그러므로 자연적인 것이 영적인 것을 지배할 때, 종들은 통치권을 쥐는 것이고, 그리고 이러한 사실이 "종들이 우리의 통치자가 되었습니다. 그들 손에서 우리를 구해 줄 이가 없습니다"라는 말씀이 뜻하는 것입니다.

654[K]. [62] 예레미야서의 말씀입니다.

너희가 나 주 너희 하나님의 말에 순종하지 않고, 이 땅에 머물러 살지 않겠다는 것이냐? 그것만은 안 되겠다는 것이냐? 오직 이집트 땅으로 들어가야만 전쟁도 겪지 않고, 비상 나팔 소리도 듣지 않고,

먹을 것이 없어서 굶주리지 않아도 되니, 그리로 가서 거기에서 살겠다는 것이냐? 유다의 살아 남은 자들아, 너희는 이제 나 주의 말을 들어라.······ 너희가 이집트로 들어가려고 하고, 그 곳에서 살려고 내려가면, 너희가 두려워하는 전쟁이 거기 이집트 땅으로 너희를 쫓아갈 것이며, 너희가 무서워하는 기근이 거기 이집트에서 너희에게 붙어 다닐 것이다. 너희는 거기에서 죽을 것이다. 마침내 이집트 땅에서 머물려고 그 곳에 내려가기로 작정한 모든 사람은, 거기에서 전쟁과 기근과 염병으로 죽을 것이다. 내가 그들에게 내리는 재앙에서 아무도 벗어나거나 빠져 나가지 못할 것이다.······ 너희가 이집트로 들어갈 경우에는 내가 예루살렘 주민에게 큰 분노를 쏟아 부었던 것처럼, 너희에게도 나의 분노를 쏟아 붓겠다. 그러면 너희는 원망과 놀라움과 저주와 조소의 대상이 되고, 다시는 이 곳을 볼 수 없을 것이다.
(예레미야 42 : 13-18)

우리는 구약의 역사서들이나 예언서들에서 자주 양쪽의 말씀을 읽습니다. 즉 이스라엘 백성은 이집트에 되돌아가려는 열망으로 불을 피운다는 것, 그리고 이런 것은 그들에게 금지하고 있다는 것, 그리고 만약에 그들이 그런 일을 한다면, 그들은 온갖 역병(疫病)들과 형벌들이 일어날 것이라는 것 등등을 자주 읽습니다. 그러나 이런 이유가 지금까지 어느 누구에게도 알려지지 않았습니다. 그 이유는, 이스라엘 자손들은 그 교회의 시작부터 마지막까지 하나의 교회를 표징하려는 것이었기 때문입니다. 그리고 그 교회는 처음에는 자연적인 사람 안에 있는 지식들이나 선험지들에 의하여 사람과 더불어 형성되었습니다. 왜냐하면 자연적인 사람은 이런 것들에 의하여 처음에는 계발(啓發)되었기 때문입니다. 왜냐하면 모든 사람은 자연적인 존재로 태어나고, 따라서 자연적인 사람은, 그것이 종국에 사람의 총명이나 지혜의 기초로 섬기기 위하여 반드시 처음에는 계발되어야 하기 때문입니다. 그 뒤 사람이 합리적인 것이 되기 위하여 자연적인 사람 안에 심어져 활착된 지식들이나 선험지들에 의하여 총명적인 것은 형성됩니다. 그러나 사람이 합리적인 것에서 영적인 것이 되기 위해서는 사람은 반드시 온갖 시험을 겪고, 이겨야 합니다. 왜냐하면 이런 것들에 의하여 합리적인 것들은 그와 같이 정복되기 때문입니다. 만약에 온갖 탐욕들을 선호하는 그런 부류의 자연적인 것들이 제거되지 않는다면 그것들은 합리적인 것을 파괴하기 때문입니다. 종국에 사람이 이런 식으로 합리적이 될 때, 그 때 그는 영적인 것이 됩니다. 왜냐하면 합리적인 것은 영적인 것과 자연적인 것 사이에 있는 중간적인 것이기 때문입니다. 결과적으로 영적인 것은 합리적인 것에 유입하고, 그리고 이것을 통해서 자연적인 것에 유입하기 때문입니다.

[63] 한마디로 사람은 제일 먼저 지식들(=과학지들)로 기억이 풍부하여야 하고, 그 뒤에 이 지식들에 의하여 이해가 반드시 계발, 연마되어야 하고, 최종적으로는 의지가 계발, 연마되어야 합니다. 기억은 자연적인 사람에 속하고, 이해는 합리적인 사람에 속하고, 의지는 영적인 사람에 속합니다. 이 일련의 과정이 바로 사람의 개혁(=바로잡음)의 길이고 중생(=거듭남)의 여정입니다. 이러한 내용은 이스라엘 자손들이 제일 먼저 이집트에 내려간 이유이고, 그 뒤에는 시험을 받기 위하여 광야에 들어간 이유이고, 그리고 마지막에 가나안 땅에 인도된 이유입니다. 왜냐하면 앞에서 언급한 것과 같이 그들은, 그것의 처음 시작에서부터 마지막에 이르기까지, 그 교회를 표징하기 위한 것이기 때문입니다. 이집트에서 그들의 머무름과 체류(滯留)는 자연적인 사람의 가르침(敎育)을 표징하고, 광야에서의 그들의

40년 동안의 방랑(wanderings)은, 그것들에 의한 합리적인 사람이 형성되는 시험들을 표징합니다. 그리고 그들이 최종적으로 가나안 땅으로의 옮김(移住)은, 본질적으로 영적인 것이 중시되는, 그 교회를 표징합니다.

[64] 그러나 개혁되고, 중생되기를 원하지 않은 그들은 처음 시기의 단계에서는 진전되지 않고 멈추었고, 자연적인 것에 남아 있었습니다. 이것이 그들이 원하지 않고, 이스라엘 자손들이 아주 자주 이집트에 되돌아가기를 열망한 이유입니다. 그들의 이와 같은 열망은 출애굽기서에 자주자주 언급되고 있습니다. 왜냐하면 그들은 자연적이었고, 그리고 거의 영적이 될 수 없는 그런 상태이었기 때문입니다. 그러나 그럼에도 불구하고 그들은 영적인 교회에 속한 것들을 표징하는 그런 존재였습니다. 이런 이유 때문에 그들은 이집트에 인도되었고, 그리고 그 뒤에는 광야에, 최종적으로는 가나안 땅에 인도되었습니다. 따라서 그들은 사람에게 있는 교회의 일어남(the rise · 設始)과 진전(progress)과 종국에는 그 교회의 설시를 표징합니다. 이러한 과정은 이스라엘 자손들이 이집트에 뒤돌아간 것을 매우 강하게 막기 위한 이유를 명확하게 합니다. 왜냐하면 그런 일을 하는 것에 의하여 그들은 영적인 사람들의 존재에서부터 그들이 자연적인 존재가 되는 것을 표징하는 것이고, 그리고 영적인 사람이 자연적인 사람이 되었을 때, 그가 더 이상 진리들을 보지 못하고, 어떤 선들도 지각하지 못하지만, 다만 그들은 온갖 종류의 거짓들이나 악들에 떨어질 뿐입니다.

[65] 위의 말씀들의 설명에 돌아가야 하겠습니다. "그러나 너희가 '우리는 이 땅에서 살지 않겠다!' 하고 말한다면, 그리고 말하기를 '아니다, 우리는 이집트 땅으로 돌아가야만 전쟁도

겪지 않고, 비상 나팔 소리도 듣지 않고, 먹을 것이 없어서 굶주리지 않아도 되니, 그리로 가서 거기에서 살겠다고' 말한다"는 말씀은, 교회에 속한 사람들이 있는, 영적인 상태에서부터의 반감(反感)이나 혐오(嫌惡)를 뜻하고, 그리고 자연적인 상태에 대한 동경(憧憬)을 뜻하고, 그리고 자연적인 사람에 속한 것들에 대한 동경을 뜻합니다. "오직 이집트 땅으로 들어가야만 전쟁도 겪지 않고, 비상 나팔 소리도 듣지 않고, 먹을 것이 없어서 굶주리지도 않아도 되니, 그리로 가서 거기에서 살겠다는 것이냐?"는 말씀은 그 때 거기에는 거짓들이나 악들에게서 비롯된 공격 따위가 결코 없을 것이라는 것, 그리고 "전쟁"이 거짓들이나 악들에 의한 공격(=습격)이나 다툼 따위를 뜻하기 때문에, 전혀 시험들이 없다는 것을 뜻하고, "먹을 것이 없어서 굶주리지 않아도 된다"는 말씀은 선을 열망하지 않는다는 것을 뜻하는데, 이런 상태는 온갖 거짓들이나 악들 안에 빠져 있는 자들의 상태이고, 따라서 전적으로 자연적인 자들의 상태를 뜻합니다. 이런 상태는, 그들이 거짓들이나 악들 안에 빠져 있기 때문에, 그것들에 의한 공격이나 습격되는 일이 없고, 그리고 그들은 진리들이나 선들에 관해서 아무것도 알지 못합니다. 그리고 "그들이 거기에 산다"는 말씀은 자연적인 삶을 뜻합니다.

[66] "너희가 기어이 이집트로 가려고 작정을 하고, 거기에 가서 살면(=너희가 이집트로 들어가려고 하고, 그 곳에서 살려고 내려가면) 죽을 것"이라는 말씀은 만약에 그들의 애욕(=사랑)으로 말미암아 자연적인 삶을 동경한다는 것을 뜻하고, "너희가 두려워하는 그 칼이 거기 이집트 땅에서 너희를 따라 잡는다"(=너희가 두려워하는 전쟁이 거기 이집트 땅으로 너희를 쫓아갈

것이다)는 말씀은 진리들을 파괴하는 거짓들을 뜻하고, "너희가 두려워하는 그 기근이 이집트까지 너희를 뒤쫓을 것이다"(=너희가 무서워하는 기근이 거기 이집트에서 너희에게 붙어 다닐 것이다)는 말씀은 진리와 선의 지식들의 결핍(=부족)을 뜻하고, "너희는 거기에서 죽을 것이다"는 말씀은 결과적으로 교회의 황폐를 뜻하고, 그리고 저주(damnation)를 뜻하고, "마침내 이집트 땅에서 머물려고 그 곳에 내려가기로 작정한 모든 사람은, 거기에서 전쟁과 기근과 염병(=역병)으로 죽을 것이다"는 말씀은 앞에서의 뜻과 동일한 것을 뜻하는데, 여기서 "염병"(=역병)은 모든 선과 진리의 폐허를 뜻하고, "내가 그들에게 내리는 재앙에서 아무도 벗어나거나 빠져 나가지 못할 것이다"는 말씀은 진리나 선에 속한 것은 그 어떤 아무것도 살아 생존하지 못할 것이라는 것을 뜻하고, "그러면 너희는 원망과 놀라움과 저주와 조소의 대상이 된다"는 말씀은 저주(=영벌 · damnation)에 속한 모든 것들을 뜻하고, "너희는 다시는 이 곳을 볼 수 없을 것이다"는 말씀은 교회에 속한 것은 아무것도 그들 안에 더 이상 없을 것이라는 것을 뜻합니다.

654[L]. [67] 에스겔서의 말씀입니다.

> 사람아, 두 여인이 있는데, 그들은 한 어머니의 딸들이다. 그들은 이집트에서보터 이미 음행을 하였다.…… 그들의 이름은, 언니는 오홀라요, 동생은 오홀리바다.…… 오홀라는 사마리아이고, 오홀리바는 예루살렘이다. 그런데 오홀라는 나에게 속한 여인이었으면서도, 이웃에 있는 앗시리아의 연인들에게 홀려서 음행을 하였다.…… 그들은 모두가 앗시리아 사람들 가운데서도 빼어난 사람들이었는데, 오홀라가 그들과 음행을 하였으며, 또 누구에게 홀리든지 그들의 온갖 우상으로 자신을 더럽혔다. 오홀라는 이집트에서부터 음란한 행실을 버리지 않았다. 그는 젊은 시절에 이미 이집트의 젊은이들과 잠자리

를 같이 하였다.…… 그래서 내가 그를 그의 연인들, 곧 그가 홀린 앗시리아 사람의 손에 넘겨 주었더니, 그들이 그의 하체를 드러내고, 그의 아들딸들을 붙잡아 갔으며, 끝내는 그를 칼로 죽였다.…… 그의 동생 오홀리바는 이것을 보고서도, 자기 언니의 음행한 행실보다 더 음란하여, 자기 언니보다 더 많이 홀리고 타락하였다.…… 그런데 오홀리바가 더 음탕하였다. 그는 앗시리아 사람들에게 홀렸는데,…… 오홀리바가 더 음탕하였다. 그는 남자의 모양을 벽에다가 새겨 놓고, 쳐다보았는데, 붉은색으로 새겨진 바빌로니아(=갈대아)사람들의 모양이었다.…… 바빌로니아 사람들이 그에게 와서, 연애하는 침실로 들어가, 음행을 하여 그를 더럽혔다.…… 오홀리바는 이렇게 드러내 놓고 음행을 하며, 자신의 알몸을 드러냈다.…… 그런데도 그는 음행을 더하여, 이집트 땅에서 음란하게 살던 자신의 젊은 시절을 늘 회상하였다. 그는, 정욕이 나귀와 같이 강하고, 정액이 말과 같이 많은 이집트의 사내들과 연애를 하였다. "너는 젊은 시절의 음란한 생활을 그리워한다. 너의 처녀 시절에 이집트의 사내들이 너의 유방을 만지고, 너의 젖가슴을 어루만지던 것을, 너는 그리워한다.……나는, 네가 정을 뗀 네 정부들을 충동시켜서, 그들이 사방에서 와서 너를 치게 하겠다. 그들은 바빌로니아 사람과 갈대아의 모든 무리와,…… 그들과 함께 있는 모든 앗시리아 사람들이다.…… 너의 아들과 딸은 붙잡혀 가고, 너에게서 남은 것들은 불에 타 죽을 것이다. 그들이 너의 옷을 벗기고, 화려한 장식품들을 빼앗아 갈 것이다. 이렇게 해서, 나는, 네가 이집트 땅에서부터 하던 음란한 생활과 행실을 그치게 하겠다. 그러면 네가, 다시는 그들에게 눈을 들 수도 없고, 이집트를 다시 기억할 수도 없을 것이다.……
너는 잔뜩 취하고 근심에 싸일 것이다.
그것은 공포와 멸망의 잔이요,
네 언니 사마리아가 마신 잔이다.
(에스겔 23 : 2-33 ; 그 이하 절)

이 장절들은, "이집트"가 자연적인 사람을 뜻하고, 그리고 지금 여기서는 영적인 것에서 분리된 자연적인 것을 뜻한다는 것을 명확하게 하고, 그리고 "앗시리아"는 합리적인 사람을, 지금 여기서는 자연적인 사람에 속한 것들에게서 비롯된 추론을 뜻한다는 것을 명확하게 합니다. 따라서는 나는 앞서의 요약된 설명내용을 부연하겠습니다. "두 여인이 있는데, 그들은 한 어머니의 딸인데, 그들은 이집트에서부터 이미 음행을 하였다"는 말씀은 진리와 선의 위조(僞造·왜곡·falsifications)를 뜻하고, 그리고 야곱의 아들들이 단지 자연적인 사람들이었던 것과 같이, 그들은 "이집트 사람들의 우상숭배"에 감염되었는데, 그것은 그들이 그 교회의 모든 진리들을 위화(僞化)하였다는 것을 뜻합니다. "그들의 이름, 언니 오홀라는 사마리아이고, 동생 오홀리바는 예루살렘이다"는 것은 영적인 교회와 천적인 교회를 뜻하는데, 그 교회들은 야곱의 후손이 표징하는데, 사마리아에 있었던 이스라엘 사람들은 영적인 교회를 표징하고, 그리고 예루살렘에 있었던 유대 사람들은 천적인 교회를 표징하는데, 이들 양자는 신령진리를 가리키는 한 어머니에게서 비롯되었습니다.

[68] "오홀라는 나에게 속한 여인이었으면서도 음행을 하였다"는 것은, 성경말씀 안에 있는 신령진리의 위조(=위화)를 뜻하고, "오홀라는, 앗시리아 사람들 가운데서도 빼어난 사람들인 앗시리아의 연인들에게 홀려서 음행을 하였다"는 것은 수많은 추론들에 의한 확증들(confirmations)을 뜻하고, "오홀라는 이집트에서부터 음란한 행실을 버리지 않았는데, 그는 젊은 시절에 이미 이집트의 젊은이들과 잠자리를 같이 하였기 때문이다"는 것은 그들이 여전히 그들의 우상숭배들을 뒤따르고 있다는 것을 뜻합니다. "그래서 내가 그를 그의 연인들(=애인들), 곧 그가 홀린 앗시리아 사람의 손에 넘겨 주었다"는 것은 우

상승배들을 확증하는 추론들을 뜻합니다. "그들이 그의 하체를 드러내고, 그의 아들딸들을 붙잡아 갔으며, 끝내는 그를 칼로 죽였다"는 것은 모든 진리나 선의 박탈을 뜻하고, 결과적으로는 그들에게 있는 교회의 멸절(滅絶)을 뜻하는데, 여기서 "하체를 드러냈다"(=그의 벌거벗은 몸·裸體)는 것을 박탈(剝奪)을 뜻하고, "아들들과 딸들"은 진리들과 선들을 뜻하고, "오홀라"(Oholah)는 교회를 뜻합니다. "그의 동생 오홀리바는 이것을 보고서도, 자기 언니의 음란한 행실보다 더 음랑하여, 자기 언니보다 더 많이 홀리고, 타락하였다"는 것은 예루살렘에 있는 유대민족이 표징하는 천적인 교회의 황폐를 뜻하고, 그래서 "자기 언니보다 더 많이 홀리고 타락하였다"고 언급되었는데, 그 때 그 교회는 성경말씀의 선들을 모독시켰고, 섞음질을 하였고, 그리고 그것으로 인하여 교리에 속한 선들이 그렇게 되었다는 것을 뜻합니다. 왜냐하면 교회의 진리들을 더럽히고, 모독시키는 것에 비하여 교회의 선을 그렇게 하는 것이 더 큰 죄이기 때문입니다.

[69] "오홀리바가 앗시리아의 아들들에게 더 홀딱 빠졌다"(=그는 앗시리아의 사람들에 홀렸다)는 것은, 이런 일이 진리들이나 선들에 거스르는 추론들에 의하여 행해졌다는 것을 뜻합니다. "그녀는 벽에 그려진 남자들, 즉 주홍색으로 그린 갈대아 사람의 형상들을 보았을 때, 그녀가 그녀의 음란을 더했다"(=그는 매춘부 짓을 더해 갔다)는 것은 감관적인 사람에 속한 감관들의 오류들에게서 비롯된 공상들이나 환상들을 뜻하고, 그리고 온갖 위조·위화들의 근원인, 그것에서 비롯된 논쟁들(論爭·arguings)을 뜻합니다. "그들은 모두 우두머리들과 같이 보이고 갈대아가 고향인 바빌로니아 사람들과 같은 모습이었다"는 것

은, 다른 자들에 비하여 뛰어나기 때문에 선택된 그들이 뛰어난 진리들을 가리키는 외모를 뜻합니다. "바빌로니아 사람들이 그에게 와서, 연애하는 침실로 들어가, 음행을 하여 그를 더럽혔다"는 것은 자기사랑에서 비롯된 악에 속한 거짓들과의 결합을 뜻하고, "그는 자기의 젊은 시절, 그가 이집트 땅에서 음란하게 살던 자신의 젊은 시절을 늘 회상하면서 그는 음행을 더 하였다"는 것은 그들의 우상숭배적인 것들의 확증이나, 자연적인 사람에게서 물든 악에 속한 거짓들의 확증을 뜻하고, 그리고 따라서 그들의 위조나 위화의 증대를 뜻합니다. "그녀는, 그들의 성기가 나귀의 것과 같고, 생식기가 말의 것과 같기 때문에, 일부다처제에 홀딱 빠졌다"는 것은 이런 것들에 대한 애욕의 탐욕들을 뜻하는데, 그것은 그들의 임의적인 자아(=고유속성)에서 비롯되었기 때문이고, 그리고 그것으로 말미암아 총명적인 자아(=고유속성)에서 비롯되었기 때문이고, "나귀의 성기"(=나귀의 하체)는 임의적인 자아(the voluntary selfhood)를 뜻하고 "말의 생식기"는, 모든 것들을 왜곡, 타락시키는 그것에서 비롯된 총명적인 자아를 뜻합니다.

[70] "너는 젊은 시절의 음란한 생활을 그리워한다. 너의 처녀 시절의 이집트의 사내들이 너의 유방을 만지고 너의 젖가슴을 어루만지던 것을, 너는 그리워한다"(=너는 이집트에서 사람들이 너의 가슴, 젊은 젖가슴을 어루만지던 때, 네 젊은 시절에 하던 음탕한 행위를 그리워한다)는 것은 가장 어린 나이 때부터 이식된 거짓에 속한 사랑(=애욕)을 뜻하고, 그리고 그것에서 비롯된 향락(享樂·enjoyment)을 뜻합니다. "그러므로 오홀리바야, 나는, 네가 정을 뗀 네 정부들을 충동시켜서, 그들이 사방에서 와서 너를 치게 하겠다. 그들은 바빌로니아 사람과 갈대아의 모든 무리와 그들과 함께 있는 모든 앗시리아 사람들이다"는

것은 자기사랑에서 비롯된 악들에 의한 교회의 파멸(=파괴)을 뜻하고, 그리고 그것에는 교리에 속한 선들이나 진리들에 거스르는 치명적인 혐오가 있는, 자기총명의 자만에서 비롯된 거짓들에 의한 교회의 파멸(=파괴)을 뜻합니다. "그들이 너의 아들과 딸을 붙잡아 간다"는 것은, 그들이 멸망시킬 교회의 진리들과 선들을 뜻하고, "너에게서 남은 것들은 불에 타 죽을 것이다"(=불에 태워 버릴 것이다)는 것은 그것에서 비롯된 남아 있는 것들은 세상적인 사랑들을 통하여 소멸될 것이라는 것을 뜻하고, "그들이 너의 옷을 벗기고, 화려한 장식품들을 빼앗아 갈 것이다"는 것은 교회의 영광을 가리키는, 모든 총명이나 지식(=과학지)의 박탈을 뜻하고, "이렇게 해서, 나는 네가 이집트 땅에서부터 하던 음란한 생활과 행실을 그치게 하겠다"(=내가 너의 음탕한 행위와 이집트 땅에서부터 시작한 너의 매춘부 짓을 그치게 하겠다)는 것은, 따라서 진리들이 더 이상 위화될 수 없다는 것을 뜻하고, "그러면 네가 다시는 그들에게 눈을 들 수도 없고, 이집트를 다시 기억할 수도 없을 것이다"는 것은, 거기에 더 이상 진리의 이해나 진리의 지식(=과학지)이 없는 때를 뜻하고, "너는 잔뜩 취하고 근심에 싸일 것이다"(=너는 술 취함과 비탄에 잠기게 될 것이다)는 것은 영적인 것들 안에 있는 발광(=광기·insanity)을 뜻하고, 그리고 그것들의 혐오나 반감을 뜻하고, "그것은 공포와 멸망의 잔이다"는 것은, 교회에 속한 모든 선들이나 진리들을 전적으로 황폐시키고, 황량하게 만드는 악에 속한 거짓들을 뜻합니다.

[71] 같은 책의 말씀입니다.

> 너는, 이집트 남자들, 곧 하체가 큰 이웃 나라 남자들과 음행을 하였다. 너는 수도 없이, 아주 음란하게 음행을 하였다.…… 그런데도

너는 음욕이 차지 않아서, 앗시리아 남자들과 음행을 하였다. 그들과 음행을 한 다음에도 네 음욕이 차지 않아서, 너는 저 장사하는 나라 바빌로니아(=갈대아) 남자들과 더 많이 음행을 하였다. 그래도 너의 음욕은 차지 않았다(에스겔 16 : 26, 28, 29).

이 장절은, 교리의 측면에서 교회를 뜻하는, 예루살렘의 혐오(嫌惡)에 관해서 언급하고 있습니다. 그리고 여기서 "음행"(whoredom)은 교리의 진리나, 성경말씀의 진리의 위조들(=위화들·fasifications)을 뜻합니다. 그러므로 "너는, 이집트의 남자들, 곧 하체가 큰 이웃 나라 남자들과 음행을 하였다"는 것은, 모든 악들과 거짓들이 그것 안에 있는, 자연적인 사람에 의한 위조들(=위화들)을 뜻합니다. 여기서 "하체"(flesh)는, 자연적인 사람 안에 그것의 자리를 잡고 있는 사람의 고유속성(proprium)을 뜻하고, 그리고 그것은 본질적으로 악이고, 그것에서 비롯된 거짓 이외에 아무것도 아닙니다. "너는 앗시리아 남자들과 음행을 하였다"는 것은 온갖 추론들에 의한 위조(=위화)를 뜻하고, "너는 음욕이 차지 않았다"(=너는 그러고도 만족하지 못한다)는 것은, 끝 없는 진리들의 위조에 대한 탐욕을 뜻합니다. "너는 저 장사하는 나라 바빌로니아(=갈대아) 남자들과 더 많이 음행을 하였다"는 것은, 오직 오류들만 있는, 감관적인 사람에게서 비롯된 위조를 뜻하고, 그리고 그것으로 말미암아 사람이 전적으로 진리들을 배척하고, 부인하는 것을, 그리고 심지어 그것들을 모독하는 것을 뜻합니다. "저 장사하는 나라"(=상인들의 땅)는 온갖 오류들이 조달(調達)되는 곳을 뜻하고, 그리고 감관적인 것은 온갖 악들의 기초이고, 그것에서 비롯된 모든 거짓들의 터전을 가리킵니다. 더욱이 사람은 처음에는 감관적인 존재로 태어나고, 그 뒤에 그는 자연적인 것이 되고, 그리고 그 때 합리적인 것이 되고, 종국에는 영적인 것이 되는데, 그러는 중에 교회에 속한 진리들을 위화하는 자는 다시 자연적인 것이 되고, 종국에는 감관적인 것이 됩니다. "너는 음욕이 차지 않았다"(=그런데도 너는 만족하지 못하였다)는 것은, 교회에 속한 진리들을 파괴, 멸망시키려는 끝없는 탐욕이나 욕망을 뜻합니다.

654[M]. [72] 요엘서의 말씀입니다.

> 이집트는 황무지가 되고,
> 에돔은 황량한 사막으로 바뀐다.
> 그들이 유다 땅에 들어와서
> 백성을 폭행하고,
> 죄 없는 사람을 죽였기 때문이다.
> (요엘 3:19)

역서 "이집트는 황무지가 된다"는 것은 자연적인 사람은 온갖 진리들 밖에 있을 것이라는 것, 따라서 그는 오직 거짓들 안에 있을 것이라는 것을 뜻합니다. "에돔은 황량한 사막으로 바뀐다"는 것은 그 자연적인 사람은 온갖 선들 밖에 있을 것이고, 그리고 그것으로 인하여 그가 철저한 악들 안에 있을 것이라는 것을 뜻합니다. "그들이 유다 백성을 폭행 하고, 죄 없는 사람을 죽였기 때문이다"(=그들이 유다 백성에게 폭력을 행하고, 그 땅에서 무고한 피를 흘렸기 때문이다)는 것은 그들이 성경말씀의 진리들이나 선에 대하여 폭행을 저질렀다는 것을 뜻하고, 그들은 그것들을 왜곡시켰다는 것을 뜻합니다.

[73] 이스라엘 자손들과 이집트 사람들 사이에 있는 온갖 전쟁들 안에는 이와 같은 동일한 것들을 내포하고 있습니다. 그리고 또한 이스라엘 자손들과 앗시리아 사람들 사이에 있는

온갖 전쟁들 안에도 역시 같은 것들을 담고 있고, 그리고 앗시리아 사람들과 이집트 사람들 사이에 있는 전쟁들에도 동일한 것들을 내포하고 있습니다. 예를 들면 열왕기 하 23장 29절부터 마지막 절까지, 그리고 같은 책 24장이나 이사야 10장 3-5절 등입니다. 역시 열왕기 상서의 말씀입니다.

> 르호보암이 즉위한 지 오 년째 되는 해에, 이집트의 시삭 왕이 예루살렘을 치러 올라와서, 주의 성전에 있는 보물과 왕궁의 보물을 다 털어 갔다.…… 솔로몬이 만든 금방패들도 가져 갔다(열왕기 상 14 : 25, 26).

왜냐하면 성경말씀의 예언서 부분이 그러한 것과 꼭 같이, 성경말씀의 역사서 부분에도 영적인 뜻이 있기 때문입니다. 성경말씀의 역사적인 모든 사건들은 천계나 교회에 속한 영적인 것들이나 천적인 것들의 표징이기 때문에, 그리고 거기에 있는 말씀들은 표의(表意・signification)입니다. 따라서 "이집트의 왕이 주의 성전 안에 있는 보물과 왕궁의 보물을 다 털어 갔다"는 것이나, 그밖에 사건은, 자연적인 사람 안에서 잘못 적용된 지식들을 통한 선과 진리의 선험지들(先驗知・cognitions)에 대한 교회의 황폐를 표징합니다.

[74] 자연적인 사람이 영적인 사람에게 예속되어 있을 때 그것의 성품이 무엇인지는, 그리고 그것이 영적인 사람에게서 분리되었을 때 역시 그것의 성품이 무엇인지는 속뜻으로 출애굽기서에 충분하게 기술되었습니다. 자연적인 사람이 영적인 사람에게 예속되었을 때 자연적인 사람의 성품은, 따라서 그것과 결합되었을 때 자연적인 사람의 성품은 요셉의 이야기에, 그리고 거기에서 요셉에 의하여 불리워진 이스라엘 자손들의 역사

에, 그리고 이집트의 땅들 중에서 가장 좋은 땅인 고센 땅에서의 그들의 거주(居住 · 삶)에 기술되었습니다. 요셉의 이야기는 자연적인 사람을 다스리는 주님의 통치를 기술합니다. 왜냐하면 "요셉"은 영적인 뜻으로 주님을 뜻하기 때문이고, "이집트"는 자연적인 사람을 뜻하고, 그리고 "이스라엘의 자손들"은 영적인 사람을 뜻하기 때문입니다. 그러나 그 뒤 자연적인 사람이 영적인 사람에게서 분리되었을 때 자연적인 사람의 성품은 이스라엘 자손들을 비참하게 종살이 하는 것으로 만든 바로의 통치에 의하여 기술되었습니다. 그리고 교회에 속한 모든 진리들이나 선들에 관해 계속해서 이어진 황폐는 이집트에서 행해진 기적(奇蹟 · miracles)들에 의하여 기술되었는데 그것은 너무나도 많은 역병들이나 재앙들을 가리킵니다. 그리고 그것의 최종적인 멸망은 바로와 그의 군대의 홍해 바다에 빠지는 것(水沒)에 의하여 기술되었습니다.

[75] 영적인 사람에게서 분리된 자연적인 사람의 황폐가 영적인 뜻으로 그것에 의하여 기술된 많은 기적들은 이런 것들이 가리킵니다. 출애굽기서의 말씀입니다.

> 아론의 지팡이가 뱀으로 변하였다는 것 ; 강물이 피로 변하였다는 것 ; 그래서 물고기들이 죽었다는 것 ; 그리고 강물에서 악취가 났다는 것(출애굽기 7장).
> 강과 운하가 이집트 땅을 덮었다는 것 ; 땅의 먼지가 이로 변하였다는 것 ; 파리가 무수히 바로의 궁궐과 그 신하의 집과 이집트 온 땅에 날아 들었고, 그 땅이 파리 때문에 폐허가 되었다는 것(출애굽기 8장).
> 사람과 짐승에게 악성 종기를 일으켰다는 것 ; 우박이 번개불과 함께 이집트 땅에 쏟아졌다는 것(출애굽기 9장).
> 이집트 영토 안에 메뚜기 떼가 들어와, 땅의 표면을 덮고, 들에서

11장 7-19절

자라는 풀이나 나무의 열매들을 먹어 치웠다는 것 ; 그리고 짙은 어둠이 이집트의 땅을 덮었다는 것(출애굽기 10장).
이집트 땅에서 처음 난 것이 모두 죽었다는 것(출애굽기 11장).
마지막으로 이스라엘 자손들은 이집트 사람에게서 은붙이와 금붙이와 의복을 빼앗아 가지고 떠나갔는데, 그것들은 선과 진리의 지식을 뜻한다는 것(출애굽 12 : 35, 36).
이집트 사람은, 지옥을 뜻하는 홍해 바다에 수몰되었다는 것(출애굽 14 : 28).

이상의 모든 내용들은 자연적인 사람이 어떻게 멸망하고, 폐허가 되는지를 기술하고 있는데, 그와 같은 일은 그 사람 자신이 자기 자신에게서부터 교회의 모든 진리들이나 선들을 떨쳐버릴 때 일어나고, 그리고 교회에 속한 진리나 선이 더 이상 거기에 남아 있지 않을 때까지 온갖 거짓들이나 악들로 물들 때 일어납니다. 그러나 영적인 뜻에 관한 이런 것들은, 출애굽기서가 밝혀지는《천계비의》에서 마지막으로 설명되겠습니다. 이상에서 그것이 뜻하는 것이 무엇인지 밝히 알 수 있겠습니다. 신명기서의 말씀입니다.

주께서 모든 질병을 너희에게서 멀리 떠나게 하시며, 이미 이집트에서 너희가 알고 있는 어떤 나쁜 질병에도 걸리지 않게 하여 주실 것이다. 그러나 너희를 미워하는 사람은 모두 그러한 질병에 걸리게 하실 것이다(신명기 7 : 15 ; 28 : 60).

이집트의 강에 빠져 죽는다는 것의 뜻입니다. 아모스서의 말씀입니다.

그들이 이렇게 죄를 지었는데,……
어찌 땅 위에 사는 자들이……

> 이집트의 강물처럼 불어나다가,
> 가라앉지 않겠느냐?
> (아모스 8 : 8 ; 9 : 5)

이집트가 이렇게 불리운 이유입니다.

> 종살이하던 집(=종살이 하던 땅)(미가 6 : 4).
> 야곱은 함의 땅에서 나그네로 살았다(시편 105 : 23).
> 용광로와 같은 이집트에서 너희를 건져내셨다(신명기 4 : 20 ; 열왕기 상 8 : 51).

이 장절들은 이집트와 관계를 가지고 있는데, 이것에서 밝히 드러나는 것은 "이집트"가 좋은 뜻이든 나쁜 뜻이든, 자연적인 사람을 뜻한다는 것입니다.

655[A]. 곧 그들의 주님이 십자가에 달리신 곳입니다(=우리 주께서 십자가에 처형되신 곳이다).

이 말씀이 뜻하는 것, 다시 말하면 지옥적인 사랑(=애욕)에서 솟아오르는 악들이나 그것에서 비롯된 거짓들에 의하여 주님께서는 배척되고 비난받는다는 것입니다. 이러한 내용은 이런 사실에서 명확한데, 악들 자체나 지옥적인 사랑(=애욕)에서 솟아나는 악들의 거짓들은 주님을 배척하는 것이고, 주님을 비난하는 것들이라는 것입니다. 이런 악들이나, 그것에서 비롯된 거짓들은 "소돔과 이집트"가 뜻하는데, 그러므로 "영적으로"(=영적인 의미에서)라는 말로, 도시 예루살렘에 관해서 언급되었습니다. 왜냐하면 "영적으로 소돔과 이집트라고 불리운다"는 것은 악 자체를 뜻하기 때문이고, 그리고 그것에서 비롯된 거짓을 뜻하기 때문입니다.

[2] 지옥은, 천계에 있는 두 왕국에 대치(代置)하여, 두 왕국으

로 나뉘어 있습니다. 천적인 왕국에 대치하는 그 왕국은 바로 뒤쪽에 있는, 그 왕국에 있는 자들은 마귀(genii)라고 불리우고, 이 왕국은 성경말씀에서 "악마"(devil)가 뜻하는 것입니다. 그러나 영적 왕국에 대치하는 왕국은 앞쪽에 있습니다. 그 왕국에 있는 자들은 악령들(evil spirits)이라고 불리우고, 이 왕국은 성경말씀에서 "사탄"(Satan)이 뜻하는 것입니다. 이들 지옥들, 즉 이들 두 왕국으로 나뉜 지옥은 바로 "소돔과 이집트"가 뜻합니다. 악들이나, 그것에서 비롯된 거짓들이라 언급되든, 또는 이들 지옥들이라고 하든, 모든 악들이나 그런 것에서 비롯된 모든 거짓들은 이런 것들(=이들 왕국)에서 올라오기 때문입니다.

[3] 예루살렘에 있었던 유대 사람들이 주님을 십자가에 처형하였다는 것은, 주님께서 그들이 애지중지하는 악들이나, 그것에서 비롯된 거짓들에 의하여 십자가에 달려 돌아가셨다는 것을 뜻합니다. 왜냐하면 주님의 고통(=고난 · passion)에 관해서 성경말씀에 기록된 모든 것들은 그 민족에게 있었던 교회의 타락된 상태를 표징하기 때문입니다. 왜냐하면 비록 그들이 성경말씀을 거룩하게 생각하지만, 그럼에도 불구하고 그들의 전통(傳統)이나 관습에 의하여 그들은 자신들에게 남아 있는 신령선이나 신령진리가 더 이상 존재하지 않을 때까지, 성경말씀 안에 있는 모든 것들을 그들이 왜곡, 악용하였기 때문입니다. 그리고 성경말씀 안에 있는 신령선이나 신령진리가 더 이상 남아 있지 않을 때, 지옥적인 사랑(=대욕)에서 비롯된 온갖 악들이나 거짓들이 그들의 자리를 계속해서 차지하였고, 그리고 이런 것들이 주님을 십자가에 못 박은 것이기 때문입니다. 이런 부류의 것들이 주님의 고난을 뜻한다는 것은 본서 83 ·

195[C]・627[C]항을 참조하십시오. 주님께서 "살해되었다"고 언급된 것은 그분께서 배척되고, 부인되었다는 것을 뜻한다는 것은 본서 122・433[E]・619[A]항을 참조하시고, 그리고 《새 예루살렘의 교리》248항을 참조하십시오.
[4] 우리의 본문에 "우리 주님께서 십자가에 처형되신 곳이다"고 언급되었기 때문에 "십자가의 처형" 즉 나무에 매다는 것이 유대 민족에게서 뜻하는 것이 무엇인지 설명되어야 하겠습니다. 그들은 으뜸 되는 형벌 두 종류를 가지고 있는데, 하나는 십자가에 매달아 죽이는 것이고, 다른 하나는 돌로 쳐죽이는 것(stoning)입니다. 십자가에 매달아 죽이는 것(=나무에 매달아 죽이는 것・crucifixion)은 교회 안에 있는 선의 파괴 때문에 생긴 유죄판결(condemnation)이나 저주(curse)를 뜻하고, 그리고 "돌로 쳐죽이는 것"은 교회 안에 있는 진리의 파괴 때문에 생긴 유죄판결이나 저주를 뜻합니다. "십자가의 처형"이 교회의 선의 파괴 때문에 생긴 유죄판결이나 저주를 뜻하는데, 그 이유는 그들이 그것에 매단 "나무"(wood)가 선을 뜻하고, 반대의 뜻으로는 악을 뜻하기 때문인데, 이들 양자는 모두 의지에 속한 것입니다. 교회의 진리의 파괴 때문에 생긴 유죄판결이나 저주를 뜻하는 "돌로 쳐죽이는 것"은 그들이 그것들로 죽이는 그 "돌"(stone)은 진리를 뜻하고, 나쁜 뜻으로는 거짓을 뜻하기 때문인데, 이들 양자는 모두 이해에 속한 것입니다. 왜냐하면 이스라엘 민족이나 유대 민족에게서 제정된 모든 것들은 표징적이고, 그리고 그것에서 비롯된 표의적이기 때문입니다. "나무"가 선을 뜻하고, 나쁜 뜻으로 악을 뜻한다는 것, 그리고 "돌"이 진리를 뜻하고, 나쁜 뜻으로 거짓을 뜻한다는 것은 《천계비의》643・3720・8354항을 참조하십시오. 그러나

지금까지 유대 민족이나 이스라엘 민족이 가지고 있는 십자가의 처형이나 돌로 쳐죽이는 처형의 이유를 알지 못하였기 때문에, 그리고 그것의 이유나 뜻을 안다는 것은 매우 중요하기 때문에, 나는 이들 두 형벌들이 표징적이라는 것을 입증하기 위하여 성경말씀에서 약간의 확증들을 인용하고자 합니다.
[5] "나무에 매달아 죽인다"는 것, 즉 "십자가의 처형"이 교회 안에 있는 선의 파괴 때문에 주어진 형벌이라는 것, 그리고 이와 같이 그것은 유죄판결이나 저주가 그것에서부터 야기된, 지옥적인 사랑(=애욕)의 악을 표징한다는 것 등등은 아래의 장절들에게서 명확하게 볼 수 있겠습니다. 신명기서의 말씀입니다.

> "어떤 사람에게, 아버지의 말이나 어머니의 말을 전혀 듣지 않고, 반항만 하며, 고집이 세어서 아무리 타일러도 듣지 않는 아들이 있거든,…… 그 성읍의 모든 사람이 그를 돌로 쳐서 죽일 것이다."…… "죽을 죄를 지어서 처형된 사람의 주검은 나무에 매달아 두어야 한다. 그러나 너희는 그 주검을 나무에 매달아 둔 채로 밤을 지내지 말고, 그 날로 묻어라. 나무에 달린 사람은 하나님께 저주를 받은 사람이기 때문이다. 너희는 주 너희의 하나님이 너희에게 유산으로 준 땅을 더럽혀서는 안 된다"(신명기 21 : 18, 20-23).

"아버지의 말이나 어머니의 말을 전혀 듣지 않는다"(=순종하지 않는다)는 것은 영적인 뜻으로 교회의 계율들이나 진리들에 정반대로 사는 것을 뜻하고, 그러므로 그것에 대한 형벌은 돌로 쳐죽이는 것이었습니다. "그에게 돌을 던진 성읍의 사람들"은 교회의 교리 안에 있는 자들을 뜻하고, 여기서 "성읍"(city)은 교리를 뜻합니다. "만일 어떤 사람이 죽을 죄를 범하고, 그가 죽임을 당하여 너희가 그를 나무에다 매달았다"는 말씀은, 만약에 어느 누구가 성경말씀에 속한 선이나, 교회에 속한 선에 거슬러 악을 행하였다면, 이것은 그가 나무에 매달려 죽어야 하는 중한 범죄이기 때문입니다. 왜냐하면 성경말씀에서 "나무"(wood)는 선을 뜻하고, 나쁜 뜻으로는 악을 뜻하기 때문입니다. "그의 시체를 밤새도록 나무에 두지 말고, 어떻게 해서라도 그 날에 장사하여라"는 것은 영원한 저주의 표징이 있으면 안 되기 때문입니다. "너희는 너희에게 유산으로 준 땅을 더럽혀서는 안 된다"는 것은 이것이 교회에 대한 범죄의 원인이 될 것이기 때문이라는 것을 뜻합니다.

[6] 애가서의 말씀입니다.

> 굶기를 밥먹듯 하다가,
> 살갗이 아궁이처럼 까맣게 탔습니다.
> 시온에서는 여인들이 짓밟히고,
> 유다 성읍들에서는 처녀들이 짓밟힙니다.
> 지도자들은 매달려서 죽고,
> 장로들은 천대를 받습니다.
> 젊은이들은 맷돌을 돌리며,
> 아이들은 나뭇짐을 지고 비틀거립니다.
> (=우리의 피부는 무서운 가뭄으로 인하여 화덕처럼 새까맣고, 그들이 시온에서 여인들을, 유다의 성읍들에서 처녀들을 욕보였나이다. 고관들의 손이 매어 달렸고, 장로들의 얼굴이 존경을 받지 못하였다. 그들이 젊은이들에게는 맷돌을 지우고, 아이들은 나무 아래에서 쓰러졌다)(애가 5 : 10-13).

여기서 "시온"은 천적인 교회를 뜻하는데, 그 교회는 주님사랑에 속한 선 안에 있고, 그 교회는 유다 민족이 표징합니다. "유다 성읍들의 처녀들"은 사랑의 선에게서 비롯된 진리의 정동들을 뜻하고, "손이 매달린 지도자들"(=고관들)은 선에게서 비롯된 진리들이 악에서 비롯된 거짓들에 의하여 파괴되었다는 것을 뜻합니다. "존경을 받지 못하는 장로들의 얼굴들"은 지혜에 속한 선들을 뜻하고, "맷돌을 돌리는 젊은이들"은 선에서 비롯된 진리들을 뜻하고, "맷돌질한다"(=맷돌을 돌린다)는 것은 거짓들을 터득하는 것을 뜻하고, 그리고 성경말씀으로부터 그것들을 확증하는 것을 뜻합니다. "나뭇짐을 지고 비틀거리는 아이들"(=나무 아래에 쓰러져 있는 아이들)은 악들을 통해서 멸망하는 새로 태어난 선들을 뜻합니다.

[7] "빵"이 뜻하는 것과 같이, "빵굽는 자"(baker)는 사랑에 속한 선을 뜻하고, "포도주"가 뜻하는 것과 같이, "술 관리자"(butler)는 교리에 속한 진리를 뜻합니다. 그러므로 이런 말씀이 있습니다. 창세기서의 말씀입니다.

> 빵을 구워 바치는 시종장은 매달려서 처형되니, 요셉이 그들에게 해몽하여 준 대로 되었다(창세기 40 : 19-22 ; 41 : 13).

이 장절은 《천계비의》 5139-5169항에 설명되었습니다. "모압"(Moab)이 교회에 속한 선들을 섞음질하는 자들을 뜻하기 때문에, 그리고 "바알브올"(Baal-peor)이 선의 섞음질을 뜻하기 때문에, 이런 일이 생겨났습니다. 민수기서의 말씀입니다.

> 백성들이 모압 사람의 딸들과 음행을 하기 시작하였다. 모압 사람의 딸들이 자기 신들에게 바치는 제사에 이스라엘 백성을 초대하였고, 이스라엘 백성은 거기에서 먹고, 그 신들에게 머리를 숙였다. 그래서 이스라엘은 바알브올과 결합하였다.…… "너는 백성의 우두머리들을 모두 잡아다가, 해가 환히 비치는 대낮에, 주 앞에서 그것들의 목을 매달아라"(민수기 25 : 1-4).

"모압 사람의 딸들과 음행을 하였다"는 것은 교회에 속한 선들을 섞음질하는 것을 뜻하고, "해가 환히 비치는 대낮에 그들의 목을 매단다"(=태양을 향하여 그들을 목매어 달아라)는 것은 교회에 속한 선의 파괴 때문에 생긴 유죄판결이나 저주를 뜻합니다.

[8] "아이"(Ai)가 선의 지식들을 뜻하고, 나쁜 뜻으로는 악의 확증을 뜻하기 때문에 이런 말씀이 있습니다. 여호수아서의 말씀입니다.

> 여호수아는 아이 성을 불질러서 황폐한 흙더미로 만들었는데,…… 여호수아는 아이 성의 왕을 저녁때까지 나무에 매달아 두었다가,…… 나무에서 그의 주검을 끌어내려 성문 어귀에 내버리게 하였다(여호수아 8 : 28, 29).

그리고 "아모리의 다섯 왕들"은 교회에 속한 선들이나 진리들을 파괴하는 온갖 악들이나, 그것에서 비롯된 거짓들을 뜻하기 때문에, 이런 말씀이 있습니다. 그 책의 말씀입니다.

> 여호수아는 그들을 쳐죽여서 나무 다섯 그루에 매달아서, 저녁때까지 나무 위에 그대로 달아 두었다.…… 그 뒤에 막게다의 굴에 던져 버렸다(여호수아 10 : 26, 27).

여기서 "막게다의 굴"(the cave of Makkedah)은 악에서 비롯된 극단적이고 치명적인 거짓을 뜻합니다.

655[B]. [9] 다시, "나무에 매단다"는 것이나 "십자가에 처형한다"는 것이 교회의 선을 파괴하는 악의 형벌을 뜻한다는 것입니다. 마태복음서의 말씀입니다.

> (예수께서 말씀하셨다.) 내가 예언자들과 지혜 있는 자들과 율법학자들을 너희에게 보낸다. 너희는 그 가운데서 더러는 죽이고, 더러는 십

자가에 못박고, 더러는 회당에서 채찍질하고, 이 동네 저 동네로 뒤쫓으며 박해할 것이다(마태 23 : 34).

주님께서 말씀하신 모든 것들은 그분께서 신령진리로 말미암아 말씀하신 것이지만, 그러나 그분께서 그것으로 말미암아 말씀하신 신령한 것들은 자연적인 생각의 개념에 물들고, 그리고 결과적으로는 대응들에 일치하는 표현들에 빠지게 되는데, 여기서나 그리고 복음서들의 다른 곳에서도 마찬가지입니다. 그리고 모든 낱말들이 영적인 뜻을 가지고 있기 때문에, 그러므로 그 뜻에서 예언자들·지혜 있는 자들·율법학자들은 여기서는 그들을 뜻하지 않고, 오히려 그들 대신에 교리에 속한 진리나 선을, 그리고 성경말씀의 진리나 선을 뜻합니다. 왜냐하면 영적인 생각이나 그것에서 비롯된 언어는, 천사들과 같이, 사람의 개념(the idea of person) 밖에 있기 때문입니다. 그러므로 "예언자"는 교리에 속한 진리를 뜻하고, "지혜 있는 자들"은 교리에 속한 선을 뜻하고, "율법학자들"은 교리가 비롯된 근원인 성경말씀을 뜻합니다. 이런 사실에서 뒤이어지는 것은 "죽인다"(to kill)는 것은, 예언자가 뜻하는, 교회의 교리에 속한 진리와 관계를 가지고 있고, "십자가에 못박는다"(to crucify)는 것은 "지혜 있는 자들"이 뜻하는, 교리에 속한 선과 관계를 가지고 있고, "채찍질한다"(to scourge·천벌)는 것은 악용, 곡해하는 것을 뜻한다는 것 등등입니다. 그들이 교리의 한 거짓에서 다른 거짓으로 이리저리 헤맬 것이라는 것은 "이 동네 저 동네로 그들을 뒤쫓으며 박해할 것이다"는 말씀이 뜻하는데, 여기서 "동네"(=성읍·city)는 교리를 뜻합니다. 이런 내용이 이들 낱말들의 영적인 뜻입니다.
[10] 같은 책의 말씀입니다.

(예수께서 제자들에게 말씀하셨다.) "보아라, 우리는 예루살렘으로 올라가고 있다. 인자(=사람의 아들)가 대제사장들과 서기관들(=율법학자들)의 손에 넘어갈 것이다. 그들은 인자에게 사형을 선고할 것이며, 그를 이방 사람들에게 넘겨 주어서, 조롱하고, 채찍질하고, 십자가에 달아서 죽게 할 것이다. 그러나 그는 사흘째 되는 날에 살아날 것이다"(마태 20 : 18, 19 ; 마가 10 : 32-34).

이들 낱말들의 영적인 뜻은 교리의 진짜 거짓들이나 삶에 속한 악이 지배하는, 교회 안에 있는 신령진리가 모독될 것이고, 그것의 진리가 왜곡될 것이고, 그것의 선이 파괴될 것이라는 것 등등을 뜻합니다. 여기서 "인자"(人子 · the Son of man)는, 성언을 가리키는, 신령진리를 뜻하고, "예루살렘"은 진짜 거짓들이나 악들이 지배하는 곳인, 교회를 뜻하고, "대제사장들이나 율법학자들"은, 지옥적인 사랑(=애욕)에서 비롯된 선의 섞음질들이나, 진리의 위조들(=위화들)을 뜻하고, "인자에게 사형을 선고하고, 그를 이방 사람들에게 넘겨 준다"는 것은 신령진리나 신령선을 지옥에 할당(割當)하고, 그리고 그것들을 지옥에게서 비롯된 악들이나 거짓들에게 넘겨 주는 것을 뜻하고, "이방 사람들"은 지옥에서 비롯된 악들을 뜻하고, 교회의 선들을 파괴하는 악들을 뜻합니다. "조롱하고, 채찍질하고, 십자가에 달아서 죽인다"는 것은 진리를 모독하고, 위화하고, 왜곡하는 것을 뜻하고, 그리고 앞에 언급한 것과 같이, 교회에 속한 선이나 성언에 속한 선을 섞음질하고, 파괴하는 것을 뜻합니다. "그는 사흘째 되는 날에 살아날 것이다"는 말씀은 주님의 인성(the Lord's Human)의 완전한 영광화를 뜻합니다.

[11] 이상에서 볼 때 영적인 뜻으로 주님의 십자가의 처형이 뜻하는 것이 무엇인지, 그리고 그 때 그것과의 관계에서 다종

다양한 조롱의 행위들이 뜻하는 것이 무엇인지, 예를 들면 "그들이 주님의 머리에 가시관을 씌웠다"는 것, "그들이 갈대로 주님을 때렸다"는 것, 그리고 복음서에 언급된 그밖의 많은 것들이 뜻하는 것이 무엇인지 잘 알게 합니다. 이런 것은 유대 민족이 주님을 가리키는, 신령진리 자체나 신령선 자체를 이런 가증스러운 식으로 다루었다는 것을 뜻합니다. 왜냐하면 주님께서는 주님 자신에게서 표징되는 그 교회의 가증스러운 상태를 참고 견디셨기 때문입니다. 이런 사실은 이런 말씀이 뜻합니다. 이사야서의 말씀입니다.

> 그는 다른 사람들이 받아야 할 형벌을 자기가 짊어질 것이다(이사야 53 : 11).

왜냐하면 예언자가 스스로 교회의 가증스러운 것들의 표징을 떠맞는다는 것은 일반적인 일이기 때문입니다. 따라서 예언자 이사야는 선과 진리의 극도의 빈곤한 교회를 드러내기 위하여 삼 년 동안 벗은 몸과 맨발로 다닐 것을 명령받았고(이사야 20 : 3, 4), 예언자 에스겔은 그 교회의 진리와 선이 이와 같이 거짓들에 의하여 공격을 받고 악들에 의하여 오염될 것을 드러내기 위하여, 흙벽돌(=기와)을 가져다가 자기 앞에 놓고, 한 성읍 곧 예루살렘을 그 위에 새기고(=그리고), 그 다음에 그 성읍에 포위망을 치고, 쇠똥으로 구운 보리빵을 먹을 것이 명령되었습니다(에스겔 4 : 1-13). 그리고 예언자 호세아는, 그 당시 교회의 성품이 무엇인지를 드러내기 위하여 그가 음란한 여인과 결혼하여, 음란한 자식들을 낳을 것이 명령되었고(호세아 1 : 1-11), 이밖에도 이와 비슷한 것들이 여럿 있습니다. 이런 일이 "이스라엘 집의 죄악들을 담당한다는 것"이고, 그 교회가 에스겔서에는 명료하게 선언되었습니다(에스겔 4 : 5, 6). 이렇게 볼 때 밝히 알 수 있는 것은, 주님의 고난에 관해서 기록된 모든 것들은 그 당시 유대 민족에게 있었던 교회의 상태의 표징이라는 것입니다.

[12] 이와 같이 "나무에 매다는 것, 즉 십자가의 처형"의 형벌에 관한 것은 매우 많이 있습니다. 이것은 그 밖의 다른 형벌, 즉 "돌로 쳐죽이는 것"(stoning)이 교회의 진리의 파괴 때문에 생긴 유죄판결이나 저주를 뜻한다는 것을 성경말씀에서 확증하는 자리는 아니므로, 오히려 "돌로 쳐죽이는 것"(stoning)이 언급, 등장하는 장절들에게서 그 내용은 밝히 설명하겠습니다. 예를 들면 출애굽 21 : 28-33 ; 레위기 24 : 10-17, 23 ; 민수기 15 : 32-37 ; 신명기 13 : 10 ; 17 : 5-7 ; 22 : 20, 21, 24 ; 에스겔 16 : 39-41 ; 23 : 45-47 ; 마태 23 : 37 ; 누가 13 : 34 ; 20 : 6 ; 요한 8 : 7 ; 10 : 31, 32 ; 그 밖의 여러 곳이 되겠습니다.

656. **9, 10절.** **여러 백성과 종족과 언어와 민족에 속한 사람들이 사흘 반 동안 그 두 예언자의 시체를 볼 것이며, 그 시체가 무덤에 안장되는 것을 허락하지 않을 것입니다. 그리고 땅 위에 사는 사람들이 그 시체를 놓고 기뻐하고 즐거워하고, 서로 선물을 보낼 것입니다. 그것은 이 두 예언자가 땅 위에 사는 사람들을 괴롭혔기 때문입니다.**

[9절] :
"여러 백성과 종족과 언어와 민족에 속한 사람들이 볼 것이다"는 말씀은, 종교·교리·삶에 속한 거짓들이나 악들 안에 있는 자들 모두를 뜻합니다(본서 657항 참조). "사흘 반 동안 그들의 시체들을 볼 것이다"는 말씀은 신령진리나 신령선의

완전한 전멸(全滅)을 뜻합니다(본서 658항 참조). "그 시체가 무덤에 안장되는 것을 허락하지 않을 것이다"는 말씀은 배척(rejection)과 그런 것의 천벌(天罰)이나 저주(詛呪)를 뜻합니다(본서 659항 참조).
[10절] :
"땅 위에 사는 사람들이 그 시체를 놓고 기뻐하고 즐거워한다"는 것은 교회에 속한 선들이나 진리들에 정반대되는 자들에게 있는 지옥적인 사랑(=애욕)의 쾌락이나 기쁨 따위를 뜻합니다(본서 660항 참조). "서로 선물을 보낼 것이다"는 말씀은 그들의 제휴(提携)를 뜻합니다(본서 661항 참조). "그것은 이 두 예언자가 땅 위에 사는 사람들을 괴롭혔기 때문이다"는 말씀은 이런 것들 때문에 폐허가 된 교회에 있는 마음의 불안이나 걱정을 뜻합니다(본서 662항 참조).

657. 9절. 여러 백성과 종족과 언어와 민족에 속한 사람들이 볼 것이다.
이 말씀은 종교·교리·삶에 속한 거짓들이나 악들 안에 있는 자들 모두를 뜻합니다. 이러한 내용은, 알고, 지각하고, 이해하는 것을 가리키는 "본다"(to see)는 낱말의 뜻에서 명확하고, 그리고 교리나 종교에 속한 거짓들 안에 있는 자들을 가리키는 "백성들"(peoples)의 뜻에서 명확한데, 성경말씀에서 "백성들"은, 그들이 교회에 속한 자들이든, 교회 밖의 어떤 종교에 속한 것이든, 관계없이, 진리들이나, 또는 거짓들 안에 있는 자들 모두를 뜻하는(본서 175[A]·331·625항 참조), "백성들과 종족들"의 뜻에서 명확합니다. 그리고 성경말씀에서 "종족들"(tribes)은 교리의 진리들이나, 또는 교리의 거짓들 안에 있는 자들 모두를 뜻합니다. 왜냐하면 "종족"은 교리의 진리들이나, 그것의 거짓들을 뜻하기 때문입니다(본서 330·430·431·

454항 참조). 이상에서 볼 때 "백성과 종족"이 종교의 진리들이나 거짓들 안에, 그리고 교리의 진리들이나 거짓들 안에 있는 자들을, 지금 여기서는, "그들이 사흘 반 동안 그 두 예언자의 시체를 볼 것이며, 그 시체가 무덤에 안장되는 것을 허락하지 않을 것이다"는 말씀이 언급되었기 때문에, 거짓들 안에 있는 자들을 뜻합니다. 이러한 내용은, 교리나 삶에 속한 악들 안에 있는 자들을 가리키는 "언어와 민족"의 뜻에서 명확한데, 왜냐하면 "언어"(tongues)는 교리에 속한 선들이나 또는 악들을 뜻하기 때문이고, 그리고 그것에서 비롯된 종교에 속한 선들이나 또는 악들을 뜻하기 때문입니다(본서 330 · 455 · 625항 참조). 그리고 "민족"(nations)은 삶에 속한 선들이나, 또는 악들을 뜻합니다(본서 175 · 331 · 625항 참조). 이상에서 볼 때 밝히 알 수 있는 것은, "언어와 민족"(tongues and nations)은 교리나 삶에 속한 선들이나 악들 안에 있는 모두를 뜻한다는 것, 그러나 여기서는 악들 안에 있는 자들을 뜻한다는 것입니다. 그것은 그들에 관해서 "그들이 그 큰 도시의 넓은 거리에서 증인들의 시체를 볼 것이고, 그 시체가 무덤에 안장되는 것이 허락되지 않을 것이다"고 언급되었기 때문입니다.

658. 사람들이 사흘 반 동안 그 두 예언자의 시체를 볼 것이다.
이 말씀은 신령진리와 신령선의 완전한 소멸(the complete extinction of Divine truth and of Divine good)을 뜻합니다. 이러한 내용은, 그들 자신들에게 있는 모든 신령진리와 신령선을 소멸시킨 자들을 가리키는 "시체들"(bodies), 다시 말하면 증인들의 시체의 뜻에서 명확합니다. 왜냐하면 그들이 살해한 "두 증인들"은 사랑의 선들이나 인애의 선들을 뜻하고, 그리고 교리의 진리들이나, 믿음의 진리들을 뜻하기 때문입니다(본서 228·635항 참조). 결과적으로 "살해되었을 때 그들의 시체들"은 이런 것들이 소멸되었다는 것을 뜻합니다. 그러나 사랑에 속한 선들이나 인애에 속한 선들, 그리고 교리에 속한 진리나 믿음에 속한 진리는 교리의 거짓들이나 삶의 악들 안에 있는 자들에게서는 소멸할 수 있기 때문에 이런 것들이 뜻하고 있는데, 그것은 다른 자들은 사랑에 속한 선들이나, 교리에 속한 진리들이 소멸된다는 것을 보지 못하기 때문입니다. 왜냐하면 모든 사람은, 자기 자신의 상태에 따라서, 그리고 그가 보는 것으로부터, 주님에 속한 것들을 보고, 따라서 천계나 교회에 속한 것들을 보기 때문입니다. 결과적으로 사람은 그것이 가리키는 것에 일치하는 것 이상의 다른 것은 결코 보지 못합니다. 따라서 주님을 부인하고, 천계에나, 교회 안에 있는 주님의 신성을 부인하는 사람은 그것들을 보지 못하는데, 그 이유는 그가 부정적인 것에서 어떤 것을 보기 때문입니다. 그러므로 살아 있는 증인들을 보지 못하고, 다만 시체들과 같은 그들의 몸통들만 봅니다. 다시 말하면 진리들도 아니고, 선들도 아닌, 사랑의 선들이나 교리의 진리들은 결과적으로 소멸된 것입니다. 이와 같은 위의 내용은 완전한 것을 뜻하는, 여기서는 완전한 소멸을 뜻하는 "사흘 반 동안"이라는 낱말의 뜻에서 명확합니다.

[2] "삼과 반"(three and half)이 완전(completeness)을 뜻하는데, 그것은 "삼"(three)이 전 기간, 또는 시작부터 끝까지의 기간을 뜻하기 때문이고, 결과적으로는, 여기서와 같이, 교회가 다루어지는 곳에서 "삼과 반"(three and half)은 바로 마지막까지를 뜻하고, 그리고 동시에 그것의 새로운 시작을 뜻합니다.

그러므로 "사흘 반이 지난 뒤에 생명의 기운이 하나님께로부터 나와서 그들 속으로 들어가니, 그들이 제 발로 일어섰습니다"라고 부연되었습니다. 이것은 옛 교회의 마지막 뒤에 오는 새로운 교회의 시작을 뜻합니다. 왜냐하면 교회의 마지막 때에 사랑에 속한 모든 선들이나, 교리의 모든 진리는 소멸하기 때문인데, 그러나 그 때 거기에는 소생(蘇生 · 부활 · a resuscitation)이 있는데, 이런 일은 그들에게 주님께서 새로운 교회를 설시하는 자들에게 이루어지고, 그리고 이것이 바로 그들 속에 들어간 "생명의 기운"(=영의 기운 · the spirit of life)이 뜻합니다. "사흘 반 동안"(three days and a half)은 역시 이런 이유 때문에 완전한 상태, 즉 충분한 상태를 뜻하고, 그리고 이 숫자 "일곱"(7)의 뜻과 동일한 뜻을 갖는다는 것, 왜냐하면 이것은 그것의 반(半)이기 때문이고, 그것은 그것의 반으로 나뉜 것이기 때문입니다. 또한 곱해진 한 숫자 역시, 나뉘어진 것이나 곱해진 숫자와 동일한 뜻을 가지기 때문입니다. 그리고 숫자 "일곱"(7)이 모두를 뜻하고, 마찬가지로 충분이나 완전(complete)을 뜻하고, 그리고 "일곱"은 천계나 교회에 속한 거룩한 것을 서술하기 때문입니다. 이 숫자의 뜻에 관해서는 본서 20 · 24 · 257 · 300항을 참조하십시오. 작은 숫자들로 구성된 큰 숫자들이 그 작은 숫자와 동일한 뜻을 가지고 있다는 것, 예를 들면 그것들이 곱셈에 의하여 생겨진 근원이 되는 단수(單數 · the simple number)가 뜻하는 것과 동일하다는 것은 본서 430[A · B]항을 참조하시고, 그리고 셋(3)이, 길든 짧든, 시작부터 마지막까지의 전 기간을 뜻한다는 것은 본서 532항을 참조하십시오.

659[A]. 그 시체가 무덤에 안장되는 것을 허락하지 않을 것이

다(=그 시체를 무덤에 묻지 못하게 할 것이다).

이 말씀은 그런 부류의 배척(rejection)이나 영벌(=저주 · damnatione)을 뜻합니다. 이러한 내용은 영원한 저주를 가리키는 "무덤에 두지 않는다, 또는 장사하지 않는다"는 말의 뜻에서 명확합니다. 왜냐하면 "장사한다"(to be buried · 葬事)는 말은 성경말씀에서 생명에 깨어나는 것이나 부활(復活 · resurrection)을 뜻하기 때문입니다. 그것은 사람이 죽고, 장사를 지낼 때 그 사람은 영원한 생명으로 깨어나고, 다시 일어나기 때문입니다. 왜냐하면 사후(死後) 사람은 이 세상에서와 꼭 같이 계속해서 사는 것이 이어지기 때문입니다. 그러나 그 사람은 자연적인 세상에서 선용(=쓰임 · use)을 위해 그를 섬겼던 이 세상적인 몸, 즉 물질적인 몸은 떼어 버리지만, 영적인 몸 안에 있는 그의 생명은 계속해서 이어갑니다. 그러므로 장례(葬禮 · 葬事 · burial)는, 그가 자연적인 세상에서 이어가는 이른바 껍데기의 배척일 뿐입니다. 장례가 영원한 생명에의 깨어남, 즉 부활을 뜻하는데, 그것은 천사들이 사람의 죽음이 무엇인지 모르기 때문이고, 또한 장사가 무엇인지 모르기 때문입니다. 그것은 그들에게 죽음 따위는 결코 없기 때문이고, 그러므로 그들에게는 장례나 장사 따위는 결코 없지만, 그러나 이런 모든 것들을 그들은 영적으로 지각하기 때문입니다. 그러므로 성경말씀에서 사람의 죽음이 거명, 언급되었을 때, 천사들은 죽음 대신에 한 세상에서 다른 세상으로 그의 옮김(=지나감 · his passing over)을 지각합니다. 그리고 장례가 언급된 곳에서는 그들은 생명으로의 그의 부활을 지각합니다. 이런 사실에서 뒤이어지는 것은, "무덤에 안장하지 못한다"(=장사하는 것이 허락되지 않는다)는 것은 생명에의 부활이 아니고, 영적인 죽음

(spiritual death)을 뜻하는, 영벌에 들어가는 것을 뜻합니다. 사실 사람은 모두 이 세상을 떠난 뒤 다시 깨어나고, 일어나지만, 그러나 더러는 생명(life)에 깨어나고, 더러는 영벌(=저주·천벌)에 깨어납니다. 그리고 "땅에 묻힌다"(=장사한다·to be buried)는 것은 생명에의 부활을 뜻하기 때문에, 따라서 "무덤에 묻지 못한다"(=안장하지 못한다)는 것은 영벌을 뜻하는데, 그러나 여기서는 영적으로 "두 증인들"이 뜻하는, 사랑에 속한 선들이나, 교리에 속한 진리들을 부인, 배척하는 자들의 영벌을 뜻합니다. 결과적으로는 "무덤에 묻지 못한다"(=무덤에 안장되는 것을 허락하지 않는다)는 것은 이런 부류의 선들이나 진리들을 유죄판결하는 자들의 개념에서 제외한 영벌을 뜻하는 것은 아닙니다. 그러므로 성경말씀에서 "무덤"이 뜻하는 것이 무엇이고, 그리고 또한 "장사지낸다"나 "장사하지 못한다"(=땅에 묻히지 못한다)는 말이 뜻하는 것이 무엇인지는 아래의 장절들에게서 밝히 알 수 있겠습니다.

[2] 그것들 안에 죽은 시체들이나 뼈다귀들이 있기 때문에, "무덤들"이 불결한 것들을 뜻하고, 따라서 지옥적인 것들을 뜻한다는 것은 성경말씀의 수많은 장절들에게서 잘 볼 수 있습니다. 예를 들면, 이사야서의 말씀입니다.

> 이 백성은 동산에서 우상에게 제사하며,
> 벽돌 제단 위에 분향하여,
> 내 앞에서
> 늘 나를 분노하게 만드는 백성이다.
> 그들은 밤마다 무덤 사이로 다니면서,
> 죽은 자의 영들에게 물어 본다.
> 돼지고기를 먹으며,
> 이방 제삿상에 올랐던 고기 국물을 마신다.

(이사야 65:3, 4)

"이 백성은 내 앞에서 늘 나를 분노하게 만드는 백성이다"는 말씀은 성언(聖言)의 진리들이나 선들에 거슬러서 나쁜 짓을 저지르는 것을 뜻하고, 그리고 성경말씀에 명령된 예배를 저버리는 것을 뜻합니다. "여호와의 얼굴"(=내 앞에서·the faces of Jehovah)은 성경말씀에 계시된 것들을 뜻하고, "벽돌 제단 위에 분향한다"(=벽돌 위에서 희생의 연기를 올렸다)는 것은 교리에 속한 거짓들에게서 비롯된 예배를 뜻하는데, 여기서 "벽돌들"은 교리에 속한 거짓들을 뜻하고, "향을 피운다"(=분향한다)는 것은 그것들에게서 비롯된 예배를 뜻합니다. "무덤들 사이에 앉는다"(=무덤 사이로 다닌다·무덤들 사이에서 산다)는 것은 불결한 사랑들 안에 있다는 것을 뜻하고, "은밀한 곳에서 밤을 지낸다"(=은밀한 장소에서 유숙한다·죽은 자의 영들에게 물어 본다)는 것은 거짓들 가운데 남아 있는 것이나, 거짓들 안에서 사는 것을 뜻하는데, 여기서 "쓸모없는 곳들"(=은밀한 장소·waste places)은 진리가 전혀 없는 곳을 뜻하고, "돼지고기를 먹는다"는 것은 지옥적인 악들을 자신의 것으로 만드는 것을 뜻합니다.

[3] 민수기서의 말씀입니다.

> 들판에 있다가 칼에 맞아 죽은 사람이나, 그냥 죽은 사람이나, 그 죽은 사람의 뼈나, 아니면 그 무덤에라도 몸이 닿은 사람은, 누구나 이레 동안 부정하다.…… 부정한 사람에게 이 잿물(=죄를 씻는 물)을 뿌려 준다. 그러면 이레 때 되는 날, 부정을 탄 그 사람은 정하게 된다(민수기 19:16-19).

성경말씀에서 "닿는다"(to touch)는 말은 교류, 내통하는 것을 뜻합니다. 그러므로 거짓들이나 악들과 교류하면 안 되고, 따라서 전유(專有)하면 안 됨으로 불결한 것들(unclean things)을 만지는 것(=촉수하는 것·觸手)을 금지하고 있습니다. 여기서 "칼에 살해된 사람"이나, "죽은 사람"(=시체)이나, "죽은 사람의 뼈"나 "무덤" 등등과 몸이 닿는 것이 금지되고 있는데, "칼에 살해 된 자"는 거짓들에 의하여 파괴된 자를 뜻하기 때문이고, 그것으로 말미암아 지옥으로 선고(宣告)된 자를 뜻하기 때문입니다. 여기서 "죽은 사람"(=시체·a dead body)은 악들에 의하여 파괴된 자를 뜻하고, "사람의 뼈"(=인골·the bone of a man)는 지옥적인 거짓을 뜻하고, "무덤"은 지옥적인 악을 뜻합니다.

[4] 에스겔서의 말씀입니다.

"사람아, 너는
이집트의 무리를 애도하여 슬피 울고,
이집트와 열강의 딸들을,
깊은 구덩이로 내려가는 사람들과 함께,
지하로 보내면서 일러라.……
그들은 칼에 찔려 죽은 사람들 한가운데로 떨어질 것이다.…… 그 곳에는 앗시리아가 묻혀 있고, 그의 군대가 함께 묻혀 있다. 사방에 그들의 무덤이 있다. 그들은 모두 칼에 찔려 죽은 전사자들이요, 칼에 쓰러진 자들이다. 앗시리아의 무덤은 구덩이의 가장 깊은 밑바닥에 마련되었고, 그 무덤의 둘레에는 앗시리아 군대가 묻혀 있는데, 그들은 모두가 칼을 맞고 쓰러진 자들, 칼에 찔려 죽은 전사자들…… 그 곳에는 엘람이 묻혀 있고, 그 무덤 둘레에는 엘람의 온 군대가 묻혀 있다.…… 그들은 할례를 받지 못한 자들로서, 지하에 내려갔다(에스겔 32 : 18, 20, 22-24).

여기서 "이집트의 무리"는 자연적인 사람의 지식들(=과학지들)

을 뜻하는데, 그것들은, 영적인 사람의 진리들에게서 비롯된 효과나 효능에, 그리고 결론들이나 확증에 이르지 못하였고, 그런 형체들을 갖추지 못하였기 때문에, 죽은 시체들입니다. 여기서 앗수르는 이런 부류의 지식들에게 비롯된 추론들을 뜻합니다. 따라서 "이집트의 무리를 애도하여 슬피 울어라. 그리고 구덩이로 내려가는 자들과 함께 저 아래 땅으로 내려보내라"는 말씀은 이런 지식들 안에 있는 자들의 영벌이나 저주 때문에 생긴 슬픔이나 비애를 뜻하는데, 여기서 "구덩이"(the pit)는 이와 같이 죽은 지식들이 통치권을 잡고 있는 곳인 지옥을 뜻하는데, 다시 말하면 진리들에게서 분리된 지식들을 뜻합니다. 그것은 그것들이 교리에 속한 거짓들이나 삶에 속한 악들을 확증하기 위하여 채용되었기 때문입니다. "칼을 맞고 쓰러진 자들"(=칼에 살해된 자들)은, 앞에서 언급한 것과 같이, 온갖 거짓들 때문에 지옥에 가도록 선고된 자들을 뜻하고, "그곳에는 앗시리아가 묻혀 있고, 그의 군대가 함께 묻혀 있다"는 말씀은 이와 같은 거짓들에게서 비롯된 추론들을 뜻하는데, 여기서 앗시리아 주위에 있는, 그리고 구덩이 근처에 있는, "무덤들"은 엘람이 있는 곳을 뜻하고, 그리고 "칼에 의하여 살해된 할례받지 못한 자 모두"는 이런 거짓들이 자리잡고 있는 지옥들, 다시 말하면 이런 부류의 거짓들 안에 있는 자들을 뜻합니다.

659[B]. [5] 여기서 우리가 주지하여야 할 것은 온갖 종류의 거짓들이나 악들은 자연적인 세계에 있는 불결한 것들이나, 역겨운 것들(loathsome things)에 대응한다는 것이고, 그리고 매우 지독한 거짓들이나 악들은 죽은 시체들이나, 고약한 악취를 내뿜는 배설물적인 것들에 대응한다는 것이고, 그리고 경중의 거

짓들이나 가벼운 악들은 늪(swamp)에 대응한다는 것입니다. 결과적으로 이런 부류의 거짓들이나 악들에 있는 자들의 지옥에 있는 주거지들은 마치 구덩이들(pits)이나 무덤들처럼 보인다는 것입니다. 그리고 만약에 여러분이 그것을 믿는다면, 이런 부류의 악귀들(evil genii)이나 악령들은 그들의 처소를 우리들 세상의 무덤들이나, 옥외 변소들이나 시궁창 따위에 정한다는 것입니다. 사실 그들은 이것을 알지 못하는 것뿐입니다. 이것이 사실이라는 것은 그것들이 대응하기 때문이고, 그리고 서로 대응하는 것들은 서로 결합하기 때문입니다. 이것에서 동일한 결론을 이끌어낼 수 있겠는데, 암살자들이나, 독살자들(poisoners)이었던 자들에게는, 그리고 여인들을 겁탈하는 것에서 쾌락을 찾았던 자들에게는 시체의 악취 이외의 더 다른 쾌락적인 것은 아무것도 없습니다. 지배애(支配愛)에 사로잡혀 산 자들에게는, 그리고 간음의 쾌락을 즐기고, 혼인의 기쁨을 모르는 자들에게는 결코 배설물의 악취 이외에 더 기쁜 것은 아무것도 없습니다. 자기 자신을 거짓들로 확증, 다짐한 자들에게는, 그리고 자신에게서 진리의 정동을 소멸시킨 자들에게는 시궁창의 악취나 오줌싸는 장소의 악취 이상 더 향기로운 것은 아무것도 없습니다. 이러한 일련의 것이 그들이 그것 안에서 살고 있는 지옥이 대응하는 기쁨들에 일치하여 나타나는 이유이고, 그리고 어떤 자들에게는 구덩이들에, 어떤 자들에게는 무덤에 사는 것처럼 보이는 이유입니다.

[6] 이렇게 볼 때 그것이 그와 같이 나타나 보이는 이유입니다. 복음서의 말씀입니다.

    귀신들린 사람 둘이 무덤 사이에서 나왔다(마태 8:28 ; 마가 5:2, 3, 5 ; 누가 8:27).

말하자면 귀신들에게 사로잡혔기 때문에 그들이 이 세상에서 사는 동안 악에서 비롯된 거짓들 안에 빠져 있었고, 또는 성경말씀에서 비롯된 지식들 안에 있었는데, 악들을 확증하기 위하여 그것들을 채용하는 것에 의하여, 그리고 교회에 속한 본연의 진리들을, 특히 주님에 관한 진리들이나, 성경말씀이나 사후(死後)의 삶(=생명)에 관한 진리들을 파괴하기 위하여 채용하는 것에 의하여 그들을 치명적으로 만들어 버립니다. 이와 같은 치명적인 지식들이 성경말씀에서는 "전통들"(傳統 · traditions)이라고 불리웁니다. 이러한 내용은 그들이 악마나 귀신이 되었을 때, 그들이 그런 것들에 의하여 사로잡혔다고 한 이유입니다. 마태복음서의 말씀입니다.

> 귀신 들린 사람 둘이 무덤 사이에 있었다.…… 귀신들이 나와서 돼지들 속으로 들어갔다. 그 돼지 떼가 모두 바다 쪽으로 비탈을 내리달아서, 물 속에 빠져 죽었다(마태 8 : 31-33).

귀신들이 "돼지들 속으로 들어 갔는데" 그것은 그들이 이 세상에서 사는 동안 그들은 더러운 탐욕(sordid avarice) 가운데 살았기 때문이고, 이것은 "돼지"가 대응하는 것이고, 그리고 그것으로 말미암아 그들이 뜻하는 것이기 때문입니다. "그들은 자신들의 머리를 바다 속으로 내던졌다"고 언급되었는데, 그것은 "바다"가 여기서는 지옥을 뜻하기 때문입니다.
[7] 시편서의 말씀입니다.

> 나는 무덤으로 내려가는 사람과
> 다름이 없으며,
> 기력을 다 잃은 사람과 같이 되었습니다.

> 이 몸은 또한
> 죽은 자들 가운데 버림을 받아서,
> 무덤에 누워 있는 죽은 자와 같고,
> 더 이상 기억하여 주지 않는 자와도 같고,
> 주의 손에서 끊어진 자와도 같습니다.
> 주께서는 나를 구덩이의 밑바닥,
> 어둡고 깊은 곳에 던져 버렸습니다.……
> 무덤에서 주의 사랑을,
> 죽은 자의 세계에서 주의 진실을
> 이야기할 수 있겠습니까?
> (시편 88 : 4-6, 11)

이 말씀은 시험들에 관해서 다루고 있는데, 최고의 뜻으로는 "주님의 시험들"(the Lord's temptations)에 관해서 다루고 있습니다. 이 장절은 시험들의 성질이 무엇인지를 기술하고 있습니다. 다시 말하면 주님께서 당신 자신이 저주받은 자들이 있는 지옥 가운데 있는 것 같이 생각되었습니다. 주님께서 참고, 겪으신 시험들은 매우 모진 것들이고, 극악한 것들이었습니다. 그러므로 "나는 구덩이로 내려가는 자처럼 여겨졌다"(=헤아려졌다)는 말씀은 그분(=주님)께서는 자신이 지옥에 있는 것처럼 생각되었다는 것을 뜻하는데, 여기서 "구덩이"(pit)는 지옥을 뜻합니다. "나는 기력을 다 잃은 사람과 같이 되었다"(=기운이 다한 사람이 되었다)는 말씀은 그 때 주님께서는 힘이 없는 것 같이 생각되었다는 것을 뜻합니다. 왜냐하면 시험들은 사람을 거짓들이나 악들에 몰아넣기 때문이고, 그리고 그런 상태에서는 전혀 힘이 없기 때문입니다. "죽은 자들 가운데 버림을 받았다"(=버려졌다)는 말씀은 진리와 선에 속한 것을 전혀 가지지 못한 자들 가운데 있다는 것, 그러므로 배척된 자들 가운데 있다는 것을 뜻합니다. "무덤에 누워 있는 죽은 자와 같다"는 말씀은 악에서 비롯된 거짓들 가운데 빠진 자와 같다는 것을 뜻하는데, 여기서 "죽은 자"(=살해된 자 · slain)는 거짓들에 의하여 멸망된 자를 뜻하고, 그리고 지옥에 있는 것들은 영적으로 죽음(死亡)을 가리키기 때문에, "무덤"은 지옥을 뜻합니다. "그들은 주께서 더 이상 기억하지 않는 자들이고, 주의 손에서 끊어진 자들이다"는 말씀은 모든 진리와 선이 박탈된 자를 뜻합니다. "주께서는 나를 구덩이의 밑바닥, 어둡고 깊은 곳에 던져 버리셨다"는 말씀은 이런 부류들이 있는 거짓들 가운데 있다는 것을 뜻하고, "깊은 곳"은 악들 가운데 있다는 것을 뜻합니다.

[8] 지금은 온갖 시험들에게서 그가 구출되기 위하여 슬픔에서 비롯된 기도가 부연, 부가되었습니다. 그리고 이것은 다른 이유들 가운데 있는 것을 위한 것인데, "무덤에서 주의 사랑(=자비)을, 죽은 자의 세계에서 주의 진실을 이야기 할 수 있겠습니까?"(=무덤에서 당신의 충성스러운 사랑을, 멸망의 장소에서 당신의 충실함을 선포할 수 있겠습니까?)라는 말씀은, 악들이나 거짓들이 그 곳에 있고, 그것에서 비롯된 지옥에서는 신령선이나 신령진리가 선언될 수 없다는 것을 뜻합니다. 여기서 "자비"(=주의 사랑 · 주의 자애 · mercy)는 신령사랑에 속한 신령선을 뜻하고, "주의 진실"(=주의 신실 · truth)은 신령지혜에 속한 신령진리를 뜻하고, "무덤"은, 악들이 있고, 악들이 그것에서 비롯된 지옥을 뜻하고, "멸망"(=죽은 자의 세계 · 멸망의 세계)은 거짓들이 있고, 거짓들이 그것에서 비롯된 지옥을 뜻합니다. 이상에서 볼 때, 지옥에 있는 자들이 영적인 죽음을 가리키기 때문에, "무덤"은 지옥을 뜻한다는 것을 밝히 알 수 있겠습니

다. [9] 이사야서의 말씀입니다.

> 사람들은 그에게
> 악한 사람과 함께 묻힐 무덤을 주었고,
> 죽어서 부자와 함께 들어가게 하였다(=그는 악한 자들과 함께 매장지를 받았고, 죽어서 부자들과 함께 있게 되었다)(이사야 53 : 9).

이 장절 역시 주님에 관해서 언급하고 있는데, 이사야서 53장 전체는 그분에 관해서 다루고 있지만, 그러나 여기서는 지옥을 정복한 그분의 승리들(His victories)을 다루고 있습니다. "악한 사람에게 주어진 무덤"(=매장지)은 지옥으로 내쫓겨날 악한 자(惡人)를 뜻하는데, 여기서 "무덤"(sepulchre)은 명확하게 지옥을 뜻하는데, 그것은 그것 안에 있는 영적인 사망 때문에 무덤이라고 불리웠습니다. "죽어서 부자와 함께 들어가게 하였다"(=부자와 함께 들어 갈 묘실을 마련하였다 · 죽어서 부자와 함께 있게 되었다)는 말씀은, 온갖 악들에게서 비롯된 거짓들 안에 있는 교회에 속한 자들을 뜻하는데, 여기서 "부자"는 그들이 성경말씀에서 취한, 진리와 선의 지식들 때문에 "부자"라고 불리웠습니다. 그것들 안에 있는 자들은 영적인 죽음을 가리키기 때문에, 악에서 비롯된 거짓들은 "죽음들"(=사망들 · deaths)이 뜻합니다.

[10] 입으로 좋게 말하는 것 이외에 하나님이나 이웃에 관해서 악하고, 나쁘게 생각하는 자들은, 그리고 입으로는 분별이 있는 사람처럼 말하는 것을 제외하면, 믿음에 속한 진리들이나, 사랑에 속한 선들에 관해서 미친 자처럼 생각하는 자들은, 주님께서 하신 말씀과 꼭 같이, 내적으로는 백골 밖에 아무것도 없는 회칠한 무덤들과 같습니다. 복음서들의 말씀입니다.

율법학자들과 바리새파 사람들아, 위선자들아, 너희에게 화가 있다! 너희가 회칠할 무덤과 같기 때문이다. 그것은 겉으로는 아름답게 보이지만, 그 안에는 죽은 사람의 뼈와 온갖 더러운 것이 가득하다(마태 23 : 27, 29 ; 누가 11 : 47, 48).

[11] 시편서의 말씀입니다.

> 그들의 입은
> 믿을 만한 말을 담는 법이 없고,
> 마음은 썩었습니다.
> 그들의 목구멍은 열린 무덤 같고,
> 혀는 언제나 아첨만 일삼습니다.
> (시편 5 : 9)

여기서 "입 안에"(=그들의 입에는 · in the mouth)라는 말은 외견상(outwardly)을 뜻하고, "마음"(=그들의 심중 · the midst)은 마음속을 뜻합니다. 내부에 지옥이 있다는 것은 "그들의 목구멍은 열린 무덤이다"는 말이 뜻하고 외견상으로 거기에는 위선(僞善)이나, 겉보기에 정신적인 멀쩡함(seeming sanity)이 있다는 것은 "그들은 그들의 혀로는 아첨만 떤다"(=아첨만 일삼는다)는 말이 뜻합니다. 성경말씀의 이런 구절들이나 다른 장절들은 "무덤"이 뜻하는 것이 무엇인지 명료하게 합니다.

549[C]. [12] 그러므로 악에서 비롯된 거짓들 안에 있는 자들이 다루어질 때 "그들의 무덤"은 이런 거짓들이 그것에서 비롯된 근원이나 이런 거짓들이 그것 안에 있는 지옥을 뜻합니다. 그러나 선에서 비롯된 진리들 안에 있는 자들이 다루어질 때, "무덤"은 악에서 비롯된 진리들 안에 있는 자들이 다루어질 때 "무덤"은 악에서 비롯된 거짓의 제거(除去 · removal)

나 거절(拒絶 · rejection)을 뜻합니다. 그리고 "장례"(葬禮 · burial)는 생명에의 깨어남이나 부활을 뜻하고, 또한 중생을 뜻합니다. 왜냐하면 선에서 비롯된 진리들 안에 있는 사람에게서 악에서 비롯된 거짓은 지옥으로 제거되고 배척, 거절되기 때문이고, 그리고 그의 영에 속한 그의 내면적인 것들에 관한 그 사람 자신은, 영적인 생명을 가리키는, 선에서 비롯된 진리의 생명에 다시 소생(蘇生)하고, 들어가기 때문입니다. 이런 뜻의 "장례"는 아래 장절들에게서 이해되겠습니다.

[13] 요한복음서의 말씀입니다.

> 이 말에 놀라지 말아라. 무덤 속에 있는 사람들이 다 그의 음성을 들을 때가 온다. 선한 일을 한 사람은 부활하여 생명을 얻고, 악한 일을 한 사람은 부활하여 심판을 받는다(요한 5 : 28, 29).

이 말씀은, 묘, 즉 무덤에 안장된 자들이 주님의 승리의 소리를 듣고, 그리고 거기에서 나오는 자들을 뜻하지 않고, 그것은 죽음 뒤 모든 사람은 이 세상에서 사는 것과 꼭 같이 사람들로서 살기 때문인데, 죽음 뒤의 다만 차이는 그들이 영적인 몸(a spiritual body)으로 사는 것이지, 물질적인 몸(a material body)으로 살지 않기 때문입니다. 그러므로 "무덤에서 나온다"는 것을 물질적인 몸에서 나오는 것을 뜻합니다. 처음의 이와 같은 나옴(going forth)은 사후 즉시 모두에게 일어나고, 그리고 그 뒤에는 최후심판이 행해질 때 일어납니다. 왜냐하면 그 때, 외면적인 것들은 제거되고, 그전에는 이러한 일이 행해지지 않았던 자들 모두에게, 내면적인 것들이 열리기 때문입니다. 그 때 천적인 것을 가리키는 내면적인 것들을 소유한 자들은 생명으로 올리워지고(=소생하고), 그러나 지옥적인 것을 가리키는 내면적인 것들을 소유한 자들은 죽음으로 들이워지고, 그리고 이와 같이 일어나는 것은 "선을 행한 자는 생명의 부활로, 악을 행한 자는 심판의 부활에 이를 것이다"는 말씀이 뜻하는 것입니다.

[14] 이것이 "무덤이나 묘에서 나온다"는 말씀이 뜻한다는 것은 에스겔서의 아래 말씀에서 매우 더 명확합니다. 에스겔서의 말씀입니다.

> 그러므로 너는 대언하여 그들에게 전하여라.…… "내 백성아, 내가 너희의 무덤을 열고, 그 무덤 속에서 너희를 이끌어 내고, 너희를 이스라엘 땅으로 들어가게 하겠다. 내 백성아, 내가 너희의 무덤을 열고, 그 무덤 속에서 너희를 이끌어 낼 그 때에야 비로소 너희는, 내가 주인 줄 알 것이다. 내가 내 영을 너희 속에 두어서 너희가 살 수 있게 하고, 너희를 너희의 땅에 데려다가 놓겠으니, 그 때에야 비로소 너희는 나 주가 말하고, 그대로 이룬 줄을 알 것이다"(에스겔 37:12-14).

이 장절들은 예언자가 골짜기에서 본 마른 뼈들(the dry bones)에 관해서 다루고 있고, 그리고 그가 본 힘줄이 뻗쳐나오고, 살이 입혀지고, 살갗으로 덮혀진 그것들에 관해서 다루고 있습니다. 하나님의 영(=생기・the Spirit of God)이 그들 속에 들어갔을 때 그들이 다시 살아났고, 제 발로 일어나서 섰습니다. 이 뼈들이 이스라엘의 족속을 뜻한다는 것은 이런 말씀들에 의하여 공개적으로 선포되었습니다. 같은 책의 말씀입니다.

> 그 때에 그가 내게 말씀하셨다. "사람아, 이 뼈들이 바로 이스라엘 온 족속(=온 집)이다. 그들이 말하기를 '우리의 뼈가 말랐고, 우리의

희망도 사라졌으니, 우리는 망한다' 한다(에스겔 37 : 11).

이 집(=족속)은, 그들이 거짓들이나, 악들 안에 빠져 있기 때문에, "마른 뼈들"에 비유되었습니다. 그것은, 힘줄들(=근육) · 살(flesh) · 살갗(skin)에 대한 천계와 같은 그것들의 대응을 전혀 가지고 있지 않기 때문에, 생명을 전혀 가지지 못하였습니다. 왜냐하면 "뼈들"(bones)은, 영적인 진리들이 그것 위에 기초를 세우고 있는, 질서의 궁극적인 것에 있는 진리들을 뜻하기 때문이고, 그리고 "마른 뼈들"(dry bones)은 악에서 비롯된 거짓들을 뜻하기 때문입니다. 이러한 내용은, "무덤을 열고, 무덤 속에서 사람들을 이끌어 낸다"는 말씀이 악에서부터 거짓들을, 따라서 주검(the dead)에서 거짓들을 다시 세워 이끌어 낸다는 것을 뜻한다는 것을 명확하게 하고, 그리고 선에서부터, 따라서 생명으로부터 진리들을 넣어 준다는 것을 뜻한다는 것을 명확하게 합니다. 그 생명은, 그것으로 말미암아 그들이 다시 산, "하나님의 영"(the Spirit of God)을 가리키는데, 이것은 곧 그러므로 "무덤에서 사람들을 나오게 한다"는 말씀이 뜻하는 것입니다. 이런 것들로 형성된 그 교회는, 그들이 데려다가 놓이게 될 "이스라엘 땅"이 뜻합니다.

659[D]. [15] 마태복음서에 일러진 말씀입니다.

> (주님의 고난 뒤에) 무덤이 열리고, 잠자던 많은 성도의 몸이 살아났다. 그리고 그들은, 예수께서 부활하신 뒤에, 무덤에서 나와 거룩한 도시에 들어가, 많은 사람에게 나타났다(마태 27 : 51, 52).

"무덤이 열리고, 잠자던 많은 몸들(=성도들 · many bodies)이 많은 사람에게 나타났다"는 말씀은 "여호와께서 무덤을 열고, 그 무덤 속에서 그들을 이끌어 내신다"고 언급된 앞에 인용된 에스겔서의 말씀과 동일한 뜻을 갖습니다. 다시 말하면 진실한 사람의 생명에의 중생이나 부활을 뜻합니다. 무덤에 있던 몸들(bodies) 자체들이 다시 일어난다는 것이 아니고, 다만 거기에는 그와 같은 외현(外現·겉모습·appearance)이 있다는 것이고, 그것은 주님에게서 비롯된 생명에의 중생이나 부활을 뜻한다는 것을 입증하기 위한 것입니다. 더욱이 이와 같은 동일한 장절들은 성경말씀에서 주님께서 구속의 대업(救贖大業·the whole work of redemption)을 완수하셨을 때 주님께서 구출하시는 자들을 가리키는, "구덩이에 갇혔다고 언급된 자들"을 뜻합니다. 왜냐하면 신실한 많은 자들(=신앙이 돈독한 자들)은 주님께서 이 세상에 강림하시고, 지옥들(=지옥계)을 정복하실 때까지 구원받을 수 없었기 때문입니다. 그러는 동안 그들은, 주님께서 오실 때까지, 그러나 주님의 강림 뒤 주님께서 즉시 구출하실 때까지, "구덩이들"(=무저갱들·pits)이라고 불리우는 곳들에 억류(抑留)되어 있었습니다. 이들 구덩이들은, 역시 열려진 "무덤들"(tombs)이 표징하고, 그리고 거기에 있던 자들은 "잠자던 자들"이 뜻하는데, 그들은, 주님의 강림 뒤 "거룩한 도시에 들어가 많은 사람에게 나타났다"고 언급된 자들입니다. 여기서 "거룩한 도시"(the holy city)는 시온이나 예루살렘을 가리키지만, 그러나 그 도시들은 주님에 의하여 그들이 다시 일어나는 천계를 뜻합니다. 왜냐하면 시온이나 예루살렘 양자는 거룩하기 보다는 오히려 불경스럽게 더럽혀진 것들이기 때문입니다. 이러한 사실은 표징하고, 뜻하는 기적이나, 외현이 무엇인지를 명확하게 합니다.

[16] "가나안 땅"(the land of Canaan)이 교회나 천계 양자를

뜻하기 때문에, 그리고 "장사"(=장례·burial)가 생명에의 부활을 뜻하기 때문에, 그러므로 이렇게 언급되었습니다. 창세기서의 말씀입니다.

> 그래서 아브라함은 마므레 근처 막벨라에 있는 에브론의 밭, 곧 밭과 그 안에 있는 굴을 구입하였다(창세기 23장).
> 아브라함·이삭·야곱은 그의 아내들과 함께 거기에 안장되었다(창세기 25:9, 10 ; 35:29 ; 49·50장).

그 굴에 관해서 언급된 개별적인 것들, 다시 말하면 "마므레 근처에 있는 에브론의 밭"에 있는 굴이나 그 밖의 다른 것들은 생명에의 부활에 속한 표의적인 것인데, 이러한 것은 《천계비의》에 설명된 것에서 읽을 수 있겠습니다. 이런 이유 때문에 요셉은 당부하였습니다. 창세기서의 말씀입니다.

> 요셉은 이스라엘 자손에게 맹세를 시키면서 일렀다.…… "그 때에 너희는 나의 뼈를 이 곳에 옮겨서, 그리로 가지고 가야 한다"(창세기 50:24-26).

출애굽기서의 말씀입니다.

> 모세는 요셉의 유골을 가지고 나왔다.…… "그 때에 너희는 여기에서 나의 유골을 가지고 나가거라" 하였기 때문이다(출애굽 13:19 ; 여호수와 24:32).

그리고 앞에서 언급한 것과 같이, 이런 이유 때문에 "가나안 땅"은, 천계를 가리키는, 천계적인 가나안(the heavenly Canaan)을 뜻합니다. 장례(burial)가 천계에의 부활의 표징을 뜻하기 때문에 열왕기 상·하서에는 이런 말씀들이 있습니다.

> 다윗은 죽어서, 그의 조상과 함께 '다윗의 성'(=시온)에 안장되었다(열왕기 상 2:10 ; 11:43 ; 14:17, 18 ; 15:8, 24 ; 22:50 ; 열왕기 하 8:24 ; 12:21 ; 14:20 ; 15:7, 38 ; 16:20).

이것은 "시온"이 주님이 계시는 천적인 교회나 천계를 뜻하기 때문입니다.
[17] "장례"가 부활을 뜻한다는 것은 이런 사실에서, 잘 알 수 있는데, 주검(the dead)이 "그들의 조상에게로 보낸다" "그들의 백성에게 보낸다"고 자주 언급되었는데, "그들의 조상에게 보낸다"는 창세기서의 말씀입니다.

> 너는 평안히 네 조상들에게 갈 것이다. 너는 장수를 누리고 묻힐 것이다(=여호와께서 아브라함에게 말씀하셨다. "너는 오래오래 살다가, 고이 잠들어 묻힐 것이다")(창세기 15:15).

열왕기 하서의 말씀입니다.

> (여호와께서 유다 왕 요시야에게 말씀하셨다.) "내가 너를 네 조상에게로 보낼 때에는, 네가 평안히 무덤에 안장되게 하겠다"(열왕기 하 22:20).

창세기서의 "그들의 조상에게로 갔다"는 말씀입니다.

> 아브라함은 자기가 받은 목숨대로 다 살고, 아주 늙는 나이에 기운이 다하셔서, 숨을 거두고 세상을 떠나, 조상들이 간 길로 갔다(창세기 25:8).

또 그 책의 말씀입니다.

> 이삭은 늙고, 나이가 들어서, 목숨이 다하자, 죽어서 조상들 곁으로 갔다(창세기 35 : 29).

또 같은 책의 말씀입니다.

> 야곱은 자기 아들들에게 이렇게 이르고 나서, 침상에 똑바로 누워 숨을 거두고, 조상에게로 돌아갔다(창세기 49 : 33).

이 장절들에서, "그들의 조상들"이나 "그들의 백성들"에게 돌아간다는 것은 자신들의 고유속성에게 돌아가는 것을, 다시 말하면 저 세상에 있는 그들과 같은 자에게 돌아간다는 것을 뜻합니다. 왜냐하면 죽은 뒤 모두는 자기와 같은 자에게로 가서 그와 같이 그는 영원히 살기 때문입니다. 그들의 조상이나 백성에게로 돌아간다는 것은 무덤에 있는 그들에게로 간다는 것을 뜻할 수는 없습니다. 왜냐하면 그 말은 그가 죽을 때 아브라함에 관해서 "그가 그의 조상들에게 돌아갔다"(=그의 조상에게 합쳐졌다), "그가 그의 백성들과 합해졌다"(=백성들에게 돌아갔다)고 언급되었지만, 그럼에도 불구하고, 그의 아내 사라를 제외하고는 그의 조상들이나 백성들 중에서 누구도 거기에 있지 않는, 새 무덤에 장사되었기 때문입니다.

[18] 욥기서의 말씀입니다.

> 그래서 너는,
> 집안이 두루 평안한 것을 볼 것이며,
> 가축 우리를 두루 살필 때마다
> 잃은 것이 없는 것을 볼 것이다.
> 또 자손도 많이 늘어나서,
> 땅에 풀같이 많아지는 것을 보게 될 것이다.

때가 되면,
곡식단이 타작 마당으로 가듯이,
너도 장수를 누리다가 수명이 다 차면,
무덤으로 들어갈 것이다.
(욥기 5 : 24-26)

성경말씀의 "천막"(=집안 · tent)은 거룩한 예배를 뜻하고, 그리고 사랑의 선을 뜻하는데, 그것은 태고시대에서는 신령예배가 천막들 안에서 행해졌기 때문이고, 그리고 그들의 예배가 천적인 사랑에 속한 선에서 비롯되었기 때문입니다. "천막"(tent)은 역시 그 선을 뜻하고, 그리고 거기에는 천적인 선 안에 있는 진정한 평화(=평온 · genuine peace)가 있기 때문에, 그러므로 "너는 너의 천막이 안전하다는 것을 알게 된 것이다"(=집안이 두루 평안한 것을 볼 것이다)는 말씀이 언급되었습니다. 그 선에서 비롯된 진리들이나, 그것들의 증대는 "자손도, 땅에 풀같이 늘어나서 많아지는 것을 보게 될 것이다"는 말씀이 뜻합니다. 왜냐하면 "아들들"(sons)이나 어린 것들은, "땅의 풀"과 같이, 선에게서 비롯된 진리들을 뜻하고, 그리고 지혜가 흡수되었을 때 누구나 천계에 이를 것이라는 것은 "너도 장수를 누리다가 수명이 다 하면, 무덤으로 들어갈 것이다"는 말씀이 뜻합니다. 여기서 "늙은 나이"(=장수 · old age)는 지혜를 뜻하고, "무덤으로 들어간다" "안장된다"(to be buried)는 것은 부활을 뜻하고, 이것이 바로 그 뜻이기 때문에, "때가 되면 곡식단이 타작 마당으로 가듯이 들어갈 것이다"(=곡식단이 제때에 들어간다)는 말씀이 부연되었습니다.
[19] 이상의 몇몇 장절들에게서 드러난 것은, "무덤"이, 시체들이나, 그것 안에 있는 생명이 없는 뼈들 때문에, 지옥적인

것들을 뜻하지만, 그러나 "장례"(=매장 · burial)는 이런 것들의 배척(=거부 · rejection)을 뜻하고, 결과적으로는 부활을 뜻합니다. 왜냐하면 사람이 그의 물질적인 몸을 배척하고, 벗을 때, 그는 영적인 몸을 입는데, 그는 그것으로 다시 소생하기 때문입니다. 이런 이유 때문에 사람의 진정한 죽음(the very death)은 영적인 뜻으로 그의 삶의 연속(=계속 · the continuation of his life)을 뜻하고, 그러나 나쁜 뜻으로는, 영적인 죽음(spiritual death)을 가리키는, 저주(=영벌 · damnation)을 뜻합니다. 사람의 측면에서 "매장"(=장례)이 부활이나 중생을 뜻하기 때문에, 그러므로 주님에 관해서 매장은 그분의 인성의 영광화(the glorification of His Human)를 뜻합니다. 왜냐하면 영화하셨는 것, 다시 말하면 그분의 전 인성(His entire Human)을 신령하게 완성하였기 때문입니다. 결과적으로는 셋째 날에 주님께서 영화된 인성(the Human glorified)으로 다시 사셨기 때문이고, 다시 말하면 그것을 신령하게 완성하셨기 때문입니다. 만약에 이 일이 이루어지지 않았다면 사람은 어느 누구도 생명에 다시 일어날 수 없었습니다. 왜냐하면 사람은 오직 주님으로 말미암아 생명으로의 부활을 취하기 때문입니다. 그리고 사실은 신령 존재(the Divine)와 그분의 인성(His Human)과의 합일의 완성에서, 그리고 이 합일(合一 · this union)로 말미암아, 또는 직설적으로 말하면 영광화로 말미암아, 사람은 구원을 얻습니다. 이러한 내용이 아래 장절에서 뜻하는 것입니다. 복음서의 말씀입니다.

> 한 여자가 매우 값진 향유 한 옥합을 가지고 예수께 다가와서는⋯⋯ 그 머리에 부었다.⋯⋯ (예수께서 그 여가에게 말씀하셨다.) "이 여자가 내 몸에 향유를 부은 것은, 내 장례를 치르려고 한 것이다"

(마태 26 : 7, 12 ; 마가 14 : 8 ; 요한 12 : 7).

왜냐하면 "기름을 바른다"(塗油 · anointing)는 것은 영광화(=영화)를 뜻하기 때문입니다. 왜냐하면 그것으로 말미암아 사람은, 이 여인에게 언급된 것과 같이, 구원을 받기 때문입니다. 마태복음서의 말씀입니다.

> 내가 진정으로 너희에게 말한다. 온 세상 어디서든지, 이 복음이 전파되는 곳마다, 이 여자가 한 일도 전해져서, 그를 기억하게 될 것이다(마태 26 : 13).

역시 이것도 열왕기 하서의 말씀이 뜻하는 것입니다.

> 사람들이 어떤 사람의 주검을 묻고 있다가, 이 도적 떼를 보게 되었다. 그러자 그들은 놀라 그 주검을 엘리사의 무덤에 내던지고 달아났는데, 그 때에 그 사람의 뼈가 엘리사의 뼈에 닿자, 그 사람이 살아나서 제 발로 일어섰다(열왕기 하 13 : 20).

왜냐하면 여기서 "엘리사"는 신령진리와의 관계에서 주님을 표징하기 때문이고, 그리고 이것은 사람이 그것으로 일어나는 천계의 삶(life of heaven)을 이루기 때문입니다.

659[E]. [20] "땅에 묻힌다"는 말이나 "장례"는 생명에의 부활이나 중생을 뜻하기 때문에, 그러므로 "땅에 묻히지 못한다"는 것이나, "무덤에서 파헤쳐진다"는 말은 천계에 들어가는 부활이 없다는 것이나, 중생이 없다는 것이나, 또는 지옥으로의 소생을 뜻하는데, 따라서 영벌이나 저주를 뜻하는데, 이러한 것이 아래의 장절에서의 뜻입니다. 이사야서의 말씀입니다.

> 너는 무덤도 없이 오물처럼 버려져,
> 칼에 찔려 죽은
> 군인들의 시체 더미 밑에 깔려 있다가,
> 지하 세계의 밑바닥으로 내려갈 것이다.
> 너의 시체를 사람들이 짓밟을 것이다.
> 네가 너의 나라를 황폐하게 하고,
> 너의 백성을 죽였으니,
> 너는 왕들과 함께 묻히지 못할 것이다.
> 너의 자손도
> 이 세상에서 살아남지 못할 것이다.
> (이사야 14 : 19, 20)

이 말씀은, 그가 진리의 모독을 뜻하는, 바빌로니아의 왕에 관해서 언급하고 있습니다. 그래서 "너는 네 무덤에 버려졌다"는 말씀은 지옥에 보내진 저주(=영벌)을 뜻하고, "너는 가증스런 가치처럼 네 무덤에 버려졌고, 칼에 찔려 구덩이 속의 돌로 내려가는 죽은 자의 옷가지와 같고, 발밑에 밟힌 시체같다"는 말씀은 진리의 위화나, 그것의 모독을 뜻하는데, 여기서 "가증스런 가지"(=혐오스러운 가지·싹)는 위화된 진리를 뜻하고, 그리고 "살해된 자나, 칼에 찔려 죽은 자의 옷가지"는 모독된 진리나, 매우 지독한 거짓들에 의하여 전적으로 파괴된 진리를 뜻하고 "짓밟히는 시체처럼, 구덩이 속의 돌로 내려가는 자"는 악들에 속한 거짓들이 있는 지옥에 보내지는 것을 뜻하는데, 여기서 "짓밟히는 시체"는 전체적인 선의 파괴 때문에 그에게 있는 모든 것은 영적인 죽음을 가리키는 지옥적인 영을 뜻합니다. "너는 무덤에서 그들과 함께 하지 못할 것이다"(=너는 그들과 함께 매장하지 못할 것이다)는 말씀은 생명에로 다시 살아난 자들과의 제휴가 결코 없을 것이라는 것을 뜻합니다. 왜냐하면

"무덤에 있다" 또는 "안장된다"(=무덤에 묻힌다)는 것은 부활을 뜻하고, 다른 한편으로는 "무덤에 던져진다"는 것은 저주나 영벌을 뜻하기 때문입니다. 그리고 "너는 네 땅을 파괴하고, 네 백성을 죽였다"는 것은, 선에게서 비롯된 진리들 안에 있는 교회나 그것 안에 있는 자들이 악에 속한 거짓들에 의하여 파괴되었다는 것을 뜻하고, "악행자의 자손은 다시는 그 이름이 불리지 않을 것이다"(=너의 자손도 이 세상에서 살아 남지 못할 것이다)는 것은 영원한 분해나 분리를 뜻합니다.

[21] 예레미야서의 말씀입니다.

> 나 주가, 이 곳에서 태어날 아들딸과, 이 땅에서 아들딸을 임신할 어머니들과, 아들딸을 낳을 아버지들이, 어떻게 될 것인지를 말하여 주겠다. 사람들이 혹독한 질병으로 죽을지라고, 울어 줄 사람도 없고, 묻어 줄 사람도 없어서, 죽은 사람들은 땅 위에 뒹구는 거름덩이처럼 될 것이다. 전쟁에서 죽거나 굶주려서 죽은 사람들의 시체는, 공중의 새와 들짐승의 먹이가 될 것이다(예레미야 16:3, 4).

이 장절은 모든 선과 진리에 관하여 황폐하게 된 교회에 관해서 언급하고 있습니다. 여기서 "아들들·딸들·어머니들·아버지들"은 아들들과 딸들, 그리고 어머니들과 아버지들을 뜻하지 않고, 영적인 뜻으로 오히려 외면적으로나 내면적으로 교회에 속한 진리들이나 선들을 뜻하는데, 여기서 "아들들과 딸들"은 외면적인 진리들이나 선들을 뜻하고, "어머니들과 아버지들"은 내면적인 진리들이나 선들을 뜻하고, 그리고 그들이 외면적인 것들을 낳고, 출산하기 때문에, 이들이 "어머니들과 아버지들"이라고 불리웠습니다. "사람들이 혹독한 질병(=가혹한 질병)으로 죽을지라도 울어 줄 사람도 없고, 묻어 줄 사람도 없다"는 것은 지독한 거짓들 때문에 지옥으로 가는 유죄판결 (=영벌)을 뜻하고, "죽은 사람들은 땅 위에 뒹구는 거름덩이처럼 될 것이다"(=똥 같이 될 것이다)는 것은, 교회의 선과 진리를 더럽히는, 악을 가리키는, 지옥적인 불결(不潔)을 뜻하고, "전쟁에서 죽거나 굶주려서 죽는다"(=그들은 칼과 기근에 진멸될 것이다)는 것은 거짓들이나 악들에 의하여 파괴되는 것을 뜻하고, "죽은 사람들의 시체는, 공중의 새와 들짐승의 먹이가 될 것이다"는 것은 소멸하는 것이나 거짓이나 악에 속한 애욕의 탐욕들에 의하여 더욱 더 진멸(盡滅)하는 것을 뜻합니다.

[22] 같은 책의 말씀입니다.

> 주께서 만민을 심문하실 것이니,
> 그 우렁찬 소리가 땅 끝에까지 퍼질 것이다.
> 모든 사람을 심판하실 것이니,
> 악인들은 칼로 쳐서 죽게 하실 것이다.……
> 그 날에는 땅 이 끝에서 저 끝에 이르기까지 주께 죽임을 당한 시체들이 널려 있을 것이며, 그들이 죽었다고 하여 울어 줄 사람도 없고, 그들을 모아다가 묻어 줄 사람도 없어서, 마치 땅 위에 뒹구는 거름덩이처럼 될 것이다(예레미야 25 : 31, 33).

이 장절은, 최후심판이 있을 때, 교회의 마지막 때의 그 교회의 황폐를 기술하고 있습니다. "주께서 만민(=만국)을 심문하실 것이니, 그 우렁찬 소리(=큰 소란)가 땅 끝에까지 퍼질 것이다"는 것은 그들이 밀어 닥치고, 그들의 악들이 까발려질 때 교회에 속한 자들의 경악(驚愕)을 뜻하는데, 여기서 "땅"(earth)은 교회를 뜻하고, "만민"(=만국)은 악에 빠져 있는 자들을 뜻하고, 추상적인 뜻으로는 온갖 악들을 뜻하고, "여호와의 심문"(=논쟁)은 그들에 대한 임검(=재난·visitation)이나 까발림(=폭로)을 뜻합니다. "주께서 모든 사람(=모든 육체 · all flesh)을 친히 심판하실 것이다"는 것은 교회의 마지막 때에 일어나는 보편적인 심판(the universal judgment)을 뜻합니다. "주께서 악인들을 칼로 쳐서 죽게 하실 것이다"(=악인을 칼에 넘겨 줄 것이다)는 것은 신앙심이 없는 자(the unfaithful)는 그들 자신들의 거짓들에 의하여 멸망할 것이라는 것을 뜻합니다. "그 날에는 땅 이 끝에서 저 끝에 이르기까지 주께 죽임을 당한 시체들(=주의 살육)이 널려 있을 것이다"는 것은 온갖 종류의 거짓들에 의하여 멸망한 자들을 뜻하는데, 여기서 "주께 죽임을 당한 시체들"(=주의 살육)은 거짓들에 의하여 멸망한 자들을 뜻하고, "땅 이 끝에서 땅 저 끝까지"라는 말은 교회의 처음 것들로부터 마지막 것들에까지를, 따라서 온갖 종류의 거짓들을 뜻합니다. "그들이 죽었다고 하여 울어 줄 사람도 없고, 그들을 모아다가 묻어 줄 사람도 없다"는 것은, 거기에 유죄판결(=영벌) 이외에는 그 어떤 회복이나 구원이 더 이상 없다는 것을 뜻하는데, 여기서 "울어 준다"(哀悼 · lamentation)는 것은 사람의 상태가 그러하다는 것 때문의 슬픔(=애도)을 뜻하고, 그리고 "애도가 없다"는 것은 거기에 회복이 없는 사람의 그런 상태 때문에 전혀 슬픔(=애도)이 없다는 것을 뜻합니다. "그들은 마치 땅 위에 뒹구는 거름덩이(=똥)처럼 될 것이다"는 것은 천계에서 비롯되는 생명의 수용을 전혀 가지고 있지 않은 전적인 거짓이나 악을 뜻합니다. 왜냐하면 만약에 사람이, 믿음의 진리들이나, 인애의 선들을 통하여 생명을 전혀 수용하지 못한다면, 그 사람은 전적으로 죽은 것이고, 그리고 그가 악에 속한 전적인 거짓들이나, 거짓에 속한 전적인 악들에 빠져 있는 것이고, 그리고 이런 작자는 땅 위에 뒹구는 시체나 거름덩이(=똥) 같은 존재이기 때문입니다.
[23] 같은 책의 말씀입니다.

> 주께서 그 예언자들 두고 이렇게 말씀하신다. "그들은 내가 보내지도 않았는데, 내 이름으로 거짓 예언을 하였다. '이 땅에는 전쟁과 기근이 없을 것이다' 하고 말한 예언자들은 전쟁과 기근으로 죽을 것이다. 그 예언을 들은 이 백성도, 기근과 전쟁에 시달리다가 죽어서, 예루살렘 거리에 내던져질 것이며, 그들을 묻어 줄 사람이 아무도 없을 것이다. 그들뿐만 아니라 그들의 아내들과 아들딸들도 그와 같이 될 것이다(예레미야 14 : 15, 16).

여기서도 역시 "매장되지 않는다"는 것은 저주(=영벌)에 살아가는 것 이외에 생명에로 다시 일어나지 못하는 것을 뜻합니다. 그밖의 나머지 내용은 본서 652[D]항의 설명을 참조하십시오. 역시 같은 책의 말씀입니다.

> 그 때에는 사람들이 유다 왕들의 뼈와, 유다 지도자들의 뼈와, 제사장들의 뼈와, 예언자들의 뼈와, 예루살렘 주민의 뼈를, 그들의 무덤에서 꺼내다가, 그들이 좋아하고, 노예처럼 섬기고 뒤쫓아 다니고, 뜻을 물어 보면서 찾아 다니고, 숭배하던, 해와 달과 하늘의 모든 천체 앞에 뿌릴 것이다. 그래도 그 뼈들을 모아다가 묻어 주는 사람이 아무도 없을 것이니, 그들은 이제 땅바닥에서 거름이 되고 말 것이다(예레미야 8 : 1, 2).

"무덤들에서 뼈들을 꺼낸다"는 것은 백성들로부터 분리하는 것을 뜻하는데, 이것은 밖에 있는 저주받은 자들 가운데서 쫓아내는 것을 가리키는, 천계에 있는 자들과의 모임(=결합)으로부터의 분리를 뜻합니다. 이런 일은, 악한 자가 선한 자의 사회에 들어올 때 일어나고, 그리고 그 뒤에는 숨었던 자가 발각

되어 쫓겨났을 때 일어납니다. 왜냐하면 매장된 자들은, 앞에서 아브라함 · 이삭 · 야곱에 관해서 언급한 것과 같이, "그들의 백성에게 모아다가 묻는다"고 언급되었기 때문입니다. 그러므로 "무덤에서 꺼낸다"는 것은 그들에게서 축출, 쫓아내는 것을 뜻합니다. 교회에 속한 모든 것들과 꼭 같이 교회에 속한 자들 모두는 "왕들 · 지도자들(=방백들) · 제사장들 · 예언자들이나 예루살렘의 주민들"이 뜻하는데, 여기서 "왕들"은 복합적으로 교회에 속한 진리들 자체를 뜻하고, "지도자들"(=방백들)은 중요한 진리들을, "제사장"은 교리에 속한 선들을, "예언자들"은 교리에 속한 진리들을, "예루살렘의 주민들"은 그것들에 의존하고 있는 교회에 속한 모든 것들을 각각 뜻합니다.

[24] 여기서 "무덤에서 꺼내질 그들의 뼈들"은 진리들이나 선들과 공통으로 가지고 있는 것에서 아무것도 가지지 못한 거짓들이나 악들을 뜻합니다. "그것들을 해와 달과 하늘의 모든 천체 앞에 뿌린다"는 것은 그런 것들을 악마적인 사랑들(=애욕들)에게 준다는 것, 따라서 지옥에서 비롯된 악들이나 거짓들에게 준다는 것을 뜻합니다. 왜냐하면 여기서 "해"는 양쪽의 뜻에서 사랑(=애욕)을 뜻하고, "달"은 양쪽의 뜻에서 그 사랑(=애욕)에서 얻는 믿음을 뜻하고, "하늘의 모든 천체"는 온갖 종류의 거짓들이나 악들을 뜻하기 때문입니다. 그러므로 여기서 "뼈들을 뿌린다"는 것은, 악이나 거짓에 속한 사랑들(=애욕들)이나 탐욕들 이외에 아무것도 아닌 것을 가리키는, 그런 것들에게 전체적으로 그것들을 주는 것을 뜻합니다. "그들이 좋아하고, 노예처럼 섬기고 뒤쫓아 다니고, 뜻을 물어 보면서 찾아다니고, 숭배한다"는 것은 그런 것들에 대한 외면적인 정동들이나 내면적인 정동을 뜻하고, 그리고 그런 것들에 대하여

납작 엎드림(proneness)를 뜻하고, 그리고 그것에서 비롯된 예배를 뜻합니다. "뼈들은 거두어지지도, 묻히지도 못한다"(=그 뼈들을 모아다가 묻어 주는 사람이 아무도 없을 것이다)는 것은 그들이 천계의 사회들에게 결코 돌아오지 못한다는 것을 뜻하고, 오히려 다만 지옥에 있는 자들과 함께 있을 것이라는 것을 뜻합니다. "그들은 이제 땅바닥에서 거름(=똥)이 되고 말 것이다"는 것은 쫓겨나 짓밟히는 그런 것을 가리키는, 죽은 것이나 불결한 것을 뜻합니다.

659[F]. 이런 것에서 아래의 장절이 뜻하는 것이 무엇인지 잘 드러나고 있습니다.

> 요시야 왕은 또 산 위에 무덤이 있는 것을 보고, 사람을 보내어 그 무덤 속의 뼈들을 꺼내어서, 제단 위에 모아 놓고 불태웠다(열왕기 하 23:16).
> 개들이 이스라엘 땅 안에서 이세벨을 뜯어 먹을 것이다. 그를 매장할 사람조차 없을 것이다(열왕기 하 9:10).
> (유다 왕 요시야의 아들 여호야김을 두고)
> 사람들은 그를 끌어다가
> 예루살렘 성문 밖으로 멀리 내던지고,
> 마치 나귀처럼 묻어 버릴 것이다.
> (예레미야 22:19)

[25] "도벳에 시체를 묻는다" 또는 "힌놈의 골짜기에 매장한다"는 것도 동일한 뜻을 갖습니다. 예레미야서의 말씀입니다.

> 그 날이 오면, 다시는 그 곳을 도벳이나 '힌놈의 아들 골짜기'라고 부르지 않고, 오히려 '살육의 골짜기'라고 부를 것이다.…… 그 때에는 매장할 자리가 더 이상 없어서, 사람들이 도벳에 와서 시체를 묻을 것이다. 그 때에는 이 백성의 시체가 공중의 새와 땅에 사는 짐

승의 먹이가 될 것이며, 아무도 그것을 쫓아 줄 사람이 없을 것이다 (예레미야 7 : 32, 33).

같은 책의 말씀입니다.

> 만군의 주가 이렇게 말한다. 토기 그릇은 한번 깨지면 다시 원상태로 쓸 수 없다. 나도 이 백성과 이 도성을 토기 그릇처럼 깨뜨려 버리겠다. 그러면 더 이상 시체를 묻을 자리가 없어서, 사람들이 도벳에까지 시체를 묻을 것이다.……내가 반드시 이 도성을 도벳처럼 만들어 놓겠다(예레미야 19 : 11, 12).

여기서 "도벳"이나 "힌놈의 골짜기"는 지옥을 뜻합니다. "도벳"은, "악마"라고 불리우는, 뒤쪽에 있는 지옥을 뜻하고, "힌놈의 골짜기"는, "사탄"이라고 불리우는, 앞쪽에 있는 지옥을 뜻합니다. 왜냐하면 예루살렘에 있는 곳들이나 그것의 밖에 있는 장소들은 영계에 있는 장소들에 대응하기 때문입니다. 왜냐하면 영계에는 신령질서에 일치하여 사는 장소(住居)들이 있기 때문입니다. 중간 장소에 있는 자들은 가장 큰 빛, 즉 지혜 안에 있는 자들을 가리키고, 이들 아래에 있는 자들은 가장 작은 빛 안에 있는 자들을 가리킵니다. 동쪽이나 서쪽을 향해 있는 자들은 사랑 안에 있는 자들이고, 남쪽이나 북쪽을 향해 있는 자들은 총명 안에 있는 자들입니다. 이런 것이 전 천계의 배치(=배열 · arrangement)입니다. 그리고 그 배치는 각각의 사회에서도 그러하고, 각각의 도시에서도 그러하고, 각각의 집에서도 역시 배치는 그와 꼭 같습니다. 이것은 천계의 보다 작은 형체이기 때문이지만, 가장 큰 형체에서도 꼭 같습니다. "예루살렘"이 천계를 뜻하고, 교리의 측면에서 교회를 뜻하기 때문에, 그러므로 여기에 있는 장소들은 성전이나, 시온에서 비롯된 그것들의 방위들이나 거리들에 일치하는 표징이 있습니다. 이것이 "도벳"이나 "힌놈의 골짜기"가 가장 불결하고, 혐오스러운 우상숭배적인 장소들을 가리키는 지옥을 표징하고, 뜻하는 이유입니다. 이런 일련의 내용에서 "도벳에 장사지낸다" 그리고 "힌놈의 골짜기에 묻는다"는 말이 뜻하는 것이 무엇인지 잘 드러나고 있습니다.

660. 10절. 땅 위에 사는 사람들이 그 시체를 놓고 기뻐하고, 즐거워할 것입니다.
이 말씀은, 교회에 속한 선들이나 진리들에 대하여 반대하는 자들에게 있는 지옥적인 사랑(=애욕)에서 비롯된 기쁨이나 즐거움을 뜻합니다. 이러한 내용은, 교회 안에 있는 자들을 가리키는, 여기서는 악들이나 그것에서 비롯된 거짓들 안에 있는 자들을 가리키는, 따라서 그것의 선들이나 진리들에 정반대되는 자들을 가리키는, "땅 위에 사는 사람"의 뜻에서 명확합니다. 그리고 또한 여기서는 지옥적인 사랑(=애욕)의 쾌락을 가리키는 "기쁨하는 것이나 즐거워하는 것"의 뜻에서 명확합니다. 왜냐하면 모든 기쁨이나 즐거움은 사랑에 속한 것이고, 그리고 모두는 그의 사랑의 지지를 받게 되었을 때 즐겁고 기쁘기 때문입니다. 그리고 그는, 그가 사랑하는 것을 추구(追求)하고 성취할 때 즐겁고 기쁘기 때문입니다. 한마디로 사람의 모든 즐거움은 그의 사랑에서 비롯되고, 마음의 모든 슬픔이나 비애는 이 사랑의 반감(反感)에서 나옵니다.

[2] "즐거워하고, 기뻐한다"고 언급되었는데, 그것은 선과 진리의 혼인(=결합) 때문입니다. 왜냐하면 "즐거워한다"(joy)는 것은, 그것이 사랑과 관계를 가지고 있기 때문에, 선에 관해서 서술하기 때문입니다. 그리고 그것이 특히 마음(the heart)나

의지에 속해 있기 때문에 "기쁨"(gladness)은 진리에 관해서 서술하기 때문입니다. 그것은 그것이 진리에 관계를 가지고 있기 때문입니다. 왜냐하면 그것은 특히 마음(the mind)이나 그것의 생각에 속해 있기 때문입니다. 그러므로 우리는 "마음의 즐거움"(joy of heart)이나 "마음의 기쁨"(gladness of mind)이라고 말합니다. 성경말씀의 모든 곳에는 두 표현들이 있는데, 하나는 선과 관계를 가지고 있는 것이고, 다른 하나는 진리와 관계를 가지고 있습니다. 그리고 이것은 천계와 교회 양자를 완성하는 선과 진리의 결합이기 때문입니다. 그러므로 이 두 양자, 천계와 교회는 혼인(婚姻 · 結合 · marriage)에 비유되었습니다. 그 이유는 주님께서 "신랑"(Bridegroom)이나 "남편"(Husband)이라고 불리웠기 때문이고, 그리고 천계나 교회는 "신부"(bride)나 "아내"(wife)라고 불리웠기 때문입니다. 그러므로 그 혼인 안에 있지 않은 자는 누구나 천계의 천사가 아니고, 또한 교회의 사람도 아닙니다. 그 이유는, 그것이 진리들에 의한 형성이 아니라면, 어느 누구에게도 결코 선이 전혀 없기 때문이고, 선에 의한 삶이 있는 것이 아니라면 어느 누구에게도 역시 진리는 결코 없기 때문입니다. 왜냐하면 모든 진리는 선의 형체(a form of good)이기 때문이고, 그리고 모든 선은 진리의 존재(the being of truth)이기 때문입니다. 그리고 전자는 후자가 없이는 가능하지 않기 때문에 뒤이어지는 사실은, 천계의 천사에서와 똑같이 교회에 속한 사람에게도 선과 진리의 혼인(=결합)이 반드시 필요하다는 것입니다. 더욱이 모든 총명이나 지혜는 그 혼인으로 말미암아 존재합니다. 왜냐하면 그것으로부터 진리들이나 선들은 계속해서 생성, 태어나기 때문이고, 그것에 의하여 이해와 의지도 형성되기 때문입니다.

[3] 이와 같이 언급된 것은 "즐겁다"·"기쁘다"는 양자가 언급된 이유를 알기 위한 것입니다. 다시 말하면 "즐겁다"(to rejoice)는 것은 선에 관해서, 그리고 그것의 사랑이나 정동에 관해서 서술한다는 것을 알게 하기 위한 것이고, "기쁘다"(to be glad)는 것은 진리에 관해서, 그리고 그것의 사랑이나, 정동에 관해서 서술한다는 것을 알게 하기 위한 것입니다. 이러한 사실은 성경말씀의 수많은 장절의 경우가 되겠습니다. 예를 들면 아래의 장절이 되겠습니다.

> 하늘은 즐거워하고, 땅은 기뻐 외쳤다(시편 96 : 11).
> 주님을 찾는 모든 사람은,
> 주님 때문에 기뻐하고 즐거워할 것입니다.
> (시편 40 : 16 ; 70 : 4)
> 의인들은 기뻐하고,
> 하나님 앞에서 즐거워할 것이다.
> 기쁨에 겨워서, 크게 즐거워할 것이다.
> (시편 68 : 3)
> 우리가 평생토록 기뻐하고 즐거워하도록,
> 아침에는,
> 주의 사랑으로 만족하게 해주십시오.……
> 우리에게 즐거움을 주십시오.
> (시편 90 : 14, 15)
> 예루살렘을 사랑하는 사람들아,
> 그 성읍과 함께 기뻐하고, 즐거워하여라.
> 예루살렘을 생각하며 슬퍼하던 사람들아,
> 너희는 모두
> 그 성읍과 함께 크게 기뻐하여라.
> (이사야 66 : 10)
> 오, 에돔의 딸아, 즐거워하고 기뻐하여라(애가 4 : 21).
> 보아라, 기뻐하고 즐거워하며, 소를 잡고, 양을 죽여 고기를 먹고,

포도주를 마시어라(이사야 22:13).
주께 속량받은 사람들이
예루살렘으로 돌아올 것이다.
그들이 기뻐 노래하며 시온에 이를 것이다.
기쁨이 그들에게 영원히 머물고,
즐거움과 기쁨이 넘칠 것이니,
슬픔과 탄식이 사라질 것이다.
(이사야 35:10 ; 51:11)
주께서 그 광야를 에덴처럼 만드시고,
그 사막을 주의 동산처럼 만드실 때에,
그 안에 기쁨과 즐거움이 깃들며,
감사의 찬송과 기쁜 노랫소리가
깃들 것이다.
(이사야 51:3)
기쁨과 즐거움의 소리를 들려주십시오.
(시편 51:8)
우리 하나님의 성전에는
기쁨도 즐거움도 없다.
(요엘 1:16)
열째 달의 금식일이 바뀌어서, 유다 백성에게 기쁘고 즐겁고 유쾌한 절기가 될 것이다(스가랴 8:19).
그 때에는 내가 유다의 성읍들과 예루살렘의 모든 거리에서, 흥겨워하는 소리와 기뻐하는 소리, 즐거워하는 신랑 신부의 목소리가 사라지게 하겠다(예레미야 7:34 ; 25:10 ; 33:11).

[4] 즐거움의 장소에는 역시 환희(歡喜 · exultation)가 언급되는데, 즐거움과 같이 환희도 선에 관에서 언급하고 있기 때문이고, 그리고 그것은 사랑과 관계를 가지고 있고, 또한 마음(the heart)과 관계를 가지고 있고, 따라서 의지와 관계를 가지고 있습니다. 예를 들면 아래 장절들이 되겠습니다. 시편서의 말씀입니다.

야곱은 기뻐하고(exult),
이스라엘은 즐거워할 것이다.
(시편 14 : 7 ; 53 : 6)
나는 주의 자비하심을 기뻐하고(exult),
즐거워할(glad) 것이다.
(시편 31 : 7)
의인들아, 주 안에서 기뻐하고(exult), 즐거워하여라(시편 32 : 11).
주님, 주의 공의로우심으로
시온 산이 즐거워하고(glad),
유다의 딸들이 기뻐서 외칩니다(exult).
(시편 48 : 11)
주를 신뢰하는 모든 자들을 기뻐하게 하시고, 주께서 그들을 보호하셨으니, 그들로 항상 즐거움으로 소리치게 하신다(시편 5 : 11).
이 날은 주님이 만드신 날,
우리 모두 주와 함께
기뻐하고 즐거워하자.
(시편 118 : 24)
주님께서
우리를 구원하여 주셨으니
기뻐하며 즐거워하라.
(이사야 25 : 9)
너희는 내가 창조하는 것을
길이길이 기뻐하고 즐거워하여라.
(이사야 65 : 18)
주께서 큰 일을 하셨다!
땅아, 두려워하지 말아라.
기뻐하고 즐거워하여라.
(요엘 2 : 21)
시온의 아들들아,
너희 하나님 여호와 안에서
기뻐하고 즐거워하여라.
(요엘 2 : 23 ; 하박국 3 : 18)

11장 7-19절

오, 예루살렘의 딸아,
마음을 다하여 기뻐하고
즐거워하여라.
(스바냐 3 : 14)
과수원과 모압 땅에서 즐거움과 기쁨이 사라졌다.
(예레미야 48 : 33 ; 이사야 16 : 10)
(천사가 스가랴에게 말하였다.) 너는 기뻐하고 즐거워할 것이요, 또 많은 사람이 그의 출생을 기뻐하리라(누가 1 : 14).

이 모든 장절들에서 환희(=기쁨 · exultation)은 사랑에서 비롯된 기쁨(delight)이나, 선의 정동에서 비롯된 기쁨을 뜻하고 "기쁨"(gladness)은 사랑이나 진리의 정동에서 비롯된 기쁨(=즐거움 · pleasure)을 뜻합니다.

661. 사람들이 서로 선물을 보낼 것입니다.

이 장절은 그들의 제휴(提携 · consociation)를 뜻합니다. 이것은 사랑이나 친선을 통한 우정(友情)에 의하여 제휴하는 것을 가리키는 "선물을 보낸다"는 말의 뜻에서 명확합니다. 왜냐하면 이런 정동이나 의향(意向)에서 비롯된 선물들은 성질이 고약한 자나 성질이 순한 자나 모두 잘 화해시키고, 결합시키기 때문입니다. 그러나 여기서 이들은 사랑의 선들이나, 교회의 진리들에 정반대되는 자들을 뜻합니다. 그것은 그들이 살해되고, 그들의 시체는 영적으로 소돔 또는 이집트라고 하는 그 큰 도시의 넓은 거리에 버려진 "두 증인들"이 뜻하기 때문입니다. 여기서 주지하여야 할 것은 성질이 고약한 자나 사악(邪惡)한 자에게는 그들이 어디에 있든지 사랑에 속한 선들이나, 교리에 속한 진리를 파괴하는 것 이외의 더 기쁜 것은 아무것도 없다는 것이고, 그리고 이런 것들을 가지고 있는 자에게 악을 행하는 것 이외의 더 기쁜 것은 아무것도 없다는 것입니다. 이런 것은 그런 자들에 대하여 증오나 미움으로 불을 지피기 때문입니다. 결과적으로 이런 부류의 것들이 있는 지옥으로부터 천적인 사랑이나 영적인 믿음에 대하여 치명적인 증오나 미움을 내뿜기 때문입니다. 그러므로 천계를 향해 내뿜고, 특히나도 주님 당신을 향해 치명적인 증오를 내뿜기 때문입니다. 그들에게는 가끔 이런 악한 짓을 하는 것이 허락되는데, 그 때 그들은 그들의 마음의 희열 가운데 있습니다. 이런 것은 지옥에 있는 자들의 아주 잔악(殘惡)한 기질(氣質)입니다. 그러므로 이런 것은 바로 "사람들이 그 시체를 놓고 기뻐하고 즐거워한다"는 것이 뜻하는 것입니다. 더욱이 사악한 자는, 성품이 순한 자에게 해코지를 할 목적으로 우정을 맺고, 자신들과 결합시킵니다. 그들은 증오의 쾌락에 의하여 제휴, 연합하는데, 그것은 바로 그들의 사랑(=애욕)에 속한 쾌락입니다. 이것은 바로 마음의 벗들인 것처럼 자신들을 꾸미지만, 그럼에도 불구하고 그 때 그들은 원수들입니다. 따라서 이것이 "서로 선물을 보낼 것이다"는 말에 속한 뜻입니다.

[2] 온갖 선물들이 넋을 빼어가고, 서로 연합(=제휴)시키기 때문에 고대에서는 제사장이나 예언자에게 선물들을 드리는 품습이 있었습니다. 그리고 또한 이런 풍습은 고관대작이나 왕에게도 행해졌습니다. 그 때 그들은 서로 가까워졌습니다(사무엘상 9:7, 8). 그와 같은 풍습은 역시 하나의 법령이었습니다. 신명기서의 말씀입니다.

> 모든 남자는 한 해에 세 번, 무교절과 칠칠절과 초막절에, 주 너희의 하나님이 택하신 곳으로 가서 주님을 뵈어야 한다. 그러나 빈손으로 주님을 뵈러 가서는 안 된다. 저마다 주 너희의 하나님으로부터 받은 복에 따라서 그 힘대로 예물을 가지고 나아가야 한다(신명

기 16 : 16, 17 ; 출애굽 23 : 15 ; 34 : 20).

따라서 마태복음서의 말씀입니다.

> 동방에서 온 박사들은 그 집에 들어가서, 아기가 그의 어머니 마리아와 함께 있는 것을 보고, 엎드려서 그에게 경배하였다. 그리고 그들의 보물 상자를 열어서, 그에게 황금과 유향과 몰약을 예물로 드렸다(마태 2 : 11).

시편서의 다윗의 예언과도 일치합니다(시편 72 : 10). 그 밖의 성경말씀입니다.

> 그 때에 만군의 주께서
> 예물을 받으실 것이다.……
> 강대국 백성이
> 만군의 주께 드릴 예물을 가지고,
> 만군의 주의 이름으로 일컫는 곳,
> 시온 산으로 올 것이다.
> (이사야 18 : 7 ; 57 : 6 ; 66 : 20 ; 스바냐 3 : 10 ; 마태 5 : 23, 24 : 그 밖의 여러 곳)

그리고 이것은 외적인 선물들이 내적인 선물들이나 영적인 선물들을 뜻하는 것이기 때문에, 다시 달하면 마음에서 우러나오는 것이기 때문에, 따라서 선물들은 정동이나 믿음에 속한 것입니다. 이런 것들에 의하여 결합이 이루어지기 때문에, 영적인 뜻으로 "선물들"은, 하나님과의 관계에서는, 결합(conjunction)을 뜻하고, 사람들과 관계에서는 제휴(consociation)를 뜻합니다.

662. 그것은 이 두 예언자가 땅 위에 사는 사람들을 괴롭혔기

때문입니다.
이 말씀은 이런 것들 때문에 황폐하게 된 교회 안에 있는 마음의 분노(anxiety of heart)를 뜻합니다. 이러한 내용은, 교리에 속한 선들이나 진리들을 가리키는 여기서는 "두 예언자들"이라고 불리운, "두 증인들"의 뜻에서 명확합니다. 그리고 마음의 분노를 가리키는, "짓밟는다"(=고문한다 · tormenting)는 낱말의 뜻에서 명확하고, 그리고 역시 교회에 있는 자들을 가리키는, 지금 여기서는 황폐된 교회 안에 있는 자들을 가리키는, "땅 위에 사는 자들"의 뜻에서, 명확합니다. 그러므로 이 낱말들은 황폐된 교회에 속한 자들에게 있는 사랑의 선들이나 믿음의 진리들에게서 생긴 마음의 분노(the anxiety of heart)를 뜻합니다. 왜냐하면 여기서는 교회의 종말에 관해서 다루고 있기 때문입니다. 그 종말의 때는 자기사랑이나 세상사랑, 그리고 그것들의 정욕들(lusts)이나 그런 정욕들에 속한 악들이나 거짓들이 주권을 쥐고 있는 때입니다. 그 때 사람들은 사랑의 선들이나, 교리의 진리들에 의하여 무척 고통을 받는데, 그것은 내적으로, 즉 그들의 마음 속에서 그들은 그것들을 무척 미워하기 때문입니다. 그렇지만 그들은 입술로는 그것들을 고백하고, 찬양합니다. 미움 받는 그 어떤 것이 들어올 때 거기에는 내적인 고통이나 괴로움이 있습니다. 그럼에도 불구하고 교회에 속한 사람은 이런 사실을 알지 못합니다. 그리고 그가 이 세상에서 사는 동안 그 사람은 이들 두 증인들에 대하여 매우 큰 미움이나 증오를 가지고 있고, 그리고 그 사람은 내적으로 그들에 의하여 심한 고통을 겪고 있습니다. 그 사람은 자신의 내면적인 생각이나 정동의 상태를 모르기 때문이고, 다만 즉시 언어 속에 떨어지는 그의 내면적인 생각이나 정동을 알기 때문입니다. 그러나 그가 영계에 들어오게 되면, 그의 외면적인 생각이나 정동은 수면(睡眠)상태에 놓이게 되고, 내면적인 것은 열리게 됩니다. 그 때 그는, 그가 그런 것들을 듣는 것조차 도저히 참을 수 없는, 사랑의 선들이나 교리의 진리들에 대한 증오에서 생겨나는 아주 매우 심한 혐오감이나 반감 따위를 느낍니다. 그러므로 그런 사람이 영적인 사랑이나 믿음이 다스리는 천사적인 사회에 들어오게 되면 그는 아주 지긋지긋한 처참한 고통을 겪는데, 그것은 사랑이나 믿음에 거스르는 미움이나 증오에서 비롯된 내면적인 혐오나 반감의 신호(信號)입니다. 이러한 일련의 내용은 "땅 위에 사는 사람들을 괴롭히는 예언자들"이 뜻하는 것이 무엇인지 명료하게 합니다. "땅 위에 사는 사람들"은 삶에 관해서 선 안에 있는 교회 안에 있는 자들을 뜻하지만, 여기서는 악 안에 빠져 있는 자들을 뜻합니다. 왜냐하면 이런 부류의 인물들은 사랑의 선들이나, 교리의 진리들에 의하여 내면적으로 고통이나 괴롭을 겪고 있기 때문입니다. "산다"(=거주한다 · to dwell)는 것은 사는 것(to live)을 뜻하고 따라서 삶(life)을 뜻한다는 것은 "거주한다"(=산다)는 말이 언급된 성경말씀의 여러 장절들에게서 잘 알 수 있겠습니다. 예를 들면, 이사야 9:2 ; 13:20 ; 37:16 ; 예레미야 2:6, 15 ; 51:13 ; 다니엘 2:22 ; 4:9 ; 에스겔 31:6 ; 호세아 9:2, 3 ; 시편 23:6 ; 27:4 ; 80:1 ; 101:7 ; 스바냐 3:6 ; 그 밖의 여러 곳이 되겠습니다.

663. 11, 12절. 그러나 사흘 반이 지난 뒤에, 생명의 기운이 하나님께로부터 나와서 그들 속으로 들어가니, 그들이 제 발로 일어섰습니다. 그것을 목격한 사람들은 큰 두려움에 사로잡혔습니다. 그 두 예언자가 "이리로 올라오너라" 하는 큰소리가

하늘로부터 자기들에게로 울려 오는 것을 듣고, 구름을 타고 하늘로 올라가니, 그들의 원수들이 그것을 지켜 보았습니다.

[11절] :

"사흘 반이 지난 뒤에" 라는 말씀은, 그것이 끝났을 때, 따라서 옛 교회의 종말과 새로운 교회의 시작이 끝났을 때를 뜻합니다(본서 664항 참조). "하나님으로부터 생명의 기운(=생명의 영)이 그들 속으로 들어갔다"는 말씀은, 새로운 교회(the new church)의 시작을 위해 있는 몇몇들에게 있는 조요(照耀·enlightenment)와 주님에게서 비롯된 신령진리의 입류의 영접을 뜻합니다(본서 665항 참조). "그들이 제 발로 일어섰다"는 것은 교회에 속한 중생한 사람이 가지고 있는 것과 같은 새로운 생명(=삶·a new life)을 뜻합니다(본서 666항 참조). "그것을 목격한 사람들은 큰 두려움에 사로잡혔다"(=그들을 바라보던 자들에게 큰 두려움이 임하였다)는 말씀은, 영접하지 못하고, 시인하지 않은 자들에게 있는 분노의 상태를 뜻합니다(본서 667항 참조).

[12절] :

"그들(=두 예언자들)은 하늘로부터 자기들에게로 울려 오는 것(=말하는 것)을 들었다"는 말씀은 주님의 신령섭리를 뜻합니다(본서 668항 참조). "이리로 오너라"(=이리로 올라 오라)는 말씀은 분리를 뜻하고, 결과적으로는 보호를 뜻합니다(본서 669항 참조). "그들은 구름을 타고 하늘로 올라갔다"는 말씀은 내적인 것들에 관한 분리와 그리고 그것들의 보호를 뜻합니다(본서 670할 참조). "그들의 원수들이 그것을 지켜보았다"는 말씀은 성언에 속한, 또는 교회에 속한 선들이나 진리들에 대하여 내면적으로 반대하는 자들에게 있는 지식이나 시인을 뜻합니다(본서 671항 참조).

664. 11절. **사흘 반이 지난 뒤에······**
이 말씀은, 그것이 마감되었을 때, 따라서 옛 교회의 종말과 새로운 교회의 시작이 끝 마치었을 때를 뜻합니다. 이러한 뜻은, 새로운 교회의 시작이 있는 때인 옛 교회의 마지막(=종말)에 관한 충분함이나 달성(達成)을 가리키는 "사흘 반"(=3일 반·the three days and a half)의 뜻에서 명확합니다(본서 658항 참조). "사흘 반이 지난 뒤에" 라고 언급된 것은, 성경말씀에서 "날들"(days)은 상태들을 뜻하고, 여기서는 교회의 마지막 상태를 뜻하기 때문입니다. 왜냐하면 성경말씀에서 모든 때들(times), 예를 들면 "시간들"·"날들"·"주들"(weeks)·"달들"(months)·"해들"(years)·"시대들"(ages)은 상태들을 뜻하기 때문인데, 지금 여기서는 사랑의 선이나, 믿음의 진리가 더 이상 남아 있지 않는 때인, 그 교회의 마지막 상태(the last state)를 뜻합니다. "날들"(days)이 상태들을 뜻하기 때문에, 그리고 태고교회의 설시(設始)가 창세기서의 첫째 장에서 다루어지고 있기 때문에, 그리고 그것은 하나에서부터 계속해서 뒤이어지는 교회의 설시이기 때문에, 거기에는 이런 말씀이 언급되었습니다. 창세기서의 말씀입니다.

> 저녁이 되고 아침이 되니, 하루가 지났다. 둘째 날도, 셋째 날도, 넷째 날도, 다섯째 날도, 여섯째 날도, 심지어 그것이 마치는 때인, 일곱째 날에도, 저녁이 되고 아침이 되니, 그 날이 지나갔다(창세기 1 : 5, 8, 13, 19, 23, 31 ; 2 : 2).

그리고 거기에서 "날들"은, 날들을 뜻하지 않고, 오히려 그 때 사람들의 계속적인 중생의 상태들을 뜻하고, 그리고 결과적으로는 그들에게 있는 교회의 설시를 뜻합니다. 그러므로 역시 성경말씀의 다른 곳에서도 그러합니다.

665. 생명의 기운이 하나님께로부터 나와서 그들 속으로 들어갔다.

이 말씀은 조요(照耀)를 뜻하고, 새로운 교회의 시작을 위한 몇몇에게 있는 주님에게서 비롯된 신령진리의 수용을 뜻합니다. 이러한 내용은, 이것에 관해서는 곧 언급하겠지만, 주님에게서 발출하는 신령진리를 가리키는, 그리고 조요와 입류의 수용을 가리키는, 다시 말하면 "생명의 기운"(=생명의 영)이 뜻하는 신령진리의 조요와 수용을 가리키는, "그들 속으로 들어간다"는 말의 뜻에서, 다시 말하면 살해되고, 넓은 거리에 내버려진 "두 증인" 속으로 들어간다는 말의 뜻에서 명확합니다. 이것은 또한 새로운 교회의 설시를 위한 몇몇에게 있는 것을 뜻하는데, 이러한 뜻은 아래의 장절에게서 명확합니다. 왜냐하면 "두 증인들"은 사랑의 선들이나, 교회의 진리들을 뜻하기 때문이고, 그리고 또한 그들은 그런 선들이나 진리들이 그들에게 있는 자들을 뜻하기 때문입니다. 왜냐하면 "증인들"이 이런 부류의 존재들이기 때문입니다.

[2] 그 교회의 종말이 임박했을 때, 그 때 주님께서는 계승될 새로운 교회(a New Church)를 장만하십니다. 왜냐하면 그것에 성언이 존재하고, 그리고 그것에 주님이 계신다는 것을 알고 있는 교회가 없다면 이 세상은 존재, 존속될 수 없기 때문입니다. 왜냐하면 성언(聖言·the Word)이 없다면, 그리고 그것으로 말미암아 주님에 속한 지식이나 시인이 없다면, 천계와 인류의 결합은 불가능하기 때문이고, 그러므로 또한 주님에게서 비롯되는 신령발출(the Divine proceeding)이 새로운 생명으로서의 입류가 불가능하기 때문에, 그리고 천계와의 결합이 없고, 그

리고 그것을 통한 주님과의 결합이 없으므로, 사람은 사람이 아닐 것이고, 다만 사람은 하나의 짐승이 될 것이기 때문입니다. 이것이 옛 교회가 그것의 종말에 이르렀을 때 주님께서 새로운 교회(a New Church)를 항상 준비하시는 이유입니다. 새로운 교회의 시작과 그럼에도 불구하고 그것의 설시를 뜻하지 않는 이유는 아래 이어지는 장절의 설명에서 언급될 것입니다.
[3] "하나님께로부터 나오는 생명의 기운" 또는 "하나님의 영"(the Spirit of God)이나 "성령"(the Holy Spirit)은, 신령진리라고 불리우는 주님에게서 비롯되는 신령발출(the Divine proceeding)을 뜻하고, 모든 지혜나 총명이 그것에서 비롯된 신령발출을 뜻한다는 것은 앞에서 언급, 입증하였습니다(본서 24 · 183 · 318항 참조). 이 신령발출은, 사람이 개혁되고, 중생될 때 사람을 교화(敎化), 계발(啓發)하고, 그 사람에게 입류(入流)하는 것을 가리킵니다. 따라서 교회가 시작되고, 그 사람에게 설시될 때를 뜻하는데, 이러한 것은 앞에서 이미 인용한 성경 장절들에게서(본서 183항 참조), 그리고 지금 에스겔서에서 인용된 장절에서 명확하게 알 수 있겠습니다. 에스겔서의 말씀입니다.

> 그분이 나에게 말씀하셨다. "바람"(=생기)에게 대언하여라. 사람의 아들아, 바람(=생기)에게 말하여라. 주권자인 주 여호와가 이렇게 말한다. "바람(=생기 · 영 · 숨)아, 사방에서 와서 이 죽임을 당한 사람들에게 불어 그들이 살아나게 하여라." 그래서 내가 그분이 나에게 명령하신 대로 대언하였더니 생기(=숨 · 영)가 그들 속으로 들어갔다. 그러자 그들이 곧 살아나서 제 발로 일어서는데, 굉장히 큰 군대였다(에스겔 37 : 9, 10).

[4] 이 말씀은, 그 예언자에 의하여 보여진 골짜기의 바닥에

있는 "마른 뼈들"(the dry bones)에 관해서 다루고 있는데, 그것은 이스라엘 족속을 뜻하는데, 이러한 사실은 그 장의 11절에 명확하게 선언하고 있습니다. "이스라엘 족속"(=이스라엘의 온 집)은 교회를 뜻하고, 그 족속(=집)이나 교회는 여기서 "마른 뼈"에 비유되었는데, 그것은 사랑의 선이나, 교리의 진리를 전혀 가지고 있지 않았기 때문입니다. 새로운 생명(a new life)의 흡입(=흡수 · 吸入 · inbreathing)에 의한, 또는 중생에 의한, 새로운 교회의 설시는 "힘줄(=근육 · sinew) · 살(flesh) · 살갗(skin)"에 의하여 기술되었는데, 뼈들은 이런 것들로 옷입혀지고, 감싸졌는데, 특히 그것들 속에 들어간 "영"(=생기 · the spirit)에 의하여 기술되었는데, 그것들은 그것으로 말미암아 살아났습니다. 여기서 그것들 안에 있는 "생기"(=영 · the spirit)는 신령진리의 입류의 수용을 뜻하고, 결과적으로는 영적인 생명을 뜻합니다. 예언자가 바람에게 "너 생기야, 사방에서부터 불어와라"라고 언급하고 있는데, 그것은 "사방의 바람"(the four winds)은 영계에 있는 네 방위(方位)를 뜻하고, 그리고 거기의 방위들은 복합체적으로는 사랑의 선들이나, 교리의 진리들을 뜻합니다. 이런 것들의 뜻에 관해서는 본서 417 · 418 · 419[D · E] · 422항을 참조하시고, 그리고 《천계와 지옥》 141-150항을 참조하십시오.

666. 그들이 제 발로 일어섰습니다.
이 말씀은 새로운 생명(a new life)을 뜻하는데, 그런 생명은 교회에 속한 중생한 사람이 가지는 생명입니다. 이러한 내용은 존재하는 것(to be), 살아 있는 것(to live), 그리고 지속하는 것(to sustain)을 뜻하는 "일어선다"(=선다 · standing)는 말의 뜻에서(본서 414항 참조) 명확하고, 그리고 신령질서의 궁극적인 것을 가리키는, 그리고 선재하는 것이나, 보다 높은 것들이 그것 위에 기초하는, 그리고 그것들이 그것 위에 존속, 존재하는 것 등등을 가리키는 "발"(the feet)의 뜻에서 명확합니다(본서 69 · 600[A] · 606항 참조). 그러므로 "발로 선다"(to stand upon the feet)는 것은 충분한 생명(=삶)을 뜻하는데, 그것은 궁극적인 것 안에 있기 때문입니다. 여기서 다루어진 "증인들"은 살해되었고, 그리고 다시 살아났기 때문에, 새로운 생명을 뜻합니다. 여기서 "발로 선다"는 것은, 교회에 속한 중생한 사람이 가지고 있는 그런 생명(=삶)을 뜻하는데 그것은 "두 증인들"에 관해서 그렇게 언급하고 있기 때문인데, 교리의 진리들을 통하여 사랑의 선들 안에 있는 모두를 그 두 증인이 뜻하기 때문입니다. 그리고 중생한 사람은 이런 생명을 가지고 있습니다. 그리고 또한 그것은 "발"이 뜻하는 자연적인 것이 중생되었을 때, 온전한 사람은 중생한 사람이 가지고 있는 그런 생명을 가지기 때문입니다.
[2] 이것을 주님께서는 요한복음서에서 이렇게 가르치셨습니다. 그 책의 말씀입니다.

> 예수께서 베드로에게 대답하셨다. "이미 목욕한 사람은 온 몸이 깨끗하니, 발 밖에는 씻을 필요가 없다. 너희는 깨끗하다"(요한 13 : 10).

여기서 "목욕한다"(=씻는다 · to wash)는 것은, 중생되는 것을 가리키는, 악들이나 거짓들부터의 정화(淨化)되는 것을 뜻합니다. 그러므로 "이미 목욕한 사람"은 정화된 사람을 뜻합니다. 다시 말하면 사랑의 선이나, 믿음의 진리를 가리키는 영적인 것에 관하여 중생된 사람을 뜻합니다. 이런 그 선들이나 그 진리들은 반드시 제일 먼저 기억이나, 이해에 영접, 수용되어야 하는데, 다시 말하면 그것들은 반드시 알아야 하고, 시인되어야 합니다. "발 밖에 씻을 필요가 없다"는 것은, 그 때 자연적인 사람이나 겉사람은 반드시 정화되고, 중생되어야 하는데, 이런 일은 사랑이나 믿음에 속한 계율들에 일치하는 삶에 의하여 행해지는데, 다시 말하면 성경말씀에서 비롯된 교리의 선들이나 진리들에 일치하는 삶에 의하여 행해집니다. 이 일이 행해졌기 때문에, 그 사람 자신은 정화되고, 중생되었습니다. 왜냐하면 성경말씀에서 비롯된 교리에 속한 선들이나 진리들에 일치하여 산다는 것은 그것들을 원하는 것이고, 따라서 그것들을 실천하는 것을 가리키는데, 그것은 곧 그것들에 의하여 감화감동되는 것과 동일하고, 그리고 그것들을 사랑하는 것과 꼭 같습니다. 왜냐하면 의지에 속한 것이 된다는 것은 정동이나 사랑에 속한 것이 되는 것이기 때문이고, 그러므로 그 사람 자신에 속한 것이 되는 것이기 때문입니다. 왜냐하면 의지가 진정한 사람이기 때문입니다. 왜냐하면 사람은 자기 자신의 사랑이기 때문이고, 그리고 그 사람 자신의 정동이기 때문입니다. 이것이 바로 그 때 "온 몸이 깨끗하다"고 언급된 이유입니다.
[3] 이렇게 볼 때 "제 발로 선다"는 것이 중생한 사람이 가지는 이런 생명을 뜻하는 이유가 아주 명료합니다. 그러므로 그 때 그것들은 힘줄들·살·살갗으로 감싸졌는데, 예언자가 본 골짜기 바닥의 "마른 뼈들"에 관해서, 언급된 것은, 이렇게 언급되었습니다. 에스겔서의 말씀입니다.

> 그래서 내가 명을 받은 대로 대언하였더니, 생기(=영·바람)가 그들 속으로 들어갔고, 그래서 그들이 곧 살아나 제 발로 일어나 섰습니

다(에스겔 37 : 10).

여기서도 역시 "제 발로 선다"는 것은, 중생한 사람이 가지는 그런 것을 가리키는, 새로운 생명(=삶 · a new life)을 뜻합니다. 왜냐하면 이스라엘 족속(=집안)이 비유된 "마른 뼈들"은 그들에게 있는 교회의 상태를 뜻하기 때문입니다. 다시 말하면 그 교회가 사랑의 선이나 또는 교리의 진리들을 전혀 가지지 못한 상태를 뜻하기 때문입니다. "힘줄 · 살 · 살갗으로 감싸졌다"(=옷입혀졌다)는 것은 중생을 뜻하고, "그것들 안에 들어간 생기"(=영 · the spirit)는 입류를 통한 새로운 생명을 뜻하고, 그리고 신령진리의 수용을 뜻합니다. 그러므로 "그래서 그들이 곧 살아나 제 발로 일어나서 섰다"는 말씀이 언급되었습니다.
[4] "발로 선다"는 것은 같은 예언서의 다른 곳에서도 동일한 뜻을 갖습니다. 에스겔서의 말씀입니다.

> 그가 나에게 말씀하셨다. "사람아, 일어서라. 내가 너에게 할 말이 있다." 그가 나에게 이 말씀을 하실 때에, 한 영이 내 속으로 들어와서, 나를 일으켜 세웠다(에스겔 2 : 1, 2).

또 같은 책의 말씀입니다.

> 그래서 내가 일어나 들로 나가서 보니, 그 곳에는 주의 영광이 머물러 있었는데…… 그 때에 주의 영이 나의 마음 속으로 들어오셔서 나를 일으켜 세우셨다(에스겔 3 : 23, 24).

"발로 선다"는 것은 생명(=삶) 자체를 뜻하기 때문에, 그것이 충만한 상태에 있을 때, 그 일은 행해졌습니다. 생명(=삶)은, 자연적인 것이 영적인 것으로 말미암아 살 때, 충만한 상태에 있는 것입니다. 왜냐하면 사람의 생명의 궁극적인 것은 그의 자연적인 것 안에 있기 때문입니다. 이 궁극적인 것은 사람의 내면적인 부위나, 보다 높은 부위에 대해서는 마치 기초(=초석)와 같습니다. 왜냐하면 이런 것들은 궁극적인 것에 들어와 종결되고, 그리고 그것 안에서 존재, 존속하기 때문입니다. 결과적으로 생명이 궁극적인 것 안에 있지 않다면, 그것은 충만하지도 않고, 따라서 완전하지도 않기 때문입니다. 더욱이 내면적인 모든 것들이나, 보다 높은 모든 것들은, 그들이 동시적인 존재 안에 있는 것과 같이, 궁극적인 것 안에 서로 함께 존재합니다. 이런 이유 때문에, 궁극적인 것들은 내면적인 부위들이나, 보다 높은 부위들과 같은 그런 것입니다. 왜냐하면 이런 것들은, 그것이 그것들을 영접, 수용하기 때문에, 자신들을 궁극적인 것에 적용하기 때문입니다.

[5] "발로 선다"는 말씀은 시편서의 뜻도 동일합니다. 시편서의 말씀입니다.

> 주님은 나를
> 원수의 손에 넘기지 않으시고,
> 내 발을 평탄한 곳에 세워 주셨습니다.
> (시편 31 : 8)

여기서 "평탄한 곳"(=안전한 곳·널찍한 곳)은 성경말씀에서 비롯된 교리의 진리를 뜻합니다. 그러므로 "내 발을 안전한 곳(=평탄한 곳)에 세운다"는 것은 누구나 신령진리들에 따라서 살게 한다는 것을 뜻합니다. 다시 같은 책의 말씀입니다.

> 주께서 나를

11장 7-19절   279

절망의 구덩이에서 건져 주시고,
진흙 수렁에서 나를 건져 주셨네.
내가 반석을 딛고 서게 해주시고,
내 걸음을 안전하게 해주셨네.
(시편 40 : 2)

"절망의 구덩이"(=울부짖는 구덩이)는 교리의 거짓을 뜻하고, "진흙 수렁"(=질퍽거리는 진창)은 삶의 악을 뜻합니다. 그리고 "내 발을 바위 위에 세운다"(=내가 반석을 딛고 서게 한다)는 것은, 앞서 "내 발을 평탄한 곳에 세운다"는 말씀의 뜻과 비슷한 뜻을 갖습니다. 왜냐하면 "반석"(=바위 · rock)은 성경말씀에서 비롯된 교리의 진리를 뜻하기 때문이고, 그리고 최고의 뜻으로는 신령진리와의 관계에서는, 주님을 뜻하기 때문입니다. 그러므로 아래의 말씀이 영적인 뜻으로 무엇을 뜻하는지 명확합니다. 시편서의 말씀입니다.

주께서는,
네가 헛발을 디디지 않게 지켜 주신다.
(시편 121 : 3)

다시 말하면 그가 자연적인 사람이 자연적인 진리들로부터 빗나가지지 않게 한다는 것을 뜻합니다. 왜냐하면 자연적인 사람이 빗나가는 것에 비례하여, 이해나 의지에 속한 내면적인 것들 또한 빗나가기 때문입니다.

667. 그것을 목격한 사람들은 큰 두려움에 사로잡혔습니다(=그들을 바라보던 자들에게 큰 두려움이 임하였다).
이 말씀은 수용하지도 않고, 시인하지도 않은 자들에게 있는 불안의 상태(a state of anxiety)를 뜻합니다. 이러한 내용은 분노(=근심 · 걱정)의 상태를 가리키는 "큰 두려움"의 뜻에서 명확합니다. 왜냐하면 "두려워한다"(fear)는 것은 성경말씀에서 사람의 내면적인 것들의 다종다양한 변화들을 뜻하기 때문입니다. 그러므로 여기서는 근심이나 불안의 상태를 뜻하기 때문입니다. 그리고 또한 증인들의 임재(=현존 · presence)를 참고 견딜 수가 없는 자들 안에 있는 것을 가리키는, 그리고 그러므로 그들을 죽이고, 그들을 내쫓은, 그리고 그들이 살아났을 때 마음의 매우 큰 슬픔이나 심령의 걱정 따위를 가지고 있는, 결과적으로 사랑의 선이나 교리의 진리를 수용하지 않고, 시인하지 않는 자들을 뜻하는, "그들을 바라보던 자들에게 큰 두려움이 임하였다"는 말씀의 뜻에서 분명합니다. 이 장절은, 옛 교회의 마지막 때나 새로운 교회의 시작의 때에, 사랑의 선들이나 교리의 진리들에 반대하는 자들의 상태를 기술하고 있습니다. 그 때 이런 부류의 것들은, 새로운 교회가 그런 자들로 이루어지는, 주님사랑이나 그분을 믿는 믿음을 영접, 수용한 자들의 임재(=현존)로부터 불안이나 근심 속에 생겨납니다. 그러나 이런 일은 영계에서 일어나는 것이지, 자연적인 세계에서는 일어나지 않습니다. 왜냐하면 영계에는 정동들의 교류나 내통이 있기 때문입니다. 그리고 주님사랑이나 주님을 믿는 믿음에 속한 영적인 정동이나, 그 때 몇몇에게 있는 시작을 가지고 있는 영적인 정동은 이런 불안이나 근심을 가지고 악한 사람을 강타, 괴롭힙니다. 그러므로 이런 일은 "그들을 본 사람들은 큰 두려움에 사로잡혔다"는 말씀이 뜻합니다.

668. 12절. 그 두 예언자가 하늘로부터 울려오는 큰소리를 들었습니다.

이 말씀은 주님의 신령섭리(the Lord's Divine Providence)를

뜻합니다. 이러한 내용은, 주님의 신령섭리를 가리키는 "하늘로부터 나오는 큰소리"(=음성·voice)의 뜻에서 명확합니다. "하늘에서 나오는 소리"(=음성·voice)는 일반적으로는 신령진리라고 부르는, 그리고 이 세상의 우리들에게는 성경말씀이라고 부르는, 주님에게서 발출하는 모든 것을 뜻합니다. 따라서 개별적으로는 성경말씀의 모든 가르침(教訓)이나 명령을 뜻합니다. 이것은, 그것이 진리에 속한 영적인 정동으로 말미암아 성경말씀을 읽는 자들에게 천계를 통하여 주님으로부터 내려오고, 그리고 계속해서 내려오기 때문에 "하늘로부터 나오는 소리"(=음성)이라고 불리웠습니다. 여기서 주님의 신령섭리는 "하늘에서 나오는 소리"가 뜻하는데, 그것은 다루어지는 주제가 교회의 종말의 때의 천계의 상태이고, 교회의 상태이기 때문입니다. 그 때 주님께서는, 그들 중 어떤 자는 천계에 오르고, 어떤 자는 지옥으로 추방하는, 이와 같이 분리되는 자들에게 해가 되는 갑작스러운 변화에 대한 섭리를 준비하십니다. 그러므로 여기에 뒤이어지는 것은, 두 증인들이 "구름을 타고 하늘로 올라가는 것"이고, 그리고 "그들의 원수들이 그것을 지켜 보았다"는 것입니다. 이것은 거기에 분리가 있어야 하지만, 그것은 상태들의 계속적인 진전(=진행)이 악한 자들의 임재(=현존)에 의하여, 그리고 이것이 관해서 위에서 언급하였지만, 결과적으로 그들과의 내통에 의한 방해를 막기 위한 것입니다. 어쨌든 이 비의(秘義)는 몇 마디 말로 기술될 수 없지만, 그러나 가능한 정도까지 아래에 이어지는 내용에서 밝히 설명하겠습니다.

669. 이리로 올라오너라.
이 말씀은 분리를 뜻하고, 결과적으로는 보호를 뜻합니다. 이러한 내용은, 사랑의 선들이나 교리의 진리들을 뜻하는 두 증인들에 관해서 언급되었을 때, 사랑의 선들이나 교리의 진리들을 전혀 가지지 못한 자들에게서 분리되는 것을 가리키는, 따라서 악한 사람에게서 분리되는 것을 가리키는, "하늘로 올라간다"(going up into heaven)는 말의 뜻에서 명확합니다. 그리고 그 분리에 대한 이유가 이러하기 때문에, 다시 말하면 사랑의 선이나 교리의 진리가 악한 자에 의하여 해를 입지 않기 위해서는, 따라서 "이리로 올라오너라"는 말씀은 또한 보호(protection)를 뜻합니다. 왜냐하면 만약에 사랑의 선이나 교리의 진리가 악한 자와 교류, 내통된다면, 그들은 그것들을 외견상의 방법(in an outward way)으로 영접, 수용할 것이지만, 그러나 그들은 내적으로는 부인하고, 조롱하는 짓에 의하여 그것들을 해칠 것이기 때문입니다. 이것으로 말미암아 뒤이어 일어나는 일은 악한 자는, 이런 부류의 내면적인 것들이 악하다는 것을 지각할 수 없는, 마음씨 고운 소박한 자(the simple)와 결합할 것입니다. 마음씨 고운 이들 소박한 자들은 가장 낮은 천계(the lowest heaven)를 형성하는 자들입니다. 그러므로 만약에 이와 같은 분리가 성취되지 않는다면, 악한 자의 외적인 것들과 결합된 그들의 성품에 의하여 가장 낮은 천계에 있는 자들에게 손상(損傷)이 가해질 것입니다. 이런 것에 관한 더 상세한 내용은 《최후심판》 70항을 참조하십시오. 이러한 내용이 두 증인들에게 "하늘로 올라오라"고 명령된 말씀에 내포된 것이고, 그리고 이 말씀은 역시 보호를 뜻합니다.

670. 그들은 구름을 타고 하늘로 올라갔다.
이 말씀은, 앞에서 언급한 것과 같이, 내적인 것들의 측면에서 분리(separation)를 뜻하고, 그리고 그들의 보호(protection)를 뜻합니다. 이러한 사실은, 두 증인들과의 관계에서, 악한 자로부터의 분리를 가리키는, 다시 말하면 악한 삶들에서 비롯된 교리의 거짓들 안에 있는 자들로부터의 분리를 가리키는, 따라서 그들로부터의 보호를 가리키는 "하늘로 올라간다"는 말씀의 뜻에서 명확합니다(본서 669항 참조). 그리고 또한 성경말씀의 문자적인 뜻이라고 부르는, 신령진리의 궁극적인 것이나, 또는 성경말씀의 외적인 것을 가리키는 "구름"의 뜻에서(본서 36 · 594항 참조) 명확합니다. 대다수의 악한 자는 이와 같은 외적인 것 안에 있습니다. 왜냐하면 악한 삶을 꼬드기는 자들 모두는, 비록 그들이 이런 것들의 외적인 것들에 있다고 하지만, 성경말씀 · 교리 · 교회에 속한 선들이나 진리들에 정반대로 생각하기 때문이고, 그리고 이런 이유 때문에, 그와 같은 삶으로 인하여 그들은 악에 속한 사랑에 빠져 있고, 그리고 사랑은, 마음의 내면적인 것들을 따라서 자신의 영의 생각들을 그것 자체의 변두리로 끌고가는데, 졸과적으로는 이런 작자들이 오직 자기 자신들에 의하여 생각하는 것에 머문다면, 그들은 사람들 앞에서 공공연하게 그들의 입술로 고백한 이런 것들을 전적으로 부인합니다. 이것이 바로 의적인 것인데, 그것은 신앙적으로 경건하지 못한 자나 악한 사람에게 있는 것으로, 그것은 여기서 "구름"이 뜻하는 것입니다. 이런 이유 때문에, "그들이 구름을 타고, 하늘로 올라갔다"는 말씀은 내적인 것들의 측면에서 분리를 뜻하는 것이지 결코 외적인 것들의 측면에서 분리를 뜻하는 것은 아닙니다. 내적인 것들의 측면에서 분리를 뜻하는 것이지, 외적인 것들의 측면에서 분리를 뜻하는 것이 아니라는 것은, 두 증인들의 내적인 것들이 바로 영적인 것이고 천적인 것이기 때문입니다. 이에 반하여 악한 자의 내적인 것들은 지옥적이고 악마적인 것이기 때문입니다. 그리고 천적인 것들이나 영적인 것들을 가리키는 내적인 것들은 천계에서 실제적(actually)입니다. 그러므로 그들에게 "그리로 올라오너라"라고 명령되었는데, 그것은 내적인 것들의 측면에서 그들이 악한 자에게서 분리되기 위한 것이고, 그리고 그들의 내적인 것들이 해를 입지 않기 위한 것입니다.

[2] "개별적으로 살해되고, 다시 살아난 두 증인들의 하늘에 오름"(昇天)에 내포된 것이 무엇인지 그 내용을 알게 하기 위하여 몇 가지를 부연하겠습니다. 인애가 전무(全無)하기 때문에, 믿음이 전혀 없는 때를 가리키는 교회의 마지막 때에는, 교리나 삶에 대해서 새로운 교회(the New Church)에 봉사하여야 할 성경말씀의 내면적인 것들은 닫혀집니다. 이런 일은, 유대교회의 종말이 임박했을 때, 주님 자신에 의하여 행해졌습니다. 왜냐하면 그 때 주님 당신께서는 이 세상에 강림하셨고, 그리고 성경말씀의 내면적인 것들을 열으셨고, 특히 그 이전에는 숨겨져 있는 것들인, 주님 당신과 관계되는 것들이나, 그리고 주님사랑·이웃사랑·그분을 믿는 믿음에 관계되는 것들을 열으셨습니다. 왜냐하면 그런 것들은 성경말씀의 표징적인 것들 안에 있었고, 그리고 그것으로 말미암아 교회나 예배에 속한 개별적인 것들 안에 있었기 때문입니다. 그러므로 주님에 의하여 공개된 이런 진리들은 내면적인 진리들이고, 본직절으로는 영적인 진리들입니다. 그리고 그 뒤 이런 것들은, 앞에서 언급한 것과 같이, 교리나 삶을 위해서 새로운 교회에 이바지하였습니다. 어쨌든 이런 진리들은 직접적으로 수용되지 않고, 또한 교회사(敎會史)에서 잘 알고 있는 것과 같이, 시간의 상당한 경과가 있기까지는 수용되지 않았습니다. 그리고 이런 이유

때문에, 그것들은, 영계에 있는 모든 것들이 질서에 맞게 회복되기까지는, 영접, 수용될 수 없었습니다. 왜냐하면 영계는 사람들에게 있는 자연계와 결합되어야 하기 때문에, 따라서 만약에 영계가 제일 먼저 질서에 맞게 회복되지 않는다면, 자연계 안에 있는 사람들은 사랑의 선이나 교리의 진리들이 이해될 수도 없고, 지각될 수도 없었기 때문입니다. 이러한 내용이, 보편적으로 유럽의 세계에 설시된 기독교회에 앞서, 오랜 기간 동안 조정(=중재)된 이유입니다. 왜냐하면 자연계에 존재하는 모든 결과들은 영계에 있는 원인들에게서 그들의 원인을 취하기 때문입니다. 특히나도 그 교회에 속한 것들과 관계되는 것들을 거기에서 취하기 때문입니다. 이런 것들이 언급된 것은 우리의 본문말씀인 두 증인들에게 "하늘 올라올 것"이 명령된 말씀의 개별적인 뜻이 무엇인지 잘 알게 하기 위한 것입니다. 다시 말하면, 교회의 마지막 때에 사랑의 선들이나 교리의 진리들에게 악한 자에 의하여 어떠한 해도 행해지지 못한다는 것을 알게 하기 위한 것입니다.

[3] 대홍수 이전에 있었던, 태고교회가 마지막에 이르었을 때에도 마찬가지였습니다. 왜냐하면 그 때, 태고시대 사람들 가운데 존재하였던, 천적인 것들의 표징적인 것들은 "에녹"이라고 불리운 자들에 의하여 한 몸으로 수집(收集)되었기 때문입니다. 그리고 그것들은 대홍수 뒤 새르운 교회의 용도(=쓸쓸이)를 위해 보존되었기 때문입니다. 그리고 이 교회는 표징적 교회(a representative church)라고 불리웠는데, 그것은 교회의 율법들이나 계율들, 그리고 일반적인 그 교회의 예배 등등이 표징적인 것들로 이루어졌기 때문이고, 이 세상의 것들이 영계에 있는 영적인 것들에 대응하는 그런 것들로 이루어졌기 때문입

니다. 이들에게서도 동일한 것들이 행해졌는데, 다시 말하면 그들은 천계에 올리워지는 것에 의하여, 따라서 보호되는 것에 의하여 악한 자에게서 분리되었습니다. 그리고 이런 일은 새로운 교회가 설시되는 때인, 옛 교회가 그것의 종말에 이를 때까지 계속되었습니다. 이러한 것은 창세기서의 이런 말씀들에 의하여 기술되었습니다.

> 에녹은 하나님과 동행하다가 사라졌다. 하나님이 그를 데려간 것이다(=에녹은 하나님과 함께 계속 걸었다. 그 후 그는 더 이상 보이지 않았는데, 하나님께서 그를 취하셨기 때문이다)(창세기 5:24).

"에녹, 그리고 그의 하나님과의 동행, 그리고 하나님이 그를 데려감"의 뜻이 무엇인지는, 이것에 관해서 설명된 《천계비의》 518-523항을 참조하십시오.

[4] 오늘날에도 동일한 일이 행해졌습니다. 기독교회라고 불리우는 이 교회는 그 교회의 종말에 이르렀고, 그러므로 천계나 교회의 비의(秘義)는, 묵시록서에서 "새 예루살렘"이 뜻하는, 새로운 교회를 위하여 삶의 교리나 믿음의 교리에 이바지하기 위하여 주님에 의하여 계시되었습니다. 역시 이 교리는 하늘(=천계)에 올리워졌는데, 그것은 새로운 교회가 설시되기 전에 악한 자에 의하여 그것이 해를 입는 것을 막기 위한 것입니다. 그러므로 두 증인들에 관한 이것의 뜻이, "그들이 하늘에 올라갔다"는 말씀의 뜻입니다. 그리고 "아이를 막 낳으려는 여인"에 관해서 다루고 있는 다음 장에 이어지는 것의 뜻이기도 한데, 그 여인 앞에는 용(dragon)이 서 있었습니다. 묵시록서의 말씀입니다.

마침내 그 여자는 아들을 낳았습니다.…… 별안간 그 아기는 하나님께로, 곧 그분의 보좌로 이끌려 올라갔다(묵시록 12 : 5).

거기에서 "여인"이나 "아기"가 개별적인 뜻으로 무엇을 뜻하는지는 다음 장(12장)의 설명에서 언급되겠습니다. 이상에서 볼 때 "그들이 구름을 타고 하늘로 올라오라"는 명령에 의한, 여기서 두 증인들에 관해 언급된 것에 내포된 비의가 무엇인지 잘 알 수 있겠습니다.

671. 그들의 원수들이 그것을 지켜 보았습니다.
이 말씀은 성경말씀이나 교회의 선들이나 진리들에 대하여 내면적으로 반대하는 자들에게 있는 지식이나 시인을 뜻합니다. 이러한 내용은 이해하는 것을 가리키는, 결과적으로는 알고, 시인하는 것을 가리키는 "본다"(=지켜보다·to behold)는 낱말의 뜻에서(본서 11·37·260[A]·354·529항 참조), 그리고 사랑의 선들이나 교리의 진리들에 대하여 반대하는 자들을 가리키는, 결과적으로는 악들이나 거짓들 안에 있는 자들을 가리키는 "원수들"의 뜻에서 명확합니다. 왜냐하면 이들은 성경말씀에서 영적인 뜻으로 "원수들이나 적군들"(enemies and adversaries)이 뜻하는 자들이기 때문입니다. 따라서 명료한 것은 "그들의 원수들이 그들(=그것)을 지켜 보았다"는 말씀이 "두 증인들"에 거스르는 자들에게 있는 지식이나 시인을 뜻한다는 것입니다. 다시 말하면 사랑의 선들에나 교리의 진리들에 반대하는 자들에게 있는 지식이나 시인을 뜻한다는 것입니다.
[2] 여기에 내포된 비의(秘義)는 이러합니다. 다시 말하면 여기서 "원수들"(enemies)은, 비록 겉으로는 아니지만, 속으로는 사랑의 선들이나, 교리의 진리들에 대하여 반대하는 자들을 뜻합니다. 왜냐하면 이런 부류는 입으로는 친구 같지만, 그러나 속

마음에서는 그들은 원수들입니다. 그러므로 남들이 보는 세상에서는 그들은 선들이나 진리들의 신념이나 소신을 공언하고, 고백하지만, 그러나 자기 스스로 홀로 명상하고 숙고하는 때를 가리키는 그들의 영의 상태에서 그것들을 부인하고, 배척합니다. 이것들이 "지켜보는 원수들"의 작태입니다. 왜냐하면 이런 작자들이 현세적 자연적인 생각(corporeal-natural thought)에 있는 경우, 그런 경우에 언제든지 다른 자들과 친구처럼 잘 지내고, 그들은 그 때, 다시 말하면 선들이나 진리들을 알고, 시인합니다. 그러나 그들이 그들의 영적 자연적인 생각(their spiritual-natural thought)에 있게 되면, 그 때 그들은 언제든지 홀로 있고, 신념이나 신앙의 사안들에 관해서 생각할 때면, 그들은 그것들을 시인하지 않습니다. 이러한 사실이 "두 증인들은 구름을 타고 하늘로 올라갔다"는 말이 언급된 이유입니다. 왜냐하면 "구름"(cloud)은 성경말씀의 외적인 것이나, 교회나 예배의 외적인 것을 뜻하는데, 그들은 그것을 보고, 그리고 그것으로부터 알고, 시인합니다. 여기서 "구름"이 이와 같은 외적인 것을 뜻한다는 것은 바로 위의 단락에서 잘 볼 수 있겠습니다.

[3] 성경말씀의 수많은 페이지에 "적군들"(adversaries)이나 "원수들"(enemies)이 언급되고 있는데, 그들은 악들을 뜻하고, 거짓들을 뜻하는데, 악들은 "적군들"이 뜻하고, 거짓들은 "원수들"이 뜻합니다. 왜냐하면 그 속에 있는 성경말씀(=성언)은 영적이기 때문입니다. 그러므로 속뜻에서 "적군들이나 원수들"이 뜻하는 것은 영적인 적군들이나 원수들 이외의 다른 것을 뜻하지 않기 때문입니다. 이러한 내용이 사실이라는 것은 아래의 장절들에게서 밝히 잘 알 수 있겠습니다. 시편서의 말씀입

니다.

> 주님, 나를 대적하는 자들이
> 어찌 이렇게도 많습니까?
> 나를 치려고 일어나는 자들이
> 어찌 이렇게도 많습니까?
> 나를 빗대어
> "하나님도 너를 돕지 않는다"
> 하고 빈정대는 자들이
> 어찌 이렇게도 많습니까?
> (시편 3 : 1, 2)

같은 책의 말씀입니다.

> 주의 미쁘심을 크게 드러내 주십시오.
> 주께로 피하는 사람을
> 오른손으로 구원하여 주시는 주님,
> 나를 치는 자들의 손에서
> 나를 건져 주십시오.
> 주의 눈동자처럼 나를 지켜 주시고,
> 주의 날개 그늘에 나를 숨겨 주시고,
> 나를 공격하는 악인들로부터
> 나를 지켜 주십시오.
> 나의 생명을 노리는 원수들이
> 나를 둘러싸고 있습니다.
> (시편 17 : 7-9)

역시 같은 책의 말씀입니다.

> 그들이 거짓으로 증거하며,

> 폭력을 휘둘러서 나에게 대항해 오니,
> 나를 원수의 뜻에 내맡기지 마십시오.
> 이 세상에 머무는 내 한 생애에,
> 내가 주님의 은덕을 입을 것을
> 나는 믿는다.
> (시편 27 : 12, 13)

역시 같은 책의 말씀입니다.

> 나의 하나님,
> 내 원수들에게서 나를 구원해 주시고,
> 나를 치려고 일어서는 자들에게서
> 나를 지켜 주십시오.
> 악을 지어내는 자들로부터
> 나를 구해 주시고,
> 피 흘리기 좋아하는 자들에게서
> 나를 건져 주십시오.
> 그들이 내 목숨을 노리고 있습니다.
> 강한 자들이 나를 치려고 모여듭니다.
> (시편 59 : 1-3)

이사야서의 말씀입니다.

> 악인들은······
> 의인들이 사는 땅에 살면서도,
> 여전히 옳지 않은 일만 합니다.······
> 주께서 예비하신 심판의 불로
> 그들을 없애 주십시오.
> (이사야 26 : 10, 11)

이 밖에도 "적군들"이나 "원수들"이 거명된 예언서에는 많은 장절들이 있습니다. 그리고 역시 역사서에도 "적군들" "전쟁들" "싸움들"이 다루어지고 있습니다. 왜냐하면 "전쟁"(a war)은, 진리들과 거짓들 사이에 있는, 영적인 전쟁을 뜻하고, 그것으로 말미암아 전쟁의 무기들, 예를 들면 "창들"(槍·spears)·"활들"(bows)·"화살들"(arrows)·"칼들"(swords)은 영적인 전쟁에 속한 그런 부류의 것들을 뜻하고, 그래서 또한 "적군들"이나 "원수들"이 뜻합니다. 성경말씀에서 "전쟁들"이 이런 뜻을 가지고 있다는 것, 그리고 "활들" "화살들" "칼들"은 여기서나 앞에서 입증된 그런 뜻을 가지고 있습니다.

672. 13절. **그 시각에 큰 지진이 일어나서, 그 도시의 십분의 일이 무너졌는데, 그 지진으로 사람이 칠천 명이나 죽었습니다. 그리고 살아 남은 사람은 두려움에 싸여서, 하늘에 계신 하나님께 영광을 돌렸습니다.**

[13절] :

"그 시각에"라는 말씀은 그 상태의 기간을 뜻합니다(본서 673항 참조). "큰 지진이 일어났다"는 말씀은 그 교회에 속한 자들에 있는 내면적인 것들의 매우 심한 변화를 뜻합니다(본서 674항 참조). "그 도시의 십분의 일이 무너졌다"는 것은 교리에 속한 진리들이 남아 있는 자들에게 더 이상 존재하지 않는다는 것을 뜻합니다(본서 675항 참조). "그 지진으로 사람이 칠천 명이나 죽었다"는 것은 그 상태에서 그들에게 있는 모든 선에 속한 진리들이 멸망하였다는 것, 그리고 따라서 천계나 교회에 속한 모든 것들이 멸망하였다는 것을 뜻합니다(본서 676항 참조). "살아 남은 사람은 두려움에 싸였다"(=두려워하였다)는 것은 마음의 동요(動搖)를 뜻하고, 그리고 영적으로 어느 정도까지 그들의 떠나버림을 뜻합니다(본서 677항 참조). "하늘에 계신 하나님께 영광을 돌렸다"는 것은 그들이 주님을 시인하고, 예배하였다는 것을 뜻합니다(본서 678항 참조).

673. 13절. 그 시각에……

이 말씀은 그 상태의 기간을 뜻합니다. 이러한 내용은, 상태를 가리키는, 따라서 여기서는 "두 증인들이 구름을 타고 하늘로 올라갔고, 그들의 원수들이 그것을 지켜보았을 때인 그 상태를 가리키는 시각"(=시간·hour)의 뜻에서 명확합니다. "시각"(=시간)은 상태를 뜻하는데, 그것은 성경말씀에서 때들(times)이나, 시간에 속한 모든 표현들은, 예를 들면 "시간들"·"날들"·"주일들"·"달들"·"연수들"·"시대들"(ages)과 같이, 또는 "아침·낮·저녁·밤"이나 또는 "봄·여름·가을·겨울" 등등은 모두가 삶의 상태(=생명의 상태)를 뜻하기 때문입니다. 때들(times)이 이런 뜻을 갖는다는 것은 그것에 관해서 충분하게 설명, 입증한 "천계에서의 시간"을 다룬 《천계와 지옥》 162-169항을 참조하시고, 본서 571·610·664항을 참조하십시오. "시간"(hour)이, 크고 작은 상태의 그 어떤 기간을 뜻한다는 것, 따라서 시간과 상태를 뜻한다는 것은 본서 194항을 참조하시고, 그리고 그것에 결합된 숫자는 그 상태의 성질이 무엇인지를 뜻합니다(본서 488항 참조).

674. 큰 지진이 일어났다.

이 말씀은 그 교회에 속한 자들의 내면적인 것들의 현저(顯著)한 상태의 변화를 뜻합니다. 이러한 내용은 그 교회의 상태의 현저한 변화를 가리키는 "큰 지진"(a great earthquake)의 뜻에서 명확합니다. 왜냐하면 "땅"(the earth)은 교회를 뜻하고, 그리고 "흔들림"(=진동·지진·quaking)은 상태의 변화를 뜻하고,

11장 7-19절

"크다"(great)는 것은 현저한 것이나 두드러진 것을 뜻하기 때문입니다. 성경말씀에서 "지진"(地震·earthquake)이 교회의 상태의 변화를 뜻한다는 것은 본서 400·499항을 참조하십시오.

[2] 그 교회에 속한 진리들이나 선들에 관한 상태의 변화는 확실하게 앞절에 기술된 원인들에게서 일어난 것입니다. 다시 말하면 살해되고, 다시 생명에 회복된 두 증인들이 구름을 타고 오르라는 명령에 의한, 그리고 그들의 원수들이 그들을 지켜 보았다는 말씀 때문입니다. 그것에서 볼 수 있는 것은, 앞서의 단락에서 설명, 입증된 것과 같이, 이것의 원인은 악한 자에게서 선한 자의 분리이다는 것입니다. 그리고 그 단락에서 그 두 증인들의 오름(昇天)은 잘 설명되었습니다. 그러나 이러한 내용이나 사실은, 만약에 먼저 영계에 있는 것들이 어떠한 것인지를 설명되지 않는다면, 이해에 열려질 수 없습니다. 왜냐하면 우리의 본문절에 기술된 것들, 다시 말하면 "큰 지진이 일어났고, 그 도시의 십분의 일이 무너졌고, 그 지진으로 사람이 칠천 명이나 죽었고, 살아 남은 사람은 두려움에 싸였고, 그들이 하늘에 계신 하나님께 영광을 돌렸다"는 등등은 발생한 것들을 가리키고, 그리고 사실은, 최후심판이 임박하였을 때 이미 그 일들은 발생한 것이지만, 그러나 그 일은 이 자연계가 아니고, 영계에서 일어난 것입니다. 왜냐하면 거기에 있는 선한 자가 악한 자에게서 분리될 때, 그리고 마태복음서에서 주님께서 하신 말씀에 일치하여 선한 자는 악한 자에 의해 입는 해에서 보호될 것이고, 그 때 선한 자는 악한 자가 남아 있는 사회들이나 악한 자에게서부터 보호, 옮겨지기 때문입니다. 마태복음서의 말씀입니다.

그 때에 두 사람이 밭에 있을 터이나, 하나는 데려가고, 하나는 버려 둘 것이다. 두 여자가 맷돌을 갈고 있을 터이나, 하나는 데려가고, 하나는 버려 둘 것이다(마태 24 : 40, 41).

이 말씀의 뜻은《천계비의》4334 · 4335항에 설명된 것을 참조하십시오. 선한 자가 거기에서 분리, 선택되는 일은 선한 자와 악한 자가 함께 있는 사회들에서 일어나는데, 그 일은 교회에 속한 것들의 측면에서 현저한 변화입니다.

[3] 그러나 이 변화의 원인은 더 상세하게 밝혀져야 하겠습니다. 영계에는 모든 정동들의 교류가 있고, 어떤 때는 생각들의 교류가 있습니다. 그리고 그것에 있는 각각의 사회에는 중심에서 모든 방향으로 변두리에까지 뻗치는 일반적인 교류가 있는데, 그것은 마치 원심(圓心)에서 원주(圓周)들로 뻗혀 확산하는 빛(光線)과 아주 흡사합니다. 이 교류에서 야기된 정동들의 다양한 변동들이나 변화들은, 그리고 위쪽이나 또는 다른 방면에서 다른 사회들에게서 비롯되는 정동들의 입류에서 일어나는 그것의 확장이나, 또는 그 사회에 들어온 새로운 신참자에게서, 그리고 또한 그 사회에서 제거된 적고, 또는 많은 자들에게서 야기됩니다.

[4] 최후심판이 일어난 사회들은 선한 자와 악한 자로 이루어졌지만, 그러나 악한 자로 이루어진 사회들은, 겉으로는 아니지만, 속으로는 사랑의 선들이나, 교리의 진리들에 정반대되는 그런 무리입니다. 왜냐하면 겉으로 이들은 바르고 정의롭게 행동할 수 있고, 경건하고, 진실하게 말할 수 있지만, 그렇지만 올바름(right) · 정의(justice) · 자비(piety) · 진리(truth) 등등의 목적이 아니고, 다만 이 세상에서 몸에 밴 관습에서 비롯된 것으로, 명성(fame) · 영광(glory) · 영예(honor) · 재물 등등의 목

적입니다. 그리고 또한 자연적인 사랑들의 다종다양의 기쁨들이나 쾌락들이 목적이고, 그리고 또한 법률들이나 법률의 처벌들이나 법규들 때문이었습니다. 이런 이유 때문에 비록 그들이 내면적으로 악하지만, 그럼에도 불구하고 그들은 외면적으로나 내면적으로 선한 자들과 함께 있을 수 있었습니다. 그러므로 선한 사람이 겉모양으로 다만 선하게 보이는 자들에게서 분리되었을 때, 그들의 외적인 선(external good)은 모두 사라지고, 그리고 그들의 내적인 악(internal evil)은 나타납니다. 왜냐하면 그들은, 외면적으로 선할 뿐만 아니라, 내면적으로 선한 동일한 사회 안에 있는 자들과의 교류(=내통)에 의하여 그 외적인 선 안에 결속(結束)되어 있기 때문인데, 이러한 사실이나 내용은 위에서 이미 언급하였습니다. 그러므로 외적인 선이 악한 자에게서 제거되었을 때, 그들의 내면적인 것들은 열립니다. 그리고 이런 것들은 전적으로 악한 것들이나 불결한 것들로 가득 차 있습니다. 이러한 일은 본질적으로 그들의 성품이 무엇인지를 명확하게 합니다. 그 때 이런 것들은 "두 증인들이 명령에 의하여 구름을 타고 하늘로 올라가고, 그리고 그들의 원수들이 그것을 지켜 보았다"는 우리의 본문 말씀이 개별적으로 뜻하는 것이 무엇인지를 가리키는 것이고, 그리고 "그 시각에 큰 지진이 일어났다"는 말씀의 개별적인 뜻도 무엇인지 명확하게 합니다. 다시 말하면 그 상태가 당도하였을 때 교회에 속한 그런 것들에 대한 현저한 변화가 일어났다는 것을 뜻합니다.

675[A]. 그 도시의 십분의 일이 무너졌다.
이 말씀은 남은 자들에게 더 이상 교리의 진리들이 남아 있지 않다는 것을 뜻합니다. 이러한 뜻은, 모든 사람들이나, 모든 것들을 가리키는, 또는 수많은 사람들(=인물들)이나, 수많은 것들 (=사물들)을 가리키는, "열"(10)의 뜻에서 명백하고, 그리고 이 것에 관해서는 곧 설명하겠지만, 모두(all)나 많음(much)을 가 리키는 "십분의 일"(the tenth part)의 뜻에서, 그리고 교리를 가리키고, 또한 교리의 진리를 가리키는 "도시"(city)의 뜻에서 명확합니다. 왜냐하면 그것이 교회의 교리가 되기 위해서 하나 의 교리는 반드시 성경말씀에서 비롯된 진리들로 이루어져야 하기 때문입니다. "도시"가 교리를 뜻한다는 것은 본서 223항 을 참조하십시오. 그리고 그 내용은, 분리되는 것을 가리키는, 결과적으로는 결코 생존이나 생활 따위가 전혀 가지지 못한 것을 가리키는, "무너진다"(to fall)는 낱말의 뜻에서 명확합니 다. 분리된다는 것이나, 생존이나 생활이 전혀 가지지 못한다 는 것은, "무너진다"는 말이 도시에 관해서 언급할 때, 교리의 진리들을 서술하고 있습니다.

[2] 왜냐하면 모든 특별한 것은, 영적인 뜻 안에 있는 주제로 서 자연적인 뜻 안에 있는 주제의 대응에 일치하여 그것의 유 사한 표현이나, 본연의 표현을 가리키는 그것에 할당되고, 맞 추어지기 때문입니다. 그리고 여기서 자연적인 뜻 안에 있는 주제는 도시인데, 이에 반하여 영적인 뜻 안에 있는 주제는 교 리의 진리이기 때문입니다. 남아 있는 자에게 전혀 진리가 존 재하지 않는다는 것은 앞서의 단락에서 언급된 것에서 뒤이어 지는 것인데, 다시 말하면 선한 자가 선한 자나 악한 자가 함 께 공존해 있는 사회에서 제거되었을 때, 그리고 선한 자가 하 늘로 옮겨졌을 때 악한 자에게는 더 이상 교리의 진리들이 결 코 남아 있지 않다는 것인데, 그것은 그 때 그들은, 말하자면 진리들 안에 있을 수 있고, 그리고 그것으로 인하여 교리로 말

미암아 진리들에 관해서 말할 수 있는 외적인 것에 관해서 그들을 가능하게 하는 선한 자와의 그들의 교류나 소통이 박탈되었기 때문입니다.

[3] 왜냐하면 영계에는 정동들에 속한 교류(=내통)가 있고, 그것에서 비롯된 생각들의 교류나 내통이 있기 때문입니다. 그리고 이런 교류나 내통으로 말미암아 전자는 후자에 의하여 생존, 유지됩니다. 따라서 동일한 사회 안에 있는, 그리고 동일한 정동 안에 있는, 따라서 동일한 선 안에 있는, 모두는 상호적으로 유지, 생존합니다. 따라서 악한 사람은 선한 자에 의하여 유지됩니다. 그러나 이런 부류의 악한 자들은 겉모양으로 그 교회나 그 교회의 교리를 위한, 신성(sanctity) · 자비(piety) · 총명(intelligence) · 열정(zeal)의 겉모습(=외현 · appearance)을 입을 수 있는 그런 부류의 존재들입니다. 그리고 또한 삶에서는 심중(the heart)에서 바르고 신실한 겉모습을 드러낼 수 있는 그런 부류의 존재이지만, 그럼에도 불구하고 내면적인 본질로 그들은 그런 선에 속한 것은 아무것도 가지고 있지 않습니다. 이런 부류의 악한 자들에게는, 명령에 따라서 하늘로 올라간 "두 증인들"이 뜻하는, 선한 자들이 옮겨진 뒤, 교리의 진리들은 더 이상 남아 있을 수 없었습니다.

[4] 여기서 우리가 주지하여야 할 것은, 영계에는 이런 부류의 인물로 형성된 수많은 사회들이 있다는 것이고, 그리고 이런 사회들이 모두 제거되었다는 것은 사라져 버린 "첫째 하늘"(the first heaven)이 뜻합니다(묵시록 21 : 1). 이들 사회들이나, 그 천계에 관한 수많은 것들은 나의 작은 저서 《최후심판》(the Last Judgment)에 인용, 설명되었습니다. 이런 사회들에는 앞에서 기술한 것과 같이, 악한 부류의 인물들이 있었고,

그리고 선한 자들은 그들과 함께 제휴(提携)되어 있었습니다. 그리고 이들이 한 사회에서 결집해 있는 동안, 악한 자들은 겉보기에는 선한 자들처럼 보였지만, 그러나 그들이 서로 분리되었을 때, 다만 위선적이고, 겉으로 꾸민 것을 가리키는 그들에게 있는 외적인 선은 분리되었고, 그리고 지옥적인 것을 가리키는 열리어진 그들의 내면적인 것은 순전히 악들이나, 그것에서 비롯된 거짓들로 가득 차 있었습니다. 이런 분리나, 결과적인 이런 상태는 영계에서 최후심판 바로 전에 존재했습니다. 그러므로 이러한 내용이 여기서 기술하고 있는 상태 그것입니다. 왜냐하면 보편적인 심판(the universal judgment)이 임박했을 때를 가리키는, 그 교회의 마지막 때가 여기에서 다루어졌기 때문입니다.

[5] "열"(10)이 모든 인물들이나 모든 사물들을 뜻한다는 것, 그리고 또한 수많은 인물들이나 수많은 사건들을 뜻한다는 것은, 그 숫자가 등장하는 성경말씀의 여러 장절들에게서 잘 볼 수 있겠습니다. 신명기서의 말씀입니다.

> 그 때에 주께서 너희에게 지키라고 명하시면서, 그 언약을 선포하셨으니, 이것이 곧 그가 두 돌판에 손수 쓰신 십계명(=열 가지 말씀)이다(신명기 4 : 13).

같은 책의 말씀입니다.

> 주께서는, 총회날에 산 위의 불 가운데서 너희에게 선포하신 십계명(=열 가지 말씀)을, 먼젓번과 같이 돌판에 새겨서 나에게 주셨다(신명기 10 : 4)

거기에는 십계명(the Decalogue)을 구성하는 "열 가지 말씀

11장 7-19절   299

들"(ten words), 즉 "열 율법들"(=열 명령들 · ten commandments)이 있었습니다. 그것은 "열"(ten · 10)이 모든 것들을 뜻하기 때문이고, 그러므로 "열 가지 말씀들"(=열 말씀들)은 복합체적으로 율법(=법률 · the law)을 뜻합니다.
[6] "열"(10)이 모든 인물들을 뜻합니다. 마태복음서의 말씀입니다.

> 그런데 하늘 나라는 이런 일에 비길 수 있을 것이다. 처녀 열 사람이 등불을 마련하여, 신랑을 맞으러 나갔다. 그 가운데 다섯은 어리석고, 다섯은 슬기로웠다(마태 25 : 1, 2 ; 그 이하절).

하늘 나라에 비유된 "열 처녀들"은 교회에 속한 모두를 뜻합니다. 왜냐하면 "열"(10)은 전부(all)를 뜻하고, "처녀들"은 교회를 뜻하기 때문입니다. 그러나 "다섯"(5)은 약간(some)을 뜻하고, 일부를 뜻합니다. 왜냐하면 교회에 속한 몇몇(=약간)은 영리하고, 몇몇은 어리석기 때문입니다. 이러한 것이 성경말씀의 숫자 "다섯"(5)의 뜻입니다. "등불"(lamps)은 진리나 선의 지식들을 뜻하고, 여기서는 성경말씀에서 비롯 지식을 뜻하고, 또한 교리의 지식들이나 믿음의 진리들을 뜻합니다. 그리고 "기름"(oil)은 사랑의 선이나 인애의 선을 뜻하고, "신랑"은 주님을 뜻하고, 그리고 "혼인"(the wedding)은 천계나 교회를 뜻하는데, 그리고 선과 진리의 혼인으로 말미암아 "혼인"(a wedding)이라고 불리웠습니다. 어디에나 이 혼인(=선과 진리의 혼인)이 있지 않기 때문이고, 그리고 천계나 교회가 아닌 곳에는 이 혼인이 없기 때문에, 그러므르 믿음의 진리들은 알지만, 사랑의 선을 전혀 알지 못하는 자를 "어리석은 사람"(=바보 · foolish)라고 불리웠고, 이에 반하여 사랑의 선을 가지고 있는 자들은 슬기로운 자라고 불리웠습니다. 왜냐하면, 앞에서 언급한 것과 같이, 여기서는 "등불"이 믿음의 진리들을 뜻하고, "'기름"은 사랑의 선을 뜻하기 때문입니다. "처녀들"(virgins)이 교회를 뜻하는데, 그것은 성경말씀에서 "처녀"(virgin)나 "딸"(daughter)은 선이나 진리의 정동을 뜻하기 때문입니다. 그리고 그 정동 때문에 교회는 교회인 것입니다. 이러한 내용이 "시온의 처녀나 딸"(the virgin and daughter of Zion)이나, "예루살렘의 처녀나 딸"(the virgin and daughter of Jerusalem)이나, "이스라엘의 처녀나 딸"이, 또는 "유다의 처녀나 딸" 등등이 성경말씀의 수많은 장절에 언급, 거명된 이유이고, 그리고 어디에서나 이들은 교회를 뜻합니다.

[7] "열"(10)이 많은 곳에서 전부(all)를 뜻합니다. 누가복음서의 말씀입니다.

> 예수께서 말씀하셨다. "귀족 출신의 어떤 사람이 왕위를 받아 가지고 돌아오려고, 먼 나라로 길을 떠날 때에, 자기 종 열 사람을 불러다가 열 므나를 주고서는 '내가 올 때까지 이것으로 장사를 하여라' 하고 말하였다. 그 귀족은…… 은화를 맡긴 종들을 불러오게 하여, 각각 얼마나 벌었는지를 알아보고자 하였다. 첫째가 와서 말하기를 '주인님, 나는 주인의 한 므나로 열 므나를 벌었습니다' 하였다. 주인이 그에게 말하였다.…… 열 고을을 다스리는 권세를 차지하여라." 둘째가 와서 말하기를…… '나는 주인의 한 므나로 다섯 므나를 벌었습니다' 하였다. 주인이 그 종에게도…… '너도 다섯 고을을 다스리는 권세를 차지하여라' 하였다. 또 다른 하나가 와서 말하였다. '주인님, 보십시오.…… 나는 이것을 수건에 싸서, 보관해 두었습니다.…… 나는 주인님이 무서워서 이렇게 하였습니다.'…… 그리고 그는 곁에 서 있는 사람들에게 '이 사람에게서 한 므나를 빼앗아서, 열 므나를 가진 사람에게 주어라' 하고 말하였다."
> (누가 19 : 12-14, 16-20, 24)

여기서도 "열"(10)이 모든 인물들이나 사물들을 뜻하기 때문에, 그리고 "다섯"(5)은 약간의 인물들이나 사물들을 뜻하기 때문에 숫자 "열"(10)이나 "다섯"(5)은 채용되었습니다. 먼 나라로 길을 떠나는 귀족 출신이 불러 모은 "열 명의 종들"은 이 세상에 있는 모두를 뜻합니다. 왜냐하면 "귀족 출신"(=귀족)은 주님을 뜻하기 때문이고, "먼 나라로 길을 떠난다"는 것은 주님의 이 세상에서의 떠남(depature)을 뜻하고, 그 때 주님께서는 이 세상에 계시지 않는 것처럼 보였습니다. "그가 그것으로 장사하라고 열 종들에게 준 열 므나들"은 그것들을 지각할 수 있는 능력으로서의 성경말씀에서 비롯된 진리나 선의 모든 지식들을 뜻합니다. 왜냐하면, 은이나 돈을 가리키는 "므나"(mina · pound)는 진리의 지식들이나, 지각하는 능력(ability)을 뜻하고, "장사한다"(to trade)는 것은 이런 것들에 의하여 총명이나 지혜를 터득하는 것을 뜻하고, 많은 것을 터득한 자들은 한 므나로 열 므나를 번 종을 뜻하고, 약간 그것을 터득한 자들은 한 므나로 다섯 므나를 번 종을 뜻합니다. "그들에게 준다고 언급된 고을들"은 교리의 진리들을 뜻하고, 그리고 "그것을 차지한다"(=소유한다)는 것은 총명과 지혜를 뜻하고, 그리고 그것에서 비롯된 삶(life)과 행복을 뜻합니다. 따라서 여기서 우리는 "열 고을들"이나 "다섯 고을들"이 뜻하는 것이 무엇인지 명확합니다. 총명을 전혀 터득하지 못한 자들은, 바로 위에서 언급한 것과 같이, "어리석은 처녀들"과 같기 때문에, 그리고 이들은 오직 기억에만 진리들을 가지고 있고, 삶에는 전혀 진리들을 가지고 있지 않기 때문에, 그들이 죽어서 이 세상을 떠난 뒤 그들은 그 진리들을 빼앗길 것이지만, 이에 반하여 기억과 삶 양자에 진리들을 소유한 자가들은 영원한 총명 가운데 자신들을 부유하게 하기 때문에, 그러므로 "그것으로 아무것도 벌지 못한 이 사람에게서 한 므나를 빼앗아서, 열 므나를 가진 사람에게 주어라"는 말씀이 언급되었습니다.
[8] 이 내용과 비슷한 것입니다. 마태복음서의 말씀입니다.

> 어떤 사람이 여행을 떠나면서,…… 각 사람의 능력에 따라, 한 사람에게는 다섯 달란트를 주고, 또 한 사람에게는 두 달란트를 주고, 또 다른 한 사람에게는 한 달란트를 주었다. 다섯 달란트를 받은 사람은…… 다섯 달란트를 더 벌었고, 두 달란트를 받은 사람도…… 두 달란트를 더 벌었다.…… 한 달란트 받은 사람은 가서 땅을 파고, 자기 주인의 돈을 숨겼다.…… 그러자 그의 주인이 그에게 말하였다.…… "너는 내가 심지 않은 데서 거두고, 뿌리지 않은 데서 모으는 줄 알았다.…… 그에게서 그 한 달란트를 빼앗아서, 열 달란트 가진 사람에게 두어라. 가진 사람에게는 더 주어서 넘치게 하고, 없는 사람에게서는 있는 것마저 빼앗을 것이다"(마태 25 : 14-30).

여기서도 역시 "다섯"과 "열"은 약간(something)을 뜻하고, 많은 것을 뜻합니다. 그러므로 첫째 사람은 진리나 선의 약간의 지식들로부터 아주 많은 지혜를 터득한 사람을 뜻합니다. 그러므로 총명에 속한 것을 터득하기 못한 그 사람에게서는 그것이 제거되고, 그리고 많은 것을 터득한 사람에게 그것이 주어진다는 것은, 사후 사람이 하나의 영(靈)이 되었을 때 그 사람은 그에게 있는 모든 것들을 가지고 오기 때문이고, 그리고 그가 성경말씀에서, 그리고 교회의 교리에서, 흡수한 단 하나의 것까지도 지니고 있기 때문입니다. 그러나 이런 것들을 통하여 총명에 속한 것을 아무것도 취하지 못한 자들은 내적으로 악한 사람이고, 그러므로 그들이 다만 기억 안에 소유했던, 천계나 교회의 진리들이나 선들을 오용하고, 남용하고, 그리고 가장 낮은 천계에 있는 소박한 선한 사람(the simple good)에 대한 지배가 증대하면, 그리고 그들에게 악을 행하면, 그 때 그들은 그 진리들이나 선들을 오용하고, 남용합니다. 이것이 이런 진리들이나 선들이 그들에게서 빼앗고, 그런 많은 것들을 가진 자에게 그것들이 주어지는 이유입니다. 왜냐하면 이런 자들은 그런 것들을 오용, 남용하지 않고, 오히려 그런 것들로 말미암아 그들은 선용(善用 · 쓸쓸이 · use)을 수행, 성취하기 때문입니다.

[9] 성경말씀으로부터 진리나 선의 지식들을 통해서 세상에 있을 때 영적인 총명을 터득하지 못한 자들은 악한 사람인데, 이러한 사실은 이런 사실, 즉 모두는 온갖 종류의 악들 가운데 출생한다는 것, 그리고 이런 악들은 성경말씀에서 비롯된 신령 진리들에 의하여 제거된다는 것, 다시 말하면 진리들을 선용에 적용하는 것에 의하여, 그리고 따라서 그것들을 삶에 수용하는 것에 의하여 제거된다는 것을 밝게 해줍니다. 그러므로 많은 것을 얻은 자들에게는 이렇게 언급되었습니다. 마태복서의 그 장의 말씀입니다.

> 그의 주인이 그에게 말하였다. "착하고 신실한 종아, 잘했다! 네가 적은 일에 신실하였으니, 이제 내가 많은 일을 네게 맡기겠다. 와서, 주인과 함께 기쁨을 누려라"(마태 25 : 21, 23).

아무것도 벌지 못한 자에게는 이렇게 일러졌습니다. 같은 장의 말씀입니다.

> 이 쓸모없는 종을 바깥 어두운 데로 내쫓아라. 거기서 슬피 울며 이를 가는 일이 있을 것이다(마태 25 : 30).

675[B]. [10] "열"(10)이 전부(all)를 뜻하고, 많은 것(much)을 뜻하기 때문에, 그러므로 그 숫자는 주님에 의하여 다른 장절들에서도 많이 사용되었는데, 거기에서도 그 숫자는 전부나 많음으로 반드시 이해되어야 합니다. 예를 들면 누가복음서의 말씀입니다.

> 어떤 여자에게 드라크마 열 닢이 있는데, 그가 그 가운데서 하나를 잃으면, 등불을 켜고, 온 집안을 쓸며, 그것을 찾아낼 때까지 샅샅이 뒤지지 않겠느냐?(누가 15 : 8).

여기서도 역시 "열"(10)은 많은 것을 뜻합니다. "그녀"에 관해서 이렇게 언급된 "그가 등불을 켜고, 온 집안을 쓴다"(=청소한다)는 말씀은 성경말씀의 모든 것들 안에는 영적인 뜻이 있기 때문입니다. 영적인 뜻에서, "여인"은 진리의 정동의 측면에서 교회를 뜻하고, 그리고 그 교회에 속한 진리의 정동 자체를 뜻합니다. 그리고 "드라크마"(the drachma)는 진리를 뜻합니다. "드라크마를 잃는다"는 것은 진리들에 속한 것 하나를 잃는 것을 뜻하고, 또한 진리의 지식들 하나를 잃는 것을 뜻합니다. "등불을 켠다"는 것은 정동에서 비롯된 자기검토(自己檢討 · self-examination)을 뜻하고, "온 집안을 쓴다"(=청소한다)는 것은 그의 마음을 주의 깊게 고찰(考察)하는 것이나, 어디에 진리가 숨겨 있는지 모든 개별적인 것을 살피고, 검토하는 것을 뜻합니다. 이러한 내용은 이 말씀들의 영적인 뜻입니다. "일백"(100)도 "열"과 꼭 같이 동일한 뜻을 갖습니다. 다시 말하면 많은 것(much)을 뜻합니다. 유사한 비유 말씀이 언급되었습니다. "양 백 마리와 잃은 양 하나"에 관한 비유말씀입니다(마태 18 : 12, 13 ; 누가 15 : 3-7).

[11] 아래의 장절에서도 "열"(10)은 전부(all)나 많음(much)을 뜻합니다. 이사야서의 말씀입니다.

> 만군의 주께서 나의 귀에다 말씀하셨다.
> "많은 집들이 반드시 황폐해지고,
> 아무리 크고 좋은 집이라고
> 텅 빈 흉가가 되어서,
> 사람 하나 거기에 살지 않을 것이다.
> 또한 열흘 갈이 포도원이
> 포도주 한 바트 밖에 내지 못하며,
> 한 호멜의 씨가
> 경우 한 에바밖에 내지 못할 것이다."
> (이사야 5 : 9, 10)

이 말씀은 교회에 속한 자들에게 있는 진리의 황폐(the desolation of truth)에 관해서 언급하고 있습니다. "황폐하게 될 많은 집들"은 교회에 속한 사람들을 뜻하고, 개별적인 뜻으로는 선에서 비롯된 진리에 관한 그런 부류를 뜻합니다. "크고 좋다"(great and fair)는 것, 다시 말하면 집들은 선의 정동이나, 진리의 이해를 뜻합니다. 왜냐하면 "크다"(great)는 선이나, 그것의 정동을 서술하고, "좋다"(fair)는 진리나 그것의 총명을 뜻하기 때문입니다. "열흘 갈이 포도원이 포도주 한 바트 밖에 내지 못한다"는 말씀은 사람에게 있는 교회의 모든 것들 안에는 선에서 비롯된 진리가 거의 없다는 것을 뜻하는데, 왜냐하면 "바트"(bath · 약 22리터)는 포도주가 뜻하는, 동일한 뜻을, 다시 말하면 선에서 비롯된 진리를 가지고 있기 때문입니다. 그러므로 "열흘 갈이 포도원"(=4헥타르 포도원)은 사람에게 있는 교회의 모든 것들을 뜻합니다.

[12] 레위기서의 말씀입니다.

> 너희가 나에게로 마음을 돌이키지 않고, 여전히 나를 거역하면,……
> 내가 먹을거리를 끊어 버리면, 열 여인이 너희가 먹을 빵을 한 화덕
> 에서 구울 것이며, 그 여인들은 빵을 저울에 달아 너희에게 줄 것이
> 다(레위기 26 : 23, 26).

"먹을거리를 끊는다"(=빵의 막대기 · 식량봉 · the staff of bread)는 것은 영적인 선의 박탈을 뜻하고, 따라서 영적인 영양분의 박탈을 뜻합니다. 왜냐하면 "빵"(bread)은 영혼을 살지게 하는 모든 것을 뜻하고, 개별적으로는 사랑에 속한 선을 뜻하기 때문입니다. 그러므로 "열 여인이 너희가 먹을 빵을 한 화덕에 굽는다"는 것은, 사람에게 있는 교회의 모든 것들 안에는 거의 없을 정도를 가리키는, 선과 진리의 결핍(缺乏)을 뜻합니다. 여기서 "열 여인들"은 교회에 속한 모든 것들을 뜻하고, "빵"은 영혼을 살찌게 하는 선과 진리를 뜻하고, "화덕"(oven)은 준비된 영적인 선이 있는 곳을, 따라서 그 사람에 있는 그것을 뜻하고, "저울에 달아서 빵을 준다"는 것은 영적으로 살지게 하는 그런 것들의 결핍(缺乏)이나 부족을 뜻합니다.

[13] 스가랴서의 말씀입니다.

> 수 많은 민족과 강대국이,
> 나 만군의 주에게 기도하여
> 주의 은혜를 구하려고,
> 예루살렘으로 올 것이다.……
> 그 때가 되면, 말이 다른 이방 사람 열 명이 유다 사람 하나의 옷자
> 락을 붙잡고, "우리가 너와 함께 가겠다. 하나님이 너희와 함께 계
> 신다는 말을 들었다" 하고 말할 것이다(스가랴 8 : 22, 23).

11장 7-19절

이 장절은 주님에 의한 이방 사람들의 부름(=소집·召集)과 교회에의 허입(許入)에 관해서 언급하고 있습니다. "말이 다른 이방 사람 열 명"은 어떤 종교이든 관계없이 종교에서 비롯된 모두를 뜻합니다. 다시 말하면 "예루살렘에서 만군의 주를 찾기 위하여 오는 자"(=주 만군의 주에게 기도하기 위하여 오는 자)를 뜻합니다. 다시 말하면 교회에 허입되기를 원하고, 그리고 주님을 고백하기를 원하는 자를 뜻합니다. 그러므로 "열 사람들"은 모두 이런 부류를 뜻하고, "많은 민족의 혀"(=많은 민족의 말)는 그들의 종교적인 원칙들을 뜻합니다. 그러나 이 장절의 나머지 부분은 본서 433[B]항에 설명되었는데, 거기에 입증된 것은 "예루살렘"이 예루살렘을 뜻하지 않고 "유다 사람"은 어떤 유다 사람을 뜻하지 않는다는 것입니다.

[14] 아모스서의 말씀입니다.

> 주께서 하시는 말씀이다.
> "나는 야곱의 교만이 밉다.
> 그들이 사는 호화로운 저택이 싫다.
> 그들이 사는 성읍과
> 그 안에 있는 모든 것들을
> 내가 원수에게 넘겨 주겠다.
> 그 때에 가서는, 비록 한 집에 열 사람이 남아 있다고 하여도, 끝내 모두 죽을 것이다"(아모스 6:8, 9).

"주께서 싫어하시는 야곱의 교만과 그들의 저택"은 거짓에 속한 사랑(=애욕)을 뜻하고, 그 교회에 속한 자들에게 있는 그것을 믿는 신념을 뜻합니다. 여기서 "교만"(pride)은 거짓에 속한 사랑(=애욕)을 뜻하고, "저택들"(=궁전들)은 거짓들 자체를 뜻하는데, 그들이 자만에 속해 있기 때문에 "저택들"(=궁전들)이라고 불리웠고, 그리고 이런 부류의 거짓들은 비록 그것들이, 마치 보잘 것 없고(rubbish), 불결한 것으로 가득 찬 오두막 같지만, 겉보기에는 장대하고 화려한 것으로 보이기 위해서는 이런 부류의 거짓들로 멋지게 꾸며졌기 때문입니다. "그 성읍과 그 안에 있는 모든 것들을 넘겨 주겠다"(=닫아 버리겠다)는 것은 그 교리를 비난, 유죄판결을 하는 것을 뜻하는데, 그것이 악에 속한 거짓들로 가득 찼고, 그리고 그들이 그것들을 가지고 있기 때문입니다. 여기서 "성읍"(city)은 교리를 뜻하고, "그 안에 있는 모든 것들"(=충분한 것들)은 악에 속한 거짓들을 뜻하기 때문에, 그러므로 "한 집에 열 사람이 남아 있다고 하여도, 끝내 모두 죽을 것이다"는 말씀은 모두에게 있는 모든 선에 속한 진리들이 소멸할 것이라는 것을 뜻합니다. 여기서 "열 사람들"은 모든 진리들을 뜻하고, "집"(house)은 선의 측면에서 사람을 뜻하고, "죽는다"(to die)는 것은 멸망하는 것을 뜻합니다. [15] 스가랴서의 말씀입니다.

> 내가 대답하였다. "두루마리가 날아가는 것을 보고 있습니다. 길이는 스무 자이고, 너비는 열 자입니다." 그는 나에게 이렇게 말하였다. "이것은 온 땅 위에 내릴 저주다"(스가랴 5 : 2, 3).

"온 땅위에 내릴 저주"(=악담·malediction)를 뜻하는 "날아가는 두루마리"(the flying roll)는, 길이가 스무 자이고, 너비는 열 자였는데, 그것은 "스물"(20)과 "열"(10)이 전부를 뜻하기 때문이고, 여기서는 악으로 변할 모든 선을 뜻하고, 거짓으로 바뀔 모든 진리를 뜻하기 때문입니다. 여기서 "스물"(20)은 선과, 그리고 그것에 속한 모든 것을 서술하고, "열"(10)은 진리와, 그리고 그것에 속한 모든 것을 서술합니다. 더욱이 "길이"(length)가 선을 뜻하고, "너비"(breadth)가 진리를 뜻한다는 것은 본서 355[E] · 627[A] · 629[A]항을 참조하시고, 그리고 《천계와 지옥》 197항을 참조하십시오.

[16] "열"(10)이 모든 것들이나 많은 것들을 뜻하기 때문에, 따라서 아래 장절에서 "열 번"(ten times)은 아주 많은 회수를 뜻하고, 그리고 항상(=늘 · 언제나 · always)을 뜻합니다. 다니엘서의 말씀입니다.

> 왕이 그들과 말하여 보니, 그들 가운데서 다니엘과 하나냐와 미사엘과 아사랴가 가장 뛰어났으므로, 그들로 왕을 모시게 하였다. 왕은 그들에게 온갖 지혜나 지식에 관한 문제를 물어 보고서, 그들이 전국에 있는 어떤 마술사나 주술가보다도, 열 배는 더 낫다는 것을 알았다(다니엘 1 : 19, 20).

민수기서의 말씀입니다.

> 나의 영광을 보고도, 내가 이집트와 광야에서 보여 준 이적을 보고도, 열 번이나 거듭 나를 시험하고 내 말에 순종하지 않은 사람들은, 어느 누구도, 내가 그들의 조상들에게 주기로 맹세한 그 땅을 못 볼 것이다. 나를 멸시한 사람은, 어느 누구도 그 땅을 못 볼 것이다(민수기 14 : 22, 23).

욥기서의 말씀입니다.

> 너희가 나를 모욕한 것이
> 이미 수십 번이거늘,
> 그렇게 나를 학대하고도
> 부끄럽지도 않느냐?
> (욥기 19 : 3)

이 장절들에서 "열 번"(ten times)은 어쨌든, 또는 언제나 (always), 그리고 매우 많은 여러 번 등을 뜻합니다.

[17] 다니엘서나 묵시록서에서 뿔들이 짐승의 성질로 여기고 있는데, 어떤 짐승에게는 열(10), 어떤 짐승에게는 일곱(7), 어떤 짐승에게는 셋(3)이 있는 것으로 기술되고 있습니다. 그리고 이들 짐승들의 "뿔들"(horns)은 진리에 거스르는 거짓의 힘(=능력·power)이나, 선에 대항하는 악의 힘(=능력)을 뜻합니다. 그리고 "열 뿔"(ten horns)은 최고의 능력을 뜻합니다. 다니엘서의 말씀입니다.

> 바다에서 올라온 넷째 짐승은 뿔을 열 개나 달고 있었다.…… 그 열 뿔은 이 나라에서 일어날 열 왕이다(다니엘 7:7, 20, 24).

여기서 그 짐승의 "열 뿔"(ten horns)은 진리에 대항, 거스르는 거짓의 최고의 힘(=능력·power)을 뜻합니다. 여기서 "열 왕들"(ten kings)은 복합체적으로 거짓들을 뜻하고, "왕국"(=나라·kingdom)은 타락된 교회를 뜻합니다. 묵시록서의 말씀입니다.

> 나는 바다에서 짐승 하나가 올라오는 것을 보았습니다. 그 짐승은 뿔 열과 머리 일곱을 가졌는데, 그 뿔 하나하나에 왕관을 쓰고 있고, 그 머리 하나하나에는 하나님을 모독하는 이름이 붙어 있었습니다(묵시록 13:1).

역시 같은 책의 말씀입니다.
> 나는 한 여자가 빨간 짐승을 타고 앉아 있는 것을 보았는데, 그 짐승은 하나님을 모독하는 이름들로 가득하였고, 머리 일곱과 뿔 열 개가 달려 있었습니다(묵시록 17:3, 7, 12).

이들 장절들에서 개별적으로 뜻하는 것이 무엇인지는 앞으로 상세하게 설명, 볼 수 있겠습니다.

675[C]. [18] "열"(10)이 모든 인물(人物)들이나 모든 사물(事物)들을 뜻하기 때문에 뒤이어지는 "십분의 일"(the tenth part)도 "열"의 뜻과 같이 모든 것을 뜻합니다. 이런 사실에서 뒤이어지는 것은, "열번째"(tenth)나 "십분의 일"(=십일조 과세·tithings)은 그것들의 근원에서 파생되었고, 그리고 타작마당의 십분의 일이나, 포도주틀(=포도주 확)이나, 즉 곡식이나 포도주의 일이 레위 지파에게 주어졌을 때, 이런 것들은 거룩하고, 축복받은 모든 것을 뜻합니다. 십분의 일이, 다시 십분의 일로 아론에게 드려진 것도 마찬가지 뜻합니다. 이것들에 관해서 성경말씀에는 이렇게 기술되었습니다. 신명기서의 말씀입니다.

> 너희는 해마다 밭에서 거둔 소출의 십일조를 드려야 한다(신명기 14 : 22).

민수기서의 말씀입니다.

> 주께서 모세에게 다음과 같이 말씀하셨다. "레위 사람에게 말하여라. 너는 그들에게 일러라. '너희가 이스라엘 자손에게서, 내가 너희에게 유산으로 주는 열의 하나를 받을 때에, 너희는 열의 하나 받은 것에서 열째 몫을, 주께 들어 올려 바치는 제물로 드려라. 나는 너희가 바치는 그 제물을, 너희가 타작 마당에서 떼어 낸 곡식처럼, 포도 짜는 틀에서 떠낸 포도주처럼 여길 것이다. 이렇게 너희는 이스라엘 자손에게서 받는 모든 것에서 열의 하나를 떼어, 주께 들어 올려 바치는 제물로 드려라'(민수기 18 : 25-28).

[19] "열번째"(=열의 하나·tenth)가 모든 것들 가운데 있는 축

복을 뜻한다는 것, 따라서 모든 거룩한 것을 가리키고, 복받은 것을 뜻한다는 것은 말라기서에서 명확합니다. 그 책의 말씀입니다.

> 너희는 온전한 십일조를 창고에 들여 놓아,
> 내 집에 먹을거리가 넉넉하게 하여라.
> 이렇게 바치는 일로 나를 시험하며,
> 내가 하늘 문을 열고서,
> 너희가 쌓을 곳이 없도록
> 복을 붓지 않나 보아라.
> (말라기 3:10)

"하늘 문(=창문)을 연다"는 것, 그리고 "복을 부어 준다"는 것은 총명이나 영원한 생명(永生)의 근원인 신령유입(the Divine inflowing)을 뜻합니다. 앞에서는(본서 644항 참조), "비"(rain)가 동일한 것을 뜻하였습니다. 그리고 이것은, 만약에 십일조를 가져 오면, 받게 되는 "축복"이 뜻하는 본연의 것입니다. 그러므로 여기서 "십일조"(tithes)는, 이와 같이 축복받은 모든 것을 뜻합니다. 창세기서의 말씀입니다.

> 그 때에 살렘 왕 멜기세덱은 빵과 포도주를 가지고 나왔다. 그는 가장 높으신 하나님의 제사장이다.…… 아브람은 가지고 있는 모든 것에서 열의 하나를 멜기세덱에게 주었다(창세기 14:18, 20).

다른 장절들에게서와 꼭 같이, 이들 장절에서, 그리고 성경말씀에서 "열"(10)이나 "십의 일조"(the tenth part)가 뜻하는 것이 무엇인지 잘 알 수 있겠습니다.

[20] 그 이유는 "열"(10)이 천계 자체에서 취한 모든 것들을

뜻하기 때문입니다. 왜냐하면 천계는, 전체적으로나 부분적으로나, 사람에게 응답을 주기 때문이고, 그러므로 천계는 최대 인간(the Greatest Man)이라고 불리웠기 때문입니다. 최대인간, 즉 천계의 생명의 모든 힘들은 두 손들과 두 발들에 종결하고, 그리고 손들은 열 손가락에 종결하고, 발들은 열 발가락에 종결합니다. 이런 이유 때문에, 능력이나 유지(維持・support)에 관한 사람의 모든 것들은 최종적으로는 열 손가락들과 열 발가락들에게 모입니다. 그러므로 이런 것들은 사람의 모든 것들을 뜻합니다. 궁극적인 것들은 성경말씀에서 전부(all)를 뜻합니다.

676. 그 지진으로 사람이 칠천 명이나 죽었습니다.
이 말씀은 그들에게 있는 선에 속한 모든 진리들이 상태의 그 변화에서 멸망하였다는 것, 그리고 따라서 천계와 교회의 모든 것들이 소멸하였다는 것을 뜻합니다. 이러한 내용은, 악들이나 거짓들에 의하여 멸망하는 것인, 영적으로 살해되는 것(=죽임을 당하는 것)을 가리키는 "죽었다"는 낱말의 뜻에서(본서 315・547・572・589항 참조), 그 교회에 속한 자들에게 있는 내면적인 것들의 상태의 변화를 가리키는 "지진"(earthquake)의 뜻에서(본서 674항 참조), 그리고 이것에 관해서는 곧 언급하겠지만, 선의 진리들을 가리키는, 결과적으로는 진리의 이해를 가리키는 "사람들"(=사람들의 이름들)의 뜻에서, 그리고 천계나 교회에 속한 모든 것들을 가리키는 "칠천"(7,000)의 뜻에서, 왜냐하면 "칠"(=일곱・7)은 모든 것들을 뜻하고, 그리고 천계나 교회에 속한 거룩한 것들을 서술하기 때문입니다. 이 숫자의 뜻이 이러하다는 것은 본서 257항을 참조하십시오. 그 숫자의 뜻은, 그 숫자가 10, 100, 1000에 의하여 곱셈되었을 때, 그대로 유지, 존속되기 때문입니다. 왜냐하면 이들 숫자들은 모든 것들을 뜻하기 때문입니다. 이렇게 볼 때 "지진으로 사람이 칠천 명이 죽었다"는 말씀이, 그 상태에 있는 모든 선에 속한 진리들이 멸망하였다는 것, 따라서 천계나 교회의 모든 것들이 멸망, 소멸하였다는 것을 뜻한다는 것을 잘 알 수 있겠습니다.

[2] "사람들의 이름들"(the names of men)은 선에 속한 진리들을 뜻한다는 것, 결과적으로는 진리의 이해를 뜻한다는 것은, 사람에게 있는 사물의 성질, 즉 상태를 가리키는 "이름"의 뜻에서, 그리고 총명을 가리키는 따라서 진리의 이해를 가리키는 "사람"(man)의 뜻에서 잘 알 수 있겠습니다. 영계에는 자연계에서와 같이, 사람들의 이름이 전혀 없기 때문에, "이름"(name)은 사람에게 있는 사물의 성질이나, 상태를 뜻합니다. 영계에서는 모두가 그들의 생명(=삶)의 성질에 일치하여 명명(命名)됩니다. 따라서 이름은 사회들 안에 있느냐, 사회들 밖에 있느냐는 차이에 따라서 이름은 달리 불리웁니다. 사회들 안에 있는 각자의 생명의 성품은 일정하게 변하지 않는데, 그것은 거기의 각자는 한 방위(方位)에서 살기 때문이고, 그리고 또한 중심에서부터 그의 정동의 성품이나 그의 총명의 성품에 일치하는 거리에 있기 때문입니다. 그러므로 그의 이름은 이 성품(=성질·quality)에 일치합니다. 그러므로 한 사회에서 어느 누구의 이름이 들려졌을 때(=호명되었을 때) 그의 성품은 역시 즉시 알려집니다. 이것이, "이름"이 영적인 뜻으로 한 사물의 성질이나, 생명의 상태의 성질을 뜻하는 이유입니다. 그러나 사회들 밖에서의 호명(呼名)은, 변함이 없는 어느 누구의 생명의 상태에 일치합니다. 왜냐하면 사람 영(a man-spirit)이 어떤 사회에 들어가기 전, 그는 그의 지배애(支配愛)에 불일치하는

것들을 벗어버리고, 그리고 그것에 일치하는 것들을 입기 위하여, 수많은 상태를 통과하여야 하기 때문입니다. 그럼에도 불구하고 각자 모두는 그가 처해 있는 상태에 일치하여 이름이 명명되고, 그의 상태의 개념이나 지각에 일치하여 명명되고, 호명됩니다. 영계에서 이름들이 영적으로 발설(發說), 발언(發言)된다는 것은 본서 102[A]항에서 볼 수 있습니다. 그러므로 성경말씀의 "이름"은 생명의 상태가 무엇인지를 뜻합니다(본서 148항 참조). 그러므로 역시 "여호와의 이름"이나 "주님의 이름"은 그분께서 그것들에 의하여 예배받으시는, 모든 것들을 뜻하고, 따라서 사랑이나 믿음에 속한 모든 것들을 뜻합니다(본서 102·135항 참조). 성경말씀에서 "사람"(man)은 진리의 영적인 정동을 뜻하고, 그리고 그것에서 비롯된 진리의 이해를 뜻합니다(본서 280·546항 참조). 이렇게 볼 때 "사람들의 이름들"이 뜻하는 것이 무엇인지 명확하게 합니다.

[3] 선에 속한 진리들이나, 따라서 그것들에게서 비롯된 이해가 "큰 지진"이 뜻하는 주목할 만한 상태의 변화에 의하여 파괴된 이유는 앞 단락에서 설명되었습니다. 다시 말하면 최후심판이 임박한 때인, 교회의 마지막 때에 영적으로 선한 자들이 오직 자연적으로 선한 자들에게서 제거되었다는 것, 그리고 이런 일이 일어났을 때, 그 때에 후자들에게서는 선에 속한 모든 진리들이, 결과적으로는 진리의 모든 이해들이 역시 제거됩니다. 왜냐하면 어떤 영적인 것이 결핍(缺乏)된 자들에게 있는 진리들이나 선들은 그들의 외적인 것들 안에 머물러 있지만, 그러나 거짓들이나 악들은 그들의 내적인 것들 안에 머물러 있기 때문입니다. 그러므로 그들이 외적인 것과 교류한 자에게 있는 선이 제거될 때, 외적인 것들 역시 제거되고, 내적인 것

은 닫혀지기 때문입니다. 이에 언급한 것과 같이, 이런 것들은 단순히 악에 속한 것들로 가득 채워지기 때문입니다. 이러한 내용이 이들 말씀(=낱말)들이, 남아 있는 자들에게 있는 모든 선에 속한 진리들이나 모든 진리에 속한 이해가 소멸, 멸망된 다는 것을 뜻하는 이유입니다.

677. 그리고 살아 남은 사람은 두려움에 싸였다.
이 말씀은 마음의 소동(騷動)이나, 영적으로 어느 정도에 이른 자들의 떠남(=외면)을 뜻합니다. 이러한 내용은, 전적으로 외적이거나, 자연적이 아닌 자들을 가리키는, 그러나 이것에 관해서는 곧 설명하겠지만, 어느 정도는 내적이고, 영적인 자들을 가리키는 "살아 남은 사람"(the rest)의 뜻에서, 그리고 마음 안에서 어지럽게 된, 그리고 전적으로 자연적인 자들에게서 외면된, 따라서 전적으로 거짓들이나 악들에게서 떠나 버린 것을 가리키는, "두려움에 싸였다"(=두려워하였다)는 낱말의 뜻에서 명확합니다.

[2] "두려움에 싸였다"(=두려워한다)는 것이, 아래의 설명에서 보게 되겠지만, 그런 소동이나 외면 따위를 뜻합니다. 제일 처음에는, 전적으로 자연적이지 않지만, 그러나 어느 정도는 영적인 것을 가리키는 두려움에 싸였고, 그리고 "하늘에 계신 하나님께 영광을 돌린 자들"이 뜻하는 자들에 관해서 몇 가지 언급하고자 합니다. 왜냐하면 전적으로 자연적인 자들에게서 그들의 외적인 것 안에 거주하는 선에 속한 진리들이 제거되었을 때, 그들은 지옥에서 비롯된 거짓들이나 악들의 유입(流入・接神)에 의하여 혼란스럽지는 않지만, 그럼에도 불구하고 다소 그들은 외면, 떠나 버리기 때문입니다. 왜냐하면 그들에게 있는 내면적으로 숨겨져 있던, 그들의 올바른 생각이나 뜻

은 순전한 거짓들이나, 그것에서 비롯된 악들로, 그리고 악들이나 그것에서 비롯된 거짓들로, 구성되었기 때문입니다. 그리고 그들이 이런 것들 안에 있을 때, 그들은 진리들이나 선들에 대하여 매우 심하게 격분(擊奮)하고, 그리고 그것으로 말미암아 그들은 그것들을 깨부수려고 무척 열망하고, 애씁니다. 이러한 것은 그들이 더 이상 외적인 것들 안에 있지 않을 때 악한 사람이 악들이나 거짓들을 두려워하지 않고, 그리고 심지어 지옥을 두려워하지 않는 이유입니다. 왜냐하면 이런 것들은 그들의 사랑에 속해 있기 때문이고, 결과적으로는 그들의 삶의 쾌락들에 속해 있기 때문입니다. 그러나 영적인 자들에게서는 그렇지가 않습니다. 이들은 마음에서 소동이 일어나고, 그리고 그들이 악들 가운데 있을 때 일어나는 것으로 악들이나 거짓들에 의하여 그들이 습격을 받을 때 두려움에 사로잡힙니다. 왜냐하면 그들은 그들의 영적인 생명(=삶)의 상실(喪失)을 두려워하기 때문입니다. 이런 것들에 대해서 그들은 마음에서 혼란스럽고, 불안하고, 그리고 그들의 주님에게 도움(aid)을 간곡히 간구합니다. 그리고 그들은 자기 자신들을 악한 자에게서 외면시킵니다.

[3] 영계에 있는 사회들이 정화되는 때인데, 이런 일은 그 사회들이 언제나 악한 자, 특히 위선자들이 자신들을 그것들 속에 삽입(揷入), 침투시키고, 그리고 거기에 있는 선한 자와 자신들을 뒤섞을 때 일어납니다. 이런 자들의 현존의 증표들은 이해의 불영명(an obscuration of the understanding), 선의 지각의 상실(a loss of the perception of good), 진리의 정동의 둔감(鈍感 · a dulness of the affection of truth)이나 이와 유사한 것들을 가리킵니다. 그 때 유입(=접신)은 지옥에서 비롯되고, 악

한 자는 그것을 즐거워하지만, 그러나 선한 자는 마음이 동요되고, 불안하고, 스스로 그런 것들을 외면합니다. 따라서 거기에는 분리와 분열이 있고, 두려워하는 자들이나, 스스로 외면하는 자들은 보존, 보호됩니다. 이에 반하여 남은 자는 쫓겨납니다. 이렇게 볼 때, 몇몇은 "두려움에 쌓였다"(=두려워한다)고 언급된 이유나, 마음의 소동이나, 어느 정도 영적인 자들에게는 외면하였다는 이유를 밝히 알 수 있겠습니다.

[4] 성경말씀에서 "두려움에 싸였다"(=두려워한다) "실망한다"(=낙담한다 · to be dismayed)나 또는 이와 비슷한 표현들은 선한 자와 악한 자와의 관계에서 아주 자주 사용되고 있고, 그리고 "공포"(terror)나 "경악"(dismay)은 생명에 대한 긴박한 위험이나, 생명에 대한 가시적인 위험에 의한 혼란스러운 마음의 상태나 급변한 마음의 상태를 뜻하지만, 그러나 이러한 사실은 선한 자에게 있는 일이고, 그리고 악한 자에게는 별개의 일입니다. 선한 자에게는 영혼에 대한 긴박한 위험이나 가시적인 위험에서 생긴 마음의 혼란(=동요)이나 상태의 변화를 가리키지만, 그러나 악한 자에게는 육신의 생명에 대한 긴박한 위험이나 가시적인 위험에서 비롯됩니다. 이것은, 선한 자는 으뜸되고, 최후의 것으로 육신의 생명은 별로 대수롭지 않게 여기고, 영혼의 생명은 매우 중요하게 여기는 이유입니다. 이에 반하여 악한 자는 으뜸되고, 최후의 것으로 영혼의 생명은 크게 여기지 않고, 육신의 생명을 매우 크게 여깁니다. 사실, 악한 자는 마음에서는 믿지 않지만, 삶에서는 믿고, 그리고 이런 부류의 인물은 육신에 속한 것들은 믿고, 심지어 그것만을 애지중지(愛之重之)하고, 그리고 이런 부류의 작자들은 온갖 종류의 욕망들이나 쾌락들을 애지중지합니다. 그러나 선한 자는 그

것에 정반대입니다.
[5] "두려워한다"(=두려움에 싸였다) · "크게 실망한다"(=낙담한다) · "걱정한다"(=염려한다)나 이와 유사한 것이 내면적인 것들의 상태의 변화에서 비롯된 마음의 불안이나 혼란을 뜻한다는 것을 명확하게 하기 위하여 나는 확증의 방법으로 성경말씀에서 몇몇의 장절들을 인용하고자 합니다. 시편서의 말씀입니다.

> 내 가슴이 진통하듯 뒤틀려 찢기고,
> 죽음의 공포가 나를 엄습합니다.
> 두려움과 떨림이 나에게 밀려오고,
> 몸서리 나는 전율이 나를 덮습니다.
> (시편 55 : 4, 5)

이 장절은 시험들에 관해서 언급하고 있는데, 그것들에게는 거짓들이나 악들이 지옥에서 돌발(突發)하고, 그리고 저주에 관한 공포를 생기게 합니다. 왜냐하면 위에서 언급한 것과 같이, 선한 자는 두려워하고, 영혼에 대한 긴박한 위험 때문에 벌벌 떨기 때문이고, 따라서 생각들이나 의지의 의도들 속으로 들어온 온갖 악들의 침략으로 말미암아 두려움과 공포에 사로잡히기 때문입니다. 그러므로 그것들의 계속적인 순서에 따라서 여기에 언급된 개별적인 것 안에는 "마음의 심한 동요" · "죽음의 공포" · "두려움" · "전율" · "공포" 따위들이 뜻하는 마음의 온갖 불안들이나 두려움 따위가 있습니다.
[6] 이사야서의 말씀입니다.

> 섬들이, 주께서 하신 일을 보고 두려워한다.
> 저 멀리 땅 끝에 있는 나라들이
> 무서워서 떤다.
> 사람들이 함께 모여서 나온다.

(이사야 41 : 5)

이 말씀은 주님의 강림에 관해서 언급하고 있습니다. "섬들이나 땅 끝에 있는 나라들"(=땅 끝)은 교회의 진리들로부터 멀리 떨어져 있는 이방 사람들을 뜻합니다. 그리고 "그들의 두려움이나 공포"는 멸망하는 것의 두려움에서 비롯된 마음의 혼란이나 소동 따위를 뜻합니다.
[7] 에스겔서의 말씀입니다.

> 사람들은 모두 손에 맥이 풀리고,
> 무릎을 떨 것이다.
> 굵은 베 옷을 입고,
> 두려워서 온 몸을 떨 것이다.
> 모든 얼굴에는 부끄러움이 가득할 것이요,
> 모든 머리는 대머리가 될 것이다.
> 그들은 은을 길거리에 내던질 것이며,
> 금을 오물 보듯 할 것이다.
> (에스겔 7 : 17-19)

이 장절 역시 주님의 강림을 다루고 있습니다. 그리고 이런 것들은 모두가 그것에 관해서 언급하고 있습니다. 악들 때문에 생긴 슬픔에서, 그리고 선들 때문에 생긴 즐거움에서 비롯된 마음의 다양한 혼란이나 소동들은 두려움이나 슬픔에 속한 다양한 표현들에 의하여 기술되었습니다. 예를 들면 "모든 손에 맥이 풀린다" · "무릎을 떨 것이다"(=모든 무릎이 물을 뚝뚝 떨어뜨릴 것이다 · 모든 무릎들은 물처럼 연약할 것이다) · "모든 얼굴에는 부끄러움이 가득할 것이다"는 등등의 말씀들은 마음의 혼란이나 소동들을, 그리고 삶(=생명)의 상태의 변화들을 뜻할 뿐만 아니라, 거짓들이나 악들로부터의 전환들(轉換 · turnings)을 뜻합니다. 왜냐하면 그들이 배척할 거짓들은 "그들이 길거리에 내던질 은"이 뜻하기 때문이고, 그리고 악들은 "그들이 오물 보듯 할 금"이 뜻하기 때문입니다. "모든 무릎이 물에 들어갈 것이다"는 것은 사랑의 선의 상실 때문에 생긴 슬픔을 뜻하고, 그리고 지금 회복된 즐거움 때문에 생긴 슬픔을 뜻합니다. 그리고 여기서 "무릎들"(knees)은 사랑의 선을 뜻하고, "물에 들어간다"는 것은 우는 것을 뜻합니다.

[8] 신령존재가 머리의 내부에 입류, 가득 채울 때, 머리의 내적 영역을 사로잡고, 동요, 흥분시키고(agitate), 몸부림치게 하는 거룩한 전율(the holy tremor)은 "두려움"(fear) · "골치거리"(terror) · "경외"(敬畏 · dread) 등등으로 불리는데, 이러한 것은 아래의 장절들에게서 잘 알 수 있겠습니다. 누가복음서의 말씀입니다.

> 그는 천사를 보고 놀라서, 두려움에 사로잡혔다. 천사가 그에게 말하였다. "사가랴야, 두려워하지 말아라"(누가 1 : 12, 13).
> 마리아는 이 말을 듣고 몹시 놀라 '이 인사말이 대체 무슨 뜻일까' 하고 생각하였다. 천사가 마리아에게 말하였다. "두려워하지 말아라"(누가 1 : 29, 30).
> 주의 천사가 그들에게 나타나고, 주의 영광이 그들에게 두루 비치었다. 그들은 몹시 두려워하였다. 천사가 그들에게 말하였다. "두려워하지 말아라. 나는 온 백성에게 큰 기쁨이 될 소식을 너희에게 전해 준다"(누가 2 : 9, 10).
> 구름이 일어나서 그들을 뒤덮었다. 그들은 구름 속으로 들어갔을 때에, 두려움에 사로잡혔다(누가 9 : 34).
> (예수께서 중풍병 환자를 고쳤을 때) 사람들은 모두 놀라서 하나님을 찬양하였고, 두려움에 차서 "우리는 오늘 신기한 일을 보았다" 하고 말하였다(누가 5 : 26).

> (예수께서 나인 성에서 죽은 젊은이를 살리셨을 때) 그래서 모두 두려움에 사로잡혀서, 하나님께 영광을 돌리며 말하기를 "우리에게 큰 예언자가 나타났다" 하고, 또 "하나님께서 자기 백성을 돌보아 주셨다" 하였다(누가 7 : 16).
> 갑자기 빛나는 구름이 그들을 뒤덮었다. 그리고 구름 속에서 "이는 내 사랑하는 아들이다. 내가 그를 좋아한다. 너희는 그의 말을 들어라" 하는 소리가 들려왔다. 제자들은 이 말을 듣고, 얼굴을 땅에 대고 엎드려, 몹시 두려워하였다. 예수께서 가까이 오셔서, 그들에게 손을 대시고서, "일어나거라. 두려워하지 말아라" 하고 말씀하셨다 (마태 17 : 5-7 ; 마가 9 : 6).

따라서 역시 묵시록서에서도 "살아 남은 사람은 두려움에 싸여서, 하늘에 계신 하나님께 영광을 돌렸습니다"고 언급되었습니다. 복음서의 더 상세한 말씀입니다.

> 그 여자들은 무덤 안으로 들어가서, 웬 젊은 남자가 흰 옷을 입고 오른쪽에 앉아 있는 것을 보고 몹시 놀랐다. 그가 여자들에게 말하였다. "놀라지 마십시오"(마가 16 : 5, 6).
> 여자들은 무서움과 큰 기쁨이 엇갈려서, 급히 무덤을 떠나, 이 소식을 그의 제자들에게 전하려고 달려갔다.…… 그 때에 예수께서 그 여자들에게 말씀하셨다. "무서워하지 말아라. 가서, 내 형제들에게 갈릴리로 가라고 전하여라"(마태 28 : 8, 10 ; 마가 16 : 8).
> (엠마오로 가는 두 제자가 예수께 말하였다.) "우리 가운데서 몇몇 여자가 우리를 놀라게 하였습니다"(누가 24 : 22).

이상의 여러 장절들에게서 얻을 수 있는 결론은, 성경말씀의 "공포"(terror)나 "놀람"(alarm)은, 깜짝 놀람(amazement)을 야기시키고, 역시 즐거움(joy)으로 꼭 맞게 연결시키는 그런 것들의 유입에서 야기하는 마음의 다양한 소동이나 동요 따위를 뜻한다는 것입니다.

[9] 또다시 말하면, "공포"(terror)는 영적인 뜻으로 지옥에서 비롯된 악들이나 거짓들 때문에 생긴 공포를 뜻합니다. 왜냐하면 이런 악들이나 거짓들은 영적인 사람을 겁나게 하는데, 그것은 영적인 사람이 사랑하는 선들이나 진리들에 정반대되는 것이기 때문이고, 그리고 그것의 상실은 그 사람을 두렵게 하기 때문입니다. 이런 뜻으로 성경말씀의 수많은 장절에 "공포"(=두려움 · terror)가 언급되었습니다. 이사야서의 말씀입니다.

그들이, 저녁때에 두려운 일을 당하고,
아침이 오기 전에 두려움이 사라질 것이다.
(이사야 17 : 14)

여기서 "저녁"(evening)은 교회의 마지막 때를 뜻하는데, 그 때는 거기에 진짜 악들이나 거짓들만 있습니다. 이것들이 "공포"(=두려운 일 · terror)라고 불리웠는데, 그것은 그것들이 지옥을 가리키기 때문입니다. 그러나 "아침"(morning)은 교회의 처음 때를 뜻하고, 그리고 그 때 거기에는 악들이나 거짓들이 전혀 없습니다. 그래서 "아침이 오기 전에 두려운 일(=공포)이 사라질 것이다"고 언급되었습니다.
[10] 예레미야서의 말씀입니다.

나의 종 야곱아, 너는 두려워하지 말아라.
이스라엘아, 너는 무서워하지 말아라.……
보아라, 내가 너를
먼 곳에서 구원하여 데려오고,
포로로 잡혀 있는 땅에서
너의 자손을 구원할 것이니,

> 야곱이 고향으로 돌아와서
> 평안하고 안정되게 살 것이다.
> (예레미야 30 : 10)

스바냐서의 말씀입니다.

> 이스라엘에 살아 남은 자는……
> 잘 먹고 편히 쉴 것이다.
> (스바냐 3 : 13)

여기서 "야곱"이나 "이스라엘"은 선들이나 진리들 안에 있는 교회 안에 있는 자들을 뜻하고, 그리고 "아무런 위협이나 두려움도 받지 않는다"는 것은, 그들을 공격, 습격할 지옥에서 비롯된 악이나 거짓에 속한 것이 전혀 없다는 것을 뜻합니다. 이 밖에도 비슷한 장절들은 많이 있습니다. 그러나 "하나님을 두려워한다"(fearing God)는 말씀이 뜻하는 것이 무엇인지는 영적인 뜻으로 우리의 본문장 18절의 설명에서 언급될 것입니다.

678. 하늘에 계신 하나님께 영광을 돌렸습니다.

이 말씀은 그들이 주님을 시인하고, 예배하였다는 것을 뜻합니다. 이러한 내용은, 이것에 관해서 곧 언급하겠지만, 시인하고, 예배하는 것을 가리키는 "영광을 돌렸다"(=영광을 드렸다) 또는 "찬양한다"(glorifying)는 낱말의 뜻에서, 그리고 주님을 가리키는 "하늘에 계신 하나님(the God of heaven)의 뜻에서 명확합니다. 주님께서 이 세상에 계실 때, 그리고 이 세상을 떠나셨을 때, 주님께서 하늘의 하나님이시다는 것은 주님 당신이 명확하게 하셨습니다. 주님께서 이 세상에 계실 때 그분께서는 요한복음서에서 이렇게 말씀하셨습니다. 요한복음서의 말씀입니다.

11장 7-19절

아버지는 아들을 사랑하여, 모든 것을 아들의 손에 맡기셨다(요한 3 : 35).

같은 책의 말씀입니다.

아버지께서는 아들에게 주신 모든 사람에게 영생을 주게 하시려고, 모든 사람을 다스리는 권세를 아들에게 주셨습니다(요한 17 : 2).

마태복음서의 말씀입니다.

내 아버지께서 모든 것을 내게 맡겨 주셨습니다(마태 11 : 27).

주님께서 이 세상을 떠나실 때 제자들에게 말씀하셨습니다. 마태복음서의 말씀입니다.

나는 하늘과 땅의 모든 권세를 받았다(마태 28 : 18).

이상에서 볼 때 주님께서 하늘에 계시는 하나님이시라는 것은 명확합니다.
[2] "영광을 돌린다"(to give glory)는 말씀이 주님을 시인하고, 예배하는 것을 뜻하는데, 그것은 "영광을 돌린다"(=드린다 · to give glory)는 말이, 그분께서 천계(=하늘)와 땅의 하나님이시기 때문에, 영광은 오직 그분에게 속한 것이라는 것을 뜻하고, 동시에 교회에 속한 모든 것들은 그분에게서 비롯된 것이고, 따라서 모든 구원이나 영생(永生)도 그분에게서 온 것이라는 것을 뜻하기 때문입니다. 이렇게 볼 때 뒤이어지는 것은 "영광을 돌린다" "찬미한다"(=찬양한다 · to glorify)는 것은 하나님과의

관계에서는, 그분을 예배하고, 숭배, 공경하는 것을 뜻합니다. 주님과의 관계에서, 성경말씀에서 "영광"(glory)이라는 말씀은 본래는 그분에게서 발출하는 신령진리를 뜻합니다. 이런 이유 때문에 이 신령진리는 천계의 빛이고, 그리고 그 빛으로 말미암아 천사들이나 사람들 그들의 모든 총명이나 지혜 뿐만 아니라, 그들의 행복은 물론, 그밖의 모든 것들, 즉 형언할 수 없는 천계에 있는 모든 장대함이나 훌륭함을 취합니다. 그러므로 이런 것들은 "하나님의 영광"이 뜻하는 본래의 것들입니다. 그리고 신령진리가 영광을 가리키기 때문에, 뒤이어지는 것은 "주님의 영광"(the glory of the Lord)은 천사들이나 사람들에게 빛을 비추는 것을 뜻하고, 그리고 총명이나 지혜를 하사(下賜)하는 것을 뜻하고, 지복들(至福)이나 기쁨들로 축복하는 것을 뜻하고, 천계에 있는 모든 것들을 장대하고 화려하게 만드는 것을 뜻합니다. 그리고 뒤이어지는 것은 이 영광이 영광의 사랑(the love of glory)이 아니고, 오히려 인류를 향한 사랑에서 비롯된 것이라는 것입니다. 이러한 내용이 주님께서 요한복음서에서 말씀하신 이유입니다. 요한복음서의 말씀입니다.

> 너희가 열매를 많이 맺어서 나의 제자가 되면, 이것으로 나의 아버지께서 영광을 받으실 것이다(요한 15 : 8)

같은 책의 말씀입니다.

> 나는 아버지께서 내게 주신 말씀을 그들에게 주었습니다.…… 나는 그들로 말미암아 영광을 받았습니다(요한 17 : 8, 10).

[3] 이러한 내용이 주님의 영광을 가리킨다는 것은 아래의 내

용에서, 즉 천계의 모든 지혜 · 아름다움 · 장려함 등등의 근원인 천계의 빛은 태양이신 주님에게서 발출한다는 것에서 밝히 알 수 있겠습니다. 그리고 그것은 천사들에게 마치 태양처럼 나타나는 주님의 신령사랑입니다. 이렇게 볼 때 그것의 본질에서 신령진리이고 신령지혜를 가리키는 천계의 빛은 발출하는 신령사랑입니다. 그리고 사랑은 자신의 것이 다른 존재에 주어지는 것 이외의 것을 결코 열망하지 않기 때문에, 따라서 다른 것들을 축복으로 채우는 것 이외의 것을 열망하지 않기 때문에, 신령사랑이 행하는 것이 무엇이겠습니까? 그럼에도 불구하고, 주님께서는 당신의 영광을 다른 자에게 주실 수 없으시고, 그리고 그가 주님을 시인하지 않고, 예배하지 않는다면, 주님께서는 지혜나 지복으로 그를 채우실 수 없으십니다. 왜냐하면 그것은 이것에 의하여 사람을 사랑이나 믿음에 의하여 주님에게 결합시키는 방편이기 때문입니다. 그 시인과 예배가 진정한 시인과 예배가 되기 위해서 그것은 반드시 사랑과 믿음에서 비롯되어야 하기 때문입니다. 그리고 이런 것들에 의한 결합이 없다면, 선은 결코 주님으로부터 입류할 수 없습니다. 그 이유는 그것이 영접, 수용되지 않기 때문입니다. 이런 모든 사실은 "하늘에 계신 하나님께 영광을 돌린다"는 것이 주님을 시인하고, 예배한다는 것을 뜻한다는 것을 명료하게 합니다.

[4] "영광"(glory)이 주님에게서 발출하는 신령진리를 뜻한다는 것, 그리고 사람에게 있는 주님의 영광이 신령진리의 수용 그릇이라는 것 등등은 본서 33 · 345항에서 볼 수 있습니다. 주님의 영광화(the Lord's glorification)는 주님 당신에게서 비롯되었다는 것, 그리고 사람들이나 천사들에게 있는 주님의 영광화는, 모든 선과 모든 진리, 그리고 구원이나 생명(=영생)의

모든 것은 주님에게서 비롯된다는 것 등등은 본서 288[A]항을 참조하십시오.

679. 14, 15절. 둘째 재난은 지나갔습니다. 그러나 이제 셋째 재난이 곧 닥칠 것입니다. 일곱째 천사가 나팔을 불었습니다. 그 때에 하늘에서 큰소리가 났습니다.
"세상 나라는
우리 주님의 것이 되고,
그리스도의 것이 되었다.
주께서 영원히 다스릴 것이다."

[14절] :
"둘째 재난은 지나갔습니다. 그러나 이제 셋째 재난이 곧 닥칠 것이다"는 말씀은 지금 확실하게 임박한 교회의 마지막 황폐에 대한 애도(哀悼)를 뜻합니다(본서 680항 참조).

[15절] :
"일곱째 천사가 나팔을 불었다"는 말씀은 주님으로부터 천계를 통한 신령진리의 입류를 뜻하고, 그리고 결과적으로는 마지막 변화들을 뜻합니다(본서 681항 참조). "그 때에 하늘에서 큰 소리가 났다"는 것은 보다 높은 천계들에 있는 조요(照耀 · enlightenment)와 즐거움(joy)을 뜻합니다(본서 682할 참조). "세상 나라는 우리 주님의 것이 되고, 그리스도의 것이 되었다"는 말씀은, 천계나 지상에 있는 모든 것들이 주님에게 예속(隸屬)되었다는 것을 뜻하고, 악한 자가 선한 자에게서 분리될 때, 주님에게서 발출하는 신령선과 신령진리는 확실하게 영접, 수용된다는 것을 뜻합니다(본서 683 · 684항 참조). "주께서 영원히 다스리실 것이다"는 말씀은 신령진리에 의한 그분의 통치(His dominion)가 영원할 것이라는 것을 뜻합니다(본서 685항 참

조).

680. 14절. **둘째 재난은 지나갔습니다. 그러나 이제 셋째 재난이 곧 닥칠 것입니다**(=보라, 셋째 화가 속히 올 것이다).
이 말씀은, 지금 확실하게 임박한 교회의 마지막 폐허(=황폐·vastation)에 대한 슬픔(哀悼)을 뜻합니다. 이러한 내용은 다종다양한 것들에 대한 슬픔을 가리키는, 특히 교회를 황폐하게 만드는 그런 것들에 대한 슬픔을 가리키는 "재난"(woe)의 뜻에서(본서 531항 참조), 명확합니다. 그리고 "삼"(=셋·3)이 완전한 것을 뜻하기 때문에 그러므로 "셋째 재난"(third woe)은, 황폐가 충분한 때를 가리키는 마지막 슬픔을 뜻합니다. "셋"(3)이 완전한 것을 뜻한다는 것, 따라서 마지막(the end)을 뜻한다는 것은 본서 435[A]·506·532항을 참조하십시오. 이러한 내용은 확실한 것, 임박했다는 것(at hand), 일어난다는 것 등등을 가리키는 "곧 닥칠 것이다"(=속히 올 것이다)는 말의 뜻에서 명확합니다. 그리고 "곧"(=속히·quickly)이라는 낱말이 확실(certainty)을 뜻한다는 것은 본서 7·216항을 참조하십시오. 속히 올 셋째 재난이 뜻하는 것이 무엇인지는, 아래에 이어지는 것, 다시 말하면 거기에 더 이상 어떤 진리나 선이 없을 때나, 악한 자가 선한 자에게서 분리되는, 또는 선한 자가 악한 자에게서 분리되는 때를 가리키는, 그리고 종국에는 충분한 분리에 의하여 성취되는 최후심판을 가리키는 교회의 마지막 상태를 뜻합니다. 그 때 악한 자는 지옥으로 쫓겨나고, 선한 자는 천계에로 올리워집니다.

681. 15절. **일곱째 천사가 나팔을 불었습니다.**
이 말씀은 주님에게서 비롯된 천계를 통한 신령진리의 입류(入流)를 뜻하고, 결과적으로는 마지막의 변화들을 뜻합니다. 이러한 내용은 천사와의 관계에서, 주님에게서 비롯된 신령진리의 입류를 가리키는, 그리고 악한 자가 있는 곳인 보다 낮은 곳들 안에 있는 결과적인 변화를 가리키는, "나팔 소리가 울려 퍼진다"(=울려퍼짐 · sounding)는 낱말의 뜻에서 명확합니다(본서 489 · 502항 참조). 이것은 "트럼펫"(=나팔 · trumpet) · "뿔피리"(=뿔나팔 · horn)이 곧 계시될 신령진리나, 계시된 신령진리를 뜻하기 때문에(본서 55 · 262항 참조), "나팔을 분다"(to sound)는 말의 뜻의 이유입니다. "일곱째 천사의 나팔소리"는 주님에게서 비롯된 신령진리의 입류에 의하여 생긴 마지막 변화를 뜻하는데, 그것은 숫자 "일곱"(7)이 충분한 것이나 마지막 것을 뜻하기 때문입니다(본서 20 · 24 · 257 · 300 · 486항 참조). 악한 자가 있는 곳인, 낮은 장소들 안에 있는 변화들은 주님에게서 비롯된 천계를 통한, 보다 강한(a stronger) 신령진리, 또는 보다 온화한(a milder) 신령진리의 입류에 의하여 이루어진다는 따라서, 온갖 종류의 입류에 의하여 행해진다는 것은 이미 앞에서 충분하게 다루어졌기 때문에(본서 413[A] · 418[A] · 419[A] · 426 · 489 · 493항 참조), 그것들에 관해서 더 상세하게 언급할 필요는 없겠습니다. 선한 자에게서 악한 자의 분리, 그리고 지옥으로 쫓겨나는 악한 자의 추방(追放)이나, 그 밖의 다른 많은 변화들은 다양한 종류의 입류에 의하여 행해진다는 것은 적절한 곳에서 잘 볼 수 있겠습니다. 이렇게 볼 때 "나팔을 부는 일곱 천사들"이 뜻하는 것이 무엇인지 명확하게 되었습니다.

682. 그 때에 하늘에서 큰소리가 났습니다.
이 말씀은 보다 높은 천계에 있는 조요나 즐거움을 뜻합니다. 이러한 내용은 보다 높은 천계에 있는 조요 · 지혜 · 즐거움을 가리키는 "하늘에 있는 큰소리"의 뜻에서 명확합니다. 왜냐하면 성경말씀에는 "소리들"(voices)은 다양한 뜻을 가지고 있기 때문입니다. 예를 들면 신령진리나 계시를 가리키는 우리들에게 있는 성언 자체를 뜻하고, 그리고 또한 성경말씀에 속한 모든 교훈(precept)이나 명령(command)이 되겠습니다. 이러한 것들은 "하늘에서 비롯된 소리들"(voices from heaven)이 뜻하지만, 그러나 "하늘에 있는 소리들"(voices in heaven)은 천사들이 가지고 있는 지혜나 결과적인 즐거움의 근원을 가리키는 조요(照耀·enlightenment)를 뜻합니다. 왜냐하면 천사들이 조요의 상태에 있을 때 그들은 역시 지혜의 상태에 있고, 그리고 그 때 그들은 "큰소리들"(great voices)을 가지고 있고, 그리고 그들은 그것들에 의하여 지혜의 비의(=비밀·the arcana of wisdom)를 표현하기 때문입니다. 그것은 천사들의 즐거움이 지혜에서 오기 때문에, 그리고 결과적으로 즐거움이 있기 때문입니다. 역시 이것은 소리들이 "크다"(great)고 불리운 이유입니다. 왜냐하면 "크다"는 낱말은 천계에 있는 즐거움의 근원을 가리키는, 선과 진리의 정동에 관해서 서술하기 때문입니다. 보다 높은 천계는, 천계를 통해서 그리고 그 천계로부터 온갖 입류들이 낮은 영역에 내려오기 때문에, 그리고 이런 입류들에 의하여 낮은 천계에 있는 자들과 외적인 것들 안에 결합되어 있는 악한 자가 분리되는 것을 뜻합니다. 계속해서 이런 결합이 지속되는 동안 거기에 결코 조요나 즐거움 따위는 없고, 다만 그와 같은 분리가 이루어지는 것에 비례하여 거기에는 조요와 즐거움이 있습니다. 여기에서 뒤이어지는 것은 그것이 바로 보다 높은 천계가 뜻하는 것입니다. 그리고 영계에서는 보다 높은 것들과 보다 낮은 것들 사이에 이런 결합이 있기 때문에 그러므로 낮은 것들이 질서에 있는 것에 비례하여 높은 것들 역시 질서에 있습니다. 왜냐하면 거기에 있는 보다 낮은 것들은 가옥의 낮은 부위(=영역)나 그것의 기초들과 같기 때문입니다. 그러므로 이런 것들이 손상되지 않는 것에 비례하여 보다 높은 부위(=영역)는 안정되고(stable), 안전하고(secure), 완벽하지만(complete), 결코 그것은 흔들리지 않고, 기우뚱거리지 않고, 공개적으로 갈라지는 금이 생기는 일은 없습니다. 또한 그것들은 마치 사람 안에 있는 외적인 것들과 같은데, 예를 들면 시각・미각・청각・촉각의 기관들과 같아서, 이런 것들이 손상되지 않는 것에 비례하여 그것들의 내면적인 것들은 명확하게 보고, 맛보고, 듣고, 그리고 촉각은 예민합니다. 왜냐하면 그것은 외면적인 것에서 오관(五官)으로 감지하는 내면적인 것들이기 때문이고, 그리고 외면적인 것들은 그것들을 전혀 오관으로 감지하지 못하기 때문입니다. 그와 같은 일은 천계에서도 마찬가지입니다. 높은 천계는 낮은 천계에서 종결되고, 그리고 거기에 남아 있습니다. 그러므로 거기에는 그것들 사이에는 손상하지 않은 유대(紐帶・an broken bond)가 있는데, 그것은 마치 선재하는 것들과 후래하는 것들(things prior and posterior) 사이에 있는, 또는 원인들과 결과들 사이에 있는 유대와 같습니다. 만약에 결과(effect)가 그것의 원인(cause)에 전적으로 대응하지 않는다면, 다시 말하면 그것이 본질적으로 힘들에 관계하고, 행동하기 위한 노력들(=애씀들)에 관계하는 원인을 이루는, 본질적으로 모든 것을 형성하지 않는다면, 원인은 쇠약해지고, 불완전하게 행동할 것입니다. 왜냐하면 원인에 속한 모든 것들은 결과들 안에 각인(刻印)되기 때문이고, 그러므로 원인은 행동하는 그것이기 때문입니다. 그리고 원인에서 분리된 결과는 아무것도 없기 때문입니다. 이러한 사실은 높은 천계나 낮은 천계에서도 동일합니다. 원인들은 높은 천계에 있고, 결과들은 낮은 천계에서 자신들을 드러내는 원인들에 대응합니다. 이와 같이 길게 설명, 언급한 것은, "하늘에서 큰소리가 났다"는 말씀이 왜 조요를 뜻하는지 알게 하기 위한 것입니다. 다시 말하면 그것은, 낮은 천계가 정화될 때, 다시 말하면 악한 자가 선한 자에게서 분리되고, 제거될 때, 보다 높은 천계에 있는 지혜의 근원이고, 즐거움의 근원이라는 것을 주지시키기 위해서 입니다.

683. "세상 나라는 우리 주님의 것이 되고, 그리스도의 것이 되었다."

이 말씀은 천계에 있는 모든 것들이, 이 땅 위에 있는 모든 것들이, 악한 자가 선한 자에게서 분리될 때, 그리고 그 때 주님에게서 발출하는 신령선이나 신령진리가 명확하게 영접, 수용되었을 때, 주님에게 예속되었다는 것을 뜻합니다. 이러한 내용은 이것에 관해서 곧 언급하겠지만, 주님에게서 비롯된 신령발출(the Divine proceeding)이 사랑과 믿음에서 영접, 수용된 것을 가리키는 "그들이 주님의 것이 되었을 때 세상 나라"의 뜻에서, 그리고 또한 신령사랑에 속한 신령선의 관계에서, 주님을 가리키는 "주님과 그의 그리스도"(the Lord and His Christ)의 뜻에서 명확합니다. 주님께서 신령선으로 말미암아 "주님"(the Lord)이라고 불리운다는 것, 그리고 신령진리로 말미암아 "그리스도"(Christ)라고 불리운다는 것 등등은 아래에서 볼 수 있겠습니다.

[2] "주님의 나라"(the kingdom of the Lord)는 신령선과 신령진리의 수용을 뜻한다는 것, 따라서 그것들을 영접, 수용한 자

들에게 있는 그것들의 수용을 뜻한다는 것 등은 이런 것에서 볼 수 있겠는데, 그것은 천계의 천사들이나 교회의 사람들에게는 일반적으로 신령선이나 신령진리라고 하는, 마찬가지로 정의나 공평(justice and judgment)이라고, 또는 사랑이나 믿음이라고 하는 주님에게서 발출하는 그것들을 통하여 주님께서 통치하신다는 것입니다. 주님께서는 이런 것들을 통하여 다스리신다는 것, 결과적으로는 이런 것들이 엄밀하게는 그런 것들을 영접, 수용한 자들에게 있는 주님의 나라라는 것입니다. 왜냐하면 이런 것들이 천사들이나 사람들과 더불어 다스릴 때, 그 때 주님 당신은 다스리시는 존재이기 때문입니다. 왜냐하면 주님에게서 발출하는 것들은 당신 자신이기 때문입니다. 천계에서 주님께서는 신령발출(the Divine proceeding) 이외의 다른 것이 아닙니다.

[3] 사실 주님께서는 그분에게서 비롯된 신령 천적인 것들(the Divine celestial things)이나 신령 영적인 것들(the Divine spiritual things)을 영접, 수용한 자들을 다스리실 뿐만 아니라, 지옥에 있는 자 모두와 같이, 그것들을 영접, 수용하지 못한 자들도 다스리십니다. 그럼에도 불구하고 주님의 나라(the Lord's kingdom)가 지옥에 있다고 말할 수는 없습니다. 왜냐하면 거기에 있는 자들은 발출하는, 그리고 그것의 질서의 법칙에 따라서 신령존재(the Divine)에 의하여 다스려지는 것을 전적으로 원하는 것이 아니기 때문입니다. 심지어 그들은 주님을 부인하고, 그분에게서 외면(外面)하기 때문입니다. 하지만 주님께서는, 그들이 주님의 나라의 시민들이나 복종자들이 아니지만, 그들을 다스리십니다. 그러나 이런 자들은, 그들이 다른 자들에게 악을 행하지 않기 위해서, 특히 주님의 나라에 속한 자

11장 7-19절

들에게 악을 행하지 않기 위해서 자신들을 여러 구속(拘束)들에 결박하는, 고집세고(refractory), 반항적(rebellious)인 자들과 같습니다.
[4] 주님의 나라가 주님에게서 발출하는 것이고, 그것들을 영접, 수용한 것이라는 것은 성경말씀에서 "하나님의 나라"(the kingdom of God)가 거명된 여러 장절들에게서 잘 볼 수 있겠는데, 예를 들면 주님의 기도에 나오는 것입니다.

> 당신(=아버지)의 나라(=왕국)가 오게 하시며, 당신(=아버지)의 뜻이 하늘에서와 같이, 땅에서도 이루어지게 하십소서(마태 6 : 10).

여기서 명확하게 "왕국"(=나라 · kingdom)은 주님에게서 발출하는 신령선이나 신령진리의 수용(reception)을 뜻하고, 그리고 거기에는 주님께서 천계의 천사들이나 교회의 사람들과 함께 계십니다. 왜냐하면 "당신(=아버지)의 뜻이, 하늘에서와 같이, 땅에서도 이루어지게 하십시오" 라는 말씀이 부연되었기 때문이고, 하나님의 뜻은, 이런 것들이 심령(heart)이나 영혼에서 영접, 수용될 때, 다시 말하면 사랑이나 믿음에 수용될 때, 이루어지기 때문입니다.
[5] 그 책의 다른 곳의 말씀입니다.

> 너희는 먼저 하나님의 나라와 그의 의를 구하여라. 그리하면 이 모든 것을 너희에게 더하여 주실 것이다(마태 6 : 33).

여기서 "하나님의 나라"(=하늘의 나라 · the kingdom of the heaven)는 영적인 뜻으로 신령진리를 뜻하고, "그의 의"(=그분의 의)는 신령선을 뜻하고, 그러므로 "너희는 먼저 하나님의 나라와 그분의 의를 구하십시오"(=너희는 하늘의 나라와 그분의 의를 첫째로 구하십시오)라는 말씀이 언급되었습니다. 그러나 최고의 뜻으로 "하늘의 나라"는 주님을 뜻하는데, 그것은 그분께서 그분의 나라에 속한 전부(all)이시기 때문이고, 같은 뜻으로 "의"(righteousness)는 주님의 공로(=공덕 · the Lord's merit)를 뜻합니다. 주님에 의하여 다스려지는 사람은 주님에게 속한 이런 부류의 것들을 열망하고, 사랑하기 때문에, 그 사람은, 자신이 이러하다는 것을 알지 못하는 그런 존재입니다. 왜냐하면 지복(至福)들에게 인도되기 때문입니다. 그리고 이것이 "그러면 그분이 모든 것을 여러분에게 더해 주실 것입니다"라고 언급된 이유입니다. "더해 주실 모든 것들"은 그 사람의 열망에 일치하여 일어나게 될 그의 구원에 도달하는 모든 것들을 뜻합니다.

[6] 하늘(=천계)은 주님에게서 비롯된 신령진리의 수용으로 말미암아 하늘(=천계)이기 때문에, 그리고 교회도 그와 같이 교회가 되기 때문에, 그러므로 일반적인 뜻으로 천계(=하늘)나 교회는 "하나님의 나라"나 "하늘의 나라"가 뜻합니다. 그러므로 신령진리를 영접, 수용한 자들을 주님께서는 "그 나라의 자녀들"이라고 부르셨습니다. 마태복음서의 말씀입니다.

> 밭은 세상이다. 좋은 씨는 그 나라의 자녀들이요, 가라지는 악한 자의 자녀들이다(마태 13 : 38).

"그 나라의 자손들"이 신령진리를 영접, 수용한 자들을 뜻한다는 것은 명확합니다. 왜냐하면 "좋은 씨는 그 나라의 자녀들이요, 가라지는 악한 자의 자녀들이다"라고 언급되었기 때문입니다. 여기서 "좋은 씨"는 신령진리를 뜻하고, "가라지들"은 지옥적인 거짓을 뜻합니다. "자녀들"은 진리들을 뜻하기 때문이고, 반대의 뜻으로는 거짓들을 뜻합니다(본서 166항 참조).
[7] 더욱이 "하나님의 나라"는 선에서 비롯된 진리의 측면에서 교회를 뜻하고, 그리고 또한 천계를 뜻합니다(본서 48항 참조). 그리고 사람에게 있는 "하나님의 나라"는 주님에게서 비롯된 선에서 비롯된 진리들 안에 있다는 것, 따라서 지혜 안에 있다는 것, 결과적으로는 거짓들이나 악들에 대하여 저항하고, 격퇴하는 능력(power) 안에 있다는 것을 뜻합니다. 그러므로 "지배한다"(=세력을 떨친다 · to reign)는 것은 오직 주님에게 속한 것을 뜻합니다(본서 333항 참조).

684[A]. "세상 나라는 우리 주님의 것이 되고, 그리스도의 것이 되었다"고 언급되었는데, 이 말씀은, 악한 자가 선한 자에게서 분리되고, 지옥으로 쫓겨났을 때, 신령선과 신령진리가 영접, 수용된다는 것을 뜻합니다. 왜냐하면 그 때 양자, 즉 높은 천계나 낮은 천계는 조요의 상태에 있을 수 있고, 그리고 따라서 선과 진리의 지각의 상태에 있을 수 있기 때문입니다. 그리고 이와 같은 일은 악한 자가 선한 자와 연합, 뒤섞여 있는 동안은 일어날 수 없는데, 그것은, 낮은 천계에 있는 천사들의 내면적인 것들은 그 때 열리지 않기 때문이고, 다만 그 때 외면적인 것들만 열리기 때문입니다. 그리고 주님께서는 내적인 것에서 분리된 외적인 것들 안에 있는 천사들이나 사람들을 다스리지 못하고, 다만 주님께서는 내적인 것들 안에 있는 자들을 다스리시고, 그리고 외적인 것들 안에 있는 내적인 것으로 말미암아 다스리십니다. 이런 이유 때문에 영적인 것이나 천적인 것을 가리키는 가장 낮은 천계의 천사들의 내면적인 것들이 열리기까지는 그 천계는, 그들에게서 악한 자의 분

리가 있는 뒤와 같이, 주님의 나라가 될 수 없습니다.
[2] "세상 나라들이 우리 주님의 것이 되고, 그리스도의 것이 되었다"고 언급되었는데, 그리고 여기서 "주님"(the Lord)은 구약에서 "여호와"의 뜻과 동일한 뜻을 갖습니다. 그리고 신약에서 "아버지"(Father)는, 다시 말하면 신령존재 자체에 관해서, 그리고 신령선에서 관해서 주님을 뜻합니다. 이에 반하여 "그리스도"(Christ)는 구약의 "하나님"과 동일한 뜻을 가지고, 그리고 신약의 "하나님의 아들"(the Son of God)은, 다시 말하면 신령인성(the Divine Human)에 관해서, 그리고 또한 신령진리에 관해서 주님을 뜻합니다. 왜냐하면 "그리스도"는 "기름 부음 받은 이"(the Anointed)와 동일한 뜻을 가지고 있고, 그리고 "메시아"(Messiah)나 "왕"(king)과 동일한 뜻을 가지고 있기 때문입니다. 그리고 "기름부을 받은 이"(the Anointed) · "메시아"(Messiah) · "왕"(king)은 신령진리의 측면에서 주님을 뜻하고, 그리고 그분께서 이 세상에 계실 때 신령인간(=신령인성 · the Divine Human)의 측면에서 주님을 뜻합니다. 왜냐하면 주님께서는 그분의 인성(=인간 · His Human)의 측면에서 신령진리이시기 때문입니다. 그러므로 "여호와께서 기름부은 자"(the Anointed of Jehovah)도 동일한 뜻을 갖습니다. 왜냐하면 신령존재(the Divine)는 "여호와" · "아버지"(Father)라고 불리셨기 때문이고, 그리고 그것의 본질에는 신령사랑에 속한 신령선이 있고, 그리고 "하나님의 아들"이라고 불리운 기름부음 받은 신령인성(=인간 · anointed the Divine Human)이신 그분께서 이 세상에 계시는 동안, 그것의 본질에는 신령진리가 있었기 때문입니다. 왜냐하면 "기름 붓는다"는 것(anointing)은 그분의 신령존재 자체에서 발출한 주님의 신령인간(=신령인성 · the Lord's

Divine Human)을 뜻하기 때문이고, 결과적으로는 그분의 신령선에서 비롯된 신령진리를 뜻하기 때문입니다.

[3] 이상에서 명확한 것은 신령인간(=신령인성 · the Divine Human)과의 관계에서 주님께서 홀로 본질적으로 "여호와의 기름 부음 받은 이"(the Anointed of Jehovah)시라는 것이고, 이에 반하여 "여호와의 기름부은 자"라고 불리운 왕들이나 제사장들은 표징적으로 그렇게 불리웠다는 것입니다. 왜냐하면 기름 붓는 데 쓰여진 "기름"(oil)은 신령사랑에 속한 신령선을 뜻하기 때문입니다. 지금은 신령선에 의하여 기름부은 주님에게 있는 신령진리를 가리키기 때문에, 그러므로 "그리스도"는 "메시아" · "기름부음 받은 자" · "왕"과 같이, 주님의 신령사랑에 속한 신령선에서 발출하는 신령진리를 뜻합니다. 이것이 사실 그러하다는 것은 성경말씀에서 "그리스도" · "메시아" · "기름부은 자"가 거명된 여러 장절들에게서 잘 볼 수 있습니다.

[4] "그리스도"가 메시아, 기름부은 자라는 것은 요한복음서에서 명확합니다. 그 책의 말씀입니다.

> 이 사람(=안드레)은 먼저 자기 형 시몬을 만나서 "우리가 메시아를 만났소" 하고 말하였다. "메시아"는 그리스도(=기름 부음 받은 이)라는 말이다(요한 1 : 41).

같은 책의 말씀입니다.

> 여자(=사마리아 여인)가 말하기를 "나는 그리스도라고 하는 메시아가 오실 것을 압니다"(요한 4 : 25).

이 장절은, 그분께서 구약의 성경말씀에 그분의 강림이 예언된 메시아이시기 때문에, 주님께서 "그리스도"하고 불리셨다는 것을 잘 보여 주고 있습니다. 왜냐하면 "기름 부음 받은 이"(the Anointed)에 대한 낱말은 그리스 말로 그리스도이기 때문이고, 메시아는 히브리말로 기름부름 받은 이기 때문입니다. 이러한 내용은, 주님께서 "이스라엘의 왕"(King of Israel). "유대의 왕"(King of Jews)이라고 불리운 이유인데, 주님께서 빌라도 앞에서 그것을 시인하셨습니다. 그러므로 십자가에는 이런 말씀이 기록되었습니다. 복음서의 말씀입니다.

  유대인의 왕(마태 27 : 11, 29, 37, 41 ; 누가 23 : 1-4, 35-40).

요한복음서의 말씀입니다.

  나다나엘이 예수께 말하였다. "선생님, 선생님은 하나님의 아들이시오, 이스라엘의 왕이십니다"(요한 1 : 49).

[5] "기름부음 받은 이" "그리스도" "메시아" "왕"이라는 낱말들은 같은 뜻의 낱말들이기 때문에, 그러므로 역시 "하나님의 아들"도 그러합니다. 그리고 이런 이름들의 각각은 영적인 뜻으로 신령진리를 뜻합니다. 이것이 "왕"의 뜻이라는 것은 본서 31 · 553 · 625항을 참조하십시오. 그리고 "하나님의 아들"도 역시 동일한 뜻입니다. 성경말씀에서 "아들들"(sons)이 진리를 뜻하기 때문에, 따라서 "하나님의 아들"은 신령진리를 뜻합니다. "아들들"이 진리들을 뜻한다는 것은 본서 166항에서 볼 수 있습니다. "그리스도" "메시아"도 동일한 뜻을 갖습니다.
[6] "그리스도"가 신령진리를 뜻한다는 것은 마태복음서에서

명확합니다. 그 책의 말씀입니다.

> 너희는 랍비라는 불림을 받지 말라. 이는 너희 선생은 한 분, 곧 그리스도시오, 너희는 모두 형제이기 때문이다(마태 23 : 8).

"랍비"(rabbi)나 "선생"(teacher)은 진리들을 가르치는 자를 뜻하고, 따라서 추상적인 뜻으로는 교리에 속한 교리를 뜻하고, 최고의 뜻으로는 신령진리를 뜻하는데, 그것은 그리스도입니다. 주님께서 홀로 신령진리이시다는 것은 "너희는 랍비라 불림을 받지 말라. 너희 선생은 한 분, 곧 그리스도시다"는 말씀이 뜻합니다.

[7] 같은 책의 말씀입니다.

> 예수께서 대답하셨다. "누구에게도 속지 않도록 조심하여라. 많은 사람이 내 이름으로 와서는 '내가 그리스도다' 하면서, 많은 사람을 속일 것이다."…… 그 때에 누가 너희에게 '보아라, 그리스도가 여기 있다' 혹은 '아니, 여기 있다' 하더라도, 믿지 말아라. 거짓 그리스도들과 거짓 예언자들이 일어나,…… 할 수만 있으면, 선택받은 사람들까지도 홀릴 것이다(마태 24 : 4, 5, 23, 24 ; 마가 13 : 21-23).

이 말씀은 자기들 자신을 그리스도나 그리스도들이라고 부르는 자들이 일어날 것이라는 뜻으로 반드시 이해되는 것은 아니고, 다만 성경말씀을 위화하는 자들을 뜻하고, 그리고 이 때 저 때에 신령진리라고 주장하는 자들을 뜻합니다. 그리고 성경말씀에 의하여 거짓들을 확증하는 자들이 "거짓 그리스도들"이 뜻하는 자들이고, 교리의 거짓들을 위조하는 자들이 "거짓 예언자들"이 뜻하는 자들 입니다. 왜냐하면 이들 두 장들은 교회의 계속적인 폐허를 다루고 있기 때문이고, 따라서 성경말씀의 위화를 다루고 있기 때문이고, 마지막으로 종국에 그것에 의하여 생긴 진리의 섞음질을 다루고 있기 때문입니다. 그러나 이러한 상세한 내용은《천계비의》3353-3356 · 3897-3901항에서 볼 수 있겠습니다.

[8] "하나님의 아들"이, 바로 위에서 언급한 것과 같이, 신령진리를 뜻하기 때문에, 그분께서는 종종 이렇게 불리웠습니다. 복음서의 말씀입니다.

> 그대가 하나님의 아들 그리스도요?(마태 26:63 ; 마가 14:61 ; 누가 4:41 ; 22:60-마지막 절 ; 요한 6:69 ; 11:26, 27 ; 20:31).

한마디로 주님께서 이 세상에 계실 때 그분은 "그리스도" · "메이사" · "기름부음 받은 이" · "왕"이라고 불리셨는데, 그것은 그분 안에는, 신령진리가 그것에서 발출한 근원인 신령사랑의 신령선이 있었기 때문입니다. 그리고 이것은 "기름붓는다"(塗油 · anointing)는 말이 표징합니다. 왜냐하면 기름을 바르는 것으로 성취되는 "기름"은 신령사랑의 신령선을 뜻하기 때문이고, 그리고 기름부음을 받은 "왕"은 신령진리를 표징하기 때문입니다. 이러한 내용이, 그들이 기름부음을 받았을 때, "왕들"이 주님을 표징하는 이유이고, 그리고 또한 "여호와의 기름부음 받은 자"라고 불리운 이유입니다. 그럼에도 불구하고 그것은 "여호와의 기름부음 받은 자"를 가리키는 그분의 신령인간(=신령인성 · His Divine Human)과의 관계에서 주님이셨습니다. 그것은 신령사랑에 속한 신령선이 그분 안에 있었기 때문이고, 그리고 이것이 주님께서는 그분에게서 생명의 존재(=본질 · esse)를 취하신 여호와이시고 아버지(聖父 · the Father)이셨습니다. 왜냐하면 우리는 그분이 여호와로 잉태되셨고, 따라서 그것도, 수태에서부터 그분 안에 계시는 것인, 신령사랑에 속한 신령선으로 말미암은 것이다는 것을 잘 알기 때문이고, 그리고 그분께서는 이 세상에 계시는 동안, 그분의 인간(=인성 · His Human)이 신령진리이다는 관계에서 주님이시라는 것을 알 수 있기 때문입니다. 이러한 내용은 주님께서 홀로 특별하게 "여호와의 기름부음 받은 자"이시라는 것, 그리고 왕들이 표징적으로 "여호와의 기름부음 받은 자"라고 불리웠다는 것도 입증, 보여 주고 있습니다. 따라서 여기에 뒤이어지는 것은, "메시아" · "그리스도"라고 불리신, 다시 말하면 "기름부음 받은 자"라고 불리신, 그분의 신령인간과의 관계에서 주님이라는 것입니다.

684[B]. [9] 이러한 사실은 아래의 장절들에게서 잘 볼 수 있겠습니다. 이사야서의 말씀입니다.

> 주께서 나에게 기름을 부으시니,
> 주 하나님의 영이 나에게 임하셨다.
> 주께서 나를 보내셔서,
> 가난한 사람들에게 기쁜 소식을 전하고,
> 상한 마음을 싸매어 주고,
> 포로에게 자유를 선포하고,
> 갇힌 사람에게 석방을 선언하고,
> 주의 은혜의 해와
> 우리 하나님의 보복의 날을 선언하고,
> 모든 슬퍼하는 사람들을 위로하게 하셨다.
> (이사야 61 : 1, 2)

이 장절들은 명확하게 주님에 관해서 언급하고 있습니다. 그 뜻은 주 여호와께서 "가난한 사람들에게 기쁜 소식을 전하고,

상한 마음을 싸매어 주기 위하여" 그래서 그런 일을 위해서 그분의 신령인간에게 기름을 부르셨다는 것입니다. 왜냐하면 이런 모든 것을 주님께서 그분의 인간(=인성)으로 완수하셨기 때문입니다. 그러나 그것의 개별적인 뜻은 본서 183[B] · 375[E](V) · 612항에 설명된 것을 참조하십시오.
[10] 시편서의 말씀입니다.

> 어찌하여 뭇 나라가 공모하며,
> 어찌하여 뭇 민족이
> 헛된 일을 꾸미는가?
> 어찌하여 세상의 임금들이 나서고,
> 어찌하여 통치자들이 음모를 꾸며
> 주를 거역하고,
> '기름 부음 받은 분'을 거역하면서 이르기를……
> 그들에게 호령하시며 이르시기를
> "내가 거룩한 산 시온 위에
> '나의 왕'을 세웠다" 하신다.
> "나 이제 주께서 내리신 칙령을 선포한다.
> 주께서 나에게 이르시기를
> '너는 내 아들,
> 내가 오늘 네 아버지가 되었다.
> 내게 청하여라.
> 뭇 나라를 유산으로 주겠다.
> 땅 이 끝에서 저 끝까지
> 네 것이 되게 하겠다.'……
> 그의 아들에게 입맞추어라.
> 그렇지 않으면, 그가 진노하실 것이니,
> 너희가, 걸어가는 그 길에서 망할 것이다.
> 그의 진노하심이
> 지체없이 너희에게 이를 것이다.

주께로 피신하는 사람은
모두 복을 받을 것이다."
(시편 2 : 1, 2, 6-8, 12)

여기서 명확한 것은 "여호와의 기름부음 받은 분"(the Anointed of Jehovah)은 신령인간(=신령인성)과의 관계에서 주님을 뜻합니다. 왜냐하면 "주께서 나에게 이르시기를 너는 내 아들, 내가 오늘 네 아버지가 되었다(=내가 오늘 너를 낳았다). 그의 아들에게 입맞추어라. 그렇지 않으면 그가 진노하실 것이니, 너희가 걸어가는 그 길에서 망할 것이다. 주께로 피신하는 사람은 모두 복을 받을 것이다"고 언급되었기 때문입니다. 문자적인 뜻으로 이 말씀은 다윗에 관해서 언급한 것이지만, 그러나 성경말씀에서 "다윗"은 신령진리와의 관계에서, 또는 임금으로서, 주님을 뜻합니다(본서 205항 참조). 이러한 것은, 주님의 강림과 마지막에 주님께서 행하신 최후심판과, 그 뒤 이 세상의 만물을 다스리시는 그분의 통치권 등등이 여기서 다루어졌습니다.

[11] 이 장절에 숨겨진 영적인 것들이나, 그 장절이 뜻하는 영적인 것들은 아래와 같습니다. "뭇 나라가 공모하며(=동조하며), 뭇 민족이 헛된 일을 꾸민다"는 말씀은 사라져 없어질 교회의 상태나 옛 천계의 상태를 뜻합니다. 여기서 "뭇 나라들"은 악들 안에 빠져 있는 자들을 뜻하고, "뭇 민족들"은 거짓들 안에 빠져 있는 자들을 뜻합니다(본서 175 · 331[B] · 625항 참조). "세상의 임금들이 나서고(=들고일어난다), 세상의 통치자들이 음모를 꾸며 주를 거역하고, 기름 부음 받은 분을 거역한다"는 것은 신령선이나 신령진리를 전적으로 반대하는 것을 가리키는, 따라서 주님을 전적으로 거스르는 것을 가리키는,

그 교회의 거짓들이나 그것의 악들을 뜻합니다. 여기서 "땅의 임금들"은 그 교회의 거짓들을 뜻하고, "통치자들"은 그것의 악들을 뜻하고, "여호와"(=주)는 신령존재 자체와의 관계에서 주님을 뜻하고, 따라서 신령선과의 관계에서 주님을 뜻하고, "기름부음 받은 분(the Anointed)은 신령인간과의 관계에서, 따라서 신령진리와의 관계에서 주님을 뜻합니다.

[12] "내가 거룩한 산 시온 위에 나의 왕을 세웠다"는 말씀은, 그분의 신령사랑에 속한 신령선에서 발출하는 신령진리와의 관계에서 주님의 인성(the Lord's Human)을 뜻하고, 따라서 천계와 교회의 삼라만상을 다스리시는 그분의 통치권을 뜻합니다. 여기서 "시온"이나 "거룩한 산"은 천계나 교회를 뜻하고, 따라서 천계와 교회의 모든 것들을 뜻합니다. "내가 칙령을 선포한다"는 것은 신령섭리나 신령한 뜻에 속한 비의(秘義)를 뜻하고, "주께서 나에게 이르시기를, 너는 내 아들, 내가 오늘 네 아버지가 되었다"(=내가 오늘 너를 낳았다)는 것은, 기름부음을 받은 분·메시아·그리스도·왕으로서의 주님을 뜻하고, 따라서 수태된 그분의 인간(=인성·His Human)이나 그 뒤의 신령존재 자체의 출생, 다시 말하면 여호와의 출생과의 관계에서 주님을 뜻합니다. "오늘"(this day)은 영원 전부터 선포(宣布)된 것을 뜻하고, 그리고 그것으로 말미암아 시간 안에서 성취된 결합(conjunction)이나 합일(union)을 주목하는 것을 뜻합니다.

[13] "내게 청하여라. 뭇 나라를 유산으로 주겠다. 땅 이 끝에서 저 끝까지 네 것이 되게 하겠다"는 말씀은, 장자 그분의 것이 될, 그분의 나라와 천계와 교회에 속한 모든 것들을 다스리는 통치를 뜻하고, "그의 아들에게 입맞추어라"는 말씀은 사랑

에 의한 주님과의 결합을 뜻하고, 여기서 "입맞춘다"(to kiss)는 것은 사랑에 의한 결합을 뜻합니다. "그렇지 않으면, 내가 진노할 것이니, 너희가 걸어가는 길에서 망할 것이다"는 말씀은, 그렇지 않으면 악들이 너희를 맹공(猛攻)할 것이고, 너희가 저주를 받는다는 것을 뜻합니다. 왜냐하면 주님에 관해서 서술할 때 "분노한다"는 것은 그분에게서 사람들이 외면하는 것, 따라서 주님의 분노가 아니고, 그들의 분노를 뜻합니다. "그의 진노하심이 너희에게 이를 것이다"(=그분의 진노는 순식간에 타오를 것이다)는 말씀은 최후심판을 뜻하고, 악한 자의 지옥으로의 추방을 뜻합니다. "주께로 피신하는 사람은 모두 복을 받을 것이다"는 말씀은 주님사랑에 의한 그분을 믿는 믿음에 의한 구원을 뜻합니다.
[14] 같은 책의 말씀입니다.

  사람이 낳은 아들 가운데서
  임금님만이 멋지신 분,
  하나님께서 임금님에게 복을 주셨으니,
  님의 입에서는 은혜가 쏟아집니다.
  용사이신 임금님,
  칼을 허리에 차고,
  위엄과 영광을 보여주십시오.
  영광스러운 승리를 거두어 주십시오.
  진리와 겸손과 정의를 세우셔야 하니,
  전차에 오르십시오.
  임금님의 오른손이
  놀라운 일들을 임금님께 가르칠 것입니다.
  임금님의 화살이 날카로워서,
  원수들의 심장을 꿰뚫으니,
  만민이 임금님의 발 아래에 엎드립니다.

하나님께서 임금님을
영원토록 보좌에 앉히셨으니,
임금님의 왕권의 홀은 정의의 홀입니다.
임금님은 정의를 사랑하고,
악을 미워하시니,
그러므로 하나님,
임금님의 하나님께서 기쁨의 기름으로,
다른 동료보다는 임금님에게
기름 부어 주셨습니다.
임금님이 입는 모든 옷에서는
몰약과 침향과 육계 향기가 풍겨 나고,
상아궁에서 들리는 현악기 소리가
님을 즐겁게 합니다.
임금님이 귀여워하는 여인들 가운데는
여러 왕의 딸들이 있고,
임금님의 오른쪽에 서 있는 왕후는
오빌의 금으로 단장하셨습니다.
(시편 45:2-9)

시편서의 모든 개별적인 것에서 볼 때, 이 말씀은 주님에 관해서 언급하고 있다는 것은 아주 명확합니다. 결과적으로 그분은 "하나님, 임금님의 하나님께서 기쁨의 기름으로 기름을 부어 주셨습니다. 임금님이 입은 모든 옷에서는 몰약과 침향과 육계 향기가 풍겨 나온다"고 언급된 그분에 관해서 언급하고 있다는 것은 명확합니다. 이 말씀이 뜻하는 것은 아래에 이어지는 시리즈에서 잘 볼 수 있겠습니다. 다시 말하면 그분은 신령지혜를 가지셨다는 것, 그리고 그분에게서 신령진리의 교리(=가르침)가 비롯된다는 것을 뜻한다는 것은 "사람이 낳은 아들 가운데서 임금님만이 멋지신 분, 하나님께서 임금님에게 복을 주셨으니, 님의 입에서는 은혜가 쏟아집니다"는 말씀이 뜻하는데, 여기서 "멋지다"(fair)는 것은 지혜를 뜻하고, "사람들이 낳은 아들들"은 신령진리들 안에 있는 총명한 자들을 뜻하고, "입술"(lips)은 교리적인 것들을 뜻합니다.

[15] 신령선에서 발출하는 신령진리에서 비롯된 주님의 전능(全能・the Lord's omnipotence), 결과적으로는 거짓들이나 악들의 파괴나 지옥의 정복 등등은 "용사이신 임금님, 칼을 허리에 차고, 위엄과 영광을 보여주십시오, 영광스러운 승리를 거두어 주십시오, 진리와 겸손과 정의를 세우셔야 하니, 전차에 오르십시오. 임금님의 오른손이 놀라운 일들을 임금님께 가르칠 것입니다. 임금님의 화살이 날카로워서, 원수들의 심장을 꿰뚫으니, 만민이 임금님의 발 아래에 엎드립니다"는 말씀이 뜻합니다. 여기서 "칼"(sword)은 진리에 대하여, 그것을 파괴하는, 거짓에 대항하여 싸우는 진리(combating truth)를 뜻하고, "전차"(=병거・chariot)은, "진리의 말씀"(the Word of truth)과 같이, 진리에 속한 교리를 뜻하고, "오른다"(to ride)는 것은 가르치고, 투쟁하는 것을 뜻하고, "오른손"(the right hand)은 전능(全能)을 뜻하고, "화살들"(arrows)은 투쟁하는 진리들을 뜻하고, "만민"(=백성들)은 악에 속한 거짓들 안에 있는 자들을 뜻하고, "임금님의 원수들"은 진리들에 반대하는 자들을, 따라서 지옥을 뜻합니다.

[16] 따라서 나라와 통치가 영원히 그분의 것이 될 것이라는 것은 "오, 하나님이여, 주의 보좌는 영원히 무궁하며, 주의 왕국의 홀은 의로운 홀이시다"(=하나님께서 임금님을 영원토록 보좌에 앉히셨으니, 임금님의 왕권의 홀은 정의의 홀입니다)는 말씀이 뜻합니다. 여기서 "정의의 홀"(scepter of uprightness)은 능력

과 통치권을 가지고 있는 신령진리를 뜻합니다. 그분께서는 악한 자를 멸망시키는 것에 의하여 영벌이나 저주에서 선한 자를 구출, 구원하시기 때문에, 그러므로 신령존재께서는 그분의 인성(His Human)에 합일하셨다는 것은 "임금님은 정의를 사랑하고, 악을 미워하시니, 그러므로 하나님, 임금님의 하나님께서 기쁨의 기름으로 다른 동료보다는 임금님에게 기름 부어 주셨습니다"(=당신께서 기쁨의 기름을 부어 당신의 동료들보다 우위에 두셨습니다)는 말씀이 뜻합니다. 여기서 "정의(=의)를 사랑하고, 악을 미워한다"는 것은 악을 파괴하는 것에 의하여 영벌이나 저주에서 선한 자를 구출, 구원하는 것을 뜻하고, "기쁨의 기름을 붓는다"는 것은 온갖 시험의 승리들에 의하여 당신 자신에게 합일하는 것을 뜻하고, "하나님, 당신의 하나님"은 신령존재와 신령인간의 상호적인 합일(the reciprocal uniting)을 뜻하고, 그리고 신령인간과 신령존재의 합일을 뜻합니다.

[17] 신령선들에 합일된 신령진리들은 "당신의 모든 옷에서 몰약과 침향과 육계 향기가 난다"는 말씀이 뜻하는데, 여기서 "성별하는 기름"(the oil of holiness)을 만들 때 올리브 기름과 함께 뒤섞는 세 가지 향품과 꼭 같이, "몰약"(myrrh)은 가장 낮은 계도의 선을 뜻하고, "침향"(=알로에)은 둘째 계도의 선을 뜻하고, "육계 향"(=계피)은 셋째 계도의 선을 뜻합니다. 왜냐하면 바르는 기름(=성별하는 기름)은 출애굽기 30장 23, 24절에 만드는 방법이 기술되었기 때문입니다. 그리고 "기름"(oil)이 신령사랑의 신령선을 뜻한다는 것, 그리고 성별된 "옷들"(=의상들·garments)은 신령진리들을 뜻합니다.

[18] 주님의 나라에 속한 자들이 진리의 영적인 정동을 가지고 있다는 것은 "당신의 존귀한 여인들 가운데(=임금님이 귀여

워하는 여인들 가운데는) 있는 여러 왕들의 딸들"이 뜻하는데, 여기서 "여러 왕들의 딸들"은 진리들이 진정한 것일 때, "귀여웁다"(=사랑스럽다 · precious)고 불리운, 진리의 영적인 정동을 뜻합니다. 그것들이 주님으로 말미암아 주님사랑 안에 있기 때문에 천계나 교회는 그분의 보호 아래에 있고, 그리고 그분에게 결합되어 있다는 것은 "당신의 오른편에 서 있는 오빌의 금으로 단장한 황후"가 뜻하는데, 여기서 "황후"(=왕비)는 천계와 교회를 뜻하고, "오른쪽"은 그분과의 결합에서 비롯된 주님의 보호 아래 있다는 것을 뜻하고, "오빌의 가장 좋은 금"은 주님사랑에 속한 선을 뜻합니다.

684[C]. [19] 같은 책의 말씀입니다.

"나는, 내가 선택한 사람과 언약을 맺으며,
내 종 다윗에게 맹세하기를
'내가 네 자손을 영원히 견고히 세우며,
네 왕위를 대대로 잇겠다'고 하였다."……
오래 전에 주께서는
환상 가운데 나타나시어,
주의 성도들에게 말씀하셨습니다.
"내가 한 용사를 도와주고,
백성 가운데서 선택한 한 사람을
왕의 자리에 앉혔다.
나는 내 종 다윗을 찾아서,
내 거룩한 기름을 부어 주었으므로,
내 손이 그를 붙들어 주고,
내 팔이 그를 강하게 할 것이니,
원수들이 그를 이겨 내지 못하며,
악한 무리가 그를 괴롭히지 못할 것이다.
내가 그의 대적들을 그의 앞에서 격파하고,

> 그를 미워하는 자들을 쳐부수겠다.……
> 그의 통치를 지중해로 뻗게 하고,
> 그의 다스림이
> 유프라테스 강으로 뻗게 하겠다.
> 그는 나를 일컬어
> '내 아버지 내 하나님,
> 내 구원의 반석'이라고 할 것이다.
> 나도 그를 맏아들로 삼아서,
> 세상의 왕들 가운데서
> 가장 높은 왕으로 삼겠다.
> 그에게 내 신의를 영원토록 지키며,
> 그와 맺은 나의 언약을 성실히 지키겠다.
> 그의 자손을 길이길이 이어 주며,
> 그의 왕위를
> 하늘이 다할 때까지 지켜 주겠다.……
> 내가 나의 거룩함을 두고,
> 한 번 맹세하였는데,
> 어찌 다윗을 속이겠느냐?
> 그 자손이 영원토록 이어지고,
> 그 왕위는 내 앞에서 태양과 같을 것이니,
> 저 달처럼, 하늘에 있는 진실한 증인처럼,
> 영원토록 견고하게 서 있을 것이다.
> (시편 89 : 3, 4, 19-23, 25-29, 35-37)

여기서 "다윗"은 "다윗"을 뜻하지 않고, 오히려 신령진리라고 부르는, 신령 영적인 것을 가리키는 그분의 왕권(=왕위・His kingship)에 대한 주님을 뜻한다는 것은 여기서 다윗에 관해서 언급된 것에서 명백합니다. 다시 말하면, "그의 자손과 그의 왕위는 영원히 이어지고, 태양과 같이, 저 달처럼 영원토록 견고하게 서 있을 것이다" "그의 통치를 지중해로 뻗게 하고, 그의 다스림이 유프라테스 강으로 뻗게 하겠다" "그는 나를, '내 아버지, 내 하나님, 내 구원의 반석'이라고 할 것이고, 나도 그를 맏아들로 삼아서 세상의 왕들 가운데서 가장 높으신 왕으로 삼겠다"는 말씀이나, 다윗에 관해서, 그의 아들들이나 그의 왕위에 관해서 도저히 말할 수 없는 그밖의 다른 것들에 관해서 언급된 것에서 명백합니다. 성경말씀에서 "다윗"이 주님을 뜻한다는 것은 본서 205항을 참조하십시오.

[20] 그러나 개별적인 것들에 이어진 것입니다. "나는 내가 선택한 사람과 언약을 맺으며, 내 종 다윗에게 맹세한다"는 말씀은 신령인간(the Divine Human)과 주님의 신성과의 합일을 뜻하고, 여기서 "언약을 맺는다"는 것은 합일하는 것을 뜻하고, "맹세한다"는 것은 그 합일을 확증하는 것을 뜻합니다. "선택한 자"(the chosen)는 선에 관해서 서술하고, "종"은 진리에 관해서 서술합니다. "내가 네 자손을 영원히 견고히 세우며, 네 왕위를 대대로 잇겠다"(=세우겠다)는 말씀은 신령진리를 뜻하고, 그분에게서 비롯된 천계와 교회를 뜻하는데, 여기서 "자손"(=씨·seed)은 신령진리를 뜻하고, 그것을 영접, 수용한 자들을 뜻하고 "왕위"(throne)는 천계와 교회를 뜻합니다.

[21] "주께서는 환상 가운데 주의 성도들에게 말씀하셨다"는 말씀은 주님에 관한 예언적인 비의(a prophetic arcanum)를 뜻하고, "내가 한 용사를 도와주고, 백성 가운데서 선택한 한 사람을 왕의 자리에 앉혔다"는 말씀은 신령선이 그것에 의하여 모든 것들을 운영하는 신령진리를 뜻하고, "내가 능력(=위력)있는 자 위에 도움을 준다"는 것이나, 그리고 어디서나 "여호와의 오른손"(=오른팔)은 그것을 뜻합니다. 그리고 신령권위(Divine majesty)나 결과적인 능력(power)은 "백성 중에서 선택

된 자를 높였다"(=왕의 자리에 앉혔다)는 말씀이 뜻하고, "나는 내 종 다윗을 찾아서, 내 거룩한 기름을 그에게 부어 주었다"는 말씀은, 신령인성(the Divine Human)과의 관계에서, 그리고 신약의 말씀에서는 "영광화"(=영화 · glorification)라고 불리우고, 그리고 "거룩한 기름을 붓는다"(=바른다)는 것이 뜻하는, 합일(合一 · union)을 가리키는 신령존재 자체와의 합일과의 관계에서 주님을 뜻합니다. 왜냐하면 "거룩한 기름"(聖油 · the oil of holiness)은 신령사랑에 속한 신령선을 뜻하기 때문이고, 그리고 "바른다"(=붓는다 · to be anointed)는 것은, 이 세상에서는 주님의 인성(the Lord's Human)에 속한 것을 가리키는, 신령진리에 합일되는 것을 뜻합니다.

[22] "내 손이 그를 붙들어 주고, 내 팔이 그를 강하게 할 것이다"(=내 손이 그와 더불어 견고히 세워질 것이고, 내 팔이 또한 그를 힘 있게 할 것이다)는 말씀은 그것에서 비롯된 전능(全能 · omnipotence)을 뜻하는데, 여기서 "손"(hand)은 선에서 비롯된 진리의 전능을 뜻하고, "팔"(arm)은 진리에 의한 선의 전능을 뜻합니다. "내가 그의 대적들을 그의 앞에서 격파하고, 그를 미워하는 자들을 쳐부수겠다"는 말씀은 거짓들이나 악들에 거스르는, 따라서 지옥에 대항하는, 승리와 함께 하는 다툼을 뜻합니다. "내가 그의 손을 바다 위에, 그의 오른손을 강들 위에 둔다"(=뻗게 하겠다)는 것은 천계와 교회에 속한 모든 것들에 대한 그분의 통치와 통치권의 확장을 뜻합니다. 왜냐하면 여기서 "바다들이나 강들"은 천계의 궁극적인 것들을 뜻하고, 그리고 그와 같은 궁극적인 것들은 모든 것들을 뜻하기 때문입니다.

[23] "그는 나를 일컬어, '내 아버지, 내 하나님, 내 구원의 반

석'이라고 할 것이다"는 말씀은, 그분으로 말미암아 잉태되고, 그 뒤에 태어난 하나님의 아들(the Son of God)을 가리키는, 신령인성(=신령인간·the Divine Human)을 뜻합니다. 그리고 주님의 인성(the Lord's Human)은 그것으로 말미암아 신령진리와 신령능력(the Divine power)을 가지셨기 때문에, 그는 또한 "하나님"이나 "구원의 반석"(the Rock of Salvation)이라고 불리셨습니다. "나는 그를 맏아들로 삼아서, 세상의 왕들 가운데서 가장 높으신 왕으로 삼겠다"는 말씀은, 그것 안에 있는 모든 선들이나 진리들이 그분에게서 비롯되기 때문에, 그분께서는 천계나 교회에 속한 모든 선이나 모든 진리 위에 계신다는 것을 뜻합니다. "그와 맺은 내 언약이 변치 않을 것이다"(=그와 맺은 나의 언약을 성실히 지키겠다)는 말씀은 영원한 합일(eternal union)을 뜻하고, "그의 자손은 길이길이 이어 주며, 그의 왕위를 하늘이 다할 때까지 지켜 주겠다"는 말씀은 여기서는 앞에 언급된 것과 동일한 뜻을 가리킵니다. 여기서 "하늘의 날들"은, 그분의 신령선에서 비롯된 전 천계의 상태들을 뜻합니다.

[24] "내가 나의 거룩함을 두고 한 번 맹세하였는데, 어찌 다윗을 속이겠느냐?"(=다윗에게 거짓말을 하지 않으리라)는 말씀은, 주님에 관해서, 그리고 신령존재 자체와 그분의 인성의 합일에 관해서 신령존재에게서 비롯되었기 때문에 영원한 확증(eternal confirmation)을 뜻합니다. "그의 자손이 영원히 존속하고, 그의 왕좌(=왕위)가 내 앞에 있는 태양처럼 영속하며, 달처럼 하늘에 있는 진실한 증인처럼, 영원토록 견고하게 서 있을 것이다"는 말씀은 "씨(=자손)와 왕위"가 언급된 곳의 뜻과 동일한 뜻을 가지고 있습니다. "태양처럼, 달처럼"이라고 언급되었는데, 그것은 신령선에 관한 영원함(eternity)은 "태양"에 관해서 서술

하고, 신령진리에 관한 영원함은 "달"에 관해서 서술하기 때문입니다. 왜냐하면 이런 것들은 "태양과 달"이 뜻하기 때문입니다. "하늘에 있는 진실한 증인"(=구름들 가운데 있는 증인 · a faithful witness in the clouds)은 주님의 인성 안에 있는 신령존재의 성언에서 비롯된 시인과 고백(confession)을 뜻하고, 이것이 "구름들 가운데 있는 증인"(=하늘에 있는 증인)을 가리킨다는 것은 본서 10 · 27 · 228 · 392[B-E] · 649항을 참조하십시오.

[25] 같은 책의 말씀입니다.

주님,
다윗을 기억하여 주십시오.
그가 겪은 그 모든 역경을
기억하여 주십시오.
다윗이 주님께 맹세하고,
야곱의 전능하신 분께 서약하기를
"내가 내 집 장막에 들어가지 아니하며,
내 침상에도 오르지 아니하며……
주께서 계실 장막을 마련할 때까지,
야곱의 전능하신 분이 계실 곳을
찾아낼 때까지
그렇게 하겠습니다" 하였습니다.
법궤가 에브라다에 있다는 말을 듣고
야알의 들에서 그것을 찾았다(=나무 숲에서 그것을 찾았다)
"그분 계신 곳으로 가자.
그 발 아래에 엎드려 경배하자."
주님, 일어나셔서
주께서 쉬실 그 곳으로 드십시오.
주의 권능 짓들인 법궤와 함께

그 곳으로 드십시오.
주의 제사장들이
의로운 일을 하게 해주시고,
주의 성도들도
기쁨의 환성을 높이게 해주십시오.
주의 종 다윗에게 약속하셨으니,
주께서 기름 부어서 세우신 그 종을
물리치지 말아 주십시오.……
여기에서 나는,
다윗의 자손 가운데서 한 뿔이 자라게 하고,
(=한 사람을 뽑아서 큰 왕이 되게 하고)
내가 기름 부어 세운 왕의 통치가
지속되게 하겠다.
그의 원수들은 수치를 당하게 하지만,
그의 면류관만은
그의 머리 위에서 빛나게 해주겠다.
(시편 132 : 1-3, 5-10, 17, 18)

여기서도 역시 "다윗"·"기름부음 받은 자, 즉 그리스도"는 다윗을 뜻하지 않고, 신령인성과의 관계에서 주님을 뜻합니다. 왜냐하면 "그분의 처소"(=주께서 계실 장막), 다시 말하면, 야곱의 전능하신 분이 계실 곳인 베들레헴을 가리키는 "에브라다에서 찾았다"고 언급되었고, 그리고 그들은 "그분 계신 곳으로 가자. 그 발 아래에 엎드려 경배하자"고 언급되었기 때문입니다. 그러나 그것이 사실이라는 것은 그들의 순서에 따라서 개별적인 것들의 설명에서 더욱 더 명확하기 때문입니다.

[26] "주님께 맹세하고, 야곱의 전능하신 분께 서약한 자"는, 최초의 것들 안에 있는 신령존재로 말미암아 "여호와"라 불리운 주님 앞에서의 확고부동한 증언이나 확인을 뜻하고, 그리고

"야곱의 전능하신 분"은, 그것의 충분함으로 신령능력이 그것 안에 있는, 궁극적인 것들 안에 있는 신령존재로 말미암아 "여호와"라고 불리운 주님을 뜻합니다. "내가 내 집 장막에 들어가지 아니하며, 내 침상에도 오르지 않는다"는 말씀은 교회에 속한 것들이나, 그 교회의 교리에 속한 것들에 들어가지도 않고, 알지도 못한다는 것을 뜻합니다. 여기서 "내 집 장막"(tent of the house)은 교회의 거룩한 것들을 뜻하고, "침대의 침상"(the couch of a bed)은 그 교회의 교리들을 뜻합니다. "내가 주를 위한 거처, 곧 야곱의 전능하신 분의 처소를 찾을 때까지"라는 말씀은 내가 주님의 강림에 관해서, 그리고 신령존재와 그분의 인성의 합일의 비의에 관해서 알 때까지를 뜻하는데, 최고의 뜻으로 이런 것들은 "주를 위한 거처"(=주께서 계실 장막)을 가리키고 주님의 신령인성의 처소인, "야곱의 전능하신 분의 처소"(=계실 곳)를 가리킵니다.

[27] "보라! 우리가 에브라다에서 그것에 관해 듣고, 숲이 우거진 땅에서 그것(=그분)을 찾았다"(=법궤가 있다는 말을 에브라다에서 듣고, 야알의 들에서 그것을 찾았다)는 말씀은 성경말씀의 영적인 뜻이나, 자연적인 뜻, 양쪽의 뜻을 뜻하는데, 왜냐하면 "에브라다"나 "베드레헴"은 성경말씀의 영적 자연적인 것을 뜻하고, "숲의 들"(fields of the forest)은 성경말씀의 자연적인 것을 뜻합니다. 왜냐하면 거기에서 주님이 발견되었기 때문입니다. "우리는 그분의 거처로 들어가 그분의 발 아래 엎드려 경배한다"는 말씀은, 그분이 성언이시기 때문에, 거기에서 그분을 찾았다는 것을 뜻합니다. 여기서 "그분의 거처"(=처소)는 성경말씀의 영적인 뜻에 속한 모든 것들을 뜻하고, 따라서 천계를 뜻합니다. 왜냐하면 이런 것들은 성경말씀의 영적인 뜻

안에 있기 때문이고, 그리고 "그분 발 아래"(=그분의 발판)는 성경말씀의 자연적인 뜻에 속한 것들을 뜻합니다. 그러므로 교회를 뜻합니다. 그것은 교회 안에 있는 그것들의 궁극적인 것들 안에 있는 신령진리들은, 성경말씀의 영적인 것들이나, 천계의 영적인 것들을 위해서, 따라서 그것 안에서 살아 계신 주님을 위해서, 발판(=발등상)으로 봉사하기 때문입니다.

[28] "주님, 일어나셔서 주께서 쉬실 그 곳으로 드십시오. 주의 권능 깃들인 법궤와 함께 그 곳으로 드십시오"(=오 주여, 일어나시어 주의 권능의 궤(=법궤)와 함께 주의 안식으로 들어가소서)라는 말씀은 주님 안에 있는 신령인간과 신령존재 자체와의 합일을 뜻하고, 결과적으로는 천계나 교회 안에 있는 모든 것에 대한 평온(=평화 · peace)을 뜻하는데, 여기서 "주의 안식"(=여호와의 안식 · Jehovah's rest)은 그 합일을 뜻하고, "주의 권능 깃들인 법궤"(=주의 권능의 궤)는 천계와 교회를 뜻합니다. "주의 제사장들로 의로 옷입게 하시고, 주의 성도들로 기뻐 외치게 하신다"는 말씀은 천적인 선 안에 있는 자들을 위한 사랑에서 비롯된 예배를 뜻하고, 그리고 영적인 선 안에 있는 자들을 위한 인애에서 비롯된 예배를 뜻합니다. 여기서 "제사장들"은 주님의 천적인 왕국에 있는 자들을 뜻하고, 이에 반하여 주님의 영적인 왕국에 있는 자들은 "성도들"(saints)이라고 불리웠습니다.

[29] "주의 종 다윗을 위하여 주의 기름 받은 이의 얼굴을 외면하지 마소서"(=주께서 기름 부어서 세우신 그 종을 물리치지 말아 주십시오)라는 말씀은, 주님 안에서 신령진리가 신령선과 합일되었을 때, 따라서 주님의 인성과 신령존재가, 그리고 신령존재가 주님의 인성과 합일되었을 때, 그들이 사랑에 의하여 점화(點火)되고, 진리의 빛에 의하여 조요된다는 것을 뜻하니

다. 왜냐하면 여기서 종으로서의 "다윗"은 신령진리와의 관계에서 주님의 인성(=인간 · the Lord's Human)을 뜻하기 때문이고, 그리고 "기름부음 받은 자"(the anointed)는 선에 합일된 주님의 인성(=인간)을 뜻하고, "그의 얼굴"(his face)은 신령사랑을 뜻하고, 그것에서 비롯된 조요를 뜻하기 때문입니다. "시온에서 내가 다윗의 뿔을 돋아나게 할 것이다"(=한 뿔이 자라게 한다)는 말씀은 천계나 교회에 있는 그분에게서 비롯된 신령진리의 능력(power)을 뜻하고, "내가 나의 기름부음 받은 이를 위하여 한 등을 준비하였다"는 말씀은, 주님 안에 있는 신령존재와 주님의 신령인간의 합일에서 비롯된 신령진리에 속한 조요를 뜻하는데, 여기서 "등"(lamp)은 조요에 대한 신령진리를 뜻합니다. "내가 그의 원수들을 수치로 옷 입힐 것이다"(=그의 원수들은 수치를 당한다)는 말씀은 지옥의 종복과 그것에 의한 악들의 분산(分散)을 뜻하고, "그는 그의 면류관으로 찬란하게 한다"(=그의 면류관은 그의 머리 위에서 빛나게 해주겠다)는 말씀은 그것들에 대한 변함없고, 영원한 승리를 뜻합니다.

684[D]. [30] 지금 성경말씀에서 인용된 장절들에게서 밝히 알 수 있는 것은 주님께서 "기름부음 받은 분"(the Anointed)으로 불리셨다는 것, 다시 말하면 그분의 인성 안에 있는 신령진리와 신령선의 합일로 말미암아 메시아, 즉 그리스도이시라는 것입니다. 왜냐하면 그 합일로 말미암아 주님의 인성(the Lord's Human)은 "여호와의 기름부음 받은 자"(the Anointed of Jehovah)가 뜻하기 때문입니다.

[31] 사무엘 상서에서도 마찬가지입니다.

 주께서 땅 끝까지 심판하시고,
 세우신 왕에게 힘을 주시며,

기름부어 세우신 왕에게
뿔(=승리)을 높이실 것이다.
(사무엘 상 2 : 10)

이 장절은, 이스라엘을 다스리는 어느 왕, 즉 기름부은 자의 전에 있었던, 사무엘의 어머니, 한나의 예언적인 가사의 일부입니다. 그러므로 여기서 "왕"이나 "기름부어 세우신 분"은 주님을 뜻하고, 그리고 신령존재가 그 인성과 합일되었을 때 그 분에게 "힘이 주어졌고" 그리고 그분의 "뿔"은 높아졌습니다. 여기서 "힘"(strength)은 악을 다스리는 선의 능력(the power of good)을 뜻하고, "뿔"(horn)은 거짓을 지배하는 진리의 능력(the power of truth)을 뜻합니다. 그리고 진리가 내면적인 것이 되고, 그리고 동일한 계도에서 보다 더 힘이 있는 강력한 것이 되었을 때, "높아졌다"(to be exalted)고 언급되었습니다.

[32] "기름 부음 받은 자"는 애가서에도 동일한 뜻을 갖습니다. 그 책의 말씀입니다.

우리의 힘,
곧 주께서 기름 부어 세우신 이가
그들의 함정(=구덩이)에 빠졌다.
그는 바로,
"뭇 민족 가운데서,
우리가 그의 보호를 받으며 살 것이다"
하고 우리가 말한 사람이 아니던가!
(애가 4 : 20)

여기서 "주께서 기름 부어 세우신 이"(the anointed of Jehovah)는 문자적인 뜻으로는 포로로 만든 한 왕을 뜻하지만, 그러나 영적인 뜻으로 그분은 주님을 뜻합니다. 그러므로 "우리의 코의 호흡"(=우리의 힘), 다시 말하면, 선과 진리의 지각에 속한 생명이 언급되었습니다. "함정(=구덩이)에 빠졌다"(=빠져 붙잡혔다)는 말씀은 악에 속한 거짓들에 빠져 있는 자들에 의하여 배척되었다는 것을 뜻하는데, 여기서 "구덩이"(=함정들)은 교리의 거짓들을 뜻합니다. "그의 그늘 아래 산다"(=그의 보호 아래 산다)는 것은 "뭇 민족들"이 뜻하는, 악의 거짓들에 거스르는 주님의 보호 아래 있다는 것을 뜻합니다.

[33] "기름 부음 받은 분"(=the Anointed), "메시아" 즉 "그리스도"는 신령인성과의 관계에서 주님을 뜻하고, 그리고 따라서 신령진리에 합일된 신령선과의 관계에서 주님을 뜻하기 때문에, 그러므로 "기름 부음"(塗油)은 그 합일을 뜻합니다. 그것에 관한 주님의 말씀입니다. 요한복음서의 말씀입니다.

> 내가 아버지 안에 있고, 아버지께서 내 안에 계신다.…… 내가 아버지 안에 있고, 아버지께서 내 안에 계심을 믿어라(요한 14 : 7-11).

다른 곳에서도 마찬가지입니다.

> 나와 아버지는 하나다.…… 그러면 너희는, 아버지께서 내 안에 계시고, 또 내가 아버지 안에 있다는 것을 깨달아 알게 될 것이다(요한 10 : 30, 38).

이것은 아론과 아론의 아들들의 기름 부음이 표징하기 때문입니다. 민수기서의 말씀입니다.

> 주께서 아론에게 말씀하셨다. "보라, 내가 이스라엘 자손의 모든 거

> 룩한 것들 중 나의 들어 올리는 제사의 책무를 너에게 주었으며, 네가 기름부음 받았음을 인하여, 내가 그것들을 너와 네 아들들에게 영원한 율례로 주었다(민수기 18:8).

아론과 그의 아들들에게 주어진, 여호와(=주)에게 속한 거룩한 것들은 민수기 18장 9-19절에 열거되었습니다. 그러나 "기름부음"(anointings)에 관해서 앞에서 언급된 것을 참조하십시오(본서 375[E]항 참조). 다시 말하면, "기름"이나 기름으로 바른 다른 모든 것들이 주님의 표징들을 가리키는, 신령사랑에 속한 신령선이 그분 안에 있기 때문에, 신령인성과의 관계에서 주님 홀로 "여호와의 기름부음 받은 자"이십니다. 이것이 "여호와의 기름부음 받은 자"에 관해서 언급된 것인데, 그것은 "여호와의 기름부음 받은 자"는 그리스도이시기 때문인데 묵시록서의 이 장절에는 한 번이 아니고 두 번이나, 마치 누가복음 2장 26절에 언급된 것과 같이, "여호와의 기름부음 받은 자"와 "주님의 그리스도"(the Lord's Christ)는 한 분(one)이십니다.

684[E]. [34] 여기서는 주님께서 "그리스도" 즉 "메시아" 또는 "기름부음 받은 분"이라고 불리운 이유를 입증, 보여 주기 위하여 주님께서 다루어졌기 때문에, 다니엘서의 메시아에 관해 언급된 것이 무엇인지 설명한다는 것은 매우 중요하겠습니다. 다니엘서의 말씀입니다.

> 하나님께서 너의 백성과 거룩한 도성에 일흔 이레의 기한을 정하셨다. 이 기간이 지나가야, 반역이 그치고, 죄가 끝나고, 속죄가 이루어지고, 하나님이 영원한 의를 세우시고, 환상에서 보이신 것과 예언의 말씀을 이루시고, 가장 거룩한 곳에 기름을 부으며, 거룩하게 구별하실 것이다. 그러므로 너는 다음과 같은 사실을 깨달아 알아야 한다. 예루살렘을 보수하고 재건하라는 말씀(=명령)이 내린 때로부터

기름을 부어 세운 왕이 오기까지는 일곱 이레(=주간)가 지나갈 것이다. 그리고 예순두 이레 동안 예루살렘이 재건되어서, 거리와 성곽이 완성될 것이나, 이 기간은 괴로운 기간일 것이다. 예순두 이레(=주간)이 지난 다음에, 기름을 부어 세운 왕이 부당하게 살해되고, 아무도 그의 임무를 이어받지 못할 것이다. 한 통치자의 군대가 침략해 들어와서, 성읍과 성전을 파괴할 것이다. 홍수에 침몰되듯 성읍이 종말을 맞을 것이다. 피할 수 없는 전쟁이 끝까지 계속되어, 성읍이 황폐하게 될 것이다. 침략하여 들어온 그 통치자는 뭇 백성과 더불어, 한 이레 동안의 굳은 언약을 맺을 것이다. 그리고 한 이레의 반이 지날 때에, 그 통치자는 희생제사와 예물드리는 일을 금할 것이다.…… 그리고 혐오스러운 것들의 날개 위에 황폐케 하는 자가 있을 것이오. 진멸할 때까지 결정된 것이고, 그 황폐되어 있는 것 위에 쏟아질 것이다(다니엘 9:24-27).

여기의 말씀들은 수많은 유식한 사람들에 의하여 연구, 검증되었고, 설명되었습니다. 그러나 그것은 다만 문자적인 뜻에서 그렇게 되었을 뿐, 영적인 뜻으로 검증, 설명된 것은 아닙니다. 왜냐하면 그 영적인 뜻은 지금까지 기독교계에 알려지지 않았기 때문입니다. 그 영적인 뜻에서 이런 말씀들은 아래와 같은 뜻을 갖습니다. "너희 백성에게 선포된 일흔 이레"(=70주간 · seventy weeks)는, 그 교회의 종말에 이른, 유대 사람들에게 존재했던 그 때의 그 교회의 때(the time)와 상태를 뜻합니다. 그리고 여기서 "백성"(people)은 그 때 그 교회에 속한 자들을 뜻하고, 그리고 "거기에 선포된 그 거룩한 도성"은 성경말씀에서 비롯된 진리의 교리에 관해서 그 교회의 마지막 때(time)와 상태를 뜻하는데, 여기서 "도성"(=성읍 · city)은 진리의 교리를 뜻하고, "거룩한 도성"(the city of holiness)은 성언을 가리키는 신령진리를 뜻합니다.

[35] "반역이 그치고, 죄가 끝나고, 속죄가 이루어진다"(=허물을 끝내고, 죄들을 종결시키고, 죄악에 화해를 이룬다)는 말씀은 그 교회 안에 거짓들이나 악들 이외에는 아무것도 없을 때를 뜻합니다. 따라서 죄악이 가득 차고, 죄악이 최악에 이른 때를 뜻합니다. 왜냐하면 이런 일이 행해질 때 그것의 끝이 이르지 않기 때문입니다. 이런 이유들은 《최후심판》이라는 나의 작은 책에서 언급되었습니다. 왜냐하면 만약에 이르기 전이라면, 외적인 것들 안에 있는 진리들이나 선들의 입증(show)을 모방하고, 위선적으로 만드는 자들에게 있는 외적인 것들과 결합된 소박한 선한 자(the simple good)는 멸망될 것이기 때문입니다. 그러므로 "영원한 의(the righteousness of the ages)를 가져온다"는 말씀이 부가되었는데, 이 말씀은 믿음의 선이나, 인애의 선 안에 있는 자들을 구원한다는 것을 뜻합니다. 그리고 "환상과 예언을 봉인한다"(=환상에 보이신 것과 예언의 말씀을 이룬다)는 말씀은 성경말씀에 담겨 있는 모든 것을 완성한다는 것을 뜻하고, "가장 거룩한 곳에 기름을 붓는다"는 말씀은 주님 안에서 신령인간과 신령존재 자체와의 합일하는 것을 뜻합니다. 왜냐하면 이것이 "거룩한 것들의 거룩"(=가장 거룩한 곳·가장 거룩한 것·가장 거룩한 분)을 가리키기 때문입니다.

[36] "그러므로 성경말씀에서 공표되는 것으로부터 알고 깨달아라"는 말씀은, 그것이 주님 안에서 다 이루어졌기 때문에 구약의 말씀의 목적에서 비롯된다는 것을 뜻합니다. 왜냐하면 구약의 말씀(=성언)에 속한 모든 것들은 최고의 뜻으로는 주님과, 그분의 인성의 영광화(the glorification of His Human)에 관해서 다루고 있기 때문이고, 그리고 따라서 천계와 이 세상의 삼라만상을 다스리는 주님의 통치를 다루고 있기 때문입니다. "예

루살렘을 복구하고, 재건하기까지"라는 말씀은 새로운 교회가 세워지는 때를 뜻하는데, 여기서 "예루살렘"은 그 교회를 뜻하고, "세운다"(=건축한다 · 재건한다 · to build)는 것은 새롭게 세우는 것을 뜻합니다. "기름을 부어서 세운 왕이 오기까지"(=지도자 메시아가 올 때까지)라는 말씀은, 그분 안에 있는, 그리고 그분에게서 비롯된, 주님과 신령진리의 때를 뜻합니다. 왜냐하면 주님께서는 신령인성으로 말미암아 "메시아"로 불리셨기 때문이고, 그리고 "지도자"(=통치자 · Prince)는 신령진리로 말미암아 주님께서 불리셨기 때문입니다. "일곱 이레"(=일곱 주 · seven week)는 충분한 때와 상태(the full time and state)를 뜻합니다.

[37] "예순두 이레(=육십이 주)가 지난 다음에 거리와 성곽이 완성될 것이다"(=재건될 것이다)는 말씀은, 주님의 강림 뒤, 그 교회의 진리와 교리가 세워지기까지 충분한 때와 상태를 뜻하는데, 여기서 "육십"(sixty)은 진리의 이식(移植)에 관해서 충분한 때와 상태를 뜻하고, 숫자 "삼"(=3 · three) · "여섯"(6)이나 "둘"(2)은 선의 이식을 위한 충분한 때나 상태를 뜻합니다. 따라서 "예순(60)이나 둘"(2)은 모두 적은 선과 진리의 혼인을 뜻합니다. "거리"(street)는 교리의 진리를 뜻하고, "성곽"(moat)은 교리를 뜻합니다. "거리"가 뜻하는 것이 무엇인지는 본서 652항을 참조하시고, "성곽"(moat)이나 "구덩이"(pit)가 뜻하는 것이 무엇인지는 본서 537항을 참조하십시오. "그러나 괴로운 기간일 것이다"는 말씀은, 이방 사람들은 영적인 진리의 지각을 거의 가지지 못하기 때문에 힘들 것이고, 고난을 겪을 것이라는 것을 뜻합니다.

[38] "예순두 이레가 지난 다음"에 라는 말씀은 진리와 선에

관해서 지금 세워진 그 교회의 충분한 때(=시간)와 상태가 지난 뒤를 뜻합니다. "메시아가 끊어질 것이다"(=기름을 부어서 세운 왕이 부당하게 살해된다)는 말씀은, 이러한 일은, 주님의 신령능력을 교황들에게 옮기는 그들의 양도(讓渡)에 의하여, 그리고 따라서 그분의 인성 안에 있는 신령존재를 승인하지 않는 것에 의하여 주로 바빌로니아 사람들에게서 일어나는 일인데, 그들이 주님에게서 배반, 변절한다는 것을 뜻합니다. "그러나 자신을 위한 것이 아니다"(=아무도 그의 임무를 이어받지 못할 것이다)는 말씀은 그럼에도 불구하고 그 능력은 그분의 것이고, 신령존재(=신성)도 그분의 것이라는 것을 뜻합니다.

[39] "또 장차 올 그 통치자의 백성이 도성과 성소를 파괴할 것이다"(=한 통치자의 군대가 침략해 들어와서, 성읍과 성전을 파괴할 것이다)는 말씀은, 따라서 교리나 그 교회가 거짓들에 의하여 파괴될 것이라는 것을 뜻하는데, 여기서 "도성"(=성읍 · city)은 교리를 뜻하고, "성소"(=성전 · sanctuary)는 교리를 뜻합니다. "장차 올 통치자"(=오고 있는 한 통치자)는 군림하는 거짓을 뜻하고, "그 끝은 홍수로 뒤덮일 것이고, 그 전쟁의 끝에는 황폐가 정해져 있다"(=홍수에 침몰되듯 성읍이 종말을 맞을 것이고, 피할 수 없는 전쟁이 끝까지, 계속되어, 성읍이 황폐하게 될 것이다)는 말씀은, 심지어 진리와 거짓 사이의 다툼이 전혀 없을 때까지, 진리의 위화(僞化)를 뜻합니다. 여기서 "범람"(=홍수 · inundation)은 진리의 위화를 뜻하고, "전쟁"(war)은 진리와 거짓 사이의 다툼을 뜻하고, 그리고 "황폐(desolation)은, 그 때 거기에는 더 이상 어떤 진리도 없고, 다만 진짜 거짓만 있는 때인, 교회의 마지막 상태를 뜻합니다.

[40] "그 통치자는 한 이레 동안의 굳은 언약을 맺을 것이다"는 말씀은, 성경말씀이 다시 읽혀지고, 주님께서 시인되는 때,

다시 말하면 그분의 인성 안에 있는 신령존재(=신성)가 시인되는 때인, 종교개혁의 때(the time of the Reformation)를 뜻합니다. 이 시인과 성경말씀에 의한 그 시인에서 비롯된 주님과의 결합은 "굳은 언약"이 뜻합니다. 그리고 "이레"(=일 주)는 종교개혁의 때를 뜻합니다. "그러나 그 주의 중간(=이레의 반이 지날 때)에 통치자는 희생제사와 예물 드리는 일을 금할 것이다"는 말씀은 내면적으로 종교개혁자에게는 예배에 전혀 진리나 선도 없을 것을 뜻하는데, 여기서 "희생제사"(sacrifice)는 본래는 진리들에게서 비롯된 예배를 뜻하고, "예물 드리는 일"(=예물)은 선들에게서 비롯된 예배를 뜻합니다. "그 주의 중간"(=이레의 반·주간)은 그 때의 중간을 뜻하지 않고, 종교개혁자의 극내적인 상태를 뜻합니다. 왜냐하면 "중간"(midst)은 극내적인 것(inmost)을 뜻하기 때문이고, 그리고 "이레"(week)는 교회의 상태를 뜻하기 때문입니다. 거기에는, 종교개혁자들이 믿음(faith)을 교회의 본질로서 적용하였기 때문이고, 그리고 믿음을 인애에서 분리시켰기 때문에, 종교개혁이 있은 뒤 예배에는 내면적으로 진리나 선은 전혀 없었습니다. 그리고 믿음이 인애에게서 분리되었을 때, 그 때 예배의 극내적인 것 안에는 결코 진리나 선이 전혀 없었습니다. 왜냐하면 예배의 극내적인 것(the inmost of worship)은 인애의 선을 가리키기 때문이고, 그리고 믿음의 진리는 그것에서 발출하기 때문입니다.

[41] "마지막에 혐오스러운 것들의 날개 위에 황폐케 하는 자가 있을 것이다"(=성전의 가장 높은 곳에 흉측한 우상을 세울 것이다)는 말씀은, 인애에서 믿음의 분리에 의한 모든 진리의 멸절이나 소멸(extinction)을 뜻합니다. "혐오스러운 것들의 새"(=혐오들의 새·혐오스러운 것들의 날개·the bird of abominations)는

오직 믿음이라는 것을 뜻하고, 따라서 인애에서 분리된 믿음을 뜻합니다. 왜냐하면 "새"(a bird)는 성언에 속한 진리들에 관한 생각을 뜻하고, 그리고 진리들의 이해를 뜻하기 때문입니다. 그리고 진리의 이해는, 만약에 진리를 조요하고, 그것을 가르치는 진리에 속한 영적인 정동이 전혀 없고, 그 대신 명성·광영·영예·재물의 목적에 대한 자연적인 정동만 있을 때, "혐오들의 새"(=혐오스러운 새)가 되기 때문입니다. 그리고 이런 부류의 정동은, 혐오스러운 지옥적인 것을 가리키고, 그리고 그것으로 말미암아 오직 거짓들만 비롯되기 때문입니다. "진멸될 때까지 결정된 것이 그 황폐되어 있는 것 위에 쏟아질 것이다"(=진멸할 때까지 정해진 것이 황폐케 한 자에게 쏟아질 것이다)는 말씀은 그것의 마지막 상태를 뜻하는데 그 때 거기에는 더 이상 진리의 그 어떤 것이나, 믿음의 그 어떤 것도 결코 없다는 것을 뜻하고, 그리고 그 때 최후의 심판이 일어난다는 것을 뜻합니다.

[42] 다니엘서의 이와 같은 마지막의 것들이 기독교회의 종말에 관한 예언들이라는 것은 마태복음서의 주님의 말씀에서 명확합니다. 그 책의 말씀입니다.

> 그러므로 너희는 예언자 다니엘이 말한 바 "황폐하게 하는 가증스러운 물건이 거룩한 곳에 선 것"을 보거든, 읽는 사람은 깨달아라 (마태 24 : 15).

왜냐하면 그 복음서의 그 장은 시대의 종말을 다루고 있고, 따라서 기독교회의 계속적인 황폐에 관해서 다루고 있기 때문입니다. 그러므로 그 교회의 폐허는 다니엘서의 이런 말씀들이 뜻하고 있습니다. 그러나 속뜻으로 그 말씀이 뜻하는 것이 무엇인지는 《천계비의》 3652항에 설명된 것을 참조하십시오. 이상에서 볼 때 우리의 본문 "세상 나라는 우리 주님의 것이 되고, 그리스도의 것이 되었다"(묵시록 11 : 15)는 말씀이 뜻하는 것이 무엇인지 밝히 알 수 있겠고, 그리고 또한 "주님의 그리스도"(the Lord's Christ) 또는 주님의 그리스도(the Christ of the Lord)가 뜻하는 것이 무엇인지도 밝히 알 수 있겠습니다. 누가복음서의 말씀입니다.

> 시므온에게는 주께서 보내시는 여호와의 그리스도를 보기 전에는 죽지 않을 것이라는 성령을 통해서 계시해 주신 일이 있었다(누가 2 : 26).

685. 주께서 영원히 다스리실 것이다(=그분이 왕으로서 영원무궁하도록 통치하실 것이다).

이 말씀은 신령진리에 의한 영원무궁한 주님의 통치를 뜻합니다. 이러한 뜻은, 이것에 관해서 곧 언급하겠지만, 신령진리에 의한 통치권을 잡으신 주님과의 관계를 가리키는 "다스린다"(to reign)는 낱말의 뜻에서, 그리고 영원무궁을 가리키는 "영원무궁하도록"이라는 낱말의 뜻에서 명확합니다. "영원무궁까지"(unto the ages of the ages)가 영원을 뜻하는데, 그것은 성경말씀의 문자의 뜻이 자연적이기 때문이고, 그리고 영적인 뜻은 그것에 대응하기 때문입니다. 성경말씀의 자연적인 뜻은 자연 안에 있는 그런 것들로 구성되어 있습니다. 그 자연은 일반적으로 시간들이나 공간들과 관계를 가지고 있고, 그리고 장소들이나 인물들(=사람들)과 관계를 가지고 있습니다. "영원무궁"(=시대들의 시대들 · the ages of the ages)은 영적인 뜻으로 영원이 대응하는 시간들(times)에 속해 있습니다. 이러한 뜻은 교회 안에 있는 믿음이나 인애의 증식(the propagation of faith and charity)이 다루어지는 곳인, "세대의 세대들"(the generation of generations)과 동일한 뜻입니다.

[2] "다스린다"(=통치한다 · to reign)는 것은 주님과의 관계에서는 신령진리에 의한 통치권을 잡는 것은 뜻입니다. 그것은 통치(dominion)가 선에 관해서 서술하기 때문이고, 다스린다는 것은 진리에 관해서 서술하기 때문입니다. 왜냐하면, 주님께서는 신령선으로 말미암아 "주인"(*dominus*)이라고 불리셨고, 그리고 주님께서는 신령진리로 말미암아 "왕"(king)이라고 불리셨기 때문입니다. 이것이 여기서나 성경말씀의 다른 곳에서 양쪽의 낱말들, 아래 장절들에서와 같이, 즉 통치(=주권 · dominion)와 왕국(kingdom)이, 또는 통치권을 잡는다나, 다스린다는 낱말이 사용된 이유입니다. 미가서의 말씀입니다.

> 도성 시온의 산(=언덕)아,
> 너의 이전 통치가 회복되고
> 도성 예루살렘의 왕권이
> 네게로 돌아올 것이다(=딸 시온의 언덕아, 너에게 그것이 오니, 이전의 통치권이 딸 예루살렘에 속한 왕국에 올 것이다)(미가 4:8).

여기서 "시온의 딸"은 천적인 교회를 뜻하기 때문이고, 그 교회의 본질은 사랑에 속한 선이기 때문이고, "통치"(dominion)는 사랑의 선을 서술하고, 이에 반하여 "왕국"은 "예루살렘의 딸"에 관해서 서술하는 데, 그것은 예루살렘이 영적인 교회를 뜻하고, 그 교회의 본질은 교리의 진리이기 때문입니다.

[3] 시편서의 말씀입니다.

> 주의 나라는 영원한 나라이며,

> 주의 다스리심은
> 영원무궁 합니다.
> (시편 145 : 13)

다니엘서의 말씀입니다.

> 사람의 아들에게 통치권과 영예와 왕국이 주어져 민족과 나라와 언어에 속한 자들이 모두 그를 섬겨야 했다. 그의 통치권은 사라지지 않을 영원한 통치권이며, 그의 왕국은 멸망되지 않을 것이다(다니엘 7 : 14).

같은 책의 말씀입니다.

> 나라와 권세와 온 천하 열국의 위력이
> 가장 높으신 분의
> 거룩한 백성에게로 돌아갈 것이다.
> (다니엘 7 : 27)

이들 장절에서 "통치"(dominion)는 선에 관해서 서술하는데, 그것은 선으로 말미암아 주님께서 "주님"이라고 불리셨기 때문이고, "왕국"은 진리에 관해서 서술하는데, 진리로 말미암아 주님께서는 "왕"이라고 불리셨기 때문입니다. 묵시록서의 말씀입니다.

> (흰 말을 타고 있는) 그분의 옷과 넓적다리에는 '왕들의 왕' '군주들의 군주'라는 이름이 적혀 있었습니다(묵시록 19 : 16).

옷에 있는 이름은 "왕들의 왕"이라고 언급되었고, "넓적다리에 있는" 이름은 "군주들의 군주"라고 언급되었습니다. 왜냐하면

"옷"(garment)은 진리를 뜻하고, 여기서는, 주님을 뜻하기 때문에, 신령진리를 뜻합니다. 그리고 "넓적다리"(thigh)는 선을 뜻하고, 여기서는 신령사랑에 속한 신령선을 뜻합니다. 시편서에서 사람들에게 적용되었기 때문에 마찬가지입니다. 그 책의 말씀입니다.

> 어찌하여 세상의 임금들이 나서고,
> 어찌하여 통치자들이 음모를 꾸며
> 주를 거역하는가?
> (시편 2:2)

이상에서 볼 때, "영원무궁 하도록 다스린다"는 말씀이 개별적으로 뜻하는 것이 무엇인지 밝히 알겠습니다. "왕국"(=나라)이 교리의 진리의 측면에서 천계나 교회를 뜻한다는 것은 본서 48항을 참조하십시오. 그러므로 "통치하다"(=다스린다 · to reign)는 것은 오직 주님에게 속한 것이고, 그리고 사람들에 관해서 언급되었을 때에는, 그것은 주님에게서 비롯된 선에서 온 진리들 안에 있다는 것을 뜻하고, 그리고 그것으로 말미암아 능력을 가졌다는 것은 악에서 비롯된 거짓들에 저항하는 것을 뜻합니다(본서 333항 참조).

**686. 16, 17절. 그리고 하나님 앞에서 자기 보좌에 앉아 있는 스물네 장로도 엎드려서, 하나님께 경배하고, 말하였습니다.
"지금도 계시고
전에도 계시던 전능하신 분,
주 하나님, 감사합니다.
하나님께서는 큰 권능을 떨치시며,
다스리고 계십니다."**

[16절] :

"그리고 하나님 앞에서 자기 보좌에 앉아 있는 스물네 장로"는 곧 다가올 최후심판의 날에 앞서 선한 자에게서 악한 자를 분리하기 위한 주님에게서 비롯된 빛과 능력 가운데 있는 보다 높은 천계(the higher heavens)를 뜻합니다(본서 687항 참조). "엎드려서, 하나님께 경배한다"(=얼굴을 숙이고, 엎드려 하나님을 경배한다)는 말씀은 가장 겸손한 마음에서 비롯된 그들에게 있는 주님의 경배를 뜻합니다(본서 688항 참조).

[17절] :

"말하였습니다. '전능하신 분, 주 하나님 감사합니다'"(=우리가 감사를 드립니다)는 말씀은, 주님으로 말미암아 존재하고, 살아 있고, 능력이 있는 모두가 주님을 시인한다는 것을 뜻합니다(본서 689항 참조). "지금도 계시고, 전에도 계셨고, 앞으로 오실 분"은, 영원부터 영원까지 천계의 모든 것들이나, 교회의 모든 것 안에 있는 모두(=전부·the all)가 그분에게서 비롯되었다는 것을 뜻합니다(본서 690항 참조). "하나님께서는 큰 권능을 떨치시며, 다스리고 계십니다"(=하나님께서 큰 권세를 잡으시고, 왕으로 통치하신다)는 말씀은, 옛 하늘이나 옛 교회가 멸망되었을 때 새로운 하늘(=새로운 천계)과 새로운 교회의 설시를 뜻합니다(본서 691항 참조).

687[A]. 16절. **하나님 앞에서 자기 보좌에 앉아 있는 스물네 장로들!**……

이 말씀은 곧 오는, 최후심판의 날 전에 선한 자에게서 악한 자를 분리하는 주님에게서 비롯된 빛과 능력 안에 있는 보다 높은 천계(the higher heaven)를 뜻합니다. 이러한 내용은 보다 높은 천계를 가리키는 "스물네 장로들"의 뜻에서(본서 322·

362 · 462항 참조), 그리고 심판의 일에 있는 것을 가리키는 "보좌에 앉았다"는 말의 뜻에서 명확합니다. 왜냐하면 "보좌"(thrones)는 천계를 뜻하고, "보좌에 앉는다"는 것은 심판하는 것을 뜻하기 때문입니다. 천계의 천사들이 심판하지 않고, 다만 주님 홀로 심판하시기 때문에, 그리고 주님께서 천계 아래에 모두 모인 자들에게, 그것에서 비롯된 심판의 단행, 수행을 위한 주님의 입류(入流)와 현존(=임재 · presence)에 의하여 이런 천계를 정리, 정돈하시기 때문에, 그러므로 언급한 이런 말들은 최후심판의 날 전에 선한 자에게서 악한 자를 분리하기 위한, 주님에게서 비롯된 빛과 능력 안에 보다 높은 천계가 있다는 것을 뜻합니다.

[2] 이러한 내용이 이런 낱말들이 속뜻이라는 것은 우리의 본문장에 이어지는 것에서, 그리고 이 주제에 관해서 앞에서 언급된 것에서, 명확합니다. 우리의 본문장에 언급된 것에서 명확한 것은, 보다 높은 천계가 주님에게서 비롯된 빛이나 능력 가운데 있다는 것입니다. 왜냐하면 이것은 "그들이 얼굴을 숙이고, 엎드려 주님을 예배하였다"는 이유이고, 그리고 "그분께서 큰 권세를 잡으시고, 왕으로 통치하신다고 그분에 감사한다"는 이유이기 때문입니다. 그리고 그 뒤에는 "하늘에 있는 하나님의 성전이 열리고, 성전 안에 있는 하나님의 언약궤가 보였다"는 것 때문인데, 이런 일련의 내용은 거기에 있는 빛을 뜻하는데, 전자는 오직 주님에게 비롯된 거기에 있는 능력을 뜻합니다. 이러한 것은 역시 그것이 최후심판의 날 전에 선한 사람에게서 악한 사람을 분리한다는 것을 뜻한다는 것은 명확합니다. 왜냐하면 "뭇 민족이 이것에 분개하였으나, 하나님의 분노가 임하였고, 죽은 자들의 때가 임하였다"(=뭇 민족이 이것에 분개하였으나, 오히려 그들이 주님의 진노를 샀으며 죽은 사람들

이 심판을 받았다)고 언급되었기 때문입니다. 그리고 그 뒤에는 "거기에 번개가 치고, 요란한 소리와 천둥소리가 있고, 지진이 일어나고, 큰 우박이 쏟아졌다"고 언급되었는데, 이러한 것들은 선한 사람에게서 악한 사람의 분리를 뜻하고, 그리고 최후심판의 임재의 증표를 뜻합니다. 이런 것들이 여기서 다루어지는 것들을 가리키기 때문에, 그리고 "하나님 앞에서 자기 보좌에 앉아 있는 스물네 장로들"은 최후심판의 단행을 위해 정돈된 보다 높은 천계를 뜻하기 때문에, 이런 모든 것이 이들 말씀에 내포된 것이라는 것이 뒤이어집니다.

[3] 이 주제에 관해서 위에서 언급된 것에서 볼 때, 최후심판 전에 보다 높은 천계가 빛과 능력의 상태에 옮겨졌다는 것이 명확하고, 그리고 그와 같은 일은 보다 높은 천계에서 보다 낮은 천계에의 입류가 있기 위한 것인데, 그것에 의하여 악한 사람은 선한 사람에게서 분리되고, 그리고 종국에 악한 사람은 지옥으로 쫓겨난다는 것 등등이 명확합니다(본서 411[A] · 413[A] · 418[A] · 419[A] · 426 · 493 · 497 · 674 · 675[A] · 676항 참조).

[4] "보좌"가 일반적으로는 천계를 뜻하고, 개별적으로는 주님의 영적 왕국이 있는 천계를 뜻한다는 것, 그리고 추상적인 뜻으로는 주님에게서 발출하는 신령진리를 뜻한다는 것, 그리고 또한 심판에 관해서 서술한다는 것 등등은 본서 253 · 297 · 343 · 460 · 482항에서 볼 수 있는데, 거기에서는 비록 "사도들이 이스라엘의 열두 지파를 심판하기 위하여 열두 보좌에 앉아 있다"는 것과 같이, 여기서는 "보좌에 앉은 스물네 장로들"이 언급되었습니다. 그리고 "천사들이 심판하기 위해서 주님과 함께 올 것이다"고 언급되었습니다. 그럼에도 불구하고 심판하실 분은 오직 주님 홀로이십니다. 왜냐하면 "스물네 장

로들" "열두 사도들"이나 "천사들"은 교회에 속한 모든 진리들을 뜻하기 때문이고, 말하자면 심판이 그것에서 비롯되는 신령진리를 뜻하기 때문입니다. 그리고 이런 것들이 신령진리를 뜻하기 때문에, 그리고 주님에게서 발출하는 모든 신령진리들을 뜻하기 때문에, 그러므로 심판은 오직 주님에게 속해 있을 뿐입니다. 수억의 사람을 심판하지만, 각자 각자는 그의 속사람이나 겉사람 양자 안에 있는 그의 사랑이나 믿음의 상태에 따라서 심판한다는 것은 어느 천사에게서는 불가능하다는 것, 그리고 그분 안에 있는 신령존재로 말미암아, 그리고 그분에게서 발출하는 신령존재로 말미암아 주님에게서는 가능하다는 것을 어느 누구가 알 수 없겠습니까? 그리고 천사들 같이 유한한 것들에 물든 최소의 부분이 아니고, 무한지혜나 무한능력에 속한 천계나 지상에 있는 모든 것들을 심판한다는 것, 그리고 이스라엘의 장로들이나 주님의 사도들이 심판하지 않는다는 것을 누가 모르겠습니까? 이런 저런 것을 모두 합쳐서 어느 누구도 심지어 한 사람이나, 한 영혼도 심판한다는 것은 불합니다. 왜냐하면 심판하는 자는 유아기부터 이 세상에서의 그의 생애 마지막까지 심판받는 그 사람의 모든 상태를 반드시 보아야 하기 때문입니다. 그리고 그 뒤 그 사람의 생명의 상태는 영원한 것이기 때문입니다. 왜냐하면 모든 견해나, 각각의 것 안에는, 그리고 심판의 개별적인 것 안에는, 반드시 영원한 것이나, 무한한 것이 반드시 있어야 하기 때문이고, 그리고 그것은 신령존재 안에 홀로 있고, 그리고 신령존재로 말미암아 반드시 있어야 하는데, 그것은 무한하고, 영원한 것이기 때문입니다.

687[B]. [5] "하나님 앞에서 걷는다" "하나님 앞에 선다" 그

리고 우리의 본문말씀과 같이, "하나님 앞에 앉는다"는 등등의 표현들은 성경말씀에 자주 사용되고 있습니다. "하나님 앞에 선다"는 말씀이 뜻하는 것이 무엇인지는 본서 414항에서 볼 수 있고, 그리고 "하나님 앞에서 걷는다"는 말씀이 뜻하는 것은 본서 97항에서 볼 수 있습니다. 여기 "스물네 장로들"과의 관계에서와 같이, "하나님 앞에 앉는다"는 말씀이 뜻하는 것이 무엇인지는 "앉는다"(to sit)는 말의 표현이 있는 성경말씀의 여러 장절들에게서 잘 볼 수 있겠습니다. 왜냐하면 영계에서 사람의 움직임이나 쉼(=멈춤)에 속한 모든 것들은, 그것들이 그의 삶(=생명)에서 나오는 것이기 때문에, 그의 삶(=생명)에 속한 것들을 뜻합니다. 걷는다(walking)는 것이나, 여행한다(journeying)한다는 것은 사람의 움직임들에 속한 것이고, 그리고 그것으로 말미암아 생명의 진전(progression of life)이나, 또는 의지의 의도에서 비롯된 생각의 진전을 뜻합니다. 그러나 사람의 쉼(=멈춤)에 속한 선다(standing)는 것이나 앉는다(sitting)는 것은 그것으로 말미암아 생명의 존재(=본질·the being·esse)을 뜻하고, 그리고 그것에서 비롯된 그것의 실재(its existence)를 뜻합니다. 따라서 이런 표현들은 살아가는 과정(making to live)을 뜻합니다. 그러므로 심판과의 관계에서 "보좌에 앉는다"는 것은 심판(=판단)의 직무(=기능) 안에 있다는 것을 뜻하고, 따라서 또한 심판(=판단)하는 것을 뜻합니다. 이런 것에서 비롯된 "심판 자리에 앉는다"는 표현은 심판을 단행하는 것을 뜻합니다. 그러므로 왕국에 관해서 언급할 때 "재판의 자리에 앉는다"는 것은 임금이 되는 것이나, 또는 다스리는 것을 뜻합니다.

[6] 영적인 뜻에서 "앉는다"(to sit)는 말이 뜻하는 더 상세한

것은 아래에 이어지는 장절들에게서 잘 볼 수 있겠습니다. 시편서의 말씀입니다.

> 복 있는 사람은
> 악인의 꾀를 따르지 아니하며,
> 죄인의 길에 들어서지 아니하며,
> 오만한 자들의 자리에
> 함께 앉지 아니한다.
> (시편 1 : 1)

여기서 "걷는다"(=따른다) · "선다"(=들어선다) · "앉는다"는 등등의 표현들은 다른 것을 추종한다는 뜻으로 사용되었습니다. 왜냐하면 "걷는다"(=따른다 · to walk)는 낱말은 어떤 의도에서 비롯된 생각의 삶에 어울리는 것이기 때문이고, "선다"(to stand)는 낱말은 의지에서 비롯된 의도의 삶에 어울리기 때문이고, "앉는다"(to sit)는 낱말은 의지의 삶에 어울리기 때문입니다. 따라서 그것은 생명의 존재(=본질 · esse)이기 때문입니다. 더욱이 "걷는 것"(walking)을 서술하는 "꾀"(=유혹 · 조언 · counsel)는 생각과 관계를 가지고 있습니다. "선다"는 것을 서술하는 "길"(way)은 의도와 관계를 가지고 있고, "자리에 앉는다"(to sit in a seat)는 것은, 사람의 생명의 존재(=본질)를 가리키는, 의지와 관계를 가지고 있습니다.
[7] 여호와, 다시 말하면 주님께서는 모두의 생명의 존재(=본질) 자체이시기 때문에 그러므로 그분이 "앉는다"고 언급되었습니다. 시편서의 말씀입니다.

> 여호와께서는 영원토록 좌정해 계신다(시편 9 : 7).

같은 책의 말씀입니다.

> 주께서 범람하는 물결(=홍수) 위에
> 보좌를 잡으셨다(=좌정해 계신다).
> (시편 29 : 10)

역시 같은 책의 말씀입니다.

> 하나님이 그의 거룩한 보좌에 앉으셨다(시편 47 : 8).

마태복음서의 말씀입니다.

> 인자가 모든 천사와 더불어 영광에 두러 싸여서 올 때에, 그는 자기의 영광스러운 보좌에 앉을 것이다(마태 25 : 31).

"그의 영광스러운 보좌에 앉는다"(=좌정한다)는 것은 심판이 그것에서 비롯되는, 그분이 신령진리 안에 계신다는 것을 뜻합니다. 그러므로 역시 같은 책의 말씀입니다.

> 내가 진정으로 너희에게 말한다. 새 세상에서 인자가 자기의 영광스러운 보좌에 앉고, 만물이 새롭게 될 때에, 나를 따라온 너희도 열두 보좌에 앉아서, 이스라엘 열두 지파를 심판할 것이다(마태 19 : 28 ; 누가 22 : 30).

"열두 사도들"이나 "이스라엘의 열두 지파"와 꼭 같이 "천사들"은 교회에 속한 모든 진리들을 뜻하기 때문에, 그리고 최고의 뜻으로는 신령진리를 뜻하기 때문에, 그러므로 "보좌들 위에 앉는다"는 것은 그들 자신들이 앉을 것이라는 것을 뜻하지 않고, 다만 심판이 그것에서 비롯되는, 신령진리의 측면에서 주님을 뜻합니다. 그리고 "이스라엘의 열두 지파를 심판한다"는 것은 그들의 교회의 진리들에 따라서 모두를 심판한다는 것을 뜻합니다. 이렇게 볼 때, 주님과의 관계에서 "보좌에 앉는다"(=좌정한다)는 것은 심판하는 자를 뜻하고, 따라서 심판하는 것을 뜻합니다. "영광스러운 보좌"라고 언급되었는데, 그것은 "영광"(glory)이 신령진리를 뜻하기 때문입니다(본서 · 33 · 288 · 345 · 678항 참조).

[8] 복음서의 말씀입니다.

> 다윗이 친히 시편에서 이렇게 말하였다.
> "주께서 내 주께 말씀하셨다.
> '내가 네 원수를
> 네 발 아래에 굴복시킬 때까지,
> 너는 내 오른쪽에 앉아 있어라.'"
> (누가 20 : 42, 43 ; 마가 12 : 36 ; 시편 110 : 1)

"주님께서 내 주께 말씀하셨다"는 것은 신령인간을 가리키는 신령인성에게 말씀하신 아버지(聖父 · the Father)라 불리시는, 신령존재 자체를 뜻합니다. "너는 내 오른쪽에 앉는다"는 것은 신령능력, 즉 신령진리를 통한 전능(全能)을 뜻하고, "내가 네 원수를 네 발 아래에 굴복시킬 때까지"라는 말씀은 지옥이 굴복되고, 정복될 때까지를 뜻하고, 그리고 악인들이 거기로 쫓겨나는 것을 뜻하는데, 여기서 "원수들"은 지옥을 가리키고, 따라서 악인을 가리킵니다. 그리고 "발 아래에"라는 말씀은 천계 아래에 있는 가장 낮은 영역을 뜻하는데, 그 아래에 지옥이 있습니다. 왜냐하면 주님께서 이 세상에 계시는 동안 주님께서는, 전능을 가리키는, 신령진리이셨고, 그리고 주님께서는 그것에 의하여 지옥을 굴복시키고, 정복하셨기 때문입니다.
[9] 역시 복음서의 말씀입니다.

"그대가 하나님의 아들 그리스도요?" 예수께서 그에게 대답하였다. "당신이 말하였소.…… 이제로부터 당신들은, 인자가 권능의 보좌 오른쪽에 앉아 있는 것과 하늘 구름을 타고 오는 것을 보게 될 것이오."(마태 26 : 63, 64 ; 마가 14 : 61, 62 ; 누가 22 : 69).

"권능의 보좌 오른쪽에 앉는다"는 것은 천계나 교회를 다스리는 주님의 신령전능(the Lord's Divine omnipotence)를 뜻하고, 그분께서 지옥을 정복하신 뒤에는 그분의 인성(His Human)을 영화롭게 하시는 주님의 신령능력을 뜻합니다. "하늘 구름을 타고 온다"는 것은 천계에 있는 시령진리에 의한 것을 뜻합니다. 왜냐하면 주님께서 그의 인성(His Human)을 신령존재에 합일하신 뒤에는, 그 때 그분에게서 신령진리가 발출하고, 그리고 주님 당신께서는 신령진리 안에 있는 천사들이나 사람들과 함께 계시기 때문입니다. 그것은 주님께서는 신령진리를 가리키는 성언(聖言 · the Word) 안에 계시기 때문이고, 그리고 신령전능(the Divine omnipotence)은 그것 안에 있고, 그것으로 말미암아 존재하기 때문입니다.
[10] 마가복음서의 말씀입니다.

주 예수께서 그들에게 말씀하신 뒤에, 하늘로 들려 올라가셔서, 하나님의 오른쪽에 앉으셨다(마가 16 : 19).

"하나님의 오른쪽에 앉는다"는 것은 동일한 뜻입니다. 다시 말하면 신령진리에 의한 그분의 신령전능을 뜻합니다. 이상에서 볼 때, "앉는다"(to sit)는 것은 존재하는 것(to be)을 뜻하고, 그리고 "오른쪽에 앉는다"는 것은 전능적인 존재가 되는 것을 뜻합니다. "앉는다"는 것이 존재하는 것(to be)을 뜻하기 때문에, 그러므로 "보좌에 앉는다"는 것은 임금이 되는 것을 뜻하고, 그리고 통치하는 것을 뜻합니다(출애굽 11 : 5 ; 신명기 17 : 18 ; 열왕기 상 1 : 13, 17, 20 ; 예레미야 17 : 25 ; 22 : 2, 30 ;그 밖에 여러 곳). 복음서의 말씀입니다.

> 여자가 대답하였다. "하나는 선생님의 오른쪽에, 하나는 선생님의 왼쪽에 앉게 해주십시오"(마태 20 : 21, 23 ; 마가 10 : 37, 40).

[11] 이사야서의 말씀입니다.

> "처녀 딸 바빌론아,
> 내려와서 티끌에 앉아라.
> 딸 바빌로니아야(=갈대아야),
> 보좌를 잃었으니, 땅에 주저앉아라.……
> 딸 바빌로니아야(=갈대아야),
> 잠잠히 앉아 있다가 어둠 속으로 사라져라.
> 사람들이 이제부터는 너를
> 민족들의 여왕이라고 부르지 않을 것이다.……
> 방탕한 여인아,
> 이제 너는 이 말을 들어 보아라.
> 네가 평안히 앉아서 마음 속으로 이르기를
> '나보다 더 높은 이가 없다.
> 나는 과부가 되지 않을 것이며,
> 자식을 잃는 일도 없을 것이다' 하였다.
> (이사야 47 : 1, 5, 8)

이 말씀은 선과 진리의 모독이나 악용을 뜻합니다. 왜냐하면 "바빌론의 딸"은 선의 모독을 뜻하고, "갈대아의 딸"(=바빌로니아의 딸)은 진리의 모독을 뜻하기 때문입니다. 이런 이유 때문에 성경말씀 안에 있는, 그리고 성경말씀에서 비롯된 신령선들이나 신령진리들은 통치권을 쥐는 수단들로서 채용되었습니다. 그러므로 자기 자신들을 중시하는 "바빌로니아 사람들이나, 갈대아 사람들"은, 다시 말하면 목적들로서 그들 자신의 통치를 중시하고, 그리고 수단들로서 성경말씀에서 비롯된 교회의 거룩한 것들로 그들은 자신을 중시합니다. 따라서 그들은 주님이나 주님의 통치를 우러르지 않고, 그리고 또한 목적으로서 이웃이나 이웃을 향한 사랑(=인애)을 우러르지 않습니다. "내려와서 티끌에 앉아라. 땅에 주저앉아라"라는 말씀은 악들에 빠져 있다는 것을 뜻하고, 그것으로 인하여 저주의 상태에 있다는 것을 뜻합니다. "잠잠히 앉아 있다가 어둠 속으로 사라져라"는 말씀은 거짓들 안에 있다는 것을 뜻하고, 그것으로 인하여 저주의 상태에 있다는 것을 뜻합니다. "평안히 앉아 있다"는 것은 그들의 통치가 지속할 것이라는 것이 확실하다는 것을 뜻하고, 그들이 멸망하지 않을 것이 확실하다는 것을 뜻합니다. "과부로서 앉아 있지 않는다, 지식을 잃는 일도 없을 것이다"는 것은 결코 동료들이나, 의존하고 있는 자들이나 자신들을 예배하는 예배자들이 부족하지 않을 것이라는 것을 뜻합니다. "딸 바빌로니아(=갈대아)야, 사람들이 이제부터는 너를 민족들의 여왕이라고 부르지 않을 것이다"는 말씀은, 이것에 관해서는 곧 언급하겠지만, 최후심판의 날에 그들의 전복(顚覆)과 저주 때문에, 그들이 더 이상 통치권을 가지지 못한다는 것을 뜻합니다. 우리의 본문장(=묵시록 11장)은 그것에 관해서 다루고 있습니다.
[12] 같은 책의 말씀입니다.

> 네가 평소에 늘 장담하더니,
> "내가 가장 높은 하늘로 올라가겠다.
> 하나님의 별들보다 더 높은 곳에
> 나의 보좌를 두고,
> 저 멀리 북쪽 끝에 있는 산 위에,
> 신들이 모여 있는 그 산 위에
> 자리잡고 앉겠다" 하더니…….
> (이사야 14 : 13)

이 말씀 역시, 여기서 "루시퍼"라고 불리우는 바빌론에 관해서 언급하고 있고, 그리고 천계의 모든 것들을 지배하겠다는 그 지배에 속한 그의 모독된 사랑의 탐욕들에 관해서 언급하고 있습니다. 그러나 "하나님의 별들 위로 나의 보좌(=왕좌)를 높이고, 북쪽 끝에 있는 만남의 산 위에 앉을 것이다"는 말씀이 개별적으로 뜻하는 것이 무엇인지는 바빌론이 다뤄질, 아래에 이어지는 곳에서, 설명되겠습니다. 여기서 "앉는다"(to sit)는 것은 있다는 것(to be)을 뜻하고, 그리고 통치와 관계를 가지고 있습니다.

[13] 에스겔서의 말씀입니다.

> 그 때에 해변 주민의 왕들이 그들의 왕좌에서 내려오고, 그들의 왕복을 벗고, 수 놓은 옷들로 벗어 버릴 것이다(에스겔 26 : 16).

이 말씀은 두로에 관해서 다루고 있는데, "두로"는 진리의 지식들의 측면에서 교회를 뜻하지만, 그러나 여기서는, 그 때 그것 안에 변질된 그런 지식들이 있는, 황폐화된 교회에 관해서 언급하고 있습니다. 그러므로 "해변 주민의 왕들이 그들의 왕좌에서 내려온다"는 것은, 진리의 지식들이 결코 더 이상 그 교회의 사람들을 다스리지 못할 것이라는 것을 뜻합니다. 왜냐하면 모든 통치권은 신령진리에 속해 있기 때문이고, 그리고 "그들의 왕좌에서 내려온다"는 것은 다스리는 것에서, 그리고 따라서 다스림에서 중지되는 것을 뜻하고, 그리고 "바다의 왕들"(=바다의 군왕들 · princes of the sea)은 진리의 지식들을 뜻하고, 그리고 그것들 안에 있는 자들을 뜻합니다. "땅에 앉을 것이다"는 것은 그들이 왜곡된 것들 안에, 따라서 거짓들 안에 빠져 있을 것이라는 것을 뜻합니다. "왕좌들 위에"라는 말씀은 천계의 진리들 안에 있다는 것을 뜻하지만, 그러나 "땅에 앉는다"는 것을 거짓들 안에 있다는 것을 뜻하는데, 그것은 지옥들이 영계의 땅들 아래에 있기 때문이고, 그리고 그것에서 모든 악들이나 거짓들이 계속해서 분출하고 있기 때문입니다.
[14] "앉는다"(to sit)는 것은 아래 장절들에서도 동일한 뜻을 가지고 있습니다. 누가복음서의 말씀입니다.

> 어둠 속과
> 죽음의 그늘 아래에 사는 사람들에게……
> (누가 1 : 79)

이사야서의 말씀입니다.

> 네가 눈먼 사람의 눈을 뜨게 하고,
> 감옥에 갇힌 사람을 이끌어 내고,
> 어두운 영창에 갇힌 이를 풀어 줄 것이다.
> (이사야 42 : 7)

11장 7-19절

예레미야서의 말씀입니다.

> 저는, 웃으며 떠들어대는 사람들과
> 함께 어울려 즐거워하지도 않습니다.
> 주께서 채우신 분노를 가득 안은 채로,
> 주의 손에 붙들려 외롭게 앉아 있습니다.
> (예레미야 15 : 17)

시편서의 말씀입니다.

> 헛된 것을 좋아하는 자들과
> 한자리에 앉지 않고,
> 음흉한 자들과도 어울리지 않았습니다.
> (시편 26 : 4)

누가복음서의 말씀입니다.

> 그 날은 온 땅 위에 사는 모든 사람에게 닥칠 것이다.
> (누가 21 : 35)

"앉는다"(to sit)는 것이 있다는 것(to be)을 뜻하기 때문에, 그리고 또한 한 상태에서 계속되는 것을 뜻하고 그리고 의지에 속한 것을 뜻하기 때문에, 시편서에는 이렇게 언급되었습니다. 그 책의 말씀입니다.

> 주님,
> 주께서 나를 샅샅이 살펴보셨으니,
> 나를 환히 알고 계십니다.

> 내가 앉아 있거나 서 있거나
> 주께서는 다 아십니다.
> 멀리서도 내 생각을 다 알고 계십니다.
> (시편 139 : 1, 2)

"그의 앉음(=좌정 · his sitting)을 안다"는 것은, 의지를 가리키는, 어느 누구의 생명의 존재(=본질)와 관계를 가지고 있고, 그리고 "선다"(=상승 · rising)는 것은 그것에서 비롯된 의도와 관계를 가지고 있습니다. 그리고 생각이 의지의 의도에서 뒤이어지기 때문에 "주께서는 멀리서도 내 생각을 다 알고 계십니다"는 말씀이 부연되었습니다.

[15] 미가서의 말씀입니다.

> 그가 주께서 주신 능력을 가지고,
> 그의 하나님 주의 이름의 위엄을
> 의지하고 서서
> 그의 떼를 먹일 것이다.
> 그러면 그 위대함이
> 땅 끝까지 이를 것이므로,
> 그들은 안전하게 살아갈 수 있을 것이다.
> (미가 5 : 4)

이 말씀은 주님과 그리고 그분에게서 비롯된 신령진리의 교리에 관해서 언급하고 있습니다. 이러한 내용은 "그가 그의 하나님 주의 이름을 의지하고 서서 그의 떼(=양의 무리)를 먹일 것이다"는 말씀이 뜻합니다. 그리고 그 교회에 속한 사람들이 그 교회 안에 있을 것이라는 것은 "그들이 거한다"(=앉을 것이다)는 말씀이 뜻하고, 신령진리의 교리가 영원히 계속될 것이라는 것은 "그가 땅 끝까지 이를 것이다"(=중대할 것이다)는 말씀이 뜻합니다.
[16] 이사야서에서도 마찬가지입니다.

> 예루살렘아,
> 먼지를 털고 일어나서 보좌에 앉아라.
> 포로된 딸 시온아,
> 너의 목에서 사슬을 풀어 내어라.
> (이사야 52 : 2)

이 말씀은 주님에 의한 새로운 교회의 설시에 관해서 언급하고 있습니다. 그 교회의 교리와 함께 그 교회는 여기서 "예루살렘"이 뜻하고, 그리고 "딸 시온"이 뜻합니다. 온갖 거짓들이나 악들을 배척하고, 그리고 진리들이나 선들 안에 있다는 것은 "먼지를 털고 일어나서 보좌에 앉아라"는 말씀이 뜻하고, 그리고 또한 "포로된 딸 시온아, 너의 목에서 사슬을 풀어 내어라"는 말씀이 뜻합니다. 여기서 "목의 사슬"(bands of neck)은 진리들의 입구를 막는 거짓들을 뜻합니다.

687[C]. [17] "앉는다"(坐定 · to sit)는 말이 한 사물이나 생명(=삶)의 상태의 존재나 불변(permanence)의 표징적 표현이라는 것은, "여호와 앞에 앉는다" "그분 앞에 선다" "그분 앞에 앉는다"는 말씀이 사용된 표현들이 있는 성경말씀의 여러 장절들에게서 잘 볼 수 있습니다. 여기서 "여호와(=주) 앞에 앉는다"는 것은 그분과 함께 있다는 것, 따라서 그분을 의지하고, 그분으로 말미암아 행동하는 것을 뜻하고, "그분 앞에 선다"는 것은 그분께서 원하시는 것을 마음 쓰고(=주목하고), 이해하는 것을 가지고 있다는 것을 뜻하고, "그분 앞에서 걷는다"는 것은 그분의 계율들에 따라서 사는 것을, 따라서 그분으로 말미

암아 사는 것을 뜻합니다. "앉는다"(to sit)는 말에 포함된 것이 이런 것들이기 때문에 그러므로 히브리 말의 대응하는 낱말은 남아 있는 것이나 사는 것을 뜻합니다.
[18] "앉는다"는 말의 이런 뜻 때문에 이런 말씀이 있습니다. 마태복음서의 말씀입니다.

> 주의 천사가 하늘에서 내려와 무덤에 다가와서, 그 돌을 굴려 내고, 그 돌 위에 앉았다(마태 28 : 2).

또 복음서의 말씀입니다.

> 흰 옷을 입은 두 천사가 앉아 있었다. "한 천사는 예수의 시신이 놓여 있던 자리 머리맡에 있었고, 또 한 천사는 발치에 있었다(요한 20 : 12 ; 마가 16 : 5).

여기서 기술된 보여진 광경들도 주님의 영광화(the Lord's glorification)의 표징이고 그분에 의한 천계의 입문(入門)의 표징입니다. 왜냐하면 여기서 무덤 앞에 있는, 그리고 천사에 의하여 굴려진 돌은 신령진리나 따라서 성언(聖言)을 뜻하는데, 그 성언은 유대 사람들에 의해서 닫혀졌고, 그러나 주님에 의해서 열려진 것을 가리킵니다. "돌"이 진리를 뜻한다는 것, 그리고 최고의 뜻으로는 신령진리를 뜻한다는 것은 본서 417[A]항이나, 《천계와 지옥》534항을 참조하십시오. 그리고 "무덤"이나, 명확하게는 주님께서 묻히셨던 무덤은 영적인 뜻으로 부활을 뜻하고, 또한 중생을 뜻하기 때문에, 그리고 "천사들"이 성경말씀에 있는 신령진리를 뜻하기 때문에, 그러므로 머리맡에 앉아 있고, 발치에 앉아 있는 천사들이 보였습니다.

여기서 "머리맡에 있는 천사"는 으뜸되는 것들 안에 있는 신령진리를 뜻하고, "발치에 있는 천사"는 궁극적인 것들 안에 있는 신령진리를 뜻하는데, 이들 양자는 주님에게서 비롯됩니다. 그리고 신령진리가 영접, 수용되었을 때 중생은 이루어지고, 그리고 거기에 부활이 있습니다. "땅에 묻힌다"(to be buried) 또는 "매장"(埋葬 · burial)이나 "무덤"이 중생이나 부활을 뜻한다는 것은 본서 659항에서 볼 수 있고, 그리고 "천사들"이, 최고의 뜻으로는 신령진리의 측면에서 주님을 뜻하고, 그리고 상대적인 뜻으로는 신령진리의 수용그릇들(the recipients)을 뜻하고, 따라서 추상적인 뜻으로는 주님에게서 비롯된 신령진리들을 뜻한다는 것은 본서 130 · 200 · 302항을 참조하십시오. 재차, "그들이 여호와 앞에 앉았다"는 표현은, 거기에 매우 큰 기쁨이나 즐거움이 있을 때, 사용되었습니다. 그리고 거기에 매우 큰 슬픔(=비애)이 있을 때에도 "앉는다"는 표현이 언급되었습니다. 이런 이유 때문에, 따라서 "앉는다"(to sit)는 표현이 언급되었습니다. 이런 이유 때문에, 따라서 "앉는다"(to sit)는 것은, 그의 의지나 사랑에 속한 것을 가리키는, 사람의 존재(=본질 · being · esse)와 관계를 가지고 있습니다. 예를 들면 그들이 여호와 앞에서 울고, 앉아 있다는 말씀이 되겠습니다(사사기 20 : 26 ; 21 : 2).

688. 스물네 장로도 엎드려서, 하나님께 경배하였다.
이 말씀은 가장 겸손(=겸비)한 마음에서 비롯된 그들에게 있는 주님의 경배를 뜻합니다. 이러한 뜻은, 가장 깊은 마음의 겸손을 가리키는 "엎드린다"(=얼굴을 숙이고 엎드린다)는 말의 뜻에서 명확합니다. 왜냐하면 그것은 마음의 겸손(=겸손한 마음)에 대응하는 몸의 동작이기 때문입니다. 따라서 그 몸동작은 온 사람(=사람 전체)의 겸손의 표징이기 때문입니다. 그 때의 하나님의 예배는 이런 마음에서 나오는 것입니다. 그리고 그러한 몸동작은 마음을 약속, 보증하는 사안에 따라서 다종다양하게 바뀝니다.

[2] 하나님 앞에서 얼굴을 숙인다는 것은 가장 깊은 마음(=심령)의 표징적인 동작입니다. 그것은 얼굴이 사람의 정동의 형체이기 때문이고, 그리고 그의 마음이나 기질에 속한 내면적인 것들의 형체이기 때문입니다. 왜냐하면 정동들은 그들의 유형(their type) 안에서와 같이, 얼굴에서 빛나기 때문입니다. 그리고 이것은 얼굴이 마음의 지표(an index of the mind)나 마음의 형상이라고 불리우는 이유입니다. 그러므로 사람이, 자신 안에 있는 모든 것들이 하나님에게서 외면당했다고 시인할 때, 그리고 결과적으로 저주받았다고 시인할 때, 그리고 따라서 본질적인 거룩함(=본질적 거룩한 존재)이신 하나님을 우러를 수 있을 것인지 아닌지, 또는 감히 용기가 있을 것인지 아닌지를, 만약에 그가 이와 같은 자아에서 그분을 우러른다면 그는 영적으로 죽을 것이지만, 그 때 이런 생각이나 시인으로 말미암아 사람이 얼굴을 땅에 대고 엎드립니다. 사람의 고유속성(=자아·proprium)은 이와 같이 제거되었기 때문에 그 때 그 사람은 주님에 의하여 가득 채워지고, 그래서 그 사람은 그분을 우러르기 위하여 일어설 수 있겠습니다.

[3] "그들이 하나님을 예배한다"고 언급되었고, 이런 이유 때문에 성경말씀에서 "하나님"은, 신령진리라고 하는 신령발출(the Divine proceeding)을 뜻합니다. 그리고 이 신령한 것은 천사들에게 있는 진리이기 때문에, 왜냐하면 그들은 그것의 수용 그릇이기 때문에, 그리고 그것이 그들의 지혜를 형성하기 때문

에, 그러므로 성경말씀에서 천사들은 "신들"(=하나님들 · gods)이라고 불리웠고, 그리고 신령진리들을 뜻합니다. 더욱이 히브리어에서 하나님은, 복수의 뜻으로, 엘로힘(*Elohim*)이라고 불리웠습니다. 그러므로 성경말씀에서 "하나님"(God)은, 천계의 천사들이나, 교회의 사람들에게 있는 신령존재(the Divine)를 뜻하는데, 이것이 바로 신령발출(神靈發出 · the Divine proceeding)입니다. 그리고 보다 높은 천계들이 지금은 조요의 상태나 능력 가운데 있기 때문에, 그리고 곧 임박한 최후심판 때문에, 그러므로 그들이 "하나님을 예배한다"고 언급되었는데, 이런 일련의 것에서 명확한 것은 그 때 주님께서 그들과 같이 계셨다는 것입니다. 왜냐하면 그들은, 주님에게서 발출하는 신령진리의 보다 열정적이고, 강력한 입류로 말미암아 조요와 능력을 가지고 있기 때문입니다.

689. 17절. **말하였습니다.**
"지금도 계시고
전에도 계시던 전능하신 분,
주 하나님, 감사합니다.
하나님께서는 큰 권능을 떨치시며,
다스리고 계십니다."
이 말씀은, 주님으로 말미암아 모든 존재나, 살아 있는 것이, 그리고 주님으로 말미암아 능력이 있다는 시인을 뜻합니다. 이러한 내용은 시인을 가리키는 "말하였습니다. 그리고 감사합니다"라는 말씀의 뜻에서 명확합니다. 그것은, "얼굴을 숙이고, 엎드려 하나님을 경배하였다" 그리고 그 때 "감사를 드렸다"(=감사한다)는 말씀이, 시인하는 것, 여기서는 주님의 전능을 시인하는 것 이외의 다른 뜻을 가질 수 없기 때문입니다.

그리고 또한 신령선과 신령진리의 측면에서 주님을 가리키는, "주 하나님"(the Lord God)의 뜻에서 명확합니다. 왜냐하면 어디에서나 성경말씀에서 사용된 이름들 "주"(Lord)와 "여호와"(Jehovah)는 신령선을 뜻하기 때문입니다. 그리고 어디에서나 사용된 이름 "하나님"(God)은 신령진리를 뜻하기 때문입니다. 그러므로 "주 하나님"(the Lord God)이나 "여호와 하나님"(Jehovah God)은 신령선이나 신령진리에 관해서 주님을 뜻합니다. 더욱이 구약에서 "여호와"는 신약에서는 "주님"(the Lord)이라고 불리웠습니다. 그리고 그것은 존재하고(to be), 살아 있고(to live), 그리고 그분 자신에게 속한 능력(ability of Himself)을 가지셨다는 것을 가리키는, 그리고 또한 천사들이나 사람들의 존재(the being)·생명(life)·능력(ability)이 주님으로 말미암는다는 것을 가리키는, "큰 권능"(Almighty)의 뜻에서 명확합니다. 전능(全能)이 뜻하는 것이 이런 것이라는 사실은 본서 43항을 참조하시고, 그리고 신령전능(Divine omnipotence)이 무한한 것을 뜻한다는 것은 본서 286항을 참조하십시오.

[2] 신령전능(Divine omnipotence)에 관해서 언급하겠습니다. 그것은 질서에 반대되게 행동하는 그 어떤 능력(power)을 뜻하지 않고, 다만 그것은 질서에 따라서 행동하는 모든 능력을 뜻합니다. 왜냐하면 모든 질서는 주님에게서 오기 때문입니다. 그리고 이것에서 뒤이어지는 사실은, 질서가 그분으로 말미암아 존재하는, 그분에게서 비롯되는 것을 제외하면 질서에 따라서 행동하는 능력은 어느 누구도 결코 가질 수 없다는 것입니다. 그리고 이 사실은 신령전능이 질서에 따라서 사람을 인도하는 것을 입증하고 있습니다. 그리고 그의 생명의 시작부터

영원까지 모든 순간이 그러하다는 것이고, 그것은 말로 헤아릴 수도 없고, 그것을 숫자로 표현할 수도 없습니다. 그럼에도 불구하고, 이와 같은 일은, 사람이 자기 스스로 인도되는 것에 순응하는 것에 비례하여, 행해질 수 있습니다. 다시 말하면 사람이 자신에 의하여 인도되는 것을 원하지 않는다는 것에 비례하여 행해집니다. 왜냐하면 그가 자기 자신에 의하여 인도되는 것에 비례하여 그는 질서의 반대 방향으로 초래되기 때문입니다. 이것이 질서에 순응하여 인도되기를 원하는 자들을 인도하는 것이 신령전능이기 때문에, 따라서 질서에 반대되는 것을 인도하는 것이 아니기 때문에, 그러므로 신령전능은, 자기 스스로 인도되는 것을 원하는 자를 어느 누구도 천계로 인도하지 않습니다. 왜냐하면 질서의 법칙은 사람이 행하는 것은 그가 이성(理性)으로, 자유로 말미암아 행하는 것이라는 것이 그 법칙이기 때문입니다. 그것은 이성에 의하여 수용한 것이나, 자유로 말미암아 행한 것은 사람에게 남아 있기 때문이고, 그리고 그 사람 자신의 것으로서 그에게 전유(專有)되기 때문입니다. 그러나 이성에 의하여 수용되지 않고, 자유로 말미암아 행하지 않은 것은 그렇지가 않기 때문입니다. 이것에서 명확한 것은, 신령전능은 질서에 따라서 인도되기를 원하지 않는 자들을 구원하는 것이 신령전능이 아니라는 것입니다. 왜냐하면 질서에 따라서 인도된다는 것은 질서의 법칙에 따라서 인도되는 것을 가리키기 때문이고, 그리고 질서의 법칙은 성경말씀에게서 비롯된 교리나 생명(=삶)의 계율들이기 때문입니다. 그러므로 신령전능은 모든 순간순간, 그리고 영원히 계속되는 이런 것들에 따라서 인도되기를 원하는 사람을 인도, 안내하는 것입니다. 왜냐하면 모든 편린(片鱗)에도 살피고, 옮기고(to be removed), 감화(感化)하는 무한한 것들이 있기 때문입니다. 그것은 사람이 온갖 악들에게서 억제되고, 선들에서 간수되기 위한 것인데, 이런 억제와 간수는 계속적으로 질서에 이어져 있습니다. 그것은 역시 지옥으로부터 사람들을 보호하는 신령전능에 속한 것입니다. 그리고 이런 일은 자유나 이성에 끼치는 해가 없이 행해질 수 있는 것에 비례합니다. 왜냐하면 모든 지옥은 주님의 신령능력에 거스르는 것 이외의 아무것도 아니기 때문입니다. 만약에 주님의 이와 같은 능력이 없다면 어느 사람이 구원을 받을 수 있다는 것은 불가능합니다. 전능(全能)에 관한 더 상세한 내용은 본서 43항을 참조하십시오.

690. 지금도 계시고 전에도 계셨고, 장차 오실 분…….
이 말씀은, 영원 전부터 영원까지 천계나 교회의 모든 것들 안에 있는 모든 것이 그분에게서 비롯된다는 것을 뜻합니다. 이러한 내용은 앞에서 꼭 같은 말씀을 설명한 것에서 명확합니다(본서 23 · 41 · 42항 참조).

691. 하나님께서는 큰 권능을 떨치시며, 다스리고 계십니다(=주께서 주의 크신 권세를 가지고 통치하셨기 때문이다 · 하나님께서 큰 권세를 잡으시고 왕으로 통치하기 시작하셨기 때문이다).
이 말씀은, 예전 하늘이나 교회가 멸망되었을 때 새로운 천계(the new heaven)와 새로운 교회(the New Church)의 설시(=설립)을 뜻합니다. 이러한 내용은, 옛 천계와 옛 교회가 멸망되었을 때 새로운 천계와 새로운 교회가 세워질 것이라는 것을 가리키는 "주께서 주의 크신 능력(=권세)을 잡으시고, 통치하신다"는 말씀의 뜻에서 명확합니다. 이것이 "크신 능력을 잡고, 왕권과 관계를 맺는다"(=통치한다 · entering upon the kingdom)는 말씀이 뜻하는 것입니다. 그것은 그 때 주님께서 전능과 왕권을 잡으시기 때문입니다. 왜냐하면 그 때 그 분의 뜻이 행해지기 때문입니다. 그것은 그 때 천계의 천사들이나 교회의 사람들이 스스로 그분에 의하여 인도되기를 감수, 자인하기 때문이고, 그리고 그 때 그분은, 그분에게서 발출하는 신령선들이나 신령진리들 안에 그들을 간수, 지키시는 것에 의하여, 그리고 지옥에서 비롯된 악들이나 거짓들에게서 그들을 억제하는 것을 통하여, 당신 자신에게서 비롯된 질서에 따라서 모두를 다스리시기 때문입니다. 이러한 일은 악한 사람이 선한 사람에게서 분리될 때까지, 그리고 악한 사람이 지옥에 던져지기까지, 그리고 또한 새로운 천계가 선한 사람으로 말미암아 완성될 때까지, 행해질 수 없기 때문입니다. 이러한 일은, 아래에서 다루어질 최후심판에 의하여, 실제 일어납니다.

[2] 그 때 주님께서 능력과 통치권을 잡으신다는 것은 이 세상의 태양과의 비교에 의하여 예증, 입증될 수 있겠습니다. 말하자면, 겨울이 계속되는 동안, 태양은 이 땅에서 능력도 통치권도 결코 가지지 못하는데, 그것은 태양의 볕(熱)이 영접, 수용되지 않기 때문입니다. 왜냐하면 그 볕은 대기의 냉기(冷氣)나 땅의 한기(寒氣)에 의하여 소멸되기 때문입니다. 그러나 봄(春)이 임박하면, 해는 능력과 통치권을 잡습니다. 왜냐하면 태양의 볕은 그 때 영접, 수용되기 때문이고, 그리고 또한 태양의 빛 역시 영접, 수용되기 때문입니다. 그리고 빛이 볕과 결합되었기 때문에, 그리고 그것들로 말미암아 온 대지가 꽃을 피우기 때문입니다. 이러한 것은 주님의 능력이나 통치에서도 비슷한데, 그런 일이 일어나게 되면 악한 사람은, 선한 사람에게서 분리되고, 지옥으로 쫓겨납니다. 왜냐하면 악한 사람은 마치 겨울에 속한 차디 찬 것들처럼 되기 때문입니다 그리고 차디 찬 것들은, 사랑을 가리키는 태양의 영적인 볕(=열기)을

소멸시키고, 그리고 비록 당신 스스로 보시기에도 주님께서는 변함없이 전능의 상태에 있지만, 그럼에도 불구하고 새로운 천계와 새로운 교회가 실제로 존재하기까지는, 주님의 능력이나 통치권은 무효로 만들기 때문입니다.

692. 18절. 뭇 민족이 이것에 분개하였으나,
오히려 그들이 주님의 진노를 샀으며,
죽은 사람들이 심판을 받고,
주님의 종 예언자들과 성도들과
작은 자든 큰 자든
주의 이름을 두려워 하는 사람들에게
상을 주시고,
땅을 망하게 하는 자들을
멸망시킬 때가 왔습니다."

[18절]:
"뭇 민족이 이것에 분개하였다"는 말씀은 주님에게 대항, 거스르는 악한 사람의 경멸·적개심(敵愾心)·미움을 뜻하고, 그리고 천계나 교회의 거룩한 것들을 가리키는 신령한 것들에 거스르는 그런 것들을 뜻합니다(본서 693항 참조). "오히려 그들이 주님의 분노를 샀으며, 죽은 사람들이 심판을 받았다"(=하나님의 진노가 내렸고, 죽은 사람들을 심판하셨다)는 말씀은, 내적으로 선이나 진리를 아무것도 소유하지 못한 자들에게 진행된 최후심판을 뜻합니다(본서 694항 참조). "주님의 종들과 예언자들과 성도들에게 상을 준다"는 말씀은, 교리의 진리들 안에 있고, 그것들에 일치하는 삶 안에 있는 자들에게 주어지는 천계를 뜻합니다. "주님의 이름을 두려워하는 자들에게, 그리고 큰 자든 작은 자에게 상을 주신다"는 말씀은 주님을 예배하는 어

떤 모든 종교에 속한 모두를 뜻하고, 그들 모두에게 상을 준다는 것을 뜻합니다(본서 696항 참조). "땅을 망하게 하는 자들을 멸망시킨다"는 말씀은 교회를 파괴시킨 자들에게 주어지는 지옥을 뜻합니다(본서 697항 참조).

693. 18절. 뭇 민족이 이것에 분개하였다.
이 말씀은, 주님에게 거스르고 대항하는, 그리고 천계나 교회의 거룩한 것들을 가리키는, 그분에게서 비롯된 신령한 것들에 거스르고 대항하는, 악한 사람의 경멸·적개심·미움(=증오) 따위를 뜻합니다. 이러한 내용은, 교회에 속한 선들 안에 있는 자들을 가리키는, 그리고 나쁜 뜻으로는 악들 안에 있는 자들을 가리키는, 여기서는 "그들이 분개하였다"고 언급하고 있기 때문에 악들 안에 있는 자들을 가리키는 "뭇 민족들"의 뜻에서 명확합니다. "민족들"이 선들 안에 있는 자들이나 악들 안에 있는 자들을 뜻한다는 것, 그리고 추상적인 뜻으로는 교회에 속한 선들이나 악들을 뜻한다는 것, 그리고 "백성들"(peoples)이 진리들 안에 있는 자들이나 거짓들 안에 있는 자들을 뜻한다는 것, 그리고 추상적인 뜻으로는 교회의 진리들이나 거짓들을 뜻한다는 것은 본서 175·331·625항에서 잘 볼 수 있습니다. 그리고 그러한 내용은 주님이나 "민족들"이 뜻하는 악한 사람과의 관계에서는 천계나 교회의 거룩한 것들을 가리키는 주님에게서 비롯된 거룩한 것들에 거스르는 경멸·적개심·미움 안에 있는 자들을 뜻하는 민족들이 "분개하였다"는 말의 뜻에서 명확합니다.
[2] 이런 것들이나 그 밖의 다른 것들이 "분개한다"(=분노한다)는 것을 뜻하는데, 그것은 모두 그의 사랑이나 그의 사랑의 기쁨이 공격, 강습을 받을 때, 분노로 불태우고, 분개하기 때문

입니다. 이것이 모든 분노(=격노 · wrath)나 성냄의 원인입니다. 역시 이런 이유 때문에 각자 각자의 사랑은 그의 생명이고, 결과적으로 사랑을 해친다는 것은 곧 생명을 해치는 것입니다. 이런 해침은 마음의 동요(動搖)를 야기시키고, 그리고 그것으로 말미암아 성냄이나 분노(=격노)를 야기시킵니다. 이러한 일은 그들의 사랑이 공격을 받을 때, 선한 사람에게서도 동일한데, 다만 차이가 있다면 선한 사람이 가지는 것은 분노나 성냄이 아니고 열정(熱情 · zeal)이라는 것입니다. 이 열정은 성경말씀에서 사실은 분노(=성냄 · anger)라고 불리웠지만, 그럼에도 불구하고 그것은 분노나 성냄이 아닙니다. 성냄이나 분노 따위로 불리웠는데, 그것은 겉모습에서는 분노나 성냄같이 보이기 때문이지만, 그러나 내적으로는 인애나 선함 · 자비나 관대 이외에 아무것도 아니기 때문입니다. 결과적으로는 열정(zeal)은 분노나 성냄 따위와 같지 않고, 회개하고 악에서 떠난 새롭게 태어난 자들에게 계속 이어지는 그런 것들과 같습니다. 악한 사람에게 있는 성냄(=분노)은 다릅니다. 왜냐하면 그것은 악한 사람이 좋아하는 본질적으로는 미움이나 증오들 속으로 감추고 있기 때문입니다. 그러므로 그것은 계속해서 고집스럽게 지속하고, 거의 소멸되지 않습니다. 이것이 성냄이나 분노가 자기사랑이나 세상사랑에 빠져 있는 자들에게 속한 이유입니다. 왜냐하면 그들은 온갖 종류의 악들 가운데 있기 때문입니다. 이에 반하여 열정은 주님사랑이나, 이웃사랑 안에 있는 자들에게 속해 있습니다. 그러므로 열정은 사람의 구원을 우러르지만, 그러나 분노는 그의 저주를 우러릅니다. 이것이 또한 악의 목적에 빠져 있는 자들이 분노하는 이유이지만, 그러나 선의 목적 안에 있는 자들이 열정적인 이유입니다.

[3] "분개한 민족들"은 여기서는 경멸·증오(enmity)나, 그리고 주님이나 주님에게서 비롯된 신령한 것들에 거스르는 악한 사람에게 속한 미움 따위들을 뜻하고, 따라서 천계나 교회의 거룩한 것들에 거스르는 그런 것들을 뜻합니다. 그것은 여기서 다루고 있는, 최후심판 직전인 교회의 마지막 때에는, 옛 하늘(=천계)이나 옛 땅에 있던 자들에게 상태의 변화가 있는데, 이러한 일은 악한 사람으로부터 선한 사람의 분리에 의하여 일어나기 때문입니다. 이런 일이 일어났을 때, 악한 사람의 외적인 것들은 닫혀지고, 그리고 그런 것들 안에 있는 지옥적인 것들을 가리키는 내적인 것들은 열리게 합니다. 이런 일은 그들이 겉치레(pretence)나 위선으로 말미암아 참된 것이라고 주장하고, 선한 것이라고 행하는 것에 의하여, 그리고 그것으로 말미암아 일어나기 때문입니다. 그리고 이런 것들이 개방되었을 때, 경멸·적의(敵意)·미움 따위는 주님에게 거스르는, 그리고 천계나 교회의 거룩한 것들에 거스르는 불복이나 불순종 따위와 함께 공개적으로 일시에 쏟아져 나옵니다. 왜냐하면 그들에게 있는 이런 것들은 자기사랑이나 세상사랑에 의하여 저장, 쌓여졌고, 그리고 가리어졌기 때문입니다. 그리고 이런 사랑들(=애욕들)은, 자기 자신이나 세상을 목적해서 그들이 선을 행하고, 진리를 말할 수 있다고 하는 그런 부류의 것들입니다. 그것은, 천계나 교회의 거룩한 것들은, 이른바 명성·영예·영광·재물 따위를 가리키는, 한마디로 자기나 세상에 속한 목적들에 대한 수단들로서 그것들을 섬기기 때문입니다. 그리고 그 수단들은 그 목적들을 위해서 애지중지 되기 때문입니다. 사람의 사랑이나, 따라서 그의 의도나 뜻을 가리키는 그런 자들에게 있는 목적은 관능적이고, 이 세상적인 것이기 때문에

결과적으로 지옥적인 것이기 때문에, 그러므로 그들에게 있는 천계나 교회에 속한 선들이나 진리들은 그들의 내적인 것들 안에서 살지 못하고, 다만 그들의 외적인 것들 안에서만 살 수 있습니다. 그 이유는 이런 것들 안에는 악들이나 거짓들이 있기 때문입니다. 천계의 선들이나 진리들은 천계나 교회의 거룩한 것들을 그들의 목적으로 이룬 것들로 내적인 것들을 채웁니다. 다시 말하면 그것들을 자신들의 사랑에 속한 것으로 이룰 때, 그리고 그들의 의도나 뜻으로 그것들을 이룰 때 그런 것들로 내적인 것들을 채우기 때문입니다. 이런 것들이 목적들이 되었을 때, 그리고 그 때 영적인 마음은 열리게 되고, 그리고 사람은 이것을 통해서 주님에 의하여 인도됩니다. 그러나 그것은, 천계나 교회의 선들이나 진리들이 목적들을 이루지 못하였을 때에는, 정반대가 됩니다. 왜냐하면, 바로 앞에서 언급한 것과 같이, 목적을 가리키는 사람의 지배애(支配愛・the ruling love)에 속하고, 그리고 이것이 자기사랑이 되었을 때 그것은 자기의 고유속성(=자아・proprium)에 속한 사랑이고, 이것은 본질적으로 악 이외에 아무것도 아닌 것을 주목, 염두에 두는 데, 사람이 그것으로 말미암아 행동하는 것에 비례하여 그는 지옥으로 말미암아 행동하고, 그리고 따라서 신령존재에 거슬러 행동하기 때문입니다.

[4] 더욱이 여기서 주지하여야 할 것은, 모든 악 안에는 주님이나 교회의 거룩한 것들에 거스르는 분노(=성냄)이 있다는 것입니다. 이것이 사실이라는 것은, 그것 안에 있는 것은 모두 악들 안에 있고, 그리고 그것에서부터 모든 악들이 비롯되는, 지옥으로부터 나온다는 것은 나로서는 아주 명확합니다. 왜냐하면 그들이 단순히 주님의 이름이 불리워지는 소리만 들을

때에도 그들은 맹렬한 분노로 격분하기 때문입니다. 그분에게 거스르는 것 뿐만 아니라, 그분을 찬양하는 자들에 대해서도 격분하기 때문입니다. 여기에서 비롯되는 것은 지옥은 천계의 정반대라는 것이고, 그리고 지옥은 천계나 사랑의 선들이나, 믿음의 진리들을 가리키는 거기에 있는 신령한 것들을 소멸, 파괴하려는 멈추지 않는 애씀의 상태에 있다는 것입니다. 이러한 사실은 악들이 선들 때문에, 그리고 악에 속한 거짓들이 진리들 때문에 분노하는 이유를 잘 보여 주고 있습니다. 이러한 내용이 성경말씀에서 "성냄"(=분노 · 즈노 · anger)이 복합적으로 악을 뜻하는 이유입니다.
[5] 아래 장절들에게서도 비슷합니다. 누가복음서의 말씀입니다.

> (예수께서 말씀하셨다.) 그 날에는, 임신한 여자들과 젖먹이가 딸린 여자들은 불행하다. 땅에는 큰 재난이 닥치겠고, 이 백성에게는, 무서운 진노가 내릴 것이다(누가 21 : 23).

이 말씀은, 교회의 마지막 때를 가리키는 시대의 종말에 관해서 언급하고 있습니다. 그 때 선이나 진리가 영접, 수용될 수 없다는 것은 "임신한 여자들과 젖먹이가 딸린 여자들은 불행하다"는 말씀이 뜻합니다. 그 때 교회에서 지배하는 악 때문에, 그리고 거짓 때문에, 선의 배척이나, 진리의 배척이 있다는 것은 "땅에는 큰 재난이 닥치겠고, 이 백성에게는 무서운 진노가 내릴 것이다"는 말씀이 뜻합니다. 여기서 "재난"(distress)은 지배악(the ruling evil)을 뜻하고, "진노"(anger)는 악에서 비롯된 지배하는 거짓(the ruling falsity)을 뜻합니다. 왜냐하면 교회의 마지막 때에는 악한 사람이 선에 의하여 고통을 받기 때문이고, 그리고 진리에 의하여 분노하기 때문입니다.
[6] 이사야서의 말씀입니다.

> "참으로 주께만 공의와 능력이 있다"고
> 사람들이 나에게 고백할 것이다.
> 사람들이 그에게 올 것이나,
> 그에게 대항하던 자들은
> 모두 부끄럼을 당할 것이다.
> (이사야 45 : 24)

"여호와에게 대항하던 자들은 모두 부끄럼을 당할 것이다"(=그분에게 격분하는 자들은 모두 그분 앞에 와서 부끄러움을 당할 것이다)는 말씀은, 악들이나 거짓들 안에 있는 모두는 그것들에게서 단념, 단절될 것이라는 것을 뜻합니다. 그리고 "여호와(=주)에게 격분한다"는 것은 악에서 비롯된 거짓들 안에 있다는 것을 뜻합니다.
[7] 창세기의 말씀입니다.

> 시므온과 레위는 단짝 형제다.
> 그들이 휘두르는 칼은 난폭한 무기다.······
> 그들은 화가 난다고, 사람을 죽이고,
> 장난삼아 소의 발목 힘줄을 끊었다.
> 그 노여움이 혹독하고,
> 그 분노가 맹렬하니,
> 저주를 받을 것이다.
> 그들을 야곱 자손들 사이에 분산시키고,
> 이스라엘 백성 사이에 흩어 버릴 것이다.
> (창세기 49 : 5-7)

"르우벤·시므온·레위"는 믿음·인애·인애의 일들(=선행들)을 뜻하지만, 지금 여기서 "르우벤"은 인애에서 분리된 믿음을 뜻하고, 그리고 그것으로 말미암아 인애나, 인애의 선행들이 없다는 것을 뜻합니다. 왜냐하면 이들 셋(3)은 서로 밀착(密着)되어 있기 때문입니다. 이런 믿음이 인애를 가리키는 그런 것이고, 그리고 이런 인애가 인애의 선행을 가리키는 그런 것입니다. 따라서 그것들은 분리될 수 없고, 그것의 각각은 서로서로 다른 것에 속해 있어야만 합니다. 그리고 후자들도 마찬가지입니다. 르우벤은, 그의 아버지의 첩, 하녀와의 그의 간통 때문에, 저주를 받았고, 역시 시므온이나 레위도 배척되었습니다. 그리고 그들의 배척(rejection)은 "나는 그들을 야곱 자손들 사이에 분산시키고, 이스라엘 백성 사이에 흩어 버릴 것이다"는 말씀이 뜻합니다. 지금, "르우벤"이 표징하는 믿음이 그 교회의 첫째 원칙(the first principle)으로 영접, 수용되지 않았기 때문에, 그러나 이해나 의지 안에 있는 진리를 가리키는 영적인 선이 영접, 수용되었기 때문에, 그러므로 요셉은 르우벤의 자리에 그 교회의 맏아들로서 수용, 용인되었습니다. 왜냐하면 "요셉"은, 그것의 본질 안에 있는 이해나 의지 안에 있는 진리를 가리키는, 영적인 선을 표징하기 때문입니다. 그러므로 이것으로 말미암아 명확한 것은, "시므온과 레위의 노여움이 혹독하고 그 분노가 맹렬하다"는 말씀이 뜻하는 것이 무엇이 잘 알 수 있다는 것입니다. 다시 말하면, 그것은 선과 진리로부터의 외면을 뜻하고, 따라서 복합체적으로 있는 악이나 거짓을 뜻한다는 것입니다. 왜냐하면 인애가 믿음에서 떠났을 때, 거기에는 어떤 선도, 어떤 진리도 더 이상 없기 때문입니다. 이런 것들에 관해서는 아주 넉넉하게 설명된 《천계비의》

6351-6361항을 참조하십시오.
[8] 마태복음서의 말씀입니다.

> (예수께서 말씀하셨다.) "옛 사람들에게 이르기를 '살인하지 말아라. 누구든지 살인하는 사람은 재판을 받을 것이다' 한 것을 너희가 들었다. 그러나 나는 너희에게 말한다. 자기 형제나 자매에게 성내는 사람은, 누구나 심판을 받는다"(마태 5 : 21, 22).

"까닭 없이 자기 형제에 성낸다"는 것은 여기서는 선이나 진리에 거스르는 적의나 미움을 뜻하고, 그리고 또한 마음 속에 의도나 뜻 가운데, 계속해서 죽이려는 그런 적의나 그런 미움을 지니고 있는 자들을 뜻하고, 그리고 만약에 그것이 허락된다면 실제적으로 사람을 죽일 그런 자들을 뜻합니다. 다시 말하면 만약에 그들이 법률들에 의하여 방해받지 않는다면, 그리고 결과적으로 형벌의 두려움이나 생명의 손실의 두려움, 또는 명성·영예·재물의 손실의 두려움에 의한 방해가 없다면 실제적으로 사람을 살해할 자들을 뜻합니다. 왜냐하면 사람이 마음 속에서 열망하고, 애지중지하는 것은, 그것이 허락된다면 그 사람은 그것을 행하기 때문입니다. "까닭 없이 그의 형제를 미워하는 자가 심판을 받는다"는 것은 살인을 하는 자와 꼭 같은 자를 뜻합니다. "성낸다"(=to be angry)는 말은 다른 사람에게 악을 생각하는 것, 의도하는 것, 원하는 것을 뜻하기 때문입니다. 그리고 의지에 속한 모든 악은 사람의 영에 속한 생명 안에 있기 때문이고, 그리고 그것은 죽음 뒤에도 다시 일어나기 때문입니다. 그리고 이것은 "그 때 그 사람이 심판을 받을 것이다"는 말씀이 뜻하는 이유입니다. 왜냐하면 의도나 뜻에 속한 것은 무엇이나, 행위들과 꼭 같이, 심판을 받을 것이기 때문입니다. 그러나 악에 빠져 있는 자들의 경우 "성냄"이나 "격노" 따위가 뜻하는 것이 무엇인지 입증하기 위하여 더 많은 장절들을 인용할 필요는 없겠습니다. 왜냐하면 모든 악은 본질적으로 선에 대한 성냄(anger)을 감추기 때문입니다. 그것은 그것이 선을 멸망시키기를 원하기 때문이고, 심지어 선이 있는 그 사람까지도 죽이기를 원하기 때문입니다. 만약에 그것이 육체에 관한 것이 아니라고 할지라고 여전히 그들은 그의 영혼에 관해서도 죽일 것이기 때문입니다. 이러한 일은 확실하게 성냄(=분노)에서 오기 때문이고, 그리고 성냄(=분노)에 의하여 짝패가 되기 때문입니다.

694. 오히려 그들이 주님의 진노를 샀으며, 죽은 사람들이 심판을 받는다(=주의 진노가 임하였고, 죽은 자들의 때가 임하였다). 이 말씀은 내적으로 선과 진리를 전혀 아무것도 소유하지 못한 자들에게 임한 최후심판을 뜻합니다. 이러한 내용은, 이것에 관한 것은 본서 413항에 언급된, 주님과의 관계에서는 최후심판을 가리키는 "진노"(=분노·성냄·anger)의 뜻에서 명확합니다. "심판을 받을 죽은 자의 때가 임하였다"(=죽은 사람들이 심판을 받는다)는 말씀이 부연되었기 때문에, 여기서의 "진노"의 뜻은 명확합니다. 그리고 또한 내적으로는 자신들이 선과 진리에 속한 것은 아무것도 소유하지 못한 자들을 가리키는 "죽은 사람"(the dead)의 뜻에서도 명확합니다. 이런 자들이 "죽은 사람"이라고 불리운 것은 사람의 본질적인 생명은 그의 영적인 생명이기 때문입니다. 왜냐하면 그것은 이것을 통해서 그가 하나의 사람이고, 그리고 오직 자연적인 생명을 가지고 있는, 짐승들과 구분되기 때문입니다. 사람 안에 있는 영적인 생명이 결여(缺如)된 자연적인 생명은 죽은 것입니다. 왜냐하면

그것은 본질적으로 "생명"(life)이나 "영원한 생명"(永生 · eternal life)이고 부르는 "천계"(=하늘 · heaven)를 가지지 못하고, 다만 영적으로 "죽음"(死亡 · death)이라고 부르는 지옥만 가지고 있기 때문입니다. 성경말씀에서 "죽은 사람"(亡者)은 오직 자연적인 삶을 사는 자들을 뜻하고, 그리고 동시에 영적인 삶을 살지 않는 자들을 뜻합니다. 이러한 내용에 관해서는 본서 78항을 참조하십시오. 그리고 또한 사람과의 관계에서 "죽음"은 진리의 이해의 기능이나, 선의 지각의 기능의 결핍(缺乏 · lack)을 뜻합니다(본서 550항 참조). 이런 결핍은 내적 영적인 사람(the internal spiritual man)이 형성되지 않았을 때 존재하는데, 왜냐하면 이런 존재는 선에서 비롯된 진리들에 의하여 이루어지기 때문입니다. 그와 같은 내적인 사람 안에는 진리를 이해하는 능력이나 선을 지각하는 능력이 그것의 자리를 가지고 있는데, 왜냐하면 그 사람은 천계에 있고, 천계의 빛 가운데 있기 때문이고, 그리고 천계의 빛 가운데 있는 그 사람은 살아 있는 사람(a living man)이기 때문입니다. 그러나 오직 자연적인 사람만이 형성되었을 때, 그리고 동시에 영적인 사람이 형성되지 않았을 때 거기에는 천계나 교회의 진리들이나 선들을 이해하고, 지각하는 능력이 전무(全無)하기 때문입니다. 그것은 그 사람이 천계에서 비롯된 빛을 결코 가지지 못하였기 때문입니다. 이런 이유 때문에 이런 부류의 사람을 가리켜 "죽은 사람"이라고 합니다. 자신들이 내적으로 선이나 진리에 속한 것을 전혀 아무것도 소유하지 못한 자들을 여기서 "심판을 받을 사람"이 뜻한다는 것은 최후심판 전에 선한 사람에게서 악한 사람이 분리된다는 그것의 분리에 관해서 앞에서 언급된 것에서, 그리고 그들이 분리되었을 때, 악한 사람은 그들의 내면적인 것들에 들어가게 되는데, 거기에는 오직 악들이나 거짓들이 떼지어 있습니다. 이런 일련의 것에서 볼 때, 비록 겉모습으로는 그들이 살아 있는 것같이 보이지만, 내적으로 그들은 죽은 자들이라는 것은 명확합니다.

695[A]. 주님의 종 예언자들과 성도들에게 상을 주신다.
이 말씀은 교리의 진리들 안에 있고, 그리고 그것들에 일치하여 사는 삶 안에 있는 자들에게 주어지는 천계를 뜻합니다. 이러한 내용은, 구원을 가리키는, 따라서 천계를 가리키는, "상을 준다"(giving reward)는 말씀의 뜻에서, 그리고 교회에 속한 진리들 안에 있는 자들을 가리키는 "그분의 종들인 예언자들"의 뜻에서 명확합니다. 왜냐하면 진리들 안에 있는 그들은 "주님의 종들"(servants of the Lord)이라고 불리우기 때문인데, 그것은 진리들이 선을 낳고(bringing forth), 확증하고(confirming), 보존, 유지하는(preserving) 것을 섬기기 때문이고, 그리고 또한 선을 섬기는 것은 주님을 섬기기 때문입니다. 그것은 모든 선이 주님에게서 비롯되기 때문입니다. "예언자들"이라고 불리우는 자들은 교리를 가르치는 자들을 뜻하고, 그리고 추상적인 뜻으로 그들은 교리를 뜻합니다. 진리들 안에 있는 자들이 하나님의 종들(servants of God)이라고 불리운다는 것은 본서 6·409[B·C]항을 참조하시고, 교리를 가르치는 자들이 "예언자들"이라고 불리우고, 추상적인 뜻으로 교리들을 뜻한다는 것은 본서 624항을 참조하십시오. 이러한 내용은 역시 성경말씀에서 비롯된 교리의 진리들 안에 있는, 그리고 그것들에 일치하는 삶 안에 있는 자들을 가리키는 "성도들"(saints)의 뜻에서 명확합니다(본서 204항 참조). 이상에서 볼 때 "주님의 종, 예언자들과 성도들에게 상을 준다"는 말씀이 교리에 속한 진리들 안에 있고, 그것들에 일치하는 삶 안에 자들에게 주어진 천계를 뜻한다는 것은 아주 명확합니다.
[2] "상"(reward)이 구원을 뜻하고, 따라서 천계를 뜻한다는 것은 부연설명이나 또 다른 설명 없이도 잘 알 수 있겠습니다. 그러나 "상"이 본래 뜻하는 것을 거의 대부분 알지 못하고 있기 때문에 그것에 관해서 언급, 설명하고자 합니다. "상"(=보상·상급·reward)은 본래는 사랑이나, 선과 진리의 정동 안에 있는 기쁨·축복·행복을 뜻합니다. 이 사랑이나 정동은 본질적으로는 마음(=심령)의 모든 즐거움(all joy)을 가지고 있는데, 그것은 천계의 즐거움(heavenly joy)이라고 하고, 그리고 또한 천계라고 불리웁니다. 그리고 이런 이유 때문에 주님께서는 그 사랑이나 정동 안에 계시고, 주님에게는 천계가 있습니다. 결과적으로 이런 즐거움, 이런 기쁨이나 축복, 행복은, 선을 행하고, 사랑이나, 선과 진리의 정동에서 말하는, 따라서 자기 자신에서는 결코 아니고, 오직 주님으로 말미암아 선을 행하고, 진리를 말하는 자들이 받을 "상"(=상급·reward)이 본래 뜻하는 것입니다. 그들이 이런 일을 자기 자신에서가 아니고 주님으로 말미암아 행하기 때문에, 그것은 공로의 상(a reward of merit)이 아니고 은혜의 상(a reward of grace)입니다. 이러한 사실은 천계적인 즐거움이 무엇인지, 그리고 상이 무엇인지 아는 자를 잘 입증하고 있습니다. 본질적으로 천계적인 즐거움이 무엇인지는 《천계와 지옥》395-414항에서 잘 볼 수 있겠습니다. 그러므로 선에게서 비롯된 진리들 안에 있는 자들이 차지할 "상"(reward)이 무엇인지 잘 알 수 있겠습니다. 그러나 악에서 비롯된 거짓들 안에 있는 자들이 차지할 "상"은 이 세상에 있는 즐거움이나 쾌락이고, 행운이고, 행복이지만, 그러나 그것은

이 세상을 떠난 뒤의 지옥일 뿐입니다.
695[B]. [3] 이상의 언급된 내용어서 "상"(=상급 · 보상 · reward)의 뜻은 아래의 장절들에게서 잘 알 수 있겠습니다. 이사야서의 말씀입니다.

> 만군의 주 하나님께서 오신다.
> 그가 권세를 잡고 친히 다스리실 것이다.
> 보아라, 그가
> 백성에게 주실 상급을 가지고 오신다.
> 백성에게 주실 보상을 가지고 오신다(=보라, 그의 보상이 그와 함께 있고, 그의 역사가 그 앞에 있다).
> (이사야 40 : 10)

같은 책의 말씀입니다.

> 딸 시온에게 일러주어라.
> 보아라, 너의 구원자가 오신다.
> 보라, 그의 상급이 그에게 있고,
> 그의 역사가 그의 앞에 있다.
> (이사야 62 : 11)

묵시록서의 말씀입니다.

> 보아라, 내가 곧 가겠다. 나는 너희 각 사람에게 그 행위대로 갚아주려고 상을 가지고 가겠다(묵시록 22 : 12).

"보아라, 주 하나님께서 권세를 잡고 오신다" "보아라, 구원이 임한다" "보아라, 그분께서 곧 오겠다"는 등등의 말씀은 주님의 첫째 강림과 둘째 강림을 뜻합니다. "그의 상급이 그에게

있다"는 말씀은, 앞에서 언급한 것과 같이, 천계와 그리고 그
것에 속한 모든 것들을 뜻하는데, 그것은 주님이 계시는 거기
에 천계가 있기 때문입니다. 왜냐하면 천계는 천사들이 거기에
있기 때문에 천계를 가리키지 않고, 천계는 주님으로 말미암아
천사에게 주어지기 때문입니다. 천계가 사랑이나, 주님에게서
비롯된 선과 진리의 정동 안에 영접, 수용된다는 것은 "그의
역사가 그의 앞에 있다"는 말씀이 뜻하고, 그리고 "주께서 각
사람에게 그 행위대로 갚아 주려고 가겠다"는 말씀이 뜻합니
다. "일"(=행위·work)은 그 밖의 다른 것을 결코 뜻하지 않는
데, 왜냐하면 천계는 사랑, 즉 선과 진리의 정동에서 비롯된
행위(=일) 이외의 상급으로 주어지기 때문입니다. 왜냐하면 그
것이 비롯된 근원은 반드시 천계가 비롯된 사람에게 있는 모
든 행위(=일)이어야 하기 때문입니다. 왜냐하면 행위(=일)는 그
것의 전부를 사랑이나 정동에서 취하기 때문입니다. 이런 것은
결과가 그것의 모든 것을 원인에서 취하는 것과 꼭 같기 때문
입니다. 그러므로 이런 것이 사랑이나 정동을 가리키고 이런
것이 행위이기 때문입니다. 여기에서 얻는 것은 "그것에 따라
서 모두에게 주어질 행위"(=일)가 뜻하는 것이 무엇인지 명확
하고, 그리고 "일의 역사"(the wages of work)가 뜻하는 것이
무엇인지 명확합니다.

[4] 이사야서의 말씀도 마찬가지입니다.

> 나 주는 공평을 사랑하고,
> 불의와 약탈을 미워한다.
> 나는 그들의 수고를 성실히 보상하여 주고,
> 그들과 영원한 언약을 세우겠다.
> (이사야 61 : 8)

"주께서 사랑하시는 공평"은 믿음 · 정동 · 행위(=삶) 안에 있는 진리를 뜻합니다. 왜냐하면 사람은 그가 진리를 생각하고, 열망할 때, 그리고 그가 진리를 말하고, 진리에 따라서 행동할 때, 진리에서 공평(=판단 · judgment)을 취하기 때문입니다. 그리고 이것이 "공평"(=공의)이 뜻하는 것이기 때문에, 그러므로 "나는 그들의 수고를 성실히 보상하여 주겠다"고 언급되었습니다. 다시 말하면 진리의 믿음에 따라서, 그리고 행위 안에 있는 그것의 정동에 따라서 천계를 주겠다고 언급된 것입니다. 그리고 이것으로 말미암아 주님과의 결합이 있기 때문에, 그리고 그분에게서 상급이 오기 때문에 그러므로 "나는 그들과 영원한 언약을 세우겠다"는 말씀이 부연되었는데, 여기서 "언약"은 성경말씀에서 사랑에 의한 결합(conjunction)을 뜻하고, "영원한 언약"은 선이나 믿음의 사랑에 의한 결합을 뜻합니다. 왜냐하면, 그것은 주님 당신에 속한 것이고, 당신에게서 발출하는 것이기 때문에 그 사랑은 결합하기 때문입니다.

[5] 선이나 진리를 목적해서 선이나 진리를 사랑한다는 것은 상급입니다. 이런 이유 때문에 주님이나, 천계가 사랑 안에 존재한다는 것은 아래의 장절들에게서 잘 볼 수 있겠습니다. 마태복음서의 말씀입니다.

> 너희는, 남에게 보이려고 의로운 일을 사람들 앞에서 하지 않도록 조심하여라. 그렇지 않으면, 너희는 하늘에 계신 너희 아버지에게서 상을 받지 못한다. 그러므로 네가 자선을 베풀 때에는, 위선자들이 사람들에게 칭찬을 받으려고 회당과 거리에서 하듯이, 네 앞에서 나팔을 불지 말아라. 내가 진정으로 너희에게 말한다. 그들은 자기네 상을 이미 다 받았다. 너는 자선을 베풀 때에는, 네 오른손이 무엇을 하는지를 네 왼손이 모르게 해야 한다. 이렇게 하여, 네 자선을

숨겨 두어라. 그러면 은밀한 일도 보시는 네 자선을 보시는 네 아버지께서 갚아 주실 것이다. 너희는 기도할 때에, 위선자들처럼 하지 말아라. 그들은 사람에게 보이려고, 회당과 큰길 모퉁이에 서서 기도하기를 좋아한다. 내가 진정으로 너희에게 말한다. 그들은 자기네 상을 이미 다 받았다. 너는 기도할 때에, 골방에 들어가 문을 닫고서, 은밀하게 계시는 네 아버지께 기도하여라. 그러면 숨은 일도 보시는 네 아버지께서 갚아 주실 것이다(마태 6 : 1-6).

여기서 "자선"(=보시·alms)는, 가장 일반적인 뜻으로는, 사람이 원하고 행하는 모든 선을 뜻하고, 그리고 "기도한다"(to pray)는 것은, 가장 일반적인 뜻으로, 사람이 생각하고 말하는 모든 진리를 뜻합니다. "남에게 보이려"고 이런 두 가지 일들을 행하는 자들, 다시 말하면 이런 자들은 자기 자신이나 이 세상을 목적해서 선을 행하고, 진리를 말하는 자들입니다. 왜냐하면 그것은 이 세상이 제공하는 자기사랑의 쾌락을 가리키는, 영광을 목적한 것이기 때문입니다. 자랑으로 여기는 기쁨(=쾌락)은 "그들이 그들의 상을 이미 다 받았다"고 언급된 그런 부류의 상급이기 때문에, 그러나 그들에게 천계와 같이 보이는 이 세상의 영광으로 여기는 이런 쾌락은 죽음 뒤에 지옥으로 바뀝니다. 그러나 자기 자신이나 이 세상을 목적한 것이 아니고, 선 자체나 진리 자체 때문에 선을 행하고 진리를 말하는 자들은 "비밀리에 자선을 행하고 은밀하게 기도하는 자들"이 뜻합니다. 왜냐하면 그들은 사랑이나 정동으로 말미암아, 따라서 주님으로 말미암아 행동하고 기도하기 때문입니다. 그러므로 이렇게 하는 것은 선과 진리를 목적해서 선이나 진리를 사랑하는 것이기 때문입니다. 그리고 이런 부류의 사람들에 관해서 "하늘에 계시는 아버지께서 그들에게 상을 주실 것이다"고 언급되었습니다. 따라서 "상"(=상급)은, 주님으로 말미암아 그들 안에 있는 동일한 것을 가리키는, 사랑이나 정동에서 비롯된 선들이나 진리들 안에 있습니다. 그것은 이런 것들 안에 천계와 모든 지복과 천계의 행복이 있기 때문입니다.
[6] 누가복음서의 말씀입니다.

> 네가 점심이나 만찬을 베풀 때에, 네 친구나 네 형제나 네 친척이나, 부유한 이웃 사람들을 부르지 말아라. 네가 그러한 사람들을 초대하면, 그들도 너를 도로 초대하여 네게 되갚아, 은공이 없어질 것이다. 잔치를 베풀 때에는, 가난한 사람들과 지체 장애자들과 다리 저는 사람들과 눈먼 사람들을 불러라. 그러면 네가 복될 것이다. 그들이 네게 갚을 수 없기 때문이다. 의인들이 부활할 때에, 하나님께서 네게 갚아 주실 것이다(누가 14 : 12-14).

"점심이나 만찬을 마련하고, 거기에 초대한다"는 것은, 먹고 마시는 것, 또는 빵과 포도주를 주는 것과 동일한 뜻을 갖습니다. 다시 말하면 이웃에게 선을 행하고, 진리를 가르치는 것, 따라서 사랑 가운데 제휴하는 것을 뜻합니다. 그러므로 보상을 목적으로 이런 일을 행하는 자들은 선이나 진리의 목적 때문이 아니고, 따라서 주님으로 말미암은 것이 아니고, 다만 자기 자신이나 세상을 목적해서, 따라서 지옥으로 말미암아 행한 것입니다. 이에 반하여 보상을 받는 것(=반대급부를 받는 것)을 목적하지 않고 이런 일을 행하는 자들은, 그것 자체 때문에 그런 일을 행하는 자들은, 다시 말하면 선이나 진리의 목적 때문에 그 일을 행하는 자들은 선이나 진리 때문에 그것을 행하는 것이고, 따라서 주님으로 말미암아, 그리고 그분에게서 비롯된 사람에게 있는 선이나 진리 때문에 그것을 행하는 것입니다. 이런 행위들 안에, 그리고 그것으로 인하여 그것들 안에 있는 천계적인 축복(=지복)이 "상급"(=상)이라는 것이고, 그것이 바로 "죽은 사람의 부활 때에 갚아 주실 것이다"는 말씀이 뜻하는 것입니다.
[7] 같은 책의 말씀입니다.

> 너희는 너희 원수를 사랑하고, 좋게 대하여 주고, 또 아무것도 바라지 않고 꾸어 주어라. 그러면 너희는 큰 상을 받을 것이요, 너희는 가장 높으신 분의 자녀가 될 것이다(누가 6 : 35).

이 장절도 앞의 장절의 뜻과 동일한 것을 가지고 있습니다. 다시 말하면 선은 보상(=반대급부)을 목적해서 행하는 것이 아니고, 다시 말하면 자신이나 세상을 목적해서 행하는 것이 아닙니다. 다시 말하면 명성 · 영광 · 영예 · 소득(=재물) 때문에 선을 행하는 것이 아니고, 주님을 목적해서 행하는 것이고, 다시 말하면 주님으로 말미암아 그런 자들에게 있는 선 자체나 진리 자체를 목적해서 행하는 것입니다. 따라서 그것 안에는 주님께서 계십니다. "원수를 사랑하고, 그들에게 선을 행한다"(=좋게 대한다)는 것은, 여기에서 가장 가까운 뜻으로는 이방 사람들을 사랑하고, 그들에게 선을 행하는 것인데, 그런 일은 진리로 그들을 가르치고, 그들을 그것에 의하여 선으로 인도하는 것에 의하여 행해집니다. 왜냐하면 유대 민족은 그들 자신의 백성을 형제들이나 친구들이라고 불렀지만, 그러나 그들은 이방 사람들을 적들이나 원수들이라고 불렀기 때문입니다. "빌려준다"(=꾸어준다 · to lend)는 것은 성경말씀에게서 비롯된 교리의 선들이나 진리들을 소통(疏通), 교류하는 것을 뜻합니다. "아무것도 되돌려 받기를 바라지 말라"(=아무것도 바라지 말라)는 말씀은 자기 자신이나 이 세상의 그 어떤 것을 목적하지 말고, 오히려 선이나 진리를 목적하라는 것을 뜻합니다. "그러면 너희는 큰 상을 받을 것이다"(=그러면 여러분의 상이 클 것이다)는 말씀은, 그 때 그들은 천계의 지복이나 기쁨들과 함께 천계를 차지할 것이라는 것을 뜻합니다. "너희는 가장 높으신 분의 자녀가 될 것이다"는 말씀은 그들이 자기 자신 때문이 아니고, 주님으로 말미암아 이런 일들을 행하기 때문이라는 것을 뜻하고, 왜냐하면 주님으로 말미암아 선을 행하고, 진리를 가르치는 자는 주님의 자녀(the Lord's son)이지만, 그러나 자신으로 말미암아 선을 행하는 자는 주님의 자녀가 아니기 때문입니다. 그것이 곧 자기 자신의 목적으로서 명예나 재물을 우러르고 모두가 행하는 그것입니다.

[8] 마태복음서의 말씀입니다.

> 예언자를 예언자로 맞아들이는 사람은, 예언자가 받을 상을 받을 것이요, 의인을 의인이라고 해서 맞아들이는 사람은, 의인이 받을 상을 받을 것이다. 내가 진정으로 너희에게 말한다. 이 작은 사람 가운데 하나에게, 내 제자라고 해서 냉수 한 그릇이라도 주는 사람은, 절대로 자기가 받을 상을 잃지 않을 것이다(마태 10:41, 42).

주님의 이 말씀은 그것들의 속뜻, 즉 영적인 뜻으로 이해되지 않는다면 어느 누구도 이해할 수 없을 것입니다. 왜냐하면 "예언자의 상을 받는다" "의인의 상을 받는다"는 말씀이 뜻하는 것을 누구가 알 수 있겠습니까? 그리고 또한 "예언자나 의인의 이름으로 예언자나 의인을 맞아들인다"는 말씀이 뜻하는 것을 어느 누구가 알 수 있겠습니까? "내 제자의 이름으로 이 작은 사람 가운데 하나에게 냉수 한 그릇을 주는 사람"이 받을 "상"이 뜻하는 것을 누구가 알겠습니까? 만약에 속뜻이 없다면, 이 말씀은, 진리나 선의 그의 정동에서 어느 정도, 그리고 그의 복종에서 어느 정도, 모두가 천계나 천계의 즐거움을 받을 것이라고 이해할 것입니다.

[9] 이 말씀의 뜻은, "예언자"가 교리의 진리(the truth of doctrine)를 뜻한다는 것, 그리고 "의인"이 사랑의 선(the good of love)을, "제자"가 성경말씀의 진리나 선, 또는 교회의 진리나 선을 뜻한다는 것을 알 때, 명확할 것입니다. 그리고 "그들의 이름"으로라는 말씀은 이런 것들의 목적을 뜻하고, 그리고 그것들을 행하고, 가르치는 자들의 성품에 일치하는 것을 뜻합니다. 그리고 여기서 "상"(=상급 · reward)은, 위에서 언급한 것과 같이, 천계를 뜻하고, 다시 말하면 누구나 그의 진리나 선의 정동에서 어느 정도, 그리고 그것의 질이나 양에 따라서 어느 정도 천계를 차지한다는 것을 뜻합니다. 왜냐하면 이런 정동에는 천계에 속한 모든 것들이 기술되었기 때문입니다. 그것은 어느 누구도 주님에게서 비롯된 것을 제외하면 이런 정동들을 가질 수 없기 때문입니다. 왜냐하면 그것이, 천계가 그것 안에 있고, 그것에서 비롯되는, 주님에게서 비롯되는 신령발출(the Divine proceeding)이기 때문입니다.

[10] "제자의 이름으로 이 작은 사람 가운데 하나에게 냉수 한 그릇을 준다"(=마실 것을 준다)는 말씀은 복종으로 말미암아 선을 행하는 것이나, 진리를 가르치는 것을 뜻합니다. 왜냐하면 "물"은 정동 안에 있는 진리를 뜻하고, "냉수"(a cold water)는 복종 안에 있는 진리를 뜻하기 때문입니다. 왜냐하면 오직 복종은 영적인 것이 아닌, 자연적인 정동을 뜻하기 때문입니다. 그러므로 복종은 상대적으로 차가운 것(cold)을 가리킵니다. 그의 이름이나 그의 목적으로서 "마실 물을 받는 제자"는 성경말씀의 진리나 선을 뜻하고, 그리고 교회의 진리나 선

11장 7-19절   419

을 뜻합니다. "예언자"가 교리의 진리를 뜻한다는 것은 본서 624[B-E]항에서 볼 수 있고, 그리고 "의인"이 사랑의 선을 뜻한다는 것은 본서 204[A]항에서 볼 수 있고, "제자"가 성경말씀이나 교회의 진리나 선을 뜻한다는 것을 본서 100·122항에서 볼 수 있고, "이름"(name)이 한 사물이나 상태의 성질을 뜻한다는 것은 본서 102[B]·135·148·676항에서 볼 수 있겠습니다.
[11] 마가복음서의 말씀입니다.

> 너희가 그리스도의 사람이라고 해서, 그 이름으로 너희에게 물 한 잔이라도 주는 사람은, 절대로 자기가 받은 상을 잃지 않을 것이다 (마가 9 : 41).

이 장절 역시, 그것의 진리나 정동이 주님에게서 비롯된 것이기 때문에, 따라서 주님의 목적을 위해서, 그래서 진리의 목적을 위해서, 정동으로 말미암아 진리를 듣고(=순종하고·hear), 수용하고(receive), 가르치는(teach) 자들은 천계의 기쁨을 받은 것이라는 것을 뜻합니다. 그것은 "그리스도의 사람이라고 해서"라는 말씀이 주님에게서 발출하는 신령진리의 목적 때문이라는 것을 뜻하기 때문입니다. "그리스도"(Christ)는 신령진리와의 관계에서 주님을 뜻하고, 따라서 주님에게서 발출하는 신령진리를 뜻한다는 것은 본서 684·685항을 참조하십시오.
695[C]. [12] 스가랴서의 말씀입니다.

> (나 만군의 주가 말한다.)
> 만군의 주의 집,
> 곧 성전을 지으려고 기초를 놓던
> 그 때에 일어난

> 그 예언자들이 전한 바로 그 말을,
> 오늘 너희는 듣는다.
> 그 이전에는
> 사람이 품삯을 받을 수 없었고,
> 짐승도 제 몫을 얻을 수 없었다.
> 해치는 사람들 때문에,
> 문 밖 출입도 불안하였다.
> 내가 이웃끼리 서로 대적하게
> 하였기 때문이다.……
> 뿌린 씨는 잘 자라며,
> 포도나무는 열매를 맺고,
> 땅은 곡식을 내고,
> 하늘은 이슬을 내릴 것이다.
> 살아 남은 백성에게, 내가
> 이 모든 것을 주어서 누리게 하겠다.
> (스가랴 8 : 9,10,12)

이 장절들은, 옛 교회가 폐허가 되었을 때, 주님에 의하여 세워질 "새로운 교회"(the New Church)에 관해서 언급하고 있습니다. 세워질 "새로운 교회"는, 그것이 기초로 놓여진, "만군의 주의 집"(the house of Jehovah of Hosts)이 뜻하고, 지으려고 그것이 기초로 놓여진 "성전"(the temple)이 뜻합니다. 여기서 "여호와의 집"은 선의 측면에서 교회를 뜻하고, "성전"은 진리의 측면에서 교회를 뜻합니다(본서 220항 참조). 이전에는 어느 누구도, 진리나 선의 영적인 정동을 가지지 못하였고, 또한 진리나 선의 자연적인 정동을 가지지 못하였다는 것은 "그 이전에는 사람이 품삯을 받을 수 없었고, 짐승도 제 몫을 얻을 수 없었다"(=그 이전에는 사람도 짐승도 삯을 받지 못하였다)는 말씀이 뜻합니다. 여기서 "사람"(man)은 진리의 영적인 정동을 뜻하고, "짐승"(beast)은 선의 자연적인 정동을 뜻하고, "삯"(=몫·reward)은 진리나 선의 정동들 안에 있는 자들이 차지할 천계를 뜻합니다. "사람"이 진리의 영적인 정동을 뜻하고, 따라서 총명을 뜻한다는 것은 본서 280·546·547항을 참조하시고, "짐승"이 자연적인 정동을 뜻한다는 것은 본서 650항을 참조하십시오.

[13] "적대자 때문에 나가고, 들어오는 자에게 평안이 없었다"(=해치는 사람들 때문에 문 밖 출입도 불안하였다)는 말씀은, 지금까지 그들이 삶의 모든 상태에서 지옥에 의하여 습격, 공격을 받았다는 것을 뜻합니다. "나가고 들어온다"(=문 밖 출입)은 처음부터 마지막까지 삶(=생명)의 상태를 뜻하고, "불안하다"(=평화가 없다)는 것은 악들이나, 그것에서 비롯된 거짓들의 습격이나 맹공을 뜻하고, "해치는 사람"(=적대자·adversary)은, 악들이나 거짓들의 근원인, 지옥을 뜻합니다. "평화의 씨"(=뿌린 씨·the seed of peace)는 주님에게서 온, 천계나 교회의 진리를 뜻하는데, 그것이 "평화의 씨"라고 불리운 것은, 그것이 지옥으로부터의 방어(防禦)를 뜻하고, 그리고 그것이 평화(=안전)를 주기 때문입니다. "포도나무는 열매를 맺고, 땅은 곡식을 낸다"(=땅이 소출을 낸다)는 말씀은, 진리의 영적인 정동이 인애의 선을 낳을 것이라는 것을 뜻하고, 그리고 선이나 진리의 자연적인 정동은 인애에 속한 일들(=선행들·works)을 생산할 것이라는 것을 뜻합니다. 여기서 "포도나무"(vine)는 진리의 영적인 정동에 관한 교회를 뜻하고, "땅"(land)은 진리의 자연적인 정동에 관한 교회를 뜻하고, "열매"(fruit)는 인애의 선을 뜻하고, "소출"(produce)은 그 선에 속한 일들(=선행들·works)을 뜻합니다. "하늘은 이슬을 내릴 것이다"는 말씀은 이런 것들이

주님으로부터 천계를 통한 입류에서 비롯된다는 것을 뜻합니다.

[14] 요한복음서의 말씀입니다.

> 눈을 들어서 밭을 보아라. 이미 곡식이 익어서, 거둘 때가 되었다. 거두는 이는 삯을 받고 영원한 생명에 이르는 알곡을 거두어들인다. 그러면 씨 뿌리는 이와 거두는 이가 함께 기뻐할 것이다(요한 4 : 35, 36).

이 장절도 역시 주님에게서 비롯된 새로운 교회(a New Church)에 관해서 언급하고 있습니다. 그 교회가 임박하였다는 것은 "이미 곡식이 익어서, 거둘 때가 된 밭"이 뜻합니다. 진리의 영적인 정동 안에 있는 그 교회에 속한 자들, 그리고 그것으로 말미암아 천계에 있는 자들은, "품삯을 받고, 영원한 생명을 위한 열매를 거두어들이고, 모아들이는 사람"이 뜻합니다. 진리의 정동이 그분에게서 비롯된 주님 당신이나 천계는, "함께 기뻐할 씨 뿌리는 이와 거두는 이"가 뜻합니다.

[15] 예레미야서의 말씀입니다.

> "라헬이 자식을 잃고 울고 있다.
> 자식들이 없어졌으니,
> 위로를 받기조차 거절하는구나.……
> 이제는 울음소리도 그치고,
> 네 눈에서 눈물도 거두어라.
> 네가 수고한 보람이 있어서,
> 네 아들딸들이 적국에서 돌아온다.……
> 너의 앞날에는 희망이 있다.
> 네 아들딸들이 고향 땅으로 돌아온다."
> (예레미야 31 : 15-17 ; 마태 2 : 18)

이 말씀은 헤롯 임금의 명령에 의하여 베들레헴에서 죽음에 들어간 젖먹이 아이들에 관해서 언급하고 있습니다. 이러한 사실은 마태복음서에서 인용된 장절에서 명확합니다. 그러나 그 뜻이 무엇인지는 아직까지 알려지지 않았습니다. 그 뜻은 주님께서 이 땅에 강림하셨을 때 거기에는 영적인 진리가 전혀 없었다는 것을 뜻합니다. 왜냐하면 "라헬"은 내적인 영적 교회(the internal spiritual church)를 뜻하고 "레아"는 외적인 자연적 교회(the external natural church)를 뜻하고, "베들레헴"은 영적인 것을, "죽음에 들어간 아이들"은 그 근원에서 비롯된 진리를, 각각 뜻하기 때문입니다. 거기에 더 이상 남아 있는 영적인 진리가 전혀 없었다는 것은 "그녀가 잃은 아들들 때문에 우는 라헬은 아들이 없어졌으므로 위로받기를 거절한다"는 말씀이 뜻합니다.

[16] 그 후, 주님께서 탄생하셨고, 그분으로 말미암아 영적인 정동에서 비롯된 진리들 안에 있을 새로운 교회가 있을 것이기 때문에, 그것 때문에 결코 슬픔(=비애)이 없을 것이라는 것은 "너의 울음소리를 그치고, 너의 눈에서 눈물을 거두어라. 네가 한 일(=애씀)에 상이 있기 때문이다"는 말씀이 뜻합니다. 여기서 "그의 상"(his reward)은 진리의 영적인 정동에서 비롯된 그 교회에 속한 자들이 될 그들에 대한 천계를 뜻하고, "일"(=애씀·노력·labor)은 지옥에 대항하여 싸우신 주님의 투쟁(the Lord's combats)과, 새로운 교회를 설시하기 위한 지옥의 정복을 뜻합니다. 새로운 교회가 멸망된 옛 교회의 자리에 세워질 것이라는 것은 "그들"(=아들딸들)이 적국에서 돌아올 것이고, "너의 앞날에는 희망이 있다"는 말씀이 뜻하고, 그리고 또한 "너의 아들들이 자기 땅(=국경)으로 돌아올 것이다"는 말

씀이 뜻합니다. "적국에서 돌아온다"는 것은 지옥에서 구출되는 것을 뜻하고, "너의 앞날에 희망이 있다"는 말씀은 옛 교회의 종말과 새로운 교회의 시작을 뜻하고, "아들들이 그들의 국경(=그들의 땅)에 돌아올 것이다"는 말씀은 영적인 진리들이 새로운 교회에 속한 자들에게 존재할 것이라는 것을 뜻합니다.
[17] 이사야서의 말씀입니다.

> 나의 생각에는,
> 내가 한 것이 모두 헛수고 같았고,
> 쓸모 없고 허무한 일에
> 내 힘을 허비한 것 같았다.
> 그러나 참으로
> 주께서 나를 올바로 심판하여 주셨으며,
> 내 하나님께서 나를
> 정당하게 보상하여 주셨다.
> (이사야 49:4)

이 장절 역시 주님에 의한 새로운 교회의 설시에 관해서 언급하고 있습니다. 진리들이 영적인 정동으로서 그 민족에 의하여 영접, 수용될 수 없었기 때문에, 그 교회가 유대 민족에게 세워질 수 없다는 것은 "나의 생각에는, 내가 한 것이 모두 헛수고 같았고, 쓸모 없고 허무한 일에 내 힘을 허비한 것 같았다"는 말씀이 뜻합니다. 그럼에도 불구하고 영적인 교회가 주님에 의하여 준비되었다는 것, 다시 말하면 이방 사람들 가운데 그 교회가 준비되었다는 것은 "그러나 주께서 나를 올바로 심판하여 주셨으며, 내 하나님께서 나를 정당하게 보상하여 주셨다"는 말씀이 뜻합니다. 여기서 "보상"(=상급·상·reward)은 진리의 영적인 정동 안에 있는 교회를 뜻하고, "애씀과 일"(labor and work)은 주님의 지옥과의 싸움과 그것의 정복을 뜻하는데, 주님께서는 그것을 통하여 천계와 지옥의 균형(the equilibrium between heaven and hell)을 회복하셨고, 그리고 그 상태에서 사람은 진리를 영접, 수용할 수 있었고 영적인 존재가 될 수 있었습니다. 이와 같은 균형에 관해서는《천계와 지옥》589-603항이나, 《최후심판》33·34·73·74항을 참조하십시오.

[18] 시편서의 말씀입니다.

> 자식은 주께서 주신 선물이요,
> 태 안에 들어 있는 열매는,
> 주님이 주신 보상이다.
> 젊어서 낳은 자식은
> 용사의 손에 쥐어 있는 화살과도 같으니,
> 그런 화살이 화살통에 가득한 용사에게는
> 복에 있다.
> 그들은 성문에서 원수들과 담판할 때에,
> 부끄러움을 당하지 아니할 것이다.
> (시편 127 : 3-5)

이 장절에서 "자식들"·"태 안에 있는 열매"·"화살"·"화살통"·"성문의 원수들"이 뜻하는 것은 본서 357[B]항에서 볼 수 있고, 여기서 "보상"은 천계에 있는 자들이 차지하는 행복을 뜻합니다.

[19] 복음서들의 말씀입니다.

> 너희가 나 때문에 모욕을 당하고, 박해를 받고, 터무니없는 말로 온갖 비난을 받으면, 너희에게 복이 있다. 너희는 기뻐하고 즐거워하여라. 하늘에서 받을 너희의 상이 크기 때문이다. 너희보다 먼저 온

예언자들도 이와 같이 박해를 받았다(마태 5 : 11, 12 ; 누가 6 : 22, 23).

이 말씀은 악들에 의하여, 다시 말하면 지옥에 의하여 야기된 시험들 가운데서 싸우고, 그것을 정복한 자들에 관해서 언급하고 있습니다. 여기서 시험들은 "모욕을 당한다"·"박해를 받는다"·"그리스도 때문에 터무니없는 말로 온갖 비난을 받는다"는 말씀이 뜻합니다. 왜냐하면 시험들은 거짓들이나 악들에 의한 진리와 선의 공격들이나 맹습들을 가리키기 때문입니다. 여기서 "그리스도"는 공격받고, 그것 때문에 그것이 습격을 받는, 주님에게서 비롯된 신령진리를 뜻합니다. "기뻐하고 즐거워하여라. 하늘에서 받을 너희의 상이 크기 때문이다"는 말씀은 진리에 속한 영적인 정동 안에 있는 자들이 차지할 천계와 그것의 즐거움을 뜻합니다. 왜냐하면 이런 자들은 오직 싸우고 승리하였기 때문입니다. 그것은 주님께서 시험들의 싸움의 상태에 있는 사람을 위해서 격퇴시키고, 승리하셨기 때문이고, 그리고 주님께서는 그 정동 안에 계시기 때문입니다. "왜냐하면 너희보다 먼저 온 예언자들도 이와 같이 박해를 받았기 때문이다"는 말씀은, 예전에도 진리에 속한 영적인 정동 안에 있는 자들에게 있는 교리의 진리들도 이와 같이 공격을 받았다는 것을 뜻합니다. 왜냐하면 여기서 "예언자"는, 추상적인 뜻으로는, 성언이나 주님에게서 비롯된 진리들을 뜻하기 때문입니다.

695[D]. 따라서 성경말씀에서 상세하게 인용된 장절들에서 볼 때 "상"(=보상·상급·reward)이, 진리나 선에 속한 영적인 정동 안에 있는 자들이 차지하는 천계나 그 천계의 지복·행복·기쁨을 뜻한다는 것, 그리고 그 상이나 상급이 그 정동 자체

를 뜻한다는 것 등을 잘 알 수 있겠습니다. 왜냐하면 여러분께서 천계나 그 정동의 무엇을 말하든 그것은 동일한 것이기 때문입니다. 왜냐하면 천계는 그 정동 안에 있고, 그 정동에서 비롯되기 때문입니다.

[20] 그러나 영적인 정동으로 말미암아 진리는 말하지 않고, 선을 행하지 않고, 다만 오직 자연적인 정동에서 말하고 행하는 사람들이나, 그리고 계속적으로 하나의 상급으로서 천계를 생각하는 자들은, 이스라엘 교회에서는 "돈으로 사들인 종들"(hired servants)이 표징합니다. 이들에 관해서는 유대 교회에 수많은 계율들이 있습니다.

> 이방 사람은 아무도 유월절 제물을 먹지 못한다.…… 품꾼(=돈으로 사들인 종들)은 그것을 먹을 수 없다(출애굽 12 : 43, 45).
> 제사장이 데리고 있는 나그네나 그가 쓰는 품꾼도, 그 거룩한 제사 음식을 먹지 못한다(레위기 22 : 10).
> 네가 품꾼을 쓰면, 그가 받을 품값을 다음날 아침까지, 밤새 네가 가지고 있어서는 안 된다(레위기 19 : 13).
> 같은 겨레 가운데서나 너희 땅 성문 안에 사는 외국 사람 가운데서, 가난하여 품팔이하는 사람을 억울하게 해서는 안 된다. 그 날 품삯은 그 날로 주되, 해가 지기 전에 주어야 한다.…… 그가 그 날 품삯을 못받아, 너희를 원망하면서 주께 호소하면, 너희에게 죄가 돌아갈 것이다(신명기 24 : 14, 15).

말라기서의 말씀입니다.

> 내가 너희를 심판하러 가겠다.…… 일꾼의 품삯을 떼어먹는 자와, 과부와 고아를 억압하고 나그네를 학대하는 자와, 나를 경외하지 않는 자들의 잘못을 증언하는 증인으로, 기꺼이 나서겠다(말라기서 3 : 5).

다른 곳에서도 마찬가지입니다. "품꾼들"(=돈으로 산 종들)은, 그들이 영적이 아니고 자연적인 것을, 그리고 교회에 속한 영적인 것이 아니고, 그렇다고 그와 같이 자연적인 것이 아닌 것을 표징하기 때문에, 유월절 제물이나, 성별된 것들을 먹는 것을 금하고 있습니다. 행한 선 때문에 상급(a reward)으로서 천계를 우러른다는 것은 자연적입니다. 왜냐하면 자연적인 사람은 선이 그것 자체에서 비롯된다고 여기기 때문입니다. 따라서 천계가 하나의 상급이라고 생각하기 때문입니다. 이러한 일은 선을 공로적인 상급으로 만드는 것입니다. 그러나 그렇지 않다면 영적인 것으로 만드는 것인데, 그것은 선을 그것 자체에서 비롯된 것이 아니고, 다만 주님에게서 비롯되는 것으로 시인하는 것이고, 따라서 천계를 그 어떤 공로에서 비롯된 것으로 여기지 않고, 다만 주님의 자비에서 비롯된 것으로 시인하는 것입니다. 그럼에도 불구하고 그들은 "품꾼들"(hired servants)이 뜻하는 자들이지만, 그리고 비록 영적인 정동에서가 아니고, 다만 복종을 가리키는 자연적인 정동에서, 그리고 그 때 그들은 하나의 상급으로 천계를 여기면서, 여전히 선을 행하기 때문에, 그들은 "가난한 사람"·"빈곤자"·"나그네들"(=체류자들)·"고아"·"과부" 등등으로 기술, 언급되었는데, 그것은 그들이 영적인 가난의 상태(spiritual poverty)에 있기 때문입니다. 왜냐하면 본연의 진리들은 그들에게 불영명하기 때문인데, 그것은 천계에서 오는 빛이 그들의 영적인 사람을 통해서 입류하지 않고 다만 자연적인 사람에게 입류하기 때문입니다. 이것은, 위에서 언급한 것과 같이, 그들이 분류되는 이유입니다. 그리고 "그들의 품삯은 해가 지기 전까지 주어야 한다"고 명령된 이유입니다. 더욱이, 거기에 있는 자들은 종들인데, 그들은 천계의 가장 낮은 영역에 있는 부류이고, 그리고 그들은 그들의 일들에 따라서 보상을 받습니다. 그 밖의 자세한 내용들은 《새 예루살렘의 교리》150-158항을 참조하십시오.

[21] 그러나 상급을 천계의 것으로 생각하지 않고, 이 세상의 상급으로 생각하는 품꾼 종들은, 따라서 그것이 명예이든 재물이든 관계없이, 재물(=소득)을 목적으로 선을 행하는 자들은, 따라서 영예나 재물의 애욕 때문에 선을 행하는 자들은, 그리고 자기 자신이나 이 세상을 목적해서, 선을 행하는 자들은 지옥적인 자연적 존재들입니다. 이러한 무리가 요한복음서에 뜻하는 "삯꾼"(hired servants)입니다. 그 책의 말씀입니다.

> 나는 선한 목자다. 선한 목자는 양을 위하여 자기 목숨을 버린다. 삯꾼은 목자가 아니요, 양도 자기의 것이 아니므로, 이리가 오는 것을 보면, 양들을 버리고 달아난다.…… 그는 삯꾼이어서, 양들을 생각하지 않기 때문이다(요한 10 : 11-13).

예레미야서의 말씀입니다.

> 예쁘디예쁜 암송아지 이집트가,
> 이제는 북녘에서 마구 몰려오는
> 쇠파리 떼에 시달리는
> 암송아지가 될 것이다.
> 사서 들여온 용병들은
> 살진 송아지들이다.
> 파멸의 날이 다가오고
> 징벌의 시각이 다가오면,
> 그들마저도 버티지 못하고 돌아서서
> 다 함께 달아날 것이다.
> (예레미야 46 : 20, 21)

그 밖의 다른 곳의 말씀도 있습니다(이사야 16 : 14 ; 21 : 16).
[22] 성경말씀에서 "상급"(=보상 · 삯 · reward)이 진리나 선에 속한 영적인 사랑 안에 있는 자들이 차지하는 천계를 뜻하기 때문에, 그러므로 나쁜 뜻으로 "상급"(=보상 · 삯)은, 거짓이나 악에 속한 사랑 안에 있는 자들이 차지하는 지옥을 뜻합니다. 시편서의 "삯"은 이런 뜻을 가리킵니다. 시편서의 말씀입니다.

저주하기를 옷 입듯 하였으니,
그 저주가 물처럼 그의 뱃속까지 스며들고,
기름처럼 그 뱃속(=뼈속)에까지 베어들게 하십시오.……
이것은 내게 대항하는 자가
여호와에게서 받은 삯이요,
나(=내 영혼)를 거슬러 악한 것을 말하는
자들이 받는 삯입니다.
(시편 109 : 18, 20)

영적인 뜻으로 이 말씀은 주님을 뜻합니다. 왜냐하면 다윗은 시편서 어디에서나 자기 자신에 관해서 말하고 있고, 그리고 그 뜻으로 다윗은 주님을 뜻하기 때문입니다. 왕으로서의 다윗은 주님을 표징하고, 따라서 주님의 왕권(王權)을 가리키는, 신령 영적인 것과의 관계에서 그분을 뜻하기 때문입니다. "이것은 내게 대항하는 자(=주님의 적 · the Lord's adversary)가 여호와에게서 받는 삯(=보상 · reward)이요, 내 영혼을 거슬러 악한 것을 말하는 자들이 받는 삯(reward)이다"는 말씀은 거짓이나 악에 속한 사랑(=애욕)에서 비롯된 지옥을 기술하고 있습니다. 이 뜻에 의하여 "그는 저주를 옷처럼 입었다" 그리고 "저주가 그의 몸 속으로 물처럼, 뼈속으로 기름처럼 들어간다"는 이 두 표현은, 겉으로나 속으로(=외적으로나 니적으로) 영접, 수용된 지옥을 기술하고 있습니다. 여기서 "옷처럼 저주로 자신을 감싼다"(=걸친다 · 입는다)는 표현은 외적인 것들 안에 영접, 수용된 지옥을 기술하고 있고, "그의 몸 속으로 물처럼, 뼈속으로 기름처럼 들어가는 저주"는 내적인 것들 안에 영접, 수용된 지옥을 기술하고 있습니다. "물처럼" 그리고 "기름처럼"이라고 언급하고 있는데, 그것은 "물"이 믿음의 거짓들을 뜻하기 때문이고, 그리고 "기름"은 사랑에 속한 악들을 뜻하기 때문입니다. 그러므로 이 두 표현들은, 지옥을 가리키는, 거짓이나 악에 속한 사랑(=애욕)이나 또는 정동을 뜻합니다. 이러한 것은 이런 사실에서, 즉 그 사랑(=애욕)은 그것의 조화에 있는 모든 것들을 흡수하는 것에서 잘 알 수 있습니다. 그것은 마치 스펀지(=해면 · sponge)가 물이나 기름을 빨아드리는 것과 같습니다. 왜냐하면 악에 속한 사랑(=애욕)은 거짓들에 의하여 살지게, 육성되기 때문이고, 그리고 거짓에 속한 사랑(=애욕)은 악들에 의하여 그렇게 되기 때문입니다. 그리고 이런 부류의 사랑(=애욕)은, "저주가 그의 몸 속으로 물처럼, 뼈속으로 기름처럼 들어간다"는 말로 언급되었습니다.

[23] 반대의 뜻으로 "상급"(=보상 · 삯 · reward)이 악에서 비롯된 거짓에 속한 정동의 측면에서 지옥을 뜻하기 때문에, 따라서 진리의 위화는 성경말씀 여기저기에서 "매춘부의 삯"(=창녀의 몸값 · 화대 · 해우값 · 花代 · the reward of whoredom)이라고 불리웠습니다. 호세아서의 말씀입니다.

이스라엘아, 너희는 기뻐하지 말아라.
이방 백성들처럼 좋아 날뛰지 말아라.
너희는 하나님에게서 떠나서

음행을 하였다.
너희는 모든 타작 마당에서
창녀의 몸값을 받으며 좋아하고 있다.
그러나 타작 마당에서는
먹을거리가 나오지 않고,
포도주 틀에서는
새 포도주가 나지 않을 것이다.
(호세아 9 : 1, 2)

"하나님에게서 떠나서 음행을 하였다"는 것은, 성경말씀의 진리들을 왜곡, 위화한다는 것을 뜻하고, 그리고 교회에 속한 거룩한 것들을 우상숭배에 적용하는 것을 뜻합니다. "창녀의 몸값(=해우값)을 좋아한다"는 것은, 지옥적인 사랑(=애욕)에서 비롯된 거짓이나 우상숭배의 쾌락을 뜻하고, "모든 타작 마당에서" 라는 말씀은 말씀(聖言)의 모든 것들이나, 성경말씀에서 비롯된 교리의 모든 것들을 뜻합니다. 왜냐하면 그것으로 빵을 만드는 재료인 "낟알"(=곡물·corn)은, 영적으로 양육하는 모든 것들을 뜻하고, "마당"(floor)은 이런 것들이 함께 수집, 모이는 장소를, 다시 말하면 성경말씀을 뜻하기 때문입니다. 그리고 "타작마당과 포도주 틀이 그들을 먹이지 못한다"(=먹을거리와 새 포도주가 나오지 않는다)는 것은 성경말씀에서 인애나 사랑에 속한 선한 것들을 얻지 못한다는 것을 뜻합니다. 다시 말하면 영혼을 살지게 양육하는 모든 것들을 뜻합니다. 왜냐하면 여기서 "타작마당"은 인애에 속한 선들에 관한 성경말씀(=성언·the Word)을 뜻하고 "포도주 틀"(wine vat)은 사랑에 속한 선들에 관한 성언을 뜻하기 때문입니다. 그리고 여기서 "큰 통"(=술통·vat)은 기름을 뜻하는데, 왜냐하면 기름은, 포도주와 꼭 같이, 큰 통들에 담기 때문입니다. "새 포도주가 그녀(=

이스라엘)에게서 동이 날 것이다"(=실망시킬 것이다)는 말씀은 선에 속한 그 어떤 진리가 거기에 없다는 것을 뜻합니다. 왜냐하면 "새 포도주"는, "포도주"와 꼭 같이, 인애의 선이나 사랑에서 비롯된 진리를 뜻하기 때문입니다.

[24] 미가서의 말씀입니다.

"새겨서 만든 사마리아의 우상을 모두 박살내고,
몸을 팔아서 모은 재물을 모두 불에 태우고,
우상을 모두 부수어서
쓰레기 더미로 만들겠다.
몸을 팔아서 화대를 긁어 모았으니,
이제, 모든 것이
다시 창녀의 몸값으로 나갈 것이다."
그러므로 내가 슬퍼하며 통곡하고,
맨발로 벌거벗고 다닐 것이다.
(미가 1:7, 8)

"사마리아"는 교리의 진리들의 측면에서 영적인 교회를 뜻하고, 여기서는 교리의 거짓들의 측면에서 그 교회를 뜻합니다. 왜냐하면 "그들의 새겨서 만든 우상들"은 위화된 것들을 뜻하는데, 그것은 자기총명(=자만)에서 비롯되었기 때문입니다. "모두 불에 태워질 몸을 팔아서 모은 재물"(=매춘의 삯)은 악에서 비롯된 거짓의 사랑에서 비롯된 진리의 위화들이나 왜곡들을, 결과적으로는 지옥적인 쾌락을 뜻합니다. 그 사랑(=애욕)이 지옥에서 비롯되었기 때문에 "그것들(=매춘의 삯)은 불에 태워질 것이다"고 언급되었습니다. 여기서 "불"은 양쪽의 뜻에서 사랑을 뜻합니다. "그리고 그들의 모든 우상들을 모두 부수어서 쓰레기 더미로 만들겠다"는 말씀은 반드시 파괴, 파멸되어야만 할 거짓들을 뜻합니다. "그녀(=사마리아)는 몸을 팔아서 화대(=매춘의 삯)를 긁어 보았기 때문이다"는 말씀은, 악에서 비롯된, 결과적으로는 지옥적인 쾌락에서 비롯된 것을 가리키는 거짓에 속한 사랑(=애욕)에서 비롯되었다는 것을 뜻합니다. "이제 모든 것이 다시 매춘부의 삯이 될 것이다"(=다시 창녀의 몸값으로 나갈 것이다)는 말씀은 그 교회의 모든 것들이 위화된 진리들이 된다는 것을 뜻하는데, 그것은 그것들이 그것에서 비롯되었기 때문입니다. "이것 때문에 내가 슬퍼하고, 통곡한다"는 말씀은 천계의 천사들의 슬픔(=비애)을 뜻하고 그들 안에 교회가 내재해 있는 교회에 속한 사람들의 슬픔을 뜻하고, 따라서 주님에게 있는 슬픔이 그들에게 있다는 것을 뜻합니다. "내가 벌거벗고 맨발로 다닐 것이다"는 말씀은 모든 진리나 선의 폐허 때문에 생긴 슬픔을 뜻합니다. "새겨서 만든 형상"이나 "우상들"은 자기사랑이나 세상사랑을 선호하는 자기총명에서 비롯된 교리적인 것들이나, 그것에서 파생된 원칙들을 뜻하고, 따라서 교리의 거짓들이나, 종교나 예배의 거짓들을 뜻한다는 것은 본서 587 · 654[H]항에서 잘 볼 수 있겠습니다.

[25] 에스겔서의 말씀입니다.

> 네가 길 머리마다 높은 단을 만들어 놓고, 길거리마다 누각을 세워 놓고, 몸을 팔면서도, 네가 화대를 받지 않으니, 너는 창녀와 같지도 않구나! 너는 제 남편이 아닌 다른 남자들과 간통하는 음란한 유부녀로구나. 창녀들은 화대를 받는 법이다. 그러나 너는 네 모든 정부에게 선물을 주어 가며 사방에서 불러다가, 너와 음행을 하자고, 남자들에게 돈까지 주었다. 이렇게 너는 다른 여자들과는 정반대로 음행을 하였다. 정부들이 너를 따라다니는 것도 아니고, 네가 몸값을 받는 것도 아니고, 오히려 네가 몸값을 주어 가면서 음행을 하니,

너는 다른 여자들과는 정반대다(에스겔 16 : 31-34).

이 장은 예루살렘의 증오나 역겨움을 다루고 있습니다. 다시 말하면 유대 교회의 역겨운 것들에 관해서 다루고 있는데, 그 것 안에는 성경말씀의 타락된 것들이나 섞음질 된 것들이 있을 뿐만 아니라, 우상숭배적인 민족들에게서 비롯된 종교나 예배에 수용된 거짓들을 다루고 있습니다. 그리고 그것에 의하여 성경말씀의 진리들이나 선들을 섞음질하고, 그리고 그것에 의하여 확증한 간통이나 섞음질을 다루고 있습니다. "네가 길 머리마다 높은 단을 만들어 놓고, 길거리마다 누각을 세운다"는 말씀이 뜻하는 것은 본서 652[C]항을 참조하십시오. 성경말씀에서 "간통이나 매춘"이 교회에 속한 진리나 선의 섞음질들이나 위화들을 뜻한다는 것은 본서 141·511항을 참조하십시오. 그러므로 "너는 삯을 경멸하니 창녀 같지 않다"(=네가 화대를 받지 않으니, 너는 창녀와 같지도 않구나!)는 말씀은 정동의 기쁨에서 비롯된 성경말씀의 위와된 진리들이 아니라는 것을 뜻합니다. "너는 남편 대신에 낯선 자들을 받아들이는 간음하는 아내로구나"(=너는 제 남편이 아닌 다른 남자들과 간통하는 음란한 유부녀다)는 말씀은 다른 민족의 거짓들에 의한 왜곡, 변질된 성경말씀의 진리들이나 선들을 뜻합니다. "창녀들은 화대를 받는 법이다. 그러나 너는 네 모든 정부에게 선물을 주어 가며,······ 남자들에게 돈까지 주었다"(=매춘부는 사람들에게서 선물을 받는 법이다. 그런데 너는 오히려 너에게 욕정을 품은 모든 자에게 선물을 주었다)는 말씀은 그들이 다른 민족의 종교의 거짓을 사랑하는 것이나, 다른 민족의 예배의 거짓들을 애지중지하는 것을 뜻합니다. 여기서 "창녀의 화대나 선물"은 다른 자들의 거짓들에 의한 위화에 속한 애욕(=사랑·the love of falsifying)

을 뜻합니다. "너는 그들에게 뇌물을 주어 사방에서 네게 오게 하여 매춘부 짓을 하였다"(=너는 네 모든 정부에게 선물을 주어가며 사방에서 불러다가, 너와 음행을 하였다)는 말씀은, 그것에 의하여 진리를 위화하는, 거짓들이 모든 방향에서 두루 찾게 되었다는 것을 뜻합니다. "이렇게 너는 다른 여자들과는 정반대로 음행을 하였다. 정부들이 너를 따라다니는 것도 아니고, 네가 몸값을 받는 것도 아니고, 오히려 네가 몸값을 주어 가면서 음행을 하니, 너는 다른 여자들과는 정반대다"는 말씀은, 다른 종교의 거짓들에 의한 그들의 교회의 진리들의 위화에 속한 애욕(=사랑)의 쾌락이나, 정동의 쾌락을 뜻하고, 그리고 이런 거짓들을 확증하는 애용(=사랑)이나 정동의 쾌락을 뜻합니다. 여기서 "화대나 창녀의 선물"은 다른 종교들에 속한 거짓들을 향한 사랑(=애욕)이나 정동의 쾌락을 뜻합니다.

[26] 지금 설명된 내용에서 볼 때 양쪽의 뜻으로, "몸값"(=상급·reward)이 영적으로 뜻하는 것이 무엇인지 잘 알 수 있겠습니다. 왜냐하면 기쁨이나 즐거움으로 감동받는 것은 영적인 보상(=상급)이기 때문입니다. 예를 들어 보겠습니다. 그것에 의하여 어떤 사람이 선행(well-doing)에 대하여 보상을 받는, 재물·소유물·영예·뇌물 등등이 되겠습니다. 이런 것들은 영적으로 이해되는 "상급"(=보상)이 아니고, 오히려 이런 것들에게서 솟아나는 기쁨들이나 즐거움들 입니다. 더욱이 이것은 착하게 산 교회에 속한 사람이 차지할 진정한 천계적인 상급인데, 그것은 지복이나 행복의 근원을 가리키는, 진리의 영적인 정동이고, 그것에서 비롯된 총명이나 지혜의 정동입니다. 더욱이 천계에는, 그것의 대응에서와 같이, 천계적인 사랑(the heavenly love)에서 결실한 부유(opulence)나 장대(magnificence)

가 있습니다. 그럼에도 불구하고 그것은 천계에서 상급으로 여겨지는 부유함이나 장대함이 아니고, 다만 그것들이 그것에서 비롯되는 영적인 근원일 뿐입니다. 역시 이러한 내용이, 주님 안에, 그리고 주님에게서 비롯되는, "일의 값"(the price of a work)이고, "상급"(reward)이 뜻하는 것입니다(이사야 40 : 10 ; 61 : 8 ; 62 : 11 ; 누가 6 : 35 ; 14 : 12-14 ; 그 밖의 여러 곳).

696[A]. 작은 자든 큰 자든, 주님의 이름을 두려워하는 사람들에게 상을 주신다.

이 말씀은 주님을 예배하는 어떤 종교에 속해 있는 모두에게 상을 주신다는 것을 뜻합니다. 이러한 내용은, 이것에 관해서 곧 언급하겠지만, 주님을 예배하는 것을 가리키는, 주 하나님의 "이름을 두려워한다"는 말씀의 뜻에서, 그리고 어떤 종교에 속한 것을 가리키는 "작은 자든 큰 자든"이라는 말씀의 뜻에서 명백합니다. 왜냐하면 "작은 자"(the small)는 교회의 진리들이나 선들의 지식을 거의 소유하지 못한 자를 뜻하고, "큰 자"(the great)는 그것들을 많이 아는 자들, 따라서 작든 크든, 주님을 예배하는 자들을 뜻하기 때문입니다. 왜냐하면 어느 정도 믿음의 진리들을 알고, 그것들에 따라서 사는 사람은 주님을 예배하기 때문입니다. 왜냐하면 예배는 사람 때문에서가 아니고, 오히려 사람에게 있는 진리들이나 선에게서 비롯되기 때문입니다. 그것도 이런 것들이 주님에게서 비롯되기 때문이고, 그리고 그것들 안에 주님이 계시기 때문입니다. "작은 자든 큰 자든, 주님의 이름을 두려워하는 사람들"이라는 말씀은 주님을 예배하는 무슨 종교이든 종교에 속한 자들을 뜻하는데, 그 이유는 바로 앞에서 언급한 "종들 · 예언자들 · 성도들"은 진리들 안에 있는 교회 안에 있는, 그리고 그것들에 따라서 사는 삶 안에 있는 모두를 뜻하기 때문입니다. 그러므로 "작은 자든 큰 자든, 주의 이름을 두려워하는 사람들"은 그들의 종교에 따라서 주님을 예배하는 교회 밖에 있는 모두를 뜻합니다. 왜냐하면 그들의 종교의 원칙에 따라서 주님의 예배 안에 있고, 그리고 믿음이나 인애 안에서 사는 자들은 하나님의 이름을 두려워하기 때문입니다. 사실 우리의 본문절은, 악한 사람이나 선한 사람 모두에게 단행되는 최후심판에 관해서 다루고 있고, 그리고 최후심판은 교회 안에 있는 자들이나, 교회 밖에 있는 자들 모두에게 단행됩니다. 그리고 그 때 종교적인 원칙에서 비롯된 정직한 마음이나 신실한 마음에서 하나님을 경의(敬畏)하고, 상호적인 사랑 가운데 산 사람은 모두 구원을 받습니다. 왜냐하면 이런 부류의 사람들은, 하나님을 믿는 직관적인 믿음(an intuitive faith)이나 인애의 삶(a life of charity)에 의하여 천계의 천사들과 그들의 영혼에 관해서 제휴(提携)하기 때문이고, 그리고 이와 같이 주님에게 결합되고, 그리고 구원받기 때문입니다. 왜냐하면 사후(死後), 모두는 영계에 있는 자신의 속성(=성품)에 맞게 가게 되고, 그 사람은 그가 이 세상에서 사는 동안 그의 영혼의 측면에서 가장 가까이 제휴했던 거기에 있는 자들과 제휴하기 때문입니다.

[2] "작은 차와 큰 자"는 보다 적다(less)와 보다 많다(more)를 뜻합니다. 다시 말하면 주님을 덜, 또는 많이 예배하는 자들을 뜻합니다. 따라서 선에서 비롯된 진리들 안에 약간 있는, 또는 많이 있는 자들을 뜻합니다. 그것은 성경말씀의 영적인 뜻은, 적나라하게 사물을 깊이 생각하는, 인품들에 대한 모든 관심에서 추상(抽象)된 것이기 때문입니다. 그리고 "작은 자나 큰 자"의 표현은 인물(person)에 마음씀을 가지고 있기 때문입니다. 왜냐하면 그것은 하나님을 예배하는 사람들을 뜻하기 때문입

니다. 이런 이유 때문에, 영적인 뜻으로 적다, 많다는 이런 표현 대신에, 따라서 본연의 진리들이나 선들로부터 적게, 또는 많이, 예배하는 자들을 뜻합니다. "종들·예언자들·성도들"에게서도 마찬가지입니다. 바로 위에 언급된 이들은 영적인 뜻으로 예언자들이나 성도들을 뜻하지 않고, 오히려 인물들(=인격들·persons)을 떠난, 교리의 진리들이나, 그것들에 일치하는 삶을 뜻합니다. 그러나 한편 이들이 뜻하는 것은 교리의 진리들 안에 있고, 그리고 그것들에 일치하는 삶 안에 있는 모두를 포함한 자들을 뜻합니다. 왜냐하면 이런 진리들이나 삶은, 천사들이나 사람들을 가리키는 주제들 안에 있기 때문입니다. 그러나 이런 경우 천사들이나 사람들만을 생각한다는 것은 자연적인지만, 이에 반하여 천사들이나 사람들을 완성하는, 교리의 진리들이나 삶을 생각한다는 것은 영적이기 때문입니다. 따라서 여기에서 천사들이 있는 영적인 뜻이 사람들이 있는 자연적인 뜻에서 얼마나 다른지 명확하게 됩니다. 다시 말하면 사람이 생각하는 모든 개별적인 것 안에는 인물(person)·공간·시간이나 물질(matter)에 속한 것이 내재, 존재해 있지만, 이에 반하여 천사들은 이런 것들에게서 떠나 추상적으로 사물들(things)을 생각합니다. 그러므로 천사의 언어는 사람에게 전혀 이해될 수 없는 불가해(不可解)한 것입니다. 왜냐하면 그것은 사물(事物)의 직관(直觀·the intuition of the thing)에서 비롯되기 때문이고, 그리고 따라서 자연계의 독특한 것들에게서 떠나, 추상적이 된 지혜에게서 비롯되기 때문입니다. 그러므로 이런 것들에 대하여 비교적 미결(未決)의 것들입니다.

[3] "주님의 이름을 두려워한다"는 것은, "두려워하는 것"이 예배하는 것을 뜻하고, "주님의 이름"이 주님을 뜻하기 때문

에, 주님을 예배하는 것을 뜻합니다. 앞절에서는 "스물네 장로들이 지금도 계시고, 전에도 계셨고, 앞으로 오실 주 하나님에게 감사한다"고 언급되었습니다. 그러므로 "주님의 이름을 두려워한다"는 것은 주님을 예배하는 것을 뜻합니다. 구약이나 신약의 성경말씀에는 "여호와의 이름"·"주님의 이름"·"하나님의 이름"·"예수 그리스도의 이름"이 거명(擧名)되고 있습니다. 그리고 여기서 "이름"(name)은, 그것에 의하여 그분께서 예배받으시는 모든 것들을, 따라서 사랑이나 믿음에 속한 모든 것들을 뜻하고, 최고의 뜻으로는 주님 당신을 뜻합니다. 그것은 그분께서 거기에 계시기 때문이고, 그리고 거기에는 사랑이나 믿음에 속한 모든 것들이 있기 때문입니다. "여호와의 이름"·"주 하나님의 이름"·"예수 그리스도의 이름"의 뜻이 이러하다는 것은 본서 102·135·224항을 참조하시고, 그리고 또한 그것은 주님의 이런 말씀들에서 명확합니다. 마태복음서의 말씀입니다.

> 내가 진정으로 거듭 너희에게 말한다. "너희 가운데 두 사람이 땅에서 합심하여 무슨 일이든지 구하면, 하늘에 계신 내 아버지께서 그들에게 이루어 주실 것이다. 두세 사람이 내 이름으로 모이는 자리에는, 내가 그들과 함께 있다"(마태 18 : 19, 20).

여기서 "주님의 이름으로 합심한다"(=뜻을 같이 한다)는 것, 그리고 "주님의 이름으로 함께 모인다"는 것은 단순하게 이름을 뜻하는 것이 아니고, 오히려 주님에게 속한 것들 안에 있다는 것을 뜻하는데, 그것들은, 주님께서 그것들에 의하여 예배받으시는, 믿음의 진리들이나, 사랑의 선들을 가리킵니다.
[4] 주님과의 관계에서 "두려워한다"는 것은 예배하는 것이나

숭배하는 것을 뜻하는데, 왜냐하면 예배나, 예배에 속한 모든 것들 안에는 거룩한 두려움(a holy fear)이나 경건한 두려움(=경외 · 敬畏)이 있기 때문인데, 그것은 주님께서 존경받는다는 것을 가리키고, 그리고 결코 어떤 방법으로도 해받지 않는다는 것을 가리킵니다. 왜냐하면 그것은, 어린 것들이 부모에 대한, 그리고 부모들이 자녀들에 대한, 또는 아내가 남편에 대한, 남편이 아내에 대한, 친구들이 친구들에 대한, 그런 것이기 때문입니다. 그리고 그들에게는 위해(危害)하지 않을까 하는 두려움이나 존경의 경외(敬畏)가 있기 때문입니다. 존경과 함께 하는 두려움(=경외 · 敬畏)은 모든 사랑 안에 있고, 모든 우정 안에 있습니다. 그러므로 이런 경외나 존경이 없는 사랑이나 우정은 간을 하지 않은 음식과 같아서, 그것은 무미건조(無味乾燥)합니다. 이러한 내용이 "주님을 두려워한다"는 것이 이런 사랑으로 말미암아 주님을 예배한다는 것을 뜻하는 이유입니다.

[5] "주님의 이름을 두려워한다"는 것이 주님을 예배하는 것을 뜻한다고 언급하였습니다. 그럼에도 불구하고 "그분을 두려워하는 자들"은, 여기서는 그들에게 주님이 알려지지 않은 교회 밖에 있는 자들 모두를 뜻합니다. 그것은 그들이 성경말씀(=성언)을 가지고 있지 않기 때문입니다. 그럼에도 불구하고 하나님에 관해서 그들은 주님에 의하여 수용된 인성의 개념(an idea of the Human)을 가지고 있습니다. 왜냐하면 신령인간의 형체 속에 있는 하나님이 주님이시기 때문입니다. 그러나 교회 안에 있든 밖에 있든, 사람으로서(as Man) 하나님을 생각하지 않는 자는 모두, 이런 일은 그들이 이 세상을 떠난 뒤 그들이 자기 자신의 영적인 생명의 상태에 들어왔을 때 일어나지만, 주님에 의하여 영접되지 않습니다. 그 이유는 그들이 하나님의

개념을 결코 결정짓지 못하고, 비록 그 개념을 가지고 있다고 해도 그 개념을 가지고 있다고 해도 전혀 개념이 아닌 것을 가리키는, 또한 만약에 그렇지 않다면 전부 사라져 버리는 것을 가리키는, 애매모호한 개념을 가지고 있기 때문입니다. 이러한 내용이 이 땅에서 영계에 당도한 모두가 제일 먼저, 그들이 가지고 있었고, 그리고 그들과 더불어 옮겨진 하나님의 개념이 무엇인지에 관해서, 조사, 검증(檢證)되는 이유입니다. 만약에 그들이 사람으로서의 하나님 개념(idea of Him as Man)을 가지고 있지 않다면 그들은 교육의 장소들로 보내지는데, 그들은 거기에서 주님께서 천계와 이 땅의 하나님이시다는 것을 배우게 되고, 그리고 그들이 하나님을 생각할 때, 그들이 반드시 주님을 생각하여야 한다는 것을 배우게 되고, 그렇지 않다면 거기에 하나님과의 결합이나, 그리고 따라서 천사들과 제휴가 없다는 것을 배워서 알게 됩니다. 그 때, 인애의 삶을 산 사람은 모두 그 가르침을 영접, 수용하고 그리고 주님을 예배합니다. 그러나 그들이 믿음을 가지고 있다고 말만 하고, 인애를 가리키는 믿음의 삶 안에 있지 않았던 자들은 그 가르침을 영접, 수용하지 않았고, 결과적으로 그들은 분리되고, 천계 아래에 있는 곳들로 쫓겨나고, 몇몇은 지옥에, 몇몇은 성경말씀에서 "낮은 땅"이라 불리우는 땅으로 쫓겨납니다. 그들은 거기에서 온갖 어려운 일들을 겪습니다. 그럼에도 불구하고 종교의 법칙들을 생명의 법칙들로 완성한 이방 사람들은 어떤 기독교인들에 비하여 매우 더 쉽게 주님에 관한 교리를 영접, 수용합니다. 특히 이런 일은 그들이 신령사람(the Divine Man)의 개념 이외의 하나님의 다른 개념을 결코 가지지 않기 때문입니다. 이런 내용이 여기서 언급하는 것은 "주님의 이름을 두려워한다"는 것이 주님을 예배한다는 것을 뜻한다는 것을 잘 알게 하기 위한 것입니다.

696[B]. [6] 성경말씀의 수많은 장절에는 "여호와 하나님을 두려워한다"(=주 하나님을 두려워한다)는 표현이 사용되고 있는데, 이 말씀은 그분을 예배한다는 것을 뜻합니다. 그러므로 개별적으로 "하나님을 두려워한다"(=하나님을 경외한다)는 말씀이 예배하는 것을 뜻한다는 것이 무엇인지 몇 말씀으로 설명하겠습니다. 여호와 하나님의 모든 예배는 반드시 진리들에 의한 사랑의 선에서 비롯되어야만 합니다. 다만 단순한 사랑의 선에서 비롯된 예배나, 또한 단순한 진리들에게서 비롯된 예배는 진정한 예배가 아니고, 따라서 사랑의 선이 결여된 예배도 역시 진정한 예배가 아닙니다. 진정한 예배에는 이들 양자가 있어야 하는데, 그것은 사랑의 선은 예배의 본질이지만, 그러나 선은 반드시 그것의 존재나 형체(form)를 진리들에 의하여 취하여야만 하기 때문입니다. 이런 이유 때문에 성경말씀의 수많은 장절에는 "여호와 하나님을 두려워한다"는 표현이 사용되었고, 그리고 거기에 "그분의 말씀들이나 계명들을 잘 지키고, 행하여라"는 말씀이 부가된 것입니다. 결과적으로 이런 장절들에서 "두려워한다"는 것은 진리들에 의한 예배를 뜻하고, "지킨다, 행한다"(to keep and do)는 것은 사랑의 선에서 비롯된 예배를 뜻합니다. 왜냐하면 행한다(doing)는 것은 의지에 속한 것이고, 따라서 사랑이나 선에 속한 것이기 때문입니다. 그러나 "두려움"(=두려워한다 · fearing)은 이해에 속한 것이고, 따라서 믿음이나 진리에 속한 것이기 때문입니다. 그 이유는 믿음에 속한 모든 진리는 정확하게는 이해에 속한 것이기 때문이고, 그리고 사랑에 속한 모든 선은 정확하게는 의지에 속한 것이기 때문

입니다. 이상에서 볼 때 "여호와 하나님의 두려움"(=경외)은, 믿음의 진리들이라고 하는, 교리의 진리들에 의한 예배에 관해서 서술하고 있다는 것을 밝히 알 수 있겠습니다. 이런 예배가 "여호와 하나님의 두려움"(=경외)이 뜻하는 것인데, 그 이유는 신령진리가 그 경외에서 악한 사람을 지옥으로 영벌에 처한다는 그 두려움을 일으키기 때문입니다. 그러나 선은 그런 일을 하지 않는데, 그 이유는 진리들을 통하여 사람이나 천사가 선을 영접하는 것에 비례하여 그것은 그와 같은 영벌 따위를 제거하기 때문입니다. 그러므로 여기서 알 수 있는 것은, 사람이 사랑의 선 안에 있는 것에 비례하여 거기에 하나님의 경외(=두려움)가 있다는 것입니다. 그리고 또한 사람이 사랑의 선 안에 있는 것에, 그리고 그것에서 비롯된 진리들 안에 있는 것에 비례하여 두려움(dread)이나 공포(terror) 따위는 소멸되고, 그리고 존경심과 함께 하는 거룩한 경외(敬畏 · a holy fear)가 생겨난다는 것을 밝히 알 수 있다는 것입니다. 다시 말하면 그의 진리들 안에 선이 내재해 있는 것에 비례하여 공포나 두려움은 사라지고, 대신 거룩한 경외가 생긴다는 것입니다. 여기에서 뒤이어지는 것은 예배 안에 있는 두려움이나 경외는 그 사람의 삶의 상태에 따라서 각자 각자에게는 다양하게 변한다는 것이고, 그리고 또한 선 안에 있는 자들에게 있는 경외의 상태에 있는 자들에게 있는 존경심이 함께 하는 신성한 존엄심도, 의지 안에 있는 선의 수용에 따라서, 그리고 이해 안에 있는 진리의 수용에 따라서 다양하게 바뀐다는 것입니다. 다시 말하면 심령(the heart) 가운데 있는 선의 수용에 따라서, 그리고 영혼(the soul) 가운데 있는 진리의 수용에 따라서 다양하게 변한다는 것입니다.

[7] 그러나 지금 언급, 설명된 것이 무엇인지는 아래의 성경말씀 장절들에게서 보다 더 명료하게 알 수 있겠습니다. 신명기서의 말씀입니다.

"이스라엘아, 지금 주 너희의 하나님이 너희에게 원하는 것이 무엇인지 아느냐? 주 너희의 하나님을 경외하며, 그의 모든 길을 따르며, 그를 사랑하며, 마음을 다하고 정성을 다하며 주 너희의 하나님을 섬기며…… 그에게만 충성을 다하고, 그의 이름으로만 맹세하여라"(신명기 10 : 12, 20).

"여호와 하나님을 경외한다" "그의 모든 길을 따른다" "그분을 사랑한다" "그분을 섬긴다"는 표현들이 여기에서 사용되었는데, 그리고 이 모든 말씀들에 의하여 선에게서 비롯된 진리들에 의한 예배가 기술되었습니다. 진리들에 의한 예배는 "여호와 하나님을 두려워하라"는 말씀이나, "그분을 섬긴다"는 말씀이 뜻합니다. 그리고 선에서 비롯된 예배는 "그의 모든 길을 따르라"는 말씀이나, "그분을 사랑하라"는 말씀이 뜻합니다. 그러므로 "마음을 다하고(the whole heart), 정성을 다하여"(the whole soul) 라는 말씀이 언급되었는데, 여기서 "마음"(heart)은 의지에 속한 사랑이나 인애의 선을 뜻하고, "정성"(soul)은 이해에 속한 교리나 믿음의 진리를 뜻합니다. 왜냐하면 "마음"(heart)은 사랑의 선에 대응하고, 사람 안에서는 그의 의지에 대응하기 때문입니다. 그리고 "정성"(soul)은 믿음의 진리에 대응하고, 사람 안에서는 그의 이해에 대응하기 때문입니다. 왜냐하면 "영혼"(=바람·목숨·혼·*anima*)은, 그의 영(his spirit)이라고 부르는, 사람의 숨이나 호흡을 뜻하기 때문입니다. 성경말씀에서 "영혼"(soul)이 믿음의 생명(the life of faith)을 뜻하고 "마음"(=심령·heart)이 사랑의 생명(the life of love)을 뜻한다는 것은 《천계비의》 2930·9050·9281항을 참조하십시오.
[8] 같은 책의 말씀입니다.

> 너희는 주 너희의 하나님만을 따르고 그분만을 경외하며, 그분의 명령을 잘 지키며, 그분의 말씀을 잘 들어라. 그분만을 섬기고, 그분에게만 충성을 다하여라(신명기 13:4).

여기서 "주 너희의 하나님만을 따르고, 그분만을 경외하며, 그분의 명령을 잘 지킨다"는 것은 선한 삶을 뜻하고, 따라서 예배가 그것에서 비롯되는 근원인 사랑의 선을 뜻합니다. 그리고 "하나님 여호와를 경외하고, 그분의 말씀을 잘 듣고, 그분만을 섬긴다"는 것은 교리의 진리들을 뜻하고, 따라서 그것에 의한 예배를 가리키는, 믿음의 진리들을 뜻합니다. 주님의 모든 예배가 반드시 선이 결여된 진리들에 의한 것이 아니고, 선에게서 비롯된 진리들에 의한 것이어야만 하기 때문에, 그리고 또한 진리들이 결여된 선에 의한 것이 아니어야만 하기 때문에, 그러므로 성경말씀의 모든 개별적인 것에는, 이미 인용된 수많은 장절에서와 같이, 그리고 역시 아래의 장절들에서와 같이, 선과 진리의 혼인(=결합)이 내재해 있습니다. 성경말씀의 개별적인 것들 안에 있는 선과 진리의 혼인에 관해서는 본서 238항과 288[B]·660항을 참조하십시오.
[9] 같은 책의 말씀입니다.

> 주 너희의 하나님을 경외하고, 그를 섬기며, 그에게만 충성을 다하고, 그의 이름으로만 맹세하여라(신명기 10:20).

이 말씀에서도 역시 "여호와 하나님을 경외하고, 그를 섬긴다"는 것은 예배에 속한 진리들과 관계를 가지고 있다는 것, 그리고 "그분에게만 충성을 다하고, 그의 이름으로만 맹세하여라"는 말씀은 예배에 속한 선들과 관계를 가지고 있다는 것을 뜻합니다. 왜냐하면 "충성을 다한다"는 것은 사랑의 선에 속한 말씀이기 때문인데, 그것은 자기가 사랑하는 자에게 충성을 다하기 때문입니다. 그리고 "여호와의 이름으로만 맹세한다"는 말씀은, 마찬가지로 어떤 것을 행한다는 것은 그것에 의한 확증이기 때문입니다. "섬긴다"(to serve)는 것은 예배에 속한 진리들과 관계를 가지고 있는데, 그것은 성경말씀에서 "종들"(=섬기는 자들·servants)은 진리들 안에 있는 자들을 뜻하기 때문입니다. 이런 이유 때문에 진리들은 선을 섬깁니다(본서 6·409항 참조).

[10] 역시 같은 책의 말씀입니다.

> 너희가 주 너희의 하나님을 경외하며, 내가 너희에게 명한 모든 주의 규례와 법도를 잘 지키면…… 너희는 주 너희의 하나님을 경외하며, 그를 섬기며, 그의 이름으로만 맹세하여라. 너희는, 너희 가까이에 있는 백성이 섬기는 신들 가운데에, 그 어떤 신도 따라가서는 안 된다.…… 주께서 우리에게 이 모든 규례를 명하여 지키게 하시고, 주 우리의 하나님을 경외하게 하셨다(신명기 6:2, 13, 14, 24).

여기서도 역시 마찬가지로 선에게서 비롯된 진리들에 의한 예배가 기술되었고, 또한 사랑에서 비롯된 믿음에 의한 예배가 기술되었습니다. "여호와 하나님을 경외하고, 그분을 섬긴다"는 것은 믿음에 속한 진리들에 의한 예배를 뜻하고, "그분의 규례와 명령들을 잘 지키고, 행하고, 그의 이름으로만 맹세한다"는 것은 사랑에 속한 선에서 비롯된 예배를 뜻합니다. 왜냐하면 규례들이나 명령들을 지키고, 행한다는 것은 삶의 선(=선한 삶)을 가리키는데, 그것은 사랑에 속한 선과 꼭 같기 때문입니다. 왜냐하면 사람은 사랑하는 것을 실천하기 때문입니다. "여호와의 이름으로 맹세한다"는 것도 역시 동일한 뜻입니다. 왜냐하면 "맹세한다"(to swear)는 것은 삶에 의하여 확증하는 것을 뜻하기 때문입니다. 이미 앞에서 언급된 "여호와를 경외하고, 그분을 섬긴다"는 것은 교리에 속한 진리들에 일치하는 예배를 뜻합니다. 왜냐하면 예배를 형성, 구성하는 것은 두 가지 요소가 있는데, 말하자면 교리(doctrine)와 삶(life)입니다. 삶이 결여된 교리는 예배를 구성하지 못하고, 또한 교리가 결여된 삶 역시 예배를 구성하지 못합니다.

696[C]. [11] 아래의 장절에서도 동일한 것을 가르칩니다. 신명기서의 말씀입니다.

> 너희는 이 백성의 남녀와 어린 아이만이 아니라 성 안에서 너희와 같이 사는 외국 사람도 불러모아서, 그들이 율법을 듣고, 배워서, 주 너희의 하나님을 경외하며, 이 율법의 모든 말씀을 지키도록 하여라 (신명기 31:12).

같은 책의 말씀입니다.

> 너희가 이 책에 기록된 율법의 모든 말씀을 성심껏 지키지 않고, 주 너희 하나님의 영광스럽고, 두려운 이름을 경외하지 않으면…… (신명기 28:58).

역시 같은 책의 말씀입니다.

> 왕위에 오른 사람은 레위 사람 제사장 앞에 보관되어 있는 이 율법

책을 두루마리에 복사하여, 평생 자기 옆에 두고 읽으면서, 자기를 택하신 주 하나님 경외하기를 배우며, 이 율법의 모든 말씀과 규례를 성심껏 어김없이 지켜야 한다(신명기 17 : 18, 19).

역시 같은 책의 말씀입니다.

너희는 주 너희 하나님의 명령을 잘 지키고, 그의 길을 따라가며, 그를 경외하여라(신명기 8 : 6).

역시 같은 책의 말씀입니다.

그들이 언제나 이런 마음을 품고, 나를 두려워하며, 나의 모든 명령을 지켜서, 그들만이 아니라 그 자손도 길이길이 잘 살게 되기를 바란다(신명기 5 : 29).

"여호와 하나님을 경외한다"(=두려워한다)는 말씀이 거명된 장절들에는, "율법의 계명들을 지키고 행한다"는 말씀이나, "그분의 길을 따라서 걷는다"는 말씀이 첨가되었습니다. 이런 이유 때문에, 앞에서 언급한 것과 같이, 삶에 속한 선(=선한 삶)에 존재하는 것을 가리키는, 하나님의 내적 영적인 모든 예배는 반드시 교리에 속한 진리들에 일치하여야만 합니다. 왜냐하면 이런 것들이 반드시 가르치는 것이기 때문입니다. 교리에 속한 진리들에 일치하는 예배는 "여호와를 경외한다"는 말씀이 뜻하고, 그리고 삶에 속한 선에서 비롯된 예배는 "그분의 계명들을 지키고, 그의 길에서 계명들을 따라서 걷는다"는 말씀이 뜻합니다. "여호와의 길을 걷는다"는 것은 교리에 속한 진리들에 따라서 사는 것을 뜻합니다. 교리에 속한 진리들에 일치하는 예배가 "여호와를 경외한다"는 말씀이 뜻하기 때문에, 그러므로 여호와를 경외하는 것은 반드시 율법에서 배워야 한다는 것이 언급되었습니다. 그러나 우리가 주지하여야 할 것은 "여호와의 경외"(=여호와의 두려움)는, 외적인 자연적인 예배 안에 반드시 내재하여야 하는 내적인 영적인 예배를 뜻합니다. 왜냐하면 내적인 영적인 예배는 진리들을 생각하는 것이고, 진리들을 이해하는 것이기 때문입니다. 따라서 하나님에 대해서 경건한 방법으로, 거룩한 방법으로 생각하는 것입니다. 그것이 "그분을 경외한다"는 것입니다. 그리고 외적인 자연적인 예배는 진리들을 행하는 것, 다시 말하면 계명들이나, 율법의 말씀들을 지키는 것을 가리킵니다.

[12] 시편서의 말씀입니다.

> 주님, 주의 길을 가르쳐 주십시오.
> 주의 진실하심을 본받아서 살겠습니다.
> 내가 한마음으로
> 주의 이름을 경외하겠습니다.
> (시편 86:11)

여기서 "길을 가르친다"는 것은, 사람이 반드시 살아가는 것에 일치하는 진리를 가르치는 것을 뜻합니다. 그러므로 "참으로 진리를 가르쳐 주십시오"라는 말씀이 부연되었습니다. 사랑에 속한 선이 반드시 믿음에 속한 진리들과 결합되어야 한다는 것은 "내가 한마음으로 주의 이름을 경외하겠습니다"(=당신의 이름을 두려워하도록 내 마음을 하나로 모아 주십시오·내게 나뉘지 않은 마음을 주십시오)라는 말씀이 뜻합니다. 여기서 "마음"(heart)은 사랑을 뜻하고, "경외"(=두려움)는 거룩한 믿음을 뜻하고, 그리고 이런 것들은 반드시 합일되어야 하는 것을, 가시 말하면 모두 예배 안에 있어야만 하는 것을 뜻합니다.
[13] 같은 책의 말씀입니다.

주님을 경외하며,
주의 명(=길)에 따라 사는 사람은,
그 어느 누구나 복을 받는다.
(시편 128 : 1)

이 말씀에서도 역시 "여호와를 경외한다"(=주님을 경외한다)는 것은 하나님에 관해서 경건하고 거룩한 방법으로 생각하는 것을 뜻하고, "주의 명"(=길 · His ways)에 따라서 사는 것(=걷는 것)은 신령진리들에 따라서 사는 것을 뜻합니다. 예배에는 두 방법이 있습니다. 그러나 신령진리들에 따라서 사는 것을 가리키는, 외적인 예배에는 반드시 여호와를 경외하는 것을 가리키는, 내적인 예배가 있어야 합니다. 이러한 사실이 "주님을 경외하는 사람은 주의 명에 따라 산다"(=그분의 길에서 산다)는 말씀이 부연된 이유입니다. 같은 책의 말씀입니다.

주님을 경외하고,
주의 계명을 크게 즐거워하는 사람은,
복이 있다.
(시편 112 : 1)

이 말씀의 뜻도 역시 위의 내용과 같습니다. 왜냐하면 "주의 계명을 크게 즐거워한다"는 것은 그것들을 사랑하는 것을 가리키기 때문이고, 따라서 그것들을 원하고, 실천하는 것을 가리키기 때문입니다.
[14] 예레미야서의 말씀입니다.

> 그들은 이 날까지 뉘우치지도 않고, 두려워하지도 않으며, 내가 너희와 너희에게 준 나의 율법과 율례를 지키지도 않았다(예레미야 44 : 10).

"두려워하지 않는다"는 말은 성경말씀의 진리들도 말미암아 하나님에 관해서 생각하지 않는 것, 따라서 거룩하고, 경건한 방법으로 생각하지 않는 것을 뜻합니다. "하나님의 율법이나 율례를 지키지 않는다"(=그것들에 따라서 걷지 않는다)는 것은 그것들에 따라서 살지 않는다는 것을 뜻합니다. 여기서 "계명들"(=명령들)은 내적인 예배에 속한 율법을 뜻하고, "율례들"은 외적인 예배에 속한 율법을 뜻합니다.

[15] 말라기서의 말씀입니다.

> 내가 너희 아버지라고 해서
> 너희가 나를 공경하기라도 하였느냐?
> 내가 너희 주인이라고 해서
> 너희가 나를 두려워하기라고 하였느냐?
> (말라기 1 : 6)

여기서 낱말 "공경한다"(=공경 · honor)나 "두려워한다"(=경외 · fear)는 말이 사용되었는데, 그것은 "공경"이 선에서 비롯된 예배에 관해서 서술하기 때문이고, "경외"는 진리들에 의한 예배에 관해서 서술하기 때문입니다. "공경"(honor)이 선을 서술한다는 것은 본서 288 · 345항을 참조하십시오. 그러므로 "공경"은 역시 아버지(聖父)에 관해서 서술하고, "경외"(fear)는 주님에 관해서 서술합니다. 왜냐하면 여호와는 신령선으로 말미암아 "아버지"(the Father)라고 불리웠고, 그리고 여기서는 신령진리로 말미암아 주님(the Lord)이라고 불리웠기 때문입니다.

[16] 같은 책의 말씀입니다.

> 내가 레위와 맺은 언약은,
> 생명과 평화가 약속된 언약이다.
> 나는 그가 나를 경외하도록
> 그와 언약을 맺었고,
> 그는 과연 나를 경외하며
> 나의 이름을 두려워하였다.
> (말라기 2 : 5)

여기서 "레위"는 신령인성(the Divine Human)과의 관계에서 주님을 뜻하고, "생명과 평화의 언약"은 그분 자신과 그분의 신성의 합일을 뜻하고, "경외"나 "두려의한다"는 것은 그것들과의 합일을 가리키는 거룩한 진리(holy truth)를 뜻합니다.

[17] 이사야서의 말씀입니다.

> 주의 영이 그에게 내려오신다.
> 지혜와 총명의 영,
> 모략과 권능의 영,
> 지식과 주를 경외하게 하는 영이
> 그에게 내려오시니,
> 그는 주를 경외하는 것을
> 즐거움으로 삼는다(=그는 여호와를 두려워하는 데서 즐거움을 얻을 것이다)(이사야 11 : 2, 3).

이 말씀 역시 주님에 관해서 언급하고 있는데, 이 장절의 낱말들은, 그것들 안에, 그리고 그것들에게서 모든 지혜나 총명이 비롯된, 신령진리를 기술하고 있습니다. 주님께서 이 세상에 계실 때, 그리고 주님의 인성의 영광화가 그분에게서 발출하였기 때문에, 주님 안에 있었던 신령진리는 "그분에게 내려오신 주의 영"(=여호와의 영)이 뜻합니다. 그것으로 말미암아 주님께서는 그 근원으로부터 신령지혜와 신령능력을 취하셨다는 것은 "지혜와 총명의 영, 그리고 모략과 권능의 영"이 뜻합니다. 그리고 그분께서 그 근원에서 예배 안에 있는 전지(全知)와 본질적인 거룩함을 취하셨다는 것은 "지식의 영이나, 주를 경외하는 영"이 뜻합니다. 그리고 "경외"(fear)가 신령진리에게서 비롯된 예배의 거룩함을 뜻하기 때문에 "그는 여호와를 두려워하는 데서(=향을 바치는 데서) 즐거움을 얻을 것이다"는 말씀이 부연되었습니다. "향을 바친다"는 것은, 신령진리를 가리키는, 신령 영적인 것에서 비롯된 예배를 뜻합니다. "향을 바친다"는 것이 뜻하는 것이 무엇인지는 본서 324 · 491 · 492 · 494 · 567항을 참조하십시오. "지혜의 영 · 총명의 영 · 지식의 영 · 경외의 영"이라는 말이 언급되었는데, 그것은 "영"(spirit)이 신령발출(the Divine proceeding)을 뜻하기 때문이고, 그리고 "지혜의 영"은 극내적인 천계의 왕국이나 삼층천의 왕국의 천사들에 의하여 수용된 신령발출을 가리키는, 천적인 신령한 것(the celestial Divine)을 뜻하기 때문이고, "총명의 영"은 중간천계, 즉 이층천의 천사들에 의하여 수용된 신령발출을 가리키는, 영적인 신령한 것(the spiritual Divine)을 뜻하기 때문이고, 그리고 "지식의 영"은 가장 낮은 천계, 즉 일층천의 천사들에 의하여 수용된 신령발출을 가리키는 자연적인 신령한 것(the natural Divine)을 뜻하기 때문이고, 그리고 "여호와의 경외의 영"은 이와 같은 천적 · 영적 · 자연적인 신령한 것에서 비롯된 예배의 모든 거룩함을 뜻하기 때문입니다.

[18] 예레미야서의 말씀입니다.

그 때에 내가 그들에게 한결같은 마음과 삶(=길)을 주어, 그들이 언제나 나를 경외하여 그들 자신뿐만 아니라, 그들의 자손들까지도 길이 복을 받게 하였다. 그 때에는 내가 그들과 영원한 언약을 맺고, 내가 그들에게서 영영 떠나지 않고, 그들을 잘되게 할 것이다(예레미야 32:39, 40).

"그 때에 내가 나를 경외하기 위하여 한결같은 마음과 삶(=길)을 줄 것이다"는 것은 어느 누구나 주님을 예배하는 것을 원하고, 어느 누구나 주님을 예배하는 것을 이해한다는 것을 뜻합니다. 여기서 "마음"(heart)은 의지에 속한 선을 뜻하고, "길"(=삶)은, 인도하는 이해에 속한 진리를 뜻하고, "경외"는 그것에서 비롯된 거룩한 예배를 뜻합니다. "내가 그들과 영원한 언약을 맺고, 나에 대한 경외를 그들의 마음 속에 넣어 줄 것이다"는 말씀은 사랑에 속한 선을 통한 결합을 뜻합니다. 여기서 "언약"은 결합을 뜻하고, "마음의 경외"는 사랑에 속한 선 안에 있는 진리에서 비롯된 예배의 거룩함을 뜻하고, "그들이 나에게서 영영 떠나지 않게 한다"는 것은 그 결합의 목적 때문이라는 것을 뜻합니다. 주님과의 결합은 선에게서 비롯된 진리들에 의하여 이루어지기 때문에, 그리고 선이 결여된 진리에 의해서는 이루어지지 않기 때문에, 그리고 또한 진리들이 결여된 선에 의해서도 이루어지지 않기 때문에, 여기서는 양자가 모두 언급, 거명되었습니다.

[19] 시편서의 말씀입니다.

    아론의 집이여, 주님을 의지하여라.
    주님은 도움이 되어 주시고,
    방패가 되어 주신다.
    주님을 경외하는 사람들아.

> 주님을 의지하여라.
> 주님은, 도움이 되어 주시고,
> 방패가 되어 주신다.
> (시편 115 : 10, 11)

여기서 "아론의 집"(house of Aaron)은 사랑의 선 안에 있는 자들 모두를 뜻하고, "주님"(=여호와)을 경외하는 사람들"은 그 선에서 비롯된 진리 안에 있는 자들 모두를 뜻합니다. 묵시록서의 말씀입니다.

> 그(=영원한 복음을 가지신 분)가 큰소리로 "너희는 하나님을 두려워하고(=경외하고), 그분께 영광을 돌려라" 하고 외쳤습니다(묵시록 14 : 7).

"하나님을 경외하고, 그에게 영광을 돌려라"는 것은 거룩한 진리들에게서 비롯된 주님을 예배하는 것을 뜻하고, 그리고 "그분을 예배한다"는 것은 사랑의 선에서 비롯된 주님을 예배하는 것을 뜻합니다. 시편서의 말씀입니다.

> 온 땅아, 주님을 두려워하여라(=경외하여라).
> 세상 모든 사람아, 주님을 경외하여라.……
> 주의 눈은
> 주님을 경외하는 사람을 살펴보시며,
> 한결같은 사랑을 사모하는 사람을
> 살펴보신다.
> (시편 33 : 8, 18)

같은 책의 말씀입니다.

11장 7-19절

> 주님은 오직 당신을 경외하는 사람과
> 당신의 사랑을 기다리는 사람을
> 좋아하신다.
> (시편 147 : 11)

"여호와를 경외한다"는 것이 신령진리의 수용을 뜻하고, "당신의 충성스러운 사랑"(=자비)은 신령선의 수용을 뜻하기 때문에 "눈"과 "그의 자비를 바라는 자들(=사모하는)에게서 기쁨을 취한다"는 말씀이 언급되었습니다.
[20] 이사야서의 말씀입니다.

> 강한 민족이
> 주님을 영화롭게 할 것이며,
> 포악한 민족들의 성읍이
> 주님을 경외할 것입니다.
> (이사야 25 : 3)

여기서도 역시 "주님을 영화롭게 한다"는 것은 선에서 비롯된 예배를 뜻합니다. 왜냐하면 "영화"(honor)는 사랑의 선을 서술하기 때문이고, 그리고 진리들에게서 비롯된 예배는, 앞에서 언급한 것과 같이, "주님을 경외한다"는 말씀이 뜻하기 때문입니다. "강한 민족"(the strong people)은, 모든 능력이 그것에서 비롯되는 선에서 비롯된 진리들 안에 있는 교회에 속한 사람들을 뜻합니다. "포악한 민족들의 성읍"은 교리의 진리들 안에 있는 자들을 뜻하고, 그리고 이런 것들을 통해서 사랑의 선 안에 있는 자들을 뜻합니다. 모든 영적인 능력은 그것들에게서 비롯되기 때문에 그들은 "포악한 민족들"이라고 불리웠습니다. 역시 이런 낱말들이나 표현들은 성경말씀의 모든 개별적인 것들 안에 선과 진리의 혼인(=결혼·결합)이 있다는 것을 명료하게 입증합니다. 왜냐하면 "영화롭게 한다"(to honor)는 것은 선에 관해서 서술하고, "경외한다"(to fear)는 것은 진리에 관해서 서술하고, 양자는 예배에 있기 때문입니다. 낱말 "백성"(people)은 진리들 안에 있는 자들에 대하여 사용되었고, 그리고 이런 것들을 통한 선 안에 있는 자들에 대해서 사용되었고, 그리고 이런 것들을 통한 선 안에 있는 자들에 대해서 사용되었습니다. 그러나 낱말 "민족들"은 선 안에 있는 자들에 관해서 사용되었습니다. 그리고 영계에서 모든 능력은 선과 진리의 결합에서 비롯되기 때문에, 백성은 강하다고 언급되었고, 민족들은 "포악하다"(terrible)고 언급되었습니다.

696[D]. [21] "여호와의 경외"(=주의 경외·두려움)는, 역시 아래의 장절에서와 같이, 그것 안에 진리들을 통한 거룩함이 내재해 있는 예배를 뜻합니다. 이사야서의 말씀입니다.

> 이 백성이 입으로는 나를 가까이하고,
> 입술로는 나를 영화롭게 하지만,
> 그 마음으로는 나를 멀리하고 있다.
> 그들이 나를 경외한다는 말은,
> 다만, 들은 말을 흉내내는 것일 뿐이다.
> (이사야 29 : 13)

같은 책의 말씀입니다.

> 너희 가운데 누가 주님을 경외하며,
> 누가 그의 종에게 순종하느냐?
> 어둠 속을 걷는, 빛을 모르는 사람이라도,
> 주의 이름을 신뢰하며,

하나님께 의지하여라.
(이사야 50:10)

예레미야서의 말씀입니다.

> 세상 만민이 내가 예루살렘에서 베푼 모든 복된 일들을 듣게 될 것이며, 예루살렘은 나에게 기쁨과 찬양과 영광을 돌리는 이름이 될 것이다. 그리고 내가 이 도성에 베풀어 준 모든 복된 일과 평화를 듣고, 온 세계가 놀라며 떨 것이다(예레미야 33:9).

시편서의 말씀입니다.

> 주의 천사가
> 주님을 경외하는 사람을 둘러 진을 치고,
> 그들을 건져 주신다.……
> 주님을 믿는 성도들아, 그를 경외하여라.
> 그를 경외하는 사람에게는,
> 아무런 아쉬움이 없을 것이다.
> (시편 34:7, 9)

같은 책의 말씀입니다.

> 마음을 고치지도 아니하며
> 하나님을 두려워하지도 아니하는
> 그들을 치실 것이다.
> (시편 55:19)

역시 같은 책의 말씀입니다.

> 주님을 경외하는 것이 지혜의 근본이다.

> 이것을 실천하는 사람은
> 바른 깨달음을 얻으니,
> 영원토록 주님을 찬양할 일이다.
> (시편 111 : 10)

"경외"(=두려움 · fear)가 신령진리에 대한 경외(敬意)를 가지고 있기 때문에, 그리고 그것으로 말미암아 예배 · 지혜 · 총명 안에 거룩함이 내재해 있기 때문에 그러므로 "주님을 경외하는 것이 지혜의 근본이다. 이것을 실천하는 사람은 바른 깨달음을 얻고, 영원토록 주님을 찬양할 것이다"는 말씀이 언급되었습니다. 역시 같은 책의 말씀입니다.

> 주님을 경외하는 사람들아,
> 너희는 그를 찬양하여라.
> 야곱의 모든 자손아,
> 그에게 영광을 돌려라.
> 이스라엘의 모든 자손아,
> 그를 경외하여라.
> (시편 22 : 23)

누가복음서의 말씀입니다.

> 그의 자비하심은
> 그를 두려워하는 사람들에게
> 대대로 있을 것입니다.
> (누가 1 : 50)

[22] "여호와 하나님을 경외하여라"는 말씀이 거룩함이나 존경의 뜻을 가지고 있는 것을 뜻하고, 그리고 따라서 거룩함과

존경심을 가지고 예배하는 것을 뜻한다는 것은 아래의 장절들에게서 잘 알 수 있겠습니다. 레위기의 말씀입니다.

> 너희는 내가 정하여 준 안식의 절기들을 지켜라. 나에게 예배하는 성소를 속되게 해서는 안 된다(레위기 19:30 ; 26:2).

출애굽기서의 말씀입니다.

> 너희 주변에 사는 모든 백성이, 나 주가 너희에게 하여 주는 그 일이 얼마나 두려운 일인지를 보게 될 것이다(출애굽 34:10).

창세기서의 말씀입니다.

> 그는 두려워하면서 중얼거렸다. "이 얼마나 두려운 곳인가! 이 곳은 다름아닌 하나님의 집이다. 여기가 바로 하늘로 들어가는 문이다"(창세기 28:17).

신령존재와 천계나 교회의 거룩함과의 관계에서 "두려워한다"(to fear)는 것은 존경하는 것을 뜻하고, 그리고 존경의 상태에 있다는 것을 뜻한다는 것은 이런 여러 장절들에게서, 그리고 이 장절의 말씀에서 잘 알 수 있겠는데, 히브리 말의 동일한 낱말은 "두려워한다"는 것이 존경하는 것이나, 받들어 모시는 것(to venerate)을 뜻합니다. 이러한 내용은 누가복음서의 말씀에서 역시 명확합니다.

> 어느 도시에 하나님을 두려워하지 않고, 사람도 존중하지 않는, 어떤 재판관이 있었다.…… 이렇게 혼자 말하였다. "내가 정말 하나님을 두려워하지 않고, 사람도 존중하지 않지만……"(누가 18:2, 4).

"하나님을 두려워한다" "사람을 존경하지 않는다"는 말이 언급되었는데, 그것은 두려워함(=경외)이 높은 정도에서 존경하는 것을 뜻하기 때문입니다.

[23] 마태복음서의 말씀입니다.

> (예수께서 말씀하셨다.) 몸은 죽일지라도 영혼은 죽이지 못하는 자를 두려워하지 말고, 영혼도 몸도 둘 다 지옥에 던져서 멸망시킬 수 있는 분을 두려워 하여라(마태 10 : 28 ; 누가 12 : 4, 5, 7).

여기서도 "두려워한다"는 것은 영적으로 죽음의 두려움을 가지는 것을 뜻하고, 따라서 자연적인 두려움을 뜻하는데, 그것은 무서움(=경외) · 공포 · 불안(dread) 따위를 가리키지만, 그러나 영적인 두려움(=경외 · spiritual fear)은 사랑의 양(量)이나 질(質)에 일치하는 다종다양한 모든 영적인 사랑 안에 있는 거룩한 두려움(=경외 · a holy fear)을 가리킵니다. 이런 부류의 두려움(=경외)에는 영적인 사람이 있고, 그리고 그는, 주님께서는 어느 누구에게도 악을 행하지 않는다는 것, 더욱이 게헨나에 있는 육신이나 영혼의 측면에서 어느 누구도 파괴하시지 않는다는 것을 알지만, 그러나 주님께서는 모두에게 선을 행하시고, 육신이나 영혼의 측면에서 천계의 당신 자신에게 인도하기 위하여 모두를 세우시기를 열망하신다는 것도 압니다. 이러한 사실은 영적인 사람의 두려움(=경외)은 삶의 악이나 교리의 거짓에 의하여 사람이 떠나 버리는 것을 막기 위한, 따라서 자신 안에 있는 신령사랑에게 해를 입히는 것을 막기 위한, 거룩한 두려움이라는 것을 가리키는 이유입니다. 그러나 자연적인 두려움(=공포)은 무시무시한 두려움이고, 무서움이고, 그리고 위험들이나 형벌의 공포이고, 따라서 지옥의 공포입니다. 이런 두려움이나 공포는 모든 관능적인 사랑 안에 머물러 있고, 그리고 또한 그 사랑의 양이나 질에 따라서 다종다양하게 남아 있습니다. 이런 공포나 두려움을 가지고 있는 자연적인 사람은, 주님께서 악한 사람들에게 악을 행하시고, 그들을 저주하시고, 그들을 지옥으로 내쫓고, 그들을 벌하신다는 것 이외의 다른 것은 전혀 알지 못합니다. 그리고 이런 이유 때문에 이런 부류의 작자들은 주님에 대한 공포나 두려움 가운데 있습니다. 이런 부류의 두려움에는 대부분 유대 민족이나 이스라엘 민족이 있었는데, 그것은 그들이 자연적인 사람들이었기 때문입니다. 이것은 또한 성경말씀에서 아주 자주 "두려워한다" "여호와 앞에서 부들부들 떨었다"고 언급되었고, 그리고 또한 "두려움이나 전율(戰慄) 가운데 있다"는 것이 언급되었습니다. 꼭같은 이유 때문에 이스라엘 자손들에 관해서, 신령율법, 즉 신령진리가 시내 산에서 공표될 때 그들은 심히 두려워하였다(=떨고 있었다)고 언급되었습니다(출애굽 20:18-20 ; 신명기 5:23-25).

[24] 이런 두려움은 이런 말씀에서 뜻하는 것이기도 합니다. 창세기서의 말씀입니다.

　　야곱이 라반에게 맹세한 이삭의 두려운 분(창세기 31:42, 53).

왜냐하면 "아브라함 · 이삭 · 야곱"은 성경말씀에서 주님을 뜻하는데, "아브라함"은 천적 신령존재의 측면에서 주님을 뜻하고, "이삭"은 영적 신령존재의 측면에서 주님을 뜻하고, "야곱"은 자연적 신령존재의 측면에서 주님을 뜻하기 때문입니다. 그리고 "이삭"이 뜻하는 영적 신령존재는, 자연적인 사람을 겁나게 하는, 신령진리를 가리킵니다. 그리고 "라반"이 자연적인 사람이기 때문에, 그러므로 야곱은 그에게 "이삭의 두려운 분, 즉 이삭의 무서운 분"에 맹세하였습니다. 이와 거의 비슷한 동일한 두려움이 이사야서에서 뜻합니다. 그 책의 말씀입니다.

> 너희는 만군의 주 그분만을
> 거룩하다고 하여라.
> 그분만이 너희가 두려워할 분이시고,
> 그분만이 너희가 무서워할 분이시다.
> (이사야 8:13)

여기서도 역시 낱말 "두려움"(fear)은 영적인 사람과 관계를 가지고 있고, 그리고 "무서움"(dread)은 자연적인 사람과 관계를 가지고 있습니다. 영적인 사람이 자연적인 사람이 처하는 그런 두려움에 있지 않다는 것은, "두려워하지 말아라"(Fear not)라고 언급되었습니다. 이사야서의 말씀입니다.

> 이제 야곱아,……
> 이스라엘아,
> 너를 지으신 주께서 말씀하신다.
> "내가 너를 속량하였으니,
> 두려워하지 말아라.
> 내가 너를 지명하여 불렀으니,
> 너는 나의 것이다."
> (이사야 43:1)

누가복음서의 말씀입니다.

> 무서워하지 말아라. 적은 무리들아, 너희 아버지께서 그 나라를 너희에게 주시기를 기뻐하신다(누가 12:32).

예레미야서의 말씀입니다.

> "나의 종 야곱아, 너는 두려워하지 말아라.
> 이스라엘아, 너는 무서워하지 말아라.……
> 보아라, 내가 너를
> 먼 곳에서 구원하여 데려오고,
> 포로로 잡혀 있는 땅에서
> 너의 자손을 구원할 것이니,
> 야곱이 고향으로 돌아와서
> 평안하고 안정되게 살 것이며,
> 아무런 위협도 받지 않고 살 것이다.
> (예레미야 30 : 10)

이 밖에도 수많은 장절이 있습니다. 더욱이 "두려움" "공포" "놀람"(consternation)이, 마찬가지로, 마음의 상태의 변화들이나 경향이나 기질의 다양한 동요나 소동을 뜻한다는 것은 본서 667 · 677항에서 잘 볼 수 있겠습니다.

697. 땅을 망하게 하는 자들을 멸망시킬 때가 왔습니다.
이 말씀은 교회를 파괴하는 자들에게 주어지는 지옥을 뜻합니다. 이러한 내용은, 교회를 파괴시키는 자들과의 관계에서는 저주(damnation · 영벌)나 지옥을 가리키는 "파괴한다"(=멸망시킨다 · to destroy)는 말의 뜻에서 명확합니다. 왜냐하면 "주님의 종 예언자들이나 성도들에게 준 상"은, 선에서 비롯된 진리들 안에 있는 자들에게, 다시 말하면 교회를 형성하는 자들에게, 주어진 구원이나 천계를 뜻하기 때문에, 그러므로 "땅을 망하게 한다"는 것은 영벌(=저주 · damnation)이나 지옥을 뜻합니다. 그리고 또한 교회를 뜻하는 "땅"의 뜻에서 명확합니다 (본서 29 · 304 · 413[B] · 417[A]항 참조). 그러므로 "땅을 망하게 한다"(=땅을 파괴한다)는 것은 교회를 멸망시키고, 파괴하는 것을 뜻합니다. 성경말씀에서 "땅"(the earth)이 교회를 뜻한다는 것은 앞에서 자주 언급하였고, 《천계비의》에서도 역시 자주 입증되었습니다. 성경말씀에서 "땅"이 교회를 뜻한다는 것에는 많은 이유가 있습니다. 다시 말하면, 예를 들면 이집트의 땅, 에돔의 땅, 모압의 땅, 앗시리의 땅, 바빌론의 땅이나 그 밖의 여러 땅들과 같이, 그 땅이 개별적인 것으로 언급, 거명되지 않았을 경우, "땅"(the earth · the land)은 대개 가나안 땅을 뜻하고, 그리고 영적인 생각에 있는 자들에게 그 땅은, 현세적인 이 땅을 가리키는 이 세상적인 땅의 생각을 제공하지 않고, 오히려 저 세상의 천계적인 생각(=개념)을 제공합니다. 그러나 거기에 언급된 그 민족의 성품(=기질)에 속한 생각이나 개념은 교회에 관한 것을 제공합니다. 그러므로 다시 말하면 교회, 또는 종교나 예배가 어느 누구의 생각에 있을 때, 그리고 이 생각에서 땅들이 거명, 언급되었을 때, 그 땅은, 교회 · 종교 예배에 속한 생각(=개념)이 아니고, 오히려 그것들에 관한 그 땅의 민족의 성품을 가리킵니다. 이런 이유 때문에, 사람이 성경말씀을 읽고 있는 중이라면 땅은, 영적인 존재인 천사들은 교회에 관해서 생각하는 것을 언급하고 있습니다. 그리고 그 때 천사들이 생각하는 것은 성경말씀의 영적인 뜻입니다. 왜냐하면 성경말씀의 영적인 뜻은 천사들을 위한 것이기 때문이고, 그리고 또한 영적인 존재인 사람들을 위한 것이기 때문입니다. 왜냐하면 문자로 있는 성경말씀은 자연적인 것이지만, 그럼에도 불구하고 내적으로, 즉 그것의 내심(內心)에 있는 그 말씀은 영적인 것이기 때문입니다. 그리고 언제나 자연적인 것이 물러나고, 퇴출되면, 그 안에 있는, 또는 그것의 내심 속에 있는 영적인 것은 드러나고, 까발려집니다.

[2] 더욱이 영계에는 땅들이 있습니다. 다시 말하면, 사람들이 있는 자연계가 있는 것과 꼭 같이, 영들이나 천사들이 있는 그 세계가 있습니다. 그리고 이런 땅들은 겉모습으로는 이 세상의 것들과 꼭 같습니다. 거기에는 들판이 있고, 골짜기들·산들·언덕들이 있고, 그리고 강들과 바다들이 있고, 농지들이나 초지(草地)들, 숲들, 정원들, 낙원들 따위가 있습니다. 이런 부류의 땅들은 거기에 살고 있는 사람들에게 있는 교회의 상태에 꼭 같이 일치하여 아주 아름다운 광경 가운데 있습니다. 그들은 거기에 살고 있는 주민들에게 있는 교회의 변화에 일치하는 변화들을 입고 있습니다. 한마디로 말하면 거기에는 거기에 살고 있는 자들의 사랑이나 선이나, 믿음의 진리의 수용그릇을 가리키는 그 땅들의 충분한 대응이 있습니다. 이것이 바로 성경말씀에서 "땅"이 교회를 뜻하는 이유 그것입니다. 왜냐하면 그 세계에는 그 땅의 성질에 일치하는 그 교회의 성질이 거기에 있기 때문입니다. 그리고 대응은 그것이 사실이라는 것을 만드는 것이고, 제공하는 것입니다. 그 세계에서 땅 자체는 교회와 하나(一體)를 이룹니다. 그리고 그것에 대응하는 그것 자체의 사물과의 대응적인 것은, 마치 결과가 그것의 결과를 맺는 원인과 같이, 그리고 눈(目)과 그것의 시각에서와 같이, 언어가 그것의 이해와 같이, 행위가 그것의 의지와 같이, 얼굴의 표정이 그 생각의 정동과 같이, 한마디로 말하면, 수단적인 것들이 그것의 주체적인 것과 같이, 그것에 관해서 언급한다면, 그것들은 하나의 사물(one thing)을 완성합니다. 그러므로 영계에서도 그 땅의 성품은 그 교회의 성품과 한 몸을 이룹니다. 이렇게 볼 때 성경말씀에서 "땅"(earth · land)이 교회를 뜻하는

이유를 밝히 알 수 있겠습니다. 그리고 여기서와 같이 "땅을 망하게 한다"(=땅을 파괴한다)는 것이 교회를 파괴하는 것을 뜻한다는 것도 밝히 알 수 있겠습니다.

[3] 그러므로 아래의 장절들에게서도 마찬가지입니다. 이사야서의 말씀입니다.

"이 자가 바로 세상을 뒤흔들고,
여러 나라를 떨게 하며,
땅을 황폐하게 만들며,
성읍을 파괴하며,
사로잡힌 사람들을
제 나라로 돌려보내지 않던
그 자인가?" 할 것이다.……
네가 너의 나라를 황폐하게 하고,
너의 백성을 죽였으니,
너는 왕들과 함께 묻히지 못할 것이다.
(이사야 14 : 16, 17, 20)

이 말씀은, 그가 바빌론을 뜻하는, 루시퍼(Lucifer)에 관해서 언급하고 있습니다. 이러한 것은 우리의 본문절 앞이나, 뒤에 이어지는 것에서 명확합니다. 그리고 "그가 뒤흔들고, 그가 파괴한 땅"은 교회를 뜻합니다. "그가 떨게 만든 여러 나라들"은 일반적으로 교회가 여럿으로 갈라진 교회를 뜻하고, "황폐하게 만든 세상"(=땅)은 일반적으로 교회를 뜻하고, "그가 파괴한 성읍들"은 교회에 속한 교회의 진리들을 뜻하고, "그가 살해한 백성"은 그가 파괴한 영적인 생명을 소유한 교회에 속한 사람들을 뜻합니다.

[4] 예레미야서의 말씀입니다.

> 온 세상을 파괴한 멸망의 산아,
> 보아라, 이제 내가 너를 치겠다.······
> 너를 불탄 산으로 만들겠다.
> (예레미야 51 : 25).

이 말씀도 역시 바빌론에 관해서 언급하고 있습니다. 그것은 파괴하는 산(=멸망의 산)이라고 언급되었는데, 그것은 "산"이 지배애(支配愛・the love of ruling)를 뜻하기 때문이고, 여기서 그것은 하늘과 땅을 지배하는 것이기 때문입니다. 여기서 하늘과 땅은 방법들을 돕기 위하여 만든 교회에 속한 선들이나 진리들을 뜻합니다. 그러므로 "온 땅(=온 세상)을 파괴한다"는 것은 교회를 멸망, 파괴하는 것을 뜻합니다.

[5] 다니엘서의 말씀입니다.

> 그 천사가 이렇게 말하였다.
> "넷째 짐승은
> 땅 위에 일어날 넷째 나라로서,
> 다른 모든 나라와 다르고,
> 온 땅을 삼키며, 짓밟고 으스러뜨릴 것이다."
> (다니엘 7 : 23)

이 짐승도 역시 바빌론에 속한 자들이 가지고 있는 사랑을 가리키는, 온 천계(=하늘)와 온 땅을 지배하는 지배애를 뜻합니다 (본서 316[E]・556[A]항 참조). 그러므로 "삼킨다"(to devour)는 것, "짓밟힌다"(to tread down)는 것, "으스러뜨린다"(=산산조각으로 깨버린다)는 것 등등은 교회를 전적으로 깡그리 파괴하는 것을 뜻합니다. 어느 누구가 바다에서 놀라온 짐승이 온 땅을 삼키고, 짓밟고, 으스러뜨리지 못한다는 것을 모르겠습니까! 그러나 그것이 교회에 대해서 그와 같이 할 어떤 악이나, 지옥적인 사랑이라는 것을 누가 모르겠습니까! 창세기서의 말씀입니다.

땅을 파멸시키는 홍수가 다시는 일어나지 않을 것이다(창세기 9:11). 여기서도 역시 "땅"은, 노아 홍수 이전 사람(the antediluvians)에 의하여 멸망된 교회를 뜻하고, 그러나 다시는 멸망하지 않을 것을 뜻합니다.

[6] 이사야서의 말씀입니다.

주께서 땅을 텅 비게 하시며,
황폐하게 하시며,
땅의 표면을 뒤엎으시며,
그 주민을 흩으실 것이다.……
땅이 완전히 텅 비며,
완전히 황무하게 될 것이다.……
땅이 메마르며 시든다.
세상에 생기가 없고 시든다.……
땅이 사람 때문에 더럽혀진다.
사람이 율법을
어기고 법령을 거슬러서,
영원한 언약을 깨뜨렸기 때문이다.
그러므로 땅은 저주를 받고,
거기에 사는 사람이 형벌을 받는다.
그러므로 땅의 주민들이 불에 타서,
살아 남은 자가 얼마 되지 않을 것이다.……
하늘의 홍수 문들이 열리고,
땅의 기초가 흔들린다.
땅덩이가 여지없이 부스러지며,
땅이 아주 갈라지고,

11장 7-19절

땅이 몹시 흔들린다.
땅이 술취한 자처럼 몹시 비틀거린다.
폭풍 속의 오두막처럼 흔들린다.
(이사야 24 : 1, 3-6, 18-20)

이 장절에서도 "땅"이 땅을 뜻하지 않고, 오히려 교회를 뜻한다는 것을 누구가 모르겠습니까! 이 장절은 교회에 관해서 언급하고 있습니다. 그것은 영계에는 땅들(the earths or lands)이 있기 때문이고, 거기에서는 천사들이나 영들이 살고 있고, 그리고 거기에 살고 있는 자들에게 있는 교회의 상태의 변화들에 일치하여 여기에 기술된 것과 같은 그런 부류의 변화들을 겪고 있기 때문입니다. 심지어 그들은 그것에 맞게 움직이고 있습니다. "주께서 땅을 텅 비게 하셨고, 황폐하게 하셨다"고 언급되었고, 또한 "땅이 완전히 텅 비며, 완전히 황무하게 될 것이다"고 언급되었습니다. 왜냐하면 거기에 살고 있는 자들에게 있는 교회가 황폐하게 되었을 때 거기에 있는 땅들은 그들의 겉모습을 아주 전적으로 바꾸었기 때문입니다. 전에 그들과 함께 번성했던 낙원들·화원들·넓은 잔디밭들이나 이런 것들과 비슷한 다른 것들은 모두 사라져 없어졌고, 대신 불쾌한 것들, 마치 모래 사장이나 돌짝 밭들이나, 그리고 가시나무들이나, 찔레 덩굴로 가득 찬 들판이 그 자리에 솟아났고, 그리고 교회를 황폐하게 하는 거짓들이나 악들에 대응하는 것들과 같은 것들로 가득 찬 들판이 솟아났습니다. 사랑에 속한 선이나 인애에 속한 선의 측면에서 교회의 황폐는 "땅을 텅 비게 하였다"는 말씀이 뜻하고, 교리나 믿음의 진리들의 측면에서 교회의 황폐는 "땅이 완전히 텅 비며, 완전히 황무하게 한다"는 말씀이 뜻합니다. 그리고 그 변화 자체는 "땅의 표면을 뒤엎으셨다"는 말씀이 뜻합니다. "땅의 주민들이 슬퍼하고, 생기가 없이 시들고, 세상이 쇠약하고, 시들고, 땅은 저주를 받는다"(=저주가 땅을 삼킨다)는 것은 거기에는 아무것도 자라지 못하고, 번성하지 못하지만, 그러나 땅은, 불모지가 되고, 아무런 소용이 없는 것들로 가득 채워질 것이라는 것을 뜻하고, 그리고 이런 것들 때문에 땅은 "통곡하고, 쇠잔하고, 저주가 그것을 삼켜 버릴 것이다"고 언급되었습니다. 거기에 있는 것들이 더 이상 교회에 속한 거룩한 것들에 대해서 어떤 마음 씀씀이가 있게 되었을 때 이런 일들은 일어나기 때문에, "그들이 율법을 범하였고 율례(=법령)를 거슬렀고, 영원한 언약을 깨뜨렸다"고 언급되었습니다. 거기에 있는 땅들이 가끔 범람하고, 가끔 흔들리고, 여기 저기에 틈이 생기고, 그리고 아래로 내려가고, 위로 올리는, 지옥을 향한 틈새가 열리기도 합니다. 그리고 이런 일은, 그것들이 사랑을 받는, 거짓들이나 악들의 양(量)이나 질(質)에 일치하여 일어납니다. 결과적으로는 교회의 선들이나 진리들의 위화나 부인에 일치하여 일어납니다. 그러므로 우리의 본문에는 "하늘(=높은 곳)의 홍수 문들이 열리고, 땅의 기초가 흔들리고, 땅이 아주 갈라지고, 땅이 술 취한 자처럼 몹시 비틀거린다"고 언급되었습니다. 이런 일들은, 거기에 있는 교회의 상태가 그릇된 상태로 바뀌었을 때, 실제로 영계에서 일어납니다. 이상에서 볼 때 성경말씀에서 여기나 다른 곳에서 "땅"이 교회를 뜻하는 이유를 잘 알 수 있겠습니다.

698. 19절. **그러자 하늘에 있는 하나님의 성전이 열리고, 성전 안에 있는 하나님의 언약궤가 보였습니다. 그 때에 번개가 치고, 요란한 소리와 천둥소리가 나고, 지진이 일어나고, 큰 우박이 쏟아졌습니다.**

[19절] :
"하늘에 있는 하나님의 성전이 열렸다"는 말씀은, 주님의 예배가 거기에 있는 새로운 천계와 새로운 교회의 출현(出現 · appearing)을 뜻합니다(본서 699항 참조). "성전 안에 있는 하나님의 언약궤가 보였습니다"는 말씀은, 그것에 의한 주님과의 결합이 있는, 신령진리를 뜻합니다(본서 700 · 701항 참조). "그 때에 번개가 치고, 요란한 소리와 천둥소리가 났다"는 말씀은, 그 때 악한 자들이 있는 낮은 영역에서 선과 진리에 관해서 악과 거짓에서 비롯된 다툼들(conflicts)과 생각들의 소란들(disturbances of thoughts)과 추론들(reasonings)이 있었다는 것을 뜻합니다(본서 702항 참조). 여기서 "지진"은 그들에게 있는 천계나 교회에 속한 것들에 관한 상태의 변화를 뜻하고(본서 703항 참조), "큰 우박"은 교회의 진리들이나 선들을 파괴하는 지옥적인 거짓을 뜻합니다(본서 704항 참조).

699. 19절. 하늘에 있는 하나님의 성전이 열리었다.
이 말씀은, 주님의 예배가 있는, 새로운 천계와 새로운 교회의 출현(the appearing)을 뜻합니다. 이러한 내용은, 천계와 교회를 가리키는, 여기서는 새로운 천계(=새 하늘 · the new heaven)와 새로운 교회(the New Church)를 가리키는 "성전"(temple)의 뜻에서, 그리고 이런 것들의 출현을 뜻하는 "성전이 열리었다"는 말씀의 뜻에서 명확합니다. "성전"(temple)이 최고의 뜻으로는 그분의 신령인성과 그분에게서 발출하는 신령진리와의 관계에서 주님을 뜻한다는 것, 그리고 상대적인 뜻으로는 천계와 교회를 뜻한다는 것은 본서 220 · 319[B · C · E] · 630항을 참조하십시오. "성전"은 여기서 주님의 예배가 있는 새로운 천계와 새로운 교회를 뜻하는데, 그것은 우리의 본문장이 최후심판

전에 선행하는 상태의 변화들을 다루고 있기 때문입니다. 다시 말하면 선한 사람들에게서 악한 사람의 분리, 그들이 종전에 있었던 장소들로부터의 그들의 이동(移動)을 다루고 있기 때문입니다. 이런 일이 행해질 때, 새로운 천계와 새로운 교회가 보다 높은 천계에 있는 자들에게 나타납니다. 이러한 일들은, 선한 사람이 악한 사람과 결합되어 있는 한, 일어날 수 없는데, 그것은 그들의 내면적인 것들은, 그들이 외적인 것들에 관해서 내통이나 교류를 가지고 있는 악한 사람들에 의하여 그들이 해를 입지 않기 위하여, 닫혀 있기 때문입니다. 그러나 악한 사람이 분리, 제거되었을 때, 그 때, 본질적으로 천계적인 것을 가리키는, 선한 사람에게 있는 내면적인 것들은 열리게 되고, 그리고 이런 것들이 열리게 되었을 때, 천계나 교회는 열리고, 드러납니다. 왜냐하면 천계적인 것이나 천적인 것들을 가리키는 내면적인 것들이 열리는 것에 비례하여 그들 안에 천계와 교회를 지니고 있는 자들에게 있는 교회와의 관계에서 천계가 무엇인지 명료하게 되기 때문입니다.

[2] 자기 총명에서는 어느 누구도 이런 것들이 사실이라는 것을 결코 알 수 없습니다. 왜냐하면 그것들의 모두가 천계의 비의(秘義 · arcana of heaven)이기 때문에, 그리고 그것은 반드시 계시를 통해서 배워야 하는 것이기 때문입니다. 왜냐하면 어느 누구가 최후심판이 어떻게 행해지는지 알 수 있겠습니까? 또한 어느 누구가 영계에 있는 변화들이 그것에 선행하고 그리고 그것에 뒤이어진다는 것을 알 수 있겠습니까? 그러나 이러한 것들이 잘 알게 하기 위하여 이런 것들은 나에게 명확하게 드러났습니다. 그러므로 여기에 그 계시로부터 그것들에 관해서 기술하는 것이 나에게 허락되었습니다. 다시 말하면, 주님

께서 홀로 예배 받으셔야 하는 예배가 새로운 천계(=하늘)와 새로운 교회에 있어야 하기 때문에, 주님의 예배가 있는 새로운 천계와 새로운 교회가 언급되었습니다. 왜냐하면 신령존재 (神靈存在 · the Divine)는 세 인격들(三位)로 나뉘어질 수 없기 때문입니다. 그러나 한 인격(one person) 안에 있는 삼일성(三一性 · a Trine)으로는 가능합니다. 이 삼일성(Trinity)에 관해서는 이미 《새 예루살렘의 교리》 280-310항에 설명된 것을 참조하십시오. 이것이 또한 새 예루살렘에서 다루어지고 있는 묵시록서에서 뜻하는 것입니다. 그 책의 말씀입니다.

나는 그 안에서 성전을 볼 수 없었습니다. 그것은 전능하신 주 하나님과 어린 양이 그 도시의 성전이시기 대문입니다(묵시록 21 : 22).

여기서 "전능하신 주 하나님과 어린 양"은 신령존재 자체와 신령인간과의 관계에서 주님을 뜻합니다. 여기서 "성전을 볼 수 없었다"고 언급되었는데, 그것은 "성전"이, 최고의 뜻으로는 신령진리나 예배와의 관계에서 주님을 뜻하기 때문입니다 (본서 220 · 391[B] · [C] · [E] · 630항 참조). 그리고 또한 "새 예루살렘"이 교리의 측면에서, 또는 새 예루살렘의 교리의 측면에서 교회를 뜻하기 때문입니다. 그럼에도 불구하고, 천계에는 성전들(temples)이 있었고, 거기에서 주님께서는 설교를 하셨고, 신령진리를 가르치셨습니다.

700[A]. 성전 안에 있는 하나님의 언약궤가 보였습니다.
이 말씀은, 그것에 의하여 주님과의 결합이 있는, 신령진리를 뜻합니다. 이러한 내용은, 이것에 관허서 곧 언급하겠지만, 주님에게서 발출하는 신령진리를 가리키는 "언약의 궤"(=언약궤 · the ark of the Convenant)의 뜻에서 명확합니다. "언약궤"(=언약의 궤)가 보였는데, 그것은 "성전"이 보였기 때문이고, 그리고 그 궤(the ark)는 예루살렘에 있는 성전의 깊은 속에 있기 때문이고, 그리고 그것 안에는 율법의 두 돌판(the two tables)이 자리잡고 있기 때문이고, 그 들판들도 보편적인 뜻으로 주님에게서 발출하는 신령진리를 뜻하고, 따라서 천계에서 신령진리이신 주님 당신에게서 발출하는 신령진리를 뜻하기 때문입니다. 이런 이유 때문에 주님께서는 요한복음서에서 "말씀"(the Word)이라고 불리셨습니다(요한 1:1, 2, 14). 이것이 "궤"(=법궤 · the ark)의 뜻입니다. 그것은 회막(會幕 · the Tent of meeting)이 세 천계들(three heavens) 중에서 그것의 바깥 가장 낮은 천계, 즉 일층천을 뜻하기 때문입니다. 그 회막 자체는 장막(the veil)에서 멀리 떨어져 있고, 그것 안에는 떡들(the loaves)을 위한 식탁, 향을 위한 제단, 촛대들이 있는데, 그 회막 자체는 중간천계, 즉 이층천을 표징합니다. 장막(the veil) 안에 있고 그것 위에 게르빔과 함께 시은좌(施恩座 · the mercy-seat)가 있는 법궤(the ark)는 극내적 천계, 즉 삼층천을 표징합니다. 그 법궤 안에 안치된 율법 자체는 신령진리, 즉 성언(the Word)과의 관계에서 주님을 표징합니다. 그리고 거기에는 성언에 의한 주님과의 결합이 있기 때문에 그 법궤는 "언약의 궤"(=언약궤 · the ark of the Convenant)라고 불리웠습니다. 여기서 "언약"(covenant)은 결합(結合 · conjunction)을 뜻하기 때문입니다. 천막(the tent)이나 성막(tabernacle)이 천계의 모양(the form of heaven)을 표징하고, 그리고 바깥뜰(the court)과 함께 세 천계들(the three heavens)을 표징한다는 것, 그리고 율법의 돌판들이 그것 안에 있는, 법궤가 놓인, 극내적인 것을 가리키는, 지성소(至聖所 · the holy of holies)가 삼층천,

즉 극내적 천계를 표징한다는 것, 그리고 율법이나 증거 (testimony)가 주님 당신을 표징한다는 것 등등은 《천계비의》 3478 · 9457 · 9481 · 9485항을 참조하십시오. 그리고 "성막"이 최고의 뜻으로 "성전"과 꼭같이 주님을 뜻하고, 상대적인 뜻으로는 천계와 교회를 뜻하고, 그것으로 말미암아 예배의 거룩함을 뜻합니다(같은 책 9457 · 9481 · 10242 · 10245 · 10304 · 10545항 참조). 성경말씀에서 "언약"(convenant)이 결합을 뜻한다는 것, 그리고 외적인 것이든 내적인 것이든, 교회에 속한 모든 것들은 계약의 증표들(signs)이라는 것, 그리고 그것들에 의하여 결합이 이루어지기 때문에 그것들이 언약이라고 불리운다는 것 등등은 역시 《천계비의》 665 · 666 · 1023 · 1038 · 1864 · 1996 · 2003 · 2021 · 2037 · 6804 · 8767 · 8778 · 9396 · 9416 · 10632항을 참조하십시오. 결과적으로 시내 산에서 선포된 율법은 "언약"이라고 불리웠고, 그리고 그 율법을 담고 있는 궤(the ark)는 "언약의 법궤(the ark of the Covenant)라고 불리웠습니다(같은 책 6804 · 9416항 참조).
[2] 안치된 언약이 증거판과 함께 법궤가 극내적인 천계, 즉 삼층천에 있는 신령진리를 가리키는, 천적 신령존재에 관해서 주님을 뜻한다는 것은 성경말씀에서 법궤에 관해 언급된 내용에서 잘 알 수 있습니다. 출애굽기서의 말씀입니다.

> 그들은 나를 위해 신성한 곳을 만들어야 한다. 그러면 내가 그들 가운데 거할 것이다. 내가 너에게 보여 주는 모형과 똑같이 장막과 그 모든 비품을 만들어야 한다. 첫째는 아카시아 나무(=싯팀 나무)로 궤를 만들어야 하는데, 그것을 순금으로 입히되, 안팎을 입히고, 그 둘레에 금테를 둘러야 한다. 채를 위해 금고리 네 개를 만들어라······ 내가 너에게 준 증거판을 그 궤 안에 두어야 한다. 너는 순금으로 덮개(=시은좌 · 자비석)를 만들어야 하는데,····· 너는 금으로 두 그룹

들을 만들어야 하는데,…… 그룹들은 두 날개를 위로 펼쳐서 그 날개로 시은좌(=덮개)를 가리고, 서로 마주 보게 해야 한다. 그룹들의 얼굴은 시은좌를 향해야 한다. 시은좌를 궤 위에 얹고, 궤 안에는 내가 너에게 준 증거판을 두어야 한다. 내가 거기에서 너에게 임하여 시은좌 위에서 너와 말할 것이다. 증거궤 위에 있는 두 그룹 사이에서 이스라엘 자손들을 위해 내가 너에게 명령할 모든 것을 알려 줄 것이다(출애굽 25 : 8-22).
청색 실과 자주색 실과 홍색 실과 가늘게 꼰 모시실로 휘장을 짜고, 그 위에 그룹을 정교하게 수를 놓아라. 휘장을 아카시아 나무로 만든 네 기둥 위에 드리워야 하는데, 기둥마다 거기에 금을 입히고, 금 갈고리를 달아야 하며, 그 기둥들은 은으로 만든 네 밑받침 위에 세워야 한다. 너는 그 휘장을 갈고리에 걸어서 늘어뜨리고, 그 휘장 뒤에 증거궤(=법궤)를 들여 놓아라. 그 휘장이 너희에게 성소와 지성소를 구별할 수 있게 할 것이다. 지성소에 있는 증거궤(=법궤)는 속죄판(=시은좌)으로 덮어라(출애굽 26 : 31-34).

이 장절들은, 법궤, 등잔대, 거룩한 빵을 놓은 상, 향을 피울 분향단이 있는 성막은 바깥뜰과 함께 세 천계들을 표징하고, 그리고 율법 즉 증거판이 담겨 있는 법궤가 놓인 휘장 안의 장소는 삼층천을 표징합니다. 그 장소가 그 천계를 표징하는데, 그것은 율법이 거기에 있었기 때문이고, 그리고 "율법"(the law)은 신령진리, 즉 성언(=말씀 · the Word)과의 관계에서 주님을 뜻하기 때문입니다. 왜냐하면 넓은 뜻으로 이것이 "율법"이 뜻하는 것이기 때문이고, 그리고 그것은 주님에게서 발출하는 신령진리이고, 그리고 천계를 형성하기 때문입니다. 이것은 삼층천의 천사들에 의하여 가장 순수한 청렴(淸廉 · purity) 가운데 수용되는데, 그 이유는 그들은 주님사랑을 통한 주님과의 결합의 상태에 있기 때문입니다. 그리고 그 천계에 있는 모든 천사들은 주님사랑 안에 있기 때문입니다. 결과적으로 그들은,

비록 그것이 계속해서 주님에게서 유입할지라고, 마치 어떤 것이 심어져 있는 것처럼, 자신들 안에서 신령진리를 봅니다. 이런 이유 때문에, 그것 아래에 있는 다른 천계들에 비하여 더 높이 있는 천계는 주님 안에 있다고 언급되었습니다. 그 이유는 그것이 주님에게서 발출하는 신령존재 안에 있기 때문입니다.

[3] 그것이 바로 주님을 가리키는 율법을 담고 있는 법궤가 표징하는 천계입니다. 이것이 그 안팎을 금으로 입히고, 그리고 그 법궤 위에 시은좌(=자비석)가 있고, 그리고 시은좌 넘어, 그리고 그것에서 이저 나온, 순수한 금으로 만든 두 게르빔이 있는, 법궤가 표징하는 이유입니다. 왜냐하면 금(金)은 대응에서 사랑의 선을 뜻하는데, 그 선 안에는 삼층천의 천사들이 있기 때문입니다. "시은좌"(=지비석 · mercy-seat)는, 주님에게서 비롯된 사랑의 선에서 비롯된 예배의 모든 것들의 들음(=순종 · the hearing)과 수용(reception)을 뜻합니다. 그리고 "게르빔(=그룹 · cherubim)은 사랑의 선을 통하는 것을 제외하면 그분에게 근접하지 못하게 하는 주님의 섭리와 보호(the Lord's providence and guard)를 뜻합니다. 그곳의 천사들과 함께 그 천계는, 주님사랑의 선에서 발출하는, 그리고 그분에게서 발출하는 것을 제외하면, 주님 당신에게 올리워지는 것을 막는, 보호를 가리킵니다. 왜냐하면 하나님에 속한 모든 예배는 천계를 통과해서 주님에게 이르기 때문이고, 그리고 그것은 삼층천에 올리워지는 이 길 가운데서 순수하게 되기 때문입니다. 그리고 거기에는 주님에게 도달함이 있고, 주님에 의한 수용이 있기 때문입니다. 만약에 순수하지 않다면 모든 것은 도중에 제거될 것입니다. 이것이, 금으로 만든 게르빔(=그룹)이 법궤를 덮고

있는 시은좌 위에 덮고 있는 이유입니다. 그리고 또한 그 곳을 성소라고 불리운 이유이고, 그리고 또한 지성소(至聖所)라고 불리운 이유이고, 그리고 휘장에 의하여 성막의 바깥 영역에서 분리된 이유입니다.

[4] 바깥들과 더불어 천막이 세 천계들을 표징한다는 것은, 이스라엘 자손들 가운데 제정된 모든 것들이 천계적인 것들의 표징들이라는 이것에서 명확합니다. 왜냐하면 교회 자체도 표징적인 교회였기 때문이고, 따라서 특히 제단과 더불어 성막은 예배에 속한 가장 거룩한 것이었기 때문입니다. 왜냐하면 모든 예배는 번제나 희생물들에 의하여 제단 위에서 거행되었기 때문입니다. 그리고 성막에서는 분향과, 그리고 매일 밝혀지는 등잔불에 의하여, 그리고 식탁 위에 매일매일의 의식으로 올려지는 빵들에 의하여 모든 예배가 거행되었기 때문입니다. 모든 이런 것들은 천계나 교회에 있는 모든 예배를 표징하고, 그리고 법궤와 더불어 천막 자체는 천계들 자체를 표징하였습니다. 이런 이유 때문에 성막은 "여호와 하나님이 거하시는 곳"(the dwelling place of Jehovah God)이라고 불리웠습니다. 그것은 천계 자체가 그렇게 불리운 것입니다. 성막이 천계들을 표징한다는 것은 역시 이런 사실에서 명확한데, 다시 말하면 시내 산에서 주님께서 모세에게 보여 준 그것의 형체(=모양)에서 명확합니다. 주님에 의하여 모양 가운데 보여진 것은 반드시 천계나, 또는 천계에 속한 것들을 표징하기 때문입니다. 시내 산에서 모세에게 성막의 모양(=형체)이 보여졌다는 것은 모세에게 일러진 말씀에서 잘 알 수 있겠습니다. 출애굽기서의 말씀입니다.

내가 그들 가운데 머물 수 있도록, 그들에게 내가 머물 성소를 지으라고 하여라. 내가 너에게 보여 주는 모양과 꼭같은 모양으로, 성막과 거기에 쓸 모든 기구를 만들어라.…… 이 모든 것을, 내가 이 산에서 너에게 보여 준 모양 그대로 만들도록 하여라(출애굽 25 : 8, 9, 40).

이것이 "성소"라고 불리운 이유이고, 그리고 "내가 그들 가운데 머물 수 있도록 하여라"라고 언급된 이유입니다. 개별적인 뜻에서 법궤에 관한 것, 다시 말하면 그것이 뜻하는 것이 무엇인지는, 그리고 "그것을 덮고 있는 시은좌"(=자비석)나, "시은좌를 덮고 있는 게르빔"(=그룹)이 무엇인지, 그리고 "법궤 주위의 금으로 만든 테두리"나, "막대들(=채들)을 위한 네 개의 고리들"이나, "휘장" 또는 "걸쇠들"(the clasps)이나 그밖의 것들이 뜻하는 것이 무엇인지는 《천계비의》9484-9577 · 9670-9680항에 설명된 내용을 참조하십시오.

[5] 전체 성막에 속한 거룩함 자체는 증거판(the testimony)에서 비롯됩니다. 다시 말하면 그것 위에 율법이 새겨져 있는 두 개의 들판에서 비롯됩니다. 그것은 "율법"(the law)이 신령진리와의 관계에서 주님을 뜻하기 때문이고, 따라서 성언(=말씀 · the Word)과의 관계에서 주님을 뜻하기 때문입니다. 주님이 곧 말씀(=성언)이시라는 것은 요한복음서에 언급된 것에서 명확합니다. 그 책의 말씀입니다.

> 태초에 말씀이 계셨다. 그 말씀은 하나님과 함께 계셨다. 그 말씀은 하나님이셨다. 그는 태초에 하나님과 함께 계셨다.…… 말씀이 육신이 되어 우리 가운데 사셨다(요한 1 : 1, 2, 14).

700[B] "증거판"이나 "언약"이라고 불리운 율법은, 모세에 의하여 기술된 책과 같이, 법궤 안에 안치(安置)되었다는 것은 모

세가 쓴 책의 말씀들에게서 잘 볼 수 있습니다.

> 내가 너에게 준 증거판을 그 궤 속에 넣어 두어라(출애굽 25：16 ; 40：20).
> 주께서 나에게 명하신 대로, 그 들판을 내가 만든 궤 안에 넣었으며, 그 이후로 그 들판은 지금까지도 그 궤 안에 들어 있다(신명기 10：5).

모세가 쓴 신명기서의 말씀입니다.

> 모세는 이 율법의 말씀을 다 책에 기록한 뒤에, 주의 언약궤를 메는 레위 사람들에게 말하였다. "이 율법책을 가져다가 주 너희 하나님의 언약궤 옆에 두어서, 너희에게 증거가 되게 하여라"(신명기 31：24-26).

이 장절은, 그것 위에 율법이 기록된 두 들판 외에는 법궤 안에 아무것도 없다는 것과, 그리고 모세의 책이 그것 옆에 있다는 것을 보여 주고 있습니다. 법궤 안에는 언약의 두 들판들 이외에는 아무것도 없다는 것은 열왕기 상서에서 명확합니다. 그 책의 말씀입니다.

> 궤 속에는 호렙에서 모세가 넣어 둔 두 개의 돌판 말고는, 아무것도 없었다. 이 두 돌판은, 이스라엘 자손이 이집트 땅에서 나온 뒤에, 주께서 호렙에서 그들과 언약을 세우실 때에, 모세가 거기에 넣은 것이다(열왕기 상 8：9).

모세의 책이 법궤 안에 넣어둔 뒤, 성전에 보관되었다는 것을 입증, 보여 주고 있다는 것은 이런 사실에서 명확합니다. 열왕기 하서의 말씀입니다.

힐기야 대제사장이 사반 서기관에게, 주의 성전에서 율법책을 발견하였다고 하면서, 그 책을 사반에게 넘겨 주었으므로,…… 그가 그 책을 읽어 본 다음에…… 힐기아 대제사장이 자기에게 책 한 권을 건네 주었다고 보고한 다음에, 그 책을 왕 앞에서 큰소리로 읽었다(열왕기 하 22:8-10).

[6] 법궤(=언약궤)가 신령진리와의 관계에서 주님을 표징한다는 것, 결과적으로는 주님에게서 비롯된 신령진리를, 따라서 성언(=말씀·the Word)을 뜻한다는 것 등은 주님께서 모세와 말씀하셨다는 사실에 의하여 입증되고 있습니다. 왜냐하면 이렇게 언급되었기 때문입니다. 출애굽기서의 말씀입니다.

너는 그 속죄판을 궤 위에 얹고, 궤 안에는 내가 너에게 준 증거판을 넣어라. 내가 거기에서 너를 만나겠다. 내가 속죄판 위, 곧 증거궤 위에 있는 두 그룹 사이에서, 이스라엘 자손에게 명할 모든 말을 너에게 일러주겠다(출애굽 25:21, 22).

민수기서의 말씀입니다.

그 때마다 모세는, 증거궤와 속죄판 위에서, 곧 두 그룹 사이에서 자기에게 말씀하시는 그 목소리를 듣곤 하였다(민수기 7:89).

주님께서는, 율법이 거기에 있었기 때문에, 거기에서 모세에게 말씀하셨고, 그리고 그 율법은, 넓은 뜻으로는, 말씀(=성언·the Word)과의 관계에서 주님을 뜻하고, 그리고 말씀으로 말미암아 주님께서는 사람과 말씀하신다는 것을 뜻합니다. 이러한 사실은 "증거궤와 속죄판 위에서, 곧 두 그룹 사이에서 말씀하셨다"는 것에서 명확합니다. 그것은 "속죄판"(=시은좌·자비석·

mercy-seat)이 악한 사랑(=애욕들)에게서 비롯된 거짓들의 제거 (the removal of falsities)를 뜻하기 때문이고, 그리고 동시에 수용과 들음(=순종 · hearing)을 뜻하기 때문이고, 그리고 "그룹"은, 사랑에 속한 선을 통하지 않고서는 결코 근접이 결코 없다는 보호(=방어 · guard)를 뜻하기 때문입니다.

[7] 천계나 교회 안에 계시는 주님께서는 법궤 안에 안치된 율법이 뜻하는 신령진리, 즉 성언(=말씀)이시기 때문에, 그리고 주님께서는 율법, 즉 성언 안에 임재해 계시기 때문에, 그러므로 법궤가 있는 곳에서 여호와, 즉 주님께서 거기에 존재하신다는 것은 모세의 이런 글에서 잘 볼 수 있겠습니다. 민수기서의 말씀입니다.

> 모세가 다시 간청하였다. "제발 우리만 버려 두지 마십시오. 우리가 광야 어디에 진을 쳐야 할지, 장인 어른 만큼 아는 사람이 없습니다. 그러니 장인께서는 우리의 길잡이가 되어 주셔야 합니다. 우리와 함께 가시기만 한다면, 주께서 우리에게 주시는 좋은 것은, 무엇이든지 장인 어른께 나누어 드리겠습니다." 그들은 주의 산을 떠나 사흘 길을 갔다. 주의 언약궤를 앞세우고 사흘 길을 가면서, 쉴 곳을 찾았다. 낮이 되어 그들이 진을 떠날 때면, 주의 구름이 그들 위를 덮어 주었다. 궤가 떠날 때에 모세가 외쳤다. "주님 일어나십시오. 주의 원수들을 흩으십시오. 주를 미워하는 자들을 주 앞에서 쫓으십시오." 궤가 쉴 때에도 모세가 외쳤다. "주님, 수천만 이스라엘 사람에게로 돌아오십시오"(민수기 10 : 31-36).

이와 같은 개별적인 것에서 명확한 것은, 여호와, 즉 주님께서 "법궤"(=언약궤)가 뜻한다는 것입니다. 그 이유는 그분의 임재 (=현존 · His presence)가 법궤 안에 있는 율법 안에 계시기 때문이고, 따라서 그분의 현존(=임재)이 성언(=말씀) 안에 계시기 때문입니다. 여기서 율법이 주님을 뜻하기 때문에, 그리고 따라서 법궤(=언약궤)가 주님을 뜻하기 때문에, "모세는, 주님, 일어나십시오. 주의 원수들을 흩으십시오. 주를 미워하는 자들을 주 앞에서 쫓으십시오. 궤가 쉴 때에도 모세가 외쳤다. 주님, 수천만 이스라엘 사람에게로 돌아오십시오" 라고 언급되었습니다. 그럼에도 불구하고 보다 내면적인 것들은 이런 말씀들 안에 담겨 있습니다. 다시 말하면 주님께서는 당신의 신령진리에 의하여 사람들을 인도하시고, 그리고 지옥에서 비롯된 거짓들이나 악들로부터 사람들을 막아 주신다는 것, 특히 광야에서 사십 년의 이스라엘 자손들의 여정(=방황)이 개별적으로 뜻하는 온갖 시험들에서 지켜 주신다는 것을 내포, 뜻하고 있습니다. 주님께서 사람들을 당신의 신령진리에 의하여 계속해서 인도하신다는 것은 "주의 언약궤를 앞세우고 사흘 길을 가면서 쉴 곳을 찾았다"는 말씀이 뜻합니다. 여기서 "주의 언약궤"(the ark of Jehovah)는 신령진리와의 관계에서 주님을 뜻하고, "사흘 길의 여정"은 그분의 보호(=후원 · His auspices)와 처음부터 마지막까지의 인도를 뜻하고, "찾는다"(searching out)는 것은, 목적을 가리키는, 구원을 뜻합니다.

[8] 더욱이 지옥에서 비롯된 거짓들이나, 악들로부터의 보호는 "낮이 되어 그들이 진을 떠날 때면, 주의 구름이 그들 위를 덮어 주었다"는 말씀이 뜻합니다. 이러한 뜻은, 법궤가 떠날 때 모세가 외친 말씀인 "주님, 일어나십시오. 주의 원수들을 흩으십시오. 주를 미워하는 자들을 주 앞에서(=면전에서) 쫓으십시오" 라는 말씀이 뜻하는 것과 꼭 같습니다. "낮에 그들 위를 덮은 주의 구름"은, 문자적인 뜻 안에 있는 성경말씀을 가리키는, 궁극적인 것들 안에 있는 신령진리에 의한 보호나 방어를

뜻합니다. 주님께서는 이런 진리에 의하여 심지어 악한 사람에게 근접하실 수 있기 때문이고, 그리고 그것에 의하여 주님께서는 천적인 것이나 영적인 것을 가리키는, 성경말씀의 내면적인 것들도 지키시고, 방어하시기 때문입니다. 성경말씀의 이 뜻이 "구름"(cloud)이 뜻한다는 것은 본서 594항을 참조하십시오. "원수들" "미워하는 자들"은 지옥에서 비롯된 거짓들이나 악들을 뜻합니다. 여기서 "원수들"은 거짓들을 뜻하고, "미워하는 자들"은 악들을 뜻합니다. 따라서 그들은 거짓들이나 악들의 측면에서 지옥을 뜻합니다. 시험을 겪은 뒤, 사람 안에 활착(活着)된, 선에게서 비롯된 진리들은 "궤가 쉴 때에도 모세는 외쳤다. '주님, 수천만 이스라엘 사람에게로 돌아오십시오'"라는 말씀이 뜻합니다. 여기서 "법궤가 쉰다"는 것은 시험들을 겪고, 이긴 뒤의 상태를 뜻하는데, 그 때 악들이나 거짓들은 제거, 옮겨졌습니다. "돌아온다"(to return)는 것은 그 때 주님의 현존(=임재)을 뜻하는데, 왜냐하면 시험을 겪을 때에는 마치 주님께서 계시지 않는 것처럼 보이기 때문입니다. "수천만 이스라엘 사람들"은 교회를 이루는, 활착된 선에게서 비롯된 진리들을 뜻합니다. "수천만"(myriads)이 진리들에 관해서 서술한다는 것, 그리고 "수천"(thousands)이 선들에 관해서 서술한다는 것은 본서 336항을 참조하십시오.

[9] 시편서의 이런 장절들도 동일한 뜻입니다. 그 책의 말씀입니다.

> 법궤가 에브라다에 있다는 말을 듣고,
> 야알의 들(=숲이 우거진 땅)에서 그것을 찾았다.
> "그분 계신 곳으로 가자.
> 그 발 아래에 엎드려 경배하자."

11장 7-19절

주님, 일어나셔서
주께서 쉬실 그 곳으로 드십시오.
주의 권능 깃들인 법궤와 함께
그 곳으로 드십시오.
주의 제사장들이
의로운 일을 하게 해주시고,
주의 성도들도
기쁨의 함성을 높이게 해주십시오.
(시편 132 : 6-9)

이 장절들은 명확하게 주님에 관해서 다루고 있는데, 그분은 여기서 "다윗"이 뜻합니다. 이러한 사실은 우리의 본문의 "우리가 그분(=법궤)이 에브라다에 있다는 말을 듣고, 숲이 우거진 땅에서 그것(=그분)을 찾았다"라고 언급되었다는 것에서, 그리고 "그들이 그 발 아래에 엎드려 경배하였다"는 말씀에서 잘 알 수 있겠습니다. 여기서 "에브라다"는 주님께서 탄생하신 곳인 베들레헴을 뜻하고, 그리고 그것은 성경말씀의 자연적인 뜻의 측면에서 성언(=성경말씀)을 뜻하지만, 이에 반하여 "베들레헴"은 성경말씀의 영적인 뜻의 측면에서 성언(=성경말씀)을 뜻합니다. 그리고 주님께서 말씀(=성언)이시기 때문에 거기에 태어나시도록 예정(=선택)되었습니다. "숲이 우거진 땅"(=야알의 들)은 성경말씀의 자연적인 뜻에 속한 것들, 따라서 문자의 뜻에 속한 것들을 뜻합니다. 이에 반하여 "그분 계신 곳"(=그분의 거처)은 성경말씀의 영적인 뜻, 그리고 천계가 그 뜻 안에 있기 때문에, 천계를 뜻합니다. 그들이 그 앞에서 경배한 "발"(=발등)은 성경말씀의 자연적인 뜻을 뜻하고, 그리고 따라서 지상에 있는 교회를 뜻합니다. 그 이유는 교회가 그 뜻 안에 있기 때문입니다. "주님의 발"(=발판·발등)이 지상의 교회를 뜻한다는 것은 본서 606항을 참조하십시오.

[10] 일어나시는 주(=여호와)에게 "쉬는 곳"(the resting place)은 주님 안에 있는 신령존재와 신령인성의 합일(合一)을 뜻하고, 그리고 천계나 교회와의 주님의 결합을 뜻합니다. 주님께서, 또는 천계나 교회에 있는 자들은, 주님께서 지옥을 정복하셨을때, 그리고 거기에 있는 모든 것들이나 천계에 있는 모든 것들이 질서에 맞게 옮겨졌을 때, 쉼(rest)이나 평온을 취하기 때문에, "주님, 일어나셔서, 주의 권능 깃들인 법궤와 함께 그 곳으로 드십시오" 라고 언급되었습니다. 여기서 "당신"(Thou)은 주님 그분을 뜻하고, "주의 권능 깃들인 법궤"는 그분에게서 발출하는 신령진리를 뜻합니다. 왜냐하면 이것을 통해서 주님께서는 신령능력을 취하시기 때문입니다. "의로 옷입을 제사장들"이나 "기쁨의 함성을 높일 성도들"은 "수천만 이스라엘 사람들"이 뜻하는 것과 동일한 뜻을 뜻합니다. 여기서 "제사장들"은 선 안에 있는 자들을 뜻하고, "성도들"은 진리들 안에 있는 자들, 따라서 추상적인 뜻으로는 천계나 교회의 선들이나 진리들을 뜻합니다. "제사장들"이 추상적인 뜻으로 교회에 속한 선들을 뜻한다는 것은 본서 31[B]항 말미를 참조하시고, "성도들"이 추상적인 뜻으로 교회에 속한 진리들을 뜻한다는 것은 본서 204 · 325[A]항을 참조하십시오. 이것에 관한 더 상세한 것은 시편에서 볼 수 있습니다(본서 684[C]항 참조).

700[C]. [11] 그것 안에 있는 율법으로 말미암아 법궤가 신령진리와의 관계에서 주님을 뜻하기 때문에, 그리고 주님께서 신령진리를 통한 신령선에서 전능(全能)을 가지고 계시기 때문에, 그러므로 법궤에 의하여 여러 기적(奇蹟)들이 행해졌습니다. 따라서 그것에 의한 기적은 요단 강이 갈라졌는데, 그러므

로 이스라엘 자손들은 마른 땅을 밟고 그 강을 건넜고, 그리고 여리고 성의 성벽이 무너졌고, 아스돗 사람들의 신상 다곤(Dagon)이 주의 궤 앞에 엎어져 땅바닥에 얼굴을 박고 있었습니다. 그리고 아스돗 사람들, 가드 사람들, 에그론 사람들, 벳세메스 사람들은 법궤 때문에 역병으로 매를 맞았습니다. 웃사는, 그가 법궤를 손으로 붙들었기 때문에 죽었고(사무엘 하 6:7), 그리고 오벳에돔은 그것을 그의 집에 머물게 하여 온 집안이 복을 받았습니다(사무엘 하 6:11). 이와 같은 역사적인 사실들은 영적인 뜻에 의하여 공개될 수밖에 없는 비의(秘義)를 내포하고 있기 때문에, 나는 그것들을 설명하고자 합니다. 그리고 그 설명은 법궤가 정확한 뜻이나 넓은 뜻으로 법궤가 무엇을 뜻하는지 알게 하기 위한 것입니다. 먼저, 이스라엘 자손들이 마른 땅으로 건넜다는 요단 강의 갈라짐에 관한 것입니다. 여호수아의 말씀입니다.

> 여호수아는 아침 일찍 일어나, 이스라일 자손과 함께 싯딤을 떠나 요단 강까지 왔다.…… 여호수아는 제사장들이 하나님의 언약궤를 메는 것을 보거든…… 제사장들이 너희가 가는 길을 안내할 것이다. 너희와 언약궤 사이는, 이천 보쯤 거리를 띄우고, 그 궤에 가까이 가지 말고, 뒤를 따라라.…… 그들은 언약궤를 메고 백성들 앞에서 나아갔다.…… 이제 너는 언약궤를 멘 제사장들에게, 요단 강의 물가에 이르거든 요단 강에 들어가서 서 있으라고 하여라.…… 온 땅의 주권자이신 주의 언약궤가 너희 앞에서 요단 강을 건널 것이다. 이제 이스라엘 각 지파마다 한 사람씩 열두 사람을 뽑아라. 온 땅의 주권자이신 주의 궤를 멘 제사장들의 달바닥이 요단 강 물에 닿으면, 요단 강 물, 곧 위에서부터 흘러 내리던 물줄기가 끊기고, 둑이 생기어 물이 고일 것이다.…… 그 궤를 멘 제사장들의 발이 요단 물가에 닿았을 때에, 위에서부터 흐르던 물이 멈추었다. 그리고 멀리 사르단 근처의 아담 성읍에 둑이 생겨,…… 곧 사해로 흘러가는 물

줄기가 완전히 끊겼다. 그래서 백성들은 여리고 맞은쪽으로 건너갈 수 있었다. 온 이스라엘 백성이 마른 땅을 밟고 건너서, 온 백성이 모두 요단 강을 건널 때까지, 주의 언약궤를 멘 제사장들은 요단 강 가운데의 마른 땅 위에 튼튼하게 서 있었다.…… 요단 강을 건넜을 때에, 주께서 여호수아에게 말씀하셨다. "너는 백성 가운데서 각 지파마다 한 사람씩 열두 사람을 뽑아서 세워라. 그리고 그들에게, 제사장들의 발이 굳게 선 그 곳, 요단 강 가운데서 돌 열두 개를 가져다가, 오늘 밤 그들이 머무는 곳에 두라고 하여라."…… 그래서 이스라엘 자손은 여호수아가 명령한 대로 하였다.…… 이스라엘 자손의 지파 수에 따라 요단 강 가운데서 돌 열두 개를 메고 나와서, 그것들을 그들이 머무르려는 곳까지 가져다가 그 곳에 내려놓았다.…… 백성이 모두 건너기를 마치자, 주의 궤와 그 궤를 멘 제사장들이 백성이 보는 앞에서 건넜다.…… 주의 언약궤를 멘 제사장들이 요단 강 가운데서 올라와서 제사장들의 발바닥이 마른 땅을 밟는 순간, 요단 강 물이 다시 원래대로 흘러 전과 같이 강둑에 넘쳤다. 여호수아는 요단 강에서 가져 온 돌 열두 개를 길갈에 세웠다
(여호수아 3 : 1-17 ; 4 : 1-20).

성경말씀의 역사서들은, 그것의 예언서적인 것들과 꼭같이, 그것이 다루는 영적인 뜻을 담고 있습니다. 그리고 여기서 이스라엘 자손은 민족들이나 백성의 자손을 뜻하지 않고 오히려 그 교회에 속한 자들이나, 그 교회를 세우고, 진전시킨 자들을 뜻합니다. 왜냐하면 이것이 성경말씀의 영적인 것이기 때문입니다. 이에 반하여 역사적인 것은 영적인 것을 품고 있는 자연적인 것입니다. 그러므로 성경에 기술된 모든 기적들은, 예를 들면 이집트에서 행해진 기적들이나, 그 뒤 가나안 땅에서 행해진 기적들도, 천계나 교회에 속한 것들을 뜻하고, 내포하고 있습니다. 이런 이유 때문에 이런 모든 기적들은 신령한 것입니다.

[12] 위에 기술된 기적들은 신앙이 돈독한 자들의 교회에의 소개를 뜻하고, 그리고 그 교회를 통한 천계의 안내를 뜻합니다. 여기서 "이스라엘 자손"은 영적인 뜻으로 시험들을 겪은 뒤, 신앙이 돈독한 자를 뜻하고, 그리고 그 시험들은 그들의 광야의 떠돌이 생활이 뜻하는데, 그것은 그들을 교회에 안내하였습니다. 왜냐하면 이스라엘 자손을 오게 한 "가나안 땅"은 교회를 뜻하기 때문이고, 그리고 "요단 강"은 그것에의 첫 번째 입구(=입문)를 뜻하고, 그리고 "요단 강 물"은 그것에 안내하는 진리들을 뜻하는데, 그것들은 성경말씀의 문자의 뜻에 속한 그런 것들입니다. 왜냐하면 그것들이 제일 먼저의 안내를 가리키기 때문입니다. 그러나 여기서 "요단"이나, 그것의 물은 지옥으로 안내하는 악에 속한 거짓들을 뜻합니다. 왜냐하면 그 때 가나안 땅은, 온갖 종류의 악들이나 거짓들을 뜻하는, 그리고 지옥을 형성하는 우상숭배하는 민족들로 가득 찼기 때문입니다. 이런 이유 때문에 이들은, 거기가 교회가 세워지기 위한 장소가 되기 위하여, 거기에서 쫓겨나야 했습니다. 그 때, "요단의 물"이 악에 속한 거짓들을 뜻하기 때문에, 교회를 표징하는, 이스라엘 자손에게 통로를 제공하기 위하여, 분리되고, 옮겨졌습니다.

[13] 지금은 주님께서 홀로 지옥에서 비롯된 악에 속한 거짓들을 제거하시고, 흩으시기 때문에, 그리고 그분의 신령진리들에 의하여 신앙이 돈독한 자를 교회에, 그리고 천계에 인도하시기 때문에, 그리고 법궤와 그것 안에 안치된 율법이 신령진리와의 관계에서 주님을 표징하기 때문에, 그 법궤는 백성 앞에서 가고, 따라서 그들을 인도해서 가야 한다는 것이 명령되었습니다. 이것이, 법궤를 멘 제사장들이 요단 강 물에 그들의

발들이 담그는 즉시, 그 물이 갈라졌고, 물이 줄어들었고, 그리고 그 백성은 마른 땅을 통과하였고, 그리고 이 일이 행해진 뒤에는 그 물이 다시 돌아왔다는 일이 일어난 이유입니다. 그 때 이런 동일한 물은 안내, 소개하는 진리들을 뜻합니다. 왜냐하면 요단 강은 가나안 땅의 첫 번째 경계이기 때문이고, 그리고 이스라엘 자손이 그 땅에 들어갔을 때, 그 땅은 교회를 표징하기 때문이고, 그리고 그 강은 그것에 인도하는 입문이기 때문입니다.

[14] 요단의 물이 소개, 안내하는 진리들을 뜻하기 때문에, 그들은 그 강의 중앙에서 돌 열두 개를 취하여, 그들이 그 밤을 지내는 첫 번째 장소에 그것들을 옮겨 올 것이 명령되었습니다. 그리고 이것은 "돌들"이 진리들을 뜻하기 때문에, 그리고 "이스라엘 지파의 숫자에 일치하는 열두 돌들"은 그 교회의 진리들을 뜻하기 때문입니다. 여호수아는 그것들을 여리고의 동쪽 길갈에 세웠는데, 그것은 "길갈"(Gilgal)은, 그 교회에의 안내나 소개를 위해 섬기는, 자연적인 진리의 교리를 뜻합니다. 이런 몇 가지 사실들에게서 볼 때 이 기적이 천계나 교회에 속한 어떤 것들을 표징한다는 것은 명료합니다. 그리고 또한 그것 안에 율법에 속한 것이 있기 때문에 "법궤"(=언약궤)가 신령진리와의 관계에서 주님을 뜻하기 때문에, 그러므로 그것은 "온 땅에 속한 주님의 언약의 궤"라고 불리웠는데, 그것은 신령진리를 통해서 주님과의 결합을 뜻하기 때문입니다. 그 이유는 "언약"이 뜻하는, 결합(結合 · conjunction)은 신령진리를 통해서 이루어지기 때문이고, 그리고 천계와 교회를 형성하는 것을 가리키기 때문입니다. 개별적으로는 "온 땅"(the whole earth)이 뜻하는 것입니다. 사실, 모든 것들은, 주님의 말씀에

따라서 신령진리를 통해서 창조되고, 완성되었습니다(요한 1 : 1-3. 10 ; 시편 33 : 6). 거기에서 "말씀"(聖言 · the Word)은 신령진리를 뜻합니다.

700[D]. [15] 법궤에 의하여 행해진 두 번째 기적은 여리고 성의 성벽이 무너지는 것이었습니다. 그것은 여호수아서에 이렇게 기술되었습니다.

> 여리고 성은 이스라엘 자손을 막으려고 굳게 닫혀 있었다. …… 주께서 여호수아에게 말씀하셨다. "내가 여리고와 그 왕과 용사들을 너의 손에 붙인다. 너희 가운데서 전투를 할 수 있는 모든 사람은, 엿새 동안 그 성 주위를 날마다 한 번씩 돌아라. 제사장 일곱 명을, 숫양 뿔 나팔 일곱 개를 들고, 궤 앞에서 걷게 하여라. 이레째 되는 날에, 너희는, 제사장들이 나팔을 부는 동안, 성을 일곱 번 돌아라. 제사장들이 숫양 뿔 나팔을 한 번 길게 불면, 백성은 그 나팔 소리를 듣고 모두 큰 함성을 질러라. 그러면 성벽이 무너져 내릴 것이다. 그 때에 백성은 일제히 진격하여라."…… 여호수아는 주의 궤를 메고 성을 한 바퀴 돌게 한 다음에 진어 돌아와서, 그 밤을 진에서 지내게 하였다.…… 이튿날도 그들은 그 성을 한 바퀴 돌고 진으로 돌아왔다. 그들은 엿새 동안 이렇게 하였다. 드디어 이렛날이 되었다.…… 일찍 일어나서 전과 같이 성을 돌았는데, 이 날말은 일곱 번을 돌았다.…… 제사장들이 나팔을 불었다. 그 나팔 소리를 듣고서, 백성이 일제히 큰소리로 외치니, 성벽이 무너져 내렸다. 백성이 일제히 성으로 진격하여 그 성을 점령하였다. 성 안에 있는 사람을, 남자나 여자나 어른이나 아이를 가리지 않고 모두 전멸시켜서 희생제물로 바치고, 소나 양이나 나귀까지도 모조리 칼로 전멸시켜서 희생제물로 바쳤다.…… 그리고 그들은 그 성읍과 그 안에 있는 모든 것을 불로 태웠다. 그러나 은이나 금이나 놋이나 철로 만든 그릇만은 주의 집 금고에 들여 놓았다.…… 그 때에 여호수아가 이렇게 맹세하였다. "이 여리고 성을 일으켜 다시 세우겠다고 하는 자는, 주 앞에서 저주를 받을 것이다.

성벽 기초를 놓는 자는
맏아들을 잃을 것이요,
성문을 다는 자는
막내 아들을 잃을 것이다."
(여호수아 6 : 1-26)

만약에 불에 타버린 가나안 땅에 있는 "여리고 성"이 뜻하는 것이 무엇인지 알지 못한다면, 그리고 저주가 주어진 "주민들"에 의하여 무너진 그 성의 "성벽"이 뜻하는 것이 무엇인지 알지 못한다면, 여호와의 집의 금고에 들여 넣은 "금과 은이나, 놋과 철로 만든 그릇들"이 뜻하는 것이 무엇인지 알지 못한다면, 그리고 "나팔 소리와 외치는 소리"나, 엿새 동안 매일 한번씩, 그 성을 한바퀴 도는 것이나, 그리고 "이렛날에는 일곱 번 그 성을 돌았다"는 것의 뜻을 알지 못한다면, 이 기적에 담겨 있는 신령한 뜻을 어느 누구도 알 수 없을 것입니다. 여기서 "여리고 성"은, 그것에 의하여 사람이 교회에 안내, 소개되는 선이나 진리에 속한 지식들로 받는 교육을 뜻합니다. 왜냐하면 여리고 성은 요단에서 멀리 떨어지지 않은 성이고, 그리고 그 강은, 위에서 언급한 것과 같이, 교회에의 입문이나 안내를 뜻하기 때문입니다. 왜냐하면 가나안 땅에 있는 모든 장소들은 교회에 속해 있는 천적인 것들이나 영적인 것들의 표징적인 것이기 때문입니다. 그리고 이러한 것은 태고시대에서 내려왔기 때문입니다. 그리고 이스라엘 자손들은 교회를 표징하기 때문에, 그리고 성경말씀(the Word)이 그들 가운데 있었기 때문에, 그리고 거기에 거명된 장소들은 천계나 교회에 속한 그런 것들을 뜻하기 때문에, 그러므로 이스라엘 자손들은 그 곳에 안내, 소개되었고, 그리고 그들의 소개나 안내는 "요단 강"이 뜻하는 것이고, 그들의 가르침(=교육)은 "여리고"가 뜻하는 것입니다. 그리고 "여리고"는 그것이 삶의 선(=선한 삶)을 뜻하는 교육을 하기 때문인데, 그 이유는 만약에 삶의 선(=선한 삶) 안에 있지 않는다면, 어느 누구도 교리에 속한 진리들로 교육을 받을 수 없기 때문입니다. 그러나 가나안 땅이 우상숭배적인 민족들에 의하여 점령되었을 때, 그 땅의 장소들이나 성읍들의 뜻은 정반대의 뜻으로 바뀌었습니다. 그 때 여리고는 진리나 선의 모독(冒瀆)이나 남용(濫用)을 뜻하기 때문입니다. 여기서 뒤이어지는 것은, "성읍" 자체는, 교회의 진리들이나 선들을 타락시키고, 모독시키는 거짓이나 악의 교리를 뜻한다는 것입니다. 그리고 "그것의 성벽"은 그 교리는 막고 있는 악에 속한 거짓들을 뜻하고, 그리고 그 곳의 "주민들"은 모독하는 자들을 뜻합니다. 그리고 모든 신성의 모독들이나, 더럽힘들은 진리나 선의 시인 위의 지옥적인 사랑(=애욕)에서 비롯되기 때문에, 그러므로 성읍은 불로 타버렸고, 저주는 주민들에게 내려졌고, 그 성의 성벽은 구너져 내렸습니다. 여기서 "불"은 지옥적인 사랑을 뜻하고, "저주"는 전적으로 지워 없어진 것을 뜻하고, 그리고 "그 성벽의 무너짐"은 모든 악이나 거짓에 드러나는 것(露出)을 뜻합니다.

[16] 제사장들이 부는 나팔 소리는 신령선에게서 비롯된 신령 진리의 공포(公布)를 뜻하고, 백성의 외침이나, 환호(歡呼)는 공의나 확증을 뜻하고, 성을 에워싸는 것은 거짓이나 악의 조사를 뜻하고, 그리고 주님에게서 비롯된 신령진리의 입류에 의한 그것들의 분산이나 소멸을 뜻하는데, 여기서 이와 같은 입류는 그것의 주위에서의 법궤의 이동이 뜻합니다. 숫자 일곱의 제사장들이나, 일곱 날을 에워싼 성읍이나 일곱째 날 일곱 번들은

거룩한 것들을 뜻하는 것이고, 그리고 신령진리의 거룩한 공포를 뜻합니다. 여기서 "일곱"(7)은 거룩함을 뜻하고, 나쁜 뜻으로는 모독을 뜻합니다. 그리고 한쪽에는 거룩함이 있고, 다른 한쪽에는 모독이 있기 때문에, 거기에는 일곱 나팔을 가지고 있는 일곱 제사장들이 있었고, 그 성읍은 일곱 번 에워싸졌습니다.

[17] 금과 은, 놋이나 철로 만든 그릇들이 여호와의 집의 금고에 저장되었는데, 그 이유는 이런 것들이 영적인 진리나 선의 지식들을 뜻하고, 그리고 자연적인 진리나 선의 지식들을 뜻하기 때문입니다. "금과 은"은 영적인 선들이나 진리들의 지식들을 뜻하고, "놋이나 철로 만든 그릇들"은 자연적인 선이나 진리의 지식들을 뜻하는데, 그것은 모독하는 자들에게 있는 극단적인 것으로 바뀌어 버린 거짓들이나 악들을 가리킵니다. 그러나 비록 악들에게 적용하기는 하지만, 그것들은 지식들이라고 계속 이어지고 있기 때문에, 그리고 그것들은 선한 것에의 적용에 의하여 선한 사람에게는 선용에 종사하기 때문에, 그러므로 이런 것들은 여호와의 집의 금고에 저장되었습니다. 이러한 내용은, 악한 사람에게서는 빼앗고, 선한 사람에게는 주어진, "므나"(=달란트 ; 마태 25 : 14-29 ; 누가 19 : 11-27)의 비유 말씀이 뜻하는 것입니다. 마찬가지로 "불의의 맘몬"(누가 16 : 10-13)이 뜻하는 것과 같습니다. 그리고 이스라엘 자손들이 이집트 사람에게서 빼앗고, 그 뒤에 성막에 바친 "금과 은, 옷가지"가 뜻하는 것입니다. 그리고 또한 다윗이 적군의 전리품에서 모은 "금과 은"이나, 성전 건축을 위해 솔로몬에게 위탁, 위임한 "금과 은"이 뜻하는 것과 같습니다.

[18] 여리고 성을 다시 세우는 자는 저주를 받을 것이라는

것, 그리고 "그 성벽의 기초를 놓는 자는 맏아들을 잃을 것이고, 성문을 다는 자는 막내 아들을 잃을 것이다"는 것 등은 그것의 처음부터 마지막까지 신령진리의 모독을 뜻하고, 만약에 그것 안에 있는 가르침이 예루살렘 안에 있는 것 이외의 다른 곳에서 표징하는 것이라면, 그것은 진리와 선의 교리에 관한 그 교회를 뜻하고, 그리고 성경말씀에서 비롯된 가르침에 관한 그 교회를 뜻합니다. 이와 같은 모독이 일어났다는 것은 아합 시대 베델 사람 히엘이 여리고 성을 건축하다가 맏아들을 잃었다는 기록에서 볼 수 있고(열왕기 상 16 : 34), 그리고 아합은 이스라엘의 모든 왕들에 비하여 여호와의 눈에 악한 일을 하였다고 언급되었습니다(열왕기 상 16 : 30, 33). 이상에서 볼 때 법궤에 의하여 행해진 기적(miracle)은, 그것 안에 있는 율법 때문에, 그 법궤가 신령진리와의 관계에서 주님을 표징한다는 것, 그리고 그것으로 말미암아 주님에게서 발출하는 신령진리를 뜻한다는 것을 잘 알 수 있겠습니다.

700[E]. [19] 세 번째 기적은, 이스돗 사람들의 신상 다곤이 주의 궤 앞에 엎어져 땅바닥에 얼굴을 박고 있었다는 것이고, 그리고 이스돗 사람들이나, 가드 사람들이나, 에그론 사람들이나, 벳세메스 사람들이 그 법궤 때문에 재앙으로 매를 맞았다는 것은 사무엘 상서에 이와 같이 기술되었습니다. 그 책의 말씀입니다.

> 이스라엘 사람이 블레셋 사람과 싸우려고 나아갔다.······ 이스라엘 사람은 블레셋 사람들 앞에서 사천 명이 죽었다. 그래서 장로들이 말하였다.······ "실로에 가서 주의 언약궤를 우리에게 모셔다가 우리 가운데 있게 하여, 우리를 원수의 손에서 구하여 주시도록 하자!"······ 그들이 거기 그룹들 사이에 앉아 계시는 만군의 주의 언약

궤를 메고 왔다. 하나님의 언약궤를 가져올 때에 엘리의 두 아들 홉니와 비느하스도 함께 왔다. 주의 언약궤가 진으로 들어올 때에 모든 이스라엘의 백성이 땅이 진동할 정도로 크게 환호성을 올렸다. 블레셋 사람이 그 환호하는 소리를 듣고,…… 주의 언약궤가 진에 들어왔다는 것을 알고, 블레셋 사람은 이스라엘 진에 그들의 하나님이 들어왔다는 것 때문에 두려워하였다. 그래서 그들은 외쳤다.…… "이제 우리에게 화가 미쳤는데, 누가 저 강력한 신의 손에서 우리를 건질 수 있겠느냐? 그 신들은 광야에서 온갖 재앙으로 이집트 사람을 쳐서 죽게 한 신들이다. 블레셋 사람들아, 대장부답게 힘을 내어라! 그렇지 않으면…… 우리가 그들의 종이 될 것이다."…… 그런 다음에 블레셋 사람이 전투에 임하니…… 이스라엘은 이 때에 아주 크게 쳐서, 보병 삼만 명이 죽었다. 하나님의 궤를 빼앗겼고, 엘리의 두 아들 홉니와 비느하스도 이 때 전사하였다(사무엘 상 4 : 1-11).

블레셋 사람들은 하나님의 궤를 빼앗아…… 아스돗으로 가져갔다. 그들은 하나님의 궤를 다곤 시전으로 가지고 들어가서, 다곤 신상 곁에 세워 놓았다. 그 다음날 아스돗 사람들이 아침에 일찍 일어나서 보니, 다곤이 주의 궤 앞에 엎어져 땅바닥에 얼굴을 박고 있었다. 그들은 다곤을 들어서 세운 다음에, 제자리에 다시 가져다 놓았다. 그 다음날도 그들이 아침 일찍 일어나서 가 보니, 다곤이 또 주의 궤 앞에 엎어져서 땅바닥에 얼굴을 박고 있었다. 다곤의 머리와 두 팔목이 부러져서 문지방 위에 나뒹굴었고, 다곤은 몸통만 남아 있었다.…… 주께서 아스돗 사람들을 무섭게 내리치셨다.…… 아스돗 사람들이 이것을 보고 "이스라엘의 신이 우리와 우리의 신 다곤을 무섭게 내리치니, 그 신의 궤를 우리가 있는 곳에 두어서는 안 되겠다" 하고 말하였다.…… 블레셋 통치자들이 이스라엘 신의 궤를 가드로 옮기자고 하였으므로, 아스돗 사람들은 이스라엘 신의 궤를 가드로 옮겼다. 아스돗 사람들이 그 궤를 가드로 옮긴 뒤에, 주께서 또 그 성읍을 내리쳐서, 사람들이 큰 혼란에 빠졌다. 주께서 그 성읍의 사람들을, 어린 아이나 노인이나 할 것 없이 모두 쳐서, 종기가 생기게 하셨다. 그러자 그들이 하나님의 궤를 에그론으로 보냈다.…… 에그론 주민들은 "아스돗 사람들이 이스라엘 신의 궤를 우리에게로 가져 와서 우리와 우리 백성을 죽이려고 한다" 하면서 울부짖었다.…… 죽지 않은 사람들은 종기가 생겨서 온 성읍에서 비명 소리가 하늘에 사무쳤다(사무엘 상 5:1-12).
주의 궤가 블레셋 사람의 지역에 머무른지 일곱 달이 되었을 때의 일이다. 블레셋 사람들이 제사장들과 점쟁이들을 불러 놓고 물었다. "우리가 주의 궤를 어떻게 해야 좋겠습니까? 우리가 그것을 어떤 방법으로 제자리에 돌려보내야 하는지 알려 주십시오." 그들이 대답하였다. "이스라엘 신의 궤를 돌려보낼 때, 그냥 보내서는 안 됩니다. 반드시 그 신에게 속건제물을 바쳐야 합니다. 그러면 병도 나을 것이고, 그 신이 왜 여러분에게서 형벌을 거두지 않았는지도 알게 될 것입니다." 사람들이 다시 "그 신에게 무슨 속건제물을 바쳐야 좋겠습니까?" 하고 물었다. 그들이 대답하였다. "블레셋 통치자들의 수대로, 금으로 만든 종기 다섯 개와 금으로 만든 쥐 다섯 개를 바쳐야 합니다. 여러분과 여러분의 통치자들이 모두 똑같이 재앙을 당하였기 때문입니다. 그러므로 여러분은 종기 모양과 이 땅을 해치는 쥐의 모양을 만들어서 바치고, 이스라엘 신에게 예를 차리십시오."…… "그러므로 이제 새로 수레를 하나 만들고, 아직 멍에를 메어 본 일이 없는, 어미 소 두 마리를 끌어다가 그 수레를 메우고, 그 송아지들은 떼어서 집으로 돌려보내십시오. 그런 다음에, 주의 궤를 가져다가 그 수레에 싣고,…… 금으로 만든 물건들을 작은 상자에 모두 담아 궤 곁에 두고, 그 소 두 마리가 가고 싶은 대로 수레를 끌고 가도록 하십시오. 두고 보다가, 그 소가 그 궤가 본래 있던 지역인 벳세메스로 올라가면, 이렇게 큰 재앙은 그분이 직접 우리에게 내린 것입니다. 그러나 소가 다른 곳으로 가면 그것은 그분이 우리를 친 것이 아니라, 우리가 우연히 그런 재앙을 당한 것임을 알 수 있습니다." 그래서 사람들은, 시키는 대로 하였다.…… 그 암소들은 벳세메스 쪽으로 가는 길로 곧장 걸어갔다. 그 소들은 큰길에서 오른쪽으로나 왼쪽으로나 벗어나지 않고, 울음소리를 내면서 똑바로 길만 따라서 갔고, 그 뒤로 블레셋 통치자들이 벳세메스의 경계까지 따라서 갔다.…… 수레는 벳세메스 사람, 여호수아의 밭에 와서 멈추었는데, 그 곳에는 큰 바위가 있었다. 그들은 그 나무 수

> 레를 쪼개어 장작으로 삼고, 그 소들을 번제물로 살라서 주께 번제물로 바쳤다. 레위 사람들이 수레에서 주의 궤와 그 곁에 있는 금으로 만든 물건들이 든 상자를 내려다가, 그 큰 바위 위에 올려 놓았다. 그 날 벳세메스 사람들은 주께 번제물을 바치고, 다른 제물로 바치었다.…… 그 때에 벳세메스 사람들이 주의 궤 속을 들여다보았기 때문에, 주께서는 그 백성 가운데서 오만 칠천 명이나 쳐서 죽이셨다(사무엘 상 6 : 1-21).
>
> 기럇여아림 사람들이 와서 주의 궤를 옮겨, 언덕 위에 있는 아비나답의 집에 들여 놓고,…… 궤가 기럇여아림에 머문 날로부터 약 스무 해 동안, 오랜 세월이 지났다.…… 사무엘이 이스라엘 온 족속에게 말하였다. "너희가 온전한 마음으로 주께 돌아오려거든, 이방의 신들과 이스다롯 여신상들을 없애버리고, 주께만 마음을 두고 그분만을 섬겨라. 그러면 주께서 너희를 블레셋 사람의 손에서 건져 주실 것이다"(사무엘 상 7 : 1-3).

여기의 이 모든 것이 뜻하는 것이 무엇이겠습니까? 즉 블레셋 사람들이 취한 법궤나, 아스롯, 가드, 에그론에 있는 법궤 때문에 블레셋 사람들이 종기들로 매를 맞았다는 것, 그리고 그들의 땅을 해치는 쥐나, 그리고 거기에 있는 사람들이나, 벳세메스 사람들의 아주 많은 사람들이 죽었다는 것 등등은 블레셋 사람들이나, 그리고 개별적으로는 아스돗 사람들, 가드 사람들, 에그론 사람들, 벳세메스 사람들이 표징하는 것이나, 그것으로 인하여 뜻하는 것이 무엇인지 알지 못한다면, 전혀 알 수가 없습니다. 그리고 또한 "종기들"이나, "생쥐들"이나, 이것들의 "금으로 만든 형상들"이나 그 밖의 "새 수레" "젖소"가 뜻하는 것도 무엇인지 알 수가 없습니다. 확실한 것은 이런 것들이 그 교회에 속한 표징적인 것들이라는 것입니다. 왜냐하면 그렇지 않다면, 블레셋 사람들이 그런 재앙으로 매를 맞은 이유나, 그리고 법궤가 그와 같이 되돌아왔다는 이유를 알 수가 없기 때문입니다.

[20] 블레셋 사람들은, 종교에 속한 모든 것을 과학지(=경험지)나 선험지에 두기 때문에 사랑의 선이나 인애의 선을 이루지 못하는, 그리고 따라서 선한 삶을 이루지 못하는 자들을 표징하고 그것으로 말미암아 표의합니다. 그러므로 그들은 오늘날은 믿음만을 주장하는 자들과 같고, 다시 말하면 교회의 본질적인 것이나 구원의 본질적인 것을 가리키는 인애에서 분리된 믿음만을 주장하는 자들과 같습니다. 이것이 바로 그들이 "비할례자"(the uncircumcised)라고 불리우는 이유입니다. 왜냐하면 할례를 받지 않는다는 것은 영적인 사랑의 결핍이나 빈곤의 상태를, 따라서 선의 결핍이나 빈곤의 상태를 뜻하기 때문입니다. 그리고 그들이 교회 안에 있는 그런 자들과 관계를 가지고 있기 때문에, 그들은 영적인 것이 아니고 오직 자연적인 것입니다. 그것은 그가 이 세상적인 것들을 사랑하기 때문에 전적으로 자연적인 것이 되고, 그리고 심지어 감관적이기 때문에 인애의 선이나 삶의 선을 이루지 못하기 때문이고, 그리고 진리들을 영적으로 이해할 수 없고, 비록 그가 자연적으로 이해한 진리들까지도 그는 위화하고 더럽히기 때문입니다. 이런 부류가 성경말씀에서 "블레셋 사람들"이 뜻하는 자들입니다. 그러므로 이것에서 명확한 것은, 블레셋 사람들이 아주 자주자주 이스라엘 자손들과 싸운 이유를 알 수 있겠다는 것이고, 그리고 때로는 블레셋 사람들이 이기고, 때로는 이스라엘 자손이 이긴 이유도 잘 알 수 있겠습니다. 블레셋 사람들은, 이스라엘 자손이 그것들을 실천하지 않고, 법령들이나 계율들을 떠났을 때, 승리를 하였고, 그리고 이스라엘 자손이 그것들에 따라서 살 때에는 그들은 승리를 하였습니다. 계율들이

나 법령들에 따라서 산다는 것은 그들의 사랑의 선이고, 삶의 선이었습니다. 이스라엘 자손이 블레셋 사람들에 의하여 정복되었을 때는 그들이 여호와의 예배에서 다른 신들의 예배에로 떠났기 때문입니다. 특히 아스다롯 여신상의 숭배에로 떠났기 때문입니다. 이러한 사실은 사무엘이 그들에게 한 말씀에서 잘 볼 수 있습니다(사무엘 상 7 : 3). 꼭 같은 이유 때문에 블레셋 사람들이 법궤를 빼앗은 것입니다.

[21] 블레셋 사람들이 사랑의 선, 인애의 선, 삶의 선을 전혀 이루지 못하는 자들을 표징하고, 그들을 뜻한다는 것을 알게 되었을 때, 법궤 때문에 그들이 종기들로 형벌을 받고, 종국에 죽었다는 이유를 알 수 있겠습니다. 그리고 또한 생쥐가 그 땅을 해치는 이유를 알 수 있겠습니다. 왜냐하면 "종기들"은, 선의 결핍의 상태에 있는 자들에게 있는 악한 삶에 의하여 더럽혀진 진리들을 뜻하기 때문입니다. 그리고 "피"가 진리를 뜻하기 때문에, 종기들로 말미암아 부패한 피는 더럽혀진 진리를 가리키기 때문입니다. 그리고 종기들이 있는 은밀한 부위(the hider part)는 자연적인 사랑을 뜻하는데, 그 사랑은 영적이 아닌 자들에게 있는 사랑으로 세상사랑에 속한 것입니다. 이에 반하여 "생쥐"는 교회에 속한 것들을 먹어 치우고, 없애버리는 감관적인 사람의 거짓들을 뜻합니다. 한편 "생쥐"는 감관적인 사람의 거짓들을 뜻하는데, 이것은 마치 생쥐가 밭이나, 낟알들을 못쓰게 만들고, 또한 땅의 채소들을 못쓰게 하는 그런 것과 같기 때문입니다. 이런 것들이 바로 그들의 재앙들이고, 저주들입니다. 그것은 그들이 그런 부류이기 때문인데, 그 이유는 선 밖에 있는 자들은 진리들을 더럽히기 때문이고, 그리고 또한 교회의 모든 것들을 쓸모없게 만들기 때문입니다. 이런

일은, 모두 "법궤"가 주님에게서 발출하는 신령진리를 뜻하기 때문에, 일어났습니다. 그리고 이것은, 사랑에 속한 선 안에 있는 자들에 있는 것을 제외하면, 그리고 그것으로 말미암아 삶의 선 안에 있는 자들에게 있는 것을 제외하면 결코 순수한 진리가 될 수 없습니다. 그리고 신령진리가 선 안에 있지 않는 자들에게 입류할 때 그것은 교리에 속한 그들의 거짓들이나, 삶에 속한 악들에 대응하는 결과들을 생산합니다. 이런 일은 영계에서 일어나는 것이지만, 신령진리가 이런 것들에 유입하면, 진리의 모독이나 모욕이나 선의 황폐는 종기들이나 생쥐 모양에서 명확합니다.

[22] 법궤의 근접이나, 현존 때문에, 아스돗 사람들의 신상 다곤은 땅바닥에 나가떨어졌고, 그런 뒤에는 그의 머리와 팔들이 끊어져서 그의 신전의 땅바닥에 있었습니다. 왜냐하면 "다곤"은 전적으로 총명이나 능력이 없는, 그들의 종교를 뜻하기 때문입니다. 그것이 영적인 선 밖에 있기 때문에 따라서 "머리"는 총명을 뜻하고, "손의 팔"은 능력을 뜻하기 때문입니다. 신령진리가 천계로부터 이런 부류의 인둘들에게 유입할 때, 영계에서도 이와 비슷한 일이 있습니다. 왜냐하면 그 때 그것들은, 그들이 총명이나 능력 밖에 있기 때문에, 마치 머리도 없고, 손의 팔도 없는 것 같이 보이기 때문입니다.

[23] 그들의 제사장들이나 점쟁이들의 조언이나 충고에 의하여 그들은 종기나 생쥐의 형상들을 금으로 만들었고, 그것들은 멍에를 메어 보지 않은 두 마리 젖소에 맨 새 수레에 있는 그 법궤 양쪽에 두었습니다. 그것은 "종기들이나 생쥐들"이 뜻하는 거짓들이나 악들을 치유하고, 정화하는 사랑의 선을 "금"(金)이 뜻하기 때문입니다. 그리고 또한 "수레"(a cart)가 자연

적인 진리의 교리를 뜻하기 때문에, 그리고 "새 수레"(a new cart)는 그들의 악에 속한 거짓들에 의하여 접촉되지 않았고, 오염되지 않은 그 교리를 뜻하고, 그리고 멍에를 메지 않은 "젖소"는 아직까지 거짓들에 의하여 더럽혀지지 않은 자연적인 선을 뜻합니다. 왜냐하면 멍에를 멘다는 것은 섬기는 것을 뜻하는데, 여기서는 선을 더럽히는 거짓을 섬기는 것을 뜻하기 때문입니다. 이런 선은 법궤가 뜻하는 신령진리에 동의, 일치하기 때문에, 그러므로 이런 표징들에 적용되고 응용됩니다. 그리고 그 뒤에 레위 사람들은 번제물로 그 젖소를 바쳤는데 그들은 그것을 그 수레의 나무로 불태웠습니다.

[24] 보물들(=선물들)과 함께 그 법궤는 큰 바위 위에 올려 놓았고, 그것 곁에는 젖소가 서 있었는데 그것은 "돌"이 질서의 궁극적인 것 안에 있는 신령진리를 뜻하기 때문입니다. 블레셋의 제사장들이나 점쟁이들은 이런 일을 할 것을 제안하였는데, 그것은, 그 당시 제사장들이나, 그들의 지혜로운 사람들(賢人)을 가리키는 점쟁이들에게는 잘 알려진 그들의 신학(神學)이기 때문에, 대응들이나 표징들의 지식은 일반적인 지식이었기 때문입니다. 그러나 그 당시의 사람들은 거의 대부분이 거의 자연적인 존재였기 때문에 그들은 우상숭배적인 방법의 것들이나, 그리고 외적인 것들을 섬기는 것들에만 관심이 있었고, 이른바 외적인 것들이 표징하는 내적인 것들에 대해서는 전혀 생각조차 없었습니다. 이렇게 볼 때, 여기 사무엘서에서 인용된 개별적인 것이 연속적으로 뜻하는 것이 무엇인지, 그리고 그것 안에 율법이 있기 때문에 "법궤"(=언약궤 · the ark)가 주님에게서 발출하는 신령진리를 뜻한다는 것을 잘 알 수 있겠습니다.

700[F]. [25] 그 넷째로 법궤에 의하여 행해진 두 기적들인 웃사의 죽음과 오벳에돔의 축복은 사무엘 하서에는 이와같이 기술되었습니다. 그 책의 말씀입니다.

> 다윗이 일어나 유다의 바알레(=바알레 유다)로부터 그와 함께 한 모든 사람과 함께 가서, 거기에서 하나님의 궤를 가져왔으니, 그 이름은 그룹들 사이에 거하시는 만군의 주의 이름으로 불린 궤였다. 그들이 하나님의 궤를 새 수레에 싣고, 기브아에 있는 아비나답의 집에서 가지고 나왔으며, 아비나답의 아들 웃사와 아효가 그 새 수레를 몰았다.…… 그 때 다윗과 이스라엘 온 집이 잣나무로 만든 온갖 악기와 수금과 거문고를 타며, 소구와 팽과리와 심벌즈를 치면서, 주 앞에서 기뻐하였다. 그들이 나곤의 타작 마당에 이르렀을 때 웃사가 주의 궤에 손을 내밀어 붙잡았으니, 이는 소들로 인하여 궤가 흔들렸기 때문이다. 그러자 주의 분노가 웃사에게 발하셔서…… 거기서 그를 치시므로 그가 거기 하나님의 궤 옆에서 죽었다. 그 때에 다윗이 화를 내었다.…… 그 날 다윗은 이 일 때문에 주님이 무서워서 "이래서야 내가 어떻게 주의 궤를 내가 있는 곳으로 옮길 수 있겠는가?" 하였다. 그래서 다윗은 주의 궤를 다윗 성으로 옮기지 않고, 가드 사람 오벳에돔의 집으로 실어 가게 하였다. 그래서 주의 궤가 가드 사람 오벳에돔의 집에서 석 달 동안 머물렀는데, 그 때에 주께서 오벳에돔과 그의 온 집안에 복을 내려 주셨다. 누군가가 그 소식을 다윗 왕에게 전하였다. 그리하여 다윗은 기쁜 마음으로 가서 하나님의 궤를 오벳에돔의 집에서 다윗 성으로 가지고 왔다. 궤를 옮길 때에 그는 큰 축제를 벌였다. 다윗은 주의 궤를 멘 사람들이 여섯 걸음을 옮겼을 때에, 행렬을 멈추게 하고, 소와 살진 양을 제물로 바치게 하였다. 그리고 다윗은 모시로 만든 에봇만을 걸치고, 주 앞에서 온 힘을 다하여 힘차게 춤을 추었다. 다윗과 온 이스라엘 가문은 환호성을 올리고, 나팔 소리가 우렁찬 가운데, 주의 궤를 옮겨왔다(=그들이 주의 궤를 시온이 가리키는, 다윗의 성에 옮겨왔다).…… 그들이 주의 궤를 들어다가, 다윗이 궤를 두려고 쳐 놓은 장막 안 제자리에 옮겨 놓았을 때에 다윗이 주 앞에 번제와 화목제를 드렸

다(사무엘 하 6 : 1-17).

이들 역사적인 사실들은 속뜻, 즉 영적인 뜻으로, 역사적인 뜻을 가리키는 문자의 뜻 안에 실현될 수 없는 수많은 것들을 내포하고 있습니다. 예를 들면, 그 법궤가 아비나답의 집에서 오벳에돔의 집으로, 그리고 종국에 시온을 가리키는 다윗의 성에 옮겨졌다는 사실에 담겨져 있는 것이 되겠습니다. 그 사실에는 그것이 옮겨질 때 그들은 온갖 종류의 악기들을 연주하였고, 소리를 높이었고, 그리고 다윗 자신도 춤을 추었습니다. 그 법궤는 황소에게 의지하는 새 수레로 옮겨졌고, 아비나답의 아들이 죽었다는 것, 그리고 오벳에돔과 그의 집안은 복을 받았다는 것 등입니다. 비록 역사적인 것이지만 모든 이런 것들은, 그것 안에 있는 율법 때문에 법궤 자체가 신령진리의 측면에서 주님을 표징하는 것과 꼭 같이 그것들의 속에는 천계나 교회에 속한 것들이 숨겨져 있습니다. 그러므로 그것은 "그 궤는 그룹들 위에 앉아 계신 만군의 주의 이름으로 부르는 궤였다"고 하였습니다. 그 궤가 아비나답의 집에서 꺼내서, 처음에는 오벳에돔의 집으로 옮겨졌고, 나중에는 시온인 다윗의 성으로 옮겨졌다는 것은, 만약에 아비나답이 있었던 "가드 사람"이나, "유다의 바알라"가 뜻하는 것을 알지 못한다면, 오벳에돔이 있었던 "가드"가 뜻하는 것을 알지 못한다면, 그리고 마지막으로 다윗이 있었던 "시온"이 뜻하는 것을 알지 못한다면, 어느 누구도 알 수 없는 비의(祕義)를 내포하고 있습니다. 가나안 땅의 모든 지역들이나 그 지역의 성읍들은 표징적입니다. 그것은 마치 영계에 있는 지역들이나 성읍들과 마찬가지입니다. 영계에 있는 모든 지역이나 모든 성읍에는 사랑에 속한 선 안에 있는 자들이 동쪽과 서쪽을 향해서 살고 있습니다. 사랑에 속한 찬란한 선 안에 있는 자들은 동쪽을 향해 있고, 사랑에 속한 불영명한 선 안에 있는 자들은 서쪽을 향해 있습니다. 이에 반하여 남쪽이나 북쪽을 향해서는 진리의 빛 안에 있는 자들이 살고 있습니다. 진리의 빛나는 빛 가운데 있는 자들은 남쪽을 향해 살고 있고, 진리의 어두운 빛 안에 있는 자들은 북쪽을 향해 살고 있습니다. 가나안 땅이나, 그 땅의 지역들이나, 그 지역들의 성읍들이 동일한 것은 사실입니다. 그들의 방위(方位)들과의 관계에서 이런 것들은 경계의 지역들에 대응하고, 그리고 그 지역들의 성읍들에 대응합니다. 그러나 차이가 있는데, 영들이나 천사들은 영계에서 질서에 맞게 정리 정돈되는 것과 같이 이 땅에서는 사랑의 선이나, 진리의 빛에 관해서 그들의 방위에서 그와 같이 정리 정돈된다는 것은 불가능합니다. 결과적으로 가나안 땅이나 그것의 성읍들에 있는 장소들은 그것들 자체를 표징하는 것이지 인물들이 표징하는 것은 아닙니다. 이것이 사실이라는 것은 교회에 속한 그들의 표징에 따라서 지파들의 몫에 의하여 나뉘어진, 상속들로 가나안 땅의 분할에서 잘 볼 수 있습니다. 그리고 또한 예루살렘이나 시온에 의한 교회 자체의 표징에서, 그리고 교리에 속한 진리에 관해서 교회를 표징하는 예루살렘에서 잘 알 수 있고, 그리고 사랑에 속한 선에 관해서 시온이 교회를 표징한다는 것에서 잘 알 수 있겠습니다. 그러므로 아비나답이 있었던, "가드 사람"이나 "유다의 바알라"가 천계나 교회에 속한 것을 뜻한다는 것을 알게 되었을 때, 그리고 "오벳에돔"이 있었던 "가드"가 뜻하는 것을 알게 되었을 때, 아비나답에게서 오벳에돔에게로, 그리고 종국에는 시온에게로 법궤의 옮김(移動)이 뜻하는 것을 알 수 있겠습니다.

[26] 이들 성읍들의 뜻에서 잘 알 수 있는 것은 그 법궤의 옮김(移動)이 그것의 궁극적인 것에서부터 그것의 극내적인 것으로, 사람에게 있는 교회의 진전(progress)을 표징한다는 것입니다. 그리고 그것은 한 천계에서 다른 천계로, 그리고 삼층천을 가리키는 최고의 천계에로의 진전을 표징한다는 것입니다. 아비나답이 있었던 "유다의 바알라"(Baal-Judah)는, 교회의 자연적인 것이라고 부르는, 교회의 궁극적인 것을 뜻합니다. 왜냐하면 "유다의 바알라"가 있었던 가드 사람들이 이것을 표징하기 때문입니다. 그러나 "오벳에돔"이 있었던 "가드 사람"은, 그러므로 가드 사람이라고 불리운 오벳에돔이 있었던 "가드"는 교회의 영적인 것을 뜻하고, 그리고 이러한 뜻은 이스라엘 자손들이 블레셋 사람에게서 에그론에서 가드에 이르는 성읍들을 취한 다음에 채택된 것입니다(사무엘 상 7 : 13-15). 이에 반하여 다윗이 있었던 "시온"은 그 교회의 천적인 것이라고 부르는, 교회에 속한 극내적인 것을 뜻합니다.

[27] 이렇게 볼 때 법궤의 이동(=옮김)이 교회의 궁극적인 것에서부터 교회의 극내적인 것에 이르는 사람에게 있는 교회의 진전을 뜻한다는 것은 아주 명확합니다. 이와 같은 진전들은 법궤가 뜻하는, 신령진리에 의하여 이루어지기 때문입니다. 왜냐하면 교회에 속한 사람은 자연적인 것에서 영적인 것에로 진전하기 때문이고, 그리고 영적인 것을 통해서 천적인 것에로 진전하기 때문입니다. 그리고 이와 같은 진전은 그분의 신령진리에 의하여 주님에게서부터 계속됩니다. 자연적인 것은 선한 삶(=삶의 선)이고, 영적인 것은 이웃을 향한 인애의 선이고, 그리고 천적인 것은 주님사랑에 속한 선입니다. 세 천계의 선들은 이와 같은 동일한 진전을 가지고 있기 때문에, 그러므로

그들의 질서 가운데 있는 그것들을 통한 옮김(上昇)은 역시 표징되는 것입니다.

[28] 온갖 종류의 악기를 가지고 연주하고, 소리를 높였다는 그들의 연주나, 그리고 법궤가 옮겨질 때 다윗이 춤을 추었다는 것은, 법궤가 뜻하는, 신령진리의 입류를 통한 주님에게서 비롯된 진리와 선의 정동에서 빚어진 기쁨이나 즐거움을 표징합니다. 아비나답의 집에서 오벳에돔의 집으로의 첫 번째 이동에서 그들이 연주한 여기에 언급된 악기들은 진리의 자연적인 정동이나, 영적인 진리의 정동에서 비롯된 마음의 기쁨을 표징하고, 다윗의 춤이나, 나팔을 부는 것이나 나팔의 소리는 영적인 선의 정동이나 천적인 선의 정동에서 비롯된 마음의 즐거움을 표징합니다. 음악적인 소리의 화음(和音)들은 영계에서 비롯되고, 그리고 그것들은 위에서 언급한 것과 같이 그들의 기쁨이나 즐거움과 함께 정동들을 뜻합니다(본서 323 · 326항 참조). "시온"이 삼층천을 뜻하고, 그것으로 인하여 교회의 극내적인 것을 뜻한다는 것은 본서 405[B · E]항을 참조하십시오.

[29] 황소들에게 멍에를 메운 새로운 수레로 옮긴 "법궤"는 사랑의 선에서 비롯된 진리의 교리를 표징하고, 그것으로 인하여 그것을 표의합니다. 여기서 "수레"(cart)는, 자연적인 사람 안에 있는 진리의 교리를 뜻하고, "황소들"(oxen)은 그 사람 안에 있는 사랑의 선을 뜻합니다. 왜냐하면 "법궤"가 표징하는 신령진리는 선에서 비롯된 자연적인 진리의 교리에서 휴식(休息)하고, 그것 위에 세워지기 때문입니다. 이것이 법궤가 황소들 앞에 있는 수레에 두는 이유입니다. "병거"(chariot)나 "수레"가 진리의 교리를 뜻한다는 것은 본서 355[A · E]항을 참

조하시고, "황소"(an ox)가 자연적인 선을 뜻한다는 것은 《천계비의》 2180 · 2566항을 참조하십시오.

[30] 아비나답의 아들 웃사가 죽었는데, 그 이유는 그가 그의 손으로 법궤를 잡았기 때문입니다. "손으로 만진다"(觸手)는 것은 내통이나 교류를 뜻하기 때문이고, 주님과의 교류는 사랑의 선을 통해서 이루어지기 때문이지만, 그럼에도 불구하고, 제사장들이나 레위 사람에게 행해지는 것처럼 웃사는 기름을 붓지 않았기 때문입니다. 어느 누구에게서 사랑의 선의 표징은 기름부음(塗油)에 의하여 주어집니다. 기름부음(塗油)에 의하여 이것이 주어진다는 것은 본서 375[D · E]항을 참조하십시오. 더욱이 법궤 위에 있는 시은좌(施恩座)를 덮고 있는 게르빔(=그룹 · cherubim)은, 사랑의 선을 통하지 않고서는 주님에게 가까이 접근하지 못한다는 보호나 방어를 뜻합니다. 그것을 표징하는 진전에 앞서 다윗이 법궤를 시온으로 옮기지 못하게 하기 위하여 이런 일이 먼저 마감된 것이라는 것은 이런 일에서, 즉 다윗이 웃사의 죽음에 대하여 속이 상하였다(=화가 났다)는 것이나, 시온을 가리키는 그의 성읍에 법궤를 옮기는 것을 두려워하였다는 것에서(사무엘 하 6 : 8-10) 잘 볼 수 있겠습니다.

[31] 법궤 때문에 오벳에돔과 그의 집안은 복을 받았습니다. 그것은 그 세계의 선한 것들에서 비롯되는 축복은, 법궤가 표징하는 신령진리의 영접, 수용에 의하여 주님에게서만 오직 발출하는 천계의 선한 것들에게서 비롯된 축복을 뜻하고, 그리고 앞에서 언급한 것과 같이, 영적인 선 안에 있는 자들이 차지하는 이런 좋은 것들은 가드에 있는 오벳에돔이 표징합니다.

[32] 마지막으로 법궤는 시온으로 옮겨졌고, 그리고 다윗이 그것을 위해 설치한 장막 안에 옮겼다는 것은 삼층천으로의

오름(上昇)을 뜻하고, 그리고 사랑의 선과 신령진리의 결합을 뜻합니다. 왜냐하면 "시온"은 교회의 극내적인 것을 표징하고, 그렇기 때문에 가장 높은 천계나, 삼층천을 가리키는 천계의 극내적인 것들을 뜻하기 때문입니다. 그리고 그 천계에는 주님 사랑의 선 안에 있는 천사들이 있고, 그리고 거기에는 법궤를 덥고 있는 그룹이 표징하는 보호나 방어를 가리키는, 사랑의 선을 통하지 않고서는 주님에게 접근하지 못하는 방어나 보호가 있습니다.

700[G]. [33] 솔로몬이 건축한 성전의 극내적인 곳에 법궤가 옮겨졌다는 것은 동일한 뜻을 가집니다. 이것에의 옮김은 열왕기 상서에 이렇게 기술되었습니다. 그 책의 말씀입니다.

> (솔로몬은) 성전 안에는, 주의 언약궤를 놓아 둘 내실을 마련하였다.⋯⋯ 그는 지성소 안에 올리브 나무로 두 개의 그룹을 만들었는데,⋯⋯ 그룹들의 날개는 펴져 있어서, 이쪽 그룹의 한 날개가 저쪽 벽에 닿았고, 저쪽 그룹의 한 날개는 이쪽 벽에 닿았다. 그리고 지성소의 중앙에서 그들의 다른 날개들은 서로 닿아 있었다. 그는 이 그룹에도 금으로 입혔다(열왕기 상 6 : 19, 23, 27, 28).
> 솔로몬은 주의 언약궤를 시온 곧 '다윗의 성'에서 성전으로 옮기려고 이스라엘 장로들과 이스라엘 자손의 각 가문의 대표인 온 지파의 지도자들을 예루살렘에 있는 자기 앞으로 불러모았다.⋯⋯ 이스라엘의 모든 장로가 모이니, 제사장들이 궤를 메어 옮겼다. 주의 궤와 회막과 장막 안에 있는 거룩한 기구를 모두 옮겨 왔는데, 제사장들과 레위 사람들이 그것을 날랐다. 솔로몬 왕과 왕 앞에 모인 온 이스라엘 회중이 왕과 함께 궤 앞에서⋯⋯ 제물로 바쳤다. 제사장들은 주의 언약궤를 제자리, 곧 성전 내실 지성소 안, 그룹들의 날개 아래에 가져다가 놓았다. 그룹들이, 궤가 놓인 자리에 날개를 펼쳐서, 궤와 채를 덮게 하였다. 궤에서 삐죽 나온 두 개의 채는 길어서, 그 끝이 지성소의 정면에 있는 성소에서도 보였다. 그러나 성소 밖

에서는 보이지 않았다.……(솔로몬이 말하였다.) "주께서는 이집트 땅에서 우리의 조상을 이끌어내실 때에, 그들과 언약을 맺으셨는데, 나는 그 언약이 들어 있는 궤를 놓아 둘 장소를, 이렇게 마련하였습니다"(열왕기 상 8 : 1-8, 21).

회막 안에 있는 법궤(=언약궤)가 주님이 계시는 삼층천을 표징하기 때문에, 그리고 휘장 밖에 있는 천막 자체는 이층천을 표징하기 때문에, 그리고 뜰은 일층천을 표징하기 때문에, 그러므로 전은 그와 같았습니다. 왜냐하면 그것의 뜰과 더불어 성전은 세 천계를 표징하기 때문에, 따라서 성전 안에는 아무것도 없었습니다. 즉 그것이 천계의 어떤 것을 표징하지 않는 뜰 안이나 성전의 밖에는 아무것도 없었습니다. 그리고 이런 이유 때문에 주님께서는 그 때 표징들 안에 현존하셨습니다. 왜냐하면 주님의 강림 전에 있었던 교회들은 표징적인 교회들이었고, 그리고 이스라엘 자손들과 더불어 제정된 그 교회도 그런 교회였기 때문입니다. 그러나 주님께서 이 세상에 강림하셨을 때 표징하였던 외적인 것들은 폐지되었습니다. 왜냐하면 주님 당신께서 교회의 표징들을 드러나게 하고, 뜻하는 그것 자체이시기 때문입니다. 그리고 이런 것들이 외적인 것들이기 때문에, 그리고 그것이 그것 안에 주님이 계시는 휘장들이기 때문에, 그러므로 주님께서 강림하셔서 이런 것들을 제거하셨을 때, 그리고 주님께서는 그것 안에 계시는 주님께서 모든 것 안에 있는 모든 것이라는 것이 천계나 교회에 명료하게 드러나셨습니다. 주님에 속한 중요한 표징들은, 따라서 천계나 교회에 속한 표징들은 식탁·촛대·분향단 그리고 거기에 있는 법궤와 회막입니다. 그리고 또한 번제물이나 희생제물도, 그리고 그 뒤에는 성전도 주님의 표징들입니다. 성전이 회막이 갖는 것과 동일한 표징을 가지고 있는데, 차이가 있다면 회막은 성전에 비하여 주님이나 천계나 교회의 보다 더 거룩한 표징일 뿐입니다.

[34] 이렇게 볼 때 밝히 알 수 있는 것은 성전 안에 있는 지성소(至聖所 · adytum)는 회막 안에 있는 것들과 꼭같이, 법궤는 신령진리와의 관계에서 주님을 표징한다는 것이고, 따라서 삼층천을 표징한다는 것인데, 여기에 있는 천사들은 주님사랑에 의하여 주님에게 결합되어 있습니다. 결과적으로 거기의 천사들은 그들의 마음에 새겨진 신령진리를 지니고 있습니다. 그러나 그와 같이 거명된 성전 안에 있는 "그룹들"이나, 그것들의 "날개들"이나 법궤를 메는 "궤들"이 뜻하는 것이 무엇인지 몇마디 말로 간략하게 설명, 언급하겠습니다. "그룹"은 사랑의 선을 통하지 않고서는 주님에게 가까이 접근 못하게 하는 방어나 보호를 뜻하고, 결과적으로는 그것들은, 그 나무가 뜻하는 사랑의 선을 가리키는 "올리브 나무"(=기름의 나무)로 만들어졌습니다(본서 375항 참조). "그룹의 날개들"은, 그것 안에 삼층천이 있는, 천적인 신령한 것에서 이층천에 내려온, 그리고 거기에 수용된 영적인 신령한 것을 뜻합니다. 이것이 "그 날개들이 그 집의 중앙에 있는 다른 날개에 닿는다" 그리고 그것으로 "이쪽의 벽에서 저쪽의 벽에 닿는다"는 이유입니다. 그러나 법궤를 옮기는 데 쓰이는 "채들"은, "팔들"(arms)과 꼭 같이, 신령능력을 뜻합니다. 이것에서 볼 때, 그리고 앞서의 것에서 볼 때, 성경말씀에 있는 "언약의 궤"(the ark of the Covenant)의 뜻을 잘 알 수 있겠습니다.

[35] 더욱이 "법궤"(=언약궤)는, 주님의 이 세상 강림 때에 소멸할 것인, 다니엘서의 "항상 바치는 것"(=계속 드리는 희생 ·

매일 드리는 제사 · the continual sacrifice)이 뜻하는 것과 같은, 예레미야서에서는 일반적으로 교회에 속한 표징을 뜻합니다. 같은 책의 말씀입니다.

> 그 때에 내가 마음에 맞는 목자들을 너희에게 세워 주겠다. 그러면 그들이 지식과 훈계(=총명)로 너희를 양육할 것이다. 그 때가 이르러서, 너희가 이 땅에서 번성하여 많아지면, 아무도 다시는 주의 언약궤를 말하지 않을 것이다.…… 그것을 다시는 마음 속에 떠올리지도 않을 것이며, 기억하거나 찾지도 않을 것이다. 그것이 필요도 없을 것이다(예레미야 3 : 15, 16).

이 장절은 주님의 강림에 관해서 언급하고 있고, 그리고 그 때 유대교회의 표징적인 예전들의 폐지에 관해서 언급하고 있습니다. 외적인 표징적 예전들에 의하여 가려져 있던 그 교회의 내면적인 것들이 그 때 분명하게 드러날 것이라는 것이나, 그리고 거기에 내면적인 것들, 즉 영적인 사람들이 있을 것이라는 것 등은 "그 때 주님의 마음에 맞는 목자들이 주어질 것이고, 그리고 그들이 지식과 총명(=통찰력 · 훈계)으로 그들을 양육할 것이다"는 말씀이 뜻합니다. 여기서 "목자들"은 선을 가르치고, 그리고 진리들에 의하여 선에게로 인도하는 자들을 뜻합니다. 그리고 그것은 진리의 증식이나 선의 결실을 뜻합니다. "그 때에 그 땅에는 번성하고 열매를 맺는 일이 일어날 것이다"는 것은 그 때 거기에는, 내면적인 것들을 표징하고 뜻하는 것을 가리키는, 성경말씀의 외면적인 것들에 의한 것이 아니고, 성경말씀의 내면적인 것을 통한 주님과의 결합이 있을 것이라는 것은 곧 "아무도 다시는 주의 언약궤를 말하지 않을 것이다"는 말씀이 뜻합니다. 여기서 "주의 언약궤"는 그 때 폐지될 예배의 외적인 것들을 뜻하고, 그리고 소멸할 "계속 드리는 희생"(=매일 드리는 제사ㆍ항상 바치는 것)(다니엘 8 : 13 ; 11 : 31 ; 12 : 11)를 뜻합니다. 예배가 외적인 것에 존재하지 않고, 내적인 것에 존재한다는 것은 "그것을 다시는 마음 속에 떠올리지도 않을 것이며, 기억하거나 찾지도 않을 것이고, 더 이상 만들지도 아니 할 것이다"(=그것이 필요도 없을 것이다)는 말씀이 뜻합니다. 이렇게 볼 때 밝히 알 수 있는 것은 역시 여기서 다루고 있는 환상 가운데 요한이 본 하나님의 성전 안에 있는 "주의 언약궤"는 신령진리의 보임(出現)이라는 것인데, 그것에 의하여 거기에 주님과의 새 하늘(=천계)의 결합이나, 새로운 교회의 결합이 있었습니다. 그리고 그것이 이와 같이 보인 것은 문자 안에 있는 성언(=말씀)은 처음부터 끝까지 비슷한 것은 예배의 외적인 것들이나, 표징하는 내적인 것들로 이루어진다는 것입니다. 여기 열왕기 상 8장 3, 4절의 말씀도 마찬가지인데, 거기에는 "제단" "분향단"이 보좌 앞에 있는 것이 보였습니다. 왜냐하면 문자 안에 있는 말씀(聖言)은 표징적인 교회들에 존재했던, 오직 대응들로 이루어졌기 때문이고, 그리고 그것으로 말미암아 성경말씀의 선용(=씀씀이)을 취하였기 때문입니다. 그리고 이런 것들 안에는 영적인 것이나, 천적인 것을 가리키는 천계나 교회의 내면적인 것들이 담겨 있었습니다.

701[A]. 법궤가 "언약의 궤"(the ark of the Covenant)라고 불리웠기 때문에, 그것 안에 있는 율법 때문에, "언약의 궤"라고 불리웠다는 것은 성언(=말씀ㆍthe Word)으로 확증되고 있습니다. 넓은 뜻으로는 성언을 뜻하는 "율법"은 성언을 가리키는 신령진리와의 관계에서 주님을 뜻하고, 따라서 주님에게서 비롯되고, 그리고 그것 안에 주님이 계시는 신령진리, 즉 성언을 뜻합니다. 왜냐하면 모든 신령진리는 주님에게서 발출하기 때

문이고, 그리고 이것이 사람에 의하여 영접, 수용될 때, 그것에 의하여 주님과의 결합이 이루어지기 때문입니다. 그리고 이 결합은 "언약"(covenant)이 뜻하는 것입니다. 사람과 주님의 결합이, 그리고 주님과 사람의 결합이 어떻게 이루어지는지 간략하게 설명하고자 합니다. 모든 사람에게 빛으로 입류하시는 주님은 빛을 비추시고, 그리고 진리들을 알고자 하는 정동이나, 그것들을 이해하려는 정동을 가지고, 그리고 또한 그것들을 원하고, 행하려는 정동으로 분명하게 가르치고, 교화(敎化)하십니다. 그리고 그 빛과 그 정동이 주님으로부터 계속해서 입류하기 때문에, 그것에서 뒤이어지는 것은, 사람은 그 빛을 영접, 수용하는 범위까지 합리적인 존재가 된다는 것이고, 그리고 그가 그 정동을 수용하는 것에 비례하여 그가 현명하게 되고, 그는 주님에 의하여 인도된다는 것입니다. 그 빛과 더불어 그 정동은, 사람이 젖먹이 때부터, 성경말씀에서 성경말씀으로 만들어진 교리에서, 그리고 설교말씀에서 배우고 터득한 진리들을 그것 자체에 끌어들이고, 자체에 결합시킵니다. 왜냐하면 모든 정동은 그것과의 조화의 상태에 있는 지식들에 의하여 양육(養育)되기를 열망하기 때문입니다. 이 결합으로 인하여 사람의 영적인 사랑이나 정동은 형성되고, 그리고 그것을 통하여 그 사람은 주님에게 결합된다는 것입니다. 다시 말하면, 그것을 통해서 주님께서 사람을 당신에게 결합시키십니다.

[2] 그러나 그 빛과 그 정동을 영접, 수용하기 위해서는 사람에게 선택의 자유(freedom of choice)가 먼저 허락되어야 하는데, 그것은 그 자유가 주님에게서 오기 때문입니다. 그것은 바로 사람에게 있는 주님의 선물(=은총·gift)이고, 그리고 결코 그에게서 빼앗아 갈 수 없는 것입니다. 왜냐하면 그 자유는 사

람의 정동이나 사랑에 속해 있기 때문이고, 결과적으로는 그의 생명(=삶)에 속해 있기 때문입니다. 사람은 자유로부터 악한 것을 생각할 수 있고, 원할 수도 있고, 그리고 선한 것을 생각할 수도 있고, 원할 수도 있습니다. 그러므로 그의 사랑이나, 그것에서 비롯된 그의 생명(=삶)에 속한 그 자유로부터 사람이 성경말씀에 속한 진리들이나 선들에 정반대되는, 거짓들을 생각하고, 악들을 원하는 것에 비례하여, 따라서 그 사람은 주님에게 결합되지 않습니다. 그러나 그가 성경말씀에서 비롯된 진리들을 생각하고, 선들을 원하는 것에 비례하여 그는 주님에게 결합하고, 그리고 주님께서는 그 진리들이나 선들을 그의 사랑으로 완성하시고, 그리고 그것으로 인하여 그의 생명(=삶)이 되게 하십니다. 이렇게 볼 때 명확한 것은, 이 결합은 상호적(相互的 · reciprocal)이라는 것, 다시 달하면 사람과 주님의 결합이고, 주님과 사람의 결합이라는 것입니다. 이런 부류의 결합이 성경말씀에서 "언약"(covenant)이 뜻하는 것입니다.

[3] 진리를 볼 수 있는 빛이나, 그것들을 행하는 정동 때문에 사람은 자기 자신의 구원을 위해 어떤 것도 행할 수 없는 무능한 존재라고 믿는 사람은 아주 큰 오류를 범하는 것이고, 그리고 그것들을 생각하고, 그것들을 원하는 그 자유(=선택의 자유)는 주님에게서 비롯되는 것과 꼭 같이, 이런 것들은 결코 사람에게서 비롯되는 것은 없습니다. 이런 것들은, 마치 자기 자신 안에 있는 것처럼, 사람에게 보이기 때문에, 그리고 그것들이 자기 자신으로 말미암아 생각되고, 원한다고 여길 때, 사람은, 그것의 겉보기 때문에, 마치 자신으로 말미암아 그것들을 생각해야만 하고, 그것들을 원하여야 했지만, 그러나 동시에 사람은 그것들이 주님에게서 비롯된 것이라는 것을 시인하

여야 합니다. 그 이외의 다른 방법으로는 진리나 선에 속한 것이나, 또는 믿음이나 사랑에 속한 것은 그 어떤 것도 사람에게 전유(專有)되지 않습니다. 만약에 어느 누구가 손을 구워박고, 입류만을 기다린다면, 그는 아무것도 받지 못할 것이고, 그리고 그는 주님과의 상호적인 결합까지도 결코 받을 수 없을 것입니다. 따라서 그 사람은 그 언약(=결합) 가운데 있지 않습니다. 이것이 사실이라는 것은 이런 것에서 명확합니다. 즉 주님께서는 성경말씀의 수천의 장절에서 사람은 반드시 선을 행하여야 한다는 것, 그리고 반드시 악은 행하지 말아야 한다는 것을 가르치셨고, 그리고 주님께서는 결코 말씀하시지 않은 것은 그 사람이 그것에 의하여 행할 수 있는 능력이 사람에게 주어지지 않는다면, 그리고 마치 그의 것처럼 그에게 보이는 것을 사람에게 주어지지 않는다면 선을 행하고, 악을 행하면 안 되는 것이 불가능한 것처럼 말씀하신 것처럼 보이지만, 역시 그렇다고 할지라도 그것은 주님의 가르침은 아닙니다. 왜냐하면 주님께 이와 같이 묵시록서에서 말씀하셨기 때문입니다. 그 책의 말씀입니다.

> 보아라, 내가 문 밖에 서서, 문을 두드리고 있다. 누구든지 내 음성을 듣고 문을 열면, 나는 그에게로 들어가서 그와 함께 먹고, 그는 나와 함께 먹을 것이다(묵시록 3 : 20).

701[B]. [4] "언약"(=계약 · covenant)이 의지나 이해에 의하여, 또는 마음(heart)이나 영혼(soul)에 의하여, 다시 말하면 사랑과 믿음에 의하여 신령진리의 수용을 통한 주님과의 결합을 뜻한다는 것, 그리고 이 결합이 상호적으로 이루어진다는 것 등등은 "언약"이 언급된 성경말씀에서 잘 볼 수 있습니다. 왜

냐하면 이런 내용에서 확실하기 때문입니다.
 (1) 주님 당신을 "언약"(a covenant)이라고 부르셨다는 것, 그것은 그분과의 결합이 그분에게서 발출하는 신령존재를 통해서 그분에 의하여 이루어지기 때문이다.
 (2) 신령진리를 가리키는, 따라서 성언을 가리키는 신령발출 (the Divine proceeding)이 언약이라는 것, 그것은 그것이 결합시키기 때문이다.
 (3) 이스라엘 자손에게 명령된 명령들·공의들·계율들은 그들에게는 언약(=약속)이었다는 것, 그것은 그런 것들을 통하여 그 때 거기에 주님과의 결합이 있었기 때문이었다는 것.
 (4) 더욱이 결합시키는 것을 "언약"이라고 하였다는 것.
[5] 그 첫째에 관한 것입니다. 주님과의 결합이 그분에게서 발출하는 신령한 것을 통해서 그분에 의하여 이루어지기 때문에 주님 당신은 "언약"(covenant)이라고 불리웠다는 것은 아래의 장절들에게서 명확합니다. 이사야서의 말씀입니다.

> "나 주가 의를 이루려고 너를 불렀다.
> 내가 너의 손을 붙들어 주고,
> 너를 지켜 주어서,
> 너를 백성의 언약과 이방의 빛이
> 되게 할 것이다.
> (이사야 42:6)

 이 구절은 "백성의 언약과 이방의 빛"(=이방 사람들의 빛)이라고 불린 분이신 주님에 관해서 언급하고 있습니다. 그것은 "언약"이 결합을 뜻하기 때문이고, "빛"이 신령진리를 뜻하기 때문입니다. "백성"(people)은 진리들 안에 있는 자들을 뜻하고, "민족들"(=이방 사람들·nations)은 선들 안에 있는 자들을 뜻합니다(본서 175 · 331 · 625항 참조). "의로 너를 불렀다"(=의를 이루려고 너를 불렀다)는 것은 선한 자에게서 악한 자를 분리하는 것에 의하여, 그리고 그들에게서 선한 자를 구원하는 것에 의하여, 그리고 악한 자를 유죄판결하는 것에 의하여, 의(義 · righteousness)를 세우는 것을 뜻합니다. "손을 붙들어 주고, 지켜 준다"는 것은 지옥이 저항, 반항할 수 없는 신령전능(神靈全能)으로 말미암아 이 일을 하는 것을 뜻합니다. 여호와(=주)께서 이 일을 행하심은 주님 안에 계신 신령존재에 의하여 행해진 것을 뜻합니다.

[6] 같은 책의 말씀입니다.

> 내가 너희를 지키고 보호하겠으며,
> 너를 시켜서
> 뭇 백성과 언약을 맺겠다.
> 너희가 살던 땅이 황무해졌지마는,
> 내가 너희를 다시 너희 땅에 정착시키겠다.
> (=내가 너를 보호하리니, 너를 백성의 언약으로 삼고, 땅을 세워 황폐한 유업들을 상속받게 할 것이다)(이사야 49:8).

이 장절 역시 주님에 관해서 언급하고 있습니다. "백성을 위한 언약으로 준다"(=백성의 언약으로 삼는다)는 것은 그분과 그리고 그분에 의한, 결합이 있을 것이라는 것을 뜻하고, "그 땅을 복구한다"(=땅을 다시 세운다)는 것은 교회를 뜻하고, "땅에 다시 정착시키겠다"(=황폐한 유업들을 상속받게 한다)는 것은 파괴된 교회의 선들이나 진리들을 회복, 재건시키는 것을 뜻합니다.

[7] 시편서의 말씀입니다.

> "나는, 내가 선택한 사람과 언약을 맺으며,

11장 7-19절

> 내 종 다윗에게 맹세하기를
> '내가 네 자손을 영원히 견고히 세우며,
> 네 왕위를 대대로 잇겠다'고 하였다."……
> 그에게 내 신의(=자비)를 영원토록 지키며,
> 그와 맺은 나의 언약을 성실히 지키겠다.
> (시편 89 : 3, 4, 28)

여기서 "다윗"은 주님의 왕권과의 관계에서 주님을 뜻하고(본서 205항 참조), 그리고 그는 선으로 말미암아 "선택한 사람"이라고 불리웠고, 진리로 말미암아 "종"이라고 불리웠습니다. "언약을 맺고 그에게 맹세를 한다"는 것은 주님의 신성과 주님의 인성의 합일(合一 · the uniting)을 뜻하는데, 여기서 "언약을 맺는다"는 것은 합일을 이루는 것을 뜻하고, "맹세한다"는 것은 그것을 확증, 확인하는 것을 뜻합니다. "내가 네 자손을 영원히 견고히 세운다"는 것은 그분에게서 비롯된 진리의 영원함을 뜻하고, "그에게 내 신의(=자비)를 영원토록 지킨다"는 것은 그분에게서 비롯된 신령선의 영원함을 뜻합니다. "내 언약이 변치 않을 것이다"(=나의 언약을 성실히 지키겠다)는 것은 그분 안에 있는 신성과 인성의 합일을 뜻합니다. 이러한 내용은, 문자적인 뜻에서 다윗이 다루어졌기 때문에 문자의 뜻의 뜻으로 언급된 것에 관해서, 다윗 대신에 신령인성과 그것의 왕권과의 관계에서 주님으로 이해되었을 때 이 장절의 뜻이 되겠습니다. 사실 그에게 영원한 언약은 결코 없었습니다.

[8] 사무엘 하서의 말씀입니다.

> 이스라엘의 하나님이 말씀하셨다.
> 이스라엘의 반석께서 나에게 이르셨다.
> 모든 사람을 공의로 다스리는 왕은,

> 하나님을 두려워하면서 다스리는 왕은,
> 구름이 끼지 않은 아침에 떠오르는
> 맑은 아침 햇살과 같다고 하시고,
> 비가 온 뒤에 땅에서 새싹을 돋게 하는
> 햇빛과도 같다고 하셨다.
> 진실로 나의 왕실이
> 하나님 앞에서 그와 같지 아니한가?
> 하나님이 나로 더불어 영원한 언약을 세우시고,
> 만사에 아쉬움 없이 잘 갖추어 주시고,
> 견고하게 하셨기 때문이다.
> (사무엘 하 23 : 3-5)

이 장절은 다윗에 의하여 언급된 것입니다. 여기서 "이스라엘의 하나님"이나, "이스라엘의 반석"은 신령진리와의 관계에서 주님을 뜻합니다. "그 왕은 구름이 끼지 않은 아침에 떠오르는 맑은 아침 햇살과 같을 것이고, 비가 온 뒤에 땅에서 새싹을 돋게 하는 햇빛과도 같을 것이다"는 말씀이 뜻하는 것은 본서 644[C]항을 참조하십시오. 이 장절의 말씀은, 그것에서부터 진리의 모든 발아(發芽 · germination)와 선의 결실(fructification)을 가리키는, 주님에게서 발출하는 신령진리를 기술하고 있습니다. "내 집이 하나님 앞에서 그와 같지 않은가?"(=진실로 나의 왕실이 하나님 앞에서 그와 같지 아니한가?)라는 말씀은 진령진리를 통하여 주님과 결합된 교회를 뜻합니다. 여기서 "다윗의 집"은 교회를 뜻합니다. "하나님이 나로 더불어 영원한 언약을 세우셨기 때문이다"는 말씀은 신성(=신령존재)과 그분의 인성과의 합일에서 주님께서는 교회에 속한 사람들과의 결합을 취하셨다는 것을 뜻하고, "만사에 아쉬움 없이 잘 갖추어 주시고 견고하게 하셨다"(=모든 일에 정돈하시고, 확고하게 하셨다)는 말씀은 그분께서는 그것으로 말미암아 삼라만상과 모든 인물들을 다스리신다는 것, 그리고 그것을 영접, 수용한 자들을 구원하신다는 것을 뜻합니다.

[9] 말라기서의 말씀입니다.

> 내가 레위와 맺은 언약을 파기하지 않으려고
> 이 훈계(=명령)를 주었다는 것을,
> 그 때에 가서야
> 너희가 비로소 알게 될 것이다.……
> 내가 레위와 맺은 언약은,
> 생명과 평화가 약속된 언약이다.
> 나는 그가 나를 경외하도록
> 그와 언약을 맺었고,
> 그는 과연 나를 경외하며
> 나의 이름을 두려워하였다.
> 그는 늘 참된 법을 가르치고,
> 그릇된 것을 말하지 않았다.……
> 그는 또한 많은 사람들을 도와서,
> 악한 길에서 돌아서게 하였다.……
> 그러나 너희는 바른 길에서 떠났고,
> 많은 사람들에게
> 율법을 버리고 곁길로 가도록 가르쳤다.
> 너희는 내가 레위와 맺은 언약을 어겼다.
> (말라기 2 : 4-6, 8)

"레위와 맺은 여호와의 언약"은, 최고의 뜻으로는, 주님 안에 있는 주님의 인성과 주님의 신성(=신령존재)과의 합일을 뜻하고, 그리고 상대적인 뜻으로는 교회와 주님의 결합을 뜻합니다. 왜냐하면 "레위"는, "다윗"이 뜻하는 것과 같이, 주님을 뜻하지만 그러나 여기서 "레위"는 주님의 제사장 직분을 가리키는, 신령선과의 관계에서 주님을 뜻하기 때문이고, 그리고 "다윗"은, 주님의 왕권을 가리키는, 신령진리와의 관계에서 주님을 뜻하기 때문입니다. "레위"가 주님을 뜻한다는 것은, 그것이 언급된 장절에서 명백한데, 다시 말하면 "진리의 법이 그의 입에 있고, 그의 입술에는 불의가 없었다"(=그는 늘 참된 법을 가르치고, 그릇된 것을 말하지 않았다)는 말씀에서 명확합니다. 여기서 "진리의 법"(the law of truth)은 신령선에서 비롯된 신령진리를 뜻하고, "입술"(lips)은 진리의 교리나 교육을 뜻합니다. 그 뒤에는 이런 말씀이 언급되었습니다. 그 책의 말씀입니다.

  제사장의 입술은 지식을 지켜야 하겠고,
  사람들이 그의 입에서
  율법을 구하게 되어야 할 것이다.
  제사장이야 말로
  만군의 주 나의 특사이기 때문이다.
  (말라기 2:7)

"생명과 평화가 약속된 언약"은, 위에서 언급한 것과 같이, 그것으로 말미암아 주님 당신은 생명과 평화(life and peace)가 되셨고, 사람은 그것으로 말미암아 온갖 악들이나 거짓들의 습격에서, 따라서 지옥의 습격, 공격에서 영생을 얻은 그 합일(合一)과 그 결합(結合)을 뜻합니다. "그분의 경외"(His fear)가 뜻하는 것은 본서 696항을 참조하십시오. 신령진리에 정반대로 사는 자들은 "너희는 바른 길에서 떠났고, 많은 사람들에게 율법을 버리고 곁길로 가도록 가르쳤다. 너희는 내가 레위와 맺은 언약을 어겼다"는 말씀이 뜻합니다. "율법을 버리고, 곁길로 갔다"는 말씀은 신령진리에 정반대로 사는 것을 뜻하고, "레위와 맺은 언약을 어겼다"는 것은 주님과의 결합을 더럽히

11장 7-19절

고, 타락시키는 것을 뜻합니다.
[10] 같은 책의 말씀입니다.

"내가 나의 특사를 보내겠다.
그가 나의 갈 길을 닦을 것이다.
너희가 오랫동안 기다린 주가,
문득 자기의 궁궐에 이를 것이다.
너희가 오랫동안 기다린,
그 언약의 특사가 이를 것이다.
(말라기 3:1)

이 말씀은 여기서 선포된 주님의 강림이 명확합니다. 여기서 주님은 신령선으로 말미암아 "주님"이라고 불리셨고, 신령진리로 말미암아 "언약의 특사"라고 불리셨습니다(이것에 관해서는 나머지 장절이 설명된 본서 242[D]·433[B]·444[B]항을 참조하십시오). 이렇게 볼 때 "언약"은 주님과의 관계에서 그분 자신이나, 그분 안에 있는 그분의 신성과 인성의 합일을 뜻한다는 것을 잘 알 수 있겠습니다. 그리고 천계나 교회에 있는 자들과의 관계에서 그것은 그분에게서 발출하는 신령한 것을 통한 그분과의 결합을 뜻한다는 것도 잘 수 있겠습니다.

701[C]. [11] 둘째는 그것이 결합하고 있기 때문에, 그것이 신령진리를 가리킨다는 것, 따라서 성언(=말씀·the Word)을 가리킨다는 것은 아래의 장절에서 잘 볼 수 있겠습니다. 출애굽기서의 말씀입니다.

모세가 시내 산에서 내려와서, 백성에게 주의 말씀과 법규(=공의)를 모두 전하니, 온 백성이 한 목소리로 주께서 명하신 모든 말씀을 지키겠다고 대답하였다. 모세는 주의 모든 말씀을 책에 기록하였다.…… 그리고 그가 '언약의 책'을 들고 백성에게 낭독하니, 그들은 "주께서 명하신 모든 말씀을 받들어 지키겠다"고 말하였다. 모세는 피를 가져다가 백성에게 뿌리며 말하였다. "보아라, 이것은 주께서 이 모든 말씀을 따라, 너희에게 세우신 언약의 피다"…… 거기에서, 그들이 이스라엘의 하나님을 보니, 그 발 아래에는 청옥을 깔아 놓은 것 같으며, 그 맑기가 하늘과 꼭 같았다(출애굽기 24:3, 4, 7, 8, 10).

우리에게 있는 신령진리가 성언(the Word · 말씀)의 언약을 가리킨다는 것은 속뜻, 즉 영적인 뜻으로 주의, 생각할 때 모든 이런 개별적인 것들에게서 명확합니다. 왜냐하면 이런 것들을 백성들에게 말한 모세는 율법을 표징하기 때문입니다. 다시 말하면 성언(聖言 · 말씀 · the Word)을 표징하기 때문입니다. 이러한 내용은, "모세나 예언자들" 그리고 어떤 곳에서는 "율법과 예언자들"이 언급된 여러 곳에서 잘 볼 수 있겠습니다. 따라서 "모세"는 율법을 뜻하고, 넓은 뜻으로 율법은 신령진리를 가리키는 성언(=말씀)을 뜻하기 때문입니다. 역시 이와 같은 동일한 내용은, "시내 산"이, 그것에서 신령진리가 비롯된, 천계를 뜻한다는 것에서 명확합니다. 마찬가지로 "백성 앞에서 읽힌, 언약의 책"이 성언(=말씀)을 뜻한다는 것에서, 백성들 위에 뿌려진 "피"가 성언을 가리키는 신령진리를 뜻한다는 것에서 명확합니다. 이것이 결합하기 때문에 "언약의 피"(the blood of the covenant)라고 불리웠습니다. 다시 말하면 신령진리를 통한 모든 결합이 주님과의 결합을 가리키기 때문에, 주님을 가리키는, "이스라엘의 하나님"은 모세, 아론, 그의 아들들과 칠십 장로들에 의하여 보여졌습니다. "그분의 발 아래에 있다"는 것이 무엇인지는, 그 때 "주님"께서는 성언(=말씀)을 뜻하기 때문에, "그분의 발"(His feet)은 궁극적인 것들 안에 있는 성언(=말씀)

을, 다시 말하면 성경말씀의 문자들의 뜻 안에 있는 성언을 뜻합니다. 왜냐하면 이스라엘 자손은 내면적으로 성언을 보지 못하였기 때문입니다. "마치 청옥을 깔아 놓은 것 같다"는 말씀은 성언의 영적인 뜻을 가리키는, 내적인 진리들에게서 통과, 투명(透明)되었다는 것을 뜻합니다. 그러나 이러한 내용은 구체적으로 《천계비의》 9371-9412항에 설명된 그것을 참조하십시오.

[12] "언약"이 뜻하는 것인 결합의 성질이 무엇인지는 그것에 관해서 설명된, 다시 말하면, 이 세상에서 일반적으로 만든 언약들과 같은 것입니다. 다시 말하면 이쪽은 이러하고, 저쪽은 저러한 것과 비슷합니다. 같은 방법으로 주님께 사람들과 맺으신 언약들은 반드시 주님의 성질이 있고, 사람들의 성질이 있습니다. 그것들은, 거기에 결합이 있기 위해서는 양쪽의 성질에 있어야 합니다. 주님의 성질에 있는 것들은 그 책의 앞장에 이렇게 언급되었습니다. 출애굽기서의 말씀입니다.

> 내가 너희에게 복을 내려, 빵과 물을 주겠고, 너희 가운데서 질병을 없애겠다.…… 너희가 번성하여 그 땅을 너희의 소유로 차지할 때까지 그들을 너희 앞에서 조금씩 쫓아내겠다. 내가 너희 땅 경계를 홍해에서 블레셋 바다까지, 광야에서 유프라테스 강까지로 정하고, 그 땅에 사는 사람들을 너희 손에 넘겨줄 터이니, 너희가 그들을 쫓아내어라(출애굽기 23 : 25-31).

여기서 "빵과 물로 축복한다"는 것은 내적인 영적인 뜻으로 선의 결실과 진리의 증대를 뜻합니다. 여기서 "빵"(bread)은 천계나 교회에 속한 선을 뜻하고, "물"(water)은 그 선에 속한 모든 진리들을 뜻합니다. "질병을 없앤다"는 것은 지옥에서 비롯된 악들이나 거짓들을 제거하는 것을 뜻합니다. 왜냐하면 이런 것들은 영적인 뜻으로 질병들(diseases)이기 때문입니다. "홍해에서 유프라테스 강까지 땅을 차지한다"는 것은 신령존재를 통하여 주님으로 말미암아 주님에게 결합된 자들이 차지한 그것의 모든 범위 안에 있는 교회를 뜻합니다. 그러나 사람의 성질에 있어야만 하는 것들은 우리의 본문장의 3절 말씀에서 자세하게 설명, 언급되었습니다. 그리고 말하자면 앞에 인용된 장절에서 "주의 모든 말씀과 모든 명령들"(=법규 · 공의)을 뜻합니다. 모세가 시내 산에서 내려와 백성들에 선포하였고, 그 말씀에 대하여 백성들은 한 목소리로 "주께서 명하신 모든 말씀을 지키겠다"고 대답하였다는 말씀이 뜻합니다. 이런 이유 때문에 모세는 번제물의 피를 나누고, 그것의 절반을 그릇에 담아 놓고, 나머지 절반은 백성에게 뿌렸다고 하였습니다.

[13] 사람들과 주님과의 결합이 신령진리를 통하여 이루어진다는 것은, 역시 복음서들에 있는 "피"가 뜻합니다. 복음서들의 말씀입니다.

> 예수께서 또 잔을 들어서 감사를 드리신 다음에, 그들에게 주시며 말씀하셨다. "모두 이 잔을 마셔라. 이것은 많은 사람에게 죄를 사하여 주려고 흘리는 나의 피, 곧 새 언약이다."(마태 26 : 27, 28 ; 마가 14 : 23, 24 ; 누가 22 : 20).

이것이 "새 언약의 피"라고 하였는데, 그것은 "피"가 주님에게서 발출하는 신령진리를 뜻하기 때문이고, 그리고 "언약"은 결합을 뜻하기 때문입니다. "피"가 사람에 의하여 수용된 주님에게서 발출하는 신령진리를 뜻한다는 것은 본서 329 · 476항에서 볼 수 있고, "마신다"(to drink)는 것이 영접, 수용하는 것, 그리고 자기 자신의 것으로 만드는 것, 따라서 결합하는 것을 뜻한다는 것은 역시 본서 617항을 참조하십시오.
[14] 스가랴서에서도 마찬가지입니다.

> 너에게는 특별히,
> 너와 나 사이에 맺은 피로 맺은 언약이 있으니,
> 사로잡힌 네 백성을
> 내가 물 없는 구덩이에서 건져 낼 것이다.
> (스가랴 9 : 11)

이 말씀은 이 장에서 명백하게 다루어지고 있는 주님에 관해서 언급하고 있습니다. 여기서 "언약의 피"는, 위에 언급한 것과 같이, 신령진리를 뜻하고, 그리고 거기에는 그것에 의한 주님과의 결합이 있습니다. "물 없는 구덩이에 사로잡힌 자"가 누구를 뜻하는지는 본서 537[B]항에서 볼 수 있겠습니다.
[15] 주님께서는, 자신에게서 발출하는 신령진리를 뜻하는, 그분의 피를 "새 언약의 피"(the blood of the new covenant)라고 부르셨기 때문에, "옛 언약"(the old covenant)과 "새 언약"(the new covenant)이 뜻하는 것이 무엇인지 간략하게 언급하겠습니다. "옛 언약"은, 외적인 것인, 이스라엘 자손에게 주어진 것과 같은, 그것을 통한 결합을 뜻합니다. 그러므로 내적인 신령진리의 표징을 뜻합니다. 그들은 그 어떤 다른 것을 수용할 수 없었기 때문에 그들은 결코 다른 진리를 가지고 있지 않았습니다. 왜냐하면 그들은 자연적인 사람들이고 외적인 사람들이었지, 결코 속사람이나 영적인 사람이 아니었기 때문입니다. 이러한 사실은 주님의 강림에 관하여 그분께서 이 세상에 있는 모든 백성들에 비하여 으뜸으로 그들을 일으켜 세우실 한 임금이 되시기 위하여 오신다는 것 이외의 그분에 관한 다른

생각을 알지 못한다는 사실에서, 그리고 이 땅에는 그들에게 한 왕국이 세워질 것이라는 것, 그리고 천계가 아니고, 그것으로 인하여 그분을 사랑하는 모두에게 이 땅 위에 한 왕국이 세워진다는 것만을 알고 있는 것 이외의 다른 생각을 알지 못한다는 사실에서 잘 알 수 있습니다. 그러므로 "옛 언약"은, 모세의 책들에 담겨 있는 것과 같은 그런 부류의 신령진리를 통한 결합을 가리키고, 그리고 "명령들・공의들(=심판들)・계률들"이라고 부르는 그런 부류의 신령진리들을 통한 결합을 가리킵니다. 그럼에도 불구하고 그것들 안에는, 내적인 것이나 영적인 것이라고 하는 천계에 있는 것과 같은, 그런 신령진리가 내적으로 숨겨져 있었습니다. 이런 신령진리는 주님께서 이 세상에 강림하셨을 때, 주님에 의하여 까발려졌습니다. 그리고 이것을 통해서만 사람들과 주님의 결합이 있었기 때문에, 그러므로 이러한 내용이 "새 언약"(the new covenant)이 뜻하는 것이고, 그리고 "그분의 피"(=주님의 보혈)가 뜻하는 것입니다. 그러므로 그것은 "새 언약의 피"(the blood of the new covenant)라고 불리웠습니다. "포도주"는 이와 비슷한 뜻을 가지고 있습니다.

[16] 주님께서 이 세상에 강림하셨을 때, 주님과 맺게 된다는 이 "새로운 언약"은 구약의 성경말씀에 가끔 다루어졌습니다. 예레미야서의 말씀입니다.

> "그 때가 오면, 내가 이스라엘 가문과 유다 가문과 새 언약을 세우겠다.…… 이것은 내가 그들의 조상의 손을 붙잡고 이집트 땅에서 데리고 나오던 때에 세운 언약과는 다른 것이다.…… 그들은 나의 언약을 깨뜨려버렸다.…… 그러나 그 시절이 지난 뒤에, 내가 이스라엘 가문과 언약을 세울 것이니, 나는 나의 율법을 그들의 가슴 속

에 넣어 주며, 그들의 마음 판에 새겨 기록하여, 나는 그들의 하나님이 되고, 그들은 나의 백성이 될 것이다.…… 그 때에는 이웃이나 동포끼리 서로 '너는 주를 알아라' 하지 않을 것이니, 이것은 작은 사람으로부터 큰 사람에 이르기까지, 그들이 모두 나를 알 것이기 때문이다"(예레미야 31 : 31-34).

여호와, 즉 주님께서 "이스라엘 가문이나 유다 가문과 새 언약을 세우겠다"는 것은, 그것이 이스라엘 자손이나 유다 자손과 언약을 맺는다는 것을 뜻하지 않고, 오히려 주님으로 말미암아 교리의 진리들 안에 있고, 주님사랑의 선 안에 있는 모두와 언약을 맺는다는 것을 뜻합니다. 성경말씀에서 "이스라엘 자손들"이나 "유다"가 이런 자들을 뜻한다는 것은 본서 433항에서 볼 수 있고, 그리고 "그 때가 왔다"(=그 날이 오고 있다)는 것은 주님의 강림을 뜻한다는 것은 명확합니다. 그 때 내적인 것이나 영적인 것인 신령진리를 통하여 주님과의 결합이 있을 것이라는 것은 이런 말씀들이 뜻하는데, 즉 "그 시절이 지난 뒤에, 내가 이스라엘 가문과 언약을 세울 것이니, 나는 나의 율법을 그들의 가슴 속에 넣어 주며, 그들의 마음 판에 새겨 기록할 것이다"는 말씀이 뜻합니다. 이러한 것은 그 때 그들이 그들 자신들 안에 내적으로 신령진리를 영접, 수용할 것이라는 것을 뜻합니다. 왜냐하면 영적인 신령진리는 사람에 의하여 내적으로 수용되기 때문입니다. 따라서 그렇지 않다면, 그것을 외적으로 수용하는 이스라엘 자손들이나 유다 사람 이외의 자들과 언약을 맺을 것이기 때문입니다. 왜냐하면 사람이 자기 자신 안에 내적으로 신령진리를 영접, 수용할 때, 다시 말하면, 그것을 그의 사랑에 속한 것으로 만들고, 따라서 그의 삶에 속한 것으로 만들 때, 진리는 진리 자체로 말미암아 알게 되는

데, 그것은 주님께서 사람에게 있는 주님 자신의 진리에 입류
하시기 때문이고, 그리고 그 사람을 가르치시기 때문입니다.
이러한 내용이 이 말씀, 즉 "그 때에는 이웃이나 동포끼리 서
로 '너는 주를 알아라' 하지 않을 것이니, 이것은 작은 사람으
로부터 큰 사람에 이르기까지, 그들이 모두 주를 알 것이기 때
문이다"는 말씀이 뜻합니다. "새 언약"이 뜻하는, 그것에 의하
여 이루어진 결합 자체는 "나는 그들의 하나님이 되고, 그들은
나의 백성이 될 것이다"는 말씀이 뜻합니다.
[17] 같은 책의 말씀입니다.

> 그러면 그들이 나의 백성이 되고, 나는 그들의 하나님이 될 것이다.
> 그 때에 내가 그들에게 한결같은 마음과 삶을 주어, 그들이 언제나
> 나를 경외하여 그들 자신뿐만 아니라, 그들의 자손들까지도 길이 복
> 을 받게 하겠다. 그 때에 내가 그들과 영원한 언약을 맺고, 내가 그
> 들에게서 영영 떠나지 않고, 그들을 잘되게 할 것이며, 그들의 마음
> 속에 나를 경외하는 마음을 넣어 주어서, 그들이 나에게서 떠나가지
> 않게 하겠다(예레미야 32 : 38-40).

이 장절도 역시 주님과 그리고 주님과의 새 언약에 관해서 언
급하고 있습니다. 그리고 그것에 의한 결합은 "나는 그들의 하
나님이 될 것이고, 그들은 나의 백성이 될 것이다"는 말씀이
뜻합니다. 그리고 이런 말씀에 의하여 더 상세하게 기술되었습
니다. 즉, "그 때에 내가 그들에게 한결같은 마음과 삶(=한 길)
을 주어, 그들이 언제나 나를 경외할 것이다"와 그리고 "그 때
에는 내가 그들에게서 영영 떠나지 않고,…… 그들이 나에게서
떠나가지 않게 하겠다"는 말씀에 의하여 상세하게 기술하고
있습니다. "나를 경외하는 한 마음과 한 길"은 선에 속한 한
의지와 주님예배를 위한 진리에 속한 이해를 뜻합니다. 그리고

결합이 상호적인 것이기 때문에, 다시 말하면 그들과 주님의 결합이고, 주님과 그들의 결합이기 때문에 언급된 것은, "내가 그들에게서 영영 떠나지 않고(=돌아서지 아니 하고), 그들을 잘 되게 할 것이며(=그들에게 선을 행하고), 그들이 나에게서 떠나지 않게 하겠다"라는 말씀입니다 이상에서 볼 때, 그분께서 그들과 맺을 "영원한 언약"이 뜻하는 것이 무엇인지 잘 알 수 있겠습니다. 다시 말하면 영원한 언약은 영적인 신령진리를 통한 결합을 뜻하는데, 영접, 수용된 그 진리는 사람의 생명(=삶)을 형성하고, 그리고 그것에서부터 영원한 결합이 비롯된다는 것을 뜻합니다.

[18] 에스겔서의 말씀입니다.

> 내가 그들 위에 목자를 세워 그들을 먹이도록 하겠다. 그 목자는 내 종 다윗이다. 그가 친히 그들을 먹이고 그들의 목자가 될 것이다. 그 때에는 나 주가 그들의 하나님이 되고, 내 종 다윗은 그들의 왕이 될 것이다.…… 내가 그들과 평화의 언약을 세우고, 그 땅에서 해로운 짐승들을 없애 버리겠다. 그래야 그들이 광야에서도 평안히 살고, 숲 속에서도 안심하고 잠들 수 있을 것이다(에스겔 34 : 23-25).

이 장절도 역시 주님에 관해서 언급하고 있습니다. 그들을 먹이고, 그들 가운데 통치자가 될(=그들의 왕이 될) "다윗"은, 섬김으로 말미암아 종이라고 불리운, 신령진리와의 관계에서 주님을 뜻합니다. 신령진리를 통한 주님과의 결합은 주님께서 그들과 맺은 "언약"이 뜻합니다. 이 언약이 "평화의 언약"이라고 불리웠는데, 그것은 주님과의 결합에 의하여 사람은 지옥에서 비롯된 악의 습격이나 거짓의 습격에서 평화를 취하기 때문입니다. 그러므로 여기에 "내가 그 땅에서 해로운 짐승들을 없애 버리겠다. 그래야 그들이 광야에서 평안히 살고, 숲 속에서도 안심하고 잠들 수 있을 것이다"는 말씀이 부연되었습니다. 여기서 "해로운 짐승들"(=악한 야생 짐승들)은 지옥에서 비롯된 거짓과 악을 뜻하고, "광야에서 평안히 살고, 숲 속에서도 안심하고 잠든다"는 것은 그들이 어디에서나 거짓이나 악에서 비롯된 모든 습격이나 공격으로부터 안전할 것이라는 것을 뜻합니다.

[19] 역시 같은 책의 말씀입니다.

> 내 종 다윗이 그들을 다스리는 왕이 되어, 그들 모두를 거느리는 한 목자가 될 것이다.…… 내가 그들과 평화의 언약을 세워서, 영원한 언약을 삼을 것이다. 내가 그들을 튼튼히 세우며, 번성하게 하며, 내 성소를 그들 한가운데 세워서 영원히 이어지게 하겠다. 내가 살 집이 그들 가운데 있을 것이며, 나는 그들의 하나님이 되고, 그들은 내 백성이 될 것이다(에스겔 37:24, 26, 27).

여기서도 역시 "다윗"은 주님을 뜻합니다. 왜냐하면 다윗이 다시 그들의 왕이 되지 않았고, 목자가 되지 않았기 때문입니다. 그러나 주님께서 신령진리로 말미암아 "왕"이라고 불리셨습니다. 왜냐하면 이것이 주님의 왕권이기 때문입니다. 그러나 한편 신령선은 그분의 사제(司祭 · His priesthood)를 가리키고, 그리고 주님께서는 "목자"라고 불리셨는데, 그것은 그분께서 그들을 신령진리로 먹일 것이기 때문이고, 그리고 그것에 의하여 그들을 사랑의 선으로 인도할 것이기 때문이고, 그리고 따라서 당신에게로 인도할 것이기 때문입니다. 그리고 이것으로 말미암아 거기에 결합이 있기 때문에, "내가 그들과 평화의 언약을 세워서, 영원한 언약을 삼을 것이다"는 말씀이 언급되었습니다. "평화의 언약"(a covenant of peace)이 뜻하는 것은 위에서 이미 설명하였고, 그리고 "나는 그들의 하나님이 되고, 그들은 내 백성이 될 것이다"는 말씀은 결합을 뜻한다는 것 역시 이미 설명하였습니다. 주께서 그들 한가운데 세울 "성소"나, 그들 한가운데 있을 "살 집"(=장막 · the habitation)은 천계나 교회를 뜻합니다. 그리고 사랑의 선으로 말미암아 "성소"라고 불리웠고, 그리고 그 선에 속한 진리로 갈미암아 "살 집"(=장막)이라고 불리웠습니다. 왜냐하면 주님께서는 선에서 비롯된 진리들 안에서 사시기 때문입니다.

[20] 호세아서의 말씀입니다.

> 그 날에는
> 내가 이스라엘 백성을 생각하고,
> 들짐승과 공중의 새와
> 땅의 벌레와 언약을 맺고,
> 활과 칼을 꺾어버리며,
> 땅에서 전쟁을 없애어,
> 이스라엘 백성이
> 마음 놓고 살 수 있게 하겠다.
> 그 때에
> 내가 너를 영원히 아내로 맞아들이고(=내가 너를 영원히 정혼시키겠다).
> (호세아 2 : 18, 19)

이 말씀은 주님에 의하여 세워질 새로운 교회의 설시에 관해서 다루고 있습니다. 여기서 주님께서 들의 들짐승과 공중의 새와 땅의 벌레와 언약을 맺지 않을 것이라는 것은 명백합니다. 그러므로 이런 것들은 사람에게 있는 그런 것들을 뜻합니다. 여기서 "들의 짐승들"(=야생 짐승들)은 진리나 선의 정동을 뜻하고, "공중의 새"는 영적인 생각을 뜻하고, "땅의 벌레"(=땅에서 기는 것)은 자연적인 사람의 지식(=과학지)을 뜻합니다. 나머지 것이 뜻하는 것은 본서 650[E]항을 참조하십시오. 주님께서 맺으실 언약은 영적인 언약을 가리키고, 또한 영적인 진리를 통한 언약을 가리키지, 따라서 이스라엘 자손과 맺었던 자연적인 진리를 통해서 맺은 언약을 가리키는 것은 아닙니다. 후자는 "옛 언약"(the old covenant)이고, 전자는 "새 언약"(the new covenant)을 가리킵니다.

[21] 시내 산에서 주님에 의하여 선포된 "율법"(the law)이 넓은 뜻으로 성언(聖言 · the Word)을 뜻하기 때문에, 그러므로 그 율법이 기술된 돌판들은 "언약의 돌판"(table of the covenant)이라고 불리웠습니다. 신명기서의 말씀입니다.

> 그 때에 나는 돌판, 곧 주께서 너희와 세우신 언약을 쓴 돌판을 받으려고 산으로 올라가, 그 산에서 밤낮 사십 일을 살면서, 밥도 먹지 않고 물도 마시지 않았다.…… 밤낮 사십 일이 지난 다음에, 주께서는 나에게 두 돌판, 곧 언약의 돌판을 주셨다(신명기 9:9, 11).

이들 두 돌판들, 즉 그것들 위에 쓰여진 율법은 신령진리를 뜻하고, 그것들을 통하여 주님과의 결합이 있습니다. 그리고 그 결합 때문에 그것들은 "언약의 돌판"이라고 불리웠습니다. 그리고 모든 결합은, 언약과 꼭 같이, 한쪽과 다른 한쪽으로 말미암아 이루어지기 때문에, 따라서 이쪽 저쪽으로 바꾸기 때문에, 그러므로 거기에는 두 판들(two tables)이 있었는데, 그것들은 돌로 만들어졌습니다. "돌"(stone)이 궁극적인 것들 안에 있는 신령진리를 뜻하기 때문에, 그것들은 돌로 만들어졌습니다(《천계비의》643 · 3720 · 6426 · 8609 · 10376항 참조). 꼭 같은 이유 때문에 이들 돌판들이 그것 안에 안치(安置)된 법궤는

"언약의 궤"(the ark of the Covenant)라고 불리웠고, 이스라엘 자손들에게서 이것은 그들의 예배에서 가장 거룩한 것이었습니다. 이런 사실은 앞 단락에서 입증되었습니다.

701[D]. [22] 그 세 번째입니다. 이스라엘 자손들에게 명령된 명령들・공의들(judgments)・계율들은 그들에게는 하나의 언약이라는 것, 그리고 이것들을 통해서 그 때 주님과의 결합이 있다는 것 등등은 아래에 이어지는 장절들에게서 잘 볼 수 있겠습니다. 레위기서의 말씀입니다.

> 너희가, 내가 세운 규례를 따르고, 내가 명한 계명을 그대로 받들어 지키면,…… 나는 너희를 보살펴, 자손을 낳게 하고, 자손이 많게 하겠다. 너희와 세운 언약을 나는 꼭 지킨다.…… 내가 정하여 준 규례를 지키지 않고, 내가 세워 준 법도를 싫어하여, 나의 모든 계명을 그대로 실천하지 않고, 내가 세운 언약을 어기면, 나는 너희에게 정반대로 행할 것이다(레위기 26 : 3, 9, 15, 그 이하).

여기서 지키고, 행하는 것인 계율들이나 명령들은 앞장에서 분명하게 설명되었습니다. 그리고 만약에 그들이 그 명령들이나 계율들을 지키면 그들이 향유하게 될 선들이나, 그리고 만약에 그들이 그것들을 지키지 않으면 그들에게 닥칠 악들은 우리의 본문장에서 설명되겠습니다. 그러나 그들이 향유(享有)할 선들은 현세적인 선들이나 이 세상적인 선들이고, 그러므로 역시 그것들은 악들입니다. 그것은 그들이 현세적인 사람들이고, 자연적인 사람들이기 때문이고, 그리고 그들은 천적인 사람들도 아니고 영적인 사람들도 아니기 때문입니다. 결과적으로 그들은, 내적으로 사람들을 감화 감동시키는 선들에 관해서 아무것도 모르고, 또한 내적으로 그 사람을 괴롭히는 악들에 관해서도 아무것도 알지 못하기 때문입니다. 그럼에도 불구하고 그들이 지켜야 한다고 그들을 구속하는 외적인 것들은 내적으로는 천적인 것들이나 영적인 것들을 내포하고 있는 그런 것들입니다. 이런 것들을 통해서 주님과의 결합 자체가 있습니다. 그리고 이런 것들이 천계에서 지각되는 것들이기 때문에, 이스라엘 자손들이 지켜야 할 외적인 것들은 "언약"(a covenant)이라고 불리웠습니다. 그러나 이런 것들을 통한 주님과 이스라엘 자손과의 결합이 무엇인지는 《새 예루살렘의 교리》 248항에서 볼 수 있습니다.

[23] "언약"은 아래의 장절에서도 동일한 뜻을 갖습니다. 출애굽기서의 말씀입니다.

> 주께서 모세에게 말씀하셨다. "너는 이 말을 기록 하여라, 내가 이 말을 기초로 해서, 너와 이스라엘과 언약을 세웠기 때문이다"(출애굽 34 : 27).

신명기서의 말씀입니다.

> 그러므로 너희는 이 언약의 말씀을 지켜라. 그것들을 행하여라. 오늘 너희는, 각 지파의 지도자들과 장로들과 관리들을 비롯하여, 온 이스라엘 사람,…… 주 너희의 하나님 앞에 모두 모였다. 너희는 오늘 여기에 서서, 주 너희의 하나님이 너희와 세우시는 그 언약에 참여하게 된다. 너희는 그 언약에 들어 있는 의무를 지켜야 한다.…… 오늘 너희를 당신의 백성으로 삼으시고, 주께서 몸소 너희의 하나님이 되시려는 것이다. 이 언약과 맹세는,…… 오늘 주 우리의 하나님 앞에 우리와 함께 서 있는 사람들만이 아니라, 오늘 여기 우리와 함께 있지 않은 자손과도 함께 세우는 것이다(신명기 29 : 9, 10, 12-15).

11장 7-19절

열왕기 하서의 말씀입니다.

> 왕이 사람을 보내어, 유다와 예루살렘의 모든 장로를 소집하였다. 왕이 주의 성전에 올라갈 때에, 유다의 백성과 예루살렘의 모든 주민과 제사장들과 예언자들과, 어른으로부터 아이에 이르기까지, 모든 백성이 그와 함께 성전으로 올라갔다. 그 때에 왕은, 주의 성전에서 발견된 언약책에 적힌 모든 말씀을, 크게 읽어서 사람들에게 들려 주도록 하였다. 왕은 기둥 곁에 서서, 주님을 따를 것과, 온 마음과 목숨을 다 바쳐 그의 계명과 법도와 율례를 지킬 것과, 이 책에 적힌 언약의 말씀을 지킬 것을 맹세하는 언약을, 주 앞에서 세웠다. 온 백성도 그 언약에 동참하였다(열왕기 하 23 : 1-3).

역시 이 밖의 다른 장절에도 있습니다. 예를 들면, 예레미야 22 : 8, 9 ; 33 : 20-22 ; 50 : 5 ; 에스겔 16 : 8 ; 말라기 2 : 14 ; 시편 78 : 37 ; 50 : 5, 16 ; 103 : 17, 18, 105 : 8, 9 ; 106 : 45 ; 111 : 5, 9 ; 신명기 17 : 2 ; 열왕기 상 19 : 14 등입니다. 이런 모든 장절들에는 "언약"이 언급, 거명되었고, 그리고 그것은 그것에 의하여 이스라엘 자손이 지켜야 할 외적인 것들을 뜻합니다.

[24] 그러나 주님께서 아브라함 · 이삭 · 야곱과 맺은 언약을 살펴보면, 그것은 주님께서 야곱의 후손과 맺은 언약과는 꼭 같지 않지만, 그러나 그것은, 그들의 후손이 번창할 것이라는 주님의 영역(=성질)의 언약이고, 그리고 호들의 후손에게 주어질 가나안 땅과 모든 남자가 할례를 받아야 한다는 아브라함 · 이삭 · 야곱의 영역(=성질)의 것입니다. 야곱의 후손에게 있는 언약이 서로 다르다는 것은 확실합니다. 신명기서의 말씀입니다.

> 주 우리의 하나님은 호렙 산에서 우리와 언약을 세우셨다. 주께서 이 언약을 우리 조상과 세우신 것이 아니라, 여기 살아 있는 우리 모두와 세우신 것이다(신명기 5:2, 3).

예전의 언약에 관해서는 이렇게 기술되었습니다. 창세기서의 말씀입니다.

> 주께서 아브람을 데리고 바깥으로 나가서 말씀하셨다. "하늘을 쳐다 보아라. 네가 셀 수 있거든, 저 별들을 세어 보아라." 그리고는, 주 께서 아브람에게 말씀하셨다. "너의 자손이 저 별처럼 많아질 것이 다."…… 주께서 말씀하셨다. "나에게 삼 년 된 암송아지 한 마리와 삼 년 된 암염소 한 마리와 삼 년 된 숫양 한 마리와 산비둘기 한 마리와 집비둘기 한 마리 씩을 가지고 오너라." 아브람이 이 모든 희생제물을 주께 가지고 가서, 몸통 가운데를 쪼개어, 서로 마주 보 게 차려 놓았다. 그러나 비둘기는 반으로 쪼개지 않았다.…… 해가 지고, 어둠이 짙게 깔리니, 연기 나는 화덕과 타오르는 횃불이 갑자 기 나타나서, 쪼개 놓은 희생제물 사이로 지나갔다. 바로 그 날, 주 께서 아브람과 언약을 세우시고 말씀하셨다. "내가 이 땅을, 이집트 강에서 큰 강 유프라테스에 이르기까지를 너의 자손에게 준다"(창세 기 15:5-18).

그 뒤의 말씀입니다.

> 주께서 그에게 나타나셔서 말씀하셨다. "나는 전능한 하나님이 다.…… 너와 나 사이에 내가 몸소 언약을 세워서, 너를 크게 번성 하게 하겠다."…… 하나님이 그에게 말씀하셨다. "나는 너와 언약을 세우고 약속한다. 너는 여러 민족의 조상이 될 것이다. 내가 너를 여러 민족의 아버지로 만들었으니,…… 내가 너를 크게 번성하게 하 겠다.…… 네가 지금 나그네로 사는 이 가나안 땅을, 너와 네 뒤에 오는 자손에게 영원한 소유로 모두 주고,"…… "너는 나와 세운 언

약을 잘 지켜야 하고, 네 뒤에 오는 네 자손도 대대로 이 언약을 잘 지켜야 한다. 너희 가운데서, 남자는 모두 할례를 받아야 한다. 이것은 너와 네 뒤에 오는 너의 자손과 세우는 나의 언약, 곧 너희가 모두 지켜야 할 언약이다. 너희는 양피를 베어서, 할례를 받게 하여라. 이것이 나와 너희 사이에 세우는 언약의 표이다.…… 할례를 받지 않은 남자, 곧 양피를 베지 않은 남자는 나의 언약을 깨뜨린 자이니, 그는 나의 백성에게서 끊어진다."…… "나는…… 사라가 너에게 낳아 줄 아들 이삭과 언약을 세우겠다"(창세기 17 : 1-21).

이상에서 볼 때 아브라함과 맺은 언약이 어떤 종류의 것인지 잘 알 수 있겠습니다. 다시 말하면 "그의 자손이 크게 번성할 것이고, 가나안 땅을 그의 자손에게 영원한 소유로 준다"는 것입니다. 그것들에 의하여 언약이 세워진 명령들·공의들·계율들은 설명되지 않았지만, 그럼에도 불구하고 그것들은 "삼년 된 암송아지·암염소·숫양 한 마리"에 의하여, 그리고 "산비둘기 한 마리와 집비둘기 한 마리"에 의하여 의미되고 있습니다. 왜냐하면 이런 동물들은 교회에 속한 것들을 뜻하기 때문이고, 그리고 "가나안 땅" 자체도 교회를 뜻하기 때문입니다. 그리고 주님께서, 야곱에서 이어지는 아브라함의 후손이 그 언약을 지키지 않을 것을 예견하셨기 때문에, 아브라함에게는 "쪼개 놓은 희생제물 사이로 지나가는 연기 나는 화덕과 타오르는 횃불"이 보였던 것입니다. 여기서 "연기 나는 화덕"(a furnace of smoke)은 짙은 거짓을 뜻하고, "타오르는 횃불"(the torch of fire)은 야곱의 후손에게 임하게 될 치명적인 악을 뜻합니다. 이러한 내용은 예레미야서 33장 18-20장에서 역시 확증되고 있습니다. 아브라함이 "암송아지·암염소·숫양은 몸통 한 가운데를 쪼개고, 서로 마주 보게 하였다"는 것은 두 부분들 사이에 있는 언약들의 예전에 일치하는 것입니다. 그러나 이것에 관해서는 《천계비의》 1783-1862항에 충분하게 설명된 것을 참조하십시오.

[25] "할례"(割禮)가, 육신적이고 이 세상적인 사랑들(=애욕들)을 가리키는 자기사랑이나 세상사랑에서의 정화(淨化 · purification)을 뜻하기 때문에, 할례에 의한 연약이 세워졌습니다. 그러므로 역시 할례는 작은 돌칼(石劍)을 가지고 행해졌는데, 그것이 교리에 속한 진리를 뜻하기 때문이고, 그리고 악들이나 거짓들로부터의 모든 정화들은 그것에 의하여 그것들의 제거가 이루어지기 때문입니다. 그러나 우리의 본문장에 기록된 이 언약에 관한 것은 《천계비의》 1987-2095항에 설명되었고, 할례에 관해서는 같은 책 2039항 말미와 2046항 말미, 그리고 2632 · 2799 · 4462 · 7044 · 8093항을 참조하십시오. 그러나 "아브라함 · 이삭 · 야곱"이 속뜻으로는 주님을 뜻하기 때문에, 그러므로 "그들의 자손"(their seed)은 주님의 교회에 속한 모두를 뜻하고, 그 교회는, 그들의 자손에게 상속될 "가나안 땅"이 뜻합니다.

[26] 노아와 체결한 언약이 있었습니다. 창세기서의 말씀입니다.

> 땅 위에 홍수를 일으켜서······ 땅에 있는 것들은 모두 죽을 것이다. 그러나 너하고는, 내가 직접 언약을 세우겠다(창세기 6:17, 18).
> 무지개가 구름 사이에서 나타날 때마다,······ 그것을 보고,······ 모든 것과 세운 영원한 언약을 기억하겠다.······ "이것이, 내가, 땅 위의 살과 피를 지닌 모든 것과 더불어 세운 언약의 표다"(창세기 9:16, 17).

신령진리를 통한 주님과의 결합이 그 언약 안에 내포되었다는 것은 《천계비의》 659-675 · 1022-1095항의 설명내용에서 잘 알 수 있겠습니다. "구름 사이에 있는 활"(the bow in the cloud), 즉 무지개(the rainbow)는 여기서는 신령진리에 의한, 그리고 그것에 일치하는 삶에 의하여 이루어진, 중생을 뜻합니다. 결과적으로 무지개가 언약의 표로 주어졌다는 것은 같은 책 1042항에서 볼 수 있겠습니다.

701[E]. [27] 그 넷째입니다. 더욱이 결합된 것은 언약이라고 불리웠습니다. 이것은 모세의 책의 안식일(the sabbath)과 같은 뜻입니다. 출애굽기서의 말씀입니다.

> 이스라엘 자손은 이 안식일을 영원한 언약으로 삼아, 그들 대대로 지켜야 한다(출애굽 31 : 16).

안식일이 "영원한 언약"(=영속하는 언약 · the covenant of an age)이라고 불리웠는데, 그것은 "안식일"이 최고의 뜻으로는 주님 안에 있는 신령인간과 신령존재의 합일을 뜻하기 때문이고, 상대적인 뜻으로는 천계나 교회와의 주님의 결합을 뜻하기 때문이고, 보편적인 뜻으로는 진리와 선의 결합을 뜻하기 때문입니다. 이 결합이 바로 천계적인 혼인(the heavenly marriage)이라고 불리웁니다. 그러므로 "안식일에 관한 쉼"은 그 합일의 상태를 뜻하고, 그 결합의 상태를 뜻하는데, 그리고 그 상태에 의하여 주님에게는 평화가 있고, 쉼이 있기 때문에, 그리고 그것에 의하여 천계와 이 땅 위에는 평화가 있고, 구원이 있습니다. 이것이 "안식일"의 뜻이고, 그 때 "쉼"(the rest)을 뜻한다는 것은 《천계비의》 8494 · 8495 · 8510 · 10356 · 10360 · 10367 · 10370 · 10374 · 10668 · 10730항에서 잘 볼 수 있습니다.

[28] 다시, 희생제물에 있는 소금은 "언약의 소금"(the salt of

the covenant)이라고 불리웠습니다. 레위기서의 말씀입니다.

> 네가 드리는 곡식제물에는 소금을 넣어야 한다. 네가 드리는 곡식제물에는 네 하나님과 언약을 세울 때에 넣는 그 소금을 빼놓지 말아라. 네가 드리는 모든 제물에는 소금을 넣도록 하여라(레위기 2 : 13).

곡식제물에 넣는 소금이 "언약의 소금"(the salt of the covenant)이라고 불리웠는데, 그것은 "소금"(salt)이 선을 위한 진리에 속한 열망을 뜻하기 때문이고, 그리고 이것에 의하여 그 둘(2)은 결합하기 때문입니다. "소금"의 이 뜻에 관해서는 《천계비의》9207항을 참조하십시오.

[29] 말라기서에서 아내가 "언약의 아내"(the wife of a covenant)라고 불리웠습니다. 그 책의 말씀입니다.

> 그 까닭은,
> 네가 젊은 날에 만나서 결혼한 너의 아내를
> 배신하였기 때문이며,
> 주께서 이 일(=너와 아내 사이의)에 증인이시기 때문이다.
> 그 여자는 너의 동반자이며,
> 네가 성실하게 살겠다고
> 언약을 맺고 맞아들인 아내인데도,
> 네가 아내를 배신하였다.
> (말라기 2 : 14)

여기서 아내는 그녀의 남편과 그녀의 결합으로 말미암아 "언약의 아내"(the wife of the covenant)라고 불리웠지만, 그러나 여기서 "아내"(wife)는 교회를 뜻하고, "젊은 날의 아내"는 고대교회를 뜻하는데, 그 교회에 거스르는 "유대교회"는 배신하였다(=기만하여 행하였다)고 언급되었습니다. 동일한 뜻에서, 따라서 결합된다는 뜻에 관해서, "그 여자가 너의 동반자이며 언약을 맺고 맞아들인 아내이다"고 언급되었습니다.
[30] 욥기에는 "들의 돌과의 계약"이 언급되었습니다. 그 책의 말씀입니다.

　　들짐승을 두려워하지도 않을 것이다.
　　너는 들에 흩어진 돌과도 계약을 맺으며,
　　들짐승과도 평화롭게 지내게 될 것이다.
　　(욥기 5 : 22, 23)

"들의 돌들과 맺은 언약"은 교회의 진리들과 결합을 뜻합니다. 왜냐하면 "돌들"은 진리들을 뜻하고, "들"은 교회를 뜻하고, "언약"(=계약)은 결합을 뜻하기 때문입니다. "들의 들짐승"은 거짓에 속한 사랑(=애욕)을 뜻하고, 그 들짐승에 관해서 "너는 들짐승을 두려워하지 않을 것이다. 그리고 들짐승과 평화롭게 지내게 될 것이다"고 언급되었는데, 그 때 거기에는 진리들을 통한 교회와의 결합이 있기 때문입니다.
[31] 또다시, 호세아서에서는 "들짐승과 공중의 새와의 언약"이 언급되고 있습니다. 그 책의 말씀입니다.

　　그 날에는
　　내가 이스라엘 백성을 생각하고,
　　들짐승과 공중의 새와
　　땅의 벌레와 언약을 맺고,…….
　　(호세아 2 : 18)

그리고 창세기서의 말씀입니다.

(하나님이 노아에게 말씀하셨다.) "이제 내가, 너희와 너희 뒤에 오는 자손에게 직접 언약을 세운다. 너희와 함께 있는 살아 숨쉬는 모든 생물, 곧 너와 함께 방주에서 나온 새와 집짐승과 모든 들짐승에게도, 내가 언약을 세운다(창세기 9 : 9, 10).

이 말씀에서 "짐승과 들짐승과 새와 땅 위를 기는 벌레와 맺는 언약"은, 이런 것들이 뜻하는 것인, 사람에게 있는 그런 것들과 맺는 언약을 뜻합니다. 왜냐하면 "짐승"(beast)은 선에 속한 정동을 뜻하고, "들짐승"(wild beast)은 진리에 속한 정동을 뜻하고, "새"(bird)는 생각하는 기능을 뜻하고, "땅 위를 기는 것"(=벌레 · creeping thing of earth)은, 이런 정동들로 말미암아 살아 있는 아는 기능을 뜻하기 때문입니다.

[32] "죽음과 맺은 언약"이 이사야서에 언급되었습니다. 그 책의 말씀입니다.

> 너희는 자랑하기를
> "우리는 죽음과 언약을 맺었고,
> 스올(=무덤 · 죽음)과 협약을 맺었다.……
> 그래서 죽음과 맺은 너희의 언약은 깨지고
> 스올과 맺은 너희의 협약은 파기될 것이다.
> (이사야 28 : 15, 18)

"죽음과 언약을 맺는다"는 것은 지옥에서 비롯된 거짓을 통한 결합을 뜻하는데, 사람은 그것으로 말미암아 영적으로 죽습니다. "스올(=죽음)과 협약(=합의)을 맺는다"는 것은 마치 예언적인 것과 같은, 지옥에서 비롯된 예언이나 예지(豫知) 따위를 뜻합니다. 여기에 시리즈로 인용된 장절에서 주님에 관해서 다루어진 곳에서 "언약"은 신령진리를 통한 결합을 뜻한다는 것을 밝히 알 수 있겠습니다. 사실, 거기에는 사랑의 선을 통한 주 님과의 결합이 있지만, 그러나 주님께서는 사람에게 있는 선을 통해서 진리들에 입류하기 때문에, 그리고 사람은 그것에 의하 여 진리의 정동을 취하고, 그리고 진리들 가운데 있는 주님의 선을 영접, 수용하고, 그리고 그것으로 말미암아 그 사람은 주 님을 시인하고, 고백(=찬양)하고, 예배합니다. 그리고 그것으로 인하여 사랑의 선은 진리를 통해서 결합하고, 비유해서 말한다 면 봄이나 여름철의 태양의 볕(熱)과 같이 그것 자체를 땅의 결실(結實)과 결합하는 것과 같습니다.

702. 그 때에 번개가 치고, 요란한 소리와 천둥소리가 났다.
이 말씀은 그 때 악한 사람이 있는 보다 낮은 지역에 생각들의 다툼들(conflicts)이나 생각들의 소동(騷動)들이 있었다는 것을 뜻하고, 그리고 선들이나 진리들에 관해서 악들이나 거짓들에서 야기된 추론들이 있었다는 것을 뜻합니다. 이러한 내용은 조요(照耀)·생각들·지각들을 가리키는 "번개들·요란한 소리들·천둥소리들"의 뜻에서 명확합니다. 이런 것들의 뜻은 본서 273항을 참조하십시오. 반대적인 뜻으로는 여기서와 같은 그것들은, 앞에서 언급한 것과 같이(본서 498항 참조), 교회에 속한 선들이나 진리들에 관하여 악들이나 거짓들에게서 야기된 생각들의 다툼들이나 생각들의 소동을 뜻하고, 그리고 그것들에게서 비롯된 추론을 뜻합니다. 엄밀한 뜻으로 "번개들"(lightnings)은 이해에 속한 어두워진 것들(darkenings)을 뜻하고, "요란한 소리들"은 추론들을 뜻하고, "천둥소리들"은 악에서 비롯된 거짓에 관한 결말(結末)들을 뜻하고, 그리고 이런 것들에게서 비롯되기 때문에, 그것들은 그 때 정동들이나 생각들에 속한 다툼들이나 소동들 따위를 일으키는 그들에게 있는 내면적인 것들의 상태에 일치합니다. 결과적으로 교회에 속한 선들이나 진리들에 관해서 악들이나 거짓들에게서 비롯된 추론들을 뜻합니다. 그러므로 앞서의 것과의 논리적인 관계에서 비롯된 추론들을 뜻하는데, 이러한 뜻이 바로 이들 낱말들이 뜻하는 것입니다. "번개들 · 요란한 소리들 · 천둥소리들"이나, 그 뒤에 이어지는 낮은 지역에서 일어나는 "지진이나 큰 우박" 등이 뜻하는 것 역시 잘 알 수 있겠습니다. 그것은, "성전"이나 "성전에 있는 언약궤"가 보이는, 보다 높은 지역에 있었기 때문입니다. 그것들은 주님의 예배가 있는 새 하늘의 나타남(出現)을 뜻하고, 그리고 그것을 통한 결합이 있는 신령진리의 표징을 뜻합니다. 이러한 내용은 앞에서의 설명에서 잘 알 수 있겠습니다. 그리고 이것에서 뒤이어지는 것은, 보다 높은 천계에서 비롯된 입류(入流 · influx)를 통해서 보다 낮은 지역에서 이런 것들이 일어난다는 것입니다. 보다 높은 천계에서 비롯된 입류를 통하여 이런 것들이 보다 낮은 지역에서 일어난다는 것은 이미 앞에서 명료하게 입증하였습니다. 그러나 이런 것들은, 살아 있는 계시를 통하지 않으면, 그리고 결과적으로 영계에 있는 보다 낮은 것들에게 들어오는 보다 높은 것들의 입류의 지식을 제외하면, 어느 누구의 이해에 들어가지 못하기 때문에, 그러므로 이런 것들이 나에게 계시되었고, 그리고 따라서 나에게는 명확하게 되었기 때문에, 나는 이 비의(秘義)를 간략하게 설명하겠습니다.

[2] 천계나 지옥 양자를 뜻하는 영계에는 하나가 다른 것 위에 놓이는 공간(空間 · expances)들과 같은 하늘(=천계 · heavens)과 같은 배치(配置 · the arrangement)가 있고, 그리고 천계들 아래에는 영들의 세계(the world of spirits)가 있고, 이

세계 아래에는 지옥들이 있는데, 여기서 그것은 하나가 다른 하나에 뒤이어져 있습니다. 주님에게서 비롯되는 입류는 이와 같은 연속적인 배치에 따라서 일어나고, 따라서 극내적인 천계를 통하여 중간천계에, 그리고 중간천계를 통하여 가장 낮은 천계에 계속되어서 일어납니다. 그리고 이런 것들로 말미암아 아래에 놓여 있는 지옥에까지 그들의 질서 가운데 계속해서 일어나고 있습니다. 영들의 세계는, 천계와 지옥들(=지옥계) 사이에 있고, 그리고 천계나 지옥에서 비롯되는 입류(入流)나 접신(接神) 양자를 영접, 수용하고, 거기에 있는 각자의 그것은 그의 삶의 상태에 일치합니다.

[3] 그러나 천계나 지옥계의 배치(=정리정돈)는 하나의 심판에서 다른 심판으로의 변화들에로 변화합니다. 이런 이유 때문에, 천계와 지옥계를 형성하는 사람들은 매우 다종다양한 정동들을 지니고 있고, 어떤 자들은 더 영적이고, 또는 덜 영적입니다. 즉 더 내적이고, 덜 내적이고, 그리고 어떤 자는 더 자연적, 즉 외적이고 어떤 자는 덜 자연적, 즉 외적입니다. 그리고 주님께서는 어느 누구에게도 악을 행하시지 않기 때문에, 그러나 주님께서는 모두에게 선을 행하시기 때문에, 주님께서는 도덕적으로 사는 삶을 허용하십니다. 말하자면 이 세상에 있는 관습이나 버릇으로 말미암아 외적인 것들 안에 있는 영적인 삶을 사는 것을 허용하십니다. 그러나 내면적으로 그들은 지옥과 결합되어 있고, 그리고 그들은 자신들을 위하여 영계에서 다양한 종류의 장소들 안에 있는 유사한 천계(a similitude of heaven · 가상천계 · 假想天界)를 형성합니다. 그리고 그 때 그들 위에 있는 천계나 그들 아래에 있는 지옥계는 정리정돈되기 때문에, 그것들을 통하여 그들이 지옥과 결합된 그들의 내면적

인 것들은 가능한 한 닫혀 있습니다. 이에 반하여 그들이 그것들을 통하여 가장 낮은 천계와 결합하는 그들의 외면적인 것들은 가능한 한 열려 있습니다. 그리고 그 때 만약에 보다 높은 천계가 직접적으로 입류하지 않는다면, 지옥적인 것을 가리키는 그들의 내면적인 것들은 직접적인 입류에 의하여 열리게 되기 때문에, 그리고 말하자면 영적인 것을 가리키는 그들의 내면적인 것들은 닫히게 될 것입니다. 왜냐하면 보다 높은 천계의 입류는 본연의 영들의 고유속성을 가리키는 내면적인 것들에 유입하고, 그들의 고유속성이 아닌 것을 가리키는 외면적인 것들에는 유입하지 않기 때문입니다.

[4] 그러나 천계처럼 보이는 그런 것은 아주 매우 크게 증대하기 때문에, 지옥에서 비롯되는 입류(入流・接神)는 그것에 의하여 천계에서 비롯된 입류를 극복, 지배하기 시작하고, 그리고 그것에 의하여 그들과 결합된 가장 낮은 천계는 쇠약하기 시작하였고, 그 때 최후심판은 임박하였습니다. 그리고 차례로 새로 천계처럼 보이는 것들 안에 있는 선한 자로부터 악한 자의 분리가 일어나고, 그리고 이런 일은 보다 높은 천계에서 비롯된 직접적인 입류에 의하여 일어나고, 그리고 이 입류에 의하여 지옥적인 것을 가리키는 그들의 내면적인 것들은 개방되고, 외관상으로 보기에 영적인 것 같이 보이는 그들의 외면적인 것들은 닫히게 됩니다. 이러한 것은 이미 앞에서 언급한 것입니다. 이렇게 볼 때 그 때 그것이 왜 성전처럼 보였는지 그 이유를 밝히 알 수 있겠고, 그것에 의하여 보다 높은 천계가, 악한 자들이 있는 보다 낮은 천계에 유입하기 위하여 그 입류로 말미암아 조요되는 신령진리를 뜻하는 "성전 안에 있는 언약궤"가 보였는지 그 이유를 밝히 알 수 있겠습니다. 이 입류

로 말미암아 일어난 일은, 악한 자가 있는 보다 낮은 천계에서는 번개들이 보였고, 그리고 요란한 소리와 천둥소리가 들렸습니다. 그리고 또한 거기에는 지진이 있었고, 우박이 떨어졌습니다. 천계에서 나온 입류, 다시 말하면 주님으로부터 천계를 통하여 온 입류는 선에 속한 사랑의 입류나, 진리에 속한 정동의 입류 이외에 아무것도 아닙니다. 그러나 악한 사람에게서 이것은 그들의 악에 대응하는, 그리고 그것에서 비롯된 거짓들에 대응하는 그런 부류의 것들로 바뀝니다. 따라서 그것은 그들의 악의 사랑이나 거짓의 정동에 대응하는 그런 것들로 바뀝니다. 그리고 다툼들이나 소동들이나, 그들이 처해 있는 교회의 선들이나 진리들에 관한 악들이나 거짓들에게서 비롯된 추론들은 번개들 · 요란한 소리들 · 천둥소리들에 대응하기 때문에, 그러므로 그것들은 이런 것들에 의하여 의미가 주어졌습니다. 왜냐하면 최후심판 전 직접적으로 존재하는 천계의 상태가 여기에서 다루어진 것이기 때문입니다. 다툼들이나 생각의 소동들이나, 그리고 내적으로는 악하지만 겉보기에 선한 것처럼 보이는 자들에게서 일어나는 교회의 선들이나 진리들에 관한 추론들은, 그리고 그들의 내면적인 것들이 열리고, 그들의 외면적인 것들이 닫힐 때인 분리의 첫째 단계에서 그들의 내면적인 것들과 그들의 외면적인 것들의 다툼은 비롯되었습니다. 그러나 외면적인 것들이 전적으로 닫혀지게 되었을 때 그 즉시 그들은 자신들의 내면적인 것을 향해 떠나고, 그리고 다툼은 그치게 됩니다. 왜냐하면 그 때 그들은 그들 자신의 악에 속한 사랑 안에 있고, 그들 자신의 거짓에 속한 정동 안에 빠져 있기 때문입니다. 따라서 그들의 삶에 속한 쾌락 안에 빠져 있기 때문입니다. 그러므로 그 때 그들은 그들의 성품과 같은 지옥으로 자신들을 내동댕이치는데, 이러한 일은 최후심판의 때에 일어납니다.

703. 지진이 일어나고…….
이 말씀은 그들에게 있는 천계나 교회에 속한 것들에 관한 상태의 변화들을 뜻합니다. 이러한 뜻은 이것에 관해서는 본서 400항에 언급된 교회의 상태의 변화를 가리키는 "지진"의 뜻에서 명확합니다. 영계에 땅들·언덕들·산들이 있다는 것, 그리고 그들에게 있는 교회의 상태가 악이나 거짓으로 변화할 때, 이런 것들이 흔들린다는 것, 그리고 이런 것들이 성경말씀에 언급된 "지진"이 뜻하는 것이라는 것 등등은 본서 400·499항을 참조하십시오.

704. 큰 우박이 쏟아졌습니다.
이 말씀은 교회의 진리들이나 선들을 파괴하는 지옥적인 거짓을 뜻합니다. 이러한 내용은, 이것에 관해서는 본서 503항에 언급되었는데, 교회의 진리들을 파괴하는 지옥적인 거짓을 가리키는 "우박"의 뜻에서 명확합니다. 그리고 "큰 우박"이라고 하였기 때문에, 그리고 "크다"(great)는 말이 선에 관해서 서술하기 때문에, 그리고 "많다"(many)는 말이 진리에 관해서 서술하기 때문에(본서 652[A]. 696항 참조), 따라서 "큰 우박"은 역시 교회의 선들을 파괴하는 지옥적인 거짓을 뜻합니다. 뿐만 아니라, 번개들, 천둥들이나, 지진이나 큰 우박 등등이 보여졌는데, 영계에서 이런 것들은 자연계에 있는 모든 것들, 예를 들면 안개·구름·무지개·눈·우박 같은 것들이 보이기 때문에, 그리고 비록 이런 외현들은 그럼에도 불구하고 대응들에게서 일어나는 실제적이기 때문입니다. 왜냐하면 정동들이나 그것에서 비롯된 생각들에 속한 천적인 신령한 것들이나, 영적인 신령한 것들은, 따라서 천사들에게 있는 사랑의 선이나, 그 선의 진리에 속한 그런 것들은, 그것들이 그 다음의 낮은 영기의 상태에 내려올 때, 그것들은 자연적인 것들의 것들과 꼭 같은 형체들을 드러냅니다. 따라서 목전에서 보여지는 자신들의 모습을 드러내 보입니다. 대응들은 이와 같이 형성됩니다. 그러므로 그것은 바로 번개들·천둥들·우박과 같이 보입니다. 왜냐하면 이 우박은 악한 자들이 있는 신령진리의 흘러내림 (the flowing down)에 의하여 형성되기 때문입니다. 이런 부류의 악한 자들은 추론들에 의하여 거짓된 결론들을 도출(導出)하고, 그리고 이것들에 의하여 진리들을 반대하고, 그리고 진리들을 파괴합니다. 왜냐하면 신령진리가 천계로부터 악한 자 주위에 있는 영기에 내려올 때 그리고 그것이 그들의 악한 정동에서 그리고 그들의 생각들의 거짓들의 결과로 말미암아 형성된 안개처럼 나타났을 때, 그 때 그 입류는 다종다양한 것들로 바뀌고, 그리고 천계나 교회의 선들이나 진리들에 정반대되는 악들이나 거짓들로부터 생각하는 자들에게는 우박으로 바뀌고, 그들을 맹렬하게 공격하는 자들에게서는 우박으로 바뀝니다. 이 이유가 바로 진리들에 거스르는 거짓에 속한 것을 가리키는, 그들의 정동들이나, 그것들에서 비롯된 그들의 생각들이 모든 천계적인 별(熱)을 빈곤하게 하는 것들입니다. 그러므로 하늘(=천계)에서 낮은 지역에 내려오는 비는 눈이나 우박으로 얼리고, 그리고 우박은 야채들이나, 성장하는 그들에게 있는 모든 것들을 파괴한다는 것, 그리고 또한 그들의 주거지들을 파괴한다는 것인데, 그것은 마치 이집트에 퍼부은 우박에 관해서 언급한 것과 꼭 같습니다. "채소나 자라는 것들"이 교회의 진리들을 뜻하기 때문에 우박은 그것들을 파괴하고, 그리고 자기 자신들에게 있는 그런 것들을 파괴하는 그것의 선들인 "주거지들"을 파괴합니다. 이런 일은, 앞에서 언급한 것과 같이, 대응에 일치하여 일어납니다. 더욱이 우박은, 거짓들에 의하여 진리들에게 그들의 심한 공격들이나 가벼운 공격에 따라서 보다 큰 알갱이들이나, 보다 작은 알갱이들로 얼린 것으로 드러납니다. 큰 알갱이들은 성경말씀에서 "우박"(hail-stones)이라고 하였는데, 그것은 "돌들"(stones)이 역시 거짓들을 뜻하기 때문입니다. 이상에서 볼 때 "큰 우박"이 교회의 진리들이나 선들을 파괴하는 지옥적인 거짓을 뜻한다는 그 이유를 잘 알 수 있겠습니다.

《묵시록 해설》10권 끝

□ **옮긴이 약력**

이 영 근 서강대학교 경상대학 경제학과, 중앙대학교 사회개발 대학원 사회복지학과, 한국 새교회 신학원에서 공부하였으며, 예수교회 목사로 임직한 이후 예수교회 공의회 의장을 역임하였고, 월간「비지네스」편집장, 월간「산업훈련」편집장, 한국 IBM(주) 업무관리부장을 역임하였다. 현재 예수+교회 제일예배당 담임목사이고,「예수+교회」발행인 겸 편집인, 도서출판〈예수인〉대표이다. 역서로는 스베덴보리 지음 <창세기1·2·3장 영해>(1993), <순정기독교 상·하>(공역·1995), <최후심판과 말세>(1995), 우스터 지음<마태복음 영해>(1994), 스베덴보리 지음<천계비의1권>아담교회·2권 노아교회[1]·3권 노아교회[2]·4권 표징적 교회[1]·5권 표징적 교회[2]·6권 표징적 교회[3]·7권 표징적 교회[4]·8권 표징적 교회[5]·9권 표징적 교회[6]·10권 표징적 교회[7]·11권 표징적 교회[8]·12권 표징적 교회[9]와 13권 표징적 교회[10]·14권 표징적 교회[11]·15권 표징적 교회[12]·16권 표징적 교회[13]·17권 표징적 교회[14]·18권 표징적 교회[15]·19권 표징적 교회[16]·20권 표징적 교회[17]<천계와 지옥(上·下)>(공역·1998), <신령사랑과 신령지혜>(공역·1999), <혼인애>(2000) <새로운 교회·새로운 말씀>(공역·2001), <스베덴보리 신학 총서(上·下)>(2002), <영계일기[1]>(공역·2003)·<영계일기[2]>공역·2006)·<영계일기[3]>(공역·2008), <묵시록해설[1-6]>, <새로운 교회의 시대교리>(2003)와 저서로는 <이대로 가면 기독교 또 망한다>(2001), 성서영해에 기초한 설교집 <와서 보아라>[1]·[2](2004)와 [3](2005)과 편찬으로는 <천계비의 색인·용어 해설집>이 있다.

묵시록 해설 [10]
―묵시록 11장 7-19해설―

2016년 9월 1일 인쇄
2016년 9월 10일 발행
지 은 이   임마누엘 스베덴보리
옮 긴 이   이 영 근
펴 낸 이   이 영 근
펴 낸 곳   예 수 인

1994년 12월 28일 등록 제 11-101호
(우) 157-014
연락처 · 예수교회 제일예배당 · 서울 강서구 화곡 4동 488-49
전   화 · 0505-516-8771 · 2649-8771 · 2644-2188
대금송금 · 국민은행 848-21-0070-108 (이영근)
　　　　　우리은행 143-095057-12-008 (이영근)
　　　　　우 체 국 012427-02-016134 (이영근)

ISBN 97889-88992-29-6 04230(set)　　　　　값 22,000원
ISBN 97889-88992-71-5

◇ 예수인의 책들 ◇

순정기독교(상·하)
스베덴보리 지음 · 이모세 · 이영근 옮김 각권 값 20,000원

혼인애
스베덴보리 지음 · 이영근 옮김 값 35,000원

천계와 지옥(상·하)
스베덴보리 지음 · 번역위원회 옮김 각권 값 11,000원

신령사랑과 신령지혜
스베덴보리 지음 · 이모세 · 이영근 옮김 값 11,000원

최후심판과 말세
스베덴보리 지음 · 이영근 옮김 값 9,000원

천계비의 ① 아담교회
—창세기 1-5장 영해—
스베덴보리 지음 · 이영근 옮김 값 11,000원

천계비의 ②③ 노아교회 [1]·[2]
—창세기 6-8장 / 9-11장 영해—
스베덴보리 지음 · 이영근 옮김 각권 값 11,000원

천계비의 ④-⑱ 표징적 교회
[1]·[2]·[3]·[4]·[5]·[6]·[7]·[8]·[9]·[10]·[11]·[12]·[13]·[14]·[15]
—창세기
12-14/15-17/8-19/20-21/22-23/24-25/26-27/28-29/30-31/32-34/35-37/38-40
/41-42장 /43-46/47-50영해—
스베덴보리 지음 · 이영근 옮김 각권 값 11,000원

천계비의 ⑲ 표징적 교회 [16]·[17]
—출애굽기1-4장/ 5-8장 영해—
스베덴보리 지음 · 이영근 옮김 각권 값 14,000원

묵시록 해설[1]·[2]
스베덴보리 지음 · 이영근 · 박예숙 옮김 각권 값 15,000원

스베덴보리 신학총서 개요 (상·하)
스베덴보리 지음 · M. 왈렌 엮음 · 이영근 옮김 각권 값 45,000원

영계 일기[1]·[2]·[3]
스베덴보리 지음 · 안곡 · 박예숙 옮김 각권 값 11,000원

새로운 교회의 사대교리
스베덴보리 지음 · 이영근 옮김 값 40,000원

이대로 가면 기독교 또 망한다
이영근 지음 값 12,000원

성서영해에 기초한 설교집 ≪와서 보아라≫[1]·[2]·[3]
이영근 지음 각권 값 9,000원

* 이 책들은 영풍문고 · 교보문고 · ≪예수인≫본사에서 구입할 수 있습니다.